新编21世纪国际经济与贸易系列教材

新编国际商法

第五版

Newly Compiled International Commercial Law

曹祖平 编著

中国人民大学出版社
·北京·

第 五 版 前 言

21世纪以来，特别是近年来，世界经济和贸易处于急剧和深刻变化的新时代。经济基础的巨大发展变化导致上层建筑的不断发展变化。随着电子商务的应用日益广泛深入，移动互联网技术的发展突飞猛进，数字网络环境下新情况、新问题持续不断地涌现，为与之相适应，有关国际商法的国内外立法又有了新的发展变化。国际商法处于重要的调适期，应完善其与现实不相适应的法律规范，更新其不合时宜的相关条款，使其必然带有适应时代发展的印记。

本次修订对各章原有内容进行了不同程度的调整和充实，主要是对"法律窗口"的内容做了全面的梳理和增删，包括对德国、法国新的民商法典和中国《民法总则》的介绍，欧盟《罗马条例 I 》与《罗马条例 II 》和美国关于电子支付的解析，美国、欧洲、日本 ACTA 和 TPP 与 TRIPS 的比较，以及国际常设仲裁机构仲裁规则新修订的阐释等。其涵盖范围之广，涉及内容之多，只能在"法律窗口"中做比较详细的补遗。其中欧盟《罗马条例 I 》与《罗马条例 II 》的解析内容比较抽象，不像其他内容那样可即读即懂，只是作为开阔视野或思路之用。

各章具体修改内容如下：

第一章——全面修改了表1-1；对几个名词概念做了具体说明；补充了中国自由贸易区扩容的有关内容；增加了表1-2"重要民事法律一览表"以及中国《民法总则》的有关内容；原表1-2改为表1-3并对有关内容做了修改；增补了"关键术语"；"法律窗口"部分删除了原"法德的民法典"，代之以"罗马法的构成、分类及其影响"。

第二章——删除了个别重复段落；规范了有关公司法名称；重写了中国公司法修改的内容；重新编写了"中国的商事组织与商事组织法"中"其他商事组织法"的全部内容；"法律窗口"增加了法国公司法的改革以及"法人的分类"两部分内容。

第三章——补充了有关法律规定的具体案例；在"中国有关电子商务的立法"部分，补充了初次提请全国人大常委会审议的《中华人民共和国电子商务法（草案）》的内容简介；"法律窗口"删除了原"法德美的商法典"，代之以新的法国和德国民法典介绍以及中国《民法总则》有关规定的摘录。

第四章——补充了有关法律规定的具体说明；增补了"关键术语"；"法律窗口"部分原来有关《国际商事合同通则》的内容转补到第六章有关段落中，代之以新的法国和德国商法典的有关内容，其后转补了原第三章中美国《统一商法典》与英国法中的默示条款的内容，其中的美国《统一商法典》部分增加了其"与《合同法重述》的关系"的内容。

第五章——调整了个别段落；增补了《京都议定书》和《巴黎协定》的内容简介；增补了"关键术语"；"法律窗口"删除了有关中国法律条文摘录的全部内容，代之以"欧盟法的分类及其概念"和"《罗马条例 I 》与《罗马条例 II 》"的有关内容。

第六章——补充了中国《民法总则》关于表见代理和转委托有关规定的内容；增补了"关键术语"；"法律窗口"增补了《国际商事合同通则》的有关内容，增加了"电子代理人"和中国《民法总则》关于代理规定的内容。

第七章——修改或规范了有关法律法规的名称；增补了"关键术语"；"法律窗口"增加了"电子支付"的内容。

第八章——删除了个别重复段落；对有关法律条文做了进一步明确说明；增补了"关键术语"；"法律窗口"增加了对知识产权国际保护发展新趋势的介绍。

第九章——鉴于许多内容已经过时，因此内容修改幅度最大，即基本上重新编写了国际常设仲裁机构与仲裁规则的全部内容；中国仲裁规则补充了《中国（上海）自由贸易试验区仲裁规则》有关内容简介；中国执行仲裁裁决的法律补充了《涉外民事关系法律适用法》有关内容简介；对有关法律条文做了最新说明；增补了"关键术语"；"法律窗口"增加了对国际商事仲裁立法新的发展变化的介绍。

此外，各章"法律窗口"开头部分增补了有关内容的标题，以便明确所包含的全部内容。

世易时移，修改宜矣。自2015年第四版出版以来，为进行本次修订，编者不断跟踪查阅和核对至截稿时全部有关国际公约和国内外重要法律法规的制定和修改情况，以及有关事项的发展变化，并对所收集的大量相关内容进行适当的分类、整理和编写，以使其在尽可能收集到的资料基础上是最新的。

相信本次适时修订可以使本书结构更加优化，层次更加清晰，内容更加翔实，信息更加丰富。

希望通过本次修订，能够全面呈现迄今为止国际商法与时俱进地发展变化——传统与创新互补，继承与完善结合——的各个方面。

感谢本书读者的厚爱，希望你们继续关注本书并提出宝贵的修改意见。

感谢本次修订所采用的资料来源，这些宝贵的研究成果使本书大为增色。

也感谢中国人民大学出版社经济分社有关编辑人员的辛劳付出。

编著者

2018 年 8 月

第 一 版 前 言

国际商法是随着国际经济贸易的发展而不断发展变化的，特别是 20 世纪 90 年代以来，国际经济一体化、区域经济集团化、经济发展知识化、国际商务电子化的特点，使得国际商法的许多内容发生了深刻的变化。

有鉴于此，为适应国际商法新的教学需要，我们编写了本教材。对此，有如下两点说明。

一、关于国际商法的体系

国际商法包括的范围比较广泛，涉及合同法、货物买卖法、产品责任法、代理法、商事组织法、票据法、运输法、保险法、知识产权保护法以及商事仲裁法等，其中每一部"法"都可以作为一门独立的学科进行学习与研究。事实上，在经济贸易专业的教学实践中，有些法已经分离出来作为专门的学科了，例如，运输法与保险法。同时，国际商法与一些学科的内容也有交叉。例如，国际货物买卖法、国际货物运输与保险法、国际技术转让法与国际商事仲裁法等，就与国际贸易法、国际经济法和国际私法等有关内容大同小异。此外，随着国际经济贸易的迅速发展，尤其是电子商务的出现，传统国际商法中的合同法已经无法完全适应实际情况的变化。基于这些考虑，本教科书包括下列九章。

第一章　国际商法导论　简要介绍国际商法的渊源及其与相近法律的关系，西方两大法系的概况及其区别以及国际商法的原则。

第二章　商事组织法　主要介绍与公司法有关的情况，即各国对于公司成立的程序、资金的筹集、公司的组织形式、管理机构以及并购与清算等的法律规定。

第三章　合同法　从法律的角度简要介绍大陆法与普通法对于合同成立的条件、合同的履行与违约的救济办法等的法律规定。

第四章　国际货物买卖合同法　从国际贸易的角度进一步介绍大陆法与普通法对于订立合同的条件、合同的履行、违约的救济办法以及货物所有权与风险转移的法律规定。

第五章　产品责任法　主要介绍美国与西欧国家关于产品责任的理论及其有关法律规定。

第六章　代理法　主要介绍大陆法与普通法对于代理的产生、种类、内外部关系等的法律规定。

第七章　票据法　介绍两大法系与票据流通有关的法律，重点介绍其与汇票有关的不同的法律规定。

第八章　知识产权保护法　分别介绍各国对商标法、专利法与版权法的法律规定，以及 WTO 的新规定。

第九章　国际商事仲裁法　主要介绍与国际商事仲裁有关的仲裁协议与条款、仲裁机构与程序以及与仲裁裁决的执行有关的法律规定。

迄今为止，国际商法还没有一个公认的统一体系，各种版本教科书的侧重点有异，内容也不尽相同。因此，国际商法的体例有待于进一步研究与统一，所包含的内容需要进一步完善与确定。

二、关于国际商法的研究方法

学习国际商法必须具备民商法和国际贸易理论与实务的专业知识基础，同时也必须掌握必要的研究方法。这些方法包括如下方面。

（一）历史联系

就上层建筑和经济基础而言，作为上层建筑的法律，其发展是以经济发展为基础的，而经济的不断发展则使原有的法律体系不再适用，必须补充和发展，从而开辟出新的法律部门。国际商法正是在人类社会的生产发展到一定阶段，随着国际经济贸易交往日益频繁与深入而建立起来并不断发展的一门法律学科。

学习国际商法，首先，应当对国际商法的产生与发展做历史的考察，这样才能了解其发展规律。20世纪90年代以来，国际商法的诸多方面已经发生了重大的变化，大大丰富了国际商法的内容，其中合同法的变化尤其令人瞩目，这就涉及一系列有关的法律问题，必须有相应的法律加以调整与规范。其次，国际商法中有些概念虽然已经"过时"，但是在历史上曾经起过非常重要的作用，例如"对价"，有关合同法的著作是离不开"对价"这个概念的，因此，了解"对价"也就是了解合同法的基本历史联系。最后，中国的合同法也有很大的变化，新合同法已经代替了旧合同法，但是我们对于旧合同法的有关内容也应当有所了解，这是一定历史背景下的产物，在当时是发挥了很大作用的。

（二）比较分析

国际商法是一门专业法律课程，主要任务是运用比较法，介绍西方的两个法律体系——大陆法系与英美法系，介绍两个法律体系有关商事方面的法律规定，以及有关国际经济贸易的国际公约与贸易惯例。通过学习这门课程，学生能够了解并掌握从事国际经济贸易应当具备的基本法律知识。

国际商法运用的是比较法，即比较各国有关法律的异同。从总体上说，由于历史与文化发展的不同，大陆法与普通法是西方两个不同的法律体系，在对国际商法的许多法律规定方面是不相同的，即异多于同。但是，当涉及具体问题时，则并非那么绝对，必须具体问题具体分析，即异中往往有同，例如，在要约生效时间上，同属于大陆法的法国法与德国法并不一致，却与普通法相同；同中也往往有异，同属于普通法的美国法与英国法在有些方面也不尽一致，例如，在货物所有权与风险转移的问题上。如果能够在学习中注意总结与归纳这些异中有同与同中有异之处，就能够更加深入地了解国际商法的内涵。

简单地说，在从事对外经济贸易活动的过程中，不可避免地会遇到各种各样的法律问题，例如，当合同当事人一方违反合同时，另一方有什么补救办法；货物的所有权与风险在什么时候转移；怎么处理伪造背书的汇票；等等。对此，一方面，各国都有相应的法律加以调整；另一方面，在国际上还有一些有关的国际公约与惯例加以规定。这些相关内容都是应当学习与掌握的。

（三）联系实际

本课程是一门基础课程，其教学目的是学习和掌握与国际商法有关的基本知识，即基本的法律规定或条文，并不注重案例分析，因为案例分析涉及民商法的基本专业知识。实践证明，在没有这些基本专业知识的情况下进行案例分析，显然超出本课程的教学范围，其结果不是喧宾夺主，就是欲速不达。

但是，不注重案例分析并不等于不进行案例分析，如果联系实际做一些适当的案例分析，那么是有助于理解课文内容的。同时，学生自己如果能够有意识地运用所学的知识，联系日常生活中发生或遇到的一些问题，例如，结合媒体大量报道的与合同法有关的各种问题，学以致用，进行独立的思考与分析，相信是能够有所收获的。

（四）发展变化

20 世纪 90 年代以来，国际商法从内容到形式已经并且继续在发生重大的变化，几乎涉及本书的每一章：国际大并购使得跨国公司的影响与日俱增，而对其进行必要的控制和监管也已提到 WTO 的议事日程上来；电子商务和网上交易正在改变传统的合同法、货物买卖法、代理法和票据法等；传统的产品责任法只包括产品的生产和销售，随着环保意识的增强，西方发达国家已经立法把产品的回收（主要是电器和电子产品）也纳入其中；美国联邦法院的判例涉及电子商务方面的商标法、专利法和著作权法，其中一些立法已经确定了重要的规则和方法。这些动向值得注意，必须不断地加以跟踪研究，以便赶上国际商法新的发展和变化。

本教科书的宗旨是对国际商法所涉及的主要内容做基本的论述，以便学生了解国际商法的基本概念与基本法律规定，为今后进一步研究国际商法打好基础。学习国际商法有两个基本目的：（1）学习国际经济贸易专业或有关的知识，不仅要懂得国际经济贸易的基本理论，熟悉中国对外经济贸易的方针、政策与进出口业务，而且要了解有关国际商法的基本知识，以便适应中国在加入 WTO 后的法律"游戏规则"，更自觉地运用法律武器维护自身的利益；（2）既然国际商法是一门比较法的专业课程，那么，有比较才有鉴别，有鉴别才有取舍，即学习与借鉴外国法律，是为了补充与完善中国的法律体系，使其尽快与国际法律、法规接轨，以利于改革开放与经济发展。

必须强调的是，本书的编写是在国内已有研究成果基础之上所进行的一次"装修"：架构不变，房屋依旧，而门窗砖地，则拆除翻新，重新粉刷，希望给人以面目一新的感觉。也就是说，本书是国内有关教材与出版物各具特色的地方的综合互补之产物，这些材料来源见每章后面的"主要参考资料"。本书的主要"装修工作"是注意具体内容的与时俱进：对有些传统章节进行适当调整；对一些重点与难点做进一步的补充阐释；对若干已经发展和变化之处进行增补更新；同时每章都增加了有关中国立法的最新内容。

由于水平和时间的限制，本书欠妥或错误之处在所难免，敬请专家和读者随时指正。

编著者

2002 年 3 月

目 录

第 一 章

国际商法导论

国际商法（international commercial law），是指调整国际商事交易与商事组织的有关法律规范的总称。学习国际商法，首先，必须了解其渊源——有关国际公约与国际贸易惯例。其次，必须了解西方两大法律体系——大陆法系与普通法系，同时了解国际商法的基本原则以及民商法的一些基本概念。最后，必须了解中国有关的涉外经济立法与规定。

本章重点内容是了解和掌握：（1）国际商法的基本概念及其渊源；（2）两大法系的特点；（3）中国有关的民商立法。

重点问题

- 国际商法概论
- 西方两大法系
- 两大法系的比较
- 国际商法与相近法律的比较
- 国际商法的基本原则与概念
- 中国的法律制度

第一节　国际商法概论

一、国际商法的概念

国际商法，是指调整国际商事交易（commercial transaction）与商事组织（business organization）的有关法律规范（legal norm）的总称。

这一概念包含三层意思。一是国际商事交易，是指国际货物的买卖或交易活动。由于第二次世界大战后国际经济贸易的不断发展，国际商事交易呈现出多样化的趋势。因此，国际商法就有了传统国际商法与现代国际商法之分。传统国际商法所涉及的范围比较狭窄，只包括公司法、代理法、票据法、海商法与保险法等内容，而现代国际商法所包含的内容则比传统国际商法的内容要广泛得多，不仅涉及有形的货物交易，而且涉及无形的技术、资金和服务方面的新型国际商事交易与贸易实践，例如，国际投资、工程承包、技术转让、知识产权与专有技术的许可证贸易等。二是国际商事组织，是指个人企业、合伙企业和公司这三种企业的组织形式。在国际商法中，从事国际交易的主体——商事组织，主要是指跨国经营的涉外企业，特别是跨国公司，因为跨国公司是当代货物贸易、国际投资、技术转让与服务贸易的主要载体。三是法律规范，是指法律明文规定的标准或范围。

从这三层意思来看，由于国际商事交易与商事组织的活动是跨越国界的，必然涉及各国的商法，因此，国际商法是指根据各种法律明文规定的标准或范围，对涉外企业的内部组织与外部交易活动进行调整，使之规范；或者是指对涉外企业的内部组织与外部交易进行调整并使之规范时，所涉及的各种法律明文规定的标准或范围。

综上所述，国际商法调整的主体是国际商事组织，调整的客体是国际商事活动。从这一意义上说，国际商法也可以说是调整国际商事主体和客体两方面关系的有关法律规范的总称。

二、国际商法的主要渊源

法律的渊源，是指具有约束力的法律规范的表现形式。国际商法有两个主要渊源：(1) 国际公约；(2) 国际贸易惯例。

（一）国际公约

自19世纪90年代以来，世界各国先后订立了一系列有关国际商事活动的公约、条约、协定或议定书，成为国际商法的主要渊源。国际公约（convention）是指国家间有关政治经济、文化教育、科学技术和社会环境等方面的多边条约。

必须注意的是，这些国际公约又分为两种：一种属于实体法规则的国际公约，例如，1980年《联合国国际货物买卖合同公约》、1930年《统一汇票和本票法公约》与1931年《统一支票法公约》等。如果这些公约能够被各个国家和地区普遍批准与接受，就可以消除各缔约国之间在这些领域的法律冲突。另外一种属于冲突法规则的国际公约，例如，1973年《产品责任适用法律公约》、1930年《解决汇票和本票若干法律冲突的公约》与1931年《解决支票若干法律冲突的公约》等。如果这些公约能够被各个国家和地区普遍批准和接受，各缔约国之间在这些领域内的法律冲突规则就可以得到统一。

有关国际公约见表1-1。

表1-1 　　　　　　按年代顺序排列的有关国际商法的公约一览表

1. 19世纪80—90年代 （1）1883年《国际保护工业产权巴黎公约》（1884年7月7日） （2）1886年《保护文学艺术作品伯尔尼公约》（1887年12月5日） （3）1891年《商标国际注册马德里协定》（1892年5月25日）
2. 20世纪20—30年代 （1）1923年《日内瓦仲裁条款议定书》（1924年7月28日） （2）1927年《关于执行外国仲裁裁决的公约》（1929年7月25日） （3）1930年日内瓦《统一汇票和本票法公约》（1934年1月1日） （4）1930年日内瓦《解决汇票和本票若干法律冲突的公约》（1934年1月1日） （5）1931年日内瓦《统一支票法公约》（1934年1月1日） （6）1931年日内瓦《解决支票若干法律冲突的公约》（1934年1月1日）
3. 20世纪50—60年代 （1）1952年《世界版权公约》（1955年9月16日） （2）1958年《承认与执行外国仲裁裁决公约》（1959年6月7日） （3）1961年《保护表演者、录音制品制作者和广播组织公约》（1964年5月18日）

续前表

(4) 1964 年《国际货物买卖合同统一法公约》（1972 年 8 月 18 日）
(5) 1964 年《国际货物买卖合同成立统一法公约》（1972 年 8 月 23 日）
4. 20 世纪 70—80 年代
(1) 1970 年《专利合作条约》（1978 年 1 月 24 日）
(2) 1971 年《保护录音制品制作者防止未经授权复制其录音制品公约》（1973 年 4 月 18 日）
(3) 1973 年《产品责任法律适用公约》（1977 年 10 月 1 日）
(4) 1974 年《联合国国际货物买卖时效期限公约》（1988 年 8 月 1 日）
(5) 1977 年《关于人身伤害和死亡的产品责任公约》（1977 年 1 月 27 日）
(6) 1980 年《联合国国际货物买卖合同公约》（1988 年 1 月 1 日）
(7) 1985 年《国际商事仲裁示范法》（1985 年 12 月 11 日）
(8) 1985 年《关于对有缺陷产品责任的指令》（1988 年 8 月 1 日）
(9) 1987 年《联合国国际汇票和国际本票公约》（待定）
5. 20 世纪 90 年代以来
(1) 1994 年《与贸易有关的知识产权协定》（1995 年 1 月 1 日）
(2) 1994 年《商标法条约》（1996 年 8 月 1 日）
(3) 1996 年《电子商务示范法》（1996 年 12 月 16 日）
(4) 1996 年《世界知识产权组织表演和录音制品条约》（2002 年 5 月 20 日）
(5) 1996 年《世界知识产权组织版权条约》（2002 年 5 月 20 日）
(6) 2006 年《商标法新加坡条约》（2009 年 3 月 16 日）
(7) 2013 年《视听表演北京条约》（待定）

说明：公约前面的年份为通过或签订时间，后面括号中的年份为正式生效日期。

（二）国际贸易惯例

国际商法的另一个主要渊源是国际贸易惯例。国际贸易惯例（international trade practices）是指在长期的贸易实践中，逐渐形成并被许多国家认可和采用的贸易做法或习惯。国际商会在这方面发挥了重要作用，由其制定的 1990 年《国际贸易术语解释通则》与 1993 年《跟单信用证统一惯例》（修订本），在国际贸易中影响最大，已被广泛采用，对于便利和促进国际贸易起了重要作用。虽然国际贸易惯例不是正式的法律，不具有普遍的约束力，但是在国际贸易中是不可或缺的。因为根据许多国家的法律规定，如果当事人在合同中采用某一贸易惯例，那么，该贸易惯例就对双方当事人具有约束力。有的国家的法律还规定，法院对有关国际贸易惯例具有管辖权，即有权根据有关国际贸易惯例对双方当事人的合同做出解释与判决。

以下是有关的国际贸易惯例：1932 年《华沙—牛津规则》、1941 年《美国对外贸易定义修正本》、国际商会 1990 年《国际贸易术语解释通则》、国际商会 1993 年《跟单信用证统一惯例》（修订本）。

（三）国内法与各国判例

虽然国内法与各国判例不是国际商法的渊源，但在某些国际领域的重要性也不容忽视：它们对国际商法的渊源起着补遗的作用。

因为在诸如产品责任法、代理法和票据法等方面，迄今为止，仍然没有统一的国际公约对其进行规范，所以有关国家的国内法仍然发挥着重要作用。例如，美国在产品责任法方面的有关理论与规定，两大法系在代理法方面的有关理论与规定，英国和德国在票据法方面的有关法律规定等，均对其他国家颇具影响，起着示范和引领的作用。

此外，由有关国家以及国际商事仲裁机构所做的一些重要国际商事判例，对国际商事仲裁法的重要贡献也是显而易见的。这方面最典型的事例是关于仲裁条款独立性的有关条款和判例。许多常设国际组织、商事仲裁机构的有关规定与各国判例已确立了无可辩驳的先例，有力地说明仲裁条款的独立性已成为一项国际社会普遍接受的法律原则。

第二节　西方两大法系

西方国家的法律制度可以分为两个主要的法系：（1）以德国与法国为代表的大陆法系；（2）以英国与美国为代表的普通法系。

一、大陆法系

（一）大陆法系的地区构成

大陆法系（continental law system）在 13 世纪形成于西欧，除法国和德国以外，许多西欧国家也都属于大陆法系。随着殖民主义的扩张，西欧宗主国把自己的法律体系带到了各自的殖民地，在那里建立了相应的法律秩序。因此，大陆法也随之向世界各地扩展。现在，除西欧外，整个拉丁美洲、非洲的一部分、近东的某些国家都属于大陆法系。此外，在属于普通法系的国家中，某些国家的个别地区，例如，美国的路易斯安那州与加拿大的魁北克省，因为曾经是法国的殖民地，因此也属于大陆法系，英国的苏格兰也属于大陆法系。在亚洲，日本与土耳其等国家引入了大陆法；中国的澳门和台湾地区也属于大陆法系。

（二）大陆法的结构

大陆法系，又称为罗马法系或民法法系。大陆法的一个突出特点是强调成文法的作用。它在结构上强调系统化、条理化、法典化与逻辑性。大陆法所采取的方法是运用几个大的法律范畴把各种法律规则分门别类地归纳、总结在一起。这种结构分类的特点在法学与立法中均有不同程度的反映。

1. 大陆法各国都把全部法律分为公法与私法两个部分

这种分类法最早是由一位罗马法学家提出来的，即"公法是与罗马国家状况有关的法律，私法是与个人利益有关的法律"。当时，公法包括调整宗教祭司活动与国家机关活动的法规，私法则包括调整所有权、债权、家庭与继承等方面的法规。

大陆法继承了罗马法的这种结构分类方法，并且根据现代法律发展的状况，进一步把公法细分为宪法、行政法、刑法、诉讼法与国际公法，私法则分为民法与商法等。这样，因为大陆法各国在这些法律领域中都使用相同的法律制度与法律概念，所以，在大陆法系国家之间，虽然语言有所不同，但是它们之间的法律词汇却可以准确地互相对译，只要掌握了一个大陆法系国家的法律，就很容易举一反三，了解其他大陆法系国家的法律。

2. 大陆法各国都主张编纂法典

法国资产阶级革命胜利后，曾先后颁布了五部法典：《民法典》、《民事诉讼法典》、《商法典》、《刑法典》和《刑事诉讼法典》。其他大陆法系国家也制定了类似的法典，但是各国在法典的编制体例上却不完全相同。有些大陆法系国家把民法与商法分别编成两部独立的法典。早期公布的大陆法典，例如，法国与德国的法典都采取了所谓民商分立的编制方法，即在民法典（civil code）之外，还订立了商法典（commercial code）。但是有些大陆法系国家的法典则采取所谓民商合一的编制方法，即把商法并入民法典中，作为民法典的一个组成部分。但是，这只是形式上与法律结构上的区别，实际上，民法与商法还是两个不同的法律部门，即使是在所谓民商合一的国家，例如，瑞士、意大利与荷兰等国家，它们在大学法学院的教学中，也还是把民法和商法列为不同的学科课程进行教学。

（三）大陆法的渊源

大陆法系国家是成文法（written law）国家，都强调成文法的作用，但是这并不是说，在大陆法系国家法律就是法的唯一渊源。如同英美普通法系国家虽然强调判例的作用，但是判例并不是英美法的唯一渊源一样，大陆法系国家除了法律以外，还有其他重要的法的渊源。大陆法与英美法的不同之处在于：大陆法在探索法时，以法律为出发点；英美法则首先考虑法院的有关判例。

从总体上看，大陆法受到罗马法的深刻影响，有的国家的法典就直接继承了罗马法的精神与传统。罗马法是古罗马奴隶制国家全部法律的总称。《国法大全》包括了罗马法的基本原则与制度，是研究罗马法的重要文献。此法律大全是东罗马帝国皇帝优士丁尼（公元526—565年在位，Justinian，拉丁文读法译为"优士丁尼"，英文读法译为"查士丁尼"，两者均可，前者比较通用）（527—565年）即位的第二年开始进行编纂的，旨在以法律的形式把各种法律制度固定化与系统化，维护罗马帝国晚期摇摇欲坠的统治制度。533—534年，这位东罗马帝国的皇帝先后颁布了三部法律汇编：（1）《学说汇编》（Digest），它是这部法律大全最重要的组成部分。它收集了罗马历史上40位著名法学家著作的片段，汇编为50卷。（2）《法学阶梯》（Institute），它是一部法学教科书，共4卷。（3）《优士丁尼法典》（Code），它是罗马历代皇帝敕令的汇编，由于内容繁多，因此只收集与编写那些在当时仍然具有现实意义的敕令，并且加以审订与删改，总共12卷。此外，还有一部《新律》（Novels），它是一部新的法令汇编，是由私人编写而成的，收集了优士丁尼皇帝在编写上述法典以后所颁布的敕令，其中还包括优士丁尼皇帝继承者的若干敕令。这四部法律汇编到公元12世纪时被总称为《国法大全》，被认为集罗马法之大成。罗马法基本上是完整的私法体系。罗马法学家一般把私法分为三类：自然法、市民法与万民法。罗马法学家把自然法称为自然与上帝的理性，普遍适用于永恒不变的正义，是各国成文法的准则和依据；市民法是国家颁布的有关公民个人权利的法令或习惯法；万民法是旨在调整帝国范围内自由人的财产关系，特别是有关所有制与契约的各种规范。

罗马法源于罗马城邦，最后形成具有世界性质的法律。欧洲资产阶级革命后建立起来的新政权，从罗马法中汲取营养，制定了一系列民法典。例如，著名的1804年正式实施的《法国民法典》就是以《法学阶梯》为依据的，而1900年正式实施的《德国民法典》则更多地受到了《学说汇编》的影响。就是英美普通法系，也可以从中找到罗马法的影子，例如，英国的教会法、商法与衡平法均受到了罗马法的一定影响。

除了罗马法的重要影响之外，大陆法的渊源主要有如下四个。

1. 法律

法律是大陆法的主要渊源。这种观点在19世纪取得绝对优势，因为当时几乎所有大陆法系国家都编纂了各种法典，并公布了成文宪法，成文法已经相当完备。这里所谓的法律或成文法是指制定法，包括宪法、法典与条例等。

（1）宪法（constitution）。就法律地位而言，宪法具有最高的权威性，但是，在大陆法系国家中，各国宪法的效力与地位也有差异。在有些大陆法系国家，宪法可以根据一般立法程序制定与修改，宪法的效力与普通法律没有差别。另一些国家则认为，宪法是根本法，宪法不同于普通法律，宪法的效力优于普通法律，因此，宪法必须经过特殊程序才能制定或修改，并且建立了一套监督违宪的制度，对其他法律是否符合宪法进行监督。但是，各国负责监督的机构以及监督的方式也有所不同。在日本和某些拉丁美洲国家，像美国一样，任何法官都有权宣布某项法律违宪，从而拒绝予以执行。而欧洲的一些国家，例如，意大利与奥地利等国家，则设有专门的宪法法院，其他法律是否违宪必须经由宪法法院审查宣布。一般法院如果怀疑某项法律违宪，只能中止诉讼程序，申请宪法法院予以裁决，无权自行宣布某项法律违宪。

（2）法典（code）。法典在大陆法系国家具有非常重要的作用，是主要的渊源。大陆法系国家都制定了一系列法典。所谓法典，是把有关同一类内容的各种法规与原则加以收集，使之系统化，汇编为一个单一的文件。例如，法国的民法典、刑法典、商法典、民事诉讼法典与刑事诉讼法典。

（3）条例（regulation）。除了由立法机关制定的法律之外，在大陆法系国家还有许多由行政机关制定的成文法。这种成文法称为条例。这些条例有两种情况：一种情况是在某项法律的既定范围内为实现该项法律而制定，立法机关只确定原则与一般规则，而把细则留待行政机关做出具体决定；另一种情况是由宪法授予行政机关制定条例的权力，例如，法国宪法承认行政机关有制定条例的权力，而德国只承认行政机关可以在法律的既定范围内制定有关的条例。

2. 习惯

习惯（custom）是指社会共同生活长期形成的各种惯例，是对法律的重要补充。当然，不是所有的习惯均可以成为法律渊源。习惯要成为法律渊源必须符合下列条件：（1）悠久性；（2）持续性；（3）自发性；（4）合理性；（5）确定性；（6）强制性；（7）一致性。

一般而言，大陆法系国家都承认习惯是法律的渊源之一，但是，法国法学界与德国法学界对习惯则持不同的态度。法国学者认为，自从制定法典之后，法律就是法的主要渊源，习惯的作用甚微。法国、意大利与奥地利等国家都认为，只有在法律明文规定法官必须援用习惯的情况下习惯才能适用。与此相反，德国与瑞士则把法律与习惯相提并论。但是，这只是理论上的分歧，实际上差别并不大。

在大陆法系国家，习惯仍然具有一定的作用。某些法律必须借助于习惯才能被人们理解，立法者在其制定的法律中所使用的某些概念有时也必须参照习惯才能理解其含义。例如，一个人的行为在什么样的情况下才构成"错误"，什么样的标记才构成"签名"，以及什么是"合理期间"等，都必须借助于习惯才能加以确定。

3. 判例

大陆法系国家强调成文法的作用，原则上不承认判例（case）具有与法律同等的效力。一项判决只对被判处的案件有效，对日后法院判决同类案件并无约束力。这是大陆法与英美法的主要区别。这是因为：（1）法院只能在立法机关制定的法律框架范围内活动，判例只是对成文法的解释。《法国民法典》第5条明确规定，禁止法官发布一般性的条例并依此进行判决。其他大陆法系国家都有类似的规定。因此，在大陆法系国家，判例的适用范围是有限的，法官不能超越成文法的框架通过判例创立新的法律规则。（2）判例所形成的规则不具有与立法机关制定的法律相同的效力。法院不受判例的约束，法官在做出判决时，一般也不能援引判例作为理由，而且法院随时可以把过去的判例颠倒过来，法官在这样做的时候无须申明其理由。

但是也有一些例外的情况，有的国家规定法官应受某种判例的约束。例如，德国规定联邦宪法法院的判决在《联邦公报》上发表后即具有约束力，并且承认由"经常的判例"所形成的规则即属于习惯法规则，法院应予以实施。又如，阿根廷与哥伦比亚最高法院关于宪法的判决，以及瑞士联邦法院关于宣布某一州的法律违宪的判决都具有约束力。西班牙把最高法院多次判决形成的判例称为"法理"，日后如果遇到违反该项"法理"的判决，则可以向最高法院提起上诉。这说明进入 20 世纪后，判例在大陆法中具有较强的说服力，其作用具有日益增强的趋势。

4. 学理

学理原指科学上的原理或法则（scientific principle or law），也指学术理论（academic theory），这里是指学理解释。按照法律解释的主体和效力不同可把法律解释分为法定解释和学理解释两大类。与法定解释相反，学理解释又称为非正式解释、无权解释或任意解释，是指非法定的国家机关、社会团体、法学工作者以及报刊等从法律理论和各家学说的角度对有关法律、法规的内容和含义所做的说明，其特点是不具有法律效力，不是法官审判案件的依据。但是，从法律的渊源及将来的发展来看，学理解释是一个很重要的法学发展的推动力量。

一般而言，学理不是法的渊源，但是，在大陆法发展的过程中，学理起着重要的作用。这主要表现在对立法与司法具有较大的影响：（1）学理为立法者提供法学理论、法律词汇与法律概念，通过立法者的活动，制定为法律；（2）对法律进行解释，并对判例进行分析与评论；（3）通过法学家的著作，培训法律人员，影响法律实施的过程。

（四）大陆法各国的法院组织

大陆法各国的法院组织虽然各有特点，但是也有一些共同之处。主要表现在：法院的层次基本相同；各国除普通法法院以外，都有一些专门法院与普通法法院同时并存。

各国法院分为三级，即第一审法院、上诉法院与最高法院。有的国家根据诉讼的性质与金额的大小设立各种不同的第一审法院。在有的国家，除普通法法院外，还设有商事法院、亲属法院与劳动法院，专门受理有关商务关系、家庭关系与劳资关系的案件。商事法院限于第一审法院，所以，并不成为与普通法法院并行的体系。有些国家，例如，意大利、荷兰、葡萄牙与巴西等，已取消了商事法院，把这类案件移交普通法法院受理。上诉法院主要受理对第一审法院判决不服的上诉案件，但是对可以提出上诉的条件，各国有不同的规定。关于最高法院，有的国家是上诉审法院或再上诉审法院；而有的国家则规定，最高法院只能维持或撤销原判决，不能进行实体审理。

此外，有些国家，例如，德国、法国、奥地利、比利时、意大利、芬兰、卢森堡与瑞典等，还设有行政法院并构成独立的审级层次；有些国家，例如，西班牙、瑞士以及大多数法语非洲国家虽然设有行政法院，但是隶属于最高法院行政诉讼庭，没有形成独立的审级层次；另外一些国家，例如，日本、丹麦、挪威、阿根廷、巴西、智利与秘鲁等，则不设行政法院。有些国家除设有行政法院系统外，还有其他一些独立的司法机关，例如，德国设有劳动法、税法的最高联邦法院，瑞士设有关于海关法、军事法、社会保险法等的联邦法院。有些大陆法系国家实行联邦制，其法院组织体系更为复杂，往往在州法院之上还设有联邦法院。

二、普通法系

（一）普通法系的地区构成

普通法形成于英国，后来扩展到美国及其过去曾受英国殖民统治的国家与地区，主要包括加拿大、澳大利亚、新西兰、爱尔兰、印度、巴基斯坦、马来西亚和新加坡。南非原属大陆法系，后被英国吞并，受英国法的影响，是大陆法与普通法的混合体，斯里兰卡也有相似的情况。菲律宾原是西班牙殖民地，属大陆法系，后来随着美国的入侵，引进了英美普通法的因素，所以，菲律宾也是一种混合体。中国香港也属于普通法系。

普通法系国家以英国与美国为代表。英国和美国虽然有许多共同之处，例如，两国都以判例作为法的主要渊源，都有普通法（common law）与衡平法（equity）之分，但是两国的法律在自身的发展过程中也各自形成了一些不同的特点，因此，有必要了解两国的法律与法院。

（二）英国法

1. 英国法的结构及其特点

英国法的一个主要特点是二元性的法律结构。与大陆法不同，英国法不是把法律明确地分为公法与私法，而是分为普通法与衡平法。

普通法是英国在中世纪时期形成的一种法律制度。普通法来源于习惯法，实际上表现在法官的判决中，以判例的形式出现，所以，又称为"判例法"（case law）。

"普通法"一词具有不同的含义。首先，广义而言，它是指12世纪以后通行于英格兰的法律，它是在中央集权下形成的，由国王领导下的国家法院统一适用，以区别于英格兰领主法院等适用的习惯法，也区别于只适用于特殊阶层和行业的商人法。其次，狭义而言，它是指12世纪后由英格兰皇家法院所创立、适用和加以发展的判例法，就表现形式与产生的途径而言，它区别于来自立法机构的制定法，就适用的主体而言，它区别于由衡平法法院所适用的衡平法。最后，从比较法的角度而言，它泛指以英格兰法为基础和以判例法为主要法律渊源的国家或地区的法律制度，区别于以制定法为基础的民法体系的国家或地区的法律制度。

总之，普通法系是一个以英格兰普通法为基础而形成的世界性法律体系，是当代世界主要法系之一，英国法和美国法在其中占有重要的地位，所以，又称为"英美法系"。

衡平法出现于14世纪，当时英国商品货币关系进一步发展，社会关系更为复杂，出现了许多以前所没有的法律关系，为了补充与匡正由普通法的不足而产生的案件，国王指示枢密大臣审理这类案件。枢密大臣审理这类案件时有自由裁量权，可以不受普通法的约束，而是根据所谓"公平与正义"的原则做出判决。因此，这些判决就逐渐形成了"衡平法"。

在英国历史上，衡平法法院与普通法法院长期并存，直到1875年《法院组织法》公布后，才取消了这种二元的法院结构，建立了统一的法院体系。

英国法的另一个特点是重视程序法（adjective law）。与此相反，大陆法系国家对实体法的重视多于程序法。英国重视程序法是有其历史原因的。英国的普通法是由当事人根据一定的令状（writ）向法院起诉，由法院以判决的形式逐步发展起来的。而由每一令状开始的诉讼均有其固定的程序，每一种诉讼程序都有一套专门的术语，不得在另一种诉讼程序中使用。衡平法也有类似的情况。它也有自己特有的诉讼程序，也是由法院以判例的形式形成与发展起来的。在这种意义上，可以说英国的实体法是通过各种诉讼程序形成的。在英国，如果某种权利缺乏适当的救济方法，这种权利就不能存在，就不能得到法律上的保障。所以，英国法有一句格言："救济先于权利。"（Remedies precede rights.）这里的所谓救济，是指通过一定的诉讼程序给予当事人以法律上的保护，属于程序法的范畴，而权利则属于实体法的范畴。这表明诉讼程序在英国法中占有十分重要的地位。这种形式主义的诉讼程序至今还有很大的影响。

2. 英国法的渊源

（1）英国的法院组织。英国法是判例法，但是并不是任何法院的判决都能形成先例，都具有约束力，只有高级法院的判决才能成为先例，才具有约束力。因此，为了理解判例法的形成过程，首先必须了解英国法院的组织情况。

第一，郡法院与治安法院。郡法院是根据 1846 年《郡法院法》设立的。它专门受理轻微的民事案件。其特点有两个：一是它的管辖权完全由制定法限定；二是它具有明显的地域性。现在英格兰与威尔士约有 400 个郡法院管辖区，每个管辖区设一个郡法院，通常由一名巡回法官主持审判。审判时没有陪审团参加。若当事人对判决不服，可以向上诉法院提出上诉。

治安法院在英国很早就形成了。它有权处理轻微的刑事案件，同时还具有一些管理地方行政的权力。1888 年，治安法官的行政权转移到地方行政机关，仅保留了司法权。1952 年《治安法院法》规定了治安法院管辖的范围：一是法律规定应以简易程序审理的案件；二是对严重刑事案件的预审；三是少年犯罪案件；四是审理关于所得税、水电煤气费与确认亲子等轻微民事案件。治安法院由 2 名以上 7 名以下治安法官组成。

第二，最高法院。中世纪英国的中央高级法院机构重叠，管辖权限不清。1873—1875 年，《司法法》对法院系统做了重新调整，设立最高法院。最高法院并非独立的法院，也不是最高审级。它由高等法院与上诉法院组成。高等法院是在合并原先的王座法院、普通诉讼法院、理财法院、衡平法法院、海事法院、离婚与婚姻诉讼法院和遗嘱检验法院的基础上组成的。新设立的高等法院包括五个分庭：大法官分庭，王座分庭，普通诉讼分庭，理财分庭，遗嘱检验、离婚与海事诉讼分庭。1881 年，普通诉讼分庭与理财分庭被并入王座分庭，从而只剩下三个分庭。1971 年，将遗嘱检验、离婚与海事诉讼分庭改为家庭分庭。其中遗嘱检验与海事诉讼分别划归大法官分庭与王座分庭管辖。

高等法院各庭由高等法院法官和记录法官开庭审判。对高等法院的判决不服的，可上诉至上议院。

上诉法院建立于 1966 年，由原来的刑事上诉法院和专理民事上诉的上诉法院合并而成，分两个上诉庭，即民事上诉庭和刑事上诉庭。民事上诉庭受理不服郡法院判决的上诉案件；刑事上诉庭受理不服刑事法院判决的上诉案件。上诉法院由上诉法官、高等法院法官以及全国 4 名最高级的司法官员（大法官、高等法院首席法官、档案长和家庭分庭庭长）开庭审理。对上诉法院的判决不服的，也可上诉至上议院。

第三，上议院。在 17 世纪，上议院的司法权得到确立。最初只对不服大法官与衡平法法院判决的案件进行审理，后来上诉管辖权不断扩大，主要受理来自上诉法院、高等法院等高级法院的上诉。但是，这种上诉管辖权过去长期只限于民事案件，直到 1907 年才获得对刑事案件的上诉管辖权。此外，上议院还有权对犯有叛国罪与重罪的贵族进行初审，1948 年取消了这种贵族犯罪由贵族自己审理的做法。在审理案件时法定人数为 3 人，只对上诉案件的法律问题进行审理，其判决是终审判决。

上议院为最高审级，只审理内容涉及有普遍意义的重大法律问题的上诉案件。其司法权由常设上诉议员行使；他们不阅案卷，只听取双方律师陈述，其裁决以上议院决议形式做出。

第四，大法官。大法官一职在英国具有特殊重要性。英国资产阶级革命后，大法官继续行使最高衡平审判权与其他权力，1875 年，衡平法法院与普通法法院合并后，大法官仍是高等法院的大法官庭庭长。更为重要的是，大法官还是上议院院长、最高法院院长与重要的内阁成员。他除了主持上议院与大法官分庭的审判之外，还可以参加高等法院与上诉法院的庭审。大法官由首相提名，国王任命。而英国所有高级法院乃至治安法院的法官，都由大法官向国王提名推荐。2009 年 7 月下旬，英国上议院司法委员会在完成最后一批案件的审理之后，结束了其延续了几百年的使命。根据英国议会 2009 年 7 月初通过的《最高法院规则》，12 位大法官将从威斯敏斯特宫搬入新的最高法院大楼，从 10 月 1 日起，最高法院将以一个独立的政府分支重新开始运作。这项司法改革，是英国前首相布莱尔新工党政府大规模宪政改革的重要组成部分，是 2005 年《宪政改革法》的自然延续。这项改革最直接的后果是，上议院被剥离了其最后一项实质性职能——最高法院的司法权，在历经 500 多年的权力衰减之后，上议院因此而近乎成为一个虚设机构。

第五，枢密院司法委员会。1641 年，星宫法院①撤销后，枢密院②不再对发生于英国的案件行使管辖权。随着海外殖民地的建立，枢密院成为英国殖民地的最高上诉审理机关。1833 年的一项法律创立了一个司法委员会，附属于枢密院，由枢密院正副院长、大法官与 3 名普通法法院的首席法官组成。1871 年后，将殖民地高等法院的法官增补入内。枢密院司法委员会除了受理来自殖民地的上诉外，还对殖民地的立法进行监督，将其认为与英国法相抵触的殖民地立法宣布为无效。它不受自己先前判决的约束，它的判决对英国本土的下级法院没有约束力，只有说服力。1931 年《威斯敏斯特法》的颁布，特别是后来许多殖民地的相继独立，使该委员会的上诉管辖权主要限于受理英联邦若干地方的上诉案件与一些属于海军和教会的上诉案件。

除上述法院外，英国还有一些专门法院，例如，军事法院与验尸法院等。

总之，英国的法院组织与法官具有以下特点：一是司法权较为分散，立法机构和某些行政机构与法院同时享有司法权。二是经过改革，法院组织虽然已比先前大大简化并趋于系统化，但是法院体系仍较复杂，在最高法院之上还有一个上议院。三是根据 1701 年《王位继承法》的规定，法官可以终身任职并领取法定薪金，这被认为是保障司法独立的重要措施。四是英国高级法院的法官都来自从业多年并出类拔萃的出庭律师，法官的素质较高。

（2）英国法的渊源。从历史上看，英国是判例法国家，因此，判例法无疑是英国法的主要渊源，成文法即制定法则处于次要地位。

---

① 星宫法院（Court of Star Chamber, 1487—1641），也称为星座法院，是英国国王掌控的专门审理政治案件的刑事专门法庭，以及历史上受理刑事诉讼的衡平法法院，是英国法制史上以暴虐专横著称的法院，因法院建筑物上画有星状标志而得名。因此，英国资产阶级革命后开始的长期议会于 1641 年通过的首批法令之一，就是废除了星宫法院等暴政机构。

② 枢密院（Privy Council）是英国国王的私人顾问机关。中世纪时，成为协助国王处理立法、司法和行政事务的中央政府机构。1688 年"光荣革命"后，英国逐步确立了君主立宪政体，枢密院遂失去实际权力。18 世纪初，原枢密院外交委员会发展为内阁。从此，枢密院名义上仍是英国最高政府机构，实际上大部分权力由内阁行使，现在只具有礼仪性质。其司法委员会原本可直接行使的有关司法裁判权，已于 2009 年移交至英国最高法院。

第一，判例法。判例法是英国法的主要渊源。它是由英国高等法院的法官以对案例判决的形式确立和发展起来的重要法律规则。判例法的一个主要特点是，法院在判决中所包含的判决理由必须得到遵循，即对做出判例的法院本身和对下级法院日后处理同类案件均具有约束力，否则就谈不上判例法。这就是在 19 世纪上半期所确立的"先例约束力原则"（rule of precedent）。这项原则包括以下三个方面的内容：一是上议院的判决构成具有约束力的先例，对全国各级审判机关均有约束力，一切审判机关均必须遵循。过去，上议院本身也必须受其所做的先例的约束，但是 1966 年英国枢密大臣宣布，以后上议院可以不受其先例的约束，使上议院可以根据形势的发展变化改变它以前所做出的先例。二是上诉法院的判决可以构成对下级法院具有约束力的先例，而对上诉法院本身也有约束力。三是高等法院每个庭的判决对所有低级法院均具有约束力，对高等法院的其他各庭以及对王座法院也有很强的说服力。

由此可见，只有上诉法院、高等法院与上议院的判决才能构成先例，才具有约束力，至于其他法院或准司法机关（即各种委员会）的判决只具有说服力，而没有约束力。说服力与约束力是两个不同的概念：具有约束力的先例是必须遵循的，而具有说服力的判决则可以由法官根据具体情况酌情处理。

第二，成文法。成文法也称为制定法（statute law），是英国法的重要渊源。成文法包括两种：一种是由立法机关即议会制定的法律；另一种是由行政机关根据法律制定的条例。但是，由于英国法从历史上说主要是判例法，根据英国的传统理论，判例法是基础，成文法只是对判例法所做的补充与修正。据此认为，法律规则应当包含在高等法院判决的"判决理由"之内。因此，即使是议会制定的成文法，也必须经过法院判决加以解释，重新予以肯定，甚至在某些情况下加以曲解才能被吸收进英国的法律体系中。虽然这种理论在 20 世纪后已经有了很大的改变，但是这种法律传统仍然有一定的影响，成文法还是只有通过判例法才能起作用。这是英国法的又一特点。

必须指出的是，在以英国与美国为首的普通法系国家，制定法与判例法以不同的形式调整社会的法律关系，满足社会的政治、经济与文化发展的需要。两者既有联系，也有区别：一是制定法是由国会（议会）或经国会（议会）授权的机构制定与颁布的法律，判例法则是法官通过处理具体案件创制和发展起来的法律；前者突出的是国会（议会）的作用，后者体现的是法官的作用。二是制定法多是对某一领域法律关系的横向调整，判例法则表现为对同类法律关系纵向调整的不同系列。判例法可以通过法官发展先例实现某种程度的改革，但是大规模的法律发展与变革，往往要通过颁布制定法实现，在现代社会尤其如此。三是制定法表现为成文法，比较注重逻辑和系统性，法律规则或原则比较明确和具体，而判例法是不成文法，缺乏系统性和明确性，不易为一般人所掌握。

第三，习惯。在盎格鲁-撒克逊时代通行习惯法，习惯是当时法的主要渊源。但是，在英国普通法形成的过程中，法的渊源是判例法而不是习惯法。因此，习惯现在在英国法律中所起的作用极小。根据至今仍然有效的 1265 年的法律，只有那些在 1189 年时已经存在的地方习惯才有约束力。因此，只要能证明在 1189 年时不可能存在此种习惯，该习惯就不能被认为有约束力。

（三）美国法

1. 美国法的结构

美国属于普通法系。美国与英国一样以判例法作为法的主要渊源，而把成文法看作对判例法的补充或修正。美国法采用英国法的范畴、概念与分类方法，也存在普通法与衡平法的区别，这是美国法与英国法的相同之处。但是，由于美国是联邦制国家，在美国法律中，既包括联邦法，也包括州法。因此，美国法律的结构与英国法律的结构又有很大的差异。

美国的法律分为联邦法与州法两大部分，这是美国法律结构的一个主要特点。美国联邦宪法对联邦与各州的立法权都做了明确的规定。根据 1791 年美国《宪法修正案》第 10 条的规定，凡是宪法未授予联邦或未禁止各州行使的权力，均属于各州。这就是说，各州的立法权是原则，联邦的立法权属于例外。各州保留了相当大一部分立法权，但是联邦的法律高于各州的法律，如果州法与联邦法相抵触，则应适用联邦法。在民商立法方面，联邦的立法权范围主要包括银行、工业、国际贸易、州际贸易、专利权和税收等事宜，但是即使在上述范围内也不排除各州的立法权。各州不得在联邦立法权范围内制定与联邦法律相抵触的法律，但是可以制定补充内容或附加性的法律。例如，联邦有联邦的税法，各州也有各州的税法。

由于美国的特殊历史条件，各州在立法方面享有很大的权力。尽管进入 20 世纪以来，联邦的立法活动大大增多，联邦法的作用不断加强，但是在日常生活中，州法仍然起着十分重要的作用。

2. 美国的法院组织

美国的法院组织也反映了联邦制的特点，设有联邦法院与州法院两套系统。

在殖民地时期，司法组织很不统一。就法院系统而言，殖民地时期大体可以分为三级：基层法院是治安法院，中层法院是中级法院，顶层法院是高级法院，但是对这些法院各殖民地有不同的称谓。同时，高级法院的司法权由法官与总督及立法机关共同行使。另外，早期并没有普通法法院与衡平法法院的划分，由单一法院体系同时受理普通法诉讼与衡平法诉讼。18 世纪后逐渐出现一些特别法院，例如，衡平法法院等。但是，美国从来就没有设立过宗教法院。在独立后，美国重新构建了自己的法院组织。

(1) 联邦法院系统。1787 年宪法规定，联邦政府司法权属于联邦最高法院与根据国会立法建立的联邦下级法院。1789 年，国会制定的《司法法》对联邦系统的法院组织做了规定。根据这部法律，联邦法院分为三级。

第一级为联邦地区法院（Federal District Courts）。根据国会制定的《司法法》，联邦在各州及以当时的俄亥俄、肯塔基两属地为一个司法区，各设立联邦地区法院一所，作为联邦系统的基层法院。后来随着领土的扩大，根据人口数量将全国划分为不同的司法区，每一个司法区设一所联邦地区法院。现有 90 个司法区，其中一半的州只有 1 个这样的法院，而在有些大州则多至 4 个。联邦地区法院管辖的案件包括刑事与民事两个方面，但是必须符合下列条件之一：合众国为当事人一方；涉及对联邦宪法、法律或条例的解释；州际公民之间的诉讼。

第二级为联邦巡回法院（Federal Circuit Court）。联邦巡回法院，也称为上诉法院（Court of Appeals），根据 1789 年《司法法》，当时的美国各州划分为东部、中部与南部三个巡回区。1791 年开始在每个巡回区各设一个巡回法院，作为联邦中级法院。后来随着人口、州数与诉讼的增多，巡回区有所增加。1948 年，将联邦巡回法院更名为联邦上诉法院。现有 13 个巡回区，它们是 11 个巡回区，加上哥伦比亚特区巡回区和联邦巡回区。这样，相应地有 13 个上诉法院：美国第一到第十一巡回上诉法院（U. S. Court of

Appeals for the 1st-11th Circuit）、哥伦比亚特区巡回上诉法院（DC Circuit Court of Appeals），以及美国联邦巡回上诉法院（U. S. Court of Appeals for Federal Circuit，CAFC）。后者是唯一的一家审理专利上诉案的联邦上诉法院。由于各巡回区的诉讼量不一样，巡回法官的数量也有很大的差别。例如，第五巡回区有 26 名巡回法官，而第一巡回区只有 4 名巡回法官。联邦上诉法院除了受理对联邦地区法院判决不服的上诉案件外，还受理对后来出现的联邦系统专门法院或具有司法权的行政机构（例如，联邦贸易委员会等）的判决不服的上诉。对联邦上诉法院判决的案件极少能上诉到联邦最高法院。此外，还有 3 个特别法院——索赔法院、关税法院、关税与专利权上诉法院。

第三级为联邦最高法院（Federal Supreme Court）。联邦最高法院亦称美国最高法院，是美国政府三权分立的机构之一，是美国最高司法机关。1789 年《司法法》规定，联邦最高法院由 1 位首席大法官（chief justice）与 5 名大法官组成，1790 年开庭。后来，大法官的人数有所变动。1869 年定为 9 人，至今未变。根据 1787 年《宪法》第 3 条第 2 款的规定，联邦最高法院的管辖权分为两种：①对关于大使、公使与领事的案件以及以州为当事人的案件具有初审权。②对下列案件行使上诉裁判权：关于普通法与衡平法的案件；基于联邦宪法与合众国法律以及根据合众国权力所缔结与将缔结的条约所发生的案件；关于海商法律与海事管辖权的案件；以合众国为当事人的诉讼，州与州之间、一州与他州公民或者州际公民之间的诉讼；一州或者其公民与外国或者外国公民之间的诉讼；同州公民的争执；不同州让与土地的诉讼。对于具备上述性质的案件，当事人对联邦上诉法院或州终审法院的判决不服的，可以向联邦最高法院提出上诉。同时，当事人还可以申请联邦最高法院颁发调卷令，对联邦上诉法院或州终审法院判决的案件进行重新审查。

联邦最高法院还有一项重要的权力，即"司法审查权"（judicial review）。这项权力并非来自联邦宪法，而是联邦最高法院通过司法判例确立的，即由著名的联邦大法官马歇尔在"马布利诉麦迪逊案"（Marbury v. Madison，1803）中做出的，由此开创了最高法院对违宪的司法监督与审查权，即具有对宪法进行权威性解释的权力，以及具有审查联邦与各州的立法是否合宪的权力。但是在这一判决后的半个多世纪内，最高法院并没有行使这一权力，直到 1857 年后，才开始充分行使这种权力。司法审查权的确立与发展，不仅对美国法律与社会经济的发展具有重要的意义，而且对世界各国宪政的发展也具有深远的影响。

（2）州法院系统。根据联邦宪法，各州有权设立自己的法院，结果造成各州的法院体系与名称多种多样。在 19 世纪中期以前，各州法院在审级管辖界限上并不严格。例如，多数州的高级法院同时受理初审案件，后来才仿照联邦法院的体系采取三级审判制，并明确了各自的权限。

州基层法院称"区法院"、"巡回法院"或"普通诉讼法院"等，对属于州法院管辖的刑事与民事案件进行初审。此外还有县法院与警察法院等小型法院，负责处理一些轻微的案件。州中级法院的名称也很不一致，它们受理对基层法院判决不服的上诉，但是有的州规定中级法院对某类案件具有初审管辖权。州最高法院是州法院系统的最高审级，在各州称作最高审判法院、最高上诉法院或上诉法院，受理对州中级法院判决不服的上诉案件等。有的州还规定，对基层法院判决不服的某些案件，当事人可以直接向州最高法院提出上诉。在联邦法院与州法院管辖权的关系上，自美国内战结束以来，联邦法院系统管辖的范围不断扩大，州法院的管辖权受到限制并相对缩小，但是绝大多数案件仍由州法院受理。

联邦法院系统的法官，均由总统提名经参议院同意后任命，他们终身任职并领取法定薪金。州法院的法官，一般由选举产生或由州长任命，在任期与工资待遇上各州的规定不同。

3. 美国法的渊源

美国与英国一样，都属于判例法国家，判例是美国法的主要渊源。但是19世纪末以来，成文法的数量大大地增加，成文法在社会生活中的作用越来越重要。因此，有些美国法学家认为，现在的美国法律制度既不是纯粹的判例法，也不是完全的成文法，而是一种混合的制度。虽然如此，美国至今仍然强调判例法，即使是成文法，也要通过法院判决的解释才能发挥作用。

（1）判例法。美国法主要来源于判例法，尤其是在私法方面，主要是由判例法组成的。

19世纪以来在英国形成的先例约束力原则，在美国也同样适用，但是由于美国是联邦制国家，存在联邦法与州法的区别，因此，在适用先例约束力原则时，美国有其自身的特点。

美国先例约束力的内容包括：第一，在州法方面，州的下级法院必须受其上级法院判例的约束，尤其是州最高法院判例的约束；第二，在联邦法方面，必须受联邦法院判例的约束，尤其是受美国最高法院判例的约束；第三，联邦法院在审理涉及州法院办理的案件时，必须受相应的州法院的判例的约束，但是以该判例不违反联邦法为原则；第四，联邦与州的最高法院不受其以前确立的先例的约束，可以推翻过去的先例，并且确立新的法律原则。

美国法律制度的发展，是成文法与判例法相互作用的结果。一方面，立法机关可以通过成文法，改变判例中某些已经过时的法律规则，使法律适应社会经济与政治发展的要求；另一方面，成文法又必须经过法院判例的解释才能起作用。因此，在美国真正起作用的不是法律条文本身，经过法院判例予以解释的法律规则才是适用的法律。如果立法者认为法院的判例偏离立法的目标太远，他们可以制定新的法律加以匡正。

美国的判例数量是很大的。据统计，单是各州与联邦最高法院每年就要判处2.3万～3万起案件，全国每年大约要出版判例汇编350卷，要熟悉这样浩繁的判例是十分困难的。为了克服各州判例的不正确性与相互矛盾之处，美国把各州的判例法统一起来，1923年成立了美国法学会（American Law Institute）。该法学会把与经济活动有密切联系的商法与部分民法的判例法进行综合整理，编纂成各种判例法汇编，称为《法律重述》（Restatement of the Law）。《法律重述》采取法典形式，分为篇和章，由条文组成。《法律重述》的内容都属于州法的范围。现在已经出版的共有19卷，主要包括：第一，合同（2卷，1932）；第二，代理（2卷，1933）；第三，法律冲突（1卷，1934）；第四，侵权行为（4卷，1934—1939）；第五，物权（5卷，1936—1944）；第六，物权担保（1卷，1941）；第七，准合同（1卷，1957）；第八，信托（2卷，1935）；第九，司法判决（1卷，1942）。

此外，还有两种补充《法律重述》的汇编，一种名为《法院的重述》，内容是记载美国各级法院援引《法律重述》某项条文所做的判决，这些判决可能适用《法律重述》的原则，也可能抛弃《法律重述》的原则，或者赋予其新的内容。另一种名为《州与重述》，其内容是记载各州对《法律重述》所持的态度。从1952年以来，《法律重述》第二版已先后出版。应当指出，这些"重述"本身并不是法典，没有法律效力，属于私人汇编性质，但是由于其所包含的都是一些公认的判例法原则，因而也经常被司法机关参考引用。

（2）成文法。美国有两种成文法，即联邦的成文法与各州的成文法。在联邦法律中，美国宪法占有十分重要的地位。如上所述，美国联邦最高法院对宪法有解释权。美国最高法院认为，宪法不同于一般的法律，而是一切法律之源，美国的一切法律，包括判例法，其理论都来源于宪法。因此，凡是违反宪法的法律或判例，美国各法院都有权不予执行。美国最高法院在解释宪法时，采用所谓"弹性条款"（elastic terms）的解释方法，这样就便于最高法院的法官根据社会经济条件的发展变化，将那些已经落伍的法律加以扬弃。

自 19 世纪末以来，美国联邦与各州的立法活动都大大地加强，尤其是在社会立法与经济立法方面，呈现了成文法取代普通法的趋势。最典型的是反托拉斯法（antitrust law），从 1890 年颁布《谢尔曼法》（Sherman Act）开始，都是以联邦制定的有关成文法律为准绳的。

值得注意的是，英美国家的成文法运动不像欧洲大陆那样以法典化为特征，而是表现为大量的单行立法和判例法。在美国律师协会（American Bar Association）的倡导下，美国统一州法全国委员会对于谋求和促进各州调整某个特定领域法律的统一做出了突出的贡献。除了《法律重述》之外，它向各州提供了多达 170 多项法规草案，建议各州采用或按此制定法律，其中被普遍接受的统一法包括：《统一流通票据法》（1896）、《统一销售法》（1906）、《统一提单法》（1909）、《统一股票交易法》（1909）和《统一合伙法》（1914）等。虽然这些"统一法"并不具有法律权威性和约束力，只是为各州的立法提供一个范式或样板，但可为若干立法领域提供参照的标准。由美国统一州法全国委员会和美国法学会共同制定的美国《统一商法典》（1952），则是其共同努力所取得的最成功和最重要的成果。

第三节　两大法系的比较

上面介绍了西方两大法系的基本情况。有些问题还必须进一步加以考察，即如果能够了解普通法与大陆法、衡平法与普通法之间的主要区别，那么，可以加深对这两大法系的了解。

一、普通法系与大陆法系的主要区别

由于历史与文化传统等方面的差异，普通法系与大陆法系之间存在不同的特点与区别。两者的主要特点与区别表现在以下八个方面。

1. 传播方式不同

普通法系在形成与发展的过程中，是以英国为中心向世界各地输出的，在传播方式上呈放射状，这与民法法系或大陆法系的传播方式形成鲜明的对照：后者是在欧洲大陆各国相继接受中世罗马法的基础上形成的，当时并没有一个绝对的中心，因此，以罗马法为基础的大陆法，在欧洲大陆本土的传播方式是连锁式的，而在欧洲以外的传播方式则是多中心的。

2. 法律渊源不同

把判例法奉为法律的主要渊源，是普通法区别于大陆法的最突出的特征。在大陆法系中，法律的主要渊源是成文法或制定法，包括宪法、法律、法典与条例等。大陆法系各国虽然对先前的判例给予不同程度的重视，但是判例并不构成正式的法律渊源。

3. 变革速度不同

在大陆法系国家，通过立法机构制定与颁布的法典或法规，可以实现迅速的、大规模的法律改革或者变化。而在普通法系国家，却保留了比较多的传统法律制度，因而变革相对缓慢，并且具有保守性，尤其是在英国，往往几百年前的法律仍然有效，一个权威性的先例往往又以古老的习惯为基础，这就使法官形成了"向后看"的思维习惯。

4. 法官的作用不同

在法律的发展过程中，在普通法系国家与大陆法系国家，法官的作用大不相同。在大陆法系国家，法官只有适用立法机构所颁布法律的义务，而没有创造法律的权利。在普通法系国家，虽然理论上声称法官在司法中并不创造或增加法律，而只是发现和宣示寓于先例中的法律，但是在实践中，法官却发挥十分积极的作用。因为在英国和美国，更加强调司法的独立性，一般而言，法官的素质较高。在有先例可循时，法官可以通过加以区别的技术，对其进行限制性或扩大性的解释，从而发展先例中的规则；在没有先例可以遵循时，法官则可以创造先例。因此，普通法往往被称为"法官法"（judge law）。

5. 法律体系不同

大陆法在结构上强调系统化、条理化、法典化与逻辑性。大陆法系国家一般都把法律分为公法与私法两大部分。而在普通法系国家，则不承认这种划分。普通法最基本的分类是普通法与衡平法，这种分类是由英国法发展的特定历史决定的。普通法没有像大陆法那样对法律进行系统的分类。在英国和美国没有一个独立的民法部门，而是分为财产法、契约法、侵权行为法等，它们在普通法内自成一体，彼此分立。因此，虽然普通法有具体的法律分类，但是与大陆法相比，这些分类内部之间缺乏系统结构与逻辑联系，体系显得庞杂。

6. 法律程序不同

在大陆法系国家，权利与义务关系由明确的法律规则预先加以界定，这些法律规则主要表现为实体法，因而实体法比程序法更受重视。与大陆法相比，普通法则更加强调程序法的重要性。普通法流行的原则是"救济先于权利"，最关心的是争端发生以后对当事人的救济，注意力集中在解决争议的方法技巧即诉讼形式上，而不是用来做出判决的实体法规则上。在现在的英国和美国，程序法仍然决定法律的发现与适用，"正当法律程序"（due process of law）的原则得到充分的强调，许多法院的判决与立法往往因为违反程序要件（condition）而被宣布为无效。

7. 判决技术风格不同

在大陆法系国家，法院的判决一般使用演绎法推理形式，简明扼要。在普通法系国家，法院的判决传统上采用归纳法推理形式。现在有时也使用演绎法，但是每项判决都很长，很像一篇法律论文，而且文字往往艰涩难懂。此外，在大陆法系国家，判决是以整个法院的名义做出的，是集体的意见。而在普通法系国家，判决是以法官的个人名义做出的，法官们对同一案件所持的不同意见也可以在判决汇编中得到详细的反映，但是在效力上，则以多数人的意见为准。

8. 对经验与应用的重视不同

在大陆法的法律发展中，由于大学的法律教育，从事理论研究的法学家们发挥了极其重要的作用，因此，大陆法系国家更加重视逻辑、抽象的概念与原则。而在普通法系国家则相反，强调的是经验与法律的实际应用。正如美国著名大法官霍姆斯（Homes，1841—1935）所强调的："法律的生命是经验而不是逻辑。"

二、衡平法与普通法的区别

虽然普通法与衡平法有相同之处，即都是判例法，但是两者也有较大的区别，主要表现在以下五个方面。

1. 救济方法不同

普通法只有两种救济方法，一是金钱赔偿（relief in the form of money），二是返还财产（restoration of property）。而以金钱损害赔偿作为主要的救济方法，与英国合同法的发展是有密切关系的。在13世纪时，英国还没有合同法的概念，国王法院也不受理有关合同争议的案件，因为当时不存在有关合同的令状，所以，也就不存在关于合同的诉讼程序。有关合同的诉讼只能借用现存的其他令状进行，主要是利用侵害行为令状（writ of trespass）处理合同争议。侵害行为是一种侵权行为（tort），主要是指一方由于过失而侵犯了他方的权利，使他方的人身或财产遭到损害。因此，法院所给予债权人的救济办法也只能是判令债务人支付一定的赔偿金额，这种救济办法在大多数情况下可以满足债权人的要求，但是，在某些情况下则不能，例如，有关土地与房屋等不动产交易，以及古董、字画等特定物的买卖等。遇到这种情况，当事人依据普通法得不到适当的救济，就向衡平法法院要求给予特别的救济办法。此外，普通法对于有发生不法行为或违约行为之虞的情况，不能预先采取防止措施，普通法法院不能发出禁令，判令当事人为一定的行为或不为一定的行为。当事人只有等待不法行为或违约行为发生后，才能向法院诉请损害赔偿。普通法的这些救济办法显然不能适应社会经济生活发展的要求。衡平法法院为了弥补普通法的不足，发展了一些新的救济办法，主要是：（1）实际履行（specific performance），也称依约履行或具体履行，即衡平法法院可以判令负有义务的一方当事人根据合同的规定履行其应尽的义务。但是，以违约所遭受的损害不能以金钱赔偿得到满足或损害的金额无法确定者为限。（2）发出禁令（injunction）。衡平法法院可以发出禁令，命令当事人为某种行为或不为某种行为，以事先防止不法行为与违约行为的发生。在下列情况下，衡平法法院可以发出禁令：防止不法损害动产或不动产；防止发生违约行为；防止违反信托的行为；防止官吏或政府机构的不法行为；制止不法征收租税。

2. 诉讼程序不同

衡平法法院有自己的诉讼程序与证据规则。它与普通法法院的不同之处主要在于：（1）普通法法院有陪审团制度，衡平法法院则不设陪审团；（2）普通法法院听取口头答辩，采取口头询问方式审理案件，而衡平法法院则采取书面诉讼程序。比较而言，衡平法法院的诉讼程序比较灵活。

3. 法院的组织系统不同

从14世纪后半期起，衡平法法院成为独立的法院。此后，在一个相当长的时期内，英国出现了普通法法院与衡平法法院两种法院并存的局面。直到1875年颁布了《法院组织法》，才取消了普通法法院与衡平法法院的划分，建立了统一的法院体系，普通法与衡平法由同一法院适用，而且把衡平法优先于普通法的原则在法律上确定下来。经过这次改革以后，在高等法院内设有王座法庭，适用普通法的诉讼程序，另外设有枢密大臣法庭，适用衡平法的书面诉讼程序。现在，在确定某种案件是属于高等法院内的王座法庭还是枢密大臣法庭管辖时，不是根据该案件适用的法律是属于普通法还是衡平法确定，而是考虑哪一种诉讼程序对该案件的审理最为合适。原则上，凡是适宜于用书面诉讼程序审理的案件均由枢密大臣法庭管辖；凡是适宜于用口头诉讼程序审理的案件则由王座法庭管辖。现在普通法包括刑法、合同法与侵权行为（民事责任）法，但是在这些法律部门中也适用由衡平法发展起来的不正确说明（misrepresentation）、不正当的影响（unjust influence）、禁止自食其言（estoppel）等原则。衡平法则包括不动产法、公司法、信托法、破产法、遗嘱与继承法等。

4. 法律术语不同

为了避免与普通法法院发生冲突，衡平法法院在司法活动中使用其自己所特有的一套法律术语。例如，起诉称为 suit 而不称为 action；权利称为 interests 而不称为 rights；判决称为 decree 而不称为 judgement；判令支付金钱损害赔偿称为 compensation 而不称为 damages 等。

此外，也由于有些英国法的概念术语，例如，侵害行为（trespass）、财产委托（bailment）、对价（consideration）、令状（writ）、禁止翻供（禁止自食其言，estoppel）等，是由法官们在司法实践中独创的，因此，很难为生活在其他法律体系中的人所理解与掌握，也很难在其他语言中找到相互对应的精确词语表达。所以，如果不了解英国法律的历史发展过程，就无法理解这些同义词或近似词的特定的法律含义。为了适应英国法律的特点，英国的律师与法官也分为两类：一类是普通法律师与法官，另一类是衡平法律师与法官。他们受过不同的训练，运用不同的方法，分别处理不同的案件。这些情况都是大陆法系国家所没有的。

5. 管辖权不同

衡平法法院所管辖的案件包括：普通法法院不予以管辖的案件；普通法法院虽然予以管辖，但是不能提供公正适当救济的案件；普通法法院虽然予以管辖，而且准备提供适当的救济，但是因为诉讼程序的缺陷而不能执行的案件。

普通法法院主张对所有案件行使管辖权，试图调整全部法律来源，而衡平法法院所调整的则主要是民商方面的私法关系。对普通法法院处理的案件，衡平法法院如果认为不公正或不适当，则可以进行进一步的救济；而对衡平法法院处理的案件，普通法法院则不能进一步处理。

此外，衡平法是对人的，普通法是对物的。普通法法院颁发的禁止令状，只能通过郡长等行政官员执行，而衡平法法院则可以对被告直接发出禁令。普通法注重形式，而衡平法则更注重人的真实意思。例如，在普通法中，对于契约文书，只要签字盖印，即使无对价或约因，或文本中有抄写错误，也为有效。而以基本道德为原则的衡平法，则以契约中当事人的真实意思为根据，可以改正文书中的抄写错误。

综上所述，衡平法与普通法既有联系，又有区别。两者都是普通法系国家法律制度的组成部分，通过调整法律关系服务于同一社会制度。衡平法是对普通法的重要补充。由于普通法固有的缺陷，普通法对一些法律关系不予以保护，或者不提供适当的保护，对此，衡平法给予救济。在普通法提供适当救济的场合，衡平法并不介入。两者的关系，正如18

世纪的一位英国著名法学家所指出的那样："衡平法既不创造普通法，也不毁坏普通法，而是辅助它。"衡平法是对普通法的修补、拾遗与改善。另外一位英国著名的法律史学家指出：普通法与衡平法之间的关系是"法典主体与辅助内容、法律条文与条文注释的关系"，将普通法去掉，衡平法不复存在，而将衡平法去掉，普通法却仍然存在。

在英国，衡平法与普通法的管辖权合并之后，虽然这两种法律互相吸引的趋势更加明显，但是两者并没有融合，仍有普通法与衡平法之分。因此，可以这样说，它们是"并行于同一渠道的两股水流"，并"没有混为一体"。

第四节　国际商法与相近法律的比较

国际商法与不少法律既有联系，又有区别。本节首先以商法为基础进行比较，然后把国际商法与其他国际法律进行比较。它们包括商法与商业法、商法与民法、商法与经济法、国际商法与国际私法、国际商法与国际贸易法，以及国际商法与国际经济法等。了解这些法律之间的关系，有助于进一步了解国际商法的含义（见图 1-1）。

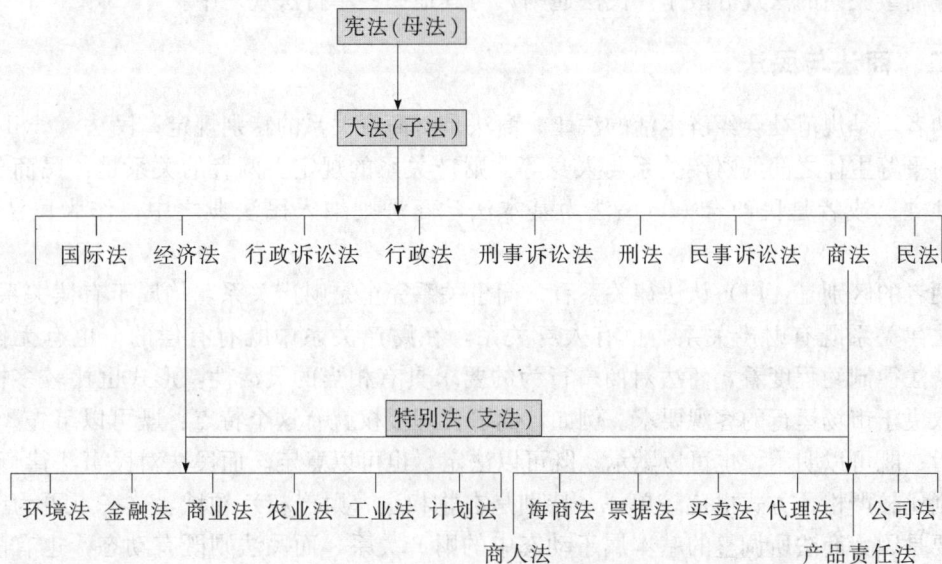

图 1-1　商法在西方法律中的地位

资料来源：关安平. 国际商法实务操作. 北京：海洋出版社，1993：3.

由图 1-1 可知，宪法是母法，是根本大法；民法与商法等是基本大法，属于子法；公司法与买卖法等属于支法，即第三级的法律。

商法是基本大法的一种，在民商合一的国家，两者合起来为基本大法之一。

一、商法与商业法

对商法与商业法（business law）有两种不同的看法。一种观点认为，商法与商业法是两个不同的概念，商法包括商业法的内容，商业法是商法的一个分支，是对商法内容的补充；另外一种观点则认为，商业法是国家组织、领导和管理商业，确认商业企业与法人的法律地位，调整商业关系，维护社会经济秩序的法律规范，因此，商业法可以包括商法。

从历史和现实情况来看，现代国际上通常所指的商法具有特定的含义。商法也叫作商事法，是调整商事关系的法律规范的总称，即商法是调整商事关系的法律规范的集合体。根据商法的表现与存在形式，可以将商法分为形式意义上的商法与实质意义上的商法。所谓形式意义上的商法，是指民商分立国家所制定的商法典，这是商事活动的基本法。所谓实质意义上的商法，是指调整商事关系的法律，是以民法规范或者其他单行法律、法规为表现形式的有关商事活动的规定，或者分别编入民法，或者分别制定单行的法规。而商业法的制定与实施，主要来自苏联与东欧国家，与计划经济体制有密切的联系，是指调整国家对商业的管理关系的法律规范。

过去，中国的立法机关与有的学者在论及中国的经济民事立法时，基本否定商法的地位，因而没有根据通行的标准进行商事立法。已经制定的有关单行法规，有些属于商法范畴，有些则属于经济法或者行政法范畴。

虽然中国至今没有制定商法典，但是这并不意味着在中国不存在商法。在中国现阶段实际上已经存在若干调整商事活动的法律、法规，其特点是还没有制定系统的商法，而是把调整商事关系的法规分散于《民法通则》与其他一些单行法规之中。

二、商法与民法

两者均是规范社会经济生活的法律。商法是对商事关系的特别规定；民法（civil law）则是对平等主体之间的财产关系与人身等非财产关系的规定。两者的关系是：民商分立，互相独立；或者是民商合一，民法为基本法，商法则纳入民法典之中，作为民法的特别法。

两者的区别是：（1）从法律关系看，商事关系完全是财产关系，均属于有偿关系；而民事法律关系既有财产关系，也有人身关系，在财产关系中既有有偿的，也有无偿的。（2）从法律制约程度看，商法对商事行为的要求具有相当的灵活性，形式也比较多样化，完全取决于市场运行的客观要求。例如，商事代理授权就有这个特点：既可以事先，也可以事后；既可以明示，也可以默示；既可以法定，也可以意定。而民法对民事法律行为的要求则比较严格，方式也比较单一，特别是在物权法（财产权）领域，这一点更为明确。这主要是因为商法所调整的基本属于动态中的财产关系，而民法则既有动态，也有静态，就维护整个社会的财产秩序而言，民法不能不特别关注财产关系中的静态，并把它作为一切财产关系的基础。（3）从归责原则看，商法的归责原则在很多情况下均承认无过错也应承担责任，从发展趋势看，无过错责任原则将不断增加。这主要是由商事关系的营利性及其相应的风险性所决定的。在民事责任中，则仍以过错责任原则为主，对无过错责任与过错推定等均有许多限制。（4）从规范形式看，商事习惯在商法的形成和发展中具有重要的作用，例如，海商、单据与保险等一些法律制度，都是从商事习惯演变而来的，这种情况仍然在继续；而民法虽然也有习惯法与成文法的区别，在历史上习惯法也曾起过相当大的作用，但是从现实情况看，成文法的地位已经远远超过习惯法，并且正在形成比较稳定的格局。（5）从国际性看，商法的国别差异越来越小，因为商法规范往往超出国家、民族与区域的界限，而且为适应国际经济贸易的发展，国与国之间还订立了许多双边或多边国际商事条约、公约或者协定。从这种意义而言，国际法已经成为商法的重要组成部分。相比之下，民法则具有比较强的传统性、民族性与区域性。

三、商法与经济法

有人认为，经济法（economic law）是规范各种职业阶层的经济生活的特别关系的法规的总称，其中包括商法；而有人则认为，经济法的兴起，是公法的商化结果，商法仍然应该存在。说法不一，并无定论。

两者的主要区别是：（1）从法律关系看，商法着眼于商主体（法人）的权益，调整商事主体（公司）的关系；而经济法则着眼于国民经济的全局，调整国家经济管理机关与各种经济组织相互之间以及它们内部之间在经济活动中发生的关系，即调整经济管理关系与经济协作关系。（2）从法律主体看，商法的主体主要是商事领域的法人与自然人，通常称为商法人与商自然人。而经济法的主体范围则十分广泛，包括国家机关、社会组织、组织内部的职能机构或者下属单位、城乡个体工商户、农村专业户与承包户以及其他经济主体。（3）从法律规范形式看，商法的渊源有一定的灵活性，既有成文法，也有不成文法。而经济法基本上属于权力机关制定的成文法，并且有比较严格的形式与程序要求。（4）从规范选择看，商法在很大程度上表现为商行为法，商行为法多表现为任意性规范，国家干预的成分不大，而经济法则多表现为国家的组织与管理规范，国家干预的成分较多。（5）从法律后果看，商法对商事违法行为予以追究，主要责令违法者承担相应的财产责任，而经济法既表现为对经济合法行为的确认与保护，对守法行为人的奖励，也表现为对经济违法行为的否定，对违法行为人的制裁。

四、国际商法与国际私法

虽然国际商法主要属于私法，但是也不同于传统的国际私法（private international law）。此外，两者都有涉外因素：在国际商法中，"国际"一词的含义并不是指"国家与国家之间"的关系，而是跨越国界（transnational）的意思；同样，国际私法冠以"国际"一词，也并不是因为它像"国际公法"那样，牵涉国与国之间的关系，而是因为它调整的法律关系已经超越一国的范围。

它们之间的区别在于：（1）渊源同中有异。国际商法的渊源主要有两种：一是国际条约；二是国际贸易惯例。而国际私法规范的表现形式也有两种：除了国际渊源，即国际条约与国际贸易惯例外，还有国内渊源，即国内立法。（2）调整的法律关系（即对象）不同。国际商法是调整商事交易与商事组织的各种关系的法律规范（即范围）的总和。现代国际商法的调整对象与范围比传统的国际商法更加广泛。传统的商法主要包括商行为法、公司法、合同法、票据法、海商法、代理法和保险法等内容，而随着当代国际经济贸易交流规模的扩大和深入，商事交易活动也随之多样化和复杂化，除了国际货物买卖有了巨大的发展之外，还出现了许多新型的国际商事交易和贸易做法，其调整范围已经超出传统商法的调整范围，不仅包括传统的有形交易，而且包括新的无形交易。国际私法则是调整含有涉外因素的民事法律关系的规则的总称。国际私法所调整的涉外民事法律关系是一种广义的民事法律关系，既包括一般的民事法律关系，也包括家庭婚姻方面的民事法律关系与商法方面的各种民事法律关系，以及在国际经济贸易交往中所形成的各种民事法律关系。因为这些法律关系都要利用民法中的一些规则与范畴，如自然人、法人的权利能力与行为能力，对所有权、债权、民事责任、时效等加以调整。这些关系都可能因为具有涉外因素而存在一些共同的问题，因此，需要运用国际私法加以规定和解决。（3）从法律体系的分类看，国际商法主要属于实体法（substantive law），即规定法律的实体——个人或公司的权利与义务——的法律。国际商法中的合同法、买卖法、代理法与商事组织法等的有关内容和中心任务，就是围绕并解决与契约双方的权利和义务有关的问题。而传统国际私法则属于冲突法。有的国际私法学者认为："国际私法是确定发生于两个主权者之间涉及其私法或公民私人利益之间的冲突的规则之总称。"英国和美国的学者普遍认为，国际私法的中心任务是解决法律冲突问题。在他们看来，国际私法就是"法律冲突法"（law of conflict of law）、"法律冲突"（conflict of law）或者"冲突法"（conflicts law）。由于各国的民法千差万别，同一涉外民事法律关系，往往因为适用不同国家的法律而产生不同的结果。所以，国际私法上法律冲突这个概念，是指法律适用上的冲突。冲突法的任务主要是为具有涉外因素的私法案件的冲突规范确定准据法。所谓"冲突规范"（conflict rule），也叫作"法律适用规范"或者"法律选择规范"，是指明某种涉外民事法律关系应当适用哪个国家法律的规范。所谓"准据法"（proper law）或"适用法"（applicable law），是指经冲突规范的指定，用来调整涉外当事人双方权利与义务关系的特定国家的法律。总之，冲突法、冲突规范与准据法等，都是国际私法所特有的概念。

五、国际商法与国际贸易法

国际商法与国际贸易法既有联系，又有区别。其联系表现在：（1）它们的渊源相同，都源于国际公约与国际贸易惯例。（2）你中有我，我中有你，具有互补性。（3）均以国内商法作为补充。因为还存在没有被国际公约与惯例规范的领域，因此，在某些情况下，还要适用有关国家的国内商法，作为其补充。其区别有以下几个方面：（1）概念不同。国际商法是调整国际商事交易与商事组织的各种关系的法律规范的总和，而国际贸易法（international trade law）则是调整各国之间的贸易关系以及与贸易有关的其他各种关系的法律规范的总和。（2）所属范畴不同。国际商法基本属于私法的范畴，而贸易法既包含私法的内容，也包含公法的内容，因为国家干预商事活动的法律，例如，海关法、关税制度、许可制度及外汇管制法等各国管制对外贸易的法律，均具有公法的性质。（3）包含内容不同。尽管两者在不少内容方面大同小异，例如，均有国际货物买卖合同法、国际货物运输法、保险法及国际仲裁法等，但是也有不同之处，例如，国际贸易法中的"对外贸易管制措施"，其中包括对外贸易管制、贸易条约与协定以及关税与贸易总协定等，这些都属于公法的内容，是国际商法所没有的。

总之，两者既有相对的独立性，又相互补充；既自成体系，又有密切的联系。

六、国际商法与国际经济法

国际商法与国际经济法两者既有密切的联系，也有各自的特点。它们的共同点是，笼统地说，均为调整国际商事或经济关系的法律规范的总称。但是，两者的区别也是明显的。首先，在概念方面，国际商法涉及的范围比国际经济法（international economic law）狭窄。国际商法仅仅是调整国际商事交易与组织的法律规范的总称，而国际经济法调整的范围则要广泛得多，国际经济法调整不同国家的自然人、法人以及其他经济实体之间，国家与国际组织之间以及它们相互之间的经济关系，包括不同国家的平等当事人的经济交往关系，主权国家对这种交往进行管理与管制的关系，以及国家或国际经济组织之间就它们之间的经济关系进行相互协调的关系。总之，国际经济法是表现为一国范围内的涉外经济立法、国际公约与国际惯例的法律规范的总称。其次，渊源不同。国际商法的渊源是国际条约与国际贸易惯例，而国际经济法的渊源既有国际立法（包括国际公约与国际贸易惯例，还包括重要国际组织的决议，例如，联合国通过的《建立新的国际经济秩序宣言》、《建立新的国际经济秩序的行动纲领》以及《各国经济权利和义务宪章》等确认国家经济主权原则和合作发展原则的重要国际文件），也有国内立法，例如，进出口管理法、外汇管理法、反倾销法、反补贴法和反垄断法等。再次，基本原则不同。国际商法的基本原则是诚实信用原则以及公平与公正原则，而国际经济法的基本原则是尊重国家主权原则、平等互利原则和全球合作与发展原则。最后，包含的内容不同。传统的国际商法包括公司法、合同法、国际货物买卖法、产品责任法、代理法、票据法、国际海陆空运输法、海上保险法与国际商事仲裁法等，而国际经济法则包括更加广泛的内容，有国际贸易法（几乎包括了国际商法的大部分内容）、国际投资法、国际货币金融法、国际税法与国际经济贸易争议解决法律制度等。

第五节　国际商法的基本原则与概念

一、基本原则

虽然商法是一门相对独立的法律学科体系，但是与民法却有密切的联系。国际商法的基本原则与民法的三项原则是相一致的：自由与平等原则、契约自由原则与所有权原则。这三项原则的形成与发展则是来源于罗马法。

恩格斯对罗马法的历史地位曾经给予高度的评价。恩格斯说道："罗马法是纯粹私有制占统治的社会的生活条件和冲突的十分经典性的法律表现，以致一切后来的法律都不能对它做任何实质性的修改。"[①]他又说道："罗马法是**简单商品生产**即资本主义前的商品生产的完善的法，但是它也包含着资本主义时期的大多数法权关系。"[②] 他还说道："即使在英国，为了私法（特别其中关于动产的那一部分）的进一步发展，也不得不参照罗马法的诸原则。"[③]

罗马法"包含着资本主义时期的大多数法权关系"。那么，它究竟包含了哪些适合于后世需要的基本原则，使它具有如此重要的历史地位与影响呢？归纳起来，主要有以下三个方面，这也就是国际商法的基本原则。

（一）法律面前，人人平等

罗马法学家继承与发扬了斯多葛派的自然法思想，强调"根据自然法，一切人生而平等"，"平等和公正即法律，例如自然法"。当然，罗马法上的平等是指自由人内部的平等，并不包括奴隶，而且仅仅在私法范围内实现平等，罗马法并没有政治上平等的概念。

自17世纪以来，西方资产阶级的法律思想家不仅继承了这种自然法思想，而且对"法律面前，人人平等"赋予了新的内容，提出了"天赋人权"的主张，并且写入了各国的宪法与其他部门法之中。

---

① 马克思，恩格斯．马克思恩格斯全集：第21卷．北京：人民出版社，1965：454.
② 马克思，恩格斯．马克思恩格斯全集：第36卷．北京：人民出版社，1975：169.
③ 马克思，恩格斯．马克思恩格斯全集：第3卷．北京：人民出版社，1960：71.

（二）私有财产不可侵犯

全部罗马法的宗旨就是维护私人财产权与利益的神圣不可侵犯。罗马法是以私人财产所有制为基础的法律的最完备形式。西方各国的民法，无一例外地沿袭了罗马法的这一原则，并在宪法中以显著条文予以确认。同时，西方各国的民法典，也基本上继承了罗马法以所有者为权利主体、以物为权利客体这样一种关系的理论所构成的私法体系。这一体系的内核，就是突出权利，即财产私有权的中心地位。

（三）契约自由

根据罗马法的人法规定，只要具有公民权，或者为拟制的公民——"法人"，或者受外事裁判官法保护的外国人，同样具有法律行为，即具有设立、变更与消灭某种私法关系的权利，自由地缔结各种契约。

在商品经济发达的社会，商品交换与商业贸易是最经常和最基本的经济活动，这就要求商品所有者彼此以平等的身份进行交易，要求商品有平等的价值标准与统一的等价物，也要求当事人有各种交易的自由而不受束缚。

上述这些要求与客观需要，在罗马法中均得到了反映，裁判官对发生的契约纠纷，还运用"衡平"原则予以妥善处理，这表明了契约自由的存在与应用。这一契约自由原则，在近代西方各国的民法典和商法典中都得到了充分的反映，并加以充实。

国际商法中最主要的原则是契约自由原则，例如，意思自治原则、诚实信用原则与公平交易原则等，都是从这一原则派生出来的。

二、基本概念

商法与民法的密切关系也表现在民商法中有几个基本概念比较容易混淆，必须注意。

（一）民事法律关系与民事责任

民事法律关系（civil law relation）是指由法调整的具有民事权利与义务内容的社会关系。它具有以下特征：（1）民事法律关系是一种人与人之间的社会关系。例如，买卖货物合同的订立，就在卖主与买主之间产生了民事法律关系。虽然买主与卖主之间买卖的是货物，但是这种关系不是人与物的关系，更不是货物与货币的关系，而首先是一种社会关系。这种社会关系通过人们的各种行为表现出来，例如，买卖、运输、代理与保险等行为。（2）民事法律关系是依法产生的具有权利与义务内容的特定的社会关系，而不是一般的社会关系。一般的社会关系不一定由法律规范调整，也不一定具有权利与义务的内容。例如，两个人之间的一般交往是一种社会关系，但不是民事法律关系。如果这两个人之间发生借贷关系或买卖关系，则构成民事法律关系。这种借贷或买卖等民事法律关系，是根据国家制定的民事法律产生的。（3）民事法律关系是以国家强制力作为后盾的一种社会关系。由于民事法律关系是由法律规范所调整、以权利与义务为内容的社会关系，因此，要使有关当事人的权利与义务依据法律规范的规定实施，没有国家的强制力，是不可能有保障的。因此，如果一方当事人不履行自己的义务，对方可以向法院起诉，法院依法强制另一方当事人履行义务或承担一定的责任，例如，支付货款或赔偿损失等。

民事法律关系由民事法律所调整，并且根据法律事实发生、变更或消灭。作为民事法律关系的发生、变更或消灭的法律事实，根据其对法律关系发生的作用，可以分为法律事件与法律行为。法律事件，是指不以法律关系当事人的意志为转移而发生的法律事实，某种法律事件的产生可以引起法律关系的发生、变更或消灭。例如，普通合伙企业的合伙人中如果有一人死亡，就会引起合伙企业的解散。再如，在合同关系中，有时因时效完成这一法律事件而使合同关系消灭。法律行为，是指根据有关当事人的意愿而发生、变更或消灭民事法律关系的行为。根据法律的规定，一种有效的法律行为必须是人们自觉的与有意识的意思表示。例如，卖主愿意将某种商品出卖给买主，买主则希望购买此种商品，双方为了成立买卖合同，就必须通过一定的形式将这种意思表示出来。因此，无意识能力的未成年人、精神病患者或者在欺诈与威胁下的行为都不能构成法律行为。意思表示的形式（或者法律行为的形式）有四种：口头形式、书面形式、推定行为与默示。前面两种形式是表示法律行为的基本方式；如果某种行为的表示，由于它的实施即可以断定有意思表示存在时，那么，这种行为称为推定行为。例如，买卖双方磋商一笔交易，买方要求卖方在一定的期限内回信确认供应某种商品，而卖方没有回信就根据买方的要求及时交运此种商品，这就可以推定卖方有缔结销售合同的意愿，因此，买卖合同已经成立。默示则是当事人一方虽然没有做出明白的意思表示，但是在法律有相应规定的情况下，根据法律规定，在一定的场合下可以推断当事人意思表示的一定内容。凡是符合国家法律规范的规定与法定程序，能够产生行为人所希望的法律效果的行为都是合法行为，例如，依法缔结合同，买卖的商品是可以参加民事流转的物等。反之，凡是违反国家法律的行为都是违法行为，例如，买卖的商品是法律禁止参加民事流转的物，自然人或法人不履行法定义务等。法律行为可以附有某种条件，凡是根据当事人的意愿或法律的规定，法律行为的履行或停止履行取决于某种情况的发生或不发生，这种情况就是条件。例如，是否履行某一出口商品合同，取决于政府是否发给出口许可证以及是否发生某种人力不可抗拒的事故等。

凡是民事法律关系都包括主体、客体与内容三个要素。主体是指参加民事法律关系并在其中享有权利并承担义务的当事人，这主要有自然人与法人，在某些场合下，例如，在对外贸易法律关系中，国家也可以作为主体。客体是指主体的权利与义务所共同指向的对象，它可能是物，也可能是行为或智力创作等。内容是指主体所享有的民事权利与承担的民事义务。在每一民事法律关系中，必须有两个以上的主体才能构成民事权利与义务关系，在大多数情况下，每一当事人既是债权人，同时又是债务人，即既享有权利，又承担义务。只有在少数情况下，一方当事人享有权利，另一方当事人承担义务。例如，在所有权关系中，所有权人为一个或几个具体人，而义务主体即不得侵犯所有权人权利的义务人为不定数目的众多人，所以，在民事法律关系中，义务主体既可能是一个或几个具体人，也可能是不定数目的人。但是，不论何种情况，民事法律关系中的主体都应当是具有法律规范所规定的权利能力与行为能力的人。权利能力是指为法律所承认的当事人能参与法律关系，享有权利与承担义务的能力（或资格）；行为能力则是指当事人能够以自己的行为依法行使权利与承担义务的能力（或资格）。主体的权利能力与行为能力是产生法律关系的前提。根据法律规定，无行为能力与限制行为能力的人，如果参与法律关系，则必须由其代理人代为实现。法律关系的主体是可以变更的。例如，债权人的债权可以转移给他人，债务人的债务也可以转移给他人。这种变更一般是根据法律规定在继承、法人合并以及完成一定的手续等情况下发生的。例如，某一买卖合同，可以通过一定的方式与手续，由原买方转移给新买方，与卖方发生合同关系。

每一民事法律关系必有客体，作为民事法律关系的客体，最为普遍的是物。物是存在于自然界与社会的能够为人所支配的物质客体，作为法律关系客体的物，是以法律规范保护其占有与使用为限的，例如，在买卖关系中依法律允许买卖的物。因此，法律上把物区分为可流转的物与不可流转的物、种类物与特定物。可流转的物是指法律准许参与民事流转的标的物。标的或标的物（subject matter），是指合同当事人双方权利与义务指向的对象，例如，财物（包括货币与实物）、劳务（如运输与演出）或劳动成果（包括体力与脑力劳动成果）等。购销合同的标的是某种产品。经济合同的标的应当明确、肯定和具体，否则无法履行，或者容易引起争议。由于发生纠纷，请求法院根据诉讼程序解决的权利与义务所指向的对象，称为诉讼标的，其具体数额称为诉讼标的额。不可流转的物是指法律禁止参与民事流转的标的物。种类物是指以度量衡计算的物，例如，100 公吨小麦或1 000升汽油等。种类物又可以称为可替代物。特定物是指唯一的物，或者从种类物中分立出来的物，特定物又可以称为不可替代物。前者如某种工艺品或某幅名画，后者如从一大批罐头中分出某几箱罐头等。把客体物区分为种类物与特定物，在民商法中具有重要的意义，这样，可以明确地划分主体的权利与义务，分清法律责任。例如，在买卖关系中，根据一些国家的法律规定，关于物的所有权的转移地点与时间，交付买卖物与违约时的救济，两者都是不同的。作为民事法律关系的客体可能是作为或不作为某种行为。例如，在运送货物的运输合同中，承运人应当负责按时将货物运送至某一地点，托运人则应当及时根据双方的约定支付运费。智力创作也可能是民事法律关系的客体，这是指人们脑力劳动的成果，又称为非物质财富或称为无体财产，例如，著作与发明等。

民事法律关系的内容即指民事权利与民事义务。民事权利是法律赋予权利人所享有的某种权益，它表现为权利人有权为一定的行为与要求他人为或不为一定的行为。如果权利人的民事权利不能实现，则在必要时可以请求国家有关机关以强制方式协助实现其权益。例如，一方根据法律有权将其商品卖给另一方，同时有权要求另一方根据双方商定的价格将货款如期支付给本人，如果另一方不按时付款或少付，一方就可以请求法院解决。民事权利可以分为财产权与人身权（或非财产权），财产权又可以进一步分为物权与债权。民事义务是法律规定人们应当履行的责任。在民事法律关系中，民事权利与民事义务总是相互联系与制约的。这是因为，法定权利的内容只有通过与其相适应的法定义务才能表现出来。一个人在法律上享有权利就意味着他人负有义务；反之，一个人承担义务就意味着他人享有权利。权利与义务必然要在同一法律关系中表现出来。在买卖合同关系中，卖方的义务是由买方的权利决定的，同样，买方的义务则是与卖方的权利相对应的。

民事责任（civil liability），即公民或法人对其违反民事法律规范的行为所引起的法律后果应当承担的法律义务。其特征以违反民事法规为前提，以财产为主要内容，是具有强制性的法律责任。从主体上划分，包括法人民事责任与自然人民事责任；从性质上划分，包括侵权的民事责任（亦称损害赔偿责任）与违反合同的民事责任（亦称违约责任）等。

（二）物权与所有权

物权（right in rem or real right）是指由法律确认而对特定物直接进行支配并享有利益的所谓绝对权利。换言之，物权的客体是物，物权是一种对所有人都存在的排他性的支配财产权。关于物权所包括的种类，各国法律的规定是不同的。有些国家法律把物权分为所有权、地上权、地役权①（以上三种又可以统称为用益物权②）、抵押权、质权、留置权

---

① 地役权是指按照合同约定，利用他人土地以便有效地使用或经营自己土地的权利。地役权的发生须有两个不同归属的土地存在，为他人土地利用提供便利的土地称为供役地，而自己享有的土地称为需役地。

② 用益物权是物权的一种，是指非所有人对他人之物所享有的占有、使用与收益的排他性的权利，例如土地承包经营权、建设用地使用权、宅基地使用权、地役权与自然资源使用权等。

（以上三种又可以统称为担保物权）。有些国家把抵押权与留置权归入债权中。在英美法系中一般很少使用物权的概念，多用财产权（包括物权与债权的内容）这个名称。但是，所有权是任何国家民商法的基本制度，只不过有些国家的法律中对所有权没有做出专门规定。在英国法律中是由财产法调整所有权的。

所有权（ownership or title）是由各国以法律确认和保障的对生产资料与生活资料所享有的权利，它是所有制形式在法律上的表现。这种权利的所有人对其所有物不需要他人的帮助就可以依法行使占有、使用与处分的权利。在法律上，占有是指对于财物的实际控制与支配；使用是指可以根据财物的性能与用途而加以利用；处分则是指在事实上与法律上决定对财物的处置，例如，所有人对自己的财物可以出卖、赠与、交换、出租与转让等。根据法律与所有人的意志，占有与使用可以与所有人脱离开来。例如，货主可以将属于自己所有的货物交给运输人占有，机器所有人可以将机器租赁给别人使用。从另一个方面看，所有人可以收回占有与使用权，例如，货物或机器所有人将货物或机器收回来，这也正是所有人行使处分权的具体表现。但是，处分权在一般情况下是不能丧失的，如果所有人丧失了对其所有财物的处分权，也就丧失了所有权。从这种意义上说，处分权是所有权中最重要的内容。所有权可以通过一定的法律事实发生（取得）、变更、转移与消灭（丧失）。对于所有权的保护，通常有以下几种方法：请求确认所有权；请求排除妨害；请求返还原物；请求赔偿损失以及请求返还不当收益等。但是，各国法律对所有权内容的规定是不完全相同的。

（三）债与债权

债（obligation）与债权（claim）是债权人与债务人之间的一种民事法律关系。债权人有权要求债务人为一定的行为或不为一定的行为，债务人有义务为相应的行为或不为相应的行为。法律对债权人的权利称为债权，对债务人的义务称为债务。例如，根据买卖合同的约定，买方有权要求卖方按时、按质与按量供应合同规定的货物，卖方有义务依约按时、按质与按量交付货物。

债的关系也是由主体、内容、客体三要素构成的，但是与物权关系中的主体、内容、客体有很大的不同。债的主体——不论是债权人还是债务人，都是特定的人，而物权的主体是特定的人，义务主体一般不是特定的人。债的内容是债权人要求债务人为一定的行为或不为一定的行为，实际上是债权人对特定的债务人的一种请求权。而物权则是对物的直接的排他性（对任何人来说）的一种支配权。债的客体可能是物（例如，买卖关系中的货物），也可能是一种行为（例如，货物运输中把货物运送到一定目的地的行为），而物权的客体只是物。

债的关系的发生，同样必须根据一定的法律事实，主要有：行政命令（文件）；合同；侵权行为；不当得利以及单方行为，例如，遗嘱与赠与等。债的产生，最重要与最普遍的是合同，由合同而发生的债权债务关系，在当事人之间往往发生相对应的两个债权关系，即所谓"双务合同"。例如，买卖双方订立一个买卖合同，就交付货物而言，买方是债权人，卖方是债务人；但是就支付货款而言，卖方是债权人，买方是债务人。债的关系通常由于履行债务、两债的抵销、免除、当事人死亡或其他法律规定而消灭。

（四）侵权行为与违约

侵权行为（tort）又称不法行为，是指加害人侵害他人（受害人）的财产权利或人身权利的行为。当这种行为已造成损害时，受害人有权请求赔偿，加害人负有赔偿损害的义务。以下列举的行为都是侵权行为：没有合法根据而故意占有他人财产并任意加以支配；在人行道上行走的人，被违反交通规则的骑自行车的人撞倒而造成人身伤残；某人服用不合格的药品使其身体造成伤害等。

侵权行为虽然类似于犯罪行为，但是两者在性质上有所不同。侵权行为是一种民事过错，而犯罪则是刑事事故。侵权行为法的作用在于给被害人以损害赔偿，保护被害人的利益。刑法的作用则在于惩罚罪犯，不仅保护个人而且保护国家与社会的利益。两者的救济办法也不相同。在侵权行为发生后，被害人以个人身份提起民事诉讼，不论这种侵权行为是加害人故意还是无意造成的，被害人对实际遭受的损害，请求实际赔偿金额。犯罪行为则是由国家以刑事起诉的方式提出，不问其是否发生实际损害，都要追究刑事责任，在量刑时则要区分犯罪人是由于故意还是由于过失而犯罪。

侵权行为与违约也有所不同。构成侵权行为通常需要满足以下条件：必须是侵犯他人的权利；必须发生了损害；其行为必须与损害有因果关系；加害人必须有责任能力，并有故意或过失的过错。这里的所谓"故意"，是指行为人可以预见会造成有害的结果并且企图产生这种结果，或者有意识地放任这种结果的产生，以致侵害了法律所保护的利益。所谓"过失"，是指行为人由于疏忽大意而未预见其后果会造成损害他人的利益，或者未尽到一个正常人在相同的情况下应尽到的审慎与注意义务，以致造成损害结果。大陆法系国家将过失区分为重过失与轻过失。重过失是指"欠缺普通人的注意"，轻过失又分为抽象轻过失与具体轻过失，前者是指"缺少善良管理人的注意"，后者是指"缺少与处理本人事务同一的注意"。英美法系强调过失责任必须以加害人对被害人的利益有适当注意的义务为前提，对于应尽最大注意而未尽到的，视为重大过失；应尽普通注意而未尽到的，视为普通过失；应尽轻微注意而未尽到的，视为轻微过失。

各国法律都规定，侵权行为造成损害的举证责任，除法律规定的个别情况之外，一般都在受害人一方。

在西方国家的民商法中，对侵权行为的责任追究采取一种"无过失责任原则"，又称严格赔偿责任原则。法律认为，不论有无过失都要对损害负赔偿责任。例如，在海、陆、空运输中都实行无过失责任原则。此外，对于厂商产品缺陷的责任，也根据侵权行为的责任承担赔偿，即消费者因为使用有缺陷的产品而遭受损害的，可以根据侵权行为法得到保护。

违约（breach of contract）是指缔约一方未能全部或者部分履行其合同义务。在通常情况下，违约一方应当向对方负责赔偿因违约而造成的损失。各国法律对如何构成违约与对违约进行补救的规定，不尽相同。

总之，以上这些概念及其相关内容均见于本书后面各章之中，只是出现的频率不同而已。因此，预先熟悉和了解这些概念及其相关内容，将有助于对课文有关内容的理解和掌握。

第六节　中国的法律制度

一、中国法律的渊源

中国法律的渊源主要有制定法与法律解释等。

（一）制定法

由各级立法机关制定的各种成文法是中国法律的最重要的渊源。中国实行中央与地方相结合的立法体制。根据宪法及有关法律的规定，全国人民代表大会及其常务委员会共同行使国家立法权，负责修改宪法，制定与修改法律；省、自治区、直辖市人民代表大会及其常务委员会有权制定各种地方性法规；国务院有权制定行政法规。作为法律渊源的制定法主要有以下五种形式。

1. 宪法

1982 年 12 月 4 日，第五届全国人民代表大会第五次会议通过了新的《中华人民共和国宪法》。《中华人民共和国宪法》序言中规定："本宪法以法律的形式确认了中国各族人民奋斗的成果，规定了国家的根本制度和根本任务，是国家的根本法，具有最高的法律效力。"因此，一切法律、法令、法规、决议与命令等均不得与宪法相抵触。宪法的修改必须经过特别的法律程序，应由全国人民代表大会常务委员会或者五分之一以上的全国人民代表大会代表提议，并由全国人民代表大会以全体代表的三分之二以上多数通过方为有效。宪法由全国人民代表大会及其常务委员会监督实施。

2. 法律

法律是指由全国人民代表大会及其常务委员会制定的，主要规定与调整国家和社会生活某一方面问题的法律文件。法律从属于宪法，其效力仅次于宪法。

法律分为基本法与基本法以外的法律。中国目前的基本法主要有：选举法、人民代表大会组织法、国务院组织法、人民法院组织法、人民检察院组织法、刑法、刑事诉讼法、民法通则、民事诉讼法与行政诉讼法等。

此外，全国人民代表大会授权国务院对于有关经济体制改革与对外开放方面的问题，必要时可以根据宪法，在与有关法律和全国人民代表大会及其常务委员会的有关决定的基本原则不相抵触的前提下，制定暂行的规定或者条例，并颁布实施。这种立法方式称为"授权立法"。

3. 行政法规

作为国家最高行政机关，国务院有权根据宪法与法律制定行政法规，发布决定与命令。国务院制定的行政法规直接调整全国政治、经济、文化与教育等各个方面的事项，其效力仅次于宪法与法律。

4. 地方性法规与经济特区法规

根据宪法的规定，省、自治区与直辖市人民代表大会及其常务委员会在不与宪法、法律和行政法规相抵触的情况下，可以根据本地区的实际情况和需要制定地方法规。其内容主要涉及当地的行政管理、维护社会秩序、市容卫生、交通运输与青少年保护等。各地制定的地方法规必须报全国人民代表大会常务委员会备案。

1979 年以后，中国先后在广东的深圳、珠海、汕头与福建的厦门开办经济特区，在经济上实行特殊政策与措施。1981 年 11 月，全国人民代表大会常务委员会授权广东省与福建省人民代表大会及其常务委员会根据各省经济特区的具体情况与实际需要，制定经济特区的各项单行经济法规。1988 年 4 月，全国人民代表大会授权海南省人民代表大会及其常务委员会制定相应的法规。

2013 年 9 月 27 日，国务院下达关于印发批准《中国（上海）自由贸易试验区总体方案》的通知。

该方案指出："针对试点内容，需要停止实施有关行政法规和国务院文件的部分规定的，按规定程序办理。其中，经全国人民代表大会常务委员会授权，暂时调整《中华人民共和国外资企业法》、《中华人民共和国中外合资经营企业法》和《中华人民共和国中外合作经营企业法》规定的有关行政审批，自 2013 年 10 月 1 日起在三年内试行。"

该方案授权上海市通过地方立法，建立与试点要求相适应的试验区管理制度。

2013 年 9 月 29 日，中国（上海）自由贸易试验区正式挂牌成立，正式投入运行。

2014 年 12 月 12 日召开的国务院常务会议决定自贸区试点扩容，即依托现有新区、园区，在广东、天津、福建特定区域再设三个自由贸易园区，以上海自贸试验区试点内容为主体，结合地方特点，充实新的试点内容。同时，会议要求抓紧制定新设自贸园区具体方案，并提请全国人大常委会授权调整实施相关法律规定。

2014 年 12 月 28 日，第十二届全国人大常委会第十二次会议决定：授权国务院在中国（广东）自由贸易试验区、中国（天津）自由贸易试验区、中国（福建）自由贸易试验区以及中国（上海）自由贸易试验区扩展区域内，暂时调整《中华人民共和国外资企业法》、《中华人民共和国中外合资经营企业法》、《中华人民共和国中外合作经营企业法》和《中华人民共和国台湾同胞投资保护法》规定的有关行政审批。但是，国家规定实施准入特别管理措施的除外。上述行政审批的调整在三年内试行，对实践证明可行的，修改完善有关法律；对实践证明不宜调整的，恢复施行有关法律规定。本决定自 2015 年 3 月 1 日起施行。

2015 年 4 月 21 日，新设三个自由贸易园区挂牌正式运行。

2017 年 3 月 31 日下午，中国政府正式宣布在辽宁、浙江、河南、湖北、重庆、四川和陕西 7 省市设立"自由贸易试验区"，并公布了详细方案。2018 年 3 月 13 日，海南成为中国第 12 个自由贸易试验区。

5. 特别行政区的法律

1985 年 4 月，全国人民代表大会批准了中国政府与英国政府关于香港问题的联合声明及其附件。中国于 1997 年 7 月 1 日对香港恢复行使主权，并设立中华人民共和国香港特别行政区。香港特别行政区直辖于中国中央政府，并享有高度自治权。中国对香港的基本政策已由《中华人民共和国香港特别行政区基本法》规定下来，并保持 50 年不变。香港特别行政区成立后，香港原有的法律（包括普通法、衡平法、条例、附属立法与习惯法等）基本不变。因此，香港特别行政区将实行的法律包括《中华人民共和国香港特别行政区基本法》、上述香港原有的法律体系与香港特别行政区立法机关制定的法律三类。

1987 年 4 月 11 日，全国人民代表大会批准了中国政府与葡萄牙政府关于澳门问题的联合声明及其附件。中国于 1999 年 12 月 20 日起对澳门恢复行使主权，并设立澳门特别行政区。澳门特别行政区所实行的法律，其结构和类型与香港特别行政区的法律基本相似。1993 年 3 月 31 日，第八届全国人民代表大会第一次会议通过了《澳门特别行政区基本法》。该基本法于 1999 年 12 月 20 日起开始实施。

（二）法律解释

中国法律的另一种重要渊源是有权解释机关对现行法律或法规条文所做的解释与说明。法律解释通常分为立法解释、司法解释与行政解释。

1. 立法解释

根据 1982 年《中华人民共和国宪法》的规定，全国人民代表大会常务委员会对宪法与法律拥有解释权。凡是关于宪法与法律的条文本身需要进一步明确界限或做补充规定的，由全国人民代表大会常务委员会进行解释或以法律加以规定。省、自治区与直辖市人民代表大会常务委员会有权对地方性法规进行解释。

2. 司法解释

对于法院审判工作与检察院检察工作中具体应用法律的问题，分别由最高人民法院与最高人民检察院进行解释。它们所做的解释对其下级人民法院与检察院的审判和检察工作均有约束力。

有关民事与经济法律的司法解释主要由最高人民法院做出。

最高人民法院的司法解释主要采取两种形式：（1）当一些重要的民事与经济法规颁布或实行一段时间后，最高人民法院常常对在具体适用该法律的过程中所遇到或可能遇到的问题提出综合性与系统性的意见，作为各级人民法院在审理有关案件时的指导。例如，最高人民法院在《民法通则》、《经济合同法》、《涉外经济合同法》与《继承法》等民事和经济法律实施后，都分别制定了关于贯彻执行这些法律的若干问题的解答或意见。（2）针对下级人民法院就某一具体案件或疑问所请求解答的问题做出"批复"，对其中涉及的适用法律予以解释。

3. 行政解释

国务院及其主管部门对有关法律与法规所做的解释称为"行政解释"。行政解释主要涉及两个方面的内容：（1）对不属于审判与检察工作中的其他法律如何具体应用的问题所做的解释；（2）国务院及其主管机关在行使职权时对国务院及其主管机关本身所制定的行政法规所做的解释。

（三）判例

在中国，判例在法律上与理论上不被认为是法律的渊源。最高人民法院及其他上级人民法院所做的判决对下级人民法院没有约束力。这一点与大陆法系国家相似。近年来，最高人民法院开始把一些被认为适用法律正确、判决证据与理由充分，以及处理得当的法院判决，在《最高人民法院公报》上予以公布，并要求各级人民法院加以借鉴。这表明判例将在中国的司法实践中发挥日益重大的作用与影响。

二、中国的司法制度

（一）人民法院的组织

中国的法院分为最高人民法院、地方各级人民法院和专门人民法院。

1. 最高人民法院

最高人民法院是国家的最高审判机关，其主要职权包括监督地方各级人民法院与专门人民法院的审判工作，审判全国重大刑事案件与在全国有重大影响的民事案件和经济纠纷案件，以及对在审判过程中具体应用法律的问题进行司法解释。

最高人民法院由院长一人，副院长、庭长、副庭长与审判员若干人组成。下设刑事审判第一庭、刑事审判第二庭、民事审判庭、经济审判庭、交通运输审判庭、行政审判庭与告诉申诉审判庭等。

2. 地方各级人民法院

地方各级人民法院分为基层人民法院、中级人民法院与高级人民法院。

（1）基层人民法院。基层人民法院按行政区划设在县级，主要负责审判刑事与民事的第一审案件，处理不需要开庭审判的民事纠纷与轻微的刑事案件，指导人民调解委员会的工作。

（2）中级人民法院。中级人民法院按行政区划设在地区级。根据《民事诉讼法》的规定，中级人民法院主要审理如下类型的案件：重大涉外案件以及在本辖区有重大影响的第一审案件；基层人民法院移送审判的第一审案件；对基层人民法院判决与裁定的上诉案件和抗诉案件。

（3）高级人民法院。省、自治区、直辖市设高级人民法院。高级人民法院设刑事审判庭、民事审判庭、经济审判庭和其他审判庭，高级人民法院由院长一人，副院长、庭长、副庭长与审判员若干人组成。院长由省、自治区、直辖市人民代表大会选举产生，其他组成人员由本级人民代表大会常务委员会决定任免。高级法院审判的案件是，按法律规定由它管辖的第一审案件；下级人民法院移送审判的第一审案件；对下级人民法院判决和裁定的上诉案件和抗诉案件；人民检察院按照审判监督程序提出的抗诉案件。

3. 专门人民法院

中国还设有军事法院、海事法院、森林法院、铁路运输法院、农垦法院与石油法院等专门人民法院。

（二）民事经济案件的审判制度

根据《民事诉讼法》的规定，人民法院审理民事案件时实行合议制，由审判员或陪审员共同组成合议庭。合议庭评议民事案件时实行少数服从多数的原则。人民法院还设立审判委员会，对重大与疑难民事案件的处理，由法院院长提交审判委员会讨论决定。简单的民事案件可以由审判员一人独任审判。

人民法院审理民事案件，着重进行调解。人民法院的调解是在查明事实与分清是非的基础上进行的。经调解，双方当事人达成协议后，由法院制作调解书。调解书在送达双方当事人后即具有法律效力。着重进行调解是中国民事审判制度的一个显著特点。

人民法院审判案件，实行两审终审制。如果当事人对地方各级人民法院审理的第一审案件所做出的判决和裁定不服，可以依法向上一级人民法院提起上诉，要求上一级人民法院对案件进行第二次审判；经第二审人民法院对案件进行审理，所做出的判决和裁定是终审判决和裁定，当事人不服不得再提起上诉，人民法院也不得按照上诉审程序审理。

三、中国的民商法

（一）民法

1. 制定《民法通则》

民法是调整商品经济关系的重要法律部门。长期以来，由于实行计划经济与政企不分，法治意识淡薄，民事立法一直未受到应有的重视。因此，在很长时间内，各级司法机关处理民事纠纷主要根据各种政策与一些零散的单行条例。

十一届三中全会以后，全国人民代表大会常务委员会法制工作委员会组成了民法起草小组，重新开始起草民法。至1986年，先后制定并颁布了《婚姻法》、《专利法》、《商标法》与《继承法》等一批单行民事法律。

1986年4月12日，第六届全国人民代表大会第四次会议通过了《中华人民共和国民法通则》（以下简称《民法通则》），并于1987年1月1日起正式施行。从此，中国有了第一部民法。与大陆法系各国传统的"民法总则"相比，中国的《民法通则》在内容方面比较广泛，但比较概括与简明。

《民法通则》共有 9 章，156 条。各章目录如下：

第一章　基本原则（第 1 条至第 8 条）

第二章　公民（自然人）（第 9 条至第 35 条）

第三章　法人（第 36 条至第 53 条）

第四章　民事法律行为和代理（第 54 条至第 70 条）

第五章　民事权利（第 71 条至第 105 条）

第六章　民事责任（第 106 条至第 134 条）

第七章　诉讼时效（第 135 条至第 141 条）

第八章　涉外民事关系的法律适用（第 142 条至第 150 条）

第九章　附则（第 151 条至第 156 条）

《民法通则》规定，"民法调整平等主体的公民之间、法人之间、公民和法人之间的财产关系和人身关系"，即所谓的"横向关系"。在民事活动中，公民与法人的合法权益受法律保护，任何组织与个人不得侵犯；民事活动应当遵循自愿、公平、等价有偿与诚实信用的原则，应当遵守国家法律与政策，尊重社会公德，不得损害社会公共利益，破坏国家经济计划，扰乱社会经济秩序。以上这些内容构成了中国民法的基本原则，同时对商法也具有指导意义。

《民法通则》第八章是"涉外民事关系的法律适用"，专门对涉外民事关系的法律适用问题做了比较系统的规定。例如，对自然人的行为能力、所有权、涉外合同、涉外侵权行为与损害赔偿以及涉外婚姻家庭与继承等的法律适用问题，都做了明确的规定。

此外，在涉外民事诉讼方面，1991 年颁布的《中华人民共和国民事诉讼法》第四编，对涉外民事诉讼程序做了特别的规定。例如，对外国人的诉讼地位、司法豁免权、涉外民事案件的管辖权、司法委托与协助以及外国法院的判决在中国的执行等问题做出了有关的规定。该法又分别于 2007 年和 2012 年做了修改。

2. 《中华人民共和国民法总则》的起草和审议通过

改革开放以来，中国先后制定了一系列重要的民事法律，这些民事法律在社会经济发展中发挥了重要的作用（见表 1-2）。

表 1-2　　　　　　　　　　　　重要民事法律一览表

法律名称	施行日期
《中华人民共和国婚姻法》	自 1981 年 1 月 1 日起施行
《中华人民共和国民法通则》	自 1987 年 1 月 1 日起施行
《中华人民共和国继承法》	自 1985 年 10 月 1 日起施行
《中华人民共和国民事诉讼法》	自 1991 年 4 月 9 日起施行
《中华人民共和国收养法》	自 1992 年 4 月 1 日起施行
《中华人民共和国担保法》	自 1995 年 10 月 1 日起施行
《中华人民共和国合同法》	自 1999 年 10 月 1 日起施行
《中华人民共和国物权法》	自 2007 年 10 月 1 日起施行
《中华人民共和国侵权责任法》	自 2010 年 7 月 1 日起施行
《中华人民共和国涉外民事关系法律适用法》	自 2011 年 4 月 1 日起施行
《中华人民共和国民法总则》	自 2017 年 10 月 1 日起施行

这种采取制定民事单行法的立法方式的优点是，通过制定单行法可以及时、有效地解决实际问题，一步一步地将民事立法向前推进。但是，单行法的立法方式也有其缺点。因为近现代民法是由一整套概念、原则和制度构成的逻辑严密的规范体系。适于制定单行法的，只是其中分别规范各类社会关系的特别规则，即所谓"民法分则"，而规范各类社会关系的共同规则，即所谓"民法总则"，则不能采取单行法的形式"各搞各的"。此外，因为缺乏这些规范各类社会关系的共同规则，例如基本原则、权利能力、行为能力、法人、代理、时效以及民事责任等，分别制定的单行法也难于发挥作用和正确实施。

新中国成立以来，中国政府曾于 1954 年、1962 年、1979 年、2002 年四次启动民法典的制定工作，但由于当时的历史条件所限，始终未能完成。改革开放以来，中国虽无民法典，但民法已经蔚然大观，在过去三十多年中陆续颁布的有关法律已经构成一部民法典全部要素，制定民法典的条件已经成熟。

2014 年 11 月，十八届四中全会《中共中央关于全面推进依法治国若干重大问题的决定》明确提出"加强市场法律制度建设，编纂民法典"，拉开了中国第五次民法典编纂工作的大幕。

2015 年 9 月 14 日至 16 日，全国人大法律工作委员会（简称法工委）召开了一次民法总则草案专家讨论会，会上讨论了法工委下属民法室的内部草案，即《民法总则草案（2015 年 8 月 28 日民法室室内稿）》，共 9 章 160 条。在此基础上，法工委制定了共 10 章 158 条的征求意见稿，此后开始向一定范围内的法学院、法院和政府机关征求意见。2016 年 5 月 20 日，法工委在征求意见稿基础上又制定了一部共 11 章 175 条的修改稿，直到 6 月 27 日人大常委会会议召开，提交审议的征求意见稿又发生了明显修改。

2016 年 6 月 27 日，民法总则草案首次提请十二届全国人大常委会第二十一次会议审议。草案一审稿分为 11 章共 186 条，包括基本原则、自然人、法人、非法人组织、民事权利、民事法律行为、代理、民事责任、诉讼时效、期间的有关法律计算、附则等部分，对监护制度、法人地位和民事权利等内容进行了规定。

10 月 31 日，民法总则草案再次提请十二届全国人大常委会第二十四次会议审议。相比一审稿，草案二审稿的条文增加至 202 条，在遗嘱监护、监护人的范围、临时监护措施和监护人资格的恢复等监护制度方面予以进一步修改和完善，对农村集体经济组织的法人地位予以明确，并对公民个人信息的保护和未成年人受到性侵害的诉讼时效起算等热点问题做出了规定。

民法总则草案三审稿于 12 月 19 日提请十二届全国人大常委会第二十五次会议审议。三审稿在二审稿的基础上增加了紧急救助免责条款，强化了民政部门的监护职责，对未成年人父母的监护人资格被撤销后的再恢复增加了限制条件等。会议决定，民法总则草案四审稿于 2017 年 3 月 8 日提交十二届全国人大五次会议审议。这次审议的民法总则草案基本吸收了《中华人民共和国民法通则》规定的民事基本制度和一般性规则，同时做了补充、完善和发展。

历经四次审议后，2017 年 3 月 15 日，十二届全国人大五次会议表决通过了民法总则草案。当天下午，中国人大网公布了《中华人民共和国民法总则》（简称《民法总则》）全文，该总则共 11 章 206 条，包括基本原则、自然人、法人、非法人组织、民事权利、民事法律行为、代理、民事责任、诉讼时效、期间和附则。2017 年 10 月 1 日起施行。

为适应改革开放和发展社会主义市场经济的需要，中国制定了《民法通则》。《民法通则》规定的合同、所有权及其他财产权、民事责任等具体内容，还需要在编撰民法典各分编时做进一步统筹，系统整合。据此，《民法总则（草案）》通过后暂不废止《民法通则》。《民法总则》与《民法通则》的规定不一致的，根据新法优于旧法的原则，适用《民法总则》的规定。

全国人大常委会研究提出民法典编纂"两步走"的工作思路：第一步，编纂民法典总则编，也就是制定民法总则；第二步，在民法总则出台后，进行民法典各分编的编纂工作，争取 2020 年形成统一的民法典。

2016 年 5 月底，民法典各分编编纂工作已全面启动。作为 5 家参与单位之一，中国法学会专门成立了 5 个课题组，各课题组分别负责合同法、物权法、侵权责任法、婚姻家庭法和继承法，就各分编分别提交专家建议稿。

（二）商法

在改革开放前，中国事实上有关商法的单行法律与法规很少。但是，改革开放以来，中国将商事立法提到了议事日程，加快了立法的步伐。

如果说 20 世纪 80 年代的商事立法有许多还是条例与规定，那么，在 20 世纪 90 年代以来则是以制定正式的法律文件为主。这些法律包括非常广泛的领域，其中涉及国际商法的立法见表 1-3。

表 1-3 与国际商法有关的中国重要民商立法

法律名称	章节条款	（最新修改后）生效时间
1.《中华人民共和国民法通则》	9 章 156 条	2009 年 8 月 27 日
2.《中华人民共和国公司法》	13 章 218 条	2014 年 3 月 1 日
3.《中华人民共和国涉外经济合同法》	7 章 43 条	1985 年 7 月 1 日（已废止）
4.《中华人民共和国经济合同法》	7 章 47 条	1993 年 9 月 2 日（已废止）
5.《中华人民共和国合同法》	23 章 428 条	1999 年 10 月 1 日
6.《中华人民共和国产品质量法》	6 章 74 条	2009 年 8 月 27 日
7.《中华人民共和国票据法》	7 章 110 条	2004 年 8 月 28 日
8.《中华人民共和国商标法》	8 章 73 条	2014 年 5 月 1 日
9.《中华人民共和国专利法》	8 章 75 条	2009 年 10 月 1 日
10.《中华人民共和国著作权法》	6 章 61 条	2010 年 4 月 1 日
11.《中华人民共和国仲裁法》	8 章 80 条	2018 年 1 月 1 日
12.《中华人民共和国民事诉讼法》	27 章 284 条	2017 年 7 月 1 日
13.《中华人民共和国侵权责任法》	12 章 92 条	2010 年 7 月 1 日
14.《中华人民共和国消费者权益保护法》	8 章 63 条	2014 年 3 月 15 日
15.《中华人民共和国对外贸易法》	11 章 70 条	2016 年 11 月 7 日
16.《中华人民共和国民法总则》	11 章 206 条	2017 年 10 月 1 日

因此，虽然中国至今没有一部调整商事交易与商事组织的统一的商法典，但是许多商

法是以单行本的形式公布的，已经形成了一个初步的商法体系，有利于国际商事活动的开展。

复习和练习

一、关键术语

1. 国际商法　 2. 公法　 3. 私法　 4. 制定法　 5. 判例法　 6. 美国法院的先例约束力原则　 7. 民事法律关系与民事责任　 8. 物权与所有权　 9. 债与债权 10. 侵权行为与违约

二、复习思考题

1. 英美法系与大陆法系有哪些主要区别？
2. 衡平法与普通法有哪些主要区别？
3. 简要叙述与国际商法有关的中国立法。

主要参考资料

1. 冯大同. 国际商法. 北京：中国人民大学出版社，1994.

2. 由嵘. 外国法制史. 北京：北京大学出版社，1992.

3. 苏惠祥. 中国商法概论. 长春：吉林人民出版社，1993.

4. 赵承璧. 国际贸易法律. 北京：中国对外经济贸易出版社，1988.

法律窗口

——罗马法的构成、分类及其影响
——国际商法的形成和发展

罗马法的构成、分类及其影响

一、起源与形成

罗马法起源于著名的《十二铜表法》（公元前449年），形成于公元6世纪。

随着罗马疆域的不断扩大，从统一意大利，垄断地中海，到建立地跨欧、非、亚三洲的奴隶制帝国，罗马法也由狭隘的城邦习惯法、市民法，发展为万民法，最后成为第一个具有世界性质的法律制度。罗马法形成以后经过了"王政"时期，共和时期与帝国时期几个阶段。罗马法产生后，随着罗马国家历史的延续，适应罗马政治、经济与统治阶级的需要而不断发展。公元前5世纪，罗马共和时期元老院设置了法典编纂委员会，并于公元前451年制定了法律十表，次年又补充了二表，构成了古罗马第一部成文法《十二铜表法》。该法是罗马法发展史上的一座里程碑，它对罗马社会早期的习惯法做了初步总结，并为以后罗马法的发展奠定了坚实的理论基础。

罗马共和时代后期，法学研究活动开始兴起，有力地推动着罗马法的发展。公元6世纪，东罗马帝国统治时期，皇帝优士丁尼在位期间亲自主持编纂及其死后不久另外新编纂的《国法大全》（又译为《民法大全》），即《优士丁尼法典》、《法学阶梯》、《学说汇编》以及《新律》四部法典汇编的统称。《国法大全》的问世，标志着罗马法已经发展到最发达和最完备的阶段。这部法典完整和系统地保留了罗马法的精华，对于欧洲各国法律制度的形成和发展，具有无与伦比的影响。恩格斯称之为"第一个世界性法律"。

二、《国法大全》的构成

狄奥多西一世皇帝于公元 438 年将帝国的法律汇编成《狄奥多西法典》。这部汇编只是把君士坦丁大帝（306—337 年）之后的历任皇帝所签署的宪令进行汇集。一个世纪后，优士丁尼大帝对大部分罗马法进行了重新整理汇总，编纂成一部由四部分构成的《国法大全》。该法典是罗马法的集大成者，是罗马法的精华之所在。

1. 《优士丁尼法典》，是 528—529 年由优士丁尼任命的以特里波尼安为首的 10 人法典编纂委员会，收集了自哈德良皇帝（117—138 年）以后历代罗马皇帝颁布的敕令和元老院的决议，并进行整理、编纂出的一部法律汇编，是罗马历代皇帝的敕令大全。该法典编纂委员会对历代皇帝敕令和元老院决议进行整理、审定和汇编，删除业已失效或同当时法规相抵触的内容，于次年颁布实施。后因发现一些新敕令尚未列入，又进行增补修正，于公元 534 年再度颁行。法典共 12 卷，每卷分章节，所载敕令一律按年月日顺序编排，并标出颁布各敕令的皇帝名字。第 1 卷是教会法和国家公职人员的权利和义务；第 2 卷至第 8 卷为私法；第 9 卷为刑法；第 10 卷至第 12 卷是行政法。

2. 《法学阶梯》，又译为《优士丁尼法学总论》，是一本法学入门教材，它以罗马著名法学家盖尤斯的同名著作为蓝本，增加了诉讼法的内容，吸收各著名法学家的主要理论，于公元 533 年编成。全书共分 4 卷、98 篇。第 1 卷"自然人和家庭法"是关于人的规定，即关于私法主体的规定；第 2 卷物和物权以及遗嘱与第 3 卷"继承、债及契约"是关于物的规定，即有关财产关系，其中包括继承和债务的规定；第 4 卷"因侵权行为所生之债和诉讼"，是关于契约和诉讼程序的规定。

《法学阶梯》是阐述罗马法原理的法律简明教本，也是官方指定的"私法"教科书，具有法律效力。

3. 《学说汇编》，又译为《优士丁尼法学汇纂》，是罗马法学家的著述汇编，收录了 39 名法学家的 50 余种著述，由优士丁尼任命的 17 人编纂委员会于公元 530 年至 533 年编成。该汇编与其他三部法律最大的区别是引用了大量互相并不相容的罗马法学家的观点，从而使后人能够深入了解罗马法的历史与发展，成为罗马法被重新发现后的研究重点。

该编纂委员会将历代罗马著名法学家的学说著作和法律解答分门别类地汇集、整理，进行摘录，凡收入的内容，均具有法律效力。全书共有 50 卷，分 7 部分：（一）总则，涉及法的概念、法律渊源、人的地位及私法等方面的内容；（二）审判；（三）关于物；（四）涉及买卖、利息、借贷、婚姻、监护等；（五）关于遗嘱；（六）财产的占有、赠与、解放奴隶、所有权、占有的取消、诉讼等；（七）涉及部分私法和行政法、刑事法内容。它于公元 530 年 12 月 25 日决定编纂，并于公元 533 年 12 月 16 日公布，12 月 30 日生效。

4. 《新律》（《优士丁尼新律》），在上述三部法律汇编之后，优士丁尼又先后颁布敕令 168 条。他去世后，法学家将公元 535 年至 565 年间由优士丁尼颁布的敕令汇编起来，即《新律》。其内容主要涉及公法和教会法范围，有些是对现行法的解释，也有一些是婚姻家庭和遗产继承方面的规范。《新律》共收有百余条，以希腊文和拉丁文两种文本行世，流传至今的有 152 条。

公元 1583 年，法国法学家丹尼斯·高第弗洛依首次使用《民法大全》来指称包括《新律》在内的优士丁尼编纂的全部法典。

三、法律分类

罗马法学家依据不同标准，从不同角度将法律划分为以下几类。其中有些分类如关于成文法和习惯法的划分，在今天也仍有一定的意义。

1. 公法和私法

根据法律所调整的不同对象可将法律划分为公法与私法。公法和私法的划分始于罗马法学家乌尔披亚努斯。他的划分标准是：规定国家公务的为公法，如有关政府的组织、公共财产的管理、宗教的祭仪和官吏选任等法规；规定个人利益的为私法，如调整家庭、婚姻、物权、债权、债务和继承关系等的法规。公法的规范是强制性的，当事人必须无条件地遵守，正如《学说汇编》中所说："公法的规范不得由个人之间的协议而变更。"而私法的规范则是任意性的，可以根据当事人的意志更改，它的原则是"对当事人来说'协议就是法律'"。最初，罗马国家对私人家庭的事不加过问，家长对家属和家务有绝对的权力，故没有划分公法、私法之必要。随着经济和社会的发展，国家对家庭和个人的干预越来越多，终于需要在国家权力和私人活动之间确立一条明确的界限，这样法学上关于公法和私法的划分便应运而生，所以这种区分在当时是具有积极意义的。

罗马法中公法和私法的范围，与后来西方国家的情况不同。如前所述，罗马法把诉讼法放在私法中，认为民事诉讼是为了私人的利益，有关诉讼程序的规定，属于私法的一部分。同时，它把盗窃、诽谤等看作侵犯私权的行为，属于私法的对象。公法与私法的关系，因时代的不同而有所变化。随着国家管理职能的健全，一些原属私法的问题，也逐渐被纳入公法的范畴，但总的来说，罗马的私法比公法发达，特别是长官法产生后，适应商品经济的发展，建立了一个完善的私法体系。但到帝政后期，由于经济的衰退和国家权力的进一步加强，私法逐渐被公法所吞噬，直到几百年以后的中世纪，才得以复兴。

2. 成文法和不成文法

根据法律的表现形式可将法律划分为成文法与不成文法。其标准是法律公布时是否采用书面（文字）的形式。在古罗马，成文法是指所有以书面发表而具有法律效力的各种议会制定的法律、皇帝的敕令、元老院的决议、长官的谕令和享有公开解答权的法学家的解答等。不成文法则泛指习惯法，是由人们反复援用并确信其具有约束力的行为规范，例如祖先遗传下来的陈规和当世民间通行的惯例等。在成文法和习惯法的关系方面，后者可以补充前者的不足，习惯法如果不再适应时代的需要，当然可以用成文法加以变更。但习惯法能否变更成文法？罗马法对此没有确立一般规则。《国法大全》有两处提到这个问题：一处是在《优士丁尼法典》收集的历代皇帝敕令中，提到君士坦丁一世曾明文规定习惯法不得变更成文法。因为当时帝权得到加强，皇帝的意志是唯一的法律渊源，为了集中中央权力，统一帝国法制，所以他做了这样的决定。另一处是《学说汇编》中引证了帝政前期大法学家优利亚努斯的意见——他认为习惯法可以变更成文法。按照优士丁尼的规定，他编纂的三本书都具有法律的效力，所以在这个问题上，《优士丁尼法典》就和《学说汇编》发生了矛盾。

3. 市民法、万民法和自然法

根据罗马法的适用范围可将其划分为自然法、市民法和万民法。自然法的思想，是罗马共和国末期从希腊传入的，并非罗马所固有。罗马起初只有市民法和万民法之分，盖尤斯的《法学纲要》开始分市民法和自然法，但他没有分市民法和万民法。而乌尔披亚努斯采用了三分法，即把法分为市民法、万民法和自然法。

自然法是制定法的对称，罗马的法学家认为它是指合乎人性、合乎理性的法律，适用于全体人类（包括奴隶），是永远不变的、超时间和超空间的法律，一切制定法都应以自然法为标准，因而它是最理性和最好的法律。它对罗马法的发展产生了重要的影响。自然法的概念是亚里士多德提出来的，斯多葛学派做了进一步的阐述。西塞罗承袭并发扬了他们的学说，认为在自然中有真正的法律，这个法律代表理性、正义和神的意志。他们虽然认为奴隶制是不合乎自然和反理性的，但由于阶级的局限性，他们并不承认奴隶可享有自由平等的人权。乌尔披亚努斯则认为自然法不仅适用于人类，同时也适用于所有陆地、海洋和天空的动物，如动物有性别、要繁殖，上一代要养育下一代等，这些规则是自然的规则。

市民法原意是指一个国家所固有的法律，例如"罗马市民的法律"，即专门适用于罗马市民，后来法学家们简称它为市民法。罗马的市民法最初只有习惯法、《十二铜表法》和罗马议会制定的法律，到公元3世纪初，它与万民法融合以后，才得到了广泛的发展。市民法的特征是：（1）狭隘，只适用于罗马市民，不适用于来罗马经商的外国人；（2）严重僵化，缺乏灵活性；（3）注重形式，程序烦琐，如买卖牛马，需要采取一定的形式，用一定的语言。

万民法是和市民法相对称的。万民法的原意，是指各国共同适用的法律。具体到罗马，是指适用于罗马人与外国人以及外国人与外国人相互之间关系的法律，或专指适用于罗马国家与其他国家间关系的法律，如交战和议和等。它摆脱了市民法狭隘和烦琐的形式主义，比较简易和灵活，适应了商品经济发展的要求，因而更具有生命力。公元212年，卡拉卡拉皇帝把罗马市民权授给罗马帝国境内的一般居民，市民法和万民法的区别就消失了。这时罗马法便不再那般狭隘、形式主义和严峻。

4. 市民法和长官法

根据立法方式不同可将法律划分为市民法与长官法。长官法是高级官吏颁布的谕令。高级官吏是一种荣誉的职位，故长官法又称"荣誉法"。长官法包括执政官、内务裁判官、外务裁判官、市政官和外省总督等的谕令，其中裁判官的谕令在私法中占有最重要的地位。长官法是市民法的对称。从这个意义上说，长官法以外的法律都是市民法，如各种议会制定的法律、元老院的决议、皇帝的敕令、法学家的解答，以及习惯法等。

5. 人法、物法和诉讼法

根据权利主体、客体和私权保护内容可将法律划分为人法、物法和诉讼法。人法是规定人格和身份的法，涉及行为能力、婚姻和亲属等。物法是财产法，涉及物权、继承和债。诉讼法是规定私权保护的法，主要涉及诉讼的程序和法官的职权等。这种体系和结构对后世法律有深远影响。

四、复兴与影响

公元6世纪，因日耳曼帝国的入侵，东罗马帝国灭亡，罗马法在辉煌了几百年之后随着罗马帝国的衰落逐渐被岁月所尘封，一度失传超过600年之久。然而，罗马法在西欧社会生活中的影响并没有完全消失。公元12—16世纪，欧洲各国和自治城市兴起了研究罗马法的典籍，并将其基本原则和概念适用到法律实践中去的学术运动，史称"罗马法复兴"。这场运动最早始于意大利北部的波伦那大学，然后迅速传遍整个欧洲，于是波伦那大学成为研究罗马法的中心。13 世纪波伦那法学家亚左著有法律界必读书《法律大全》和《法典研究讲义》。法学家伊那鲁斯以《学说汇编》为基础，对其中内容逐句注释和解释，并以他为首形成了"注释法学派"。公元 14 世纪，在法国兴起了一个独立的法学派，即"罗马法学派"。公元 16 世纪时，法国的罗马法研究居全欧洲最前列；在荷兰，以格劳秀斯为代表的"理性法学派"从人类理性出发研究罗马法；在德国，以萨维尼为代表的"历史法学派"研究罗马法。罗马法研究的进程大致分为三个历史阶段：注释法学派时期、评论法学派时期与人文主义法学派时期。罗马法研究工作带动了罗马法的复兴与繁荣。罗马法复兴的意义是显而易见的。罗马法作为世界古代最为发达和完备的法律，不仅积极地影响了中世纪很多国家，推动了西欧法律制度建设的发展进程，而且对近代以来的法律与法学产生了重大影响，尤其对近代以来私法的建设与发展做出了卓越的贡献。

古罗马的影响之所以大，不仅仅是因为它的强大——广阔的国土、英勇善战的军团、四通八达的国道、坚固的桥梁、舒适的浴场、令人叹为观止的公共建筑、宗教的创立和传播，更主要的是因为其经久不衰的法律制度与体系。罗马帝国在当时成就并远播了古代社会最发达、最完备的法律体系——罗马法，甚至整个中世纪西欧法学的发端与发展就是一部罗马法的诠释与发展史。在古罗马遗留给后世的诸多遗产中，罗马法无疑是其中最重要的一项，其影响逾千年而不衰。和其他的古代法律相比，罗马法颇为人们所称道，其理由不仅在于罗马法尤其是其私法被奉为现代民法的模范文本的事实，更在于从罗马法中体现出来的统帅整个罗马法律制度的灵魂性内核——罗马法精神。

罗马法是欧洲古代最发达的法律制度，具有世界影响力与顽强的生命力；罗马法的世界影响力主要是指它是第一个世界性的法律制度，对大陆法系和英美法系产生了巨大和深远的影响，它甚至是国际法的渊源；罗马法的顽强生命力则集中体现在中世纪罗马法复兴运动与近代罗马法的继受上；罗马法中的许多原则和制度被近代以来的法制所采用。

罗马法博大精深，源远流长，影响深远。《国法大全》是罗马法的集大成者，也是罗马法在欧洲大陆几乎完全失传数百年后，得以被重新重视和研究的主要原因，此后，《国法大全》被列入大陆法系国家的法律学生必读书目之中，成为世界上最具影响力的法学著作之一，堪称"法律《圣经》"。

对此，19 世纪德国著名的法学家耶林曾精辟地指出："罗马帝国曾三次征服世界，第一次以武力，第二次以宗教，第三次以法律。武力因罗马帝国的灭亡而消亡，宗教随人民思想觉悟的提高、科学的发展而削弱了影响，唯有法律征服世界是最为持久的征服。"

国际商法的形成和发展

国际商法是随着国际经济和贸易交往的不断深入而逐渐发展起来的一个独立的法律部门。国际商法的历史悠久，源远流长，其发展有清晰的历史轨迹，其形成有客观的衡量标准。以其法律渊源的演变为中心线索进行划分，国际商法的形成和发展大致经历了四个时期：根植期（古罗马时期），起源期（中世纪），形成期（17 世纪到 20 世纪 30 年代）和发展期（第二次世界大战以来）。

一、根植期（古罗马时期）

追本溯源，国际商法根植于古代罗马法。罗马法发源于罗马城邦。随着罗马疆域的不断扩大，从统一意大利，垄断地中海，到建立地跨欧、非、亚三洲的幅员辽阔的帝国，罗马法也从狭隘的城邦习惯法和市民法，发展为万民法，最后成为第一个世界性的法律制度。

虽然罗马法中没有特殊的商法部门，但其本身就是规范商品经济的法律，已经出现了调整商事关系的法律。罗马皇帝优士丁尼期间颁布的法律汇编《国法大全》，是作为私法体系的罗马法的集中体现。罗马私法体系，主要是指《法学阶梯》中所确定的法律结构体系，即人法、物法和诉讼程序法这三个基本法律制度的顺序。其中，对以下内容均有明确论述：人法中的"法人"；物法中的物权法、债法、契约、保证人、债务消灭的方式，以及故意或过失造成的侵权行为；诉讼程序法中的诉权、提起诉讼的程序和形式、裁判官的权力（发布令状和禁令等），以及诉讼时效等。

罗马法以其精湛的法律概念、严密的法律体系及与之相适应的法学理论，经久不衰，沿用至今，影响深远，不仅对欧洲大陆国家的民商法，而且对英国的普通法，尤其是衡平法和商法也具有重要影响。

二、起源期（中世纪）

国际商法起源于中世纪。从12世纪开始，欧洲封建社会内部产生了早期资本主义萌芽，涌现出许多自治性的工商业城市。这些自治城市具有相对的独立性和高度的自治权，设有市议会和法院，并创立自治城市法。在这些自治城市法中，有一个特殊的法律部门——商法——从普通民事法律体系中逐渐分离出来。中世纪的商法渊源于各地约定俗成的贸易习惯——商人习惯法（law merchant），是在接受许多罗马法原则的基础上，由各地商事法院的判例积累、筛选和汇编而成。同时，为解决各地贸易习惯的冲突，各行业公会和城市同盟之间通过订立贸易条约和协定，逐渐形成了一套商业原则和惯例，从而为欧洲统一的商法体系的形成奠定了基础。

中世纪欧洲各国之间的城市同盟一直存在到16世纪末，对城市共同法——商法和海商法——的形成具有重要作用。这种商人习惯法是商人在欧洲各地港口或集市用以调整他们之间的商事交易的法律和商业惯例，其与当时封建王朝的地方性法律相比，有如下特点：

（1）具有独立性。商人习惯法从产生之时起就与当时占主导地位的封建法和教会法截然不同，以自己特有的调整对象和调整手段成为一个特殊的和独立的法律部门。

（2）具有立法权。横贯欧洲主要贸易通道的城市，12—16世纪发展成为巨大的国际性集市，并由商人们实行自治管理，即能够独立制定自治规约，这些自治规约实际上有别于当时的教会法和其他世俗法。

（3）具有裁判权。各集市的商人有他们自己解决争议的法院，特别是行商法院。对商人习惯法的解释和运用不是由一般法院的专职法官来执掌，而是由商人自己组织的法院来执掌，强调按照公平合理的原则来处理案件，其性质类似于现代的国际商事仲裁或调解，而不是严格意义上的法院。

（4）具有跨国性和统一性。这种商人习惯法基本上是统一的商法，普遍适用于各国从事商事交易的商人，有助于打破地域限制的跨国界商事交易的发展，极大地促进了欧洲各国之间的商事交往。

12—16世纪，西欧出现"三R运动"——罗马法复兴（Revival of Roman Law）、文艺复兴（Renaissance）和宗教改革（Reformation）。其中罗马法复兴，也称为"罗马法继受"（Reception of Roman Law），是指西欧各国所开展的研究罗马法典籍，并将其基本原则和概念适用到法律实践中去的学术运动。这一运动使几乎所有的欧洲大陆国家在立法和司法的实践中接受了罗马法，也就是使罗马法成为其普遍适用的法律，成为一种普通法（common law）。"这时候法便在所有国家中——法国是在 16 世纪——开始真正地发展起来了，除了英国以外，这种发展在所有国家中都是以罗马法典为基础的。"① 这一时期，随着罗马法的复兴运动及其深入发展，整个欧洲大陆国家和地区的法律具有了共同的法律特征和传统，从而奠定了大陆法系的基础。

意大利是罗马法复兴的策源地，也是最早形成商法的中心。意大利的商法具有领先地位和示范作用，是综合性和统一性、普适性和跨国性相结合的法律。

总之，商人习惯法所具有的普遍性和优于一般法律的特征，使它在中世纪成为扩大整个西方世界商事交往的基础。但是，由于中世纪有限的国内立法基本不涉及国际商事关系，因此商法在法律渊源上以不成文的商事惯例为主要形态。

三、形成期（17 世纪到 20 世纪 30 年代）

（一）"十月怀胎"阶段

国际商法的形成是个漫长的历史过程，前面这两个时期仅仅是拉开其形成的序幕。虽然国际商法形成的过程是漫长的，但其最终形成的时间却是短暂的。形成过程是为形成所做的前期积累，形成则是前期积累的最终结果或体现。两者之间的关系好比"十月怀胎"与"一朝分娩"：19 世纪 90 年代以前的大约 3 个世纪好比是"十月怀胎"，从 19 世纪 90 年代到 20 世纪 30 年代这 40 年左右则是"一朝分娩"。

从 16 世纪起，随着欧洲民族国家的产生，各新兴主权国家开始干预本国涉外商事交往，采取不同的方式将商法纳入本国的国内法体系。17 世纪到 19 世纪，西欧各国的资产阶级革命相继完成，进入一个编制法典的时期。到 19 世纪末，西欧各国已形成了以宪法为中心的比较完善的"六法"体系（其他五法为民法、民事诉讼法、刑法、刑事诉讼法和商法）。中华民国时期的"六法全书"即是按此体系制定和汇编而成。

在罗马法的直接影响下，法国开创了制定有完整体系的成文法的模式。路易十四时期颁布了《商事条例》（1673），为大陆法系国家的商法典奠定了基础。对这项立法的修订始于 1787 年，但由于大革命而中断。资产阶级革命胜利后，法国先后于 1804 年颁行了《法国民法典》和 1807 年颁行了《法国商法典》。这分别是西方国家的第一部民法典和第一部商法典。

在法国的影响下，属于民法法系的西欧各国相继完成了本国的法典编制，标志着近代大陆法系的正式形成。所谓法系是指具有某种共同传统或特征的若干国家或地区的法律制度，归并为同一类型的一个完整的法律体系或法律共同体。

德国比较晚，1896 年公布的《德国民法典》与 1897 年通过的《德国商法典》，于 1900 年 1 月 1 日起同时施行。这标志着近代大陆法系的正式确立。

法国和德国的民商分立的立法模式影响了一大批国家，其商法典对后世各国制定本国的商法典具有重要影响。

由于传统继承和历史发展的不同，在英美法系国家没有民法与商法的分类，只有普通法与衡平法之分。在英国，早在 18 世纪中期，当时的大法官曼斯菲尔德就将商人习惯法吸收到普通法之中，成为普通法的一部分。19 世纪以前的英国法律是由普通法和衡平法构成的习惯法和判例法，但进入 19 世纪后半期，英美国家同样加入了欧洲大陆声势浩大

---

① 马克思，恩格斯. 马克思恩格斯文集：第 1 卷. 北京：人民出版社，2009：585.

的成文法运动，只是其成文法运动不是以法典化为特征，而是表现为大量的单行立法。

虽然西欧各国将商法国内化，但它们却产生了国际影响——国际商法的法律渊源因此而发生了局部变异：把具有国际性的商人习惯法统一进西欧各国国内法体系中后，各国国内的商法成为调整本国对外商事关系的重要规则，从此直到19世纪末，在国际商事交易中，国内商事立法一直是国际商法的主要法律渊源。

在商法国内化的同时，商法本身也呈现了国际化的发展趋势，两个"世界性"推动了这种发展趋势：

一是以世界市场为依托。从18世纪后半期到19世纪80年代，英国领先，法、德、美等欧美国家跟随，相继完成了产业革命。结果，"不断扩大产品销路的需要，驱使资产阶级奔走于全球各地。它到处落户，到处开发，到处建立联系"①。生产力的发展突飞猛进，生产逐渐国际化，洋货远销世界各地；资本也随之国际化，资本所到之处，冲击和破坏了一切孤立的和闭关自守的旧经济形态，国际分工日益发展，各国经贸往来日益频繁，终于形成了初期的世界市场。"资产阶级，由于开拓了世界市场，使一切国家的生产和消费都成为世界性的了。"② 生产和资本的国际化必然伴随国际贸易规模的扩大，这就为商法的国际发展提供了必要的物质基础。

二是以世界殖民体系为"新的活动场所"。15世纪末以后的地理大发现和东西方新航线的开辟等一系列相关事件，不仅"给新兴的资产阶级开辟了新的活动场所"，也为国际商法提供了"新的活动场所"。先是葡萄牙、西班牙和荷兰，后是法国和英国等西欧列强，对世界各地殖民地进行扩张和统治，到19世纪末和20世纪初形成了世界范围的殖民体系。宗主国所到之处，其法律体系在各自的殖民地也如影随形，这些法律体系适用和影响的地区不断扩大，广泛传播，遍及世界。于是，商法就形成世界体系，并为国际贸易在其中扩大和发展营造了相应的法律环境。

（二）"一朝分娩"阶段

如果说中世纪的商法还只具有区域性，仅限于欧洲大陆，那么上述两个世界性的结合，则使得商法从区域性变为国际性或"世界性的了"。但是，在19世纪90年代至20世纪30年代这一时段之前，国际商法的形态并不完备，尚未最终形成。从19世纪90年代到20世纪30年代的这一时段，是国际商法形成的关键时期。具体而言，在此期间，国际商法的形成是以两个"从无到有"或"第一批"作为其判断标准的：

首先，到19世纪90年代，进行了第一批国际立法，以多边公约的方式推动国际商事交易规则的国际统一化进程，先后订立了三项保护知识产权的公约（见表1-1）。

其次，20世纪20年代，国际立法又进一步发展，先后制定了两项关于执行外国仲裁裁决的公约；30年代初，在国际联盟的主持下，先后举行的两次国际会议，通过了4项关于统一票据法的日内瓦公约（均见表1-1）。

最后，20世纪20—30年代，制定了第一批国际贸易惯例。先是由国际法协会于1928年制定和到1932年确定的《华沙—牛津规则》，接着是由国际商会于1936年制定的《国际贸易术语解释通则》。

至此，国际商法体系终于有了完整的形态：推出了系统化的公约，确定了公认的贸易规则，从而使国际商法成为"有本之木"，即开始以国际公约和贸易惯例作为其名正言顺

---

①② 马克思，恩格斯．马克思恩格斯文集：第2卷．北京：人民出版社，2009：35.

的法律渊源。这标志着近代国际商法实至名归，正式形成。

四、发展期（第二次世界大战以来）

第二次世界大战以来是国际商法的繁荣期。此时，国际商法进入了一个重要的发展时期，其主要特点是在前期西方国家国内立法的基础上，又回归国际商法的统一性和国际性。

国际商法的发展离不开 1944—1947 年建立的国际经贸组织运行的大环境。战后的经贸体系由贸易、货币和金融三大支柱组成，涵盖了国际经贸的主要方面，并对有关问题做了比较全面的规定，这就确保了国际经贸体系的统一、有序运行。

20 世纪 90 年代以来，国际经贸关系发生了深刻的变化，实现了真正意义上的统一性和完整性。首先，90 年代初，冷战结束，东西方不再分裂，经贸交往逐渐密切；其次，在《关贸总协定》基础上，1995 年 1 月 1 日成立的 WTO，世界上几乎所有国家（还有部分地区）都参加了，其"游戏规则"对参加方均有约束力；最后，随着经济全球化和商务电子化的不断深入发展，各国之间经贸关系的相互融合性和依赖性与日俱增。可以说，如果没有国际经贸组织和体系的"大树阴凉"，战后的国际商法是难以单独长期发展和繁荣的。

二战后，总体而言，国际商法已经形成了一个全方位、多层次的框架体系。

国际商法的渊源不断扩展和深化，是全方位的。根据表 1-1，二战前及二战后共签订了 30 项公约，其中二战前签订了 9 项，其余 20 项是二战后签订的。这些公约包括三种类型：一是正式通过、广泛接受和采用的公约，如《联合国国际货物买卖合同公约》；二是正式通过、未被广泛接受和采用的过渡性公约，如货物买卖合同法和仲裁法各自先前的两个公约；三是已经通过但尚未生效的"准公约"，如《联合国国际汇票和国际本票公约》。从该表可知，这些公约已基本涵盖了国际商法的大部分领域，各自在相应的时期与背景下发挥了应有的作用。

国际商法的结构和内容不断丰富和发展，是多层次的。就约束力的强弱排列，国际商法有从公约到示范法的法规结构；就贸易惯例而言，除了贸易术语，还有支付、运输和保险等多方面的规则安排；就某一领域而言，提供了可供自由选择的多种适用方式，如货物买卖合同法，有规范货物贸易的《联合国国际货物买卖合同公约》，有规范电子交易的《电子商务示范法》，还有类似于示范法或国际惯例的《国际商事合同通则》。

具体而言，与二战前相比，二战后的国际商法框架体系颇具特色，主要表现为以下几个方面：

1. 统一性

二战后，国际社会一直不遗余力地致力于国际商法的统一化，其成果集中体现在对国际货物买卖法方面所做的长期努力。国际货物买卖的统一规范包括：1964 年海牙国际私法会议通过的《国际货物买卖统一法公约》和《国际货物买卖合同成立统一法公约》；1974 年联合国国际贸易法委员会通过的《联合国国际货物买卖时效期限公约》和 1980 年《联合国国际货物买卖合同公约》（以下简称《公约》）；1994 年国际统一私法协会通过的《国际商事合同通则》；1996 年联合国国际贸易法委员会通过的《电子商务示范法》。此外，还有国际商会制定并于 1980 年、1990 年、2000 年和 2010 年修订的《国际贸易术语解释通则》等。其中影响最大的当属 1980 年《公约》。

《公约》在 1980 年维也纳外交会议上的顺利通过，是二战后国际社会从 1964 年到

1980 年做了持续十几年努力的结果。如果从二战前的 1930 年国际统一私法协会就着手此项工作算起，其努力持续的时间更是长达半个世纪。

必须指出，有关国际组织长期致力于国际商法的统一化工作，对国际商法的统一发挥了重要的促进作用。

早在 19 世纪末期，国际社会就建立了第一批相关的国际组织：一个是 1873 年的国际法协会，另一个是 1893 年的海牙国际私法会议。1919 年成立了国际商会，1926 年成立了国际统一私法协会。二战后又陆续成立了一些相关的国际组织。

这些相关的国际组织包括两种类型：一是非政府国际组织，如国际商会和国际法协会；二是政府间国际组织，如联合国国际贸易法委员会（1966）、国际统一私法协会、海牙国际私法会议和世界知识产权组织（1967）等。

上述内容表明，这些国际组织各司其职，相互配合，为国际商法的统一化在不同领域所做的努力，不可或缺。

2. 互补性

互补性方面，最典型的事例是《联合国国际货物买卖合同公约》（简称《公约》）和《国际商事合同通则》之间的关系。

为了具有广泛参与性，《公约》的有关规定中经常可见两大法系国家法律制度之间的冲突和妥协，有些无法调和的差异只能被排除在《公约》体系外或做模糊处理，因此不得不在一定程度上牺牲规则的明确性。此外，《公约》采用的国际立法方式也使得批准程序较为复杂，一些国家考虑到《公约》与本国合同法的差异，考虑到《公约》的强约束性和退出的不易，则往往选择不加入《公约》或在加入时做出各种保留。截至 2014 年 6 月核准和加入该《公约》的共有 81 个国家，而截至 2012 年 4 月，《承认与执行外国仲裁裁决公约》（又称《纽约公约》）的缔约方则多达 146 个。会员数量的巨大差异，在一定程度上反映了《公约》存在的问题。

为了能在《公约》基础上有所突破，《国际商事合同通则》摒弃了《公约》的国际立法方法，另辟蹊径，以美国的法律重述方式在国际层面创设了一套更完备的国际商事合同规则，对国际商事合同领域的一些基本原则、惯例和习惯性做法进行系统的编纂。《国际商事合同通则》的三次修订本（分别于 1994 年、2004 年和 2010 年修订），相对于《公约》，其内容更加丰富，体系更加完整，调整范围更加广泛，规则本身也更加具体。

其他事例包括：示范法的补充和引领作用。在联合国国际贸易法委员会的主持下，先后订立了若干示范法，如 1985 年《国际商事仲裁示范法》和 1996 年《电子商务示范法》。虽然这些示范法没有约束力，但其影响广泛，重要性不容忽视。

为弥补国际代理公约无法统一的缺陷，国际统一私法协会做了不懈的努力，先后公布了 1961 年《代理统一法公约》和 1983 年《国际货物销售代理公约》。该协会 2004 年推出的《国际商事合同通则》（修订版）在其 1994 年版本上增加了代理权一节，这是该协会为统一国际代理制度所做的最新努力。

此外，20 世纪 70—80 年代，欧共体先后订立了三项区域性产品责任公约（见表 1-1），填补了国际公约的空白。

3. 系列性

这方面具有代表性的是知识产权的国际保护立法。表 1-1 中共 30 个公约，其中知识产权保护公约就有 14 个，几乎占了一半；这 14 个公约中二战前制定的有 3 个，二战后制定的有 11 个，其中 20 世纪 50—60 年代和 70—80 年代各 2 个，其余 7 个是 90 年代后制定的，占这类公约总数的一半。这批公约数量很多，密集程度前所未有，由此也说明了这样的发展趋势：为适应世界经贸发展变化的需要，现代国际商法的立法方式，正在从零敲碎打的单项法规向综合性的系列法规发展。

4. 全球性

商事仲裁全球化发展是这方面的集中体现。20 世纪 60 年代尤其是 80 年代以来，仲裁已成为解决国际民商事争议的主要方式，日益受到世界各国的普遍重视，形成全球化的发展趋势。商事仲裁全球化发展趋势的具体表现如下：

国际商事仲裁范围不断扩大，几乎包括了国际商事的所有领域；国内与国际立法日趋统一，各国主动修改和制定仲裁的国内立法，其仲裁的国内立法日趋统一；各国仲裁机构及其仲裁规则日趋国际化；国际社会已普遍接受仲裁条款的独立性（见第九章的有关内容）。此外，在全部有关国际商法的公约中，《纽约公约》是成员数量最多的公约之一，具有真正意义上的全球性。

综上所述，二战以来，一个崭新的现代国际商法框架体系已经定型，且日趋完善。

值得注意的是，当前，WTO 的影响逐渐衰微，区域自贸协定正在勃兴，例如，《跨太平洋战略经济伙伴关系协定》（Trans-Pacific Strategic Economic Partnership Agreement，TPP，简称《跨太平洋伙伴关系》）以及《跨大西洋贸易与投资伙伴关系协定》（Trans-Atlantic Trade and Investment Partnership，TTIP），预示着国际经贸格局正在发生重大变化。现代国际商法势必受其影响，正步入一个调适转型的重要时期。

资料来源：1. 由嵘. 外国法制史. 北京：北京大学出版社，1992.
2. 刘凯湘. 论商法的性质、依据与特征. 现代法学，1997（5）.
3. 国法大全及其构成，百度文库.
4. 罗马法的分类及相互关系，搜狗问问，2010-01-07.

第 二 章

商事组织法

商事组织法（business organization law），是指调整个人企业、合伙企业和公司的设立及其经营管理活动的有关法律规范的总称。

商事组织是指依法成立，具有一定规模，能以自己的名义从事营利活动的经济组织。商事组织主要有个人企业、合伙企业和公司。公司是根据法定程序成立的、以营利为目的的法人组织。各类公司中股份有限公司的影响和作用尤为突出。中国有关公司法等的出台完善了商事组织法，使得各种商事组织的运行有法可依。

本章重点内容是了解和掌握：(1)股份有限公司的概念、设立、资本结构以及经营管理体制；(2)中国商事组织法的有关规定；(3)中国公司法的修改。

重点问题

- 商事组织法概论
- 公司
- 股份有限公司
- 其他商事组织
- 中国的商事组织与商事组织法

第一节　商事组织法概论

企业是国民经济运行的基本单位或细胞，是现代社会中人们进行生产、流通与交换等经济活动的一种主要组织形式。国际商事的各种交易，例如，货物买卖合同的订立，票据的流通，货物的运输与保险等，都是建立在企业的经营活动基础之上的，或者是以企业为中心进行的。因此，没有企业，各种商事活动也就没有赖以存在的基础。正因为如此，学习国际商法首先必须从学习商事组织开始。

通俗地说，商事组织即企业制度。商事组织，也称为"商事企业"，是指能够以自己的名义从事经营活动，并且具有一定规模的经济组织。在西方国家，商事组织有各种各样的组织形式，不同类型的商事组织在法律地位、设立的程序、投资者的利润与责任、资金的筹措、管理权的分配与税收等方面均有很大的不同。因此，选择适当的法律形式，对于企业的发展以及投资者期望的实现具有非常重要的意义。

一般而言，西方国家的商事组织主要有三种基本的法律形式，即个人企业、合伙企业与公司，其中公司是最重要的商事组织形式。

商事组织法，是指调整个人企业、合伙企业和公司的设立及其经营管理活动的有关法律规范的总称。

一、个人企业

个人企业（individual proprietorship），也称为"一人公司"（one-man company）或"独资经营企业"（sole-owned or operated enterprise），是指由一名出资者单独出资与从事经营管理的企业。从法律性质而言，个人企业不是法人，不具有独立的法律人格，其财产与出资人的个人财产没有任何区别，出资人就是企业的所有人，他以个人的全部财产对企业的债务负责。出资人对企业的经营管理拥有控制权与指挥权。尽管个人企业有时聘用经理或其他职员，但是其经营的重大决策权仍然属于出资人。出资人有权决定企业的扩大、停业或关闭等事项。个人企业是世界各国中采用得最多的企业形式。

二、合伙企业

合伙企业（partnership）是两个或两个以上的合伙人为共同经营、共同投资、共担风险与共享利润而组成的企业。合伙企业是一种"人的组合"。合伙人与合伙企业关系密切，合伙人的死亡、退出或破产等都将导致合伙企业的解散。合伙人对合伙的债务负无限责任。大多数国家的法律规定，合伙企业原则上不具有独立的法律人格。但是，法国与荷兰等大陆法系国家以及苏格兰的法律规定，合伙企业也是法人。合伙企业在许多国家中也是一种采用得较多的企业形式。但是，由于其规模、组织以及资金来源等方面的限制，合伙企业基本上属于中、小型企业，特别是家族企业。

三、公司

公司（corporation）是依法定程序设立，并且以营利为目的的法人组织。各国法律均规定，公司具有独立的法人资格，有权以自己的名义拥有财产、享受权利与承担义务。公司是一种"资本的组合"。股东与公司之间是相互分离的。股东的死亡与退出一般不影响公司的存续，股东对公司的债务通常只负有限责任。公司的经营主要由专门的经营管理人员负责。在现代市场经济社会中，以股份有限公司为代表的公司企业已成为国民经济的主要支柱，对社会经济生活具有举足轻重的影响。

第二节 公 司

一、公司制度的历史

公司制度的产生与发展经历了一个历史过程，即从 17 世纪的特许公司发展到 18 世纪的合股公司，再发展到 19 世纪中期的现代股份公司。

（一）现代公司制的形成

现代公司制度的形成有两个基本标志：（1）以可以转让的股票集资组建股份公司，公司的经营管理活动由经理人员承担；（2）为股份公司颁布了基本的法律制度，确立了公司的法人地位。公司制度的确立，大体是在19世纪中期，其标志是1844年英国议会通过并颁布《公司法》，以及1856年确认登记的合股公司为有限公司与法人公司。这样，现代意义上的公司制度的基本框架便首先在英国建立起来了。

从18世纪末至19世纪中后期是股份公司迅速发展的时期。在这个时期，欧美主要国家的金融业、交通运输业与一些公用事业部门，首先出现了现代股份公司的组织形式，尤其是在美国，发展更加迅速。

在美国，现代股份公司的形成过程是与修建铁路的企业密切相关的。因为与传统企业相比，铁路企业有两个显著的特点：（1）由于铁路建设规模巨大，需要投入大量资本，因此，铁路建设从一开始就是采用股票形式筹集资本的；（2）铁路的管理需要专门的人员与技能，出资者一般是无法胜任的，因此，铁路企业的资本所有权与经营权也几乎同时是分离的。在建筑铁路的热潮中，股份公司功不可没："假如必须等待积累使某些单个资本增长到能够修建铁路的程度，那么恐怕直到今天世界上还没有铁路。但是，集中通过股份公司转瞬之间就把这件事完成了。"[1]

在美国，由于有采用现代股份公司形式修建铁路的经验，从19世纪后半期至20世纪初期，在第二次世界科技革命的推动下，为了适应一些新兴的工业与其他部门的发展需要，在采掘业、钢铁业、煤炭业、制造业、公用事业、银行业和保险业等部门建立的企业，也都采用现代公司制的组织形式。

股份公司在美国经济中有举足轻重的作用。例如，在1917年时，美国制造业产值的90%是由股份公司创造的，各种股份公司总计直接控制了当时美国社会财富的三分之一。

第二次世界大战后，尤其是20世纪90年代以来，美国股份公司通过不断兼并与收购，其实力有了新的发展。美国股票市场的波动对世界经济都有"牵一发而动全身"的影响。

（二）公司法

公司法是与公司的产生和发展紧密联系的。现代公司制度形成的另一个重要标志是，许多国家为股份公司制定与颁布了配套的法律、法规，以便确立公司的法人地位与维护股份公司的有效运行，例如，公司法、破产法、证券法与投资法等。

在大陆法系国家，早期的公司法主要规定在商法典中。1807年《法国商法典》第一编"商事通则"中就对"公司"做出规定，这是世界上最早对公司做出规定的成文法。

随着公司制度在西方社会经济生活中的作用与影响的日益增加，大陆法系国家的公司法逐渐从商法典中脱离出来，更多地采取单行法的形式。例如，1966年7月24日与1967年3月23日，法国分别颁布了《商事公司法》与《商事公司法规》；1892年，德国颁布了《有限责任公司法》，1965年9月6日，又颁布了《股份公司法》。

英国于1856年制定了第一部规定股东有限责任的《公司法》。19世纪末时，英国商务部成立了专门委员会，每隔20年左右对《公司法》进行一次审查与修订。其中以1948年《公司法》最为完备和重要。此后，英国《公司法》的修改日益频繁，1967年、1980年与

① 马克思，恩格斯.马克思恩格斯全集：第44卷.北京：人民出版社，2001：724.

1985 年等又先后多次对《公司法》进行修改与补充。

美国是联邦制国家，公司法属于州法，没有统一的联邦公司法。因此，在美国设立公司时，必须在美国各州中选择其中一个，根据该州的公司法进行登记。由于各州的公司法之间存在很大的差异，为了减少和消除这些差异给公司的发展造成的不利影响与法律障碍，美国律师协会（American Bar Association，ABA）于 1933 年起草了《标准商事公司法》（Model Business Corporation Act）。该法是参照 1933 年《伊利诺伊州公司法》制定的。作为一种"样板法"（model act），它本身没有法律约束力，而只是作为各州的立法机关在制定公司法时的参考。自 1933 年以来，该标准法随着公司所处的社会经济情况的变化不断修订（该法在 20 世纪最后 10 年先后经过 7 次频繁的修订，新近的修订是在 2002 年），与时更新，因此被各州公司立法普遍接受。1984 年 6 月，美国律师协会又制定了《标准修订商事公司法》（Model Revised Business Corporation Act），作为各州修订各自的公司法时的参考与指导。

第二次世界大战后，各国公司法出现了国际统一化的趋势。其中具有代表性的是欧洲经济共同体（EEC，也称为欧洲共同体，简称欧共体，EC）委员会为统一各成员国公司法所发布的一系列《关于共同体公司法的指令》。根据欧共体法，虽然这类指令本身不能对各成员国的公民或企业直接发生效力，但是各成员国有义务通过制定或修改相应的国内法使"指令"变为其国内法，以约束本国的公司。欧洲经济共同体所发布的公司法"指令"主要包括：

（1）"EEC/68/151 第一号指令"，其内容主要是有关"越权原则"以及"公司设立前所订合同的有效性"等规定。

（2）"EEC/77/91 第二号指令"，主要规定了公司设立的最低条件与公司资本的增减等事项。

（3）"EEC/78/855 第三号指令"，主要规定了股份有限公司的兼并、破产及其善后处理等事项。

（4）"EEC/78/660 第四号指令"，主要规定了公司财务状况的公开以及年度报告的主要内容等。

此外，欧共体委员会还在 1970 年提出了一项关于成立"欧洲公司"（European Company）的法律草案。"欧洲公司"将与各成员国根据国内法成立的公司同时存在，但是只适用于大型企业。它有以下三个特点：（1）采取德国式的监察人会与董事会两级（two-tier）管理体制，由监察人会选任董事，并监督董事会的工作；（2）禁止董事与监事取得股东的投票代理权；（3）法院必须应股东或公司债的债权人或职工代表的申请，指定调查或委托调查公司的经营管理与监督方面的情况，设置不向董事会与监察人会负责的独立的审计员，但这仅是一项草案，尚未付诸实施。

（三）公司法的特征

公司法在内容与体例等方面，都具有与其他法律不同的特点。这些特点主要表现在以下四个方面：

（1）从公司法的内容看，公司法是一种组织法与活动法相结合的法律。组织法是第一位的，活动法是第二位的。

（2）从公司法的体例看，公司法是一种实体法与程序法相结合的法律。首先，公司法是实体法，即侧重于对股东与公司机构权利与义务的规定，以及股东与公司财产责任的划分。其次，公司法是程序法，即同时还对取得实体法权利所必须履行的程序做出了规定。

（3）从公司法的规范选择看，公司法是一种强制性与任意性相结合的法律。公司法作为一种组织法，具有鲜明的管理性，因此，它以强制性规范为主。公司法在突出强制性规范的同时，也有一定数量的任意性规范，以体现股东的意愿。

（4）公司法是具有一定的国际性的国内法，公司法在本质上属于国内法，但是由于国际经济贸易交往的客观需要，各国在制定本国的公司法时，都注意借鉴与吸收其他国家通行的公司法则，以利于国际经济贸易交往。因此，公司法具有一定的国际性。各国的公司法大多有"外国公司"这一章。

二、公司的概念、特征与种类

（一）公司的概念与特征

由于各国的法律传统与公司法制度不同，因此，对公司概念的表述也不尽一致。

在英美法系国家，公司是指数人出于共同的目的而进行的组合，一般是为营利而经营业务，同时，对于合伙企业难以胜任的联合，也往往采用这种组织形式。英美法系国家的公司法确认公司有两个基本属性，即法人与有限责任。

在大陆法系国家，公司是指依法定程序设立的以营利为目的的社团法人。这区别于公法人、财团法人与公益性社团法人，是一种最具有普遍性的企业组织形式。（法人分类见"法律窗口"。）

在中国，学术界对公司与企业的关系的认识并不一致，因此，对公司的概念也就有不同的理解。一种观点认为，公司与企业应当是两个外延完全重合的概念，公司与企业是等同关系，即公司是企业，企业是公司；另一种观点认为，公司与企业是种属关系，企业的概念更加宽泛，即公司是企业的一种组织形式。后一种观点比较合理，符合实际情况。

一般而言，公司是依法定程序设立，以营利为目的的法人组织。公司是法人，具有独立的法律人格，这是公司的最重要与最基本的法律特征。在英文中，"corporation"既指"公司"，也指"法人"。作为法人，公司具有以下主要特征。

1. 公司拥有自己的财产

公司的财产来自股东的投资。但是，一旦股东将投资的财产移交给公司，在法律上这些财产便属公司所有，而股东则丧失了直接支配与使用这些财产的权利。他们所换来的是根据出资的比例享受一系列权利，例如，参与股东大会并且享有投票的权利，分取红利的权利等。公司以自己的名义拥有财产，公司的财产与股东的个人财产在法律上是分离的。

2. 公司以自己的名义享受权利与承担义务

当公司与他人订立合同时，公司应以自己的名义签订合同，并作为合同当事人享受合同规定的权利，承担相应的义务。公司以自己的财产作为与第三人进行交易的财产担保，股东、董事或其他管理人员对公司的债务一般不负清偿责任。因此，公司与组成公司的股东在法律地位上也是分离的，是两种不同的法律主体。

3. 公司以自己的名义起诉与应诉

当公司与他人发生纠纷时，公司应以自己的名义在法院提起诉讼，行使其诉讼权利。他人也只能对公司起诉。

4. 公司拥有日常经营管理权

公司的经营管理一般由专门的管理人员如董事与经理等负责，股东一般不直接参与公司的日常经营管理。在股份有限公司中更是如此。

5. 公司的存续一般不受股东变化的影响

股东的死亡、退出与破产原则上并不影响公司的存续。因此，在英美法系中，公司被认为具有"永续性"（perpetual existence）。

公司具有独立法人资格，股东与公司相互分离，这就大大地减少了投资者的风险，有利于社会资本的集中与经营管理的科学化。但是，从另一个方面看，由于公司一般采取有限责任制，一些不法分子常常利用公司进行投机与欺诈活动，逃避法律义务，损害社会及公众利益。为了防止这种现象发生，英美法系国家的公司法逐渐形成了所谓"揭开公司面纱"（lifting the veil of corporation）的制度。根据这种制度，如果法院认为成立公司的目的在于利用公司作为手段，从事妨碍社会利益、进行欺诈或其他犯罪活动的，法院将不考虑公司所具有的法人资格，而直接追究股东或其他行为人的民事责任或刑事责任。

（二）公司种类

根据不同的标准，可以对公司进行不同的分类。分类的目的是明确公司的地位、法律责任以及股东与公司的关系，以便对实践进行规范与指导。公司的分类主要有以下六种。

第一种，根据公司股东对公司债务所承担的责任的不同，可以把公司分为无限公司、有限公司、股份有限公司、两合公司与股份两合公司。这是大陆法系国家对公司的最基本分类。

第二种，根据公司股票发行的对象以及股份转让方式的不同，可以把公司分为封闭式公司与开放式公司。这是英美法系国家对公司的基本分类。

封闭式公司（close corporation），又叫作少数人公司或者（股票）不上市公司。这种公司类似于大陆法系国家中的有限公司与股票不上市的股份有限公司。

开放式公司（open corporation），又叫作多数人公司或者（股票）上市公司。这种公司类似于大陆法系中股票获准上市的股份有限公司。

第三种，根据一个公司对另一个公司的控制与依附关系的不同，可以把公司分为母公司与子公司。

母公司（parent company）是控制性公司，有时又叫作控股公司，但两者是有区别的。控制性公司是指凡是持有另一个公司的股份并已达到控股程度，并且直接掌握另一个公司经营活动的公司；控股公司（holding company）是指凡是持有另一个公司的股份并且已达到控股程度，但是并不直接参与该公司业务活动的公司。两者均为母公司。凡是大部分股份受别的公司控制的公司皆为子公司（subsidiary）。母公司、子公司均为法人。一般而言，如果一个母公司控制了 3 个以上的子公司，便可以形成集团或企业集团。

第四种，根据公司的管辖系统不同，可以把公司分为本公司与分公司。本公司也叫作总公司（head office），是掌管全部公司组织的总机构。总公司在法律上具有法人资格。分公司（affiliate）是总公司所管辖的分支机构，因此，分公司不具备法人资格，一般均不是法人。

第五种，根据公司的国籍不同，可以把公司分为本国公司、外国公司与跨国公司。对公司国籍的认定具有不同的标准，例如，认许地国籍说、设立行为地国籍说以及住所地国籍说等。中国采取认许地国籍说，即凡是在中国登记与批准设立的公司，不论外资多少，均为中国公司，是中国的法人，反之均为外国公司。凡是母公司是在一国政府（如美国）登记的公司，而其子公司是在其所在国（如中国）登记的公司，均为跨国公司、多国公司或国际公司。

第六种，根据管理、营利与专业的标准，还有公营公司（public company）与私营公司（private company）、营利公司（profit-making company）与非营利公司以及专业公司（professional company）与非专业公司等之分。

为简便起见，一般将公司分为四种有代表性的公司，即无限责任公司、有限责任公司、两合公司与股份有限责任公司。

1. 无限责任公司

无限责任公司（unlimited liability company）是指股东对公司的债务负无限责任的公司。这是最早出现的公司形式，起源于中世纪的意大利与地中海沿岸的家族营业团体。这种公司的规模一般比较小。与其他公司类型相比较，它具有以下五个特点：（1）股东责任的无限性；（2）股东责任的连带性；（3）公司组织的稳定性（以信用作为股东结合的基础，是典型的人合公司）；（4）内外关系的合伙性（这种公司具有浓厚的合伙性）；（5）所有权与经营权的统一性（出资者既是公司的股东，也是公司的领导人）。

2. 有限责任公司

有限责任公司（limited liability company），是指股东人数较少、不发行股票、股份不得随意转让、股东对公司债务承担有限责任的公司。有限责任公司出现得比较晚，于1892年首创于德国，其目的在于融合合伙企业与股份有限公司的优点，以适应中、小型企业，特别是家族企业的客观需要。其后被法国、意大利、卢森堡与比利时等国家相继采用。英国的"private limited company"（股票不上市的公司）与美国的"closely held company"（股东人数有限的公司）近似于此类公司。

与其他公司类型相比较，这种公司具有以下五个特点：（1）股东责任的有限性。股东对公司的债务只负有限责任。（2）股东人数的有限性。由于有限责任公司主要适合于中、小型企业与家族企业，其股东人数一般不多。有的国家公司法中对有限责任公司的股东人数加以限制。例如，法国公司法规定，有限责任公司的股东最多不得超过50人。英国公司法也有类似的限制，但是在1980年已被撤销。（3）公司资本的封闭性。这种公司只是内部发行股票，不公开发行股票和债券来向社会公开募集资本，其股份一般不得随意转让，同时某一股东未经其他股东同意不得将其股份或出资转让给第三人，对于所要转让的股份或出资，其他股东享有优先购买权。此外，公司的财产情况与账目也不对外公开。（4）公司组织的简便性。因为其设立简便，只有发起设立而没有募集设立，组织机构简单、灵活，可以设立股东大会，也可以不设立股东大会，所以，它比较适合于中、小型企业的建立与发展。（5）资合与人合的统一性。在本质上是一种资本的联合，但股东相互之间又具有人身信任因素，因此，其也具有人合色彩。

3. 两合公司

两合公司（joint venture company）是由承担无限责任的股东与承担有限责任的股东所组成的公司。这种公司起源于15世纪意大利的卡孟达（commenda）组织。卡孟达是拉丁文的音译，有信用与委托的双重含义，即经营管理者以信用取得资本，投资者以出资委托他人经营而取得利润，因此，它具有资本与劳务两合的特点。

与其他公司类型相比较，这种公司具有以下四个特点：（1）公司中并存两种不同责任的股东；（2）公司兼有无限公司与有限公司的特点，但是以无限公司的特点为主；（3）公司的业务执行机构是无限责任股东，有限责任股东对公司业务有监督权；（4）公司的法律地位与无限责任公司基本相同。

这种公司在日本叫作"合资会社"。美国则把这种公司形态称为"有限合伙"，并且不承认其具有法人资格。

4. 股份有限责任公司

股份有限责任公司（limited liability company by shares）简称为"股份有限公司"，是指公司资本分成相等的股份，公司通过向社会公开发行股票来募集资本，股东对公司的债务负有限责任的公司。

这种公司起源于17世纪初期的荷兰与英国，例如，著名的荷兰东印度公司与英国东印度公司就是最早出现的一批这样的公司。

与其他公司类型相比较，这种公司具有以下五个特点：（1）股东责任的有限性；（2）资本募集的公开性；（3）股东出资的股份性；（4）公司股票的流通性；（5）公司财产的独立性。

股份有限公司之所以成为西方国家最重要与最具代表性的商事组织形式，是因为作为一种商事组织形式，它具有以下四个方面的优点，从而吸引了各种类型的投资者：（1）股东责任有限，股东的个人投资风险因此大大降低；（2）可以向社会公开筹集资本，可以扩大资本规模，因而也就可以扩大生产规模；（3）股权转让方便，这样可以使投资者非常容易地将股票变现，即将股票转让以获得现金，从而满足了投资者对资本流动性的要求；（4）公司的所有权与经营管理权相互分离，经营活动由专业经理负责，从而使得没有任何经营经验与能力的投资都可以放心地对公司进行投资。

股份有限公司与有限责任公司既有联系，又有区别。其联系是：两者都是以营利为目的的企业，都具有法人资格，其股东对公司的责任均以其出资为限。但是，两者也有很大的区别，主要表现在以下六个方面：（1）性质不同。股份有限公司是开放式公司，而有限责任公司则是封闭式公司。（2）规模不同。股份有限公司通常是大型企业，而有限责任公司则一般是中、小型企业。（3）筹集资本的方式不同。股份有限公司是通过发行股票经营的，而有限责任公司则是通过股东认购出资而经营的，即股份与出资是不一样的。（4）股东人数不同。股份有限公司的股东人数一般比有限责任公司的股东人数要多。（5）组织结构不同。在有些国家，股份有限公司都设有董事会或监察人会，而在有限责任公司则简单得多，只有董事与监察人，一般都是一人。（6）所有权与经营权的分离程度不同。股份有限公司的所有权与经营权是完全分离的，合二为一的可能性很小，但是在有限责任公司中，两者分离的可能性很小，合二为一的可能性则比较大。

第三节　股份有限公司

股份有限公司是西方国家最重要与最具代表性的企业组织形式。尽管股份有限公司的数量在各国并不多，但是在规模、作用及影响方面则是举足轻重的。

西方各国公司法对股份有限公司的设立、公司的资本、公司的组织管理机构以及公司的解散与清算等事项都有明确的规定。

一、公司的设立

股份有限公司一般规模较大，人员较多，对社会经济生活有很大的影响，因而各国政府对于股份有限公司的监督与管理都相当严格。这首先表现为股份有限公司的设立程序要比其他类型的企业复杂得多。

公司的设立，是指公司根据法定程序取得合法资格的过程。各国公司法对设立股份有限责任公司的手续各有不同的规定，但是，一般而言，公司的设立都要经过以下步骤：设立股份有限公司必须有一定数目的发起人；发起人负责制定公司章程及认购股份；由发起人召开公司创立大会并选出公司的第一届管理机构；向政府有关主管部门办理注册登记，经主管机关审查认为符合法律规定的条件准予登记后，公司即告成立。

（一）公司的发起人

公司的发起人（promoter），是指负责筹建公司的人员，他们的任务是遵循一切必要的步骤，以达到设立公司的目的。各国公司法对股份有限公司发起人的人数及资格都有具体的规定。

关于发起人的法定最少人数，德国规定为 5 人；法国规定为 7 人；美国大多数州规定为 3 人，但是也允许仅由一个人负责办理公司设立登记手续，实际上这个人往往是替真正的股东办事的人，在公司的设立手续办妥之后，他就与公司脱离关系。英国公司法区分两种不同的公司，对每种公司的发起人的最少人数有不同的要求，上市公司的发起人为 7 人，不上市公司则仅需 2 人。

发起人既可以是自然人，也可以是法人，法律一般不加以限制。根据大多数西方国家的法律，外国的法人或自然人都可以充当公司的发起人。

发起人对他们所设立的公司负有忠实的义务。他们的活动必须为公司的利益服务，必须有利于公司的设立，并不得从发起公司的活动中谋取个人利益。

值得注意的是，对于发起人在发起公司的过程中以公司的名义所订立的合同，即所谓"发起人合同"（promoter's contract）或"设立前合同"（preliminary contract），对其效力各国公司法有不同的规定。根据英美法，发起人在公司成立前以公司的名义订立的合同是无效的。由于公司此时尚未取得法人资格，根据代理法的原则，公司在成立后也不得追认。德国《股份公司法》规定，在公司登记之前以公司的名义订立的合同，由行为人个人负责。

（二）公司章程

公司章程，是指规定公司的宗旨、资本、组织结构与名称等对内、对外事务的法律文件，是规范公司活动的根本大法。

在大陆法系国家，公司章程是由一份单一的文件构成的。其内容根据重要的程度分为三类：第一类是绝对必要记载事项，包括公司的名称、法定地址、营业范围与资本总额等。缺少此种条款，公司章程无效，公司不得成立。第二类是相对必要记载事项，缺少相对必要记载事项，公司章程仍然有效。第三类是任意记载事项，指法律不禁止的其他事项。

1. 绝对必要记载事项

如果缺少绝对必要记载事项，公司章程就是无效的，公司就不能成立。绝对必要记载事项包括下列具体项目：（1）公司名称；（2）经营事项；（3）股份总额与每股金额；

（4）本公司（即公司总部）所在地；　（5）公告方法；　（6）董事、监事的人数与任期；（7）订立章程的具体时间。

2. 相对必要记载事项

如果缺少相对必要记载事项，公司章程仍然有效，但是不发生该事项规定的效力。相对必要记载事项包括一般相对必要记载事项与个别相对必要记载事项。

（1）一般相对必要记载事项包括以下内容：第一，分公司的设立；第二，如果股份总额分期发行，则记载第一次发行的数额；第三，解散事由；第四，特别股的种类以及权利与义务；第五，发起人可以享受的特别利益与受益者名单。

（2）个别相对必要记载事项包括以下内容：第一，无记名股的发行；第二，董事的报酬；第三，副董事长或常务董事的设置；第四，经理人的设置、种类与职权；第五，建议股息的分派；第六，分派股息与红利的标准；第七，特别盈余公积金的提存；第八，清算人的人选。

3. 任意记载事项

此外，公司章程还有任意记载事项。所谓任意记载事项，是指法律不禁止的其他事项，例如，股款缴纳的方式、股份转让的方法、股东大会召开的时间与地点等。

在英美法系国家，公司章程由以下两个文件组成：

（1）组织大纲（英国为 memorandum，美国为 articles of association）。组织大纲是规定公司对外关系的法律文件，其目的是使公司的投资者及与公司进行交易的第三人知晓公司的基本情况，例如，公司的名称、资本与经营范围等。根据美国《标准商事公司法》的规定，发起人必须将组织大纲报请有关州政府批准并登记注册。组织大纲一般只能经由股东大会决议才能修改或废除。

（2）内部细则（英国为 articles of association，美国为 by-laws）。内部细则是在组织大纲的基础上订立的，处理公司内部各部门的设置及其关系、各自的权限及责任以及业务的执行等内部事务的法律文件。内部细则的内容不得与组织大纲相冲突，并且一般只能在公司内部有效，不能对抗善意第三人。内部细则一般由董事会制定、修改或废除。英国和美国公司法中的这两个文件结合起来，相当于大陆法系国家公司法中的公司章程。

股份有限公司的章程一般由发起人制定，有的国家还规定必须经创立大会通过，由法院或公证机关认证后，呈报政府有关主管机关进行登记，并在指定的报刊上予以公告。公司的章程必须交政府有关机关备案，以便公众及股东查阅。

公司章程包括的具体内容如下：

（1）公司名称。根据各国法律的规定，公司的名称不得与已经注册的公司的名称相同，以免混淆不清。凡是股份有限公司，必须在公司的名称之后加上"有限责任"的字样，其简写在英国多用 LTD，在美国多用 INC 或 LTD，法文与西班牙文为 S. A.，德文为 A. G.。

（2）公司的目的与经营范围。公司的目的是指公司成立的目的，也就是公司所要从事的各项业务。与自然人不同，公司的权利除受到法律的限制外，也受到自己的章程规定的公司目的的限制。公司一般不得从事公司目的以外的业务。在公司章程中规定公司的目的，主要有两个方面的作用：一是保护公司投资人的利益，使他们知道他们所投入的资金将用于何种事业；二是保护与公司进行交易的第三人的利益，使他们知道该公司所享有的权利，知道公司有权做哪些交易，无权做哪些交易。超越公司经营范围的行为，称为"越权行为"(ultra vires)。在英国和美国公司法中，凡是越权订立的合同一律无效，订约的双方不得请求法院予以强制履行，公司的股东大会也不得加以追认。这项原则的履行曾经相当严格。但是，随着社会经济活动的日益发展，这项原则逐渐不再适应商业交易的需要，也不利于对善意第三人的保护。欧共体"1968 年第一号指令"对此做了修改。根据该"指令"的规定，凡是经由公司董事会决定的交易，对于与该公司进行交易的善意第三人来说，均应视为在该公司的行为能力范围之内的交易。英国公司法已据此对传统的"越权原则"做出了修正。美国许多州的公司法已明确宣告废止这项原则。在大陆法系各国，虽然法律禁止董事会从事越权行为，但是董事会超越公司的目的的行为对善意第三人具有约束力。

（3）公司的注册所在地。公司必须在章程中载明公司的注册所在地，这主要有两个目的：一是为了确定公司法人的国籍；二是为了便于通信联系以及在诉讼时作为送达传票与其他法律文件的法定地址。在美国，凡是在某一州成立的公司称为本州公司，在外州或外国设立而在本州境内营业的公司，则一律称为外州公司。德国公司法规定，公司的法定地址不一定在公司的经营管理所在地，但是必须在德国境内。英国公司法规定，在公司组织大纲中必须载明公司的地址是在英格兰还是在苏格兰。

（4）公司资本的总额以及每股的金额。各国对公司资本的最低金额一般都有具体的规定。例如，德国公司法规定，公司的资本额至少为 10 万马克；法国公司法规定，公司的资本额至少为 50 万法郎；英国公司法规定，公司的资本额至少为 5 万英镑。但是，美国历来不重视公司的资本，只注重公司的经营能力。因此，美国各州的公司法对公司资本的最低金额要求很低，有的州只要求有 1 000 美元的资本即可开始营业。至于公司资本的最高数额，各国法律都不加以限制。此外，在公司章程中还应载明股份的总额及其票面金额。

（5）董事会和/或董事会的人数以及第一届董事会和/或监事会成员的名单及其地址。西方各国的公司法对管理机构的组织形式有不同的规定。例如，英国和美国等国家是采取单一的董事会制度，而德国则采取两级体制，设有监察人会和董事会，也称为"双董事会"。但是，不论采取哪一种管理体制，在公司章程中都必须对管理机构的组成、职权及其人员的任免办法做出明确的规定。

（三）认购与缴纳股份

股份有限公司必须由发起人或社会上的其他投资者认购股份，筹足必要的资本才能设立。从认购股份的角度看，公司的设立有两种认股方式，一种是由发起人认足全部股份，称为一次认股设立，亦称发起设立；另一种是在社会上公开募股设立，称为招股设立，亦称渐次设立。在西方国家，除 1965 年德国《股份公司法》规定只允许采取一次认股设立的方式，不允许采用渐次设立的方式外，其他国家对这两种认股设立的方式都不加以限制。实际上，在西方国家，现在许多股份有限公司都是采用一次认股的方式设立的。其办法是由银行财团充当公司的发起人，一次认足公司的股份总额，经过一段时间后，再在股票交易所把股票出售给公众。

为了保护第三人与股东的利益，防止发起人在认股或招股时营私舞弊，各国公司法对认股与招股的程序和审阅手续都有具体的规定。例如，意大利与比利时的法律规定，在设立公司时，不论采取哪种认股方式，都必须采用公证文书，由公证人认证。在招股说明书中，必须详细载明法律规定的事项，其中包括公司的名称、公司的目的、股份总额及每股的金额、发起人所认购的股数、招募股份的总数及募足的期限等。法国《商事公司法》要求认股与缴纳股金都必须经过公证人证明。英国公司法规定，公司在向公众招募股份时，必须出具招股书（prospectus），招股书必须由每位董事签字，并向公司注册登记处申报。招股书必须载明法律规定的必要事项，以便使投资者认真考虑，然后决定是否认购股份。投资者如果决定认购股份，可以在认股书上增写所认购的股数及金额并签字、盖章。认股人在认股后，应按规定缴纳股款。股款可以一次缴清，也可以分期缴付。根据德国《股份公司法》的规定，只要认足全部股份，并已缴付相当于股票面额25％的股款，公司即可以设立，其余股款可以在以后缴付。

股款一般应以现金缴付，也可以用实物抵作股款。为了防止发起人利用其有利的地位对实物作价过高，损害其他投资者与公司的权益，有些国家的公司法对实物作价规定了具体的监督审查办法。例如，德国《股份公司法》规定，凡是发起人以实物作价抵作股款者，应由法院在征求商会的意见后指定独立的审查员进行审查。如果审查员的意见与发起人的意见有分歧，则应由法院做出裁决。如果法院认为实物的作价有问题，则可以判令不准公司进行登记。法律还规定，凡是发起人或公司机构的成员有意对实物作过高的估计，致使其他投资者与公司遭受损失时，发起人与有关人员必须承担法律责任。1966年法国《商事公司法》也规定，凡是发起人以实物抵作股款的，必须由法院指定的独立审查员进行审查。审查员所提出的审查报告必须于召开公司创立大会之前提交商事法院书记处。法国法与德国法的不同之处在于，法国法没有规定法院可以以实物估价过高为由判令不准许公司进行登记，但是法国法规定，对于欺诈性的故意抬高实物作价的有关人员，法院可以依法给予刑事制裁。因此，发起人在以实物抵作股款时，对实物的估价必须公平、合理，否则就可能带来严重的后果。

（四）公司的注册登记

股份有限公司的设立必须向政府有关主管部门办理注册登记。注册登记是公司取得法人资格的关键步骤，是公司成立并开展业务的必要条件。各国公司法为防止滥设公司以及利用公司从事非法活动，都规定公司的设立必须经过严格的法律审查程序。

按照德国的法律要求，公司的设立必须经过三个步骤：第一，必须由发起人把公司章程以及有关办妥法定手续的声明与审查报告提交公证人予以证明，或以法院证明的公文书制定；第二，必须由发起人把上述有关文件报请注册地的法院进行司法审查；第三，必须由发起人向公司营业所所在地的公司登记处进行注册。只有在第三步手续完成时，公司才能取得法人资格。

按照法国的法律要求，公司的设立必须经过双重审查，即公司内部的审查与政府机关的审查。首先，应由发起人及公司的有关机构检查其是否已经履行了设立公司的必要手续，并做出声明，表明该公司已完成设立程序并符合法定要求，发起人必须对此项声明的正确性负刑事责任与民事责任。然后，由发起人把公司章程及有关文件向商业登记处的书记官进行公司登记，由登记处根据上述声明进行审查，如果认为符合法定要求，就予以登记，公司即告成立。

按照英国各郡公司法的规定，凡是根据1948年《公司法》设立的公司都必须向政府主管部门进行登记。发起人在向公司登记处申请公司登记时，必须提交若干必要的文件，其中主要的是公司组织大纲，通常还包括公司内部细则。如果没有规定提交公司组织章程，则适用1948年《公司法》所附列的标准章程。此外，还必须缴纳若干登记手续费与捐税。公司登记官应对申请设立公司的有关文件进行审查，如果认为符合法定要求，就发给发起人一份登记证书（certificate of incorporation）。登记证书相当于公司的出生证（birth certificate），其法律效力是无条件地肯定公司的独立法人资格。一旦取得登记证书，公司即告有效成立。

按照美国各州公司法的规定，公司设立登记的程序大体上是相同的。一般都要求公司的发起人必须把公司规章及其他有关文件向州政府申请登记，并缴纳有关的手续费与捐税。州政府经审查合格后发给公司登记证书，公司即告成立。因为美国没有统一的公司法，所以，在美国设立公司不能向联邦政府机构提出申请，而必须在美国 50 个州中选择其中的一个州提出设立公司的申请。公司经某一个州批准注册登记后，在其他各州只要办理简单手续即可开展营业，公司的主营业所也可以设在其他州，但是必须在公司的注册所在州指定一名代理人。在美国，不少本国投资者与外国投资者都选择在特拉华州申请成立公司。这主要是因为该州的公司法对公司设立的程序要求比较简便，对外国人作为股东或担任公司董事没有任何限制，对公司的年度报表要求比较简单，对公司的创办费用与每年缴纳的费用也规定得比较适当。因此，许多公司都在该州办理设立登记手续，但其主营业所基本不设在该州而在其他各州开展业务活动。

必须指出的是，公司的设立与成立是两个不同的概念，其区别是：

（1）发生的阶段不同。设立与成立是公司取得法定资格的过程中一系列连续行为的两个不同阶段：设立行为发生在公司成立之前，而成立则发生于公司被依法核准之时。因此，成立是设立行为被法律认可以后依法存在的一种法律行为。

（2）行为性质不同。设立行为发生于发起人之间，是一种私法行为，而成立则发生在发起人与主管机关之间，是一种行政行为，具有公法性质。

（3）法律地位不同。公司在被核准登记之前，被称为设立中的公司，这时的公司还没有法人资格，其内、外部关系一般被视为合伙。如果公司最终未被核准登记，那么，因为设立公司所发生的债权债务关系，类推适用有关合伙的规定；如果公司被核准登记，那么，发起人为设立公司所实施的法律行为，其后果属于公司。公司一经获准成立，即取得法人资格，其债务由公司承担。

二、股份有限公司的资本

（一）公司资本的概念

广义的公司资本，是指公司用以从事经营与开展业务的所有资金和财产，包括公司自有资本（亦称权益资本，equity capital）与借贷资本（loan capital）这两部分。狭义的公司资本，仅指自有资本。本章所指的公司资本即指狭义资本。

股份有限公司的资本主要是通过向社会公开发行股票而募集的，因此，一般称为股份资本（share capital），简称股本。

公司资本，就经济方面而言，是公司开展业务的物质基础；就法律方面而言，是公司对第三人的最低财产担保。股份有限公司是法人，可以拥有自己的财产，并以自己的全部财产对债权人承担责任。公司的财产独立于股东的个人财产而存在，股东对公司债务的责任仅以出资额为限。因此，股份有限公司的资本对股东债权人以及公司自身的发展均有十分重要的意义。为了保护公司股东及债权人的利益，各国公司法对公司资本都做出了以下具体的规定：（1）公司设立必须拥有一定数量的资本，任何股份有限公司的资本都不得低于法定最低资本额；（2）公司的资本额必须在公司章程中予以载明，未经股东大会同意修改章程，公司资本不得随意增减；（3）公司必须经常维持与公司资本额相当的实际财产，不得以公司的资本进行分红。

对于股份有限公司的资本，英国、美国与荷兰等国家采取"授权资本制"。根据这种资本制度，公司的资本分为授权资本（authorized capital，也称为核准资本）与发行资本（issued capital）。公司必须在公司章程中载明授权资本的数额，但是在公司设立时，不必根据授权资本的数额全部发行股份，而可以先发行一部分，其余则留待日后根据公司业务发展的需要决定是否发行。所以，授权资本并不代表公司实际拥有的资本，只是公司有权通过发行股份而募集资本的最高限额，是一种名义资本（nominal capital）。发行资本才是公司真实的资本。授权资本制使公司在财务方面具有一定的灵活性，减少了公司在授权资本额内增加资本的程序，而且便于公司在日后发行新股时把认股权给予本公司的高级职员。

德国、法国等大多数大陆法系国家采取法定资本制。根据这一制度，公司章程中所载明的公司资本额，在公司设立时必须全部由认股人认购完毕，否则公司不得成立。如果公司增加资本，就必须修改章程。法定资本制有利于保证公司拥有充实的资本，防止利用公司进行欺诈与投机行为的发生。但是，法定资本制对于资本充足的要求过于严厉，已不适应现代股份公司发展的客观需要。因此，一些大陆法系国家已经开始放弃或部分放弃法定资本制而仿效授权资本制。例如，日本公司法规定，公司在设立时只需发行股份总数的四分之一即可，其余股份可以在公司成立后由董事会决定发行。德国《股份公司法》规定，当董事会根据股东大会授权发行新股增加资本时，可以分一次或多次完成，但是期限不得超过5年。法国《商事公司法》也有类似的规定。

（二）股份与股票

股份有限公司的资本均分为股份。股份是均分公司资本的单位。每一股代表一定的金额，每股的金额应当相同。例如，一家资本总额为100万元的股份有限公司，可以把股份分成50万股，每股为2元，也可以分成10万股，每股为10元等。股份也是股东在公司享有权利的单位。股东的权利取决于他所认购股份的性质与数量，拥有同样股数的股东其权利原则上也应相同。

股份有限公司的股份表现为股票。股票是代表股权的文书凭证，也是股东身份的证明文件。合法持有公司股票的人即可根据该股票行使股东权利。股票也是一种可以转让的有价证券。在股份有限公司中，股份的转让都是以交付股票的形式进行的。

股份有限公司的股份可以从不同的角度进行不同的分类，主要有以下几种。

1. 记名股与无记名股

凡是在股票上载有股东的姓名，并记载于公司的股东名册上的股份称为记名股（registered stock）。记名股除原所有人外，其他持有人都不得行使其股权。凡是在股票上不记载股东姓名的股票则称为无记名股（stock to bearer），此种股票的持有人可以享有股东资格，行使股东的权利。根据有些国家的公司法的规定，记名股在公司设立登记后，虽然股款尚未缴清，但也可以发行；无记名股则必须在缴足股款之后才能发行，因为这种股票上没有记载股东的姓名，如果允许股东缴付部分股款就发给股票，日后不知股东姓甚名谁，无法催缴未缴付的股款。由于无记名股有一定的流弊，因此，有些国家不允许发行无记名股。例如，美国大多数州的公司法规定，股份有限公司只许发行记名股票，不许发行无记名股票。但是，大多数西方国家都允许发行无记名股票。

2. 普通股与优先股

普通股（common stock），即通常的股份，它是与优先股相对而言的。普通股是股份有限公司最重要的一种股份，是构成公司资本的基础。普通股的股东在公司把红利（dividends）分派给优先股的股东之后，有权享有公司分派的红利；在公司解散或清算时，也有权在公司的财产满足了其他债权人的请求权之后，参与分配公司的财产。普通股没有固定的红利率，其红利的多少完全取决于公司的经营状况。普通股的股东一般有表决权，可以选举公司的董事会或监事会，从而对公司的经营管理有一定的发言权。优先股（preferred stock），是指在分派公司的红利与在公司清算时分派公司的财产两个方面，比普通股享有优先权的股份。有些国家的法律规定，优先股可以在公司设立时发行，也可以在公司增募股本时发行，法律上不加以任何限制。但是，有些国家的法律规定，优先股只能在特殊的情况下，例如，在公司增资配股或清理债务时才能发行。由于这种股份大多是在公司增募资本时发行的，因此，为了吸引投资者，公司给予他们某种优先的权利。但是，优先股的股东一般在股东大会上没有表决权，不能参与公司的经营管理。可是如果公司规定涉及优先权所保障的权利时则属于例外，在这种情况下，优先股持有者对于这种问题可以有表决权。

优先股的股利是固定的，一般都在发行股票时予以确定。例如，可以规定优先股的年利率为10%或8%等。优先股根据不同的情况又可以分为累积优先股（cumulative preferred stock）与非累积优先股、参与优先股（participating preferred stock）与非参与优先股。

(1) 累积优先股与非累积优先股。所谓累积优先股，是指在某个营业年度内，如果公司所获得的盈利不足以分派规定的股利，日后优先股的股东对往年未付给的股利，有权要求如数补给。例如，某公司发行累积优先股若干股，规定其年利率为10%。如果在过去的两年中由于公司不景气，获利甚少，只能发给优先股5%的股利，但到第三年时，公司生意兴隆，获得巨额利润，则公司对累积优先股的股东除付给当年10%的股利外，还应补发前两年所欠的全部股利（每年欠发5%）。如果补发完毕后还有剩余，才能把剩余的盈利分派给普通股的股东。对于非累积优先股，虽然对公司当年所获得的利润有优先于普通股获得分派股利的权利，但是如果该年度公司所获得的盈利不足以按规定的股利分配，其所欠的部分，非累积优先股的股东不能要求公司在以后获利较丰的年度中予以补发。显而易见，对投资者来说，累积优先股比非累积优先股具有更大的优越性。

(2) 参与优先股与非参与优先股。所谓参与优先股，是指当公司盈利较多时，其股东除按固定股息率分得股息外，还可分得额外股息的股份，其数额取决于每股普通股股息与每股优先股股息之差。例如，普通股每股股息为15元，优先股每股股息为10元，那么每股优先股还可分得5元额外股息。这种股票对投资者很有利，但发行者不多。虽然优先股在分派公司红利方面比普通股有优先权，特别是累积优先股的优越性更大，但是这种优越性一般只有在公司获利不多的情况下才能充分显示出来，才能对保护优先股的股东具有实际的意义。如果公司经营得法，连年获得高额利润，则优先股所分得的股利还可能远远低于普通股所分得的股利，因为优先股的股利是固定的，不因公司获得巨额利润而提高，而普通股的股利是不固定的，完全取决于公司的经营状况。所谓非参与优先股，是指优先股的股东虽然可以有优先分派红利的权利，但是他所获得的权利仅限于事先固定的股利率，如果公司的获利超过这个数额，则这种优先股无权参与再分配。由此可见，在公司获得高额利润的情况下，优先股所得到的股利反而不如普通股多。为了吸引投资者认购优先股，有些公司发行了一种名为参与优先股的股票。参与优先股与非参与优先股的主要区别在于：参与优先股的股东除优先根据规定的股利率（例如10％）领取股利外，还有权与普通股的股东一道以平等的比例参与分配其余的盈利，即可以取得双重的分红权。所以，在公司获利甚丰的情况下，参与优先股的优势远胜于普通股，这种优先股的股东具有比普通股的股东分得更多股利的权利。

（3）可转换优先股。还有一种近年来逐渐流行的优先股叫作可转换优先股（convertible preferred stock），这种股票订有一项条款，允许其持有人在某种情况下要求转换为一定数额的普通股。例如，当某公司在发行可转换优先股时，如果当时普通股每股的市场价格为18美元，则可以在优先股上订明一项转换条款，规定每一股票面值100美元的新发行的优先股，在此后的若干年内的任何时候都可以转换为该公司发行的5股普通股。至于转换与否，由该股票的股东自行决定。

大多数优先股还订有一项条款，允许发行该类股票的公司根据原来的价格再加上百分之若干（例如10％）的补偿金予以赎回（call-in）。如果该公司认为能够以较低股利的股票代替已发行的优先股，就往往行使这种权利，赎回已发行的优先股。

3. 回收股

回收股（treasury stock）又称库藏股，是指公司回购自己的股票而把它存入公司的金库。关于公司是否有权用公司的资本或法定的公积金回购自己发行的股票的问题，各国法律有不同的规定。有些国家如意大利与比利时的法律规定，除非为了减少公司的资本，禁止公司用公司的资本或法定公积金回购已发行的股票，但是对于优先股则不在此限。美国的法律则与上述各国的法律有所不同。根据美国的法律，公司可以向股东回购普通股，但是有两点限制：一是这种回购股没有表决权；二是不得领取红利。这种做法在公用事业中较为常见。例如，交通运输公司等企业有时采取这种做法，其目的是避免在企业收归国有时投资者遭受损失。美国的一些企业在与其他国家的企业进行合资经营时，往往也要求在合资经营的合同或协议中规定，允许投资者逐年收回其投入企业的资金。这也是它们担心合营企业被对方国家收归国有所采取的一种预防措施。这与公司回购自己发行的股票的做法也有相似之处。

股份有限公司的股票原则上都可以转让。因为股份有限公司是"资本的组合"而不是"人的组合"，只要股份的总数没有减少，股票持有人发生变化并不影响公司的存在。这是股份有限公司与合伙企业的一个主要区别。

但是，某些国家对于股票的转让也有一定的限制。例如，有些国家的公司法规定，公司的发起人因为与公司有特殊的利害关系，所以，在公司成立未满一年以前，不得出让其股票。这是为了防止发起人以设立公司为名，从中作弊。有些国家对把股票转让给外国人也有一定的限制。例如，英国公司法规定，如果把英国公司的股票转让给非居住在英国、英法海峡各岛、马恩岛（Isle of Man）、爱尔兰与直布罗陀的居民，则必须事先取得财政部的同意。

英国与美国对于不上市公司的股票转让也有所限制。这种公司的股票不能在股票交易所进行买卖，因为这种公司通常是由互相比较熟悉与相互信任的人组织起来的，除法律上对这种公司股票的转让有一定的限制以外，这些公司在其公司组织大纲或公司细则中对其股票的转让也规定了具体的限制，其目的是防止由于股票的转让而使一些不受欢迎的外来人跻身股东的行列，但是这种限制必须合理。根据美国的法律，如果对股票转让的限制过严，实际上使得股票根本不能转让时，这种限制将被认为违反公共政策，因而是无效的。至于合理的限制与适度的限制则是允许的。通常的限制是要求股东首先把股票转让给本公司的其他股东，如果本公司的股东不愿接受转让，则可以再转让给股东以外的人。

股票转让的手续相当简便。无记名股票的转让只要把股票交付给受让人，即可达到转让的法律效果。记名股票的转让必须由出让人在股票上背书，并且必须把受让人的姓名与地址登记在公司的股东名册上才能生效。

（三）公司债与债券

公司债（debentures），是指公司通过向社会发行债券所借之债。公司债券（bonds），是指表明公司债的有价证券。公司债一般都规定一定的偿还期以及一定的利率。债券持有人可以在规定的期限届满时收回全部债款，并可以按期向公司收取规定的利息，而且这项利息是固定的，不论公司盈亏如何，都必须按期向债券持有人支付。

公司债主要有两种：一种叫作无抵押品的公司债，这种公司债仅以公司的信用（credit）为担保，没有其他抵押品作为担保。一旦公司到期无力清偿债务，这种公司债的持有人就只能以公司一般债权人的身份对公司提起诉讼，要求在公司清算时予以补偿。另一种叫作有抵押品的公司债，即以公司财产之全部或一部分作为偿还本利的担保而发行的债券。如果公司到期无力清偿本息，则债券持有人对作为抵押品的公司财产有权自由处置，这种债券比无抵押权的债券更能保护持有人的利益。

发行公司债与股份是股份有限公司筹措资金的两种主要形式，但它们是两个不同的概念，两者具有较大的差别，主要表现在以下五个方面：

（1）股份的持有者是公司的股东，是公司的成员，而公司债的持有人则仅仅是公司的债权人，与公司存在债权债务关系。

（2）股份是一种永久性投资，股东不得要求公司返还股金，而公司债则有一定的清偿期，届时公司必须返还本金。

（3）股份（指普通股）通常没有固定的红利率，只有当公司盈利后才能进行分红，而且红利率随盈利的多少上下浮动，而公司债则有固定的利率，无论公司是否盈利，公司债持有人均有权请求按期支付利息。

（4）股东作为公司的成员有权参加股东大会并进行投票，对公司的经营决策有参与权，而公司债持有人则一般无权参与公司的经营管理活动。

（5）当公司解散时，公司债持有人优先于股东得到清偿。

因此，两相比较，长短互见，即股份投资的风险大于公司债，但是股东对公司的事务有发言权和较大的影响力，其盈利的机会较多，幅度也较大。由于优先股的出现与推广，现代股份有限公司中公司债与股份的差别日渐缩小，一些公司发行的可转换公司债券更是缩小了这种差别。这种公司债券一般都在发行时在上面载明一项条款，明确规定债券持有人可以在一定的期限内把公司债券转换成若干普通股。如果债券持有人认为该公司有发展前途，则可以在规定期间内把公司债券转换为股票，从而成为公司的股东。

（四）红利与公积金

1. 红利

红利（dividends）是公司盈利中用以分派给股东的部分。股东向公司投资的目的，主要是获利。因此，如果公司获得利润，就应分配给股东。公司的盈利主要来自两个方面，一是由营业结果取得的收入，称为营业盈余（earning surplus）；二是非由于营业结果所取得的收入，例如，股票溢价出售与资产增值等，称为资本盈余（capital surplus）。

红利不同于利息（interest）。利息是一种债务，不论公司获得利润与否都必须按期支付。但是，红利只能从利润中分派。各国公司法都规定，公司只有在获得利润时才能分派红利，不得以公司的财产作为红利分派给股东。否则，如果公司连年亏损，公司的资本就有可能被分光耗尽从而有倒闭的危险。为了巩固公司的财务基础，许多国家的公司法还规定，公司的利润必须在弥补亏损及提存公积金之后才能作为红利分派给股东。

分派红利的程序，通常是在公司每届决算时由董事会提出分派红利的建议案，提交股东大会通过，经股东大会做出决议后，由公司将应发金额按股东出资的多少，分派给股东。

2. 公积金

公积金（reserve funds）是公司为了弥补意外亏损，扩大营业范围，或为了巩固公司的财务基础，从公司的盈利中提取一部分，不作为红利分配，而保留在公司内部，以备必要时使用的基金。

公积金依其性质大体上可以分为两种：

（1）法定公积金。法定公积金即根据公司法的规定必须提存的公积金。例如，法国与德国的股份有限公司法规定，公司必须从每年的纯利润中提存5％的公积金，直至达到资本总额的10％为止。这是属于强制性的规定，不得依公司章程或股东大会的决议予以变更。但是，美国公司法与其他国家公司法的规定则有所不同，美国法不要求公司必须从利润中提存公积金。根据各国法律的规定，公积金可以转化为资本，也可以用来弥补亏损，但是不能作为红利分派。

（2）任意公积金。公司除依法提存法定公积金外，还可以经股东大会决议，从盈余中另外提存一部分，以备他日不时之需，这种公积金称为任意公积金。

三、股份有限公司的组织与管理

（一）公司的机关与管理权

股份有限公司是一种法人组织，必须借助于一定的自然人从事业务活动。根据各国公司法的规定，公司对外必须通过其授权的代理人才能订立合同；公司对内的经营管理活动十分复杂，涉及决策、执行、代表与监督等不同的职能。不同的职能通常由不同的个人或集体行使。公司内部设置的履行公司经营管理不同职能的机构，一般称为公司的"机关"（organs）。

在传统的公司法中，股份有限公司主要有两个机关，即股东大会与董事会。前者是公司的最高权力机关，对公司的经营管理拥有广泛的决策权，包括有权选任与解任公司董事；后者是公司的业务执行机关，根据股东大会的决议开展业务，并对股东大会负责。在进入20世纪以后，特别是自第二次世界大战以来，这种以股东大会为中心的体制逐渐发生了很大的变化。股份有限公司中出现了"所有权与经营权相分离"的发展趋势，股东大会的权限与作用日益减小，而董事会与经理等在公司的经营管理活动中则日益发挥越来越重要的作用。造成股份有限公司中所有权与管理权分离的直接原因主要是：（1）随着股份有限公司规模的日益扩大以及小额股票的大量发行，股东人数不断地增加。由于股票过于分散，股东们很难联合起来发挥作用。（2）现代化的公司随着科技的进步，其管理的技术性与专业性很强，也非常复杂，绝大多数股东由于知识、能力与时间等方面的局限，没有能力承担公司的管理任务。（3）许多股东只追求自身的投资利润，并不希望参与公司的管理。

就经济方面而言，把公司的业务管理交给由有经验的专家组成的董事会负责，不让股东大会过多地干涉企业的经营管理，这对提高公司的管理水平，促进公司管理的科学化，为投资者赚取更多的利润是有好处的。根据各国公司法的规定，股份有限公司的机关主要有股东大会、董事会与监事会三种。

股东大会（general meeting of shareholders）分为定期股东大会与临时股东大会两种。定期股东大会每年召开一次，因此，又称为股东年会（annual shareholders' meeting）；临时股东大会在董事会（有些国家是监察人或监察人会）认为有必要时召开，或应超过股本总额一定百分比的股东的请求而召开。在一般情况下，临时股东大会讨论与决议一些特别重要的事项，因此，有时也把它称为股东特别大会（shareholders' special meeting）。

股东大会一般由董事会召集，董事长就是股东大会的主席。在召开股东大会时，董事会应根据公司法的要求或根据公司章程的规定，在会前若干天（例如一个月）将会议的日期、地点以及提交股东大会议决的事项通知各股东，并登报予以公告。

关于股东大会的权限，各国公司法的规定不完全相同。从理论上说，大多数国家仍然认为，股东大会是股份有限公司的最高权力机构，但是实际上现代各国公司法对股东大会的权限都在不同程度上加以限制，股东大会的地位与作用日益下降。许多国家的公司法都以不同的方式把公司的经营管理权交给董事会或执行会处理，而对股东大会干预公司经营管理的权力加以限制。例如，德国《股份公司法》规定，董事会在业务管理方面享有"专属权限"，这种权限原则上是不受限制的，股东大会对有关业务执行问题所做出的决议，不能限制董事会的权限。

根据有些国家公司法的规定，股东大会的权限主要有以下六项：（1）选任与解任董事；（2）决定红利的分派；（3）变更公司的章程；（4）增加或减少公司的资本；（5）审查董事会提出的营业报告书、资产负债表（balance sheet）及其他表册；（6）决定公司的合并或解散。

应当指出的是，根据某些国家的公司法的规定，选任董事与解任董事的权力已不属于股东大会，而属于监察人会（Board of Supervisors，也称为"监察会"或"监事会"）。例如，德国《股份公司法》规定，股份有限公司设有监察人会与董事会双重机构，监察人会的成员由股东大会选任与解任，而董事会的成员则由监察人会选任与解任，股东大会不能直接干预。又如，根据1966年法国《商事公司法》的规定，股份有限公司可以采取董事会制，也可以采取监察会与执行会制，究竟采取哪一种管理制度，可以在公司注册时做出决定，也可以在日后由股东大会决定。如果采取董事会制，则由股东大会选任与解任董事会的成员；如果采取监察人会与执行会制，则股东大会只能任命与解任监察人会的成员，而不能参与执行会成员的任命，执行会的成员由监察人会任命，但执行会成员的解任权属于股东大会，股东大会有权根据监察人会的建议解任执行会的成员。

根据各国公司法的规定，股东大会必须达到法定人数才能召开，但是各国对法定人数（quorum）有不同的要求。例如，美国大多数州的公司法规定，出席股东年会的人数必须达到全体股东的50%，才能召开。有些国家，例如，法国法规定，只要有代表股本总值

25％的股东出席，即可构成召开股东大会的法定人数。在符合开会的法定人数的前提下，股东大会的决议案必须经出席大会的有表决权股东的过半数、三分之二或四分之三同意才能通过。有些国家的公司法把股东大会的决议事项分为普通决议与特别决议。普通决议要求由出席股东大会的有表决权股东的简单多数通过，特别决议则必须由三分之二或四分之三的多数通过。

股东有权参加股东大会。普通股的股东一般都有表决权，原则上是一股有一个表决权，优先股的股东则没有表决权。但是，实际上股份有限公司的股票非常分散。因为股东的人数众多，所以，大多数握有零星股票的股东都不参加股东大会，而是委托代理人代表其在股东大会上投票。这是通过委托书进行的。委托书（proxy）由公司的管理机构在会前印发给股东，股东在填妥并签字后退回公司，到股东大会召开时，被指定的代理人即可代表股东出席股东大会，行使股东的权利。

为了维护少数股东的利益，有些国家和地区，例如，美国各州的公司法都允许股东大会在选举董事会成员时，可以实行累积投票制（cumulative voting），即允许股东根据应选董事的人数，把全部票数集中投于他所属意的董事名下。例如，某公司的一个股东拥有200 股股票，如果应选董事为 9 名，则他可以投 1 800 票。根据累积投票制，他可以把全部1 800票集中投在他所选择的一名董事身上，这样就可能使得少数股东选出一名他们认为能够代表他们利益的董事来参加董事会。但是，有些国家，例如，英国等国家的公司法则不采取这种制度。根据这些国家的法律，在选举董事时严格实行一股一票制，不论公司应选举几名董事，每一股对每一个董事候选人只能投一票，其结果必然是握有多数股份的股东可以操纵董事会的选举，而少数股东提出的董事人选就很难当选。

（二）董事会与双董事会

一般而言，在股份有限公司中是由董事会决定公司的大政方针的，董事会任命总经理负责公司的日常经营事务，而董事会则由股东大会选任。但是，由于各国和地区的公司法规定不同，因此，股份有限公司的组织与管理也不尽相同。这种经营管理体制大致分为三种类型：（1）英美体制。这种体制由股东大会选举董事会，再由董事会任命总经理，总经理负责日常经营管理。（2）德法体制。这种体制由股东大会选举监事会，再由监事会任命董事会，监事会负责公司的大政方针，而日常的经营管理则由董事会负责，这种体制称为双董事会。（3）日本与中国台湾地区体制。这种体制由股东大会选举董事会与监事会，董事会决定大政方针，任命总经理，总经理负责日常的经营管理，而监事会则监督总经理的工作。

董事会是股份有限公司的业务管理机构，负责处理公司的经营管理事宜。随着董事会的地位与作用的加强，董事会已成为领导企业的最重要的机关。

1. 董事会的组成

各国公司法对董事的人数及资格有不同的规定。例如，1965 年德国《股份公司法》规定，董事会必须至少由 3 人组成；股本金额在 120 万马克以下者，不得超过 9 人；股本金额在 800 万马克以下者，不得超过 15 人；但是无论如何，董事会的人数最多不得超过21 人。英国公司法规定，上市公司的董事至少为 2 人，不上市公司的董事至少为 1 人。美国有些州的公司法允许公司指派 1 名董事主持公司的业务，但是一般都由 3 名至 5 名董事组成董事会。

关于董事的资格，有些国家，例如，瑞士公司法与法国公司法规定，董事必须由股东担任，非公司的股东不得担任董事。但是有些国家，例如，英国、美国、德国及日本公司法则允许由非股东担任董事，其立法目的是让擅长企业管理的专家充当董事，以提高企业的效率。后者反映了当代公司法发展的趋势。此外，大多数国家的公司法还规定，公司的董事可以是自然人，也可以是公司或其他法人，但是公司或法人担任董事时，必须指定有行为能力的自然人作为其代理人。德国公司法规定，董事资格仅限于有行为能力的自然人。

董事会一般设有董事长与副董事长。在董事人数较多的情况下，还可以设立常务董事或执行委员会，负责主持企业的日常业务。根据美国公司法的规定，董事会除董事长之外还设有一名秘书与一名财务。英国的股份有限公司只设一名秘书，不设财务。根据法国公司法的规定，如果公司采取董事会制，则实行董事长兼总经理的制度，即董事会选出的董事长当然兼任公司的总经理。其他国家虽然在法律上也允许董事长兼任总经理，但是并不是当然的公司总经理，换言之，董事长可以兼任公司的总经理，也可以不兼任公司的总经理。但是德国股份有限公司则与此不同，根据德国法律的规定，董事会的成员一律不得兼任公司的总经理或经理。

2. 董事会的权限

董事会作为股份有限公司的管理机构，具有十分广泛的权限。许多国家的公司法规定，除公司法或公司章程规定应由股东大会决议的事项外，公司的全部业务均可以由董事会执行。德国《股份公司法》明确地规定，董事会是股份有限公司的领导机关，"董事会应以自己的责任领导公司"。这就是说，公司的领导权限专属于董事会。除法律另有规定外，无论是公司的章程，还是股东大会的决议，都不能限制董事会的专属权限。但是凡属涉及公司的存灭及组织结构的变更等事项，例如，公司的合并、组织变更与解散等重大问题，其权限专属于股东大会，董事会无权对上述事项做出决定。

美国《标准商事公司法》授予董事会以十分广泛的权力。该法第35条规定，除该法或公司章程另有规定外，公司的权力应由董事会行使，公司的业务事宜亦应在董事会的领导下进行。董事会有权决定公司的方针、政策，并有权选派负责管理公司日常业务的高级职员。

根据英国公司法的规定，董事会的权限主要由公司章程规定。因为英国公司法除规定若干重要事项，例如，有关修改公司章程或变更公司的资本等，必须由股东大会做出决定外，其他有关股东大会与董事会之间的权限划分，均可以由公司章程规定。公司章程一般都给予董事会广泛的权力。原则上，公司的业务管理权以及根据公司法的规定不属于股东大会行使的权力，都可以由董事会行使。英国公司法还规定，凡是根据公司章程的规定应属于董事会权限范围内的事宜，董事会可以不受股东大会决议的约束，股东大会的决议不能推翻董事会在其权限范围内做出的决定。

3. 董事的责任

英美法系认为，董事与公司的关系是一种信赖关系（fiduciary relations），应负最大善意的注意义务。例如，英国公司法认为，董事兼有公司的受托人（trustee）与代理人（agent）双重身份，不仅应尽到代理人对委托人（principal）应尽的义务，而且应当承担受托人对受益人（beneficiary）应尽的义务。董事在管理公司的业务时，应当小心、谨慎行事，并以自己的技能为股东与公司谋利益。具体而言，董事的责任主要有以下六项：（1）以应有的谨慎与技能（care and skill）履行其职责；（2）不能使自己个人的利益与对公司的责任发生冲突，不能从事与公司相竞争的业务；（3）不能把公司的金钱借贷给董事；（4）不能以董事的身份谋取个人的利益；（5）如果董事在与公司签订合同时直接或间接地涉及个人的利益，必须把有关情况在董事会上做出说明；（6）董事对涉及其个人利益的合同或其他安排，不得在董事会上参与投票，如果他参加了投票，则不得计算票数。

如果董事违反其职责，则可以依法罚款或判处徒刑；董事违反职责所取得的利益，根据衡平法中有关信托的法律应全部属于公司所有；如果董事违反法律或违反职责而使公司或第三人遭受损失，则必须承担损害赔偿责任。

德国《股份公司法》与《日本商法典》对董事的责任都有详细的规定。例如，根据1950年修改的《日本商法典》第266条的规定，董事必须对下列事项负有偿还或赔偿的责任：（1）违法分配股息。股份有限公司在弥补亏损并扣除公积金之前，不得分派红利。如果公司违反此项规定分配股息，则债权人有权要求返还违法分派的金额。如果董事参与董事会的决议将此项违法分派股息的决议案提交股东大会通过，则应与公司连带承担返还违法分派股息金额的责任。（2）不得将公司的款项垫借给其他董事，凡是在董事会上赞成此种垫款的董事，必须承担返还垫款的责任。（3）不得从事与公司相竞争的业务。（4）董事为个人的利益与公司进行交易时，如果使公司遭受损失，就应对公司承担损害赔偿的责任。

值得注意的是，随着董事会权力的不断扩大，大多数国家的法律都出现了一些加重董事责任的新规定。根据这些国家的法律规定，董事由于缺乏应有的谨慎注意而使第三人，特别是使公司债权人的利益受到损害时，董事必须承担特定的责任。也就是说，董事有可能由于经营管理上的错误而承担责任。例如，德国的法律规定，凡是董事由于严重地违反法定的谨慎注意的义务，使公司的债权人受到损失而后者又不能从公司那里得到赔偿时，董事应对他们承担损害赔偿的责任。《意大利民法典》第2394条规定，董事必须就保管公司财产的义务所犯的过失向公司的债权人负责，因为董事的过失而使公司的财产不足以清偿债权人时，债权人有权对董事起诉，要求董事赔偿他们的损失，即使公司放弃对董事的起诉，公司债权人仍然可以对董事起诉。根据1966年法国《商事公司法》的规定，公司董事必须就违反法律、公司章程或经营中的过失对公司及第三人负连带责任。如果公司破产后，公司的财产不足以清偿债务，那么，商事法院可以判令公司的董事长、全体董事或某些有关的董事承担公司债务的全部或一部分，除非这些董事能证明他们在经营公司的业务过程中已经尽到了领取工资的受任人所应有的谨慎注意，而且董事不得以公司章程或股东大会关于限制公司债权人诉权的规定对抗公司的债权人。

上述各国法律都有一个共同的特点，就是把举证责任加在董事的身上，即要求董事只有证明其无过失才能免除其个人责任。这些法律的目的都是加强对公司债权人的保护，这对公司债权人是有利的。

（三）监察人会与公司监察人或审计人

随着股份有限公司董事会权力的不断扩大，各国公司法都采取各种不同的形式加强对公司业务执行机构的检查与监督，防止它们滥用职权，危及股东与第三人的利益。有些国家的法律规定股份有限公司必须设立监察人会（board of supervisors），有些国家的法律则要求设立监察人或审计人（auditor），情况不完全相同。

1. 德国法

德国《股份公司法》规定，股份有限公司必须设立监察人会，由监察人3名组成。但是，公司可以在章程中规定采用更多的人数组成。监察人会的最高人数有一定的限制，视公司资本的多少而定：资本总额不超过 300 万马克者，最多不超过 9 人；资本总额在 300 万马克以上，2 000 万马克以下者，不得超过 15 人；资本总额在 2 000 万马克以上者，不得超过 21 人。

德国的监察人会有一个重要的特点，即它不是全部由股东组成，而是由股东与职工代表共同组成。德国的法律规定，凡是拥有 2 000 名以下雇员的公司，其监察人会的成员必须有三分之一的职工代表。监察人会由股东大会选举产生，并对股东大会负责。监察人会的成员必须是自然人，不能由法人担任，但是对其国籍以及是否居住在德国并无限制。监察人会成员不能兼任董事，也不能兼任子公司或控股公司的董事。

监察人会对公司的经营管理实施全面的监督，对董事会的工作有监督权。根据德国《股份公司法》的规定，监察人会有以下权限：（1）召开股东大会；（2）选任与解任董事会的成员；（3）监督董事会的业务执行情况，批准重大的业务决定，例如，公司对外借款、不动产买卖、公司的解散与合并等；（4）检查公司的财产与审查公司的财务报告；（5）考虑董事会关于分派盈利的建议。

但是，监察人会的权力仅限于监督与检查，不能代替董事会执行公司的业务，因为根据德国《股份公司法》的规定，公司的业务执行权专属于董事会，公司不能依章程的规定把这项权力转移到监察人会。

2. 法国法

法国的股份有限公司在 1966 年以前只有一种管理机构，即董事会，并由董事长兼任总经理。在 1966 年《商事公司法》公布以后，实行两种可供选择的管理制度，一种制度是原来的董事会制，另一种制度是监察人会与执行会两级体制。股东大会有权决定采取哪一种制度，如果采用监察人会与执行会制度，则把监督职能与经营管理职能分开。根据法国法律的规定，监察人会的成员由 3 人至 12 人组成，由股东大会选举产生并对股东大会负责，其成员必须是股东。执行会的成员由 2 人至 5 人组成，其资格不限于股东，外国人也可以担任，但必须是自然人。监察人会的主要任务是选任执行会的成员，并对执行会的工作进行监督。有些公司章程规定，执行会订立超过一定金额的合同时，或在抵押公司的财产时必须先经监察人会批准。监察人会的成员不得兼任执行会的成员。

3. 日本法

日本的股份有限公司，即"株式会社"不设监察人会，而设监察人。根据 1950 年修订的《日本商法典》的规定，股份有限公司应设置"监察役"一人或数人，不构成合议体制，独立行使其对公司会计的"会计检查"义务。但是，对监察人的权限有一定的限制，有关公司业务的内部监察权，已由监察人转移到董事会，董事会可以根据此项权力对其下属的业务执行做"事前监察"，而监察人的权限仅限于在事后做会计检查。因此，日本的股份有限公司的监察人并不享有完全的监察权，其地位与作用远逊于德国的股份有限公司的监察人会。

4. 英国法

英国法没有实行监察人会或监察人制度。根据英国公司法的规定，对股份有限公司的会计监督职能主要由审计人担任。公司应在每届股东大会上指定审计员一人或数人，原则上任职一年。审计员的地位属于合同性质，只向公司负责。其任务纯属会计审核，主要是审查公司的账目是否符合事实，是否反映公司的真实情况。此外，英国商务部如果怀疑公司有欺诈行为或经营不善等情况，那么，其有权主动进行审查。股东大会也可以申请法院下令对公司进行上述审查。

5. 美国法

美国公司也不实行监察人会或监察人制度。美国的一些大公司往往由一名高级职员负责审查公司的会计账目，但是其地位不同于德国与日本等国家的监察人。在美国，主要是由联邦证券交易委员会（Federal Securities & Exchange Commission，FSEC）从外部对公司进行监督。该委员会要求公司每年向它提交符合规定格式的财务报告，此项报告必须先由独立的会计师进行审核，并附具该会计师表示愿对其内容的真实性承担责任的报告。

四、公司解散与清算

公司解散是公司消灭的法律程序。公司解散后必须对其财产进行清理，这种程序称为清算。各国公司法对股份有限公司解散的原因都有具体的规定。根据德国、法国有关公司法与《日本商法典》的规定，股份有限公司的解散主要有以下七个方面的原因：（1）公司章程所规定的解散事由的发生，例如，公司章程规定的期限已经届满；（2）公司经营的事业已经成就或不能成就；（3）股东会议的决议；（4）公司的股东人数或资本总额低于法定的最低数额；（5）被其他公司合并；（6）公司破产；（7）政府主管部门下令解散。

公司在解散后，应指定清算人（liquidator）对公司的债权、债务与公司财产进行清理。有些国家的法律规定，清算人原则上可以由公司董事担任，也可以根据公司章程的规定或由股东大会选任。因为董事熟悉公司的内情，由董事担任清算人有利于清算工作的进行。但是另一方面，由于董事与公司有利害关系，由董事担任清算人有可能发生舞弊的情况，因此，许多国家的法律都规定，法院有权根据利害关系人的申请选派清算人。

清算人的主要职责是：（1）检查公司的财产状况，并造具资产负债表及财产目录送交各股东查阅；（2）以公告的方式催告债权人在一定的期限内报明其债权，对于知道姓名的债权人，应分别予以通知；（3）了结公司的业务；（4）收回公司的债权；（5）偿还公司的债务；（6）分配公司的剩余财产。公司的现存财产，除偿付清算费用与清偿债务外，如果还有剩余，则应分派给各股东。

清算人在履行清算职务时，有代表公司的全权。公司对清算人权限所做出的限制，不得对抗善意的第三人。清算人必须在一定的期限内（例如6个月）完成公司的清算工作。在清理完成后，清算人应造具清算期内的收支表与公司利润表，连同各种簿册提交股东大会请求追认，同时应向法院呈报，经股东大会承认后，清算人即可解除责任。

英国公司法关于公司解散与清算程序的规定与德国和日本的法律有所不同。英国公司法把公司解散的程序称为结业（winding up）。根据英国公司法的规定，公司的结业有以下三种情况：

1. 强制结业

强制结业包括以下具体情况：（1）破产；（2）政府主管部门命令解散；（3）法院裁定解散。

在这种情况下，由一名破产事务官担任临时清算人，公司的财产也由其临时负责监管。通常法院在适当的时候会另行指定正式的清算人。清算人的职责是，在法院的指导下，办理公司结业的一切有关事项，包括核查与分配公司的财产，并且有权以公司的名义起诉与应诉。

2. 自愿结业

自愿结业包括以下具体情况：（1）公司章程所规定的事由发生，例如，公司存续期已满；（2）公司所经营的事业已经完成或不能完成；（3）股东大会决定解散；（4）在合并中被另外一个公司吸收。

在这种情况下，公司可以自己指定清算人。该清算人的职权与在强制结业的情况下由法院指定的清算人的职权相同。所不同的是，自愿结业的清算人在一定的程度上可以独立行事，而强制结业的清算人则必须在法院的指导下行事。

3. 在法院监督下的结业

在公司决定自愿结业时，在某些情况下，法院有权下令这种自愿结业必须在法院的监督下进行，例如，法院可以下令公司的清算要接受法院的监督。

一般而言，解散与清算是消灭公司法人资格的两个阶段。解散导致公司权利与义务的消灭，即导致其公司法人资格的消灭。而清算则是了结公司解散之后的法律关系，最终使其消灭法人资格。也就是说，解散是过程，清算是结果。因为公司解散之后，除了破产或合并等情况外，其法人资格并不随即消灭，还必须进入清算程序，以便最终消灭其法人资格。

对于公司的解散与清算的关系，各国的立法规定不同，主要有两种制度：（1）"先算后散"，即规定公司只有清算后才能解散，例如，英国法就做出了这样的规定；（2）"先散后算"，即规定公司应当首先宣布解散，再进行清算，大多数大陆法系国家都做出了这样的规定。

在"先算后散"的情况下，宣告公司解散即消灭法人资格，解散是使公司法人资格消灭的法律行为。在"先散后算"的情况下，解散只是法人消灭的原因，只有在清算完成后，才能消灭公司的法人资格。因此，在清算完成前，尽管公司的权利能力受到限制，但是公司的法人资格仍然视为存续。

1994年7月1日起施行的《中华人民共和国公司法》第192条规定："公司违反法律、行政法规被依法责令关闭的，应当解散，由有关主管机关组织股东、有关机关及有关专业人员成立清算组，进行清算。"这一规定，实质上与大陆法系国家的"先散后算"制度是相同的。自2014年3月1日起施行的最新修订后的公司法第183条也有同样的规定。

五、公司合并、兼并与收购

1. 公司合并

公司合并（consolidation），是指两个或两个以上的公司根据契约或法令，归并为一个公司的法律行为。

公司合并有两种形式：（1）吸收合并，是指两个以上的公司合并后，其中一个公司（吸收方）存续，而其他公司（被吸收方）解散；（2）新设合并，是指两个或两个以上的公司合并后，合并各方解散，另外创立一个新公司。

公司合并的程序，一般是由同意合并的各个公司的董事就合并的条件进行磋商。各公司的董事在达成合并协议后，即由各有关公司召开股东大会再做出合并的决议。股东大会在做出决议后，各合并公司应编造资产负债表及财产目录，并将合并的办法公告及通知各债权人，债权人可以在规定的期限内提出异议。公司对于持有异议的债权人应如数给予清偿，或向其提供适当的担保。各国法律还规定，反对合并的股东有权要求公司以公平的价格收买其持有的股份。公司在合并之后，应依法向有关主管部门进行登记。

在公司合并的问题上，各国的法律规定逐渐趋于一致。德国的法律与意大利的法律认为，公司合并的法律性质是指被合并的公司把它的全部财产全面地转让给合并的公司，或转让给合并后成立的公司，即由后者总括地承受前者的权利与义务，做到债权、债务与公司现有合同的全部转让。美国的法律亦认为，公司的合并是公司财产的总体移转，公司的合并引起被合并公司的解散，合并公司当然必须承受被合并公司的债权与债务。

对此，中国的公司法也有类似的规定。最新修订后于 2014 年 3 月 1 日起施行的《中华人民共和国公司法》第 172 条规定，公司合并可以采取吸收合并或者新设合并。一个公司吸收其他公司为吸收合并，被吸收的公司解散。两个以上公司合并设立一个新的公司为新设合并，合并各方解散。第 173 条进一步规定，公司合并，应当由合并各方签订合并协议，并编制资产负债表及财产清单。公司应当自做出合并决议之日起 10 日内通知债权人，并于 30 日内在报纸上公告。债权人自接到通知书之日起 30 日内，未接到通知书的自公告之日起 45 日内，可以要求公司清偿债务或者提供相应的担保。

2. 兼并

兼并（merger）是指两家或更多的独立企业或公司合并组成一家企业，通常是一家占优势的公司吸收一家或更多的公司。兼并的方法有三种：（1）用现金或证券购买其他公司的资产；（2）购买其他公司的股份或股票；（3）对其他公司股东发行新股票以换取其所持有的股权，从而取得其他公司的资产与负债。《中华人民共和国公司法》规定，公司合并可以采取吸收合并或者新设合并两种形式，可见国外的兼并相当于中国公司法中"吸收合并"的概念。也就是说，兼并是指公司、企业组织之间的融合与吸收行为，其中一个公司吸收另外一个公司或几个公司，前者仍然保留自己的法人资格与名称，后者则丧失独立的法人资格，只是前者的一个组成部分。

3. 收购

收购（acquisition）是指通过证券市场收购目标企业的股份或购买目标企业的股票达到控制目标企业，使资产所有权与经营权有偿转让的行为。收购的途径有三种：（1）控股式，是指收购公司通过购买目标公司一定的股份而成为目标公司的最大股东，从而控制该目标公司的方式；（2）购买式，是指收购公司通过购买目标公司的全部股份而使之成为其附属的全资子公司，从而使收购公司对目标公司享有支配权的方式；（3）吸收式，是指收购公司通过将目标公司的净资产或股份作为股金投入收购公司，从而使目标公司成为收购公司一个股东的方式。

现在，通常把"兼并"与"收购"统称为"并购"（M & A）。合并与兼并以及兼并与收购之间的关系是从属关系：收购属于兼并的一种，是一种控股式的兼并；而兼并则属于合并的一种，是吸收合并。也就是说，收购与兼并包含在广义的合并范畴之中。这三个概念之间的区别，主要表现在企业产权交易方式、交易程度与交易规模，以及并购后企业存续形态等方面。但是，从经济学观点看，这些区别只具有法律意义而不具有经济意义，因此，这三个词在很多情况下是可以通用的。

企业并购可以从三个方面进行分类，即根据行业关系、产权转移与其他方式进行分类。

根据并购双方的行业关系进行分类是最基本的分类标准，可以分为三种类型：横向（水平）并购、纵向（垂直）并购与混合并购。（1）横向并购，是指因为生产或销售同一类型的产品或提供同一类型的服务而处于相互直接竞争的企业之间的并购。（2）纵向并购，是指相同行业中处于不同阶段而实际上相互之间具有买卖关系的不同企业的联合。
（3）混合并购，是指在性质上既不是横向也不是纵向的并购。例如，某企业需要另外一家企业生产自己不能生产的产品，但又与那家企业具有生产与销售有关产品的业务关系，如果这两家企业合并，就是混合并购，这种形式的并购称为产品扩张型并购；如果某企业为了扩大其竞争地盘而对其还没有涉足的地区生产相同类型产品的企业进行并购，则称为市场扩张型并购；还有一种其他类型的混合并购形式，就是将那些生产和经营与自己的主要业务彼此关系不大的产品或服务的若干企业联合起来。

企业并购有各种各样的动机，比较常见的动机主要有以下四种：（1）就企业的增长而言，并购是一种比扩大生产更加快捷的方式，这种方式更加适合于那些谋求扩大规模的企业的需要。（2）如果并购企业的资产的市场价值不能反映该企业的证券价值，那么，对于企业的增长而言，通过并购则比扩大再生产所花费的代价要小得多。（3）如果某企业想获得自己稀缺的资源，例如，某种专有技术与专利权甚至现金，并购是一种最好或者是唯一有效的方法。（4）通过并购可以实现规模经济，增强竞争力。横向并购可以消除现有或潜在的竞争，从而扩大市场份额；纵向并购可以拥有自己的原料基地，从而确保供应或销路；混合并购可以扩大经营范围，从而分散经营风险。

企业的并购，归根到底是产权（指广义的所有权）通过交易进行转移的形式。根据企业资产的产权转移方式，并购可以分为以下六种：（1）用现金购买被并购方的资产；（2）用现金购买被并购方的股票，达到企业产权全部转移与控股；（3）用股票置换被并购方的资产；（4）根据商定的比例，以股票交换股票，使被并购方的股东成为并购方的股东；（5）通过协议的形式，有条件地无偿划拨资产，这往往发生在国有企业与集体所有制企业之间，一方的目的是解决就业或严重的债务困难等；（6）以借债与欠债的方式换股，以便拥有被并购方的产权，这又被称为杠杆并购。

此外，还有通过协议或者非协议的方式进行的并购，称为协议并购与恶意并购等。

第四节　其他商事组织

一、合伙企业

商事组织除了公司之外，还有合伙企业与个人企业。

（一）合伙企业的概念与特征

合伙企业，是指两个或两个以上的合伙人为共同经营、共同出资、共担风险与共享利润而组成的企业。在大陆法系国家，合伙企业分为"民事合伙企业"与"商事合伙企业"，分别适用民法典与商法典或有关的商事法规。两者的主要区别在于，商事合伙企业必须是达到一定的经营规模并且专门从事营利性活动的合伙企业。

一般而言，合伙企业具有以下主要特征：

（1）合伙企业是建立在合伙契约基础之上的企业。合伙人之间签订合伙契约，规定各合伙人在合伙企业中的权利与义务。即使合伙企业没有一定的组织机构来负责日常的业务，其内部关系仍然主要适用合伙契约的有关规定。

（2）合伙企业是"人的组合"。合伙人的死亡、破产与退出等都影响合伙企业的存续。

（3）合伙人对企业的债务负无限连带责任。合伙人以个人所有的全部财产作为合伙企业债务的担保。一旦合伙企业的财产不足以清偿其债务，债权人有权向任何一位合伙人请求全部履行债务。

（4）合伙人原则上均享有平等参与管理合伙企业事务的权利。除非合伙契约另有规定，每个合伙人均有权对外代表合伙企业从事业务活动。

（5）合伙企业一般不是法人，原则上不能以合伙企业的名义拥有财产、享受权利与承担义务。但是，法国、荷兰与比利时等国家的法律则规定，合伙企业是法人。英国、美国虽然不承认合伙企业的法人资格，但是在某些特定场合也把合伙企业视为法人。例如，美国的法律规定，合伙企业可以以合伙企业自己的名义起诉与应诉。

（二）合伙企业的利弊

作为一种企业形式，合伙企业对合伙人来说既有有利的一面，也有不利的一面。

合伙企业的有利之处主要有：（1）设立合伙企业的手续比较简单，费用较少。（2）通过合伙可以集中比个人企业更多的资金。（3）每个合伙人均有参与管理的权利，对企业的经营管理与企业的发展等问题有较大的控制权与发言权。（4）在英国、美国等国家，合伙企业不是法人，因而也不是独立的纳税单位。合伙企业本身无须缴纳企业所得税。而公司则不然，除股东对其所得红利缴纳个人所得税外，公司本身还必须缴纳公司所得税，可谓"双重纳税"。（5）各国政府对合伙企业的监督与管理比较宽松，一般不要求合伙企业公开账目与年度报告，合伙企业的经营有较大的自由与灵活性。

合伙企业的不利之处主要有：（1）合伙企业人数有限，很难募集大量资本，因而规模一般不大；（2）合伙人对企业债务承担无限连带责任，一旦经营失败，很容易导致倾家荡产；（3）每个合伙人都有权参与管理，也不利于企业管理的集中与统一，不利于实行科学化的管理；（4）合伙企业存续的时间不稳定，一旦合伙人死亡或退出，合伙即告解散，这不利于合伙企业的稳定发展。

从以上合伙企业的利弊可知，合伙企业主要是一种适合于中、小规模企业或家族企业经营的商事组织形式。

（三）各国有关合伙企业的法律

合伙是一种古老的企业组织形式，早在古希腊与古罗马时代就已经广泛存在，有关合伙企业的法律规定也随之产生。例如，著名的《法学阶梯》就设有专门一节对合伙企业进行规定。

在现代大陆法系国家，合伙法主要规定在民法典与商法典的有关章节之中。例如，《德国民法典》第二编第 705 条至第 740 条规定了民事合伙；《德国商法典》第 105 条至第 160 条规定了商事合伙。《法国民法典》第三编第四章为"合伙"。商事合伙最初规定在《法国商法典》中，后来于 1966 年 7 月 24 日制定了《商事公司法》，其中第一编第一章、第二章对商事合伙做了规定，取代了商法典的有关规定。

在英美法系国家，合伙法基本上采取单行法的形式。例如，1890 年制定的英国合伙法至今仍然有效。该法对英美法系的其他许多国家的合伙法有较大的影响。美国的合伙法属于州法，没有统一的联邦合伙法。为了消除各州合伙法之间的差异，美国统一法委员会于 1914 年起草制定了《统一合伙法》（Uniform Partnership Act）。该法目前已被除佐治亚州与路易斯安那州之外的其他州所采纳。该法包括 7 章 45 节，主要适用于合伙人未订立合伙契约的合伙企业。

（四）合伙企业的设立

合伙企业一般基于合伙人之间订立的合伙合同（partnership contract）而成立。

合伙合同是规定合伙人之间权利与义务的法律文件，是确立合伙人在出资、利润的分配、风险与责任的分担以及合伙的经营等方面的权利与义务的基本依据，对每个合伙人均具有约束力。合伙合同一般应采用书面形式。

1. 合伙合同的主要条款

合伙合同一般包括以下内容：（1）合伙企业的名称及合伙人的姓名。合伙企业一般应以合伙人的姓氏命名，在合伙人的姓氏之后可以加上"商号"（firm）字样。（2）合伙企业所经营事业的性质与经营范围。（3）合伙的期限。一些国家对合伙的期限加以限制。例如，法国的法律规定，合伙的期限最长不得超过99年，但是合伙人可以在此期限届满后请求延长。（4）每一合伙人出资的种类及金额。（5）合伙人之间利润的分配与损失的分担办法。（6）合伙企业的经营管理方式。（7）合伙人死亡或退出时，对企业财产及合伙人利益的处理方法。

2. 登记注册事项

合伙企业设立的手续一般比较简便，但是各国法律有不同的要求。例如，美国《统一合伙法》规定，合伙企业应当根据合伙人的协议组成，无须政府的批准，但是必须有合法的目的。某些行业，例如，律师业与医师业等要求有执照才能开业者，必须向有关主管部门申领开业执照。英国合伙法对合伙的商号名称要求相当严格，合伙的商号一般应以合伙人的姓氏命名，在合伙人的姓氏之后，可以加上"商号"或"公司"（company）字样，但是不得加上"有限"（limited）字样，否则每天罚款5英镑。同时，根据1916年《商号名称注册法》（Registration of Business Names Act）的规定，凡是在英国设有营业所的商号，如果在商号名称中没有包含合伙人的真实姓氏或没有包含合伙人的真实教名的开头字母者，则均必须向主管部门注册登记。登记事项应包括以下六个方面：（1）商号名称；（2）所经营事业的一般性质；（3）主要营业地点；（4）每个合伙人的现用名、姓氏与曾用名；（5）合伙人的国籍；（6）合伙人所拥有的其他企业等。

上述注册登记手续必须在合伙企业开始营业后14日内完成。如果日后商号的名称有所变更，则必须于变更后14日内再行登记。

根据德国法律的规定，合伙企业必须在商业登记册上办理登记。全体合伙人必须事先提出合伙申请，在申请书中必须载明每个合伙人的姓名、职业与长期住所，企业的名称与开设地点，以及开始营业的日期等。

3. 合伙关系

在英美法系国家，即使合伙人之间没有订立明确的合伙契约或对合伙是否存在发生争议，但如果符合一定的条件，则法院也仍然会判定当事人之间存在合伙关系。这种合伙一般称为"事实上的合伙"（de fact partnership）。在判定事实上的合伙是否存在时，法院主要考虑以下三个因素：（1）合伙人是否分享利润与分担损失；（2）合伙企业的财产是否由合伙人共同所有；（3）合伙人在经营管理中是否享有同样的权利。

（五）合伙企业内部各合伙人之间的关系

合伙人之间的权利与义务通常都在合伙合同中予以规定，因为他们之间首先是一种合同关系。与此同时，合伙人之间也是一种相互信任的忠实关系。合伙人不得损害合伙企业或其他合伙人的利益，谋取私利。

1. 合伙人的权利

一般而言，合伙人享有下列权利：

（1）分享利润的权利。每个合伙人均有根据合伙合同规定的比例取得利润的权利。如果合同中没有规定，则应根据各国合伙法的规定分配利润。英国、美国、德国等国家的合伙法规定，合伙人应平均分配利润，而不考虑合伙人出资的多少。法国的法律则规定，应根据合伙人的出资比例分享利润。

（2）参与经营管理的权利。除非合伙合同有相反的规定，否则每个合伙人均有平等地参与合伙管理、对外以合伙的名义进行业务活动的权利。在实际生活中，合伙合同常常规定由某一位或几位合伙人负责合伙企业的日常管理。如果每个合伙人都参与管理，那么，企业的经营决策必须经每个合伙人同意。

（3）监督与检查账目的权利。每个合伙人都有权了解与查询合伙企业经营状况，负责日常业务的合伙人不得拒绝。合伙人有权随时查阅合伙企业的账目并提出质询。一些国家对合伙人的这项权利加以限制，以保证合伙企业的经营管理能够顺利地进行。例如，法国的法律规定，不参与日常管理的合伙人1年内查阅合伙账目一般不得超过2次。

（4）获得补偿的权利。合伙人为处理企业的正常业务、维持企业的正常经营或维护企业的财产利益而垫付的个人费用或因此而遭受的个人财产损失，合伙企业或其他合伙人应予以补偿，但是在原则上，合伙人不得向合伙企业请求支付报酬。

2. 合伙人的义务

一般而言，合伙人负有下列义务：

（1）出资的义务。合伙人在签订合伙合同之后，有义务根据合同规定的时间、数额与方式缴纳出资。如果合伙人到期拒不缴纳出资从而使合伙企业无法成立或给其他合伙人造成损失，则其他合伙人有权要求赔偿。合伙人一般可以以金钱、实物、技术或劳务出资。

（2）忠实的义务。合伙人对合伙企业及其他合伙人负有忠实的义务。合伙人必须为合伙企业的最大利益服务；不得擅自利用合伙企业的财产为自己谋取私利；不得经营与合伙企业相竞争的事业；应及时向其他合伙人报告有关企业的各种情况与信息。合伙人违反忠实义务所获得的利益，必须全部转交给合伙企业。

（3）谨慎与注意的义务。参与经营管理的合伙人在执行合伙业务时必须谨慎、小心。如果因其失职从而给合伙企业造成损失，则其他合伙人有权要求赔偿。

（4）不随意转让出资的义务。由于合伙人之间存在"相互信任"（mutual confidence）的关系，合伙人未经其他合伙人同意，不得将其在合伙企业中的出资及各项权利转让给第三人，也不得吸收第三人入伙。但是，大多数国家均允许合伙人在一定的条件下将请求分配利润的权利转让或馈赠给他人。除合伙合同另有规定外，合伙人的死亡或退出，即引起合伙企业的解散。

（六）合伙企业与第三人的关系

在合伙企业中，每个合伙人在企业所从事的业务范围内，都有权作为合伙企业与其他合伙人的代理人。这就是所谓合伙人相互代理的原则。根据这项原则，合伙企业与第三人的关系具有以下四个特点。

1. 每个合伙人在执行合伙企业的通常业务中所实施的行为，对合伙企业与其他合伙人都具有约束力

除非该合伙人无权处理该项事务，而且与之进行交易的第三人也知道该合伙人没有得

到授权，否则合伙企业与全体合伙人都要就该合伙人的行为对第三人负责。根据英国合伙法的规定，每个合伙人，特别是从事货物买卖交易的合伙贸易企业的合伙人，在处理下列事务时，都认为具有默示的授权：（1）出售合伙企业的货物；（2）以企业的名义购买企业的业务所需要的货物；（3）收受企业的债款，并出具收据；（4）为企业雇用职工；（5）以企业名义承兑与开立流通票据；（6）以企业的信用借款或以企业的货物作抵押申请贷款；（7）委托律师为企业进行诉讼。

任何合伙人就上述事项与第三人订立的合同，对合伙企业与其他合伙人都具有约束力。所有合伙人均须对合伙企业与第三人所订立的合同或所承担的债务负无限连带责任。

2. 合伙人之间如果对其中任何一个合伙人的权利有所限制，不得用以对抗不知情的第三人

但是如果第三人在与该合伙人进行交易时，已经得知该合伙人的权利受到限制而无权处理该项业务，则该合伙人所做出的行为就不能约束合伙企业与其他合伙人。

3. 合伙人在从事正常的合伙业务过程中所实施的侵权行为，应由合伙企业承担责任

但是合伙企业也有权要求有关合伙人赔偿其由于故意或疏忽而给企业带来的损失。

4. 当一个新的合伙人被吸收参加一个现存的合伙企业时，他对参加合伙之前企业所负的债务不承担任何责任

而当一个合伙人退出合伙企业之后，他对其作为合伙人期间企业所负的债务仍须负责。至于已经退出合伙企业的合伙人，对企业日后所发生的债务是否仍须负责的问题，需要视不同的情况而定。如果与企业进行交易的第三人，在他退出合伙企业之前曾经与企业进行过交易，则他须通知该第三人，说明他已经不再是合伙人，否则他仍须对该第三人负责；如果该第三人在他退出合伙企业之前并未与该企业进行过交易，也不知道他是合伙人，则他对于其退出合伙企业之后所进行的交易就可以不承担责任。

（七）合伙企业的解散

合伙企业的解散有两种情况，一种情况是自愿解散（voluntary dissolution），另一种情况是依法解散（dissolution by operation of law）。所谓自愿解散，是指合伙企业根据合伙人之间的协议而解散。例如，当合伙章程规定了期限时，合伙企业即于该期限届满时宣告解散；如果合伙章程中没有规定期限，则合伙人之间也可以在事后达成协议，宣告合伙企业解散。所谓依法解散，是指合伙企业根据合伙法的有关规定而宣告解散，主要有以下五种情况：（1）除合伙人之间另有协议外，如果合伙人之一死亡或退出，则合伙企业即告解散；（2）当合伙企业或合伙人之一破产时，合伙企业即告解散；（3）如果因为发生某种情况，合伙企业所从事的业务成为非法的时，该合伙企业即自动解散；（4）如果爆发战争，合伙人之一系敌国公民时，合伙企业亦应解散；（5）如果在合伙人中有人精神失常，长期不能履行其职责，或有人因行为失当而使企业遭受重大损失，又或者，如果企业因经营失败难以继续维持，则任何合伙人均有权向法院提出申请，要求法院下令解散合伙企业。

此外，合伙人原则上有权提出退出合伙企业，但是，各国合伙法对此项权利都有一定的限制，以保证合伙企业的稳定发展。例如，《德国民法典》第723条规定，合伙契约如果规定了期限，那么，合伙人只有在有重大事由发生时，方可提出退伙。所谓"重大事由"，主要是指其他合伙人已严重违反合伙契约所规定的义务。如果没有重大事由发生，合伙人退伙，则应对其他合伙人赔偿由此而带来的损失。法国的法律则规定，合伙人退伙

不得损害第三人的权利与利益。

当合伙企业解散时，在清偿企业的债务后，所有合伙人都有权参加财产的分配。如果企业的剩余资产不足以清偿其债务，合伙人必须以其个人财产负无限连带清偿责任。

（八）有限合伙与隐名合伙

上述合伙企业，一般称为"普通合伙企业"。"有限合伙企业"则是一种特殊类型的合伙组织。

有限合伙（limited partnership），是指至少由一名普通合伙人（general partner）与至少一名有限合伙人（limited partner）组成企业的合伙形式。前者对企业的债务负无限责任，后者则只负有限责任，即仅以其出资为限。

有限合伙这一企业组织形式起源于中世纪的欧洲。在 12 世纪至 13 世纪，随着欧洲地中海地区海上贸易的发展与扩大，单个商人已不再适应较大规模的商业冒险，于是"卡孟达（commenda）契约"便应运而生。"卡孟达契约"主要在普通商人与海运商人之间订立。它一般规定，由普通商人提供资金，由海运商人负责经营与贩卖货物，普通商人的风险与责任以其出资为限。这种契约后来便演变为有限合伙。1807 年《法国商法典》首次对有限合伙做出了规定。1890 年英国合伙法也规定了有限合伙，1907 年又制定了单行的《有限合伙法》。美国统一州法委员会于 1916 年制定了《统一有限合伙法》，现已被大多数州所采纳。

在有限合伙中，普通合伙人的权利与义务与其在普通合伙企业中是基本相同的。

有限责任合伙人的权利与义务主要有以下六项：（1）他不参与企业的经营管理，他的行为对企业没有约束力，他一旦参与了企业的经营管理，他在此期间就要对企业的一切债务承担责任；（2）他的名称不得列入商号名称，如果列入，他将对合伙企业的债务承担无限责任；（3）他有权审查企业的账目；（4）他的死亡与破产不影响企业的存在，不产生解散企业的效果，但是如果负无限责任的普通合伙人死亡或退出，除企业章程另有规定外，企业即宣告解散；（5）他的股份经普通合伙人同意之后，可以转让给别人；（6）他不得发出解散企业的通知。

与普通合伙企业相比较，有限合伙企业的设立较为复杂。大多数国家均要求有限合伙企业必须在有关主管机关注册登记，并提交合伙章程。根据 1907 年英国《有限合伙法》的规定，该章程应载明以下事项：（1）企业的名称；（2）所经营事业的一般性质；（3）主要营业地点；（4）每个合伙人的姓名；（5）合伙企业的经营期限与开业日期；（6）注明是有限合伙企业，并载明有限合伙人的姓名；（7）表明每个有限责任合伙人出资的金额，并注明是以现金还是以其他形式作为出资。根据美国《统一有限合伙法》的规定，有限合伙人的出资必须是现款或财产，不得以劳务作为出资。

此外，还有一种合伙形式称为"隐名合伙"（dormant partnership）。这是大陆法系国家对合伙的一种分类，即合伙的一方当事人约定另一方对他的企业出资，约定出资的一方分享其营业所得利益。营业一方称为营业人，出资一方称为隐名合伙人。各国法律一般都不承认隐名合伙人为法人。其法律特征主要有：只有营业人才是权利主体，隐名合伙人不经营业务，不是权利主体，如果隐名合伙人以自己的名义与第三人缔结合同，要单独承担责任；只有营业人才对合伙企业负无限责任，隐名合伙人只负有限责任。此外，各国法律对隐名合伙人提供企业财产的保障规定不同。例如，《法国民法典》规定各合伙人交予合伙企业的财产为共有财产，受法律保护；《日本商法典》规定，隐名合伙人的出资，为归属营业人的财产，而非共有财产。

二、合资经营企业

合资经营企业（joint venture）在许多方面与合伙企业相类似，因此，有些国家把合资经营企业纳入合伙企业的范畴，基本上适用有关合伙企业的法律规定。合资经营企业是由两个或两个以上的合营者，以营利为目的，为了从事某种特定的业务而组成的企业。在有些西方国家，合资经营企业往往是由两个公司组成的。采取这种企业组织形式的好处，主要有以下四个方面：（1）两个公司可以通过合资经营进行合作，无须采取企业合并的方式从而丧失各自的独立性；（2）便于两个公司投入各自特有的技能；（3）可以分散财务上的风险；（4）可以集中比一个企业更雄厚的力量，从而取得更大的好处。

关于合营企业的法律性质，西方各国有不同的看法。美国的法律认为，合营企业属于"人的组合"，不是一个法人。因此，美国往往把合营者称作合伙人，认为合营企业属于合伙性质。合营企业与合伙企业的区别仅在于：（1）合营企业是为了从事特定的业务组织起来的，在美国，合营企业这种形式多用于建筑业与石油开采业，这种企业一般在特定目的达到后即告终止；而合伙企业是为从事通常的业务组织起来的。（2）在合营企业中，合营者之间不存在相互代理的关系，合营者的行为非经授权不能约束合营企业。（3）合营企业不因合营者的死亡而告解散或结束。

除此之外，合营企业与合伙企业基本相同，适用合伙法的有关规定。

但是，法国的法律认为合资经营企业是"经济效益的组合"，具有合伙与公司的两重特性。根据1967年法国关于合资经营企业条例的规定，合营企业是一个独立的法人。其设立的手续十分简便，只要有关企业把成立合营企业的合同向商事公司登记处进行登记即可成立。但是，合营企业所经营的业务必须是合营者自身业务的某种扩展。合营企业所得的利润不属于企业，而直接属于合营者。合营者对企业的债务负无限连带责任。合营企业由董事会负责经营管理。董事的行为对企业有约束力。除董事以外，还必须设一名以上的监察人。董事要具备一定的资格，如果是由非欧共体成员国的国民担任董事，则必须持有商人证。

三、个人企业

如同公司与合伙企业一样，个人企业也有其自身的优缺点。

个人企业的优点是：（1）开业容易。开办这种企业是由出资者本人经营，所需资本不多，不受时间与场所的限制，灵活方便。（2）管理集中。企业主身兼生产者与经营者两项职能，直接控制与经营企业，不仅可以胜任一般的企业管理任务，而且这种一身二任的做法，可以节省企业内部管理费用，有利于扩大积累与再生产。（3）适应性强。只要产品或服务符合市场需要，业主如果有此能力，就可以随时提供。（4）纳税较少。其税率低于公司。

个人企业的缺点是：（1）以自我积累为主的资金来源机制，以及凭个人信用难以筹措大笔资金的情况，既限制了企业规模的扩大，也限制了产业结构的调整；（2）企业主的存亡决定企业的存亡，这种个人性决定了企业的规模小，市场信息不全面，抗风险能力差，因此，许多个人企业难以持久，开办得快，消失得也快；（3）企业主的无限责任使所有者承担巨大的经营风险，企业主在经营时必须小心、谨慎，一旦经营不善导致破产，其个人财产必须用来偿付债务，容易倾家荡产。

以美国为例，美国的小企业基本上是个人企业。

小企业的发展对美国经济发展的作用引人注目。从总量上看，小企业占绝大多数，是国民经济中的重要力量。美国的小企业能够与大企业竞争，依靠的是产品质量与先进技术。美国小企业具有下列竞争优势：（1）灵活机动性。小企业可以根据市场的变化情况，随时转产，为顾客提供多样化的产品与服务。（2）专业化。小企业为大公司加工零部件，销路有保证，提供专门的服务，潜力巨大。（3）技术创新性。小企业在技术革新与发明创造方面具有优势。美国许多先进技术的专利权不是来自大企业，而是来自小企业。小企业具有很强的发明创造力，不仅科研成果推出快，而且科研投资的回收期也比大公司短。

正是由于有这些优缺点，这种个人企业非常适合那些追求独立自主、勇于开拓、爱冒险、愿意自己当老板的人开办和经营。

第五节　中国的商事组织与商事组织法

自改革开放以来，中国的所有制形式从单一向多样化变化，各种企业不断涌现，成为国民经济的重要组成部分。

首先是乡镇企业异军突起，占企业总数的大部分。

接着，民营企业如雨后春笋般迅速发展，各种商事组织基本具备，其规模不断扩大。

最后，由于现实的需要，中国的商事组织法也在不断地完善。在20世纪90年代以前，中国没有商事组织法。自1993年以来，中国先后制定了这方面的法律。

1993年12月29日，第八届全国人民代表大会常务委员会第五次会议通过了《中华人民共和国公司法》，自1994年7月1日起实施。

一、《中华人民共和国公司法》的基本制度与主要内容

（一）公司法的基本制度

《中华人民共和国公司法》（以下简称《公司法》）确立了下列三项基本制度。

1. 资本确定制度

《公司法》实行严格的资本确定制度，要求公司资本在公司成立之时全部募足并全部缴足，除对有限责任公司和股份有限公司得以成立的最低法定资本额度做了明确规定外，还要求出资人缴纳出资后，要经过法定验资机构验资，以及股东对非现金出资的实际差价负连带补偿责任等。

2. 资本维持制度

资本维持制度又称为资本充实原则，是指公司在其存续过程中，应当经常保持与其资本额相当的财产。该法贯彻了资本维持的要求，规定了若干强制性规范以确保公司拥有充足的财产。这些强制性规范包括公司成立后，发起人或股东不得退股，不得抽回股本；股票发行价格不得低于股票面值；公司应按规定提取和使用法定公积金——法定公积金可视为资本储备，主要用途在于弥补公司的亏损，扩大公司经营规模而增加资本；亏损或无利润不得分配股利；公司原则上不能收购自己的股份，也不得接受本公司的股票作为抵押权的标的等。

3. 资本不变制度

公司资本总额一旦确定，非经法定程序不得任意变动。资本不变制度旨在禁止随意减少公司资本，以维护公司的生命力和公司债权人的利益。该法对公司资本的减少做了严格限制：减少资本须编制资产负债表和财产清单；须经股东大会做出决议；须于减资决议后的法定期间内向债权人发出通知并公告；债权人有权在法定期间内要求公司清偿债务或提供相应的担保；公司减少注册资本后的数额不得低于法定的最低限额；须向公司登记机关办理变更登记等。

（二）公司法的主要内容

1993 年《公司法》共有 11 章，230 条，其主要内容如下。

1. 关于制定该法的目的与该法的适用范围

《公司法》第 1 条明确指出了制定该法的目的："为了适应建立现代企业制度的需要，规范公司的组织和行为，保护公司、股东和债权人的合法权益，维护社会经济秩序，促进社会主义市场经济的发展，根据宪法，制定本法。"

该法第 2 条与第 3 条规定了《公司法》的适用范围："本法所称公司是指依照本法在中国境内设立的有限责任公司和股份有限公司。""有限责任公司和股份有限公司是企业法人。有限责任公司，股东以其出资额为限对公司承担责任，公司以其全部资产对公司的债务承担责任。股份有限公司，其全部资本分为等额股份，股东以其所持股份为限对公司承担责任，公司以其全部资产对公司的债务承担责任。"

2. 关于公司的法律地位、管理体制与经营管理体制

该法第 4 条与第 5 条规定了公司的法律地位："公司享有由股东投资形成的全部法人财产权，依法享有民事权利，承担民事责任。""公司以其全部法人财产，依法自主经营，自负盈亏。"

该法第 6 条与第 7 条规定了公司的管理体制："公司实行权责分明、管理科学、激励和约束相结合的内部管理体制。""国有企业改建为公司，必须依照法律、行政法规规定的条件和要求，转换经营机制，有步骤地清产核资，界定产权，清理债权债务，评估资产，建立规范的内部管理机构。"

《公司法》规定了公司的权力机构是股东大会（第 102 条和第 103 条），公司的决策机构是董事会（第 112 条），公司的法定代表人是董事长（第 113 条），公司的监督机构是监事会（第 124 条和第 126 条），并规定了包括总经理（经理）在内的公司高级管理人员进行日常经营管理工作的职权（第 119 条）；明确了股东大会、董事会、董事长、监事会与经理人员必须依公司法及公司章程的规定履行其职责（第 111 条、第 123 条和第 128 条）。

3. 关于有限责任公司与股份有限公司的设立条件

《公司法》详细地规定了有限责任公司（第 19 条）和股份有限公司的设立条件（第 73 条）、公司章程的制定、报批程序及其他登记手续。其中第 23 条第 2 款规定："有限责任公司的注册资本不得少于下列最低限额：（一）以生产经营为主的公司人民币五十万元；（二）以商品批发为主的公司人民币五十万元；（三）以商业零售为主的公司人民币三十万元；（四）科技开发、咨询、服务性公司人民币十万元。"第 78 条第 2 款规定："股份有限公司注册资本的最低限额为人民币一千万元。"

4. 关于股份有限公司股份的发行与股份的转让

《公司法》对股份有限公司的股份发行原则（第 130 条）和条件（第 137 条），以及股

份可以合法转让（第 143 条）及其他有关事项做了规定，并专门有一节，对上市公司的必备条件（第 152 条）、申请股票上市的报批手续（第 153 条）、公布公司的财务会计报告（第 156 条）以及暂停股票上市等问题做了具体规定。

5. 关于公司发行债券的条件和转让

《公司法》对公司发行债券的主体资格（第 159 条）、发行债券的条件（第 161 条）、报批手续（第 165 条）、公司债券的种类（第 168 条）与公司债券的转让（第 170 条和第 171 条）等问题做了具体规定。

6. 关于建立公司财务会计报告制度

《公司法》规定了建立公司财务与会计制度的依据（第 174 条），会计年度终了时应制作的财务会计报告，包括资产负债表、损益表、财务状况变动表、财务情况说明书与利润分配表的内容（第 175 条），以及从利润中提取的公积金和公益金比例（第 177 条）等问题。

7. 关于公司的合并、分立、破产、解散和清算

《公司法》对合并或分立的形式与进行的程序做了原则性规定（第 184 条），还对公司增减注册资本的条件、程序与需要办理的手续（第 186 条和第 187 条）等问题做了具体规定。

《公司法》第 8 章对公司的破产（第 189 条）、解散（第 190 条）与清算组的组成、职权（第 191 条和第 193 条）等做了专门规定。

8. 关于公司的法律责任

《公司法》第 10 章是有关公司的法律责任，对办理公司登记时虚报注册资本、提交虚假证明文件或采取其他欺诈手段隐瞒重要事实取得公司登记（第 206 条），以及合法登记注册后，抽逃出资（第 209 条），另立会计账册（第 211 条），向股东与社会公众提供虚假的或隐瞒重要事实的财务会计报告（第 212 条），将国有资产低价折股或出售或无偿分给个人（第 213 条），以及侵占公司财产（第 214 条）等，根据情节轻重，分别依法追究有关的民事与刑事责任。

9. 关于外国公司在中国设立分支机构的程序

《公司法》对外国公司（第 199 条）及其在中国境内设立分支机构的申请与审批（第 200 条和第 201 条）、法律责任（第 203 条、第 204 条和第 205 条）等做了规定。

二、国有独资公司

中国的国有企业，尤其是国有大、中型企业如何适应社会主义市场经济发展的需要，是建立现代企业制度的关键所在。国有企业实行公司制，是商事组织的重要内容之一。因此，1993 年《公司法》单独设一节对与国有独资公司有关的问题做了全面与原则性的规定。

《公司法》第 64 条至第 72 条是对"国有独资公司"的规定。各条规定如下。

第 64 条规定，本法所称国有独资公司是指国家授权投资的机构或者国家授权的部门单独投资设立的有限责任公司。国务院确定的生产特殊产品的公司或者属于特定行业的公司，应当采取国有独资公司形式。

第 65 条规定，国有独资公司的公司章程由国家授权投资的机构或者国家授权的部门依照本法制定，或者由董事会制定，报国家授权投资的机构或者国家授权的部门批准。

第 66 条规定，国有独资公司不设股东会，由国家授权投资的机构或者国家授权的部门，授权公司董事会行使股东会的部分职权，决定公司的重大事项，但公司的合并、分立、解散、增减资本和发行公司债券，必须由国家授权投资的机构或者国家授权的部门决定。

第 67 条规定，国家授权投资的机构或者国家授权的部门依照法律、行政法规的规定，对国有独资公司的国有资产实施监督管理。

第 68 条规定，国有独资公司设立董事会，依照本法第 46 条、第 66 条规定行使职权。董事会每届任期为 3 年。公司董事会成员为 3 人至 9 人，由国家授权投资的机构或者国家授权的部门按照董事会的任期委派或者更换。董事会成员中应当有公司职工代表。董事会中的职工代表由公司职工民主选举产生。董事会设董事长一人，可以视需要设副董事长。董事长和副董事长由国家授权投资的机构或者国家授权的部门从董事会成员中指定。董事长为公司的法定代表人。

第 69 条规定，国有独资公司设经理，由董事会聘任或者解聘。经理依照本法第 50 条规定行使职权。经国家授权投资的机构或者国家授权的部门同意，董事会成员可以兼任经理。

第 70 条规定，国有独资公司的董事长、副董事长、董事、经理，未经国家授权投资的机构或者国家授权的部门同意，不得兼任其他有限责任公司、股份有限公司或者其他经营组织的负责人。

第 71 条规定，国有独资公司的资产转让，依照法律、行政法规的规定，由国家授权投资的机构或者国家授权的部门办理审批和财产权转移手续。

第 72 条规定，经营管理制度健全、经营状况较好的大型国有独资公司，可以由国务院授权行使资产所有者的权利。

从上述规定中可以归纳出以下三个方面：

1. 国有独资公司的定义及其特点

《公司法》第 64 条规定，国有独资公司是指国家授权投资的机构或者国家授权的部门单独投资设立的有限责任公司。

根据上述定义及有关条款，国有独资公司具有以下特点：国有独资公司的股东只有一个，即国家授权投资的机构或者国家授权的部门（以下简称国家授权机构），在现行体制下，主要是指中央和地方各级人民政府授予国有资产投资权的各种机构或部门，包括国有资产管理局、国有资产投资公司以及政府各行业主管部门。此外，《公司法》第 72 条还规定，凡是经营管理制度健全与经营状况较好的大型国有独资公司，可以由国务院授权行使资产所有者的权利。这就是说，凡是符合上述条件的国有独资公司，经由国务院授权，本身就可以行使该公司资产所有者（股东）的权利。但是，对能行使全部权利，还是部分权利，以及通过什么形式授权，尚未做出具体的规定。国有独资公司的全部股东权益属于国家，不与任何其他股东分享。这主要表现在：(1)国家授权机构制定或批准国有独资公司的章程；(2)对国有独资公司的国有资产实施监督管理；(3)国家授权机构对国有独资公司委派或者更换董事会成员；(4)国有独资公司的资产转让，由国家授权机构办理审批与产权转移手续；(5)国有独资公司的合并、分立、解散、增减资本和发行公司债券，由国家授权机构决定。

国有独资公司采取有限责任公司形式，既具有与有限责任公司相同的特征，又具有国有独资公司的特殊性。《公司法》还规定国有独资公司的董事会比一般有限责任公司的董事会具有更多的职权，并对董事长、董事与经理的任职，做出了比一般有限责任公司更加严格的规定和更高的要求。

2. 国有独资公司的适用范围

关于国有独资公司的适用对象主要分为以下两种情况：一种情况是由国有企业自由选择，凡是这类企业都属于生产一般产品或者是从事一般性行业的，它们可以组成或改组成（但不是必须组成或改组成）国有独资公司；另一种情况是国有企业必须组成或者改组成国有独资公司的，这是法定的，是具有强制性的，这类企业就是《公司法》第 64 条第 2 款规定的，即由国务院确定的生产特殊产品的公司或者属于特定行业的公司。

这里所说的特殊产品或者特定行业，是指那些与国计民生有密切关系的，涉及国防、社会安全或者国家专营的产品与行业。它们是由国务院严格控制的，在现阶段，主要包括邮政、电信、军工、交通与运输等行业。

3. 国有独资公司的意义与作用

《公司法》列入"国有独资公司"一节，把原有国有企业改组成国有独资公司，实行公司制，这绝不是简单的改换名称，而是为了彻底地转换国有企业的经营机制，把企业推向市场，以便使其尽快适应社会主义市场经济发展的需要。

国有企业改组成国有独资公司在当前具有重大的意义与作用，主要表现在：（1）政企分离，摆脱企业对行政机关的依赖，促使政府机关与企业真正分离；（2）减轻负担与依赖，解除国家对企业承担的无限责任，解脱企业对国家计划控制的依赖性；（3）彻底转制，使原有国有企业从名义上的法人转变成由公司法予以保护的实际的法人。

三、公司法的修改

中国《公司法》的修改包括两种方式：修正与修订。到 2013 年为止，中国《公司法》已经历了四次修改：三次修正（1999 年、2004 年和 2013 年）与一次修订（2005 年）。比较而言，修订内容要多于修正。

1999 年 12 月 25 日第九届全国人民代表大会常务委员会第十三次会议通过《关于修改〈中华人民共和国公司法〉的决定》第一次修正，增设了国有独资公司监事会，授权国务院放宽高新技术股份有限公司中发起人以工业产权和非专利技术作价出资的金额占公司注册资本的比例，以及公司发行新股和申请股票上市的条件，允许在证券交易所内部为高新技术股份有限公司股票开辟第二板块市场等。

2004 年 8 月 28 日第十届全国人民代表大会常务委员会第十一次会议通过《关于修改〈中华人民共和国公司法〉的决定》第二次修正，删去了"以超过票面金额为股份发行价格的，须经国务院证券管理部门批准"的规定。

2004 年 12 月 15 日，国务院常务会议通过《中华人民共和国公司法（修订草案）》，决定提交全国人大常委会审议。2005 年 10 月 27 日第十届全国人民代表大会常务委员会第十八次会议修订通过，于 2006 年 1 月 1 日起开始施行。这次修订范围广泛，涉及内容丰富：在原来总共 229 个条文中，删除的条款达 46 条，增加的条款达 41 条，修改的条款达 137 条。修改后的新公司法共 13 章 219 条。

从修改的内容看，主要集中于公司法的两大支柱制度，即资本制度和公司治理。

在资本制度方面，新法降低了公司设立的门槛，放松了对公司的过度管制，将法定资本制改为授权资本制，大幅降低了公司设立的最低注册资本数额。例如，2005 年修订的《公司法》第 26 条规定，有限责任公司的最低注册资本为 3 万元，并不再区分不同行业，首次缴纳不低于注册资本 20%，法定最低注册资本额需两年内缴足，投资公司五年内缴足。新法第 2 章第三节新增了"一人有限责任公司"，其法定最低注册资本额为 10 万元且不得分期缴纳。新法第 81 条规定，股份有限公司最低注册资本调整为 500 万元，对于上市公司没有做修改，注册资本金仍为 3 000 万元，首次缴纳 20%，须两年内缴足，投资公司五年内缴足。新法放宽了对股东出资方式的限制。新法第 27 条规定，股东可以用货币出资，也可以用实物、知识产权和土地使用权等可以用货币估价并可以依法转让的非货币财产作价出资，但法律和行政法规规定不得作为出资的财产除外。

在公司治理方面，2005 年修订的《公司法》第 20 条和第 21 条增加了揭开公司面纱和关联公司问题的原则规定；增加了有关异议股东的股份收购请求权的规定。第 34 条扩大了股东知情权的范围。第 103 条规定了关于少数股东的提案权。第 106 条规定了累积投票制。第 152 条规定，董事、监事不履行职责或有侵权行为时，股东有代表公司提起诉讼的权利等。

根据 2013 年 12 月 28 日第十二届全国人民代表大会常务委员会第六次会议通过的《关于修改〈中华人民共和国海洋环境保护法〉等七部法律的决定》，《公司法》的第三次修正于 2014 年 3 月 1 日起实施。

此次《公司法》的修改内容主要涉及三个方面：一是将注册资本实缴登记制改为认缴登记制；二是取消了公司注册资本最低限额，放宽了注册资本登记条件；三是简化了公司注册的登记事项和登记文件，放宽了市场主体准入管制。

同时《公司法》的修改强调了改革监管制度、创新服务方式和减少对市场主体自治事项的干预，还明确了公司实收资本不再作为工商登记事项，公司登记时无须提交验资报告等。

新《公司法》修改的 12 个要点如下：

(1) 删去第 7 条第二款中的"实收资本"。

(2) 将第 23 条第二项修改为"（二）有符合公司章程规定的全体股东认缴的出资额"。

(3) 将第 26 条修改为"有限责任公司的注册资本为在公司登记机关登记的全体股东认缴的出资额。法律、行政法规以及国务院决定对有限责任公司注册资本实缴、注册资本最低限额另有规定的，从其规定"。

(4) 删去第 27 条第三款。

(5) 删去第 29 条。

(6) 将第 30 条改为第 29 条，修改为："股东认足公司章程规定的出资后，由全体股东指定的代表或者共同委托的代理人向公司登记机关报送公司登记申请书、公司章程等文件，申请设立登记。"

(7) 删去第 33 条第三款中的"及其出资额"。

(8) 删去第 59 条第一款。

(9) 将第 77 条改为第 76 条，并将第二项修改为："（二）有符合公司章程规定的全体发起人认购的股本总额或者募集的实收股本总额。"

(10) 将第 81 条改为第 80 条，并将第一款修改为："股份有限公司采取发起设立方式设立的，注册资本为在公司登记机关登记的全体发起人认购的股本总额。在发起人认购的股份缴足前，不得向他人募集股份。"

第三款修改为："法律、行政法规以及国务院决定对股份有限公司注册资本实缴、注册资本最低限额另有规定的，从其规定。"

（11）将第 84 条改为第 83 条，并将第一款修改为："以发起设立方式设立股份有限公司的，发起人应当书面认足公司章程规定其认购的股份，并按照公司章程规定缴纳出资。以非货币财产出资的，应当依法办理其财产权的转移手续。"

第三款修改为："发起人认足公司章程规定的出资后，应当选举董事会和监事会，由董事会向公司登记机关报送公司章程以及法律、行政法规规定的其他文件，申请设立登记。"

（12）删去第 178 条第三款。

此外，这次修改对条文顺序做了相应调整。修改后该法共 13 章 218 条。

中国先后颁布和实施了下面五部有关的法律。

1.《中华人民共和国个人独资企业法》

《中华人民共和国个人独资企业法》于 1999 年 8 月 30 日第九届全国人民代表大会常务委员会第十一次会议通过，自 2000 年 1 月 1 日起施行。

2.《中华人民共和国中外合资经营企业法》

《中华人民共和国中外合资经营企业法》于 1979 年 7 月 1 日第五届全国人民代表大会第二次会议通过。根据 1990 年 4 月 4 日第七届全国人民代表大会第三次会议《关于修改〈中华人民共和国中外合资经营企业法〉的决定》第一次修正；根据 2001 年 3 月 15 日第九届全国人民代表大会第四次会议《关于修改〈中华人民共和国中外合资经营企业法〉的决定》第二次修正；根据 2016 年 9 月 3 日第十二届全国人民代表大会常务委员会第二十二次会议《关于修改〈中华人民共和国外资企业法〉等四部法律的决定》第三次修正自 2016 年 10 月 1 日起施行。

3.《中华人民共和国中外合作经营企业法》

1988 年 4 月 13 日第七届全国人民代表大会第一次会议通过。根据 2000 年 10 月 31 日第九届全国人民代表大会常务委员会第十八次会议《关于修改〈中华人民共和国中外合作经营企业法〉的决定》第一次修正；根据 2016 年 9 月 3 日第十二届全国人民代表大会常务委员会第二十二次会议《关于修改〈中华人民共和国外资企业法〉等四部法律的决定》第二次修正；根据 2016 年 11 月 7 日第十二届全国人民代表大会常务委员会第二十四次会议《关于修改〈中华人民共和国对外贸易法〉等十二部法律的决定》第三次修正），自 2016 年 11 月 7 日起施行。

此外，根据 2017 年 11 月 4 日第十二届全国人民代表大会常务委员会第三十次会议通过关于修改《中华人民共和国会计法》等 11 部法律的决定，对《中华人民共和国中外合作经营企业法》做出如下修改：（1）删去第 12 条第二款中的"报审查批准机关批准"；（2）删去第 25 条中的"第十二条第二款"。

4.《中华人民共和国外资企业法》

《中华人民共和国外资企业法》于 1986 年 4 月 12 日第六届全国人民代表大会第四次会议通过。根据 2000 年 10 月 31 日第九届全国人民代表大会常务委员会第十八次会议《关于修改〈中华人民共和国外资企业法〉的决定》第一次修正；根据 2016 年 9 月 3 日第十二届全国人民代表大会常务委员会第二十二次会议《关于修改〈中华人民共和国外资企业法〉等四部法律的决定》第二次修正），自 2016 年 9 月 3 日起施行。

5.《中华人民共和国合伙企业法》

《中华人民共和国合伙企业法》于 1997 年 2 月 23 日第八届全国人民代表大会常务委

员会第二十四次会议通过。2006 年 8 月 27 日第十届全国人民代表大会常务委员会第二十三次会议修订，自 2016 年 6 月 1 日起施行。

复习和练习

一、关键术语

1. 有限合伙 2. 公司章程 3. 公司资本 4. 股份与股票 5. 公司债与债券 6. 双董事会 7. 公司解散与清算 8. 公司结业 9. 公司合并

二、复习思考题

1. 比较个人企业、合伙企业与公司这三种商事组织各自的优缺点。

2. 股份有限公司与有限责任公司之间有什么区别？

3. 简要叙述并购的类型及其动机。

4. 简要叙述中国公司法中有关国有独资公司的特点及其意义。

主要参考资料

1. 冯大同. 国际商法. 北京：中国人民大学出版社，1994.

2. 冯大同，沈四宝. 国际商法. 北京：对外经济贸易大学出版社，1994.

3. 苏惠祥. 中国商法概论. 长春：吉林人民出版社，1993.

4. 伯纳德·施瓦茨. 美国法律史. 北京：中国政法大学出版社，1989.

5. 中华人民共和国公司法. 北京：法律出版社，2000.

法律窗口

——21 世纪以来美国、欧盟国家、日本公司法改革概况

——公司治理

——法人的分类

21 世纪以来美国、欧盟国家、日本公司法改革概况

一、美国

2001 年年底到 2002 年年初，美国接连爆出能源业巨头安然公司（Enron）和世界通信公司（WorldCom）等大公司假账与破产丑闻，世界为之震惊。美国市场的透明度、法规的完备性以及市场监管的力度，都曾为全世界所称道。然而，美国大公司接连不断的破产丑闻，使人们对此产生不少疑问。为稳定金融秩序，增强市场信心，美国国会与政府迅速采取了行动。

2002 年 6 月 18 日，国会参议院银行委员会以 17 票赞成、4 票反对，通过了由该委员会主席萨班斯和众议员奥克斯利联合提出的会计改革法案——2002 年《上市公司会计改革与投资者保护法》；7 月 25 日，美国众议院以 423 票赞成、3 票反对，参议院以 99 票全票赞成迅速通过此议案。此议案在国会参众两院投票表决通过后，7 月 30 日由当时的总统

布什签署后成为正式法案。该法案简称为 2002 年《萨班斯-奥克斯利法》(Sarbanes-Oxley Act)。2006 年 7 月 15 日，历经 4 年多的国内试验和近 20 次的公开听证，该法正式生效。

该法共分 11 章。与美国已有的证券法规相比，该法突出了以下内容：设立独立的上市公司会计监管委员会，负责监管执行上市公司审计的会计师事务所；特别强调了执行审计的会计师事务所的独立性；特别强化了公司治理结构并明确了公司的财务报告责任，大幅度增强了公司的财务披露义务；大幅度加重了对公司管理层违法行为的处罚措施；增加经费拨款，强化美国证券交易委员会（SEC）的预算以及职能。其中，最为严厉的是 302 条款和 404 条款。

302 条款主要是强调上市公司财务报告的真实性。该条款强调上市公司首席执行官（CEO）和首席财务官（CFO）必须对公司财务报告的真实性负责并宣誓。该条款的基本要求是，他们必须在每一年度报告或季度报告中保证已审阅过该报告，并认为报告中不存在重大的错报、漏报，同时认为报告中的会计报表及其他财务信息在所有重大方面都公允地反映了公司在该报告期末的财务状况及该报告期内的经营成果。

404 条款是该法中最难操作、最复杂的一个条款。该条款规定：在美国上市的企业，要建立内部控制体系，其中包括控制环境、风险评估、控制活动、信息沟通以及监督 5 个部分。内部控制活动的记录不仅要细化到像产品付款时间这样的细节，而且对重大缺陷都要予以披露。它涵盖企业运营的各个领域，一旦投入实施，必将引起整个企业控管流程的改变。

该法是美国历史上最为严厉的一部市场监管法规，其基本目标旨在要求全部在美国上市的公司"遵守证券法律以提高公司披露的准确性和可靠性，从而保护投资者及其他目的"。

该法的实施标志着大幅度加重了对美国现有上市公司违规的处罚力度，同时也大幅度提高了海外公司在美国上市的门槛。

二、欧盟国家

2003 年 5 月 21 日，欧盟委员会提出了一个名为《欧盟公司法现代化和公司治理走向完善》的行动计划。该行动计划的主要目标是：(1) 强化股东权利，加强对雇员、债权人和公司涉及的其他对象的法律保护；(2) 修改公司法和公司治理规则，使之适应不同类型的公司；(3) 培育企业的效率和竞争力，对某些特定的跨境交易问题予以特别注意。这为欧盟成员国关于公司法和公司治理方面的改革提供了一个明确的框架。

1. 英国

英国公司法已有 300 多年的历史。从第一部成文法即 1844 年《股份公司法》，到 21 世纪初这一轮公司法改革之前曾经发挥重要作用的 1985 年《公司法》，其间历经了数次大的改革或修订。其中比较重要的几次，包括强调会计公开的 1948 年《公司法》，修改公司信息披露规定的 1967 年《公司法》，加强公司信息披露要求的 1976 年《公司法》，引入欧盟公司法指令的 1980 年和 1981 年《公司法》，以及融合了以前法律并施行了 20 多年的 1985 年《公司法》。

1998 年 3 月，英国贸工部发布了名为《公司法现代化与竞争经济》的咨询意见书，提出了按照稳定性、前瞻性和透明性的原则，全面改革公司法，构建高效率的公司制度的建议。为便于工作，专门成立了指导小组，负责调查和审查公司法立法及其实施情况，并提出调查报告。指导小组先后以英国贸工部的名义公布了一系列审查报告。2002 年英国政府公布了《公司法现代化》白皮书，2005年又公布了新的《公司法改革》白皮书，提出了全面改革公司制度以适应现代企业需要的政府意见，并制定了《公司法改革法案》。《公司法改革法案》已于2006年11月经女王批准编入2006年《公司法》。英国上述改革法案和调查报告所涉及公司法修改的主要内容包括：（1）赋予政府更新公司法的权力；（2）调整立法重点，简化小型公司决策程序，方便自我管理；（3）要求董事的责任应建立在"合理的股东价值"基础之上；（4）鼓励股东参与公司治理；（5）方便公司设立，降低运营成本。

自1998年以来，英国进行了大规模的公司法改革。这次改革的成果是，产生了英国历史上最长的一部成文法，即2006年《公司法》。该法共48编，按计划分阶段实施，定于2009年10月正式生效。其中有些重要规定已于2008年10月1日开始实施。这些规定包括：

第一，公司董事在利益冲突方面的一般义务；

第二，私人公司削减资本的新程序；

第三，对公司起码具有一名自然人担任董事的新要求；

第四，担任董事的年龄的新要求为最小16岁；

第五，1985年《公司法》规定的废除对私人公司收购自己股份的限制开始生效。

2. 德国

德国《有限责任公司法》于1892年4月20日通过，1998年6月22日做了最近一次修改；德国《股份公司法》于1965年9月6日通过，1998年6月22日做了一次修改，新近的修改是2003年11月25日进行的。该《股份公司法》分为四编，共410条。

2000年5月29日，由联邦政府总理召集的一个公司治理政府委员会，提出了修改《股份公司法》的报告建议，并制定了一个统一的全国公司治理规约。2002年，该委员会向司法部提出《德国公司治理规约》，并于8月在联邦电子公报上正式公布实施。2006年，公司治理规约委员会在法兰克福举行会议，在规约中纳入董事薪酬披露的相关规定，加强股东大会的权利，并公布了新版《德国公司治理规约》。

这一轮德国公司法改革的重点是改善公司的治理机制：（1）通过引入独立监事和独立董事，限制前董事改任监事等措施，保持监事会与董事会各自的独立性；（2）增加公司治理和运作的透明度，保护股东的权益；（3）扩大董事会对监事会的报告义务，强化股东代表诉讼的权利；（4）加强财务会计和审计方面的外部监督，促使公司治理机制向国际标准靠拢。其最终目的是转变德国公司的治理机制，提升德国公司的国际化程度和竞争实力。

2012年12月12日，欧盟委员会推出了一项旨在改进欧盟公司法律与公司治理法规的行动方案。该行动方案中有关改进公司治理的内容主要包括以下几个方面：（1）制定提高公司与股东之间透明度的相关制度；（2）鼓励与促进股东参与公司治理长期化的动议；（3）制定能促进欧洲企业成长与提高竞争力的公司法规的动议。此外，该行动方案还考虑将欧盟现有的公司法律法规融合成一部法律，以便使欧盟的公司法律法规更简便，更具操作性。

该行动方案为欧盟下一步的公司治理指出了大方向。

3. 法国

法国于1966年7月24日制定统一的《商事公司法》。按照该公司法的规定，法国有五种公司形态，即无限公司或合伙企业、含有限合伙人的合伙企业、有限公司（简称

SARL）、股份公司（简称 SA），以及股份两合公司（简称 SCA）。除此之外，法国于 1994 年 1 月 3 日通过公司改革法，这次改革之后，法国的股份公司里面，又产生了一个亚种，即所谓小型股份公司（简称 SAS）。法国 2000 年颁布的新《商法典》则把现有的公司法规定吸收进了第二编当中。这部商法典甚至将消费者保护法以及竞争法都纳入其中。

2001 年 5 月 15 日法国政府颁布的《新经济规制法》（NRE 法律）是在新商法典之后，近 20 年来法国公司法领域所经历的最大一次更新。该法于同年 5 月 18 日生效。如果与针对小型公司的 1999 年 7 月关于简化股份公司向公众开放的法律相比较，可以清楚地看到法国立法者把 NRE 法律的立法对象瞄准了大公司或者上市公司。按照新法规定，今后的董事会将主要行使类似于德国股份公司的监事会的职权，不过董事会仍然部分行使着管理职能；新法规定董事会主席与总经理的职能都必须分别行使；董事会成员的最高人数限额，从原来的 24 人减少到了 18 人；明确扩大股东及股东大会权限的具体措施；经过 NRE 法律修改的《商法典》第八卷新增了第二编"审计人"，该编突出审计人职业的独立法律地位，以及在各种不同类型的私法法人组织中承担法定审计监督任务的统一规则。

三、日本

2002 年，日本修改了《关于股份公司监察的商法特例法》，同年 9 月立法咨询机构法制审议委员会公司法分会开始公司统一立法工作。2004 年，日本公布了《公司法现代化纲要》，同时草拟《公司法草案》。2005 年，该草案提交参众两院通过后，于 7 月 26 日正式公布，定名为《日本公司法典》。

该公司法典出于整合公司法律规范的思路，一方面将原来分散于商法典、有限责任公司法和商法特例法中的公司法规范统一成为一个法典；另一方面是实现公司法规范的通俗化，并在协调相关规定的同时引入一系列新的制度。就公司法规范体系的性质而言，该公司法典从强制性规范体系的定位，转向以任意规范为本位的法律体系。该公司法典还放弃了大陆法系按责任形式对公司进行分类的做法，将两大法系的公司类型融合进来，重新进行分类。该公司法典将股份有限公司与有限责任公司整合为一类公司，又按照股份转让是否有所限制进行细分，并创设了合作公司。

近年来，日本公司法修改的主要内容有：（1）引进独立董事并设立专业委员会；（2）强化监事会的监督职能；（3）加强公司财务会计监督；（4）股份类型多样化并解禁库存股等。

公司治理

1. 产生背景

20 世纪 70 年代以来，公司内部的传统权力结构发生了巨大的变化。其原因主要是公司规模日益发展与庞大，股东大会大权进一步旁落，董事会权力取而代之。但是，研究表明，大型公司的经营管理体制存在结构性缺陷，主要表现为董事会职权弱化，董事不"懂事"，董事不能为股东的权益尽责，公司的经营管理权集中在高层经理人员手中，也就是存在内部人控制等问题。因此，为协调利益冲突、减少信息不对称以及委托代理关系的道德风险，对公司治理（corporate governance）的研究便应运而生。

公司治理的理念始于 20 世纪 70 年代初美国的经济学界，引起有关方面的进一步研究与实践，美国逐渐形成独立董事制度，作为完善公司治理的一部分。80 年代末，美国宾夕法尼亚州首先修改公司法，在其新公司法的推动下，先后有其他 28 个州通过了类似的公司法。各州新公司法提出了公司治理的新概念——"利益相关者"（stake-holders）。简单而言，所谓"利益相关者"，是指与公司经营目的有既得利益的人或机构。公司的利益相关者有内部与外部之分。内部的利益相关者是指与公司有直接关系的人，主要是公司管理层与股东；外部的利益相关者是指与公司有间接关系的人或机构，如公司的债权人，与公司在生产经营过程中对社会造成的外部影响有关的人，管理公司的有关政府机构，以及为公司提供生产与服务的其他企业与组织等。此概念的提出，突破了长期以来的传统观念，即股东是公司的所有者，经理必须并且只是为股东的利润最大化服务，同时，强调了公司经理也必须对除股东之外的利益相关者负责。

在此背景下，1992年5月，美国法学会（American Law Institute）颁布了《公司治理结构的原则：分析与提案》。该文件规定了公司董事和高级管理人员的职务与权限，以及他们与控股股东的公正交易义务、代表诉讼等内容；同时也促使退休基金、投资信托等机构投资者参加公司的经营管理。该文件的颁布推动了各国对公司治理结构的研究和讨论。1995年，布鲁金斯研究所出版了《所有制与控制权：重新思考21世纪的公司治理》一书。该书的核心思想是，把股东视为公司的"所有者"是不准确的，公司经理应对公司的长远发展与全部"利益相关者"负责。美国一些经济学家指出，公司法的这种变化有其经济学上的依据，即公司经营管理的两个基本原则——"利润最大化"（profit maximization）与"帕累托最优"（Pareto optimality）之间其实是存在矛盾的：前者属于"个人理性"范畴，而后者则属于"集体理性"范畴。换言之，股东利润实现最大化不可能自动导致"帕累托最优"。这就为公司法的变革与公司治理提供了经济学上的理论依据。

2. 基本原则

公司治理，也称为公司治理结构或法人治理，涉及公司的管理机制、制约机制、监督机制与激励机制，其核心问题是降低企业所有者与经营者中委托代理关系的代理成本，减少代理人的"道德风险"（moral hazard）与"逆向选择"（adverse selection），协调利益相关者之间的权责利；治理原则体现于公司法与证券法等有关法律之中；具体表现在股东权益、董事会作用、信息披露、会计审核以及内外部决策监管等方面。

1999年5月，由29个发达国家组成的经济合作与发展组织（OECD）理事会正式通过了其制定的《公司治理结构原则》。它是第一个政府间为公司治理结构出台的国际标准。该原则旨在为各国政府部门制定有关公司治理结构的法律和监管制度框架提供参考，也为证券交易所、投资者、公司和参与者提供指导，代表了OECD成员国对于建立良好公司治理结构共同基础的考虑。其主要内容包括：

（1）公司治理结构框架应当维护股东的权利；

（2）公司治理结构框架应当确保包括小股东和外国股东在内的全体股东受到平等的待遇，如果股东的权利受到损害，他们应有机会得到补偿；

（3）公司治理结构框架应当确认利益相关者的合法权利，并且鼓励公司和利益相关者为创造财富和工作机会，以及为保持企业财务健全而积极地进行合作；

（4）公司治理结构框架应当保证及时准确地披露与公司有关的任何重大问题，包括财务状况、经营状况、所有权状况和公司治理状况的信息；

（5）公司治理结构框架应确保董事会对公司的战略性指导和对管理人员的有效监督，并确保董事会对公司和股东负责。

这些被公认为是最基本的公司治理原则。由于各国经济发展水平与历史文化不同，有关公司治理还没有统一的模式，但是这些基本原则比较全面地包含了公司治理所必须具备的共同条件，已获得国际社会的普遍认同与遵循。

3. 局部趋同

战后，美国市场的透明度、法规完备的程度以及市场监管的力度，都曾为全世界所称道。然而，20世纪80年代以来，接连不断的丑闻和危机，使得美国的公司治理模式的遭遇可谓一波三折。

首先，20世纪80年代，由于日本经济的崛起以及日本公司在全球的领先地位，美国的公司治理模式曾经受到广泛的质疑。

其次，80年代末和90年代，美国的科技股、网络股和纳斯达克市场的兴盛，加上日本泡沫经济的破灭，使得美国的资本市场体系和公司治理模式又受到了高度的肯定。美国模式的公司治理做法开始在全球范围内推广，形成了一场全球性的公司治理运动。亚洲金融危机的爆发，则更是加强了全球范围内对美国公司治理模式的推崇。

再次，21世纪初安然公司突然宣布破产，以及其他一些著名公司相继出现危机，暴露了美国公司中存在的一些普遍问题，使人们不得不对美国公司治理模式进行重新审视。

最后，2008年发生严重的金融危机，更进一步暴露了美国公司中存在的深层次问题，对美国公司治理模式产生了巨大的冲击。

为避免2008年那场自房贷市场开始的金融危机重演，2009年，美国公布金融系统"手术方案"，据称这是自20世纪30年代大萧条以来美国金融体系最大规模的改革。这份金融改革计划首次要求国会授权联邦政府解散一些陷入困境的大公司，以避免那些公司进一步拖累经济。

在此之前，2008年美国宣布将放弃其公认会计准则（GAAP），转而采用国际财务报告准则（IFRS）。

随着20世纪90年代公司治理浪潮的兴起，以及国际公司治理准则的出台和不断成熟，各国公司治理模式也开始走向趋同，这其中尤其表现在财务报告的趋同上。2008年，美国证券交易委员会（SEC）启动废除美国会计标准的计划，所有美国上市公司将在2014年起采用国际财务报告准则，放弃沿用了几十年的美国公认会计准则。

20世纪末以来，为了满足本国公司利用国际资本市场的需要，一些OECD成员国进行了相应改革，允许国内公司使用IFRS或美国GAAP。例如，1998年，德国通过立法，允许德国公司运用IFRS或美国GAAP进行财务信息披露。在法国，市场监管机构于1999年1月宣布，要求所有的上市公司按照IFRS披露其补充财务报表。2003年，英联邦的澳大利亚、新西兰和南非也同意于2005年起采用IFRS。1998年，日本政府也通过决议，推动其财务报表制度接近IFRS；2004年，日本同意将其一般公认会计准则与IFRS趋同化，并于2009年批准了采用蓝图，允许企业自行选择采用IFRS。2005年，25个欧盟成员国近7 000家公司同时从本国的一般公认会计准则转换为IFRS。2009年，G20各成员首脑表示支持国际会计准则理事会的工作，主张尽快在全球提倡该准则。

目前，全球有100多个国家采用IFRS。美国决定采用IFRS，更进一步反映了各国财务报告准则的趋同。

当今世界存在三种比较典型的公司治理模式，一是以美英为代表的外部控制主导型模式；二是以德日为代表的内部控制主导型模式；三是韩国和东南亚家族控制主导型模式。虽然韩国和东南亚模式有其比较明显的特点，但与德日模式还是比较接近的。长期以来，外部控制主导型模式和内部控制主导型模式孰优孰劣一直是人们争论的焦点。目前，这种争论正逐渐转化为以国际公司治理准则作为共同遵守的准则。一方面，英美公司收敛股票的过度流动性，寻求股票的稳定性；德日公司则收敛股票的过度稳定性，借助股票市场的流动性，来激发公司的活力。另一方面，欧洲主要国家开始强调股东和资本市场的作用，如德国立法已经将决策过程的控制权倾向于股东，提高账目的透明度等；美国也变得更加容忍"关系型"投资者，比较突出的表现是开始重视银行持股的作用，如美国1987年《银行公平竞争法案》规定商业银行可以涉足证券投资等非传统银行业务，1997年又取消了银行、证券和保险业的经营限制，完善了银行持股的监管机制。

总之，当前的发展趋势是各国都积极与认同的国际公司治理准则接轨。但是，趋同化虽然表明美英模式与德日模式的相互影响和渗透，也表明两者之间的界限不再像以前那样清晰可分了，但绝不意味着相互取代或同化。

法人的分类

一、大陆法系对法人的分类

（一）公法人与私法人

公法人与私法人的划分是大陆法系传统民法关于法人的一种基本分类，历来受到学界重视。但区分之标准，未能统一界定，形成诸多关于公法人与私法人的学说。其中一种观点认为，应以法人设立的法律根据为标准进行分类，即依公法设立的法人为公法人，依私法设立的法人为私法人。[1]

具体而言，公法人是指为实现公共利益和社会利益，依公法而设立的组织，如众所周知的国家与国家各级行政机关，均属于公法人。

（二）社团法人与财团法人

按照法人成立基础的划分标准，私法人可再分为社团法人与财团法人。

自《德国民法典》正式区分社团法人与财团法人之后，此种法人分类方法很快被大多数国家立法所借鉴和吸收，进而成为大陆法系关于法人的最重要的划分类别。一般认为，社团法人与财团法人的划分是大陆法系民法上关于法人的分类中最为重要的一种。同样，社团法人与财团法人的分类也没有统一的标准，亦有诸多学说。[2] 其中一种观点认为，社团是以一定组织的社员为其成立条件的法人，而财团是以捐助行为为其成立条件的法人。[3]

具体而言，社团法人是人的集合体，其存在的基础是参加社团的人（社员、会员或股东）。社团法人多以营利为目的，但也可从事公益事业。社团法人主要有公司、银行、合作社、工会、商会及其他社会团体。财团法人是财产的集合体，其存在的基础是为一定目的而集合起来的财产。财团法人没有组织成员，只有来源于捐献的财产，基本上属于公益性质，如各种基金会、私立学校、医院、图书馆、博物馆、科研机构、宗教教堂、寺庙以及孤儿院、救济院等慈善机构等。

关于社团法人与财团法人的区别，多数学者所持观点比较一致，有学者认为其有代表

① ［德］卡尔·拉伦茨. 德国民法通论：上册. 北京：法律出版社，2003：179.
② 王利明. 民法总则研究. 北京：中国人民大学出版社，2003：386.
③ 江平. 法人制度论. 北京：中国政法大学出版社，1994：45.

性的观点主要有如下四点：第一，成立基础不同。社团法人必须有社员，没有社员是不能成立社团法人的。而财团法人以财产为基础，因而没有社员。在社团法人中，最基本的要素是人的要素；而在财团法人中，最基本的要素是财产要素。第二，设立目的不同。社团法人的设立可以为了营利，也可以为了公益；而财团法人的设立则只能为了公益。第三，设立程序不同。社团法人的设立一般符合法定条件即可，大多不需要经过行政机关的批准；而财团法人的设立则一般要经过主管机关的许可。第四，设立人的地位不同。社团法人在设立以后，其设立人将取得社员资格，并能够行使自益权和公益权；而财团法人在设立以后，其设立人便与法人脱离关系，因为财团法人没有成员，其设立人不作为法人成员，也不直接参与或决定法人事务。①

此外，还有其他两点不同：一是组织管理不同，社团法人以社员大会为意思机关或权力机关，其董事会或理事会根据其指示进行管理；而财团法人则无社员大会或意思机关，只有一个管理机关或管理人，依据章程目的进行管理；二是变更和解散的条件不同，在社团，社员可以依据决议自动加以变更或自愿解散；在财团，其目的、章程及组织的变更、管理方法的修改，或其解散，须由特定机构依职权为之，不存在自愿决议的解散。②

（三）营利法人与非营利法人

根据社团法人设立目的不同，法人的分类有两种立法模式：一是营利法人与公益法人，二是营利法人与非营利法人。前者以日本和中国台湾地区为代表，后者以德国与瑞士为代表。其差异在于前者的立法模式往往有所谓"中间法人"的归属无法确定的问题，后种立法模式则回避了"公益"的定位问题，以非营利法人统称公益法人与中间法人。③

有学者认为，所谓营利法人就是以分配其经营获得的经济利益给社员为目的的法人，如公司、银行等。所谓非营利法人就是指不以社员获得经济利益为目的的法人。非营利法人可以再分为公益法人和非公益法人。公益法人是专门以社会公益为目的的法人，如公立学校、医院等；非公益法人也可以称为中间法人，是指不以营利为目的，也不以公益为目的而成立的法人，如同乡会、校友会等。这种分类虽然在实践中不无意义，但不能完全解决中国现实中的法人分类。④

二、英美法系对法人的分类

有学者认为，在英美法系国家，因为没有所谓财团法人的概念，它们的这类组织是由信托制度代替的，所以不分社团法人和财团法人。许多英美学者把法人分为集体法人和独任法人。

（一）集体法人

集体法人也称为合体法团，是指由多数人组成而可以永久存在的集合体，其性质与大陆法中的社团法人基本相同，商业公司、合作社是最为典型的集体法人。

（二）独任法人

独任法人也称为单任法团，是指担任特定职务的人由于法律的确认而享有法人资格，这种职务本身具有恒久的存续性，并通过任职者之间的继任实现，担任这项职务的人之人

---

① 王利明. 民法总则研究. 北京：中国人民大学出版社，2003：386 - 387.
② 龙卫球. 民法总论. 北京：中国法制出版社，2002：336 - 337.
③ 尹田. 民事主体理论与立法研究. 北京：法律出版社，2003：1697；龙卫球. 民法总论. 北京：中国法制出版社，2002：337.
④ 王利明. 民法总则研究. 北京：中国人民大学出版社，2003：387 - 388.

格与这个职位无关，独任法人最初多是教会教职人员。①

三、中国法人的分类

中国《民法通则》将法人分为两类：一是企业法人；二是机关、事业单位和社会团体法人，又称为非企业法人。这是根据法人设立的宗旨和所从事的活动的性质进行的分类。

(一) 企业法人

企业法人是以营利为目的，独立从事商品生产和经营活动的经济组织。因此，企业法人相当于传统类型中的营利法人。

根据《民法通则》第41条和其他法律的规定，中国的企业法人分为全民所有制企业法人、集体所有制企业法人、私营企业法人以及中外合资经营企业法人、中外合作经营企业法人和外资企业法人等。这主要是按照所有制和出资者国籍的不同所进行的分类。随着现代企业制度的逐步建立，企业法人又主要分为公司法人和非公司法人。

(二) 机关、事业单位和社会团体法人

1. 机关法人

机关法人是指依法享有国家赋予的行政权力，以国家预算作为独立的活动经费，具有法人地位的中央和地方各级国家机关。机关法人相当于西方国家所谓的公法人，它们因行使职权的需要而享有相应的民事权利能力和民事行为能力，因而也是一种民事主体。

机关法人的基本特征是：(1) 主要从事国家行政管理活动；(2) 具有相应的民事权利能力和民事行为能力；(3) 有独立的经费；(4) 依据法律或行政命令成立，不需要进行核准登记程序，即可取得机关法人资格。

2. 事业单位法人

事业单位法人是指从事非营利性的和社会公益事业的各类法人，如从事文化、教育、卫生、体育、新闻、出版等公益事业的单位。

3. 社会团体法人

社会团体法人是指由自然人或法人自愿组成，从事社会公益、文学艺术、学术研究和宗教等活动的各类法人。社会团体包括的范围十分广泛，如人民群众团体、社会公益团体、学术研究团体、文学艺术团体和宗教团体等。

事业单位法人与社会团体法人都不得以营利为目的，这是两者的相同点，区别于企业法人。但是，事业单位法人与社会团体法人仍有重要的区别：其一，事业单位法人主要是由国家投资而成立的，而社会团体法人则是由民间自愿组成的；其二，事业单位法人是以公共利益为其目的事业，而社会团体法人一般是以本组织成员的共同利益为目的事业。

比较而言，大陆法系的"公法人"相当于中国法的"机关法人"；"社团法人"相当于中国法的"企业法人"；"非营利性或公益性法人"相当于中国法的"事业单位法人"和"特别法人"。

为遵循《民法通则》关于法人分类的基本思路，适应社会组织改革发展要求，按照法人设立目的和功能等方面的不同，我国《民法总则》将法人分为营利法人、非营利法人和特别法人3类。

《民法总则》还规定了非法人组织。随着中国经济社会的发展，在实际生活中，大量

---

① 马俊驹，余延满．民法原论．北京：法律出版社，1998：146；彭万林．民法学：修订版．北京：中国政法大学出版社，1997：78.

不具有法人资格的组织以自己的名义从事各种民事活动。赋予这些组织民事主体地位有利于其开展民事活动，也与其他法律的规定相衔接。据此，《民法总则》规定，非法人组织是不具有法人资格，但是能够依法以自己的名义从事民事活动的组织。

《民法总则》规定的有关条文如下：

第76条规定："以取得利润并分配给股东等出资人为目的成立的法人，为营利法人。营利法人包括有限责任公司、股份有限公司和其他企业法人等。"

第87条规定："为公益目的或者其他非营利目的成立，不向出资人、设立人或者会员分配所取得利润的法人，为非营利法人。非营利法人包括事业单位、社会团体、基金会、社会服务机构等。"

第96条规定："本节规定的机关法人、农村集体经济组织法人、城镇农村的合作经济组织法人、基层群众性自治组织法人，为特别法人。"

第102条规定："非法人组织是不具有法人资格，但是能够依法以自己的名义从事民事活动的组织。非法人组织包括个人独资企业、合伙企业、不具有法人资格的专业服务机构等。"

资料来源：

1. 当今世界性公司法现代化改革：竞争·趋同·融合. 找法网（FindLaw），2008-11-29.
2. 高明华. 公司治理模式趋同化潮流在加速. 上海证券报，2008-09-09.
3. 孙涛，安娜·阿波乃尔. 法国公司法最新改革综述（上、下），3edu 教育网（3edu. Net）.

第 三 章

合 同 法

合同法（contract law），是指调整当事人之间订立和履行合同及其权利和义务的有关法律规范的总称。

一般而言，合同是两个或两个以上的当事人，以发生、变更或消灭民事法律关系为目的而达成的某种协议。从法律角度而言，合同是经过一方发出要约和另一方对此承诺而成立的。各国法律都规定，合同的订立必须合法，必须真实。依法成立的合同对当事人具有约束力。诚实信用是履行合同的一项基本原则。违约是指合同当事人完全没有履行或没有完全履行合同义务的行为。对于违约的救济办法，各国除了有不少相同的规定之外，还有若干不同的规定。此外，两大法系对情势变迁、合同落空、合同的消灭和诉讼时效等均有不同的规定。电子商务的迅速发展对传统合同法构成巨大的冲击，国际电子商务法正在形成与完善。中国的新合同法已经与世界主要国家的合同法接轨。

本章重点内容是了解和掌握以下内容：（1）合同成立的必要条件；（2）合同履行的基本原则与违约的形式；（3）违约的法律后果与补救办法；（4）联合国电子商务示范法的主要内容；（5）中国新合同法关于要约与承诺的规定。

重点问题

- 合同法概论
- 合同的成立
- 合同的履行
- 合同的消灭
- 电子商务示范法
- 中国的合同法

第一节　合同法概论

学习合同法，首先必须了解合同的概念、各国合同法的规定以及合同的重要作用。

一、合同的概念与特征

（一）合同的概念

合同，是指有关当事人确定、变更或消灭相互权利与义务关系的协议。

中国《民法通则》第 85 条规定，合同是当事人之间设立、变更或终止民事关系的协议。中国现行《合同法》第 2 条规定，本法所称合同是平等主体的自然人、法人、其他组织之间设立、变更、终止民事权利义务关系的协议。

按照广义的标准界定的合同概念，应当包括合同的缔结阶段，以及合同消灭之后的后契约阶段，将整个缔结、成立、生效、履行以及后契约义务的履行都包括在内。对合同概念做这样的理解，是有法律根据的。中国现行《合同法》就是按照这样的理论基础编制的，其总则部分从第二章开始至第七章，将上述内容规定得非常清楚，尤其是对缔约、生效和后契约义务的履行，都做了规定。

对于合同，各国法律有不同的规定与解释。虽然各国对于合同的概念在理论上存在分歧，但是都认为当事人之间的意思一致是构成合同的要素，如果双方当事人之间没有达成协议，则不存在合同。

（二）合同的特征

从法律意义上讲，合同有以下四个特征：

（1）合同是有关双方当事人的协议。合同不是单方面的协议，是一种民事法律行为，即合同作为一种民事法律关系，其行为主体——当事人——必须是两个或两个以上，单方当事人的民事法律行为不能构成合同关系。

（2）合同是双方当事人意思表示一致的协议。在合同关系中，各方当事人是平等的主体，在法律地位上是完全平等的。合同各方彼此承认对方是与自己平等的主体。所以，合同的成立，必须平等协商，达成一致同意。如果双方当事人之间的意思不一致，就不是达成协议，因此合同也不能成立。

（3）合同是各方当事人明确表示相互权利与义务的协议。合同关系就是各方当事人的权利与义务关系。任何一份合同都是明确相互权利与义务关系的协议。不论是确定、变更还是终止相互的权利与义务关系，合同都有明确的规定。

（4）合同是具有法律约束力的协议。合同关系是法律上的权利与义务关系。合同作为明确当事人之间相互的权利与义务关系的协议，是具有法律约束力的协议。当事人的合同权利受法律的保护，而当事人的合同义务则受法律的制约。当事人违反合同，必须承担相应的法律责任。同时，依法订立的合同受法律的保护，而违法订立的合同在法律上则是无效的。

二、西方两大法律体系关于合同的定义

西方两大法律体系对合同所做的定义各不相同，分歧较大。

《德国民法典》运用"法律行为"（legal act）这个抽象的概念，把合同纳入法律行为的范畴，作为法律行为的一种。《德国民法典》第 305 条规定，依法律行为设定债务关系或变更法律关系的内容者，除法律另有规定外，应依当事人之间的合同。根据大陆法学者的解释，所谓法律行为，是指当事人之间为了发生私法上的效果而进行的一种合法行为。法律行为包括意思表示与其他合法行为。例如，根据德国法，动产转让就是由双方当事人

的意思表示，加上由一方把动产交付给另一方的行为合成的。其中，意思表示是法律行为的基本要素，如果没有当事人的意思表示，就不可能成立合同。在意思表示这个概念中，又包含两个方面的内容：一个是当事人内在的意思，另一个是表示这种意思的行动，两者缺一不可。因为即使当事人具有订立合同的意思，但是如果他们不把这种内在的意思向对方表示出来，那么，双方当事人仍然不能订立合同。

《法国民法典》中没有"法律行为"这个抽象的概念，而是运用"合意"（consensus）这个比较具体的概念。《法国民法典》第1101条规定："合同是一人或数人对另一人给付某物、作或不作某事的义务的一种合意。"这里所谓的"合意"，是指当事人之间的意思表示一致，即只有当事人之间的意思表示一致，合同才能有效成立。

英美法系国家强调合同的实质在于当事人所做的一种"许诺"或"允诺"（promise），而不仅仅是达成协议的事实。例如，1981年美国《第二次合同法重述》（Restatement（Second）of Contracts）第一章合同条款的含义第一条对合同定义如下："合同是一个允诺或一系列允诺，对于违反这种允诺，法律给予救济，或者法律以某种方式承认履行这种允诺乃是一项义务。"根据英美法的理论，合同的要件是当事人所表示的允诺，但并不是一切允诺都可以成为合同，而是只有法律上认为有约束力的、在法律上能够强制执行的允诺，才能成为合同。

英美法认为，法律上强制执行的是当事人所做的许诺，而大陆法则认为，法律上强制执行的是当事人之间的协议或合意。尽管两大法律体系对合同的概念在理论上存在比较大的分歧，但是实际上无论是英美法系国家还是大陆法系国家都把双方当事人的意思表示一致作为合同成立的要件，即如果双方当事人不能达成协议，就不存在合同。在这一点上双方是没有实质性分歧的。

西方各国的法律对于合同的有效成立，都要求具备一定的条件，即合同有效成立的条件。归纳起来，各国对合同的有效成立有以下六项要求：（1）当事人之间必须达成协议，这种协议必须通过要约与承诺达成；（2）当事人必须具有订约的能力；（3）合同必须有对价或约因；（4）合同标的与内容必须合法；（5）合同必须符合法律规定的形式要求；（6）当事人的意思表示必须真实。

三、合同法的体系及其编制体例

合同法，是指调整当事人之间订立和履行合同及其权利和义务的有关法律规范的总称。

两大法律体系在合同法的形式、编制体例以及一些具体的法律原则方面也各不相同。

在大陆法系国家，合同法是以成文法的形式出现的，一般包含在民法典或者债务法典中。大陆法系国家的民法理论把合同作为产生"债"的原因之一，把有关合同的法律规范与产生债的关系的其他原因，例如，侵权行为、不当得利与无因管理等法律规范并列在一起，作为民法的一编，称为债务关系法或债编。例如，《法国民法典》把有关合同事项集中在第三卷中加以规定。该卷第三编的标题就是"合同或合意之债的一般规定"，其内容包括合同有效成立的条件、债的效果、债的种类与债的消灭等，这些都属于合同法的一般原则。除此以外，该卷在其后各编中进一步对各种具体合同做出规定，其中包括买卖、互易、合伙、借贷、委任、保证与和解等合同。《德国民法典》与《法国民法典》相比有一个明显的特点，就是《德国民法典》设有"总则"一编，它使用"法律行为"这一概念，把有关合同成立的共同性问题，在"总则"中加以规定。《德国民法典》第二编就是"债务关系法"，对因合同而产生的债的关系、债的消灭、债权让与、债务承担、多数债务人与多数债权人以及各种债务关系等做出了规定。其中"各种债务关系"一章，实际上是合同法的分别论述，对买卖、互易、赠与、使用租赁、使用借贷、消费借贷、雇佣、承揽、居间、委任、寄托、旅店寄托、合伙、终身定期金、赌金与赌博、保证与和解等 18 种合同做出了具体的规定。总体而言，《德国民法典》对合同的规定比较系统，逻辑性比较强，结构也比较严谨。

在英美法系国家，关于合同的法律原则主要包含在普通法中，这是几个世纪以来由法院以判例形式发展而成的判例法。在英美法系国家，除了印度外，一般都没有一套系统、成文的合同法。英美法系的合同法主要是判例法或不成文法，而不是成文法。虽然英国、美国等国家也制定了一些具体的成文合同法，例如，英国 1893 年《货物买卖法》、美国 1906 年《统一货物买卖法》与 20 世纪 50 年代制定的美国《统一商法典》等，但是，它们只是对货物买卖合同及其他一些有关的商事交易合同做出了具体的规定，至于合同法的许多基本原则，例如，合同成立的各项规定等，仍然必须根据判例法所确定的规则处理。

四、合同的重要作用

合同是进行经济贸易活动的基本法律形式。没有合同，各种经济贸易活动就不能顺利地进行，社会经济生活就不能正常运行。

当代社会是个"合同社会"。西方国家的商品经济发达，与之相应的法律体系比较完备，合同法处于非常重要的法律地位，因为社会经济生活中的许多活动与环节都是通过订立合同而相互联系并不断进行的。出现纠纷与诉讼，也必须以合同为依据做出处理。俗话所说的"口说无凭"，就是这种意思。可见，没有合同寸步难行。这在西方社会是一个简单的道理。

在中国，人们对合同的概念及其理解经历了一个由不识到认识"庐山真面目"的认知过程。长期的计划经济，使得国人对合同意识淡薄，缺乏足够的认识，更不用说对合同的概念、特征与作用的了解了。这是因为在计划经济体制下，除了基本生活必需品外，像工作安排、住房分配与疾病医疗等重大事项都由国家和单位统筹安排，无须签订合同，因此，人们不知合同为何物。即使是经济活动中的所谓"合同"，也因为并不具有法律保证而形同虚设。

改革开放的强劲春风，一扫这种不正常的状况。随着教育、住房、医疗与就业等改革的实施，从计划经济向商品经济的过渡与转变，合同发挥了越来越重要的作用，各种贷款合同、购买房屋合同、医疗保险合同与分配就业合同等，逐步深入平常百姓家，与人们的衣食住行等日常生活息息相关。20 世纪 90 年代以来，随着改革开放的不断深入发展，中国已经加入世界贸易组织，"合同"这个词在国内与国际经济活动中的重要作用日益明显。同时由于在各种经济活动中的亲身经历，特别是围绕合同而引起的各种纠纷越来越多，企业与消费者对合同的认识也越来越深入，利用法律武器，捍卫自身权益的意识也越来越强。"国人渐已醒"，开始认识到合同的价值及其意义。

就国际商贸而言，合同法是从事对外经济贸易工作的专业人员所必须具备的基本法律知识，因为企业的全部经济贸易活动都是通过订立各种合同而进行的，每个业务环节都离不开合同，有时，一笔交易往往需要签订若干个合同才能达成与完成。由此可见合同的重要性。

第二节　合同的成立

一、要约与承诺

合同是当事人之间意思表示一致的结果。法律上把订立合同的意思表示称为要约与承诺，即如果一方当事人向对方提出一项要约，而对方对该要约表示承诺，那么，在双方当事人之间就达成了一项具有法律约束力的合同。因此，要了解合同的成立，首先必须了解要约与承诺的法律规定。

各国合同法都认为，意思表示一致是指必须由双方当事人就同一标的交换各自的意思，从而达成一致的协议。意思表示可以是明示的，也可以是默示的，即可以从当事人的行动推定他们的意思。法律上把这种订立合同的意思分别称为要约与承诺。

（一）要约

1. 要约的定义

要约（offer）是一种意思表示，即一方向另一方提出愿意根据一定的条件与对方订立合同，并且包含一旦该要约被对方承诺就对提出要约的一方产生约束力之意。提出要约的一方称为要约人（offeror），其相对方称为受要约人（offeree）。要约可以采用书面的形式做出，也可以用口头或行动做出。

一项有效的要约必须符合以下四个条件：

（1）要约必须表明要约人愿意根据要约中提出的条件与对方订立合同的意思。要约的目的在于订立合同，因此，凡不是以订立合同为目的的意思表示，都不能称为要约。要约的特点在于：它一经受要约人承诺，合同即告成立，无须再征求要约人的同意或经其确认。换言之，只要受要约人对要约予以承诺，要约人就必须受其约束，不得否认合同的成立。否则，就不能认为是一项真正的要约。因此，在法律上有必要把要约与要约引诱（invitation for offer）加以区别。

要约引诱又称为邀请要约或要约邀请，其目的虽然也是订立合同，但是它本身不是一项要约，而只是邀请对方向自己发出要约。例如，在商业活动中，有些公司经常向交易对方寄送报价单（quotation）、价目表（price list）与商品目录（catalogue）等，其内容可能包括价格、品质、规格与数量等，但是这些都不是要约，而属于要约邀请，其目的是吸引对方向自己提出订货单（order），只有当对方收到上述报价单或价目表后，寄出订货单，该订货单才是一项真正的要约。必须经过寄送报价单或价目表的一方表示承诺之后，合同才能成立。如果寄送报价单或价目表的一方不予以承诺或接受，那么，即使订货单的内容与报价单或价目表相符，合同也不能成立，寄送报价单或价目表的一方也不受其约束。

由此可见，要约与要约邀请的主要区别在于：如果是要约，它一经对方承诺，合同即告成立，要约人则必须受其约束；如果是要约邀请，即使对方完全同意或接受该要约邀请提出的条件，发出该项要约邀请的一方也仍然不受其约束，除非他对此表示承诺或确认，否则合同仍然不能成立。

（2）要约必须向一个或一个以上特定的受要约人发出。关于要约是否必须向特定人发出，是否能向非特定人发出的问题，各国的法律规定存在差异。所谓特定人，是指要约中明确指出受要约人的姓名或公司名称，例如某某先生或某某公司。

这个问题往往与广告（advertisement）有关。广告的对象是社会公众而不是某个或某些特定的人。广告是否能构成要约，要根据不同的情况确定。广告可以分为普通商业广告与悬赏广告。对于普通商业广告，各国法律原则上不认为是一项要约，而仅视为要约邀请。但是英国、美国法院的一些判例则认为，要约既可以向某一个人发出，也可以向某一群人发出，甚至可以向全世界发出。只要广告的文字明确、肯定，足以构成一项许诺亦可视为要约。在这个问题上，北欧各国的法律与英美法有所不同。北欧各国的法律认为，要约必须向一个或一个以上的特定人发出，广告原则上不能认为是要约，而只是要约邀请，因为广告是向广大公众发出的而不是向特定人发出的。

悬赏（reward）广告是指广告人以广告的方式声明，对于完成特定行为的人，将给予一定的报酬，例如，寻人广告与寻找失物广告等。广告人在这类广告中都声明，凡是找到失踪的人或遗失的物品者，将给予公开提出的报酬金额。对于悬赏广告，各国法律一般都认为是一项要约。一旦有人看到广告并且完成了该广告要求做的事情，即构成承诺，合同即告成立，广告人有义务支付广告中规定的报酬。

（3）要约的内容必须明确、肯定。即要约应当包括准备签订的合同的主要条件，一旦受要约人表示承诺，就足以成立一份对双方均有约束力的合同。例如，在商业买卖中，要约一般应包括商品的名称、价格、数量以及交货或付款的时间等。因此，要约人不必在要约中详细载明合同的全部内容，只要达到足以确定合同内容的程度即可。至于某些条件，可以留待日后确定。在这一点上，大陆法与英美法的要求基本是一致的。

但是，美国《统一商法典》在这个问题上采取了更加开放的立场。根据该商法典第二篇第 2-204 条的规定，即使在买卖合同中对某一项或某几项条款没有做出规定，但是，只要当事人之间确有订立合同的意思，并有合理与确定的依据给予相应的补救，则合同仍然可以成立。因此，根据美国《统一商法典》的规定，在货物买卖中，要约的内容最重要的是要确定货物的数量或提出确定数量的方法，至于价格、交货或付款时间等内容，均可以不提出（left open），留待日后根据所谓合理的标准确定。例如，如果合同当事人对货物的价格没有做出规定，日后如果发生争议，则美国法认为应当根据交货时合理的价格付款；如果当事人对交货或付款的时间没有做出规定，那么，也同样解释为应在合理的时间内履行交货或付款的义务。至于何谓合理，则属于事实问题，必须由法院根据案情与周围的情况做出解释。该商法典的这一规定，是为了适应当代经济贸易发展的要求，尽可能使某些合同不致由于缺少某项条款而不能成立。

（4）要约必须传达到受要约人时才能生效。要约是一种意思表示，根据大多数国家的法律规定，要约必须于到达受要约人时才能生效，从而使受要约人取得对该要约做出承诺的权利。因为受要约人只有在得知要约的内容后，才可能决定是否予以承诺，因此，如果有人向对方发出一项要约，同意以 2 万美元将一部汽车卖给对方，而对方在收到上述要约以前，主动去信表示愿意以 2 万美元购买其汽车，尽管此信的内容与要约的内容相同，但是也不能认为这是一项承诺，而只能视为"交错的要约"（cross-offer），不能认为双方已经达成了一项具有约束力的合同。

2. 要约的约束力

要约的约束力包含两个方面的含义：一个是指对要约人的约束力；另一个是指对受要约人的约束力。要约对两者的约束力是不同的。

一般而言，要约对受要约人是没有约束力的。受要约人接到要约，只是在法律上取得了承诺的权利，但不受要约的约束，并不因此而承担必须承诺的义务。不仅如此，在通常情况下，受要约人即使不予以承诺，也没有通知要约人的义务。但是某些国家的法律规定，在商业交易中，在某些例外的情况下，受要约人无论承诺与否，均应通知要约人。例如，《德国商法典》与《日本商法典》均规定，商人对于平日经常来往的客户，在其营业范围内，在接到要约时，应立即发出承诺与否的通知，如果怠于通知，则视为承诺。一般而言，缄默不等于承诺。

至于要约对要约人是否有约束力的问题就比较复杂。所谓要约对要约人的约束力，是指要约人发出要约之后在对方承诺之前是否能反悔，是否能把要约的内容予以变更，或把要约撤销的问题。这一点与前面所说的要约一经对方承诺后，要约人就必须受其约束是完全不同的，不能把两者混为一谈。这个问题主要产生于要约已经到达受要约人之后至受要约人做出承诺之前这段时间，至于要约人在其要约送达受要约人之前可以将其要约撤回或变更，则是没有疑问的。因为根据西方各国的法律规定，要约必须在到达受要约人时才能产生效力，在要约人发出要约至该要约到达受要约人之前这段时间里，由于要约尚未发生效力，要约人当然有权把要约撤回或更改要约的内容。例如，以平邮寄出的要约，在其寄达受要约人之前，要约人可以用电报或空邮等更为快捷的通信方式撤回该项要约或更改其内容。但是，对于一旦要约已经到达受要约人之后，要约人是否必须受其要约的约束，在受要约人尚未做出承诺之前，要约人是否可以撤销其要约或更改其内容等情况，英美法、德国法与法国法有各自不同的规定。

（1）英美法。英美法认为，要约原则上对要约人没有约束力，要约人在受要约人对要约做出承诺之前，随时可以撤销要约或更改其内容。即使要约人在要约中规定了有效期限，他在法律上仍可以在期限届满以前随时将要约撤销。其理由是，英美法认为，一个人所做出的承诺之所以具有法律上的约束力，是由于取得了对方的某种"对价"（consideration），或者是由于承诺人（promisor）在做出承诺行为时，采取了法律所要求的某种特殊的形式，例如，在承诺的书面文件上签字蜡封（sign and seal）。如果承诺欠缺上述条件中的任何一项，该承诺对承诺人就不具有约束力。英美法把要约视为要约人所做的一项承诺，因此，除非要约人采用签字蜡封式的要约（offer under seal），或者该要约有对价的支持，否则要约人就不受要约的约束。

根据英美法的解释，所谓对价，既可以是金钱，也可以是其他有价值的东西。例如，要约人可以在要约中声明，该项要约在10日之内不予以撤销，但是以受要约人支付10英镑为条件，如果受要约人同意支付这笔金额，双方就成立一个关于保证该项要约于10日内不得撤销的担保合同或有选择权的合同（collateral contract or option contract）。在这种情况下，要约人在规定的期限内就不得撤销要约或修改要约。

显然，英美法的上述原则与现代经济生活是不相适应的，它对受要约人缺乏应有的保障。例如，受要约人可能出于对要约的信赖，为准备承诺而与他人订立了合同或支出了费用。如果要约人不受要约的约束，在受要约人做出承诺之前撤销了要约，那么，受要约人就要蒙受损失。因此，英国、美国都在考虑改变上述法律原则。在这方面，美国已经先行了一步。美国《统一商法典》明确地规定，在货物买卖中，在一定条件下可以承认无"对价"的"确定的要约"（firm offer），即要约人在要约确定的期限内不得撤销的要约。其条件是：①要约人必须是商人（merchant）；②要约已经规定了期限，或者如果没有规定期限，则在合理的期限内撤销，但是无论如何不能超过 3 个月；③要约必须以书面形式做成，并由要约人签字。如果符合上述条件，即使该要约没有对价支持，要约人也仍须受其要约的约束，在要约规定的期限内或在合理的时间内不得撤销要约。

英国的法律修订委员会（Law Revision Committee）也曾于 1937 年提出一份报告，建议修改"对价"原则，对于规定了一定期限的要约，不能因其缺乏"对价"而认为它没有约束力。但是到目前为止，这仅仅是一项建议，尚未付诸实施。

（2）德国法。德国法认为，除非要约人在要约中注明了不受约束的词句，要约人必须受其要约的约束；如果在要约中规定了有效期，则在有效期内不得撤回或修改其要约；如果在要约中没有规定有效期，则根据通常情况在可望得到答复以前，不得撤销或修改其要约。

瑞士、希腊与巴西等国家均采取这项原则。根据这些国家的法律规定，要约人可以采用"不受约束"等词句表明要约对自己没有约束力。但是一般而言，如果要约中有了这种排除约束力的词句，这在法律上就不是要约而是要约邀请，对方据此提出的订立合同的建议才是真正的要约，必须经过发出要约邀请一方的承诺才能成立合同。

（3）法国法。法国法原则上认为，要约人在其要约被受要约人承诺之前是可以撤销要约的。《法国民法典》对这个问题没有做出具体的规定，但是法国的法院判例认为，如果要约人在要约中指定了承诺期限，要约人也可以在期限届满以前将要约撤销，但是必须承担损害赔偿的责任。即使在要约中未规定承诺的期限，但是如果根据具体的情况或正常的交易习惯，要约视为应在一定的期限内等待者，如果要约人不适当地撤销要约，那么，亦必须负损害赔偿之责。至于要约人对不适当撤销要约应承担赔偿责任的法律依据，在法国学者中有不同的见解。多数学者认为这是基于侵权而产生的责任；也有人认为是由于要约人滥用权利（abuse of right）而产生的责任。《意大利民法典》对这个问题规定得比较明确，根据该民法典的规定，凡是要约人在要约中规定了承诺期限者，在该期限届满以前，不得撤销要约；如果在要约中没有规定期限，则在受要约人承诺以前可以撤销，但是如果受要约人善意信赖要约，并为履行做了某种准备，则要约人应对由此而造成的损失承担赔偿责任。

（4）公约的规定。两大法律体系在要约的法律规则方面存在重大的分歧，这给国际贸易带来了很大的不便。为了适应国际贸易发展的需要，联合国国际贸易法委员会于 1980 年在维也纳通过了一项《联合国国际货物买卖合同公约》（Convention on Contract for The International Sale of Goods）。根据该公约的规定，要约在其被受要约人承诺之前，原则上可以撤销，但是有下列情况之一者不能撤销：其一，要约写明承诺的期限，或以其他方式表示要约是不可撤销的；其二，受要约人有理由信赖该项要约是不可撤销的，并已本着对该项要约的信赖行事。

上述公约的规定实际上是把世界各国，特别是英美法系国家与大陆法系国家之间在要约的法律规则方面的分歧加以调和、折中。

3. 要约的消灭

要约的消灭是指要约失去效力，无论是要约人还是受要约人都不再受要约的约束。要约消灭或失效主要有三个方面的原因：

（1）要约因期限已过而失效。如果要约规定了承诺的期限，则在该期限终了时自行失效。此后，即使受要约人做出承诺，也不能成立合同，而只能算作一项新的要约，须经原要约人表示承诺，双方才能成立合同关系。如果要约人在要约中没有规定承诺的期限，则有两种情况：一是，如果当事人之间以对话的方式进行交易磋商，对于此种对话要约必须立即予以承诺，如果不立即承诺，要约就失去约束力。所谓对话要约，包括当事人之间面对面的商谈与电话商谈等方式。二是，如果当事人之间分处异地，以函电等非对话的方式发出要约，则各国的法律有不同的规定。许多大陆法系国家，例如，德国、瑞士与日本等国家的民法典都规定，在隔地人之间发出要约而又未规定承诺期限者，如果不在相当期限内或不在"依通常情形可期待承诺达到的期间内"做出承诺，要约即告失效，要约人不再受要约的约束。根据大陆法系学者的解释，这个期间应包括要约到达受要约人的时间、受要约人考虑承诺的时间以及承诺到达要约人的时间。这段时间究竟以多长为适当，属于事实问题，应由法院根据两地相隔的远近，以及要约与承诺所采取的传递方式决定。

英美法则认为，如果要约没有规定承诺的期限，就应在合理的时间（reasonable time）内做出承诺，否则要约即告失效。所谓合理的时间，也是一个事实问题，应由法院根据具体案情确定。

（2）要约因被受要约人撤回或撤销而失效。撤回要约，是指要约人发出要约后在其送达受要约人之前，即在要约生效之前将要约收回，使其不生效。撤销要约，是指要约已经送达受要约人之后即在要约业已生效之后消灭要约的效力的行为。要约一旦被撤回或撤销即告消灭。

（3）要约因被受要约人拒绝而失效。拒绝要约，是指受要约人将拒绝要约的意思表示通知要约人的行为。要约在拒绝通知送达要约人时即告失效。此后，受要约人就不能改变主意再对该项要约表示承诺。如果受要约人在承诺中对要约的条款做了扩充、限制或变更，其效果也视同对要约的拒绝，在法律上等于受要约人向要约人发出的一项反要约（counter-offer），须经原要约人承诺后，合同才能成立。

（二）承诺

1. 承诺的定义

承诺，是指受要约人根据要约规定的方式，对要约的内容加以同意的一种意思表示。受要约人可通过做出声明或相应行为的方式，对一项要约表示同意，例如支付货款或发运货物等。根据美国《统一商法典》第2-201条第3款c项的规定，当事人在收到要约后可以用行为表示其承诺，但必须满足下面两个条件：（1）这一履行已经被对方接受；（2）表示承诺的一方实质性地完成了对其承担义务的履行。要约一经承诺，合同即告成立。

一项有效的承诺必须具备以下四个条件：

（1）承诺必须由受要约人做出。受要约人包括其本人及其授权的代理人。除此之外，任何第三人即使知道要约的内容并对此做出同意的意思表示，也不是承诺，不能成立合同。

（2）承诺必须在要约的有效期内做出。如果要约规定了有效期，就必须在该期限内承诺；如果要约未规定有效期，则必须在"依照常情可期待得到承诺的期间内"（大陆法），或在"合理的时间内"（英美法）做出承诺。如果承诺的时间迟于要约的有效期，这就称为"迟到的承诺"（late acceptance），迟到的承诺不是有效的承诺，而是一项新的要约，只有得到原要约人的承诺后才能成立合同。

（3）承诺必须与要约的内容一致。承诺是受要约人愿意根据要约的内容与要约人订立合同的一种意思表示，因此，承诺的内容应当与要约的内容相一致。如果受要约人在承诺中将要约的内容加以扩充、限制或变更，从原则上说这就不是承诺而是一项反要约，它是对原要约的拒绝，不能发生承诺的效力。例如，要约人发出出售某种原料商品的要约，其中载明数量为 200 公吨，单价是每公吨 1 000 英镑，在目的港伦敦交货，装船期是 2014 年 9 月，付款条件是以即期不可撤销信用证付款。如果受要约人在承诺中把数量改为 250 公吨，或把单价改为 950 英镑，或把交货期改为 7 月，或把付款条件改为远期信用证付款等，这都不能认为是承诺，而应视为一项新的要约或反要约，必须经原要约人的承诺才能成立合同。但是，在这个问题上，西方各国的法律规定并不完全一致，其中美国的法律对此采取了比较灵活的态度。根据美国《统一商法典》第二篇第 2-207 条的规定，在商人之间，如果受要约人在承诺中附加了某些条款，承诺仍然有效，这些附加条款必须视为合同的一个组成部分，如下情况则属例外：要约中已明确地规定承诺时不得附加任何条件；这些附加条款对要约做了重大的修改；要约人在接到承诺后已在合理的时限内做出拒绝这些附加条件的通知。这些规定与英美法的原则是不同的，即英美法认为承诺应当像镜像（mirror-image）一样，反照出要约的内容，否则就不是承诺而是反要约。

（4）承诺的传递方式必须符合要约所提出的要求。要约人在要约中可以对承诺的传递方式做出具体的规定，例如，指定必须以电报或电传方式做出承诺等。在这种情况下，受要约人在承诺时就必须根据规定的传递方式办理，如果擅自改用平信或空邮的方式传递，承诺就不能成立。如果要约人在要约中对承诺的传递方式没有做出具体的规定，那么，承诺人在发出承诺通知时，一般应根据要约所采用的传递方式办理。如果要约采用的是电报，则承诺时也应采用电报。如果要约采用的是空邮，则承诺时也应采用空邮。但是，如果承诺人采用比要约所指定的或要约所采用的传递方式更加快捷的通信方式做出承诺，例如，要约采用空邮寄出或在要约中指定采用空邮承诺，但是承诺人为了早日达成交易，在要约的有效期限内，采用电报或电传的方式发出承诺，这在法律上是有效的，要约人不能因此而予以拒绝。

2. 承诺生效的时间

承诺从什么时候起生效，这是合同法中的一个十分重要的问题。因为根据西方各国的法律，承诺一旦生效，合同即告成立，双方当事人就承受了由合同所产生的权利与义务。在这个问题上，英美法与大陆法，特别是德国法有很大的分歧。两者的不同规定表现为三种不同的主张。

（1）"投邮主义"。这是英美法的主张。英美法认为，在以书信或电报做出承诺时，承诺一经投邮，立即生效，合同即告成立。例如，以书信或电报做出承诺时，只要受要约人把书信投入邮局信箱或把电报交到电报局发出，承诺即告生效，即使表示承诺的函件在传递过程中丢失，只要受要约人能证明确已对函件付了邮资，写妥地址交到邮局，合同仍可以成立。其理由是，要约人曾默示地指定由邮局作为他接受承诺的代理人，所以，一旦受要约人把承诺交到邮局，就等于交给要约人一样，承诺即时发生效力，即使由于邮局的疏忽，表示承诺的信件丢失了，要约人也应当负责，与受要约人无关，不得因此影响合同的成立。但是，这只是表面上的理由，真正的理由是为了缩短要约人能够撤销要约的时间。如上所述，英美法由于固守"对价"原则，认为要约人可以不受要约的约束，在其要约被承诺以前，随时都可以把要约撤销。即使要约规定了承诺期限，也可以在该期限届满之前将其撤销。这项原则本来就对受要约人不利，如果在承诺时不采取"投邮主义"，而采取"到达主义"，即必须等到承诺到达要约人时才发生效力，这就意味着要约人从发出要约时起至收到承诺时止的这一段时间内，随时都可以撤销要约，无疑这将对受要约人更加不利，使他感到交易的安全缺乏应有的保障。所以，英美法对不同的意思采用了不同的原则，对要约与撤回要约的意思表示采取到达主义，即必须到达受要约人才能生效，而对承诺的意思表示则采取"投邮主义"，即一经投邮立即生效，以此来调和要约人与受要约人之间的利益冲突。

（2）"到达主义"。大陆法中的德国法，在承诺生效的时间问题上采用了与英美法不同的原则。《德国民法典》对承诺生效的时间没有做出具体的规定，但是根据德国法，无论是要约、承诺还是撤回要约或承诺的通知等都属于意思表示之列，适用有关意思表示的规定。根据《德国民法典》第 130 条的规定："对于相对人以非对话方式所做的意思表示，于意思表示到达相对人时发生效力。"换言之，德国法对承诺生效的时间采取"到达主义"，即必须在承诺到达相对人时才开始发生效力，合同也在此时成立。

（3）过去，大陆法原则上采取"了解主义"，即不仅要求收到对方的意思表示，而且要求证明对方真正了解其内容时，该意思表示才能生效。但是，从法律上说，难以证明对方是否了解某种意思表示的内容，因为要约人收到表示承诺的信件后，可能立即拆阅并了解其内容，也可能认为无关紧要或忙于别的事情而搁置一边。在这种情况下，要确定承诺什么时候生效是非常困难的。所以，《德国民法典》采取了"到达主义"原则，不管收信人是否已了解其内容，这样的规定便于在发信人与收信人之间明确地划分彼此对于信件在传递过程中可能发生的风险的责任。发信人承担从发出信件时起至送到收信人时止这一段时间的风险，如果承诺函件在传递过程中遗失，承诺即不发生效力，合同就不能成立。反之，从信件到达收信人的支配范围时起，就由收信人承担风险，即使收信人没有及时拆阅，不了解其内容，承诺亦于到达时生效。所谓到达收信人的支配范围，一般是指送达收信人的营业所或惯常的居住地点，而不要求必须送到收信人的手中。

日本虽然属于大陆法系国家，但是在承诺生效时间的问题上却有自己的特色。《日本民法典》在总则中的第 97 条原则中规定，对隔地人之间的意思表示，自通知到达相对人时起生效，即采取"到达主义"；但是在契约一章中的第 526 条又规定，隔地人之间的契约，于发出承诺通知时起成立，即对契约成立又采用发出生效的原则。这里的"发出"就是"投邮"的意思。由此可见，对承诺生效的时间，日本采用有别于其他国家的特殊方式，即到达主义与投邮主义两者均适用。

（4）《法国民法典》对于承诺何时生效没有做出具体的规定。但是，法国最高法院认为，关于承诺生效的时间完全取决于当事人的意思，因此，这是一个事实问题，应根据具体的情况，特别是根据当事人的意思表示而决定。但是法院往往推定为适用"投邮主义"，即根据事实情况推定承诺于发出承诺通知时起生效，合同亦在此时成立。

3. 承诺的撤回

撤回承诺是承诺人阻止承诺发生效力的一种意思表示。承诺必须在其生效之前才能撤回，其一旦生效，合同即告成立，承诺人就不得撤回其承诺。

因为西方各国的法律对承诺生效的时间有不同的规定，所以，在承诺人是否能撤回承诺的问题上也有相应的不同规定。根据英美法的有关判例，由于其认为承诺的函电一经投邮就立即生效，因此，受要约人在发出承诺通知后就不能撤回其承诺。根据德国法，由于其认为承诺的通知必须送达要约人才能生效，因此，受要约人在发出承诺通知后，原则上仍然可以撤回承诺，只是撤回的通知必须与承诺的通知同时或提前到达要约人，才能把承诺撤回。例如，如果是以平邮或空邮发出的承诺通知，则可以用电报或电传等更加快捷的传递方式追上它们，将其撤回。

二、对价与约因

有些西方国家的法律要求，一项在法律上有效的合同，除了当事人之间意思表示一致外，还必须具备另一项要件。对于这项要件，英美法称之为"对价"，法国法称之为"约因"，并以有无对价或约因作为区别有诉权的合同（actionable contract）与无强制执行力的约定（unenforceable pacts）或社交性的协议（social agreement）的一个根本标志。德国法的规定则有所不同。

（一）英美法的对价

英美法把合同分为两种类型：一种类型是签字蜡封合同，这种合同是由当事人签字与加盖印鉴并把它交给对方而作成（sign，seal and deliver）的，其有效性完全是由于它所采用的形式（form），不要求任何对价；另一种类型是简式合同（simple contract），它包括口头合同与并非以签字蜡封式作成的一般书面合同，这类合同必须有对价，否则就没有约束力。

在英美法中，对价的定义晦涩难懂。根据 1875 年英国高等法院在"卡利埃诉米萨案"（Currie v. Misa）的判决中所下的定义，所谓对价，是指"合同一方得到的某种权利、利益、利润或好处，或者是他方当事人克制自己不行使某项权利或遭受某项损失或承担某项义务"。也有人把对价简单地说成是"购买某种'承诺'的代价"。

近年来，英美法在解释对价的含义时，主要强调在当事人之间必须存在"我给你是为了你给我"的关系，即彼此之间要提供"相互给付"。例如，在买卖合同中，卖方交货是为了取得买方支付的货款，而买方付款是为了取得卖方的货物，这种卖方的交货与买方的付款就是买卖双方的"相互给付"，也就是买卖合同的对价。

具体地说，对价包含三层意思：

（1）从对价与承诺的关系看，对价是受诺人为使承诺人的承诺产生法律的约束力，向承诺人提供的一种与承诺相对应的报偿。例如，A 方向 B 方许诺，如果 B 方愿意出 100 元钱，A 方就打算把自己的手表出让给 B 方。在听见这个许诺后，B 方为获得 A 方的这块手表，就向 A 方交付了 100 元钱。在这一关系中，A 方是承诺人，B 方是受诺人，100 元钱是 A 方承诺的对价。如果 B 方不向 A 方交付 100 元钱，也没有做出对应的打算用 100 元钱购买手表的许诺，那么，A 方就有权把自己转让手表的承诺收回，因为他的承诺已经没有对价，所以，对 A 方也就没有约束力。

（2）从交易条件看，所谓对价，是指合同标的物是互为有偿的，既可以是金钱，也可以是其他有价值的东西。例如，商品或服务就可以用价格计算或衡量。再如，甲对乙说："如果你给我粉刷房屋，我答应支付你 200 美元。"其中有两个对价，一是乙方给甲方"粉刷房屋"；二是甲方答应支付"200 美元"。如果乙方给他粉刷了房屋，这样，由于有了对价，合同就成立了。一方答应如果另一方履行某种行为做某事，也就是"如果你给我粉刷房屋，我就答应支付你 200 美元"，这个例子可以说明构成有效合同的对价是充足的。然后，合同每一方对一项许诺或者一种行为负有法律义务。在没有对价或合同的情况下，他们就没有义务承担这种许诺或者行为，即粉刷房屋或对粉刷房屋进行支付。

（3）从法律意义看，所谓对价，是指一种相互关系，即买卖双方在法定范围内互有权利与义务，都必须受法律规定的约束。例如，某一项货物买卖合同中，出口商既有权利收取货款，也有义务交付货物，而进口商既有权利收取货物，也有义务支付货款。再如，保险合同中，保险人既有权利收取保险费，也有义务提供有关的保险，而投保人既有权利取得有关的保险，也有义务支付相应的保险费。也就是说，双方的权利是建立在履行各自的义务（即对价）的基础之上的。

由此可见，所谓对价，概括地说，就是互为有偿，相互给付。用中国的一句古语概括，就是"将欲取之，必先予之"这样一种相互关系。

根据英美法的解释，一项有效的对价必须具备以下五个条件：

（1）对价必须是合法的。凡是以法律所禁止的东西作为对价的合同都无效。例如，贩卖毒品的合同，因为作为对价的标的物是违法的，所以，这种合同是无效的。

（2）对价必须是待履行的对价或已经履行的对价，而不是过去的对价。英美法把对价分为三种：待履行的对价（executory consideration）、已履行的对价（executed consideration）、过去的对价（past consideration）。前面两种对价是有效的，第三种对价则是无效的。

所谓待履行的对价，是指双方当事人承诺在将来履行的对价。例如，双方当事人于某年6月签订了一项合同，其中规定卖方于8月交货，买方于卖方交货时付款。在这项合同中，交货与付款都属于待履行的对价，都是有效的对价。

所谓已履行的对价，是指当事人中的一方以其作为要约或承诺的行动，已全部完成了他根据合同所承担的义务，只剩下对方还没有履行其义务。这有两种情况：一种情况是，当事人一方的行为是作为要约做出的。例如，卖方主动向买方发货，当买方接受货物时，买卖合同即告成立，但是这时卖方已履行了交货义务，对此，买方有义务支付合理的价金。另一种情况是，当事人一方的行为是作为承诺做出的，在这方面最常见的例子是悬赏广告。例如，某甲在报纸上刊登广告一则，许诺如果有人找到他所丢失的物品，将付给若干英镑报酬。因此，如果某乙见报后找到失物交还某甲，合同即告成立，某乙的行为就属于已履行的对价，某甲有义务付给约定的报酬。

所谓过去的对价，是指一方在对方做出承诺之前已经全部履行完毕的对价，它不能作为对方后来做出的该承诺的对价。英美法的一项原则是"过去的对价不是对价"（past consideration is no consideration）。这通常是指某人过去曾经为他人做某事从而使后者得到了某种好处，日后，后者为了表示感谢，承诺给予某种报答。但是，这种承诺是缺乏对价的，因为过去做过的事情不能作为现在这种承诺的对价，所以，这种承诺是没有约束力的。英美法认为，这种承诺属于无偿的（gratuitous）承诺，而无偿的承诺除非是以签字蜡封的形式作成，否则是没有约束力的。

但是，在英美法中，对于"过去的对价不是对价"这项一般原则也有例外的情况。如果一方因对方的请求为后者提供了某种服务，日后，对方承诺给予报酬，则这种过去已经提供的服务仍然可以作为日后的承诺而给予报酬的对价，这项承诺就是有约束力的。美国许多州还把这种例外的原则推广到某些未经对方提出要求的行为（unrequested acts），只要这种行为是在紧急情况下做出的，则在完成此种行为之后，如果对方承诺给予报酬，该项行为可以作为此项报酬的对价，此项承诺即具有约束力，承诺人不得反悔。美国法院在1935年"韦布诉麦克戈文"一案中提出了一项规则，作为对承诺人在对价是过去的对价时取消其诺言的限制：当承诺人对受诺人负有道德上的义务时，他就不能以对价是过去的对价为理由，收回其诺言。

（3）对价必须具有某种价值，但不要求充足。对价必须是真实的，必须具有某种价值。这里所说的价值不一定是指金钱上的价值，也可以是其他东西，例如，提供某种服务或不行使某种权利等。但是，对价不是等价，并不要求与对方的承诺相等（equivalent to the promise）。例如，某甲聘请某乙为雇员，约定每周工资为50英镑。这项雇佣合同是有对价的，至于50英镑的对价是否与某乙所提供的劳务相等，法院一般不予以过问。同样，如果商人愿意以很低的价格出售其价值很高的商品，法院也不予以查究。英国法院认为："凡属对价是否充分的问题，应由双方当事人在订约时自行考虑决定，而不应在谋求强制执行时由法院决定。如果法院在审理有关合同的案件时，对于对价是否充分的问题都一一进行查究，法院的任务将没完没了，不胜其烦。"美国1982年"韦纳诉麦格罗希尔公司"案的判词指出：对价并不要求规模一致或相互对称。一个人允许不做某事或去做某事，其价值的大小或者其是否可以估价并不重要，只要其可以为受诺人所接受。因此，法院不仅可以在现已成为格言的胡椒子①中找到充分的对价，而且可以在一匹马、一只金丝雀或一只山雀中找到对价，只要受诺人可以接受它。实际上，当受诺人同意的时候，承诺人承受的损失或答应去做事情并不是一定要给受诺人带来利益。但是，如果对价很不充分，足以构成欺诈（fraud）或错误（mistake），那么当事人可以请求给予衡平法上的救济，要求撤销合同。但这是另一个问题，不是由于对价很不充足从而合同不能执行。美国《统一商法典》对于这类所谓极不公平的合同（unconscionable contract）做了具体的规定。根据该商法典第二篇第2-302条的规定，如果法院认为某项合同或合同中的某项条款极不公平，法院就可以拒绝执行该项合同，或不执行极不公平的部分而只执行其余部分。

（4）已经存在的义务或法律上的义务不能作为对价。英国的合同法著作常常援引英国法院的下述判例说明这项原则：船方雇用一批海员做一次往返于伦敦与波罗的海的航行，途中有两名海员开了小差，船长答应其余的海员，如果他们努力把船开回伦敦，他将把那两名海员的工资分给他们。事后船长食言，船员到法院起诉。法院判决，船长的承诺是无效的，因为缺乏对价。其理由是，船员在开船时，已承担了义务，答应在航行中遇到意外情况时应尽力而为。有两名船员开了小差就是属于这类意外情况。余下的船员根据其原来签订的雇佣合同有义务尽力把船安全开回目的港。简而言之，凡属原来合同上已经存在的义务，不能作为一项新的承诺的对价。

此外，凡是属于履行法律上的义务的，也不能作为对价。例如，某人的女儿被绑架，他登报声明，如果有人找到其女儿，愿奉赏金1万美元。某警察奉命办理此案，并找回该人的女儿。但是法院认为，这是警察法律上的责任，不足以作为对价而领赏。

（5）对价必须来自受诺人（promisee）。所谓对价必须来自受诺人，是指只有对某项承诺付出了对价的人，才能要求强制执行此项承诺。因此，假设甲向乙许诺，如果乙为他完成某项工作，他将付给丙一笔钱。在这种情况下，如果乙完成了该项工作后，甲拒绝把钱付给丙，则丙不能对甲起诉，要求法院强制执行向丙付钱的许诺。因为作为对甲的许诺的对价是来自乙而不是来自丙，丙并没有提供任何对价。

英美法关于对价的原则已经不能适应当代社会经济发展的需要，因为根据这项原则，当事人之间在签订合同之后，如果要改变原来的合同，或者在债权人与债务人之间免除债

---

① 指英美合同法判例法中的一格言：一分钱或一粒胡椒子都可以构成一个有价值的对价。——编者注

务（release of debt），就会由于缺乏对价而不能成立。例如，甲欠乙1 000英镑，乙答应只收取750英镑而免除甲的债务，但由于少收250英镑而缺乏对价，所以，乙的承诺是没有约束力的。这种原则显然不符合商业的习惯做法。因此，英美法往往采取一些例外的原则来避开这项一般原则的适用，其中最常用的办法是对原来的条件做某种改变。例如，在上述例子中，假设甲欠乙的1 000英镑应于6月6日偿还，乙提出如果甲能在3月6日付款，则只需付750英镑即可免除其全部债务。如果甲表示同意，则这种新的承诺是有约束力的，因为它是以提前付款为对价的。美国法律认为，即使这种改变十分轻微，也是有用的。

为了适应当代商业发展的需要，美国《统一商法典》第二篇第2-209条第1款明确规定，关于修改现存合同的协议，即使没有对价也具有约束力。此外，美国法为了防止在某些情况下由于缺乏对价而产生不公平的结果，还形成了一项所谓"不得自食其言"（promissory estoppel，诺言禁止反悔）的原则。其含义是，如果承诺人在做出承诺时，应当合理地预见受诺人会信赖其承诺而做出某种实质性的行为或者放弃某种行为，并已在事实上引起了这种结果，只有强制执行该项承诺才能避免产生不公平的后果，那么，即使该项承诺缺乏对价，亦应予以强制执行。

此外，美国《第二次合同法重述》第90条，即"有理由认为是诱发了行为或限制了行为的承诺"这一条，对此做出了以下规定："如果承诺人有理由预见其承诺会诱使受诺人或某一第三人实施行为或限制行为，同时，该承诺在事实上诱发了此种行为或限制行为，那么，如果只有通过强制执行该承诺，才能使不公正得到避免，该承诺就是有约束力的。就违背承诺而准许的救济仅限于为维护正义而要求的范围。"

上述定义规定了构成"自食其言"的各项要件，以及受诺人可以据此请求救济的范围：（1）承诺人向受诺人做出了某种许诺。（2）承诺人预见或理应预见该承诺会使受诺人实施某种行为或限制行为。（3）该承诺事实上导致受诺人的行为或限制行为，从而导致受诺人的损失，也就是说，在该承诺与受诺人蒙受的损失之间存在一定的因果关系。（4）只有强制执行该承诺，才能维护公正。这一要件强调，承诺人在主观上有错误，即他知道或理应知道，如果他自食其言，将会使受诺人蒙受损失，而受诺人在主观上没有过错，即他对该承诺给予信赖，并根据这种信赖在采取行为之前是具备应有的谨慎的。（5）受诺人获得救济的权利受到比通常的救济如合同的救济与侵权行为的救济更加严格的限制。

总之，"不得自食其言"的规定是对对价制度的限制与补充。根据对价制度，承诺人对受诺人承担义务的前提是，承诺与对价互为交易的对象，因此，交易在双方之间的存在是使承诺人承担义务的前提。然而，在一定的情况下，严格信守对价的交易理论会造成不公平的结果。这样，"不得自食其言"的理论使法院在特定的情况下为维护公正从而使某个无对价的承诺对承诺人产生约束力方面，提供了必要的裁量权。

近年来，英国法院的少数判例也出现朝着美国法的方向发展的趋势。由此可见，英美法在对价问题上的规定正在逐渐演变之中，总的倾向是采取比较灵活的态度，以便使对价原则与现代商业的某些习惯做法协调一致。

（二）法国法中的约因

法国法把约因作为合同有效成立的要件之一。《法国民法典》设有专目，对约因的作用做了具体规定。

根据法国法的解释，债的约因是指订约当事人产生该项债务所追求的最接近与最直接的（immediate and direct）目的。法国法强调把约因与当事人的动机（motives）区别开来。以买卖合同为例，某甲向某乙购买一辆汽车，某甲购买汽车的动机可能是各式各样的，可能是自用，可能是出租，也可能是赠送给亲友。购买汽车的直接目的却只有一个，就是取得汽车这个标的物。同样，某乙出售汽车的动机也可能是各式各样的，可能是嫌原来的汽车不好，卖掉以后再买新的，也可能是因为经济困难，负担不了汽车的开销，但是卖车的直接目的也只有一个，就是取得一笔金钱。因此，在同一类型的合同中，其直接目的即约因往往是相同的。例如，在买卖合同中，约因都是以商品换金钱，在雇佣合同中，约因都是以金钱换取劳动，如此等等。根据《法国民法典》第1131条的规定："凡属无约因的债，基于错误约因或不法约因的债，都不发生任何效力。"这里所谓的债（obligation），包括债权与债务，是指广义的债，不仅仅是指狭义的金钱债务。根据法国法的解释，任何债的产生都必须有约因，否则就不发生任何效力。如果约因为法律所禁止，或约因违反善良风俗或公共秩序，此种约因即属于不法的约因，也不发生任何效力。

在双务合同中，存在两个约因，即双方当事人之间存在相互给付的关系。例如，在买卖合同中，卖方的交货义务是以买方的付款为约因的，而买方的付款义务，则是以卖方的交货为约因的。在无偿合同或赠与合同中，赠与人是义务人，从理论上说，赠与人施惠于受赠人的意思（intention to confer a benefit）可以代替约因，但是，实际上法国法律对赠与合同都要求一定的形式。《法国民法典》第931条规定，赠与合同应以通常合同的方式，在公证人前作成，并应在公证处留存合同的原本，否则赠与合同无效。由此可见，在赠与合同中，代替约因的不仅是当事人有赠与的意思，更加重要的是合同成立的方式。正是由于这种合同采取了特定的方式，所以法律上把它作为约因原则的例外，承认其为有效。

（三）德国法的规定

德国在合同成立的问题上，没有采用约因原则。德国法与法国法不同，它不以约因作为合同成立的必要条件。这是因为，许多大陆法的学者认为，把约因作为合同成立的要件是没有价值的。其理由是，在双务合同中，双方当事人互为承诺，互为给付，这是双务合同固有的特点，其本身就具备合同成立的条件，无须再借助于约因作为合同成立的条件。至于无偿合同和赠与合同的成立，许多国家的法律都规定有形式上的要求，例如，必须在公证人面前订立或依法院的裁判成立等，无须以约因为要件。所以，1900年《德国民法典》及承袭它的某些大陆法系国家的法典，例如，《瑞士债务法典》与《日本民法典》等，在有关合同成立的章节中都不再采用约因这个概念。

德国法有所谓"不当得利"（unjust enrichment）的制度，这是指没有法律上的任何原因而取得他人财产或其他利益。在这种情况下，由于缺乏法律上的原因，取得他人财产或利益的一方无权保留这种财产或利益，必须将其归还给真正的所有人。该民法典第812条规定，无法律上的原因而受领他人的给付，或以其他方式由他人负担费用而获得利益者，负有返还该利益于他人的义务。或者虽然有法律上的原因，但是后来该原因已经消灭，或依法律行为的内容未发生给付目的所预期的结果者，亦有返还已得利益的义务。

《德国民法典》的上述规定是十分抽象难懂的，这是该民法典的特点之一，即采用高度抽象的法律术语概括社会生活中各种各样的不当得利的情况。例如，债务人甲欠债权人乙1 000欧元，本来已经付清，但因未及时注销账目，误向债权人乙再度清偿，这就是所谓无法律上的原因所做的给付。又如，某甲牧场中的马自动跑到某乙的马圈中，某乙就属于无法律上的原因从他人处到利益，在这种情况下，由于受益人缺乏法律上的原因，属于不当得利，应负返还所得利益的义务。再如，甲、乙双方在订立买卖合同后，甲已支付货款，但是货物在风险转移于甲以前灭失，或者债权人甲为了接受清偿的目的，立下收据交给债务人乙，但是乙在收到收据后并未清偿债务，上述两种情况就是属于所谓虽然有法律上的原因，但后来该原因已经消灭，或未发生给付目的所预期的结果，这也是不当得利，受益人必须返还其无权取得的利益。

由此可见，德国法虽然不把"原因"（即约因）作为合同成立的要件，但是实际上，"原因"在德国民法的其他方面仍然起着很大的作用。德国法上的不当得利，在英美法与法国法中称为"准合同"（quasi contract），美国法有时称其为"偿还法"（law of restitution）。其名称虽然不同，但是法律效果则是一样的，都是由于缺乏法律上的原因或对价，双方当事人不能成立合同关系，受益人必须归还从他人处取得的财产或利益。

必须指出的是，准合同不是合同。准合同是衡平法上的概念，来自拉丁文 quantum meruit，译成英文为"as much as he deserves"，意思是"所得不应多于应得"。因此，准合同与不当得利是同一法律原理的不同表达。

准合同是法律上的默示合同。它与合同的区别在于：合同是基于当事人双方的合意而存在的。这种合同既可以是明示的，也可以是默示的。这是事实上的合意。而准合同的当事人之间则不存在明示的合意，否则，他们之间便有了合同关系。

准合同的当事人之间也不存在事实上的默示合意。他们之间的"合意"只是法律上的虚构。准合同产生的条件之一是，一方在给予另一方某种利益时期望就该利益的价值从另一方得到补偿，而后者知道或理应知道前者的这种期望。但是，这并不是合意。因为后者并没有提供这种报偿的意图，也没有做过明示或默示的提供这种报偿的表示。

准合同是因为不当得利的行为而发生的。不当得利是没有法律所承认的正当理由而获取他人利益的行为。构成这种行为的关键因素是，允许获利者在不支付报酬的情况下，保留所获得的利益是不符合法律上公平正义的原则的，因此是法律所不允许的。

总之，准合同的理论能够在合同与侵权行为法不能提供适当的救济时，为受到损害的一方提供衡平法上的救济，从而实现法律上的公正。

三、合同的形式

从订立合同的形式的角度看，合同可以分为要式合同与不要式合同。要式合同，是指必须根据法定的形式或手续订立的合同。不要式合同，是指法律上不要求根据特定的形式而订立的合同。

要式合同最早来源于罗马法。在古罗马时代，由于商品交换还不够发达，合同的种类很少，订立合同要根据固定的形式进行，要讲一定的套语，并配合完成一定的动作，才能使合同产生法律效力。例如，某些买卖合同要用"铜与天平"的方式订立，除当事人到场外，还要有司秤人与 5 个证人到场，买主一面抓住要买的奴隶或物品，一面说"这个东西是我花了天平上的这些铜买来的"，说罢把铜块放到天平上，合同即告有效成立。如果不采取上述形式，就不能成立合同。至罗马法后期，随着商品货币关系的发展，合同的种类增多了，有买卖、借贷、租赁、合伙、寄托与委托等各种类型的合同。订立合同的形式与手续也简化了，开始出现了所谓的合意合同，即仅根据双方当事人意思表示一致即可发生法律效力的合同，这是不要式合同的发端。罗马法的这项法律原则，后来被西方社会所接受，并成为西方各国合同法的一项重要的法律规则。

在现代西方社会，商品交换关系高度发达，如果无论订立什么合同都要采用一套复杂的法律形式，就会给社会的经济活动造成人为的障碍。因此，近代西方各国的法律，在合同形式问题上，都采取"不要式原则"（principle of informality），只是对某些合同才要求必须根据法律规定的特定形式订立。但是这种要式合同一般为数甚少，属于例外情况。

西方各国法律之所以对某些合同要求必须根据法定的形式订立，其目的与作用有两个：一是用以作为合同生效的要件；二是用以作为证明合同存在的证据。在前一种情况下，合同如果不根据法定的形式订立，就不能发生法律效力，该合同无效。在后一种情况下，合同虽然没有根据法定的形式订立，但是合同并非无效，只是不能强制执行，在发生诉讼时，必须以法律规定的形式（例如书面形式与公证人的证明等）作为合同存在及其内容的证据（evidence），而不能以口头证言作为证据。对于上述两种情况，西方各国法律各有不同的侧重点。一般而言，法国法偏重于作为证据要求，德国法侧重于作为合同有效成立的要件，英美法则根据不同类型的合同有不同的要求。

（一）法国法

法国法把要式合同分为两种情况：一种情况是以法定形式作为合同有效的要件，另一种情况是作为证据要求。在第一种情况下，法院有权不根据当事人的申请，而根据其职权宣告不按法定形式订立的合同无效。这种合同为数极少，根据《法国民法典》的规定，只有赠与合同、夫妻财产制合同与设立抵押权合同等几种。这些合同都以公证人的文书作为合同有效成立的形式要件。例如，《法国民法典》第 2127 条规定，以合同设定的抵押权应在公证人二人或公证人一人与证人二人面前以公证书方式作成，否则就不能产生法律效力。

第二种情况是把某种法定形式作为证据，用以证明合同的存在及其内容，除了法律规定的形式外，法院不接受其他形式的证据。该民法典第 1341 条规定："一切物件的金额或价额超过 50 新法郎者，即使是自愿的寄存，也均须于公证人前作成证书，或双方签名作成私证书。私证书做成后，当事人不得再主张与证书内容不同或超出证书所载以外的事项而以证人证明之……"这一条规定适用的范围很广，原则上适用于价额超过 50 新法郎的合同。根据这项条文的精神，如果价额在 50 新法郎以上的合同没有采用公证人证书或私证书的形式，那么该合同并不是无效，而只是不能被证人作为证据，由于缺乏证据，法院将不予以强制执行。但是，如果债务人承认，则合同仍属有效。上述原则有一个重要的例外，就是不适用于商事合同。根据法国的法律，商事合同是不要式合同，既可以采用口头形式，也可以采用书面形式，任何证据方式都可以使用。这种规定的目的是适应商业活动的需要。

（二）德国法

《德国民法典》在总则中明确地规定，不根据法律规定形式的法律行为无效。如果法律规定必须采用书面形式，则必须由书面作成人亲自签名，或用指印由法院或公证人认证。如果法律规定意思表示必须经公证者，则其意思表示必须以书面形式作成，而且表意人的签名必须经主管机关、主管官员或公证人认证。德国法强调当事人的意思表示必须严肃、认真，并以是否遵守法定形式作为意思表示是否严肃、认真的标志。如果合同没有根据法定形式办理，说明当事人缺乏严肃、认真的订约意思，合同即归于无效，而不问当事人是否能提出证据证明合同的存在。这是德国法与法国法的不同之处。《德国民法典》除在总则中对形式要求做出了原则性的规定外，还在该法典的其余各部分对不同类型的合同所应采取的形式分别做出了具体的规定，有的合同要采取书面形式，有的合同要有公证人证明等。例如，该民法典第 518 条规定，为使以赠与方式约定为给付的合同有效，其约定应有公证加以证明。又如，该民法典第 766 条规定，为保证合同有效，应以书面形式表示其意思。对于转移土地所有权的合同，还要求在土地登记部门登记才能生效。

但是，这并不是说，德国的法律要求一切合同都必须具备特定的形式。如上所述，德国法也与其他西方国家的法律一样，在合同的形式问题上都以不要式合同为原则，要式合同仅属例外，只有某些合同才要求具备法定的形式，其他合同都不要求具备特定的形式。例如，在债权法方面，买卖合同不论标的物的价格多少，一律不要求形式，只有土地买卖合同才要求具备法定的形式。

（三）英美法

英美法把合同分为签字蜡封合同与简式合同两种。签字蜡封合同是要式合同，这种合同无须对价，但是必须以特定的形式订立。简式合同必须要有对价。简式合同不等于不要式合同，简式合同一般是不要式合同，既可以采用口头形式订立，也可以采用书面形式订立，任由当事人自由选择合同所使用的形式。但是也有一些简式合同依法必须以书面形式订立，其作用有的是作为合同有效成立的条件，有的是作为证据上的要求，视合同的性质而定。

1. 签字蜡封合同

签字蜡封合同的订立必须遵守特定的形式，主要是合同必须以书面形式做成，有当事人的签名，加盖印戳，并须把它交付给合同的对方当事人。在过去，缔结签字蜡封合同是一种庄重的仪式，但是现在的做法已经大大地简化。一般是在书面合同上加上一条标签，上面写上 "seal" 或 "L. S."（即 locus sigilli，代蜡封的简写）字样，然后由承诺人把合同文件交给对方，全部手续即告完成，实际上与订立一般书面合同差不多。而且根据英国 1925 年《所有权法》（Law of Property Act）第 73 条的规定，只要承诺人有无条件地受合同约束的意思，即使把这种签字蜡封合同留在自己的手里，不交给对方，合同仍可以有效成立。根据英国的判例，下列三种合同必须采用签字蜡封形式订立：（1）没有对价的合同；（2）转让地产或地产权益的合同，包括租赁土地超过 3 年的合同；（3）转让船舶的合同。

上述三种合同，如果不根据签字蜡封的形式订立，均属无效。但是，美国大多数州已经废止了签字蜡封合同，这些州的法律认为，即使合同采用了签字蜡封的形式，如果没有对价，那么合同仍然无效。

2. 简式合同

如上所述，简式合同是指必须有对价支持的合同，但是不等于完全是不要式的合同。根据英国法，以下两种简式合同是必须以书面形式作成的，否则合同无效或者不能强制执行：

（1）要求以书面形式作为合同有效成立要件的合同。根据英国的法律，下列合同必须以书面形式作成，否则无效：汇票与本票；海上保险合同；债务承认；卖方继续保持占有的动产权益转让合同。

（2）要求以书面文件或备忘录作为证据的合同。这种书面形式要求与前一种的不同之处在于，不具备这种书面形式要求的合同不是无效，只是不能以口头证据证明合同的存在及其内容，因而不能强制执行。如果双方当事人自愿执行，则合同仍属有效。这种书面形式要求来自 1677 年英国的《欺诈法》（Statute of Fraud）。根据该法的规定，有五种合同必须以书面形式作成，并由承担义务的一方当事人签字才能作为证据，否则不得向法院起诉。这部法律的目的是防止原告捏造事实，在根本不存在合同的情况下提起诉讼，进行诈骗。但是这部法律也有漏洞，因为有些被告也可以以没有书面形式为借口，逃避其根据口头形式合同所应承担的义务。因此，20 世纪以来，英国曾两次对这部法律进行了修改，一次是 1925 年《所有权法》，另一次是 1954 年《法律改革（合同强制执行）法》。

经过修改以后，《欺诈法》的大部分内容已经废止，但是以下三种合同仍然要求以书面形式作为证据：保证合同；有关土地买卖或处置土地权益的合同；金钱借贷合同。

除《欺诈法》外，英国还有一些成文法对某些合同的形式要求做出具体的规定。

美国沿用了英国的《欺诈法》，几乎所有的州都制定了自己的欺诈法，在内容方面大同小异。美国的欺诈法要求下列合同必须以书面形式作为证据：（1）不动产买卖合同；（2）从订约时起不能在 1 年之内履行的合同；（3）为他人担保债务的合同；（4）价金超过 500 美元的货物买卖合同。

美国《统一商法典》第二篇第 2-201 条也规定，凡是价金超过 500 美元的货物买卖合同，除该法典另有规定外，均必须以书面形式作成，否则不能向法院起诉要求强制执行。但是该法典也规定了若干例外情况，在这些情况下，即使不具备书面形式的要求，合同也可以强制执行。例如，如果卖方已在实质上开始生产专为买方制造的、不宜售给其他买方的商品，则该合同虽然没有采取书面形式作成，但是仍然具有约束力。又如，在合同已经部分履行的场合下，虽然没有采用书面形式作成，但是对方已经履行的部分，仍然具有强制执行力。

（四）《联合国国际货物买卖合同公约》有关合同形式的规定

《联合国国际货物买卖合同公约》对于国际货物买卖合同的形式原则上不加以任何限制。无论当事人采用口头形式还是书面形式，都不影响合同的有效性，也不影响合同的证据力。该公约（也译为《联合国国际货物销售合同公约》）第 11 条明确地规定："买卖合同无须以书面订立或证明，在形式方面不受任何其他条件的限制，买卖合同可以用包括证言在内的任何方法证明。"

该公约的这一规定是为了适应当代国际贸易的特点，因为许多国际货物买卖合同是以现代通信方法订立的，不一定存在书面形式合同。但是，该公约为了照顾某些国家把买卖合同必须以书面形式订立的条件作为重要的政府政策的现状，允许缔约国对第 11 条的规定提出声明，予以保留。如果订约当事人任何一方的营业所处于做出保留声明的缔约国内，则第 11 条的规定将不予以适用。

中国在核准该公约时，对这一条提出了保留，声明订立国际货物买卖合同必须采用书面的方式。

四、合同必须合法

西方各国都强调订立合同的自由主义。无论是英美法系国家还是大陆法系国家都承认，"契约自由"（freedom of contract）与"意思自主"（autonomy of will）是合同法的基本原则。所谓契约自由，是指任何有订约能力的人，都可以根据他们的意愿自由地订立合同，即可以自由地决定是否订立合同，自由地选择订约的对象，并可以自由地与订约对方商定合同的内容。为了表示尊重合同当事人的意愿，《法国民法典》第 1134 条还明确地规定:"依法成立的契约,在订立契约的当事人间有相当于法律的效力。"

当然,契约自由并非没有限制。为了维护社会经济秩序,西方各国对契约自由都加以一定的限制。几乎所有西方国家的法律都要求当事人所订立的合同必须合法,并规定凡是违反法律、违反善良风俗与公共秩序的合同一律无效。

(一) 大陆法

大陆法系各国都在民法典中对合同违法、违反公共秩序与善良风俗的情况及其后果做出了明确的规定,但是各国的处理方法有所不同。

《法国民法典》在总则中原则性地规定,任何个人都不得以特别约定违反有关公共秩序与善良风俗的法律。然后,把违法、违反善良风俗与公共秩序的问题,同合同的原因(即约因,下同)与标的联系在一起做出规定。例如,该民法典第 1128 条规定:"得为合同标的之物件以许可交易者为限。"该民法典第 1131 条规定:"基于错误原因或不法原因的债,不发生任何效力。"接着,又在第 1133 条对什么是不法原因做出定义。该民法典第 1133 条规定:"如原因为法律所禁止,或原因违反善良风俗或公共秩序时,此种原因为不法的原因。"从上述规定可以看出,根据法国法,构成合同非法主要有两种情况:一种情况是交易的标的物是法律不允许进行交易的物品,例如,贩卖的毒品与其他违禁物品等。另一种情况是合同的约因不合法,即合同所追求的目的不合法。例如,某甲与某乙相约,如果某乙愿意为某甲实施某种犯罪行为,某甲即承诺给予报酬,这种承诺在法律上是无效的,因为他所追求的目的是驱使他人为犯罪行为,而这种行为是被法律所禁止的。

德国法与法国法的区别在于,德国法不具体规定是合同的标的违法还是合同的约因违法,而是着重于法律行为与整个合同的内容是否有违法的情况。《德国民法典》在总则篇第二章"法律行为"中规定,"法律行为违反法律上的禁止者,无效",并规定违反善良风俗的法律行为亦无效。这些规定不仅适用于合同,也适用于合同以外的其他法律行为。

以上所说的善良风俗与公共秩序属于伦理道德与政治的范畴。在西方国家的审判实践中,何谓违反善良风俗与公共秩序,要由法院根据每起案件的具体情况做出决定,法官有很大的自由裁量权,可以根据不同的情况做出不同的解释,以适应社会经济、政治发展的需要。

(二) 英美法

英美法认为,一项有效的合同必须具有合法的目标或目的。凡是没有合法目标的合同就是非法的 (illegal),因而是无效的。在英美法中,违法的合同有两种情况:一种情况是成文法所禁止的合同;另一种情况是违反普通法的合同。但是由于英国、美国没有成文的民法典,因此,英美法不像大陆法那样,以法律行为等抽象概念对违法的情况进行高度的概括,而只能根据某些单行法规的规定与判例法所确立的原则,对各种违法的事由做出列举。根据某些英美法学者的分类,以下三种合同属于非法。

1. 违反公共政策的合同

公共政策是英美法的概念。所谓违反公共政策 (contrary to public policy) 的合同,是指损害公众利益,违背某些成文法所规定的政策或目标,或旨在妨碍公众健康、安全、道德以及一般社会福利的合同。

公共政策这个概念非常广泛、灵活,其内容随着社会经济与政治环境的变化而改变。特别是在美国,各州之间对公共政策的解释往往也有分歧。这是因为各州的经济利益对其公共政策的形成与发展起重大的作用。因此,在研究违反公共政策的合同时,不仅要分析法院的判决或有关的法规，而且要注意探求隐藏在背后的经济上或政治上的原因。

违反公共政策的合同包括许多种合同，例如，限制贸易的合同、限制竞争的合同以及限制价格的合同等。在这方面，美国的要求是非常严格的。根据美国《反托拉斯法》（Antitrust Law）的规定，这些合同都是违反反托拉斯法的，不仅合同无效，而且有关当事人要负责赔偿巨额的经济损失，情节严重者，还要负刑事责任。还有冒充公职与妨碍司法的合同也是违反公共政策的，例如，贿赂公职人员或出钱、出力帮助他人进行诉讼，旨在胜诉后分享利益的合同即属于这一类。

2. 不道德的合同

根据英美法的解释，所谓不道德的合同（immoral contract），是指那些违反社会公认的道德标准，如果法院予以承认将会引起正常人愤慨的合同。例如，对家庭婚姻生活造成不良的影响，或导致人们忽视夫妻义务的合同。英国判例认为，承诺以支付妻子的生活费用作为她同意离婚的交换条件的合同也是不道德的合同。

但是，各国对道德标准的解释不同，因而对于某种合同是否因其不道德而无效，也有不同的看法。例如，对于律师费用问题，德国最高法院判例认为，以胜诉作为支付律师费用的条件，或根据胜诉判决获得金额的百分比计付律师费用的合同都是不道德的，因而是无效的。法国、瑞士、意大利与奥地利等国家也持同样的态度。但是美国正好相反，根据美国的法律规定，当事人与律师约定根据胜诉后获得的金额的百分比计付律师费用是正常的做法，是完全有效的。只有约定由律师负担诉讼费用，或由律师承诺赔偿当事人败诉的开支的合同才是不道德的。其理由是，律师无权挑动当事人为律师自身的利益进行诉讼。

3. 违法的合同

违法的合同（illegal contract）包括的范围很广，例如，差使他人做犯罪行为的合同、以诈骗为目的的合同、与敌人进行贸易的合同以及赌博合同等，都是违法的，因而是无效的。此外，凡是法律要求必须有执照（license）才能开业的专业人员，例如，医师、律师、药剂师与设计师等，如果没有执照即擅自与他人订立合同从事业务活动，这种合同也是违法的。

（三）合同违法的后果

凡是违法或不道德的合同都是无效的，即既不产生权利，也不产生义务。当事人既不能要求履行合同，也不能要求赔偿损失。法院原则上也不允许以无效的合同提起诉讼。至于一方当事人根据这类合同所取得的利益是否应该返还的问题，这是一个比较复杂的问题。英美法认为，违法合同的一方当事人不能因对方违反这种合同而要求赔偿损失。如果一方当事人已经履行了合同，例如，已经把财产或货物交给了对方，原则上也不能要求对方退回。虽然其结果会使一方得到不应得的利益，但是法院一般也不予以纠正，其目的是阻止这种非法的交易。但是也有例外。如果一方因为受骗、被威胁或受到经济上的压力而订立了违法的合同，对其已履行的部分，可以要求对方返还。大陆法认为，这个问题属于"不当得利"的问题，一般都在民法典中对此做出规定。例如，《德国民法典》第817条规定，如果给付的目的在于使受益人因受领给付而违反法律禁止或善良风俗者，受益人应负返还的义务。但是给付人对于此项违反亦应负同样责任者，不得请求返还。

五、合意必须真实

合同是双方当事人意思表示一致的结果，如果当事人意思表示的内容有错误（mistake）

或意思与表示不一致，或者是在受欺诈（fraud）或胁迫（duress）的情况下订立了合同，这时，双方当事人虽然达成了协议，但是这种合意是不真实的。对于这种合同应当如何处理，做出错误的意思表示的一方或者受欺诈或胁迫的一方当事人是否能以此为由主张该合同无效或要求撤销该合同，这是合同法上的一个十分重要的问题。

（一）错误

错误是指当事人的意思表示有错误，或者其意思与表示并不一致。

各国的法律都一致认为，并不是任何意思表示的错误，都足以使表意人主张合同无效或撤销合同，如果是这样，交易安全就缺乏必要的保障。与此同时，各国的法律也都承认，在某些情况下，做出错误的意思表示的一方可以主张合同无效或要求撤销合同，这是为了使某些并非故意做出错误的意思表示的当事人不致承担过重的义务。至于在什么情况下有错误的一方可以要求撤销合同或主张合同无效，在什么情况下有错误的一方不可以要求撤销合同或主张合同无效，各国的法律有不同的规定与要求。

1. 法国法

《法国民法典》第 1110 条规定，错误只有在涉及合同标的物的本质时，才构成无效的原因。如果错误仅涉及当事人一方愿意与之订约的另一方当事人，则不能成为无效的原因；但是另一方当事人本身被认为是订立合同的主要原因者，不在此限。根据法国法，以下两种错误都可以构成合同无效的原因：

（1）关于标的物的性质方面的错误。法国法院对何谓"本质或性质"错误往往做广泛与灵活的解释。法国的法官与学者有时把"性质"说成是"基本品质"（substantial qualities）、"决定性的考虑"或"买方非此不买的品质"（the quality without which the buyer would not have bought）等。例如，买方以为他所买的是路易十五的衣柜，但是后来却发现并非路易十五的古物，因此他可以依法主张合同无效。这里重要的是，根据什么标准确定当事人对标的物的"基本品质"有错误的理解？是根据主观标准确定还是根据客观标准确定？如果不考虑当事人的主观意思确定，而是由法院根据合同的具体情况确定，那就是客观标准。相反，如果根据当事人的主观意思（即探求当事人在出售或购买某个标的物时把"决定性的考虑"集中在标的物的某一品质上）确定，那就是主观标准。在这个问题上，法国法院采用的是主观标准。

（2）关于涉及与其订立合同的双方当事人所产生的错误。根据法国法，如果仅仅是在认定订立合同的对象上产生错误，则不能构成合同无效的原因。因为在大多数情况下，一个人或一家公司可以与任何人订立合同，所以，与什么人订立合同往往是无关紧要的。但是，如果对订约对象的考虑是订立该合同的主要原因，而在订约时错认了订约对象，那就可以作为合同无效的原因。但是这种情况仅限于对方当事人本身具有特别重要意义的合同，例如，承包合同、雇佣合同或借贷合同等，因为在这些合同中，对方当事人的身份、能力、技能与品格对当事人决定是否与其订立合同具有重要的意义。

法国法认为，动机上的错误原则上不能构成合同无效的原因。

2. 德国法

《德国民法典》第 119 条规定，表意人所做的意思表示的内容有误时，或表意人根本无意为此种内容的意思表示时，即表意人若知其情事并合理地考虑其情况则不会作此项意思表示时，表意人可撤销其意思表示。德国法不像法国法那样区别合同的标的物、标的物的性质的错误以及认定合同当事人的错误。

德国法强调的是意思表示"内容"的错误，而不管该内容是涉及合同的标的物的本质、合同的对方当事人还是意思表示的动机。德国法认为下列两种错误都可以产生撤销合同的后果。

（1）关于意思表示内容的错误，即表意人在订约时是在错误的影响下做出意思表示的。例如，一方表示愿与对方订约，但这是由于他搞错了对方是谁以及对方具有的特长。对方也知道这项意思表示，他之所以知道这一点，是因为表意人在意思表示中表达了这项用意。

（2）关于意思表示形式上的错误，例如，把美元误写作英镑。法院在考虑上述两种错误是否足以撤销合同时，对第一种情形，法院将探索受错误影响的一方是否得到了他真正想得到的东西而定；对第二种情形，法院将探索表意人究竟想得到什么东西而定。

该民法典第119条第2款还规定："关于人的资格或物的性质的错误，如交易上认为重要者，视为意思表示内容的错误。"可以根据意思表示内容的错误处理。在这方面，德国法与法国法不同，德国法所采取的是客观标准，即以该项性质的错误在交易上是否认为重要为条件，而不像法国法那样采取主观标准。

3. 英国法

英国普通法认为，订约当事人一方的错误，原则上不能影响合同的有效性。只有当该项错误导致当事人之间根本没有达成真正的协议，或者虽然已经达成协议，但是双方当事人在合同的某些重大问题（vital matters）上都存在同样的错误时，才能使合同无效。根据普通法，错误会导致合同自始无效；而根据衡平法，错误通常只是导致一方撤销合同。通常，根据英国的判例，错误分为单方错误与双方（共同）错误，其后果是不同的。下列单方错误都不能使合同无效：（1）一方当事人意思表示的错误。例如，一方当事人在计算价格时发生错误。（2）一方在判断上发生差错。例如，某人认为某物值1万英镑，但是实际上只值5 000英镑。（3）一方当事人对自身的履约能力估计错误。例如，建筑商甲同意为乙建造厂房，合同约定于7月1日竣工，实际上延期至9月1日才完工。（4）在凭说明的买卖中，对说明的含义的理解发生错误。

但是，如果某项错误导致双方当事人之间根本没有达成真正的协议（双方错误），则可以使合同无效，这主要包括：

（1）在合同性质上发生错误。例如，把借贷误当作捐赠。

（2）在认定当事人上发生错误，但是必须当事人是订立合同的要件，而且对方也明知有此种误会时，才可以使合同无效。

（3）在认定合同的标的物时，双方当事人都存在错误。例如，甲打算购买的是黑颜色车，乙打算出售的则是白颜色车。

（4）在合同的标的物存在与否或在合同的重大问题上，双方当事人发生共同的错误。例如，在订立合同时，双方当事人都以为合同标的物是存在的，但是实际上已经灭失，在这种情况下，合同不能成立。

（5）承诺一方已经知道对方有所误会，在这种情况下，对方可以主张合同无效。

在关于错误的问题上，英国法与大陆法的主要区别在于：第一，英国法的要求比大陆法更加严格。一般而言，英国普通法不允许以单方面的错误为由使合同无效。第二，因错误而引起的后果亦有区别。大陆法对法律认定的错误或者认为合同无效（如法国法），或者认为可以撤销合同（如德国法）。而英国普通法与衡平法却采取不同的原则。如果根据普通法，则错误可以导致合同无效；如果根据衡平法，则可以撤销合同。

4. 美 国 法

美国法同样认为，单方面的错误原则上不能要求撤销合同，在双方当事人彼此都有错误时，亦仅在该项错误涉及合同的重要条款，认定合同当事人或合同标的物的存在、性质、数量或有关交易的其他重大事项时，才可以主张合同无效或者要求撤销合同。美国法院在审理涉及错误的案件时，往往考虑各方面的情况。如果法院认为，对方由于信赖合同已有效成立而积极准备履约，从而改变了他的地位，以致难以恢复原状或不可能恢复原状时，有错误的一方就不能撤销合同。美国法院的态度是，宁愿让有错误的一方蒙受因自身错误所造成的后果，也不把损失转嫁给对方。

美国法院在 1979 年"比奇科默硬币公司诉博斯凯特"的判决中指出："1932 年《第一次合同法重述》第 502 条规定的一般原则是：如果交易双方对于构成其交易基础的事实在认识上发生了错误，任何一方均可以主张交易无效，只要强制执行这一交易给该方造成的负担实际上比在当事人双方所相信的事实存在本应承受的负担更重。"

1981 年《第二次合同法重述》第 152 条规定：如果当事人双方在合同订立时的错误是就合同订立的基本假定而发生的，该错误对双方同意的对于履行的互换有重大的影响，那么，受到不利影响的一方便可以使该合同归于无效，除非他已经根据第 154 条陈述的规则承担了发生这种错误的风险。

（二）欺诈

欺诈（或诈欺），是指旨在使他人发生错误的故意行为。各国法律都认为，凡是因受欺诈而订立的合同，蒙受欺骗的一方可以撤销合同或主张合同无效。

1. 法国法与德国法

法国法与德国法对欺诈的处理有不同的原则。根据《法国民法典》第 1116 条的规定，如当事人一方不实行欺诈手段，他方当事人决不签订合同者，此种欺诈构成合同无效的原因，即欺诈的结果将导致合同无效。而《德国民法典》第 123 条规定，因被欺诈或被不法胁迫而为意思表示者，表意人得撤销其意思表示。根据这一规定，欺诈的结果导致撤销合同。

2. 英 美 法

英美法把欺诈称为"欺骗性的不正确说明"（fraudulent misrepresentation）。英国 1976 年《不正确说明法》（Misrepresentation Act）把不正确说明分为两种：一种称为"非故意的不正确说明"（innocent misrepresentation）；另一种称为"欺骗性的不正确说明"。所谓"不正确说明"（misrepresentation），是英美法的术语，是指一方在订立合同之前，为了吸引对方订立合同而对重要事实所做的一种虚假的说明。它既不同于一般商业上的吹嘘（puffing），也不同于普通的表示意见或看法（opinion）。根据英国法的解释，如果做出不正确说明的人是出于诚实地相信有其事而做出的，就属于非故意的不正确说明；如果做出不正确说明的人并非出于诚实地相信有其事而做出的，则属于欺骗性的不正确说明。英国的法律对于欺骗性的不正确说明在处理上是相当严厉的，蒙受欺诈的一方可以要求赔偿损失，并可以撤销合同或拒绝履行其合同义务。

关于非故意的不正确说明，英国法区别两种情况：一种情况是非故意但有疏忽（negligence）的不正确说明；另一种情况是非故意而且没有疏忽的不正确说明。在前一种情况下，蒙受欺骗的一方有权请求损害赔偿，并可以撤销合同。但是法官或仲裁员有自由裁量权，他们可以宣布合同仍然存在，并裁定以损害赔偿代替撤销合同。在后一种情况下，受欺骗的一方可以撤销合同，但是法官或仲裁员同样具有自由裁量权，他们可以宣布维持原合同并裁定以损害赔偿代替撤销合同。两者的主要区别是：在后一种情况下，蒙受欺骗的一方无权主动要求损害赔偿，而只能由法官或仲裁员根据具体的情况酌定是否可以以损害赔偿代替撤销合同。但是无论在什么情况下，都只有受欺骗的一方才能要求撤销合同，至于做出不正确说明的一方，则不能以其自身的错误行为作为撕毁合同的借口。

根据美国《第一次合同法重述》第 477 条的规定，当一方通过欺骗另一方而订立合同时，双方之间没有真正的合同存在。因此，受到欺骗的一方可以撤销合同。

至于仅对某种事实保持沉默（silence）是否足以构成欺诈的问题，各国的处理办法略有差异。德国判例认为，只有当一方负有对某种事实做出说明的义务时，不做这种说明才构成欺诈。如果没有此种义务，则不能仅因沉默而构成欺诈。至于当事人是否有此义务，应根据合同的具体情况决定。以买卖合同为例，在交易磋商过程中，当事人是没有提供商品市场价格的义务的，因此，没有对此提供说明，不能认为是欺诈。但是，对于买卖标的物的情况，因其与对方决定是否订约有关，卖方必须予以披露。如果明知披露实情买方就不会订约，因而采取沉默的办法隐瞒实情，就构成欺诈。法国最高法院也持相似的观点。英国普通法认为，单纯沉默原则上不能构成不正确说明。因为一般而言，合同当事人没有义务把各项事实向对方披露，即使他知道对方忽略了某种重要事实，或他认为对方可能有某种误会，他也没有义务向对方说明。但是，在某些情况下，英国法也认为当事人负有披露实情的义务，主要有以下两种：

（1）如果在交易磋商中，一方当事人对某种事实所做的说明原来是真实的，但是后来在签订合同之前发现此项事实已经发生变化，变得不真实了，在这种情况下，即使对方没有提出质疑，该当事人也有义务向对方改正其先前做出的说明。

（2）凡属诚信（good faith）合同，例如，保险合同、公司分派股票的合同与处理家庭财产的合同等，由于往往只有一方当事人了解全部事实真相，所以，该当事人有义务向对方披露实情，否则即构成不正确说明。

此外，还有一个问题：如果欺诈行为不是由债权人而是由债权人以外的第三人所施行的，对方是否能撤销合同？关于这个问题，一般认为，只有当债权人知道或应该知道有欺诈情况，或者该欺诈行为应归责于债权人时，对方才可以撤销合同。德国、瑞士与英美法都基本采用这项规则。

（三）胁迫

胁迫，是指旨在使人产生恐惧心理的一种故意行为。各国的法律都一致认为，凡是在胁迫之下订立的合同，受胁迫的一方可以主张合同无效或撤销合同。因为在受胁迫的情况下所做的意思表示，不是自由表达的意思表示，不能产生法律上的意思表示的效果。

1. 德国法与法国法

德国法区别胁迫与乘人之危等情况。《德国民法典》第 138 条规定，因被胁迫而为意思表示者，表意人得撤销其意思表示；但是如果法律行为系乘他人穷困、无经验、缺乏判断能力或意志薄弱，使其为对自己或第三人的给付做财产上的利益的约定或担保，而此种财产上的利益比之于给付，显然为不相称者，则该法律行为无效。高利贷就是其中的典型例子。《法国民法典》第 1111 条则明确地规定，对订立合同承担义务的人进行胁迫，是构成无效的原因。

2. 英美法

英美法认为，胁迫是指对人身施加威吓或施加暴力或监禁。美国《第一次合同法重述》第 491－495 条规定的胁迫一词的含义是，为使一方同意合同条件而采取的人身强制、暴力威胁或其他非法的威胁手段。英美法除普通法上的胁迫外，还有衡平法的所谓"不正当影响"（undue influence）的概念。现在，这两个概念已经合二为一了。"不正当影响"主要适用于滥用特殊关系以订立合同为手段从中谋取利益的场合，例如，父母与子女、律师与当事人、受信托人与受益人、监护人与未成年人以及医生与患者之间所订立的合同。如果这类合同有不公正的地方，就可以推定为有"不正当影响"，蒙受不利的一方可以撤销合同。至于以揭发一方的犯罪行为进行要挟，亦构成胁迫，但是如果以对对方提起民事诉讼为要挟，则一般不能认为是胁迫。根据英美法，受胁迫者不仅包括订约当事人本人，而且包括该当事人的丈夫、妻子或近亲；如果对后者施加威胁，迫使当事人不得不同意订立合同，则也构成胁迫，当事人可以撤销合同。

关于来自订约双方当事人以外的第三人所施行的胁迫，各国法律的处理略有不同。德国法认为，胁迫较欺诈更加严重，应当让受胁迫者更容易地从合同的约束中解脱出来。因此，德国法认为，如果胁迫是由第三人所为，那么即使合同的相对人不知情，受胁迫的一方也有权撤销合同。法国、意大利与西班牙等国家的法律也有类似的规定。但是英美法则把第三人所做的胁迫与第三人所做的欺诈同样看待。也就是说，对于来自第三人的胁迫，只有合同的相对人知道有胁迫情事时，受胁迫的一方才能撤销合同。

以上所介绍的要约与承诺、对价与约因、合同的形式、合同必须合法以及意思表示必须真实等，都是合同成立所必须具备的条件。

六、合同的解释

当事人在订立合同时所使用的语言与文字有时并不能充分表示他们所要表达的意思，或者有些事项当事人在订约时没有考虑周到，而日后这些事项却显得很重要，在遇到这种情况时，如果双方当事人发生争执，就要由法院对合同进行解释（construction），借以确定双方当事人的权利与义务。

（一）解释合同的方法与原则

关于如何解释合同的问题，历来存在两种对立的方法：一种方法是强调探求表意人的真实意思（intention or will），而不拘泥于文字；另一种方法是强调外部现象，即以当事人表示出来的意思（expression or declaration）为依据。前者称为"意思说"（will theory），它是以当事人意思自主原则为根据的。这种理论认为，当事人的内在意思是产生、变更与消灭他们之间的权利与义务关系的根本因素，是法律行为的核心，所以，应当把"意思"放在第一位，把"表示"放在从属的地位。后者称为"表示说"（declaration theory），它是以维护法律秩序为出发点的。这种理论认为，当事人的内心意思非他人所能得知，只有表示出来的意思才能作为解释他们的合同的根据。

一般而言，在解释合同时，法国法采用"意思说"，英美法采用"表示说"，而德国法原则上采用"意思说"，但是在涉及商事方面的问题时也有例外。

1. 法国法

法国法在解释合同时强调探求当事人的真实意思。《法国民法典》规定，解释合同时，应寻求订约当事人的共同意思，而不拘泥于文字。该民法典还规定，如果一项条款可能做两种解释时，就应舍弃无效的解释而做有效的解释，文字在可能做两种解释时，应采用最适合于合同目的的解释，有歧义的文字应根据订约地的习惯进行解释；凡是习惯上的条款，虽然未载明于合同，但是解释合同时亦可以作为补充；合同的全部条款可以互相解释，以便确定每项条款在整个合同中的含义。此外，该民法典还规定，如果合同有疑义，应做不利于债权人而有利于债务人的解释；在买卖合同中，应做不利于卖方的解释。法国法虽然采用意思说，但是在某些情况下也受表示说的影响。例如，当意思与表示不一致时，如果订约对方因信赖表意人的表示而蒙受损失，则表意人应负损害赔偿的责任。

2. 德国法

德国法反映了意思说与表示说的矛盾。一方面，《德国民法典》像《法国民法典》一样，在第133条中明文规定，解释意思表示，应探求其真意，不得拘泥于文字。另一方面，该民法典又在第157条中规定，合同应按照诚实信用原则及一般交易上的习惯进行解释。前者强调的是当事人的主观意思，后者则强调客观标准。德国的法学者在解释该民法典时，也是有时强调意思说，有时强调表示说。德国法与法国法一样认为，如果相对人因为信赖表意人的意思表示而采取了行动，则应受到法律上的保护，在这种情况下就不应运用第133条关于探求真意的规定，从而使相对人蒙受损失。德国最高法院认为，当合同有漏洞需要补充时，法官并不是补充当事人的意思，而是补充合同。在这种情况下，法官应适用诚实信用原则以及一般交易上的习惯，补充当事人在订立合同时所未预见的事项。

3. 英美法

英美法采用表示说，在解释合同时强调合同的文辞，而不是探求当事人的主观意思。美国《合同法重述》第20条的注解强调："法律所要求的不是相互间的同意，而是这种同意的外部表示。"英国的著名法学家切沙尔（Cheshire）指出："不是从当事人心里想什么，而是从他们说了些什么、写了些什么衡量当事人……英国法院的任务不是探求捉摸不定的思想活动，而是在实际经验许可的范围内，保证老实人的合理期望不致落空。"美国一位著名的法官也说过："法院按合同的文辞执行合同，至于当事人是否确实如此解释则丝毫不予考虑。"因此，英国和美国法院在解释合同时，尽量以合同的文字为依据，只有在没有办法解决问题时，才考虑其他有关情况。

在解释合同时涉及一个十分重要的问题，即在合同成立前与合同成立时的口头协议，是否能改变书面合同的内容。在这个问题上，英美法坚持表示说的原则。英国和美国法院认为，在订有书面合同的场合，当事人应把一切事项订入合同，法院原则上不接受证言，即不允许以口头协议改变书面合同的内容。这项原则称为"口头证据规则"（parol evidence rule）。但是在实行这项规则时也有一些例外的情况。例如，在下列情况下，法院可以允许当事人提出口头证据：

（1）涉及书面合同的有效性的问题时，例如，欺诈、缺乏对价、错误、非法、胁迫或违反公共政策等，当事人可以提出与书面合同不同的口头证据，用以证明该项书面合同并没有有效成立。

（2）涉及书面合同生效的前提条件时，如果当事人之间曾约定在书面合同生效前必须履行某种前提条件，则可以允许当事人以口头证据证明由于该前提条件未履行，所以，在当事人之间根本不存在合同。

（3）在书面合同订立以后，可以用口头协议更改，但是该口头协议必须有对价，而且必须符合欺诈法的要求。

（4）如果书面合同的文字有含混不清之处或遗漏，也允许当事人提出口头证据予以解释，但是口头证据不得与书面合同的条款相抵触，而且在司法实践中，英国和美国法院不轻易地做出接受口头证据的决定。

在这个问题上，美国《统一商法典》也有一些例外的规定。例如，该商法典第二篇第2-202条规定，当事人对于作为他们协议的最后书面文件，不得提出在订立该协议之前或与此同时订立的、与书面文件相抵触的口头协议作为证据。但是可以用交易的过程、行业的惯例或履约的过程解释或补充，也可以用与书面文件一致的补充条款解释或补充，但是如果法院认为该项书面文件是当事人把它作为他们协议的完整的、唯一的文件时除外。

美国法院的判例规定了关于口头证据规则的下面几种例外情况：

（1）1967年"小卢瑟·威廉斯公司诉约翰逊"一案的判决，表明当口头证据成为合同有效成立的先决条件，对于该口头证据应当予以接受。

（2）1969年"康纳诉梅"一案的判决指出："对口头证据规则的一项例外是，所谓的'平行合同理论'。根据这种理论，如果先于书面协议或者与书面协议同时达成的口头协议独立于和平行于书面协议并与该书面文件不相抵触，该口头协议可以为口头证据所证实。"也就是说，该案判决所产生的规则，是对口头证据规则的又一个例外，即与书面协议内容一致的为书面协议提供补充条款的口头协议，是合同的组成部分。

（3）1984年"达纳汽车行诉宇宙保险公司"的判决，确认了适用口头证据的又一例外情况，即在当事人双方签订书面协议时，如果一方知道或理应知道，另一方假如知道了该协议中规定的某一项条件就不会签订这个协议，而另一方当时处于的情况，实际上没有机会阅读和理解这项条件，则可以用双方过去达成的口头协议修正或更改该书面协议中的这项条件。

大陆法也有类似的规则，但是在掌握上没有像英美法那样严格。《法国民法典》第1341条关于人证的问题规定，凡是超过一定金额的合同，均须在公证人面前作成证书，或由双方签字作成私证书。在证书作成后，当事人不得主张与证书内容不同而以人证证明，也不能主张在证书作成之时或之前或之后有所声明的事项而以证人作证明。但是这项规定不适用于商事合同。法国法院接受并听取证言，如果一方因为受骗而订立书面合同，则可以用证言作为证据，当合同条款晦涩或含混不清时，也可以用证言证明。

在德国法中，书面合同的证据力更弱。当事人订立的书面协议，在法律上只起推定该合同文件正确、完整的作用，当事人可以采用其他证据证明除书面合同外还有与此并存的协议，从而可以改变书面合同文件的内容。

（二）关于对共同条件的解释

现代西方国家一些大企业在进行交易时，往往不是与交易对方逐项商定合同的条款，而是事先印就了一套文件，具体地规定了交易双方的权利与义务，如果对方同意签字，合同即告成立。这种文件有人称为共同条件（general condition）或一般交易条款，有人称为附合合同（contract of adhesion）或标准合同（standard contract）。所谓附合合同，实际上就是完全由一方当事人事先制定好的一种标准合同。这种合同的条款都是偏重于保护合同起草人的利益的。因此，这种合同往往是在交易双方不平等的谈判地位的基础上订立的，对方即使认为这种合同条款不够公平合理或"显失公平"（unconscionability），也很少有讨价还价的余地。其唯一的选择是，或者照此签订合同，或者根本不订立合同（take-it-or-leave-it），要想改变这种合同的条款是十分困难的。从法律角度看，这种共同条件或附合合同有两个问题：第一，它是否能成为合同的一部分，在什么情况下能成为合同内容的一部分。第二，如果这种合同的起草者把不应有的负担加在对方身上，法官是否能以"违反诚实信用"或违反公共秩序等理由，宣布该项合同或其中某项条款无效。对此，各国法律的处理方法大体上是相似的，但是在细节上则有一些差别。

1. 德国法

根据德国法，某些经济行业拟订的共同条件必须经过有关政府行政部门的批准，这些行业主要包括空运业、保险业与储蓄银行业等。至于其他行业所拟订的共同条件，则由法院进行监督与解释。德国法院一般承认共同条件是合同的一部分，并认为当事人应当受共同条件的约束。其理由是，当事人应当知道这类合同只能根据通行的共同条件签订。在解释共同条件的含义时，德国法院采用"含糊条款解释规则"，即对意义含糊的条款，做不利于制定该条款的一方当事人的解释。其他西方国家的法院对此也都采取相同的解释规则。例如，对限制企业责任的条款，应做狭义的解释；如果某项条款有几种不同的意义，就应做对制定该条款的企业最为不利的解释等。德国法院对共同条件内容的审查比较严格。《德国民法典》第138条规定，违反善良风俗的法律行为，以及一方乘对方的窘迫、轻率或无经验，因而造成的显失公平的法律行为，都是无效的。这些原则同样适用于共同条件。但是在第二次世界大战后，德国法院更多地援引《德国民法典》第242条关于债务人必须根据诚实信用，并照顾交易惯例，履行其给付的规定，作为衡量共同条件是否有效的理由。1977年4月，德国颁布了《关于共同条款的法案》，其中第9条规定，凡是不能根据诚意原则妥善安排双方当事人的利益的共同条件，一律无效。

2. 法国法

法国法院在决定共同条件是否已吸收入合同作为合同内容的一部分时，主要是考虑对方当事人是否知道这些共同条件，或者是否只要加以注意就能够知道其内容。如果回答是肯定的，则该共同条件就成为合同的内容。例如，购买车票、船票与飞机票的旅客，应被认为接受了客票上印就的共同条件，因为他应当知道在客票上一定会印有限制承运人责任的条款。但是法国法院对共同条件中的免责条款加以限制。法国判例认为，当事人不能在合同中免除严重过失的责任，并且认为，有关侵权行为的法律规定是强制性的规定，共同条件不得违反这些规定，否则即属无效。但是，法国判例并不认为，凡是站在一方当事人立场上制定的条款都是违反公共秩序或善良风俗的。如果在例外的情况下，法院对某项条款以违反公共秩序为由予以撤销，则其余的合同条款仍然有效。法院一般用解释当事人意思的任意性法律填补被撤销的条款。

3. 英国法

过去，英国成文法很少有关于合同条款无效的规定。但是自20世纪60年代以来，这方面的立法大大地加强了。例如，1960年《英国公路运输法》规定，免除公共承运人（common carrier）对旅客人身伤害与死亡的责任的免责条款无效。又如，英国1973年《货物供应（默示条款）法》规定，在消费性合同中，限制对货物的瑕疵提出请求救济的权利的条款应属无效。除成文法的规定外，英国法院对共同条件的审查主要集中于其中的免责条款。英国法院认为，凡是根本违约（fundamental breach）的一方当事人，即基本上没有履行合同义务的当事人，不得援引免责条款免除自己的责任。关于共同条件是否已经成为合同内容的一部分的问题，英国法认为，如果共同条件已经写进合同文本中，就可以成为合同的组成部分，至于在某些情况下，对方没有看过这些条款，或者这些条款是以小字体印刷的，都不重要。如果共同条件没有写进合同文本中，则必须采取必要的措施，使订约对方注意这些共同条款，只有这样，才能成为合同的组成部分。如何使对方注意这些条款，这是一个客观标准，即以一个"通情达理的人"所应当知道为原则。在审判实践中，主要由法官根据具体情况决定。

4. 美国法

美国法对共同条件的态度及处理方法与英国法有所不同，其区别主要表现在两个方面：(1) 对共同条件是否已被吸收入合同的问题，美国法院的要求比英国更加严格；(2) 美国法院公开以共同条件的内容违反公共政策或"显失公平"（unconscionable）为由，宣告这种条款无效。在美国，凡是在不容易引起旅客注意的车票与行李票上记载的免责条款都是无效的。美国的法律与判例都强调，吸收入合同的条款必须清楚地载明于合同的书面文件中，并强调用小字体印刷的条款必须使人容易看清。对于某些重要的条款，特别是免责条款，必须"引人注目"或"醒目"（conspicuous）。美国《统一商法典》对何谓"引人注目"或"醒目"专门下了定义，主要是指书写或印刷的文字必须能引起对方的注意，例如，使用大写字母、大号字、斜体字或套印彩色字等。具体而言，根据《统一商法典》第1-201（10）条的规定，一个"条款或一句话，如果其书写方式使其针对的通情达理的人在阅读时不至忽略，即为醒目。……一份表格中的语言，如果使用了较大的字体、与其他文形成对照的字体或有颜色的字，即为醒目。"

美国法院认为，凡是违反公共政策的共同条件都是无效的。这项标准主要适用于公用事业企业，例如，电话电报公司、仓储公司、机场、托运公司与医院等。这些企业大多数是私营的。根据美国法，这些企业不得拒绝与别人订立合同，也不得免除其因疏忽引起的责任。美国法律允许法官不执行他认为是"显失公平"的合同或合同中的某些条款。美国《统一商法典》第二篇第2-302条规定，作为一个法律问题，如果法院认定某个合同或合同中某项条款在订立该合同时是不公正的，则法院可以拒绝执行该合同，或只执行其中并无不公正的部分，或限制不公正条款的适用，以便防止产生不公正的结果。因此，当双方当事人处在平等的谈判地位订立了某合同，特别是附合合同或标准合同时，如果双方当事人处在平等的谈判地位便会有不同的结果，则法院往往会宣告该合同违反公共政策，或者根据该商法典关于"显失公平"的规定，宣告该合同或合同条款无效。例如，汽车的买主因方向盘失灵受伤，向法院提出损害赔偿的要求。虽然汽车买卖合同规定，卖方的责任仅限于替换有缺陷的商品或零件，但是法院仍然判决汽车制造厂与经销商赔偿买方因人身伤害造成的损失。理由就是，合同的免责条款不公正，消费者在市场上是处于不平等的讨价还价地位，因此，这种免责条款是无效的。

该商法典关于"显失公平的合同或条款"的第二篇第2-302条的内容如下：

(1) 作为一个法律问题，如果法院认定某合同或合同中的某项条款在合同订立时即已是显失公平的，法院得拒绝强制执行该合同，或者不执行显失公平的条款而仅执行合同的其余部分，或者限制任何显失公平的条款的适用，以避免显失公平的后果。

(2) 如果法院受理主张某合同或合同的某条款显失公平的案件，应当向当事人提供合理的机会，让其就商业背景、目的和后果等问题提出证据，以帮助法院做出判决。

该商法典上述所谓"显失公平"的概念，是指基于一般社会的或经济的观点，包括公共政策之类，或者是就特定的商事交易的规矩惯例，认为在订立合同时，整个合同或者是某项合同条款偏袒一方（one-sided）当事人到了可以视为不法的程度。该法典上述关于

"显失公平"问题的有关规定，旨在允许法院直截了当地以合同或某项条款"显失公平"为由，做出从法律角度出发的结论，从而否定某合同或某项合同条款，而不必以合同法上的其他概念为由。上述规定给法院提供了一件强有力的武器，专门对付不公平交易。"这是一项原则，是防止造成难以忍受和不公平地使人感到意外的原则……"（美国《统一商法典》第二篇第 2‑302 条评注 1）。① 在该条规定的正式评注中，列举了许多可以作为本规定注释的判例，其中一个是堪萨斯城杂货批发公司诉韦伯（Weber）包装公司案，其主要情节如下：在双方当事人订立的货物买卖合同中，有一项限制索赔时间的条款（a clause limiting time for complaints）。这项合同买卖的是番茄酱，此商品的潜在缺陷（latent defects）只有经过显微镜分析才能被发现。合同中规定的限制性时间，不足以为买方提供检验与索赔的时间。于是，法院判决此项条款是显失公平的。

由此判例也可以看出，判断是否"显失公平"的基本标准，是从通常的商业背景与特定交易的商业需要出发，看有关的合同或条款在订约当时的条件下是否偏袒了一方的利益。应当看到，这一标准是富于弹性的，主持判案的法官在此问题上有自由裁量权，不同的法官对同一案件有可能得出不同的结论。

此外，关于"显失公平"问题，美国《统一商法典》在第二篇第 2‑309 条第 3 款也有涉及：除发生某种约定的事件外，由一方当事人终止合同，要求其合理的通知为另一方当事人所收到方为有效；如果该协议的实行是显失公平的，免除通知程序的协议无效。

此款规定强调，当事人单方面终止合同，必须向对方发出合理的通知，并为对方所收到。如果不向对方发出通知或者通知不为对方所收到，会引起极不公平的后果，那么，即使双方预先有免除通知程序的协议，该协议也是无效的。由此看来，该商法典十分强调商业观点上的公平合理，赋予法官相当大的裁量权，某些即使是双方当事人的协议，法官也可以以"显失公平"为由加以否定。

从美国法院近年来的司法审判实践看，该商法典第二篇第 2‑302 条所确立的反对显失公平的原则已得到广泛运用，现代意义上的显失公平包括"实质性显失公平"（substantial unconscionability）与"程序性显失公平"（procedural unconscionability）。前者主要强调合同的条件不合理地有利于一方而不利于另一方；后者主要强调另一方在订立合同时未做出有意义的选择（meaningful choice），包括他由于自身以外的原因而未能理解合同的内容，或者由于其所处的地位完全没有与对方讨价还价的余地。

以下两个判例，第一个属于实质性显失公平，第二个属于程序性显失公平。

例 1：在"琼斯诉明星信贷公司案"中，原告以 900 美元的价格从一家商店购买了一台家用制冷设备。这项买卖是通过第三方贷款，再由买方分期向第三方偿还贷款进行的。初审法院发现，这台制冷设备的最高零售价为 300 美元。纽约州最高法院在终审判决中说："问题在于，在本案中，把一台零售价为 300 美元的制冷设备按 900 美元出售（其中包括信贷费和 18 美元的销售税），作为一个法律问题，是不是显失公平？本法院认为，答案是肯定的。可以肯定，300 美元已经包括了合理的利润；900 美元一听就知道很贵。这两个数字之差真是大得不能再大了，仅信贷费一项就比零售价高出了 100 美元以上。这笔费用本身就足以支持本法院做出这项买卖显失公平的判决。"

例 2：在亚利桑那州最高法院 1984 年审理的"达纳汽车行诉宇宙保险公司案"中，原

---

① 吴兴光编. 美国统一商法典概要. 广州：华南理工大学出版社，1998：107.

告向被告购买了一种汽车保险，对原告公司与原告的承租人的汽车进行责任险保险。原告后来发现，该保险单的条款对原告十分不利，并向被告指出了这一问题。不久，原告的一个承租人在驾车时发生了事故，根据保险单的条款，被告只需支付全部赔偿金（6万美元）的四分之一，而原告则须支付其中的四分之三。上诉法院认为，尽管该保险单的内容与保险代理人的表述不一致，原告也不能得到赔偿，因为他没有阅读过这张保险单。而最高法院在终审判决中则否定了这种观点。最高法院指出：通常的保险单是一种特殊的合同。在多数情况下是附合合同，其大多数条款由"锅炉钢板"（指合同中无法协商的条款，而这些条款则相互呼应，成为一个严密的体系，如同锅炉钢板一样）构成，不仅其买方既没有读过也不能理解其内容，就是卖方的代理人也常常不能完全理解其含义。

总之，在当代美国的合同判例法中，"显失公平"是一个非常重要的术语。构成显失公平的一般条件如下：合同一方在签订合同时无法对合同条款进行合理的选择，而合同条款显然不合理地有利于另一方。当法院确定某一合同或条款是显失公平的时，该合同或条款则为无效。

5. 中国法

尽管标准合同与附合合同有其方便和快捷等优越性，但也存在诸多弊端：主要是标准合同与附合合同违背了契约自由的原则，把协商这一订约基础排除殆尽，使得意思表示难以做到真实，相对方的利益难以得到保护。为此，各国制定相应的法律条款来介入这些合同，使标准合同与附合合同更加公平与完善。中国《合同法》中也有有关"显失公平"的条款。该法第54条规定，下列合同，当事人一方有权请求人民法院或者仲裁机构变更或者撤销：（1）因重大误解订立的。（2）在订立合同时显失公平的。一方以欺诈、胁迫的手段或者乘人之危，使对方在违背真实意思的情况下订立的合同，受损害方有权请求人民法院或者仲裁机构变更或者撤销。

第三节　合同的履行

一、合同的履行

合同的履行，是指合同当事人实现合同内容的行为。例如，在买卖合同中，卖方必须根据合同规定的时间、地点与质量交货，买方则必须根据合同规定的时间、方式支付货款与受领货物等，这些都属于履行合同的行为。各国的法律都认为，合同当事人在订立合同之后，都有应履行的合同义务，如果违反应履行的合同义务，就要根据不同的情况，承担相应的法律责任。

（一）大陆法

《法国民法典》第1134条明确地规定，依法成立的合同，在订立合同的当事人间具有相当于法律的效力。这就是说，合同当事人都必须受合同的约束，都必须履行合同规定的义务。该民法典第1147条又进一步规定，如果债务人不能证明其不履行债务是由于不应归其个人负责的外来原因，那么即使其个人并无恶意，债务人对于其不履行或延迟履行债务，亦应支付损害赔偿。

《德国民法典》也明确地规定，债权人根据债务关系，有向债务人请求给付的权利。

这里所谓的给付，是指履行合同的内容。德国法还将"诚实信用"作为履行合同的一项基本条件。该民法典第 242 条规定，债务人须依诚实信用，并照顾交易惯例，履行其给付。所谓"诚实信用"，是指自罗马法以来西方各国民商法所沿袭的一项基本原则。它是一个抽象的法律概念，极富弹性，可以由各国的法学家和法官根据具体情况做出不同的解释。有人认为，这是指人们可以期待的交易上的道德基础；也有人认为，这是就双方当事人的利益，求其公平合理而言。例如，关于交货的时间与地点，如果合同已有明确的规定，债务人就应当根据合同规定的时间与地点履行合同。如果债务人打算提前交货，就应当事先通知债权人，否则突然提交大批货物，使得债权人无从准备仓栈，不能及时提货，这就有悖于诚实信用原则，债权人可以不负受领迟延的责任。又如，关于所交的货物，如果合同只规定债务人提交某种种类物（具体概念见第一章第五节有关内容），则债务人只需交付中等品质的货物，他没有义务交付上等品质的货物，但是也不得交付劣等品质的货物，否则就是违反诚实信用的原则，债权人可以根据情况请求损害赔偿或者解除合同。

（二）英美法

英美法认为，当事人在订立合同之后，必须严格根据合同的条款履行合同。根据英国、美国的法律与判例，如果合同中规定了履约的时间，而时间又是该合同的要件，当事人就必须在规定的时间内履行合同，否则债权人有权解除合同并要求损害赔偿。至于时间是不是合同的要件，应视合同中是否做出这种规定，或根据合同的情况看当事人是否确有此种意图而定。一般而言，在商务合同中，如果对履约时间做出了具体的规定，则该时间应当被认为是合同的要件。因为在商业交易中，市场行情变化不定，履约时间对当事人来说是一个重要的因素。如果一方不按时履约，就构成违约，对方有权解除合同并可以请求损害赔偿。但是，合同中关于付款时间的规定，除当事人另有约定外，一般不认为是合同的要件，因为相对而言，付款时间不像交货时间那样重要。因此，如果一方当事人没有按时付款，则对方一般不能要求解除合同，而只能要求偿付利息或汇率变动的损失。当然，如果双方当事人在合同中明确地规定付款时间是该合同的要件，就另当别论。此外，如果双方当事人在合同中对履约时间没有做出规定，则可以解释为应在合理的时间内履行。至于什么是合理的时间，这是一个事实问题，必须由法院根据具体的案情做出决定。

根据英美法，在履行合同的过程中，有一个重要的步骤叫作"提供"（tender）。所谓"提供"，是指合同当事人旨在履行其合同义务的一种表示。在许多情况下，合同一方当事人在履行其合同义务时，必须有对方的配合才能完成。例如，卖方在交货时，必须有买方接受货物才能使他完成交货的义务；同样，当买方付款时，也必须有卖方接受其货款才能使买方完成其付款的义务。如果一方拒绝接受对方的提供，对方就无法履行其合同的义务，在这种情况下，如果一方已经根据合同规定履行了自己的义务，而被对方拒绝，那么日后如果对方指控其不履行合同，他就有权以自己已经履行义务作为抗辩的理由。例如，在买卖合同中，如果卖方已经根据合同规定的时间、地点、数量与质量向买方提供货物，而买方却拒绝受领，则卖方就可以解除其交货的义务。

提供包括提供货物或其他财产，也包括提供应支付的款项。但是在提供应支付的款项时，其情况与提供货物略有不同。如果债权人拒绝接受提供的款项，则不能解除债务人的债务，但是可以产生以下三种重要的法律后果：（1）如果该项债务有担保利益，例如，以抵押作为该项债务的担保等，则自债权人拒绝适当提供给他的款项时起，该项担保利益即告消灭；（2）该项债务的利息亦自债务人提供款项之日起停止计算；（3）如果债权人日后就该项债务提起诉讼，不能取得高于原来提供的金额时，则必须负担诉讼费用。但是，"提供"必须是无条件的，而且必须与合同规定的时间、地点和履约的方式相一致。如果债务人在债务清偿期以前做出提供，这就不能认为是适当的提供，债权人有权拒绝受领，在这种情况下，该项债务的利息仍应照常计算。

二、违约

违约（breach of contract），是指合同一方当事人由于某种原因完全没有履行其合同义务，或没有完全履行其合同义务的行为。例如，在买卖合同成立以后，货物灭失，无法交货；或者货价上涨，卖方拒绝交货；或者卖方没有根据合同规定的时间、地点与质量交货等。在上述情况下，除某些例外情况，例如，出现不可抗力事故，卖方可以不负责任外，均属于违约行为，违约的一方应负违约责任。

但是，在如何构成违约这个问题上，英美法与大陆法存在重大的差异，主要表现在以下两个方面。

（一）关于过失责任的原则

大陆法以过失责任作为民事责任的一项基本原则。根据大陆法的解释，合同债务人只有当存在可以归责于他的过失时，才承担违约责任。换言之，如果仅仅证明债务人没有履行其合同义务，还不足以构成违约，而必须同时证明或推定债务人的上述行为有某种可以归责于他的过失，才能使其承担违约责任。与此相反，英美法则认为，只要承诺人没有履行其合同义务，那么即使他没有任何过失，也构成违约，必须承担违约的后果。

过失责任原则来源于罗马法。罗马债务法有两项责任原则：一项原则叫作过失；另一项原则叫作故意（"故意"和"过失"的具体概念，见第一章第五节有关内容）。凡有上述行为致使他人的财产或人身遭受损害者，都必须承担法律责任。故意是一种恶意的行为，它比过失更为严重，行为人在任何时候都要对此承担责任，而且不得在合同中事先排除这种责任。

罗马法的上述原则基本上被德国法采纳。德国法认为，构成违约的情况必须有可以归责于该当事人的事由。《德国民法典》第 276 条规定，债务人除另有规定外，对故意或过失应负责任；债务人基于故意的责任，不得预先免除。德国法还区分重大过失与轻微过失。在某些情况下，当事人仅对故意或重大过失负赔偿责任，但是，一般而言，当事人对其轻微过失原则上亦必须承担责任。在个别例外的情况下，即使债务人没有过失也应负责。例如，在种类物的买卖中，在同种类的给付有可能时，债务人对于其个人的给付不应负责的，即使其不能给付并非由于自己的过失也要负责，因为种类物是可以替换的。例如，小麦的买卖，即使债务人地里的小麦因遇天灾歉收，不能交货，但是只要市场上还有同类小麦，他也仍然可以从别处购进这种小麦抵补交货，而不能以天灾不是他个人的过失为由免除交货义务。

《法国民法典》也以过失责任作为民事责任的基本原则。《法国民法典》第 1147 条规定，凡是不履行合同是由不能归责于债务人的外来原因造成的，债务人就可以免除损害赔偿的责任。

与此相反，英美法认为，一切合同都是"担保"，只要债务人不能达到担保的结果，就构成违约，应负损害赔偿的责任。美国《第二次合同法重述》第 314 条对违约做出了以下定义："凡是没有正当理由的不履行合同中的全部或部分承诺，构成违约。"英美法不以承诺人有无过失作为构成违约的必要条件。

实际上，英美法与大陆法在这个问题上的差别，并不像表面看起来那么大。从许多案件的处理结果看，英美法与大陆法在判断违约问题时的做法十分近似。

（二）关于催告

所谓催告（putting in default），是指债权人向债务人请求履行合同的一种通知。催告是大陆法的一种制度，在合同没有明确规定确定的履行日期的情况下，债权人必须首先向债务人做出催告，然后才能使债务人承担延迟履约的责任。例如，《法国民法典》规定，债务人的迟延责任，必须于接到催告或其他类似证书时才能成立。《德国民法典》也规定，债务人于清偿期届满后，经债权人催告而不为给付者，自受催告时起负迟延责任。根据大陆法的解释，催告的作用主要有以下三个方面：（1）从催告之日起，不履约的风险完全由违约的一方承担；（2）债权人有权就不履行合同请求法律上的救济；（3）从送达催告之日起，开始计算损害赔偿及其利息。

如果债权人在清偿期届满后，不向债务人做出催告，就表示他不打算追究债务人延迟履约的责任。但是，如果合同已经明确地规定了履行的日期，或者债务人已经明白地表示不打算按期履行合同的义务，则债权人可以不作上述催告。至于催告的方式，法国法要求必须以书面形式作成，并由法警送达债务人。德国法则不要求任何特定的形式，书面形式或口头形式均可，唯一的要求是必须把催告传达给债务人。

英美法没有催告这个概念。英美法认为，如果合同规定了履行期限，则债务人必须根据合同规定的期限履行合同；如果合同没有规定履行期限，则应于合理的期间内履行合同，否则即构成违约，债权人无须催告即可请求债务人赔偿由延迟履约所造成的损失。就这一点而言，英美法对于履行合同的要求比大陆法更加严格。

三、违约的形式

违约有各种不同的情况，有的是全部或部分不能履行合同，有的是没有根据合同的规定方式或其他要求履行合同等。由于违约的情况各有不同，违约一方所承担的违约责任也有所区别。

（一）大陆法

1. 德国法

《德国民法典》把违约分为两类：一是给付不能（impossibility of performance）；二是给付延迟（delay in performance）。

（1）给付不能。

给付不能，是指债务人由于种种原因不可能履行其合同义务，而不是指有可能履行合同而不去履行。阻碍债务人履行合同义务的原因是各种各样的，有法律上的原因，有事实上的原因，有主观上的原因，也有客观上的原因。该民法典把给付不能分为自始不能与嗣后不能两种不同的情况。所谓自始不能，是指在合同成立时该合同就不可能履行；所谓嗣后不能，是指在合同成立时，该合同是有可能履行的，但是在合同成立后，由于出现了阻碍合同履行的情况从而使得合同不能履行。这两种不同的情况，其法律后果也有所不同。根据该民法典第306条的规定，凡是以不可能履行的东西为合同的标的者，该合同无效。换言之，如果属于自始不能的情况，合同在法律上是无效的。但是，如果一方当事人在订约时已经知道或可能知道该标的是不可能履行的，则对于信任合同有效而蒙受损害的对方当事人应负赔偿责任。至于嗣后不能的情况，必须根据是否有可以归责于债务人的事由，而有以下不同的处理办法：

其一，非因债务人的过失引起的给付不能。如果给付不能不是由债务人的过失造成的，债务人不承担不履行合同的责任。该民法典第275条规定，在债务关系发生后，非因债务人的过失而引起给付不能者，债务人得免除给付的义务。最明显的例子是，在合同成立之后，由于出现了不可抗力事故，以致合同不可能履行，在这种情况下，债务人可以免除履行合同的义务。

其二，由于债务人的过失引起的给付不能。原则上说，如果由债务人的过失造成给付不能，债务人就应当承担损害赔偿责任。该民法典第275条规定，因债务人的过失而引起给付不能者，债务人应对债权人赔偿因不履行所产生的损害。如果不是全部不能履行，只是部分不能履行，则部分履行对债权人无利益时，债权人也可以拒绝部分履行而请求全部债务不履行的损害赔偿。

其三，不可归责于任何一方引起的给付不能。根据该民法典第323条的规定，合同双方当事人因不可归责于双方当事人的事由，致使自己不能履行应履行的给付者，双方均可以免除其义务。

（2）给付延迟。

给付延迟，是指债务已届履行期，而且是可能履行的，但是债务人没有按期履行其合同义务。这里同样要区别两种不同的情况：一种情况是债务人没有过失的履行延迟；另一种情况是债务人有过失的履行延迟。这两种不同情况的法律后果也有所不同。根据该民法典的规定，凡在履行期届满后，经债权人催告仍不为给付者，债务人自受催告时起应负迟延责任。但是，非由于债务人的过失而未为给付者，债务人不负迟延责任。值得注意的是，该民法典还规定，债务人在延迟中，不但要对一切过失承担责任，而且对因不可抗力而发生的给付不能亦应负责，除非债务人能证明即使没有延迟履约，仍不可避免地要发生损害时，他才能免除责任。有些国家也有类似的法律规定。

还应当指出的是，根据该民法典的规定，债权人必须向债务人提出催告，才能使债务人承担延迟履行的责任。除了合同另有规定外，催告是债权人就履行延迟请求损害赔偿的必要条件。该民法典规定，双务合同的一方当事人延迟履行其合同义务时，对方必须指定一个相当的期限，并表示逾期就拒绝受领给付的意思。在这种情况下，如果合同没有在指定的期限内履行，对方在期限届满后可以请求不履行的损害赔偿或解除合同。

以上是该民法典规定的两种违约的表现形式。该民法典只规定了这两种违约形式而没有任何第三种违约形式，因为该民法典的起草人认为，上述两种违约形式已经把一切违约可能性囊括无遗了。其实这是不正确的。早在20世纪初，德国著名法学家斯塔伯（Staub）已经指出该民法典的这一漏洞。他认为该民法典只对债务人由于应做而没做所引起的违约现象做出了规定，但是除此之外，债务人还可能由于做了不应该做的事情而引起违约的后果，对此，该民法典却没有做任何规定。这种情况称为"积极违约"（positive breaches of contract），其表现形式有很多。例如，债务人在履行合同义务时粗心大意，使债权人受到损害，或者卖方交付有瑕疵的货物，使买方遭受损失；或者债务人在清偿期届满之前已经明确地表示不履行合同等，都属于积极违约。对此，债务人必须赔偿对方因其违约所造成的损失。对于积极违约的情况，德国法院都类推适用有关给付不能与给付延迟的规定做出处理，即违约的一方如果有过失，则应赔偿对方因其违约而造成的损失。

2. 法国法

《法国民法典》以不履行债务与延迟履行债务作为违约的主要表现形式。该民法典第1147条规定，债务人对于其不履行债务或延迟履行债务，应负损害赔偿的责任。对于双务合同，如果一方当事人不履行其合同义务，则对方有权解除合同。但是，在这种情况下，合同并非当然解除，债权人可以做以下选择：（1）如果合同仍然有可能履行，则他可以要求债务人履行合同；（2）如果合同已经不可能履行，则他可以请求法院解除合同并要求损害赔偿。法国法与德国法同样承认"不可能时无义务"的原则，即以不可能履行的事项为标的者，合同属于无效。例如，该民法典第1601条规定，在买卖合同中，如果买卖的标的物在出售时已全部灭失，买卖合同即归无效。因为在这种情况下，合同已经不可能履行。但是法国判例对此条的适用做出若干限制。如果债务人在订立合同时已经知道或应该知道他所做的承诺是不可能履行的，那么，债权人可以以侵权为由请求损害赔偿。

（二）英美法

与大陆法不同，英国法把违约分为违反条件（breach of condition）与违反担保（breach of warranty）两种情况，并针对不同的情况给予不同的救济办法。此外，在英美法中还有"预期违约"与履行不可能这些独有的概念。

1. 英国法

（1）违反条件。

双方当事人在合同中往往写有各种各样的条款，这些条款的性质与重要性是各不相同的。其中有些是重要的、根本性的（vital or essential）；有的则是次要的（minor），是从属于（subsidiary or collateral）合同的主要目的的。根据英国法的解释，如果一方当事人违反了"条件"，即违反了合同的主要条件，对方有权解除合同，并可以要求赔偿损失。具体地说，在商务合同中，关于履约的时间、货物的品质与数量等项条款，都属于合同的条件。如果卖方不能按时、按质与按量交货，买方就有权拒收货物，并可以请求损害赔偿。但是合同中有关支付时间的规定，除双方当事人另有意思表示外，一般不作为合同的条件论处。至于哪些合同规定的事项构成"条件"，哪些不是合同的"条件"，这是一个法律问题，应由法官根据合同的内容与当事人的意思做出决定，而不是事实问题，不能由陪审团（jury）做出。

在英美法中，"条件"一词还有另外一种意思。它用来指称以某种不确定的事件的发生与否决定是否生效的那种合同规定。从这种意义上说，英美法把条件分为以下三种：

一是对流条件（concurrent condition）。这是指合同的双方当事人同时履行其各自的义务，或者至少是每一方当事人都同时准备并且愿意履行其各自的义务。换言之，即一方的履行与对方的履行互为条件。例如，在买卖合同中，如果合同对交货与付款的时间没有做出规定，则应认为卖方的交货义务与买方的付款义务是对流条件，买卖双方当事人应同时履行各自的义务。买方不得以卖方没有先交货而认为卖方违约，卖方亦不能以买方没有先付款而认为买方违约。

二是先决条件（condition precedent）。这是指一方首先履行某种行为，或以某种事情的发生，或以经过一定的时间，作为对方履行义务的前提条件。例如，有些国际货物买卖合同规定，买方必须在合同规定的期限内向卖方开立相当于合同金额的不可撤销的信用证，卖方在收到信用证后若干时间内交货。在这种情况下，买方履行开证义务就是卖方履行交货义务的先决条件。如果买方不按时开出信用证，卖方就可以解除交货义务，并可以请求损害赔偿。

三是后决条件（condition subsequent）。这是指在合同成立后，如果发生某种事件，履行合同的义务即告消灭。例如，在租船合同中，往往订立了免责条款，其中规定："如遇天灾、国外的敌人、王公和统治者的行为、航行或海上的危险和意外事故等，船方可以免除责任。"在航行途中，如果船舶触礁沉没，那么，船方的履约义务即告终止，船方对此不负违约责任。

在英美法中，"条件"一词还可以用于指合同中所约定的事项。从这种意义上说，英美法把合同的约定事项分为两种：一是明示（express）条件，是指双方当事人在合同中明文规定的条件；二是默示（implied）条件，是指根据法律或根据解释当事人的意思理应包含在合同中的条件。例如，英国1893年《货物买卖法》规定，在凭说明的买卖中，应包含卖方所交的货物必须具有商销品质的默示条件；在凭样品的买卖中，应包含卖方所交的整批货物均必须与样品相符的默示条件。这些都是法律规定的默示条件，即使双方当事人没有把它写进合同中，但是只要双方当事人在合同中没有表示相反的意思，他们的合同即被解释为理应包含这些默示条件。任何一方当事人都不能以合同中对此没有做出明文规定为由反对这些默示条件适用于他们的合同。

大陆法有时也使用"条件"这个术语，但是大陆法中的条件是指将来不一定发生的某种不确定的事件，视其发生与否将产生或消灭某些法律效果。大陆法把条件分为停止条件与解除条件两种。停止条件是限制法律行为发生效力的条件，即只有条件成就时，法律行为才能发生效力，如果条件不成就，法律行为就不发生效力。解除条件是限制法律行为效力的消灭条件，即已经发生效力的法律行为，于条件不成就时，继续保持其效力，一旦条件成就时，即丧失其效力。大陆法中的停止条件与解除条件，相当于英美法中的先决条件与后决条件。至于英国法把违约分为违反条件与违反担保，这是大陆法所没有的。

（2）违反担保。

违反担保，是指违反合同的次要条款或随附条款。违反担保的法律后果与违反条件有所不同。在违反担保的情况下，蒙受损害的一方不能解除合同，只能向违约的一方请求损害赔偿。换言之，当一方违反担保时，对方不能以此为由拒绝履行其合同义务，而仍然必须继续履行他所应承担的合同义务，但是他有权以违反担保为由请求损害赔偿。

与条件一样，担保也有明示担保与默示担保。明示担保是指双方当事人在合同中明确规定的担保，默示担保是指根据法律或根据解释当事人的意思理应包含在合同中的担保。例如，英国《货物买卖法》规定，在买卖合同中应包含卖方保证买方得以安稳地占有货物，不受任何第三人的干扰的默示担保。即使双方当事人在合同中对此没有明确的规定，但是只要双方当事人没有相反的意思，而且没有与此相抵触的行业惯例，就应当认为在他们的合同中包含这项默示担保。如果卖方违反了这项默示担保，买方就有权要求赔偿损失。

还应当指出的是，在英国法中，当一方当事人违反条件时，受损害的一方可以在下列两者之中做出选择：可以根据违反条件处理，即要求解除合同，拒绝履行自己的合同义务，并可以要求赔偿损失；也可以把违反条件作为违反担保看待，即不解除合同而继续履行自己的合同义务，同时就对方违反担保要求损害赔偿。例如，在买卖合同中，货物的品质是合同的"条件"，如果卖方交付的货物的品质不符合合同的规定，那么这是违反条件的行为，买方本可以拒收货物，拒绝付款，并可以要求赔偿损失。但是在某些情况下，如果买方想要取得这批货物，他也可以把违反条件作为违反担保处理，即接受这批货物，支付货款，但是同时可以就货物品质不符要求赔偿损失。

（3）违反中间性条款。

英国法对违反合同传统上采取两分法的处理办法：不是违反条件，便是违反担保，两者必居其一。但是，这种简单的两分法并不能完全适用于各种各样的违约情况。因此，近年来英国法院通过判例发展了一种新的违约类型，称为"违反中间性条款或无名条款"，以有别于"条件"与"担保"条款。当一方违反这类中间性条款时，对方是否有权解除合同，必须视此种违约的性质及其后果的严重性而定。如果违反这类条款的性质及其后果严重，守约的一方有权解除合同，否则，就不能解除合同。英国法的这一新发展是符合客观实际需要的。根据传统的两分法，如果一方违反条件，守约的一方就有权解除合同，而不问违约的情节或后果是否严重。即使违反条件的后果仅仅使守约一方遭受轻微的损失，甚至根本没有造成损失，守约的一方也有权解除合同，这种处理方法显然是不适当的。因此，英国法力图避免出现这种结果。根据英国法院的一些判例，如果合同中的某些条款即使遭到违反，也仅仅是轻微的，而且只要采用损害赔偿的办法即可得到弥补，则这种条款就很可能被认为是中间性条款。例如，在租船合同中，船东向承租人提供适航船舶的义务或以适当航速开往装货港的条款，或船长必须根据承租人的指示行事的条款，都曾被英国法院认定为中间性条款，除非违反这种条款的后果严重，以致剥夺了承租人根据租船合同本应获得的利益，否则承租人就没有权利解除租船合同。

2. 美国法

美国现在已经放弃使用"条件"与"担保"这两个概念。美国法把合同义务统称为承诺。承诺可以是无条件的，也可以是有条件的。前者是绝对的，后者则必须等待某种条件出现后才能成为绝对的。而凡是没有无条件履行的承诺者，即构成违约。美国法把违约分为以下两类：一类是轻微违约（minor breach）；另一类是重大违约（material breach）。所谓轻微违约，是指尽管债务人在履约中存在一些缺点，但是债权人已经从中得到该项交易的主要利益。例如，履行的时间略有延迟，交付的数量与质量略有出入等，都属于轻微违约之列。当一方有轻微违约行为时，受损害的一方可以要求赔偿损失，但是不能拒绝履行自己的合同义务或解除合同。所谓重大违约，是指债务人没有履行合同或履行合同有缺陷，致使债权人不能得到该项交易的主要利益。在重大违约的情况下，受损害的一方可以解除合同，即解除自己履行合同的义务，同时可以要求赔偿全部损失。美国法对违约行为所做的这种区分，与英国法中的违反条件与违反担保，从法律后果看，基本上是一致的，即美国法中的轻微违约相当于英国法中的违反担保，重大违约相当于违反条件，两者并无实质上的差别。

3. 预期违约与履行不可能

（1）预期违约。

所谓预期违约（anticipatory breach of contract），是指一方当事人在合同规定的履行期到来之前，就表示他届时将不履行合同。这种表示可以用行为表示，也可以用言词或文字表示。当一方当事人预期违约时，对方可以解除自己的合同义务，并可以立即要求给予损害赔偿，不必等到合同规定的履行期来临时才采取行动。但是，受损害一方也可以拒绝接受对方预期违约的表示，坚持认为合同仍然存在，等到合同规定的履行期届满时，再决定采取何种法律上的救济办法。在这种情况下，他就必须承担在这段时间内情况变化的风险。如果在一方当事人宣告不履行合同以后，在履行期届满之前，出现了某种意外事故，使合同因为其他原因而宣告解除，提前违约的一方就可以不承担任何责任。英国曾经有一个判例：船方甲与货方乙订立了一项租船合同，其中规定甲方应把船开到敖德萨港口，并且在若干天内装载一批货物。船到敖德萨港口后，乙方拒绝提供货物装船。当时，装载期限尚未届满，甲方拒绝接受乙方预期违约的表示，继续坚持要求乙方装货。但是过了几天，在装货期限届满以前，英国与苏联爆发了战争，履行合同在法律上已经成为不可能。事后，船方甲以货方乙违反租船合同为由提起诉讼，要求乙方赔偿损失。英国法院认为，在两国爆发战争之前，还不存在实际不履行合同的问题，因为装货期限尚未届满，既然船方甲拒绝接受货方乙提前毁约的表示，乙方就有权得到宣战带来的解除合同的好处，因而判决船方甲败诉。

（2）履行不可能。

英美法也有履行不可能（impossibility of performance）的概念。履行不可能有两种情况：一种情况是在订立合同时，该合同就不可能履行；另一种情况是在订立合同之后，发生了使合同不可能履行的情况，前者相当于大陆法的"自始给付不能"，后者相当于"嗣后给付不能"。

一是订约时合同就不可能履行。根据英美法的解释，如果在订立合同时，双方当事人认为合同的标的物是存在的，但是实际上该标的物已经灭失，在这种情况下合同无效，因为这是属于双方当事人的"共同错误"，以共同错误为依据的合同是没有约束力的。英国1893年《货物买卖法》采用了这项原则，其第6条规定，在特定货物买卖合同下，合同成立时货物已灭失而卖方不知情者，合同无效。关于履行不能的构成条件，美国《统一商法典》第2-615条规定的免除履约责任，必须满足两个条件。首先，该履行已变得"极难实施"。其次，这种极难实施必须是'由一种意外事件的发生所导致的，而这种意外事件的不会发生是合同赖以订立的一种基本假定"。具体而言，履行不能的构成条件包括主观和客观两个方面：客观方面，这一履行已变得"极难实施"。美国合同法理论曾普遍主张，构成履行不能的客观条件必须是合同的履行已变得不可能（impossible），而在实践中，法院通常只要求合同的履行极难实施（highly impracticable）。主观方面，导致履行不能的事件是当事人在订立合同时无法预料的，如果能够预见到，他们就不会订立这个合同。此外，美国1981年的《第二次合同法重述》第266条规定："如果在合同订立时，一方的履行是极难实施的，由于该方没有理由知道这一事实故该方没有过错，并且，这一事实的不存在是该合同赖以订立的基本假定，那么，该方不应就履行该合同而承担责任，除非当事人的语言或客观环境表明了相反的情况。"

二是发生在合同成立后的履行不可能。根据英国判例的解释，如果在合同成立以后发生了某种意外事故，使合同不能履行，原则上并不因此免除承诺人的履行义务，即使这种意外事故不是由承诺人的过失造成的，承诺人原则上仍然必须负损害赔偿的责任。英国曾经有一个判例：甲与乙订立租船合同，合同规定，乙运载一批木材到某港口，并在规定的期限内卸载完毕。由于在卸货时遇到大风，船方不能按时完成卸货任务。法院判决，船方乙不能以大风为由免除不能按期卸货的责任，因为船方在规定的期限内卸货是一项绝对的责任，他应承担由此产生的一切风险。如果他想免除责任，可以在合同中规定相应的免责条款。既然他在合同中对此没有做出规定，他就应当承担责任。由于这项原则过于严厉，后来，英国判例形成了一项所谓默示条款原则（doctrine of implied term）。根据这项原则，英国法院可以通过解释双方当事人的意思，认为在某些情况下他们的履约义务不是绝对的，而是有条件的，即使他们在合同中对此没有明示的规定，也可以默示地适用于他们的合同。当这种默示条件成就时，当事人可以免除履行的义务。例如，原告某甲租用了一个音乐厅作为演出之用，但是在演出之前，音乐厅发生火灾被焚毁。某甲向法院起诉，要求赔偿因不能演出而遭受的损失。法院驳回了其请求，其理由是，凡是特定的标的物由于不可归责于当事人的事由灭失，以致履行成为不可能时，当事人应解除履行合同的义务。英国 1893 年《货物买卖法》采用了这项原则，其第 7 条规定，在出售特定货物的场合，事后非由卖方或买方的过失导致货物在风险转移于买方之前灭失者，合同无效。

（三）《联合国国际货物买卖合同公约》的规定

该公约将违约分为根本违反合同（fundamental breach of contract）与非根本违反合同两种情况。该公约第 25 条对何谓根本违反合同所下的定义是："一方当事人违反合同的结果，如使另一方当事人蒙受损失，以至于实际上剥夺了他根据合同有权期待得到的东西，即为根本违反合同，除非违反合同的一方并不预知而且同样一个通情达理的人处于相同情况中也没有理由预知会发生这种结果。"构成根本违反合同的基本标准是，"实际上剥夺了他根据合同有权期待得到的东西"。至于怎样才算作构成这种结果，则必须根据每一起案件的具体情况确定。例如，违反合同所造成的损失金额的大小，或者违反合同对受害一方其他活动的影响程度等。以卖方所交付的货物与合同不符为例，如果卖方所交货物在品质或数量方面与合同的规定不相符，那么这无疑是卖方的违约行为，但这是否足以构成根本违反合同，还需要视此种品质或数量不符的情况是否在实际上剥夺了买方根据合同有权期待得到的东西而定。如果达到这种程度，即属于根本违反合同，如果没有达到这样严重的程度，就不能认为是根本违反合同。

该公约对根本违反合同规定了相应的救济办法。如果卖方所交货物与合同不符构成根本违反合同，买方可以采取以下救济办法：（1）买方可以要求卖方交付替代的货物；（2）买方可以撤销合同，并可以请求赔偿损失。该公约还明确地规定，当一方违反合同时，不论此种违约行为是否构成根本违反合同，受损害一方都有权要求损害赔偿，而且即使受损害一方采取了其他救济办法，例如，要求交付替代货物或撤销合同等，这些都不影响他行使请求损害赔偿的权利。如果不构成根本违反合同，则受损害的一方不能撤销合同，只能要求损害赔偿，或采用其他救济办法。

该公约对预期违约也做出了明确的规定，主要有以下两种情况：一种情况是，在订立合同之后，一方当事人鉴于对方履行合同的能力或信用有严重的缺陷，或者从对方在准备履行合同或履行合同的行为中看出对方显然将不履行其大部分重要的义务时，一方当事人可以中止履行其义务；另一种情况是，如果在履行合同日期之前，可显然看出一方当事人将根本违反合同，另一方当事人可以撤销合同。这里主要的问题在于，怎样才能"显然"看出对方将会根本违反合同呢？根据联合国国际贸易法委员会编写的《评注》的解释，这个问题可以从以下两个方面表现出来：第一，对方的言论或行动已经构成否认合同有效；第二，出现了某种客观事实，使对方届时不可能履行合同，例如，卖方的工厂已被烧毁，或者政府实施禁运或外汇管制等。在上述情况下，一方当事人即可撤销合同。但是，当事人在撤销合同时，应谨慎行事。如果在到了履行期的时候，原来预计对方显然会发生根本违约的事情实际上没有发生，则撤销合同的一方当事人就会因为自己没有履行合同义务而构成违约，必须承担由此造成的违约后果。

四、违约的救济办法

救济办法，是指一个人的合法权利被他人侵害时，在法律上给予受损害一方的补偿方法。

各国法律对于不同的违约行为，都规定了相应的救济办法，但是，对于哪种违约行为可以采取哪些救济办法，各国法律的规定并不完全相同。

（一）实际履行

实际履行（specific performance），也称为具体履行或依约履行，有两种意思：一是指债权人要求债务人根据合同的规定履行合同；二是指债权人向法院提起实际履行之诉，由执行机关运用国家的强制力，使债务人根据合同的规定履行合同。例如，在土地买卖中，当卖方拒绝交付售出的土地时，如果不愿意取得金钱的赔偿，那么，买方可以向法院提起实际履行之诉，要求卖方交付合同规定的土地。如果判决买方胜诉，买方即可以根据法院的判决，要求执行机关予以强制执行，令卖方交付已出售的土地。但是各国的法律对实际履行有不同的规定和要求。

1. 德国法

德国法认为，实际履行是对不履行合同的一种主要的救济办法。凡是债务人不履行合同的，债权人都有权要求债务人实际履行。《德国民法典》第 241 条明确规定，债权人根据债务关系，有向债务人请求履行债务的权利。这就是说，债权人可以请求法院判令债务人实际履行合同。但是法院只有在债务人履行合同尚属可能时，才会做出实际履行的判决，如果属于履行不可能的情况，就不可能做出实际履行的判决。例如，在房地产买卖中，房屋因发生火灾被烧毁；或者在订立租船合同后，船只被政府征用等。在这些情况下，债权人就不能要求实际履行，因为实际履行已经不可能。有时，债务人延迟履约也可能造成履行不可能。例如，对于新年演出或结婚宴席合约，一旦已过履行期，履行就属于不可能。在这种情况下，要求实际履行已经没有意义，债权人必须指定一个适当的期限，并告知债务人在该期限届满后，他将拒绝接受其履行；在这种情况下，如果期限届满后，债务人仍不履行，债权人就可以要求损害赔偿或者解除合同，但是不得要求实际履行。

必须指出的是，《德国民法典》虽然规定以实际履行作为不履约的主要救济办法，但是实际上提起实际履行之诉的情况是很少的。当债务人不履行合同时，债权人在大多数情况下都要求损害赔偿或解除合同，只有当债务人所要求的目标不是金钱赔偿所能满足时，债权人才会提出实际履行之诉。但是，从理论上说，如果履行合同尚属可能，而债权人又有此请求，则德国法院仍然必须做出实际履行的判决。

2. 法国法

法国法也承认，如果债务人不履行合同，则债权人有权提起实际履行之诉。《法国民法典》第 1184 条规定，契约双方当事人的一方不履行其债务时，债权人有选择之权，即或者在合同的履行尚属可能时，请求他方当事人履行合同，或者解除合同并请求损害赔偿。根据法国法的解释，实际履行是一种可供选择的救济办法，即在债务人不履行合同的情况下，债权人可以在请求实际履行或请求解除合同并要求损害赔偿两者之中任择其一。只有在债务人履行合同尚属可能时，债权人才能提起实际履行之诉，这一点与德国法是一致的。

从表面上看，法国法似乎在很大范围内允许债权人提起实际履行之诉，但是实际上并非如此。法国法区别"作为与不作为之债"（obligation to do or not to do）与"给付财产之债"（obligation to give）。在后一种情况下，如果债务人不交付有关的财产，债权人可以请求实际履行。例如，在买卖合同中，如果卖方不交付已经特定化了的货物，即已经划定在合同项下的货物，则买方可以提起实际履行之诉，要求卖方交付这种货物。但是在前一种情况下，如果债务人不履行合同，则债权人只能请求损害赔偿，而不能请求实际履行。《法国民法典》第 1142 条规定，凡属作为或不作为的债务，在债务人不履行的情形下，转变为赔偿损害的责任。所谓作为或不作为的债务，主要是指必须由债务人本人去做某种行为或不做某种行为的债务。例如，让演员登台演出或不让其登台演出等。法国法认为，强令债务人去做某种行为或不做某种行为，无异于把债务人置于受奴役的地位，不符合"人身自由不得侵犯"的原则。但是，如果债务人应当履行的行为可以由债权人或其他第三人代为履行，无须债务人亲自参与，法国法也允许债权人采取"替代履行"的救济办法，即由债务人承担费用，让债权人或第三人代替债务人实现债务的内容。《法国民法典》第 1143 条和第 1144 条规定，债权人有权要求债务人清除违约而进行的工作，并可以请求由债务人承担费用清除之，如有必要，债权人仍得请求损害赔偿。债权人也可以要求由债务人承担费用，自行完成合同所规定的债务。例如，当债务人应承担拆除某些建筑物的义务时，如果债务人不予以拆除，那么，债权人可以要求由债务人承担费用，让债权人雇用工人或自行拆除。

法国已于 1867 年通过法律废止对债务人实行人身监禁。但是，为了加强实际履行判决的强制执行力，从 19 世纪以来，法国法院形成了一种特殊的强制手段，称为"不履行判决罚金"。法院在做出实际履行的判决时，命令不执行该判决的债务人每天必须支付一定金额的罚款，以此对债务人施加压力，使其执行法院的判决。

3. 英美法

英美法对待实际履行的态度与大陆法有所不同。英美法认为，如果一方当事人不履行其合同义务，对方的唯一权利是提起违约之诉，要求损害赔偿，因为普通法是没有实际履行这种救济办法的。但是，英国和美国的衡平法法院在处理某些案件时，如果原告能够证明仅仅采用损害赔偿的办法还不足以满足他的要求，则可以考虑判令实际履行。即使如此，在英国和美国的衡平法中，实际履行也只作为一种例外的救济办法，而且法院对于是否判令实际履行有自由裁量权。根据英国和美国法院的审判实践，在下列情况下法院将不予做出实际履行的判决：（1）金钱损害赔偿已可以作为充分的救济办法者，不得请求实际履行；（2）凡是属于提供个人劳务的合同，法院将拒绝做出实际履行的判决；（3）凡是法院不能监督其履行的合同，例如，建筑合同等，法院也不会做出实际履行的判决；（4）对一方当事人为未成年人的合同，法院不判决强制执行；（5）如果实际履行对被告会造成过分苛刻的负担，法院也不会做出这种判决。

一般而言，在涉及土地买卖或公司债券的交易时，英国和美国法院通常会做出实际履行的判决，因为在这种交易中，仅仅判令债务人支付金钱上的损害赔偿，并不足以弥补债权人的损失。除非买卖的标的物是特定物或者是特别珍稀物，在市场上不容易买到，法院才考虑做出实际履行的判决。但是，美国法院对于某些种类物的买卖，也允许提起实际履行之诉。例如，对于所谓"需要合同"（requirement contract），即不规定具体的数量，仅规定卖方承诺根据买方的需要向他随时供应原料或其他货物的合同，如果卖方违约不根据买方的要求供货，即使此种原料与货物在市场上可以买到，则法院仍然允许买方提起实际履行之诉。

为执行法院的判决，英国高级法院规则（rules of the supreme court）与美国联邦及各州的民事诉讼规则（rules of civil procedure），对被告不执行法院的判决规定了一系列强制执行判决的办法。例如，英国法院把许多行为作为"藐视法院"（contempt of court）的行为，不履行法院的判决就是其中之一。法院对于"藐视法院"的行为，可以用监禁或罚金等方式予以惩处，监禁的期限最多不超过 6 个月。法院还可以命令司法警察没收被告的财产或判令被告承担费用，由原告或其他第三人完成被告应履行的义务。

4.《联合国国际货物买卖合同公约》

该公约第 26 条对实际履行合同的问题做了以下规定："如果按照公约的规定，当事人一方有权要求他方履行某项义务，法院没有义务做出判决，要求实际履行此项义务，除非法院依照其本身的法律对不受本公约支配的类似买卖合同可以这样做。"

该公约的这一规定，主要是为了调和英美法与大陆法在实际履行问题上的分歧。对这一规定的含义，将在第四章"国际货物买卖合同法"中进一步加以论述。

（二）损害赔偿

各国的法律都认为，损害赔偿是对违约的一种救济办法。但是各国的法律对损害赔偿责任的成立、损害赔偿的方法以及损害赔偿的计算，各有不同的规定与要求。

1. 损害赔偿责任的成立

大陆法认为，损害赔偿责任的成立，必须具备以下三个条件：

（1）必须有损害的事实。如果根本没有发生损害，就不存在赔偿的问题。同时，对于发生损害的事实，一般必须由请求损害赔偿的一方予以证明。

（2）必须有归责于债务人的原因。原则上，债务人仅对其故意或过失所造成的损失负责。例如，《法国民法典》第 1382 条规定，任何人的行为使他人遭受损害时，因自己的过失而致行为发生的人，应对他人负赔偿责任。《法国民法典》第 1147 条规定，凡是债务人不能证明其不履行债务是由于不应归其个人负责的外来原因时，即使在其个人方面并无恶意，债务人对于其不履行或延迟履行债务，也应支付损害赔偿。但是，在某些情况下，即使债务人没有过失也应负责。例如，《德国民法典》规定，旅客所携带的物品如果发生灭失或毁损，虽然旅店的主人没有过失，亦应负责赔偿。

（3）损害发生的原因与损害之间必须有因果关系，即损害是由债务人应予以负责的原因所造成的。

英美法不同于大陆法。根据英美法的解释，只要一方当事人违反合同，对方就可以提起损害赔偿之诉，而不以违约一方有无过失为条件，也不以是否发生实际损害为前提。如果违约的结果没有造成损害，那么债权人虽然无权要求实质性的损害赔偿，但是他可以请求名义上的损害赔偿，即在法律上承认他的合法权利受到了侵犯。

2. 损害赔偿的方法

损害赔偿的方法有恢复原状（restitution）与金钱赔偿两种。所谓恢复原状，是指恢复到损害发生之前的原状。这种方法可以完全达到损害赔偿的目的，但是实行起来不太方便，甚至不可能做到。例如，在特定物的买卖中，如果特定物灭失，则往往无法找到与其完全相同的物品作为替代。所谓金钱赔偿，是指以支付金钱弥补对方所受到的损害。这种方法便于实行，但是有时不能完全满足损害赔偿的目的。因此，各国的法律对这两种方法一般都予以考虑，有的以金钱赔偿为原则，以恢复原状为例外；有的则以恢复原状为原则，以金钱赔偿为例外。

德国法对损害赔偿以恢复原状为原则，以金钱赔偿为例外。《德国民法典》第 249 条规定："负损害赔偿的义务者，应恢复负赔偿责任的事故发生前的原状。如因伤害身体或毁损物件而应为损害赔偿时，债权人得请求必要数额的金钱以代替恢复原状。"

根据该民法典的规定，债权人仅在下列情况下，才可以要求金钱赔偿：（1）人身伤害或损坏物件；（2）债权人对债务人规定一个相当的时间，令其恢复原状，并声明如逾期未能恢复原状，债权人即可于期限届满后请求金钱赔偿；（3）如果所受损害不能恢复原状，或恢复原状不足以赔偿债权人的损害，债权人可以要求金钱赔偿；（4）如果债务人必须支付过高的费用才能恢复原状，债务人也可以用金钱赔偿债权人的损失。

至于财产损害以外的损害，只有在法律有相应的规定时，才能请求以金钱赔偿，其中包括对名誉与道德的损害赔偿。

与德国法不同，法国法以金钱赔偿为原则，以恢复原状为例外。根据法国的法律规定，在大多数情况下，一方当事人违反合同的义务可以转变为损害赔偿之债，对方得到的赔偿是适当数额的金钱。

英美法对损害赔偿采取金钱赔偿的方法。英美法称之为"金钱上的恢复原状"（pecuniary restitution）。英美法认为，损害赔偿的目的，是在金钱可能做到的范围内，使权利受到损害的一方处于该项权利得到遵守时同样的地位。所以，英国和美国法院对损害赔偿之诉一般都是判令债务人支付金钱赔偿。

3. 损害赔偿的责任范围

这是指在发生违约的情况以后，在请求损害赔偿时，应如何确定损害的范围，应根据什么原则确定损害赔偿的金额。这有两种情形：一种情形是，由双方当事人自行约定，称为约定损害赔偿；另一种情形是，在双方当事人没有约定时，由法律确定，称为法定损害赔偿。关于约定损害赔偿，按约定办理即可，这里主要介绍法定损害赔偿的责任范围。

《德国民法典》认为，损害赔偿的责任范围应包括违约造成的实际损失与所失利益两个方面。所谓实际损失，是指合同规定的合法利益，由于可归责于债务人的事由而遭受的损害。例如，应交货而未交货，应交付优质商品而交付劣质商品，均属此列。所谓所失利益，是指如果债务人不违反合同债权人本应取得，但因为债务人违约而丧失了的利益。一般而言，实际损失比较容易确定，所失利益则较难确定。因此，该民法典规定，凡是依事物的通常过程，或依约已进行制造的设备、所做的准备或其他特别情形，可以预期得到的利益，即视为所失利益。例如，某工厂如果正常开工，本来每日可以收入若干元，但是因为机器损坏，承包修理机器的承揽人没有根据合同的规定及时把机器修复，拖延若干天，则这段时间的损失，可以列入损害赔偿的责任范围。又如，某房东已将建造中的新屋出租给他人，但是因建筑商没有根据合同计划交工，以致房东不能取得租金，则此项租金亦可以作为所失利益。

法国法也有类似的规定。根据《法国民法典》第 1149 条的规定，对债权人的损害赔偿，一般应包括债权人所受现实的损害与所失可获得的利益。换言之，法国法与德国法一样，认为损害赔偿的责任范围应包括现实损害和所失利益两个方面的损失。

英美法认为，计算损害的基本原则是使由于债务人违约而蒙受损害的一方，在经济上能处于与该合同得到履行时同等的地位。例如，在买卖合同中，如果卖方不能履行交货的义务，其损害赔偿的责任范围就是合同规定的价格与应交货之日的市场价格之间的差价。

近代英国法律中关于计算损害赔偿范围的原则，是由英国法院在"哈德里诉巴辛达尔案（1854年）"中的判决形成和发展起来的。该案的案情是：一家磨坊的机轴破裂了，磨坊主把坏机轴交给承运人，委托他找一家工厂重做一个新的机轴。承运人交货迟延未能在合理的时间内交付新的机轴，因而使磨坊停工的时间超过了必要的时间。磨坊主要求承运人赔偿由延迟交付机轴造成的利润损失。但是由于磨坊主并未预先告知承运人如果不能及时把新机轴送到将产生利润损失，因此，法院判决承运人对迟交期间的利润损失不承担赔偿责任。法院在做出这一判决时，对损害赔偿的责任范围提出以下两项原则：（1）这种损失必须是自然发生的（arise naturally），即根据违约事件的一般过程自然发生的损失；（2）这种损失必须是当事人在订立合同时作为违约可能产生的后果所合理预见到的（reasonably foreseeable）。在上述案例中，磨坊主并未预先把迟交机轴可能产生的利润损失告知承运人，后者无从合理地预见会产生这样的后果，他可能认为磨坊主有备用机轴，不会因迟交新机轴而停工，因此，承运人对延迟交货造成的利润损失不承担责任。但是，如果违约的一方可以预见他的违约行为将引起利润损失，则受损害的一方对于违约者可以要求赔偿利润损失。

英国1893年《货物买卖法》基本上采纳了上述原则。该法第50条和第51条规定，计算损害赔偿的责任范围，应根据违约的一般过程，计算直接地、自然地发生的损失。如果货物有行市，计算损害赔偿的责任范围应当推定为合同价格与应交货之日或应接受货物之日的市场价格之间的差价。

美国《统一商法典》第2-713条对在买方或卖方发生违约的情况下如何计算损害赔偿做出了具体的规定。根据该法典的规定，在损害赔偿中还应包括附带损害（incidental damage）与间接损害（consequential damage）。（"附带损害"和"间接损害"包含的内容见第四章"（二）卖方违约时买方的救济办法"中"大陆法与英美法的规定"的"②英美法的有关规定"的"二是美国《统一商法典》的有关规定"部分"其二，请求损害赔偿"这段后4行的有关解释。）

4. 减轻损失的义务

此外，根据英美法的要求，当一方违约时，受损害的一方有义务采取一切合理的措施以减轻由违约造成的损失。如果由于受损害一方的疏忽，没有采取合理的措施减轻损失，则受损害的一方对于违约发生之后本来可以合理避免的损失，不能要求给予赔偿。根据《第二次合同法重述》第336（1）条的规定，在"不存在过大的风险、过多的开支或过分的屈辱的情况下"，原告不能就本来可以避免的损失得到赔偿。根据该条的规定，当合同当事人一方违约时，另一方负有减轻该违约所造成的损失的义务，但法律并不要求另一方在减轻损失时冒过大的风险，支付过多的开支或蒙受过分的屈辱。也就是说，另一方的义务是付出合理的努力来减轻损失，即在不付出过大代价的前提下尽可能地减轻损失。

（三）解除合同

1. 解除权的发生

罗马法原则上不承认债权人在债务人不履行合同或不完全履行合同时有权解除合同。但是在买卖法中则允许卖方在买方没有在一定的期限内支付现金时可以解除合同。这项原则在16世纪时被法国法接受，并把它推广适用于一切双务合同（"双务合同"的概念，见第一章第五节中有关内容），认为在一切双务合同中都有这样一项默示条款，即当一方不履行合同时，对方有权要求解除合同。这项原则也反映在《法国民法典》中，根据《法国民法典》第 1184 条的规定，双务合同的一方当事人不履行其所订定的债务时，应视为有解除条件的约定。法国法院认为，解除合同的真正依据不在于有一项默示的解除条件，而在于缺乏约因。法国最高法院曾经指出："在双务合同中，一方当事人的义务就是对方的义务的约因，如果一方不履行其义务，对方的义务就缺乏约因。"所以，对方有权要求解除合同。根据法国法的解释，当双务合同的一方当事人不履行其债务时，对方就有解除合同的权利。

德国法也认为，在债务人不履行合同时，债权人有权解除合同。不履行合同包括履行不可能、履行延迟、拒绝履行和不完全履行四种情况。《德国民法典》第 325 条与第 326 条明文规定，在一方当事人履行不可能或履行延迟的情况下，对方有权解除合同。对于拒绝履行或不完全履行的情况，该民法典虽然没有明确规定，但是德国的法学者一般认为，在发生这种情形时，对方当事人也有权解除合同。

英美法与大陆法有所不同。英国法把违约分为违反条件与违反担保两种不同的情况：只有当一方当事人违反条件时，对方才可以要求解除合同；如果一方当事人仅仅是违反担保，则对方只能请求损害赔偿，不能要求解除合同。美国法把违约分为重大违约与轻微违约：只有当一方当事人的违约构成重大违约时，对方才可以要求解除合同；如果只是属于轻微的违约行为，就只能请求损害赔偿，不能解除合同。因此，在英美法中，只有在违反条件或重大违约时，才发生解除合同的问题。

2. 解除权的行使

根据西方各国法律的规定，行使解除权的方法主要有两种：一种是由主张解除合同的一方当事人向法院起诉，由法院做出解除合同的判决；另一种是无须经过法院，只需向对方表示解除合同的意思即可。

法国法采取第一种办法。《法国民法典》第 1184 条规定，债权人解除合同，必须向法院提起。但是，如果双方当事人在合同中订立了明示的解除条款，则无须向法院提出。

德国法采取第二种办法。《德国民法典》第 349 条规定，解除合同应向对方当事人以意思表示为之。换言之，主张解除合同的一方当事人只需把解除合同的意思通知对方即可，不必经过法院的判决。

英美法认为，解除合同是一方当事人由于对方的违约行为而产生的一种权利，他可以宣告自己不再受合同的约束，并且认为合同已经终了，无须经过法院的判决。

3. 关于解除合同时是否能同时请求损害赔偿

关于在解除合同时是否能同时请求损害赔偿的问题，各国法律的规定有所不同。《法国民法典》第 1184 条规定，当合同一方当事人不履行债务时，债权人可以解除合同并请求损害赔偿。《日本民法典》第 545 条规定，解除权的行使不妨害损害赔偿的请求。英美法也认为，当一方当事人违反条件或构成重大违约时，对方可以解除合同并可以请求损害赔偿。换言之，根据这些国家的法律，解除合同与请求赔偿是可以同时行使、并行不悖的。《德国民法典》的规定与上述各国法律的规定有所不同。根据该民法典第 325 条与第 326 条的规定，债权人只能在解除权与损害赔偿请求权两者之间选择其一，而不能同时享有两种权利，即两者不能就同一债务关系并存。债权人如果要求解除合同，就不能要求损害赔偿；反之，如果要求损害赔偿，就不能解除自己应承担的合同义务。

4. 解除合同的后果

解除合同的法律后果是消灭合同的效力。合同一经解除，其效力即告消灭。但是，这种消灭的作用是溯及既往，还是指向将来，各国的法律有不同的规定。

法国法认为，解除合同是使合同效力溯及既往的消灭，未履行的债务当然不再履行，即使已经履行的债务，也因缺乏法律上的原因而发生恢复原状的问题。《法国民法典》第1183条规定，当解除条件成就时，债的关系归于消灭，事物恢复至订约以前的状态，就像从来没有订立过合同一样。因此，在解除合同时，各方当事人应把从对方取得的东西归还给对方。如果应返还的物品因毁损与消耗而无法返还，则应偿还其价额。在这个问题上，德国法与法国法规定的处理办法基本上相同。《德国民法典》第346条规定，在解除合同时，各方当事人互负返还其受领的给付的义务。如果已履行的给付是劳务的提供或以自己的物品供对方利用者，因无法恢复原状，则应补偿其代价。

英国普通法与大陆法不同，英国法认为，由违约造成的解除合同，并不使合同自始无效，而只指向将来，即只有在解除合同时还没有履行的债务不再履行，至于已经履行的债务原则上不产生返还的问题。因此，任何一方当事人原则上都无权要求取回已交给对方的财产或已付给对方的金钱。解除合同是一方当事人由于对方的违约行为所产生的一项权利，基于此项权利他可以不再受合同的约束。他可以认为合同已经告终，并可以对全部违约请求损害赔偿。但是，英国法还规定在解除合同时，允许当事人提起"按所交价值偿还"之诉，以便收回他所提供的财物或服务的代价。

在这个问题上，美国法与英国法有很大的差别。美国法认为，解除合同应产生恢复原状的效果。各当事人均应把他从对方处取得的东西返还对方，尽可能恢复原来的状态。在这方面美国法与德国法的规定有相似之处。

（四）发布禁令

禁令（injunction）是英美法采取的一种特殊的救济办法。它是指由法院发出禁令，强制执行合同所规定的某项消极的规定（negative stipulation），即由法院判令被告不许做某种行为。禁令是衡平法中的一种救济办法。英国和美国法院仅在下列情况下才会给予这种救济：（1）采取一般损害赔偿的救济办法不足以补偿债权人所受的损失；（2）禁令必须符合公平合理的原则。

在涉及提供个人劳务的案件中，当债务人违反合同时，英国和美国法院在某些情况下，可以采用禁令的方式补偿债权人所蒙受的损失。例如，某演员与甲剧院订立了为期一年的合同，答应只在该剧院演出，不在另外的剧院演出。但是在此期间，她又与乙剧院订立了演出合同。在这种情况下，法院根据甲剧院的请求，可以颁发禁令禁止该演员在乙剧院演出。

（五）支付违约金

违约金（liquidated damages）是指以保证合同履行为目的，由双方当事人事先约定，当债务人违反合同时，应向债权人支付的金钱。

1. 大陆法中不同性质的违约金

就违约金的性质而言，大陆法规定了两种不同的违约金：

（1）具有惩罚性质的违约金。德国法认为，违约金是对债务人不履行合同的一种制裁，具有惩罚的性质。《德国民法典》第339条规定，债务人对债权人约定在不履行债务或不以适当方法履行债务时，应支付一定金额作为违约金者，于债务人延迟时，罚其支付违约金。由于德国法认为违约金具有惩罚的性质，因此，当债务人不履行债务时，债权人除了请求违约金外，还可以请求由违约造成的损害赔偿。例如，该民法典第340条规定，债权人在基于不履行之损害赔偿请求权时，得请求以违约金作为损害赔偿的最低额，但是不妨碍其主张其他损害赔偿。

（2）作为预定损害赔偿金额的违约金。法国法认为，违约金的性质属于预先约定的损害赔偿金额。《法国民法典》第1229条规定，违约金是对债权人因主债务不履行所受损害的赔偿。换言之，就是双方当事人事先约定，如果债务人违约，就应付给债权人一定的金额作为损害赔偿。这种做法从程序法上看也有一定的便利。因为在没有事先约定违约金的情况下，债权人在对债务人违约提出损害赔偿请求时，必须承担诉讼程序上的举证责任，证明确有损害发生的事实，并且必须证明损失的多少，才能要求债务人给予赔偿。这种举证有时是十分困难的，而且容易引起纠纷。但是，如果双方当事人预先将损害赔偿予以约定，作为违约时应支付的违约金，那么，只要发生违约的事实，债权人就可以请求约定的违约金，而不必证明损害的发生及损害金额的多少，手续比较简便。由于法国法认为违约金具有预定损害赔偿金额的性质，所以，法国法原则上不允许债权人在请求违约金的同时，要求债务人履行主债务或另行提出不履行债务的损害赔偿。该民法典规定，债权人对于主债务及违约金，只能选择其一，不能并行请求。但是也有例外情况，即如果违约金是纯粹为履行延迟而约定者，那么，当债务人履行延迟时，债权人既可以要求债务人支付违约金，也可以要求继续履行合同。这种做法，在对外贸易合同中经常采用。例如，许多国际货物买卖合同均规定，当卖方不按时交货时，如果延迟一周交货，应支付违约金若干。但是，违约金的支付并不免除卖方的交货义务。

2. 违约金的增加或减少

关于法院是否有权对当事人约定的违约金予以增加或减少的问题，大陆法各国也有不同的规定。德国法认为，法院有权对违约金予以减少或增加。《德国民法典》第343条规定，约定的违约金额过高者，法院得依债务人的申请判决减至适当数额。《瑞士债务法典》第163条也规定，违约金过高者，法院得斟酌予以减少。该债务法典第161条还规定，如果债权人所受损失超过违约金额，能够证明债务人有过失，则可以要求增加金额。

法国法在过去一直认为，法院对于违约金的金额原则上不得予以增加或减少。根据《法国民法典》第1152条的规定，如合同载明，债务人不履行债务，应支付一定数额的损害赔偿时，不应给予他方当事人高于或低于规定数额的赔偿。但是，1975年7月第75-597号法律对上述规定做出了重大的修改。新修改的该法律规定，如果赔偿数额明显过大或过小，法官得减少或增加原约定的赔偿数额。一切相反的约定视为未订。《法国民法典》第1231条还规定，凡主债务已经部分履行者，法官得酌量减少约定的违约金。

3. 英美法对违约金的态度

英美法认为，对于违约只能要求赔偿，不能予以惩罚。因此，英国和美国法院对于双方当事人在合同中约定，当一方违约时应向对方支付一定金额的条款，首先要区别这一金额是作为罚金（penalty），还是作为预先约定的损害赔偿金额。这种区分在英美法中十分重要。如果法院认为双方当事人约定支付的金额是罚金，则当一方违约时，对方不能得到这笔金额，只能索取他所遭受的实际损失的损害赔偿；如果法院认为这一约定的金额是预先约定的损害赔偿，则当一方违约时，对方即可取得这一约定的金额。至于双方当事人事先约定在违约时应支付的金额，究竟是罚金还是预先约定的损害赔偿，全凭法院根据具体案情做出它认为适当的解释，不在于双方当事人在合同中使用什么措辞。即使双方当事人在合同中把约定支付的金额叫作预先约定的损害赔偿，法院也可以根据具体情况认为这不是预先约定的损害赔偿而是罚金。一般而言，如果这一金额是双方当事人在订约时考虑到作为违约可能引起的损失，法院将认为这是真正的预先约定的损害赔偿，当一方违约时，对方即有权取得这一约定的金额；但是如果双方当事人约定的金额过高，大大地超出违约所能引起的损失，或者带有威胁的性质，目的在于对违约的一方施加惩罚，法院将认为这是罚金。对于罚金，法院一律不予承认，受损害的一方只能根据通常的办法就其能够证明的实际所遭受的损失请求损害赔偿。根据美国法院对 1975 年"Z. D. 霍华德公司诉修车人"案的判决，当违约是有意的，并且可以构成侵权时，即使在一项合同诉讼中，法院也可以判令违约方支付惩罚性违约金。惩罚性违约金不限于受损害方实际蒙受的损失。法院在确定惩罚性违约金的数额时，通常考虑违约方的经济状况。

根据《第二次合同法重述》第 355 条注释的说明，美国一些州通过了允许在消费交易中和保险领域判处惩罚性违约金的制定法。其理由是，消费合同和保险合同是典型的弱者与强者之间订立的合同，法律对于交易中的弱者应给予特殊的保护。

同时，美国有关法律明确规定不得通过违约而获利。《第二次合同法重述》第 351 条规定：

"（1）如果在合同订立时，违约方没有理由预见到，所发生的损失是违约的很可能发生的结果，就不能得到损害赔偿金。

（2）在以下情况下，损失可以作为违约的很可能发生的结果而被预见到：

（a）该违约是在事物发展的通常过程中发生的；或者，

（b）该违约不是在事物发展的通常过程中发生的，而是特殊情况发展的结果，但该违约方有理由知道这种特殊情况。"

《第二次合同法重述》第 351（3）条规定了损害赔偿金的判决："一个法院在将损害赔偿金仅限于可预见的损失时，可以排除对利润损失的补偿，而只允许就因依赖而发生的损失获得补偿；或者，如果该法院得出结论，在当时的情况下，公平正义要求这样做，以便避免受损失的一方得到不相称的损害赔偿金。"

《第二次合同法重述》第 352 条还规定："当损失的数额超出了证据所能证明的具有合理的确定性的范围时，超出这一范围的损失不能获得赔偿。"对于这一条的注释（a）指出：对于所发生的疑问，在解决时通常应不利于违约的一方。当证据表明发生了重大损失时，如果一方通过其违约而迫使受损害的一方寻求以损害赔偿金的方式得到补偿，那么，就不应当允许该违约方通过其违约而获利。

4. 联合国国际贸易法委员会制定的《关于在不履行合同时支付约定金额的合同条款的统一规则》

国际贸易合同往往订立预先约定的损害赔偿条款或罚金条款，规定当一方当事人不履行合同时，应向另一方当事人支付一笔约定的金额。但是，各国的法律对这种条款的态度与处理方式存在很大的分歧，因而使得这种条款的作用与有效性往往处于不确定的状态。这种状况已经成为国际贸易交往的一种障碍。为了解决这个问题，联合国国际贸易法委员会制定了适用这种条款的法律规则，即《关于在不履行合同时支付约定金额的合同条款的统一规则》（Uniform Rules on Contract Clause for an Agreed Sum Due Upon Failure of Performance）（以下简称《统一规则》）。联合国大会于 1983 年通过决议，建议各国郑重考虑，可以采用样板法的方式或订立国际条约的方式将这项规则付诸实施。这项规则的适用范围及主要内容如下：

（1）适用范围。《统一规则》适用于当事人约定在一方不履行合同时，另一方有权取得约定金额的国际合同（international contracts），不论此项约定的金额是作为罚金还是作为赔偿金（compensation）。

所谓国际合同，是指营业地处于不同国家的当事人之间签订的合同。至于当事人的国籍以及合同的性质是民事合同还是商事合同均不予考虑。

（2）实体规定。《统一规则》的实体规定有以下几项：第一，如果债务人对不履行合同没有责任，债权人无权取得约定的金额。换言之，只有当债务人对不履约应承担责任时，债权人才能取得这项约定的金额。第二，如果合同规定，一旦延迟履行，债权人就有权取得约定的金额，则债权人在有权取得约定的金额的同时，还有权要求履行合同义务。第三，如果合同规定，当出现延迟履行以外的不履约情况时，债权人有权取得约定的金额，则债权人有权要求履行合同，或者要求支付约定的金额，但是，如果约定的金额不能合理地补偿不履约造成的损失，则债权人有权在要求履行合同的同时，要求支付约定的金额。第四，如果债权人有权取得约定的金额，则在该项约定金额所能抵偿的范围内的损失，债权人不得请求损害赔偿，但是，如果损失大大地超过约定的金额，则对于约定的金额不能抵偿的部分，债权人仍可以请求损害赔偿。第五，除非约定的金额与债权人所遭受的损失很不相称，法院或仲裁法庭均不得减少或增加合同约定的金额。

五、情势变迁、合同落空、不可抗力与非所能控制的障碍

一般而言，在订立合同之后，如果一方当事人不履行合同或者不适当地履行合同，都要负违约责任。但是，如果在合同成立之后发生了某些情况阻碍了当事人之一不履行其合同义务，而这些事件的发生根据订约当事人的意思是不属于当事人所应承担的风险范围之内的，则应当作为例外情况处理。例如，《德国民法典》第 275 条规定，债务关系发生后，因不可归责于债务人的事由，以致给付不能者，债务人免除给付义务。《瑞士债务法典》第 119 条也规定，因不可归责于债务人的事由，致给付不能者，视为债务消灭。这里所谓给付不能，就是履行不可能。履行不可能有两种情形：一种情形是事实上的不可能；另一种情形是法律上的不可能。前者如特定物买卖的标的物非由于卖方的过失而灭失，后者如租船合同项下的船舶被政府长期征用或政府实行封锁禁运等。这些事件的发生都不属于债务人承担的风险范围，债务人对此并无过失可言，所以，在这种情况下，债务人是不承担违约责任的。但是，还有另外一种情况，即在订立合同之后，非由于债务人的过失，发生了某种事先未曾预见的情况的变化，但是这种情况的变化并未达到使债务人不可能履行合同的程度，而是使合同的履行困难得多或者需要花费更多的金钱，如果坚持根据原合同履行，将会使合同的双方完全失去平衡，造成极不公平的结果。对于这种情况应当如何处理，是这里要着重讨论的问题。

（一）情势变迁原则

情势变迁原则是大陆法的用语。情势变迁也称为情事变迁或情事变更。

所谓情势变迁原则，是指在法律关系成立之后作为该项法律关系的基础的情事，由于包括不可归责于当事人的原因，发生了非当事人所能预见的变化，如果仍然坚持原来的法律效力，将会产生显失公平的结果，有违诚实信用的原则，因此，应当对原来的法律效力做相应的变更（例如，增加或减少履行的义务，或解除合同等）的一项法律原则。情势变迁原则的一个重要的理论依据是"合同基础论"，即认为合同的有效性应当以合同成立时

所处的环境继续存在为条件。如果合同成立后，订约时所依据的环境条件已经发生重大的变化或已经不复存在，则合同的效力亦应随之变更，不能根据原来的合同规定履行。

大陆法虽然承认情势变迁原则，但是在民法中对于情势变迁的效力并没有做出明确的规定。《德国民法典》就没有明确地提到情势变迁的问题。《瑞士债务法典》也仅对某种合同做出规定。根据该债务法典第 373 条的规定，承揽人必须根据约定的报酬金额完成其承揽的工作，即使该项工作的费用或难度超出了原来的预计。但是，如果发生不能预料的情形或超过双方当事人设想的情形，使该项工作不可能完成或完成的难度很大，则法官有增加金额或解除合同的自由裁量权。严格地说，这一条仅适用于承揽合同，不能普遍适用于其他合同。

当代西方的社会经济状况不断地发展变化，在订立合同之后，情况也可能随之变化，因此，如何解释与运用情势变迁原则是一个十分现实的问题。主要的问题是对战前订立的合同应当如何处理。由于《德国民法典》对情势变迁没有做出明确的规定，法院在法典中找不到依据，只好自行找出一些处理办法，主要有：(1) 德国法院把所谓"经济上不可能履行"解释为《德国民法典》第 275 条所指的履行不可能。根据第 275 条的规定，在债务关系发生后，非因债务人的过失致使履行不可能者，债务人免除履行的义务。根据这一规定的精神，德国法院认为，如果在战争之后继续履行原合同，实质上将与合同原来规定的义务完全不同，或者在经过长期战争之后继续根据原合同交货，其经济状况将完全不同于订约时处于和平时期的经济状况。凡是属于经济上的履行不可能，债务人可以免除履行义务。(2) 如果根据战后的情形要求债务人继续生产原合同约定的货物，将会引起巨大的困难，或者所出售的货物已被政府征用，很难找到替代的货物，或者价格很高。在这种情况下，债务人也可以解除履约义务。

法国法院对以情势变迁为由要求免除履行合同的抗辩要求很严格，一般不容易予以接受。法国法院的判例认为，只有发生不可归责于债务人的、不可预料的以及使债务人在相当长期间内不可能履行合同的障碍，才能解除债务人的履约义务。即使发生罢工、进出口限制与政府征用等意外事故，也要考虑具体的案情，只有当这些情况使债务人不可能履行合同时，法院才允许解除债务人的义务。由于法国法院不轻易地接受情势变迁原则，因此，在第一次世界大战和第二次世界大战后，鉴于战后的情况与战前相比有很大的变化，法国国会只好通过有关的成文法，授权法院解除战前订立的买卖合同以及对长期租赁合同进行修改。

(二) 合同落空

合同落空 (frustration of contract) 是英美法的术语，它与大陆法中的情势变迁原则类似。所谓合同落空，是指在合同成立后，并非由于当事人自身的过失，而是由于事后发生的意外情况，当事人在订约时所谋求的商业目标受到挫折。在这种情况下，对于没有履行的义务，当事人可以免除责任。根据英国法的解释，并不是在订立合同之后所发生的任何意外事件都能符合合同落空的标准，必须是情况已经完全改变，以致在一个通情达理的人看来，合同的当事人如果事先知道会发生这种变化，他们就不会签订合同，或者会把合同订得不一样，只有达到这种程度，才能按合同落空处理。

英国有些判例说明，在订立合同之后，价格上涨了 20%～30%，并不能构成合同落空，卖方不能免除履约义务。根据英国的法律与判例，下列情况往往可以作为合同落空处理。

1. 标的物灭失

如果合同的履行取决于某一特定的人或物的继续存在，但是在订立合同之后，该特定的人或物已经灭失，在这种情况下，履行合同已属不可能，当事人可以免除履约的义务。例如，在特定物的买卖中，订立合同后非由于卖方或买方的过失，该特定物在风险转移于买方之前灭失，合同即告落空，双方当事人均无履行合同的义务。

2. 违法行为

违法行为有各种不同的情况。例如，在国际贸易中，不同国家的当事人在订立合同后，两国发生战争，如果继续履约将构成与敌人进行贸易从而成为违法行为，在这种情况下，合同可以作为落空处理。

3. 情况发生根本性的变化

如果在订立合同之后，情况发生了根本性的变化，致使合同失去了基础，则该合同可以作为落空论处。但是，要确定情况发生变化到何种程度才能构成合同落空，往往要比确定标的物灭失或违法行为困难得多。因为在情况发生根本变化时，合同并不是完全不可能履行，而是还有履行的可能，只是因为意外地发生了完全不同的情况才使合同失去了约束力。对此，英国法院往往宁肯坚持"契约神圣不可侵犯的原则"，也不愿轻易地把一个尚能履行的合同视为落空。只有当情况的变化十分严重，使合同失去了基础时，才能作为落空处理。

对此，可以通过英国法院的两个著名判例说明上述两种不同的情况。一个判例是涉及英王爱德华七世登基典礼的案例。其案情是：威廉先生有一座房屋，坐落在英王爱德华七世登基典礼游行的必经之路上。史密斯先生向威廉租用该房屋一天，以便观看登基典礼，但是这个目的并没有载于合同之中。后来，登基典礼宣告取消，于是史密斯拒绝支付房租。威廉则向法院提起诉讼。法院判决威廉败诉，因为合同中虽然没有载明史密斯租用威廉房屋的目的是观看英王登基典礼，但是从有关背景中可以确定这是合同的基础。登基典礼既然宣布取消，那么，该合同的基础也就不复存在，该合同的目的已告落空，这样史密斯就没有支付房租的义务了。

另一个判例是关于1956年埃以战争爆发后，苏伊士运河停止通航的案件。其案情是：双方当事人在1956年10月4日订立了买卖合同，卖方出售300公吨苏丹花生，价格条件为CIF汉堡（每公吨50英镑）。卖方应于1956年11月至12月装船。但是，1956年11月2日，埃以战争爆发，苏伊士运河被封闭，不能通航。虽然卖方可以取道好望角把货物运到汉堡，但是，因为绕道好望角，航程要比经由苏伊士运河远得多，运费也增加了，运费为每公吨15英镑，其中包括经过苏伊士运河的7英镑。因此，卖方拒绝装船，宣告合同终止，于是买方提起诉讼。法院判决买方胜诉。法院认为，卖方承担了这样一项义务，当通常的航线，即经由苏伊士运河的航线不能使用时，应当采取合理与切实可行的航线运送货物，而好望角正好是这样一条航线。因此，"合同落空"原则不适用于本案例。法院判决卖方赔偿买方5 600英镑。由此可见，当事人要援引合同落空原则摆脱自己的责任是很不容易取得成功的。

4. 政府实行封锁禁运与进出口许可制度

在遇到政府实行封锁禁运与实行进出口许可证及配额制度时，也可能会引起合同落空的问题，但并不是一旦出现这类情况就能构成合同落空，而是必须根据具体案件做出具体分析。

此外，凡是属于由一方当事人的过失造成履约不可能者，均不得作为合同落空处理。

美国法院对于情况变化对合同效力所产生的影响并没有形成一个总的原则。但是，美国《合同法重述》有一项关于合同履行不可能的条文。根据该重述第 454 条的规定，履行不可能不仅指严格意义上的不可能，而且包括由于发生各种意外事件，合同实在难以履行的情况。美国也以"合同基础论"作为合同落空的依据。该重述第 288 条对"落空"做出了以下定义："凡以任何一方应取得某种预定的目标或效力的假设的可能性作为双方订立合同的基础的，如这种目标或效力已经落空或肯定会落空，则对于这种落空没有过失或受落空的损害的一方，得解除其履行合同的责任，除非发现当事人另有相反的意思。"

美国《统一商法典》对在何种情况下，卖方迟延交货或不交货可以免除责任的问题做出了规定。根据该商法典第二篇第 2－615 条的规定，未能按时交货或不交货的卖方在下列情况下，不负违约责任：（1）如果由于发生了某种意外事件合同变得实在难以履行（impracticable），而这种意外事件根据当事人订立合同时的"基本假设"（basic assumption）是不会发生的；（2）由于卖方恪守外国政府或本国政府的规章从而使合同实在难以履行。

根据该商法典的官方解释，卖方如果要援引本条免除责任，则必须具备两个要求：（1）根据当事人订约时的"基本假定"，这种事故是不会发生的；（2）其后果是使合同的履行"在商业上实在难以做到"。这里使用了"实在难以做到"的措辞，而不是"履行不可能"（impossibility），意思是强调在商业观点看来实在难以办到，并不一定是事实上不可能办到，但是这并不意味着没有按时交货或不交货的卖方可以轻易地免除责任。根据这一官方解释，如果仅仅是卖方的履约费用有所增加，或者市价涨落，都不能免除卖方的履约义务，除非这是由于发生某种预料不到的意外事件，而且达到了使合同性质发生根本变化的程度，才能免除卖方的违约责任，因为市价涨落与费用增加等都是正常的交易风险，当事人在确定价格时就应考虑到这种风险。但是，如果由于战争、封锁、农业歉收或未预见的供货来源断绝，卖方不能取得供交货用的原料或其他产品，或者卖方大大增加费用，则可以适用本条的规定，免除卖方的交货义务。

（三）不可抗力

由此可见，在一起具体的案件中，要判断合同是否已经落空，或者是否能适用情势变迁原则，往往是十分困难的。因此，为了避免不测的风险，合同的当事人最好在合同中订立一项条款，事先规定订约双方在发生他们所不能控制的某些意外事故时，不论这种意外事故从法律角度看是否能构成合同落空或情势变迁，他们都可以延迟履行合同或解除履行义务，任何一方对此都不能请求损害赔偿。这种条款称为不可抗力（force majeure）条款。所谓不可抗力，是指以下意外事故：（1）它们是在签订合同以后发生的；（2）它们不是由任何一方当事人的过失或疏忽造成的；（3）它们是双方当事人所不能控制的，即这种事故是无法预见的、无法避免的与无法预防的。根据一些国家的法律规定，如果发生了这种意外事故，致使无法履约，有关当事人就可以根据法律或合同的规定免除责任。

不可抗力事故包括两种情况：一种情况是由自然原因引起的，例如，水灾、风灾、旱灾、大雪与地震等；另一种情况是由社会原因引起的，例如，战争、罢工与政府封锁禁运等。至于应当把哪些意外事故列入合同的不可抗力条款中，双方当事人可以在订立合同时自行商定。

不可抗力事故所引起的法律后果，主要有两种情况：一种情况是解除合同；另一种情况是延迟履行合同。至于在什么情况下可以解除合同，在什么情况下不能解除合同而只能延迟合同的履行，要看意外事故对履行合同的影响，也可以由双方当事人在合同中做出具体规定。如果合同中对此没有做出明确的规定，一般的解释是：如果不可抗力事故使合同的履行成为不可能，则可以解除合同；如果不可抗力事故只是暂时阻碍了合同的履行，则只能延迟履行合同。

在国际贸易中，买卖双方处于不同的国家，在签订合同之后，由于受到各国政治、经济因素与自然条件的影响，往往会出现一些双方当事人事先无法预料与无法预防的意外事故，例如，爆发战争或发生水、旱、冰冻、地震等自然灾害，使合同的履行受到阻碍。在这种情况下，合同是否仍然有效，当事人是否仍然必须承担履约责任，这是经常发生纠纷的问题。如果合同对此没有做出规定，大陆法系国家就要考虑这些意外事故是否构成情势变迁，英美法系国家就要考虑是否构成合同落空的问题。然而，各国对于情势变迁或合同落空的解释又十分复杂，在这种情况下，双方当事人的权利与义务就会处于不确定的状态。因此，国际上一般主张在国际贸易合同中订立不可抗力条款，把可能产生的意外事故及其法律后果在合同中事先予以订明，这样，一旦出现这类不可抗力事故，就可以据此确定双方当事人的权利与义务。

（四）商业风险与情势变迁的区别

中国的《合同法》没有采用情势变迁原则，其中一个很重要的原因是，情势变迁与正常的商业风险难以区分。商业风险是指当事人在经济交往中可能遇到的并应当承担的正常损失。它与情势变迁有如下区别：

（1）性质不同。商业风险为正常风险，情势变迁为意外风险。

（2）预见性不同。商业风险通常是应当预见到的，而情势的变迁通常并不能够预见。

（3）过失归责不同。商业风险由于具有可预见性，如当事人对此没有预见到只能归因于自己的过失，而情势变迁由于不具有可预见性，因而不存在过失问题。

（4）变化原因不同。商业风险是由商品价值规律决定的，价格在一定幅度内变化属于一种正常商业风险，这点对所有商品经营者都是平等的；而情势变迁决定于变幻莫测的各种社会因素，一般表现为大的社会变故，是一种具有偶发性、突发性因素的特殊风险。

（5）产生结果不同。商业风险是能够由当事人自行承担的，通常当事人在缔结合同时也已将此种商业风险合理地计算在内，并形成相应的合同价格，由当事人自行承担，并不会产生不公平的后果；而情势变迁所要处理的问题，则是由于当事人缔约时不可预见的情势变化，如仍然严守契约规定，其结果会对一方当事人显失公平，另一方当事人可能不恰当地获取超常利益，有悖诚信原则。

（五）不可抗力与情势变迁的异同

中国有关法律没有情势变迁原则的规定，对"不可抗力"则有明确的规定。《民法通则》第153条对其做了如下定义："本法所称的'不可抗力'，是指不能预见、不能避免并不能克服的客观情况。"

情势变迁原则与不可抗力制度容易产生混淆。二者既有相同之处，也有不同之点。

二者的相同之处如下：

（1）针对性相同。二者均是针对在合同生效后、履行完毕前发生了影响合同继续履行的事实情况时，如何处理合同的一种法律制度。

（2）适用相同。二者均适用于合同关系存续期间，在合同关系存续之前或消灭之后是无法适用的。

（3）不可预见性相同。二者的事实构成均具有外在性、客观性、不可归责和不可预见性的特征，其事实构成均不是当事人本身的行为所引起的事实，也不应为当事人所预见或应当预见到的事实。

（4）对合同履行产生的后果相同。二者所针对的问题均是在合同效力的存续期间所依赖的情势、环境发生了重大变化的情况下，如何处理现存合同关系的问题，对这一问题的解决必然会影响到合同关系的变更或者消灭，从而影响到合同的履行，其后果均可能使合同被变更或者被解除。

二者的不同之点如下：

（1）功能不同。根据《民法通则》的规定，不可抗力属于法定免责事由，在合同责任和侵权责任中均可适用，一旦出现了不可抗力，则债务人可依法被免于承担民事责任，也可导致合同的变更和解除。而情势变迁原则属于合同履行的原则，其功能在于指导合同正常履行，即在合同履行过程中因情势变迁的出现若仍使当事人履行义务，将有悖诚实信用原则，从而应允许当事人变更或解除合同。

（2）表现形式不同。二者在具体的表现形式上存在较大的差异。不可抗力一般表现为灾难性事件，如台风、地震等。而情势变迁则表现为合同基础动摇，即当事人缔约之际期待和重视的事实已消除或并未出现，如社会经济状况的剧烈变化。

（3）适用程序不同。二者导致合同变更和解除合同时所适用的程序不同。各国法律都规定，如果在合同履行过程中发生不可抗力并导致合同履行不能，则因不可抗力而履行不能的一方当事人享有法定的变更、解除权，可以直接通知对方当事人解除或变更合同。但在情势变迁的情形下，当事人要援用情势变迁原则救济自身利益，主张变更或解除合同，必须请求法院做出判决。如果法院驳回当事人的请求，则该当事人仍应履行合同义务。

（4）后果不同。二者都能导致合同的变更或解除，但二者产生的后果存在明显的差异。因不可抗力而导致合同变更或解除，无论是全部不能还是部分不能，也无论是一时不能还是永久不能，都必须是该合同因不可抗力而不能履行。而适用情势变迁导致合同变更或解除的情形，则并不要求合同履行不能，而此时合同仍然能够履行，只不过履行代价过于高昂，且强行履行将导致合同当事人之间出现严重的利益不平衡状态。

（5）二者之间不存在对应替换关系。在相互关系上，二者之间并不存在对应替换的关系，即不可抗力的发生并不必然导致情势变迁，如果不可抗力并没有导致合同基础动摇或者丧失从而引起当事人之间的利益失衡，就没有适用情势变迁原则的可能。而情势变迁原则的适用不仅包括不可抗力，还包括意外事故和其他重大社会经济事件。

（六）《公约》规定的"非所能控制的障碍"

《公约》第79条第一款规定，当事人对不履行义务不负责任，如果他能证明此种不履行义务是由于某种非他所能控制的障碍，而且对于这种障碍，没有理由预期他在订立合同时能考虑到或能避免或克服它或它的后果。

这里《公约》提出了不同于大陆法系和普通法系常用的概念——"非所能控制的障碍"（an impediment beyond his control）。具体而言，根据该条款的规定，构成"非所能控制的障碍"的条件是，当事人在订立合同时：（1）无法考虑的。即指没有理由预期当时能考虑到的障碍。（2）无法避免的。即指没有理由预期能避免或能避免其后果的障碍。

（3）无法克服的。即指没有理由预期能克服或克服其后果的障碍。《公约》规定，只有同时具备这三项条件，才构成"非所能控制的障碍"。正是由于这种障碍阻碍了当事人履行合同的义务，所以该当事人可以免责，不承担任何责任。

但《公约》也对此做了两项限制性规定：一是只有在"非所能控制的障碍"存在期间，有关当事人才可以免责；二是有关当事人应将所发生的这种障碍以及对履行合同的影响通知另一方当事人，否则应负可能由此而产生的损失的责任。

第四节　合同的消灭

合同的消灭，是指合同由于某种原因而不复存在。合同的消灭（discharge of contract）是英美法的概念。大陆法系各国则把合同的消灭包括在债的消灭的范畴之内，作为债的消灭的内容之一。这是因为大陆法系各国都用"债"这个总的概念，把合同、侵权行为、代理权的授予、无因管理与不当得利等均作为产生债的不同原因。合同只是债的一种，不是债的全部。所以，大陆法系各国在其民法典或债务法典中，也仅仅就债的消灭做出规定，而没有专就合同的消灭做出规定。

英美法与大陆法不同，英美法在合同法与侵权行为法中没有"债"这个总的概念。因此，英美法没有债的消灭的规定，而只有合同的消灭的规定。

一、大陆法系各国对债的消灭的有关规定

大陆法系各国对债的消灭的有关规定基本上大同小异。大陆法系各国除了认为合同的撤销、解除以及履行不可能等均可以作为债的消灭的原因外，还在民法典或债务法典中对债的消灭的各种原因做出了具体的规定。例如，根据《法国民法典》的规定，债有下列情形之一者即告消灭：（1）清偿；（2）更新；（3）自愿免除；（4）抵销；（5）混同；（6）标的物灭失；（7）取消；（8）解除条件成就；（9）时效完成。《德国民法典》规定，债的消灭的原因有以下四种：（1）清偿；（2）提存；（3）抵销；（4）免除。《日本民法典》把债的消灭的原因规定为五项，前四项均与《德国民法典》的规定相同，第五项是混同。对此，《德国民法典》虽然没有明文规定，但实际上也承认混同是债的消灭的原因之一。以下是德国、日本、法国规定的债的消灭的五项基本的、共同的具体内容。

（一）清偿

所谓清偿（payment），是指债权人履行债的内容。例如，在买卖合同中，卖方向买方交货，买方向卖方支付价金，这都叫作清偿。各国的法律都一致认为，清偿是债的消灭的主要原因，当债权人接受债务人的清偿时，债的关系即告消灭。

清偿一般是指由债务人与债权人履行合同的义务。但是，西方各国的法律原则上都允许债务人以外的第三人向债权人清偿债务。例如《德国民法典》第267条规定，凡给付无须债务人亲自履行者，亦得由第三人履行。但是，如果债由于其性质必须由债务人亲自履行，则不能由第三人履行。例如，提供个人劳务的合同，由于各人的专长、技能与水平各不相同，因此，这种合同的义务就不能由债务人以外的第三人代为履行。西方各国还有所谓代位权（subrogation）的制度。这是指对债务履行有利害关系的第三人，在为债务人向债权人清偿了债务之后，在法律上即取得了债权人的债权，这样他可以使自己处于债权人

的地位，行使其对债务人的追偿权。例如，在海上货物运输保险业务中，货物的托运人把货物向保险公司投保了海上货运保险，在海运途中，货物由于承运人的疏忽或过失遭到损坏或灭失，在这种情况下，保险公司一般根据保险单的规定先向托运人赔偿损失，与此同时，托运人的债权自然移转于保险公司，后者可以取代托运人的地位，代位行使对承运人的追偿权。这种做法在外贸运输业务中是常见的。

清偿的标的物一般应当是合同规定的标的物。例如，借钱还钱，借米还米等。但是，如果债权人同意，则债务人也可以用规定的标的物以外的物品清偿其债务。例如，欠钱可以还米，欠米也可以还钱，这在大陆法中称为代物清偿。代物清偿也可以产生债的消灭的效力，但是必须取得债权人的同意。至于清偿的地点与期限，大陆法系各国的法律也做出了具体的规定。所谓清偿地，也称履行地，即债务人应履行其义务的地点。如果合同对履行地已有明确的规定，则应在规定的地点履行。如果合同对此没有做出规定，则根据标的物的不同性质有两种不同的情况：（1）如果属于特定物的债务，则应于订约当时该特定物之所在地交付；（2）如果属于其他债务，则究竟应当在债权人的住所地交付还是在债务人的住所地交付，各国的法律分别采取两种不同的办法：第一种办法称为往取债务，即以债务成立时债务人的住所地为清偿地，法国、德国与瑞士等国家采取这种办法。第二种办法称为赴偿债务，即以债权人现时的住所地为清偿地，日本采取这种办法。前者着重于维护债务人的利益，后者着重于维护债权人的利益，各有不同的侧重。关于履行的期限，如果合同已有规定，则应根据合同的规定履行；如果合同没有做出规定，则称为未定期债务，债权人在合同成立以后随时可以向债务人要求清偿，债务人也可以随时向债权人进行清偿。应当注意的是，许多大陆法系国家的法律认为，有关期限的规定一般应推定它是为了债务人的利益而订立的。例如，《德国民法典》明文规定，在合同规定了履行期限的情况下，债权人虽然无权在规定的期限届至以前请求债务人清偿债务，但是债务人却可以在期限届至以前履行其义务。关于清偿的费用，如果当事人在合同中没有其他规定，则一般应由债务人负担。但是，如果由于债权人的住所发生变更，清偿费用有所增加，则其增加的部分应由债权人负担。

此外，如果债务人对同一债权人负有几宗债务，而且债的种类相同，但是债务人所提出的给付却不足以清偿全部债额，在这种情况下就产生一个问题，即该项给付究竟应抵偿哪一宗债务呢？大陆法称之为清偿的抵充。例如，甲先后欠乙 3 笔债务：第一笔债务为 10 000 元，第二笔债务为 15 000 元，第三笔债务为 8 000 元。如果甲向乙提出 14 000 元作为清偿，那么，这笔款项究竟应先抵偿哪一笔债务？这就是清偿的抵充所要解决的问题。对此，大陆法系各国也有一些具体的规定。首先，各国都允许债务人在清偿债务时，指定其应抵偿的债务。如果债务人没有指定应抵偿的债务，则根据债务的不同情况，权衡对债权人和债务人的利害关系，采取不同的处理办法。例如，《德国民法典》第 366 条规定，债务人对于债权人基于数宗债务关系负担同种类给付的义务者，如债务人提出的给付不足以清偿全部债务，债务人于给付时所指定的债务归于消灭。同时规定，如债务人没有做出上述指定，则先抵充已届清偿期的债务；若几个债务均已届清偿期，则应抵充对债权人担保最少的债务；如担保相等，应抵充债务人负担最重的债务，如负担相等，应抵充到期较早的债务，如到期时间相同，应按各个债务数额的比例消灭债务。瑞士与日本的法律也有类似的规定。

（二）提存

提存（deposit），是指债务人在履行债务时，由于债权人受领迟延，债务人有权把应付的金钱或其他物品寄存在法定的提存所，从而使债的关系归于消灭的一种行为。例如，《德国民法典》第 372 条规定，债权人负受领迟延责任时，债务人必须为债权人的利益将应给付的金钱、有价证券、其他权利证书以及贵重物品寄存于公共提存所。其他情况下，因债权人本身的缘故，或非因债务人的过失而不能确定谁是债权人，以致不能清偿其债务或不能完全清偿时，亦可以按此办理。根据大陆法的解释，提存必须具备以下条件：

（1）债权人受领迟延。所谓受领迟延，是指在债务人提出清偿时，债权人拒绝接受。在这种情况下，债务人不能无限期地等待。因此，各国的法律都允许债务人把应给付的金钱或其他物品寄存在法定的提存所，借此免除债务人的责任。

（2）不能确定谁是债权人。由于不能确定谁是债权人，不知道谁有权受领给付，在这种情况下，债务人就很难清偿其债务。例如，在债权人死亡后，有子女若干人，其中谁是继承人尚未确定，此时债务人就可以把应给付的金钱或其他物品寄存在提存所，使债的关系归于消灭。

有的提存所是由法律规定的，有的是由法院指定的。例如，《瑞士债务法典》第 92 条规定，提存之处所，应由清偿地法院指定。法院可以指定它认为适当的机构办理保管提存物的业务。交付提存的标的物，一般应当是合同规定的标的物，但是如果合同的标的物由于其性质不适宜提存（例如，易腐、易变质的商品），或者保管的费用过高（例如，牲畜的饲养费），根据德国法的规定，债务人经法院许可，可以在当地进行拍卖，将拍卖所得的价金寄存在提存所从而解除其责任。

提存的效力主要有以下三个方面：（1）债务人免除责任。债务人一旦把应给付的物品寄存在提存所后，债权人只能向提存所收取提存物，不能再向债务人请求清偿。（2）风险转移。提存物寄存在提存所后，其风险就由债权人承担，如果发生损坏或灭失，则债务人概不负责。（3）费用负担转移。提存物寄存在提存所期间所产生的一切费用均由债权人负担，但是债务人取回提存物后，则不在此限。

债务人在提存后，应立即将有关情况通知债权人。如果债务人没有及时发出通知，致使债权人蒙受损失，则债务人必须负赔偿责任。但是，如果由于实际情况有困难不能通知，例如，不能确定谁是债权人，则无须通知。

提存是债务人与提存所之间的寄托合同，同时又具有向第三人给付的合同的性质，它使债权人取得直接向提存所请求交付提存物的权利，但是债权人必须于一定的期限内行使此项权利。根据德国法的规定，如果债权人在 30 年内不行使其受取权，则此项权利即告消灭。

债务人也有权取回提存物，但是如果他已放弃取回权，或债权人已向提存所表示接受提存，或经法院判决债权人胜诉并将判决通知提存所后，债务人就不得取回其提存物。

（三）抵销

抵销（set-off），是指两个人彼此互负债务，而且债务的种类相同，同时均已届清偿期，因此，双方都可以使其债务与对方的债务在等额的范围内归于消灭。例如，甲欠乙1 000 元，乙欠甲 500 元，经过抵销，乙欠甲的 500 元债务归于消灭，抵销的结果，是甲仍欠乙 500 元。如果甲、乙二人互欠的债务相等，则两者同时归于消灭。抵销是债的消灭的方式之一，其主要有以下两个优点：

（1）手续方便，可以避免交换履行。如果不采用抵销的方法，双方当事人必须分别向对方履行各自的债务，但是采用抵销的方法，就可以不必经过两道履行手续，对当事人而言比较方便。

（2）当一方当事人破产时，采用抵销的方法可以避免交换履行所引起的不公平的结果。例如，甲、乙二人互负债务，甲已宣告破产，如果没有抵销的办法，则乙欠甲的债务仍然必须继续清偿，而甲欠乙的债务，甲已无力清偿，乙只能根据破产程序参与破产财产的分配，至于最后能分到多少，没有保障，这对乙是不利的。如果采用抵销的办法，则可以避免这种不公平的结果。

抵销的方法主要有以下三种：一是法定抵销。这是《法国民法典》规定的抵销方法。该民法典第 290 条规定，当双方互负债务时，"债务人双方虽均无所知，依法律的效力仍然可以发生抵销"。法国法称之为当然抵销。二是以当事人单方面的意思表示抵销。德国、日本民法典与《瑞士债务法典》均认为，双方在互负债务时，任何一方当事人均可以通过意思表示通知对方进行抵销。三是约定抵销。各国的法律都允许互负债务的双方根据合同的约定，将各自的债务进行抵销。

（四）免除

免除（release），是指债权人免除债务人的债务，亦即债权人放弃其债权。这也是债的消灭的原因之一。免除是否需要债务人同意才能生效，各国的法律有不同的规定。法国法与德国法认为，免除是双方的法律行为，必须经债务人同意才能成立，德国法还认为，免除是抽象的法律行为，与其原因相互独立；《日本民法典》则认为，免除是单独行为，只要债权人有免除债务的意思表示，无须经债务人同意，债的关系亦可归于消灭。

（五）混同

混同（merger），是指债权与债务同属于一个人，即同一个人既是债权人同时又是债务人。在这种情况下，债的关系已经没有存在的必要，应当归于消灭。例如，法国、日本民法典及《瑞士债务法典》都规定，当债权与债务同归于一人时，其债权因混同而消灭。《德国民法典》虽然没有明文规定，但是实际上也承认混同这种制度。因为债权与债务既然已经集于一身，自己对自己讨债、自己对自己还债已经没有实际意义。混同的原因主要有以下三种：

（1）民法上的继受。在自然人死亡时，如果该死者是债权人或债务人，而由其债务人或债权人继承其债权或债务，在这种情况下，其债权或债务即因混同而消灭。

（2）商法上的继受。作为债权人的公司与作为债务人的公司进行合并时，公司的债权、债务也可能因混同而消灭。以上两种情况称为概括继受。

（3）特定继受。如果因为债权转让或债务承担而使债权、债务集中于一个人身上，则也可以发生混同，从而使债的关系归于消灭。

但是，在某些特殊情况下，虽然债权、债务发生混同，但是债的关系并不因此而消灭，这主要有以下两种情况：第一，债权已被作为他人权利的标的。例如，甲把对乙的债权出质于丙，成为丙的质权的标的，日后即使乙继承了甲的债权，债权、债务已发生混同，但是其出质的债权并不因此而消灭，这是为了保护第三人的利益。例如，《日本民法典》第 520 条规定，债权与债务同归于一人时，其债权消灭，但其债权为第三人之权利标的者，不在此限。第二，票据法中的特殊规定。例如，各国的票据法规定，汇票可以采用背书的方式转让给出票人、承兑人、付款人或其他票据的债务人。这就可能发生混同。因为汇票的流通过程是：首先由出票人把汇票开给收款人，收款人可以把汇票背书转让给被背书人，被背书人还可以把汇票背书转让给另一个被背书人，最后由付款人承兑付款。在这个过程中，出票人、付款人、承兑人及其以前的各个背书人都是债务人，而收款人以及最后一个被背书人则是债权人。因此，如果出票人、承兑人或付款人成为最后一个被背书人，那么，债权、债务就集中于同一个人身上，即在这种情况下，汇票的权利理应归于消灭。但是，为了确保票据的流通性，各国的票据法规定，在上述情况下，只要该票据尚未到期，仍然可以以背书的方式继续转让。

二、英美关于合同消灭的法律规定

英美关于合同消灭有以下法律规定：

(一) 合同因双方当事人的协议而消灭

以协议方式消灭合同权利与义务有各种不同的做法。

英美法认为，合同是根据双方当事人的协议成立的，因此，它也可以根据双方当事人之间的协议解除。如果双方当事人达成协议，解除其中一方当事人履行合同的义务，则这种协议必须有对价，或者必须以签字蜡封的形式作成，否则就不能强制执行。但是，如果双方当事人达成协议，彼此免除各自对尚待履行的合同的履行义务，则不需要另外的对价，因为在这种协议中，双方当事人都放弃了他们在尚待履行的合同中的权利，这本身就是对价。

以协议方式消灭合同权利与义务有各种不同的做法。

1. 以新的合同代替原合同

如果双方当事人约定以一项新的合同代替其原来的合同（substituted contract），则原来的合同的权利与义务即告消灭。同样，如果双方当事人达成协议，对原合同的某些条款加以修改或删除，则原来所规定的权利与义务亦告解除。根据普通法的原则，这种协议必须有对价，或者必须采用签字蜡封的方式作成。但是，根据美国《统一商法典》第二篇第2-209条的规定，买卖合同的双方当事人可以通过协议对合同进行修改，不要求对价。

2. 合同更新

合同更新（novation）是指以一项新的合同代替原来的合同，它与上述办法的不同之处在于，在合同更新的情况下，至少要有一个新的当事人参加进来，这个新的当事人可以享有原合同的权利并承担原合同的义务。更新合同是由各方当事人包括新参加进来的当事人以协议形式成立的。合同一经更新，原合同即告消灭。

3. 根据合同自身规定的条件解除合同

双方当事人可以在合同中规定，如果遇到某种情况，合同即告解除。例如，如前所述，"先决条件"无法实现与"后决条件"一旦出现，当事人即可解除合同。

此外，双方当事人还可以根据他们的意思，在合同中规定其他解除合同或终止合同的条件。

4. 弃权

弃权（waiver）是指合同的一方当事人自愿放弃其根据合同所享有的权利，从而解除了他方的履约责任。例如，卖方所交付的货物与合同规定的不相符，买方在收到货物后，如果表示接受，没有提出异议，这就表示买方已放弃了他要求严格按合同履行的权利。如果买方对卖方所交的货物有异议，则应在合理的时间内通知卖方，或向卖方提出损害赔偿，如果没有在合理的时间内通知对方，也将视同弃权。

（二）合同因履行而消灭

履行是合同消灭的主要原因。合同一经履行，当事人之间的债权、债务关系即告消灭。关于履行合同的问题，在本章第三节中已做过介绍，此处不再重复。

（三）合同因违约而消灭

英美法把违约作为消灭合同的一种方式，这不是非常确切，因为：（1）一方当事人违约，并不能取消合同，只是使合同原来规定的义务转变为损害赔偿的责任，使蒙受损害的一方当事人取得损害赔偿的诉权（right of action）。（2）当一方违约时，受损害的一方在某些情况下可以免除自己的履约义务，但是即使在这种情况下，合同仍然存在。例如，如果合同规定了仲裁条款，受损害的一方当事人就可以据此提起仲裁，并根据合同的规定请求损害赔偿。但是，英美法认为，由于一方违约有时会使对方取得解除合同的权利，因而仍然把违约作为合同消灭的原因之一。根据英美法的解释，违约有三种情况：（1）一方当事人表示不愿履行合同；（2）一方当事人以自己的行动使履约成为不可能；（3）一方当事人不履行其合同义务。

上述三种情况都有可能使对方取得解除合同的权利。其标准是看上述违约行为是否涉及"合同的根基"（to the root of the contract）。英美法把违约行为分为两种，一种叫作违反条件，另一种叫作违反担保。如果违反担保，则受损害的一方当事人只能请求损害赔偿，不能解除合同；如果违反条件，即涉及合同的根基，则受损害的一方当事人有权解除合同，并可以请求损害赔偿。

（四）依法使合同归于消灭

在英美法中，有一些法律规定可以使合同在某些情况下归于消灭，主要有以下三种情况。

1. 合并

合并有两种情形：一种情形是以更为安全可靠的合同代替不安全可靠的合同，从而使后者并入前者，并使后者归于消灭。例如，以法院的判决合并并消灭因违约而产生的诉权；或者以内容相同的签字蜡封式的合同取代口头订立的合同等。另一种情形是合同的权利与义务归属于同一个人，这种情况与大陆法的混同相似，合同亦告消灭。

2. 破产

根据有关破产法的规定，如果破产人宣布破产（bankruptcy）后，经过破产清理程序，取得了法院的解除命令（order of discharge），破产人就可以解除一切债务与责任。

3. 擅自修改书面合同

如果一方当事人擅自对书面合同做了修改，对方就可以解除责任。但是，这种修改必须是：（1）未经对方同意擅自对书面合同进行修改，如果已经征得对方同意，则属于另外订立一项新的合同；（2）由其中一方当事人或持有该书面合同的人对其进行修改，而且这种修改是对该当事人有利的；（3）对合同的重要部分（material part）做出修改。何谓重要部分，必须取决于合同文件的性质。例如，根据英国 1882 年《票据法》的规定，凡是汇票未经所有当事人同意而擅自做重大修改者，一律无效。

三、诉讼时效

大多数国家都把时效完成作为消灭合同与其他债的关系的原因之一。例如，《法国民法典》第 1234 条明文规定，债的关系可以因时效完成而消灭；英美法系的一些国家也把诉讼时效（limitation of action）已经完成作为合同消灭的一个重要原因。虽然有些国家对此有不同的解释，但是一般都认为，由于时效完成，债权人的请求权即告消灭，或者至少认为债务人可以将时效完成作为抗辩的事由。因此，在事实上时效完成仍然起到消灭债的关系的作用。这是把时效安排在"合同的消灭"一节中的理由。

（一）时效的概念

时效，是指根据法律的规定，在一定的期间内，一定的事实状态的继续存在，引起民事法律关系的消灭或发生的一种法律制度。例如，在债务人不履行合同的义务时，如果债权人在时效期间不行使权利，如不向法院起诉，法律对这种债权即不予以保护。又如，占有人占有别人的财产，原所有人在一定的期间内没有行使权利，在善意占有时效期满后，所有人就丧失了所有权，占有人取得所有权。

具体而言，时效是指法律上规定的关于确认法律事实与法律文件发生或消灭法律效力的时间范围。各个法律领域中均有时效的规定。例如，法律文件的时效；民法上的取得时效（占有时效）与消灭时效（诉讼时效）；刑事方面的追诉时效等。民事时效的特征或条件有三个：（1）一定的事实状态的存在是时效制度的前提。例如，非所有人对物的占有，以及权利主体对权利的自行放弃等。（2）一定的事实状态必须持续一定的期间。如果没有经过一定的期间，时效问题就无从谈起。（3）必须发生一定的法律效果。例如，法律规定的事实状态存续了一定的期间以后，引起一定的民事法律关系的发生、变更或消灭的后果。

时效制度主要有两个方面的作用：（1）保持社会经济关系的稳定。如果占有他人的财产，经过长时间之后，无人提出异议，法律就承认善意占有人的所有权，嗣后不能再提出异议。（2）避免在举证上发生困难。因为年代越久远，证据越容易湮没，一旦发生诉讼，搜集证据与提供证据都会有很大的困难，因此，法律对行使权利的期间做出一定的限制，超出规定的期间，法律就不再予以保护，使权利人不能长久地不行使其权利。这就是时效制度的要旨。

大陆法系把时效分为两种，即取得时效与消灭时效。取得时效是关于取得该物的所有权的制度。消灭时效是关于诉权的制度，即债权人在诉讼时效期间内不行使权利，其诉权即归于消灭。

英美法系则没有这种区分。在英美法系中只有一种时效，就是诉讼时效。

关于消灭时效的效力，各国法律的解释略有不同。有的国家认为，在消灭时效完成后，权利本身即归于消灭。例如，《日本民法典》第 167 条规定，债权经过 10 年期间不行使而消灭。有的国家则认为，在消灭时效完成后，只是使请求权（即诉权）归于消灭，但是权利本身依然存在，这种权利是没有诉权的权利，就是所谓自然之债。对于自然之债，债权人不能向法院要求救济，但是仍然可以向债务人请求履行，债务人可以照常履行，也有以时效完成为由而拒绝给付的权利。例如，《德国民法典》第 222 条规定，在消灭时效完成后，债务人有拒绝给付的权利，同时规定，如果请求权已因时效而消灭，但是债务人仍履行其义务，虽然因不知消灭时效而给付，亦不得请求返还。此外，有的国家的法律还规定，法官不得自动援用时效的方法，也就是说，当债权人在时效完成后向法院起诉时，法官不得主动地提出以时效已完成为由拒绝受理，而只能由被告提出以时效完成作为抗辩的理由，要求法院驳回原告的请求。

（二）各国法律关于时效期间的规定

各国的法律对于时效期间都有具体的规定。大陆法系各国将消灭时效期间分为普通期间与特别期间两种，前者较长，后者较短。例如，《德国民法典》与《法国民法典》规定，普通消灭时效期间为 30 年，《日本民法典》规定为 20 年，《瑞士债务法典》规定为 10 年。除普通时效期间外，对于某些由于其性质与特点必须在短期内行使的权利，各国的法律还专门就这些权利规定了特别时效期间。例如，《法国民法典》规定，教师的讲课报酬请求权、旅馆及饭店对住宿费及饮食费的请求权以及工人对工资的请求权，经过 6 个月不行使即告消灭。其他国家也有类似的规定。英美法系国家则有不同的区分方法。根据英国 1939 年《时效法》（Limitation Act）第 2 条的规定，简式合同的时效期间为 6 年，签字蜡封式合同的时效期间为 12 年。如果请求权中包括了人身伤害的请求权，那么其时效期间为 3 年。美国没有全国统一的时效法律，有关诉讼时效问题，由各州以成文法予以规定。各州对由违反合同而引起的诉讼的时效期间，各有不同的规定。各州大多区别口头合同与书面合同，分别规定不同的时效期间。多数州将口头合同的诉讼时效期间规定为 5 年或者 6 年，多数州将书面合同的时效期间规定为 10 年。此外，美国《统一商法典》对货物买卖合同的时效期间规定为 4 年。

（三）诉讼时效的起算、中止、中断与延长

1. 诉讼时效的起算

诉讼时效都有一定的期间，这个期间从什么时候开始计算，对权利人关系重大。一般而言，诉讼时效应当从请求权发生时开始计算。具体而言，有以下三种情况：（1）如果合同订有履行期，则自履行期到来，债务人不履行义务时开始计算；（2）如果合同未规定履行的期限，则从合同成立之日起计算；（3）由侵权行为引起的损害赔偿请求权，从侵权行为发生时开始计算。

2. 诉讼时效的中止

如果权利人在诉讼时效期间内，由于发生不以自己的意志为转移的事故，阻碍了他向法院起诉，在这种情况下，为了保护权利人的利益，法律允许中止诉讼时效的进行，即阻碍权利人不能行使诉权的这段时间，不计入时效期间之内，等该阻碍事故消除以后，时效期间再继续进行，这称为诉讼时效的中止（suspension）。

但是，这并不是说在时效期间届满前任何时候发生的意外事故都可中止时效，而是根据法律的规定在时效期间最后几个月内发生的意外事故才能中止时效的进行。例如，《德国民法典》第 203 条规定，权利人在时效期间最后 6 个月内，因为判决休止而妨碍法律上的追诉时，停止消灭时效的进行；因为不可抗力事故而妨碍法律上的追诉时，也应停止消灭时效的进行。又例如，《日本民法典》第 158 条规定，在时效期间届满前 6 个月内，未成年人或禁治产者没有法定代理人时，在无能力人成为有能力人或者从法定代理就职时起 6 个月内，不完成时效。

3. 诉讼时效的中断

在诉讼时效进行过程中，如果发生了法律规定的情况，以前经过的时效期间不算，等法定中断的情况终结之后，诉讼时效重新计算，这称为诉讼时效的中断（interruption）。

时效中断主要有以下三种情况：

（1）起诉。如果权利人向法院提起诉讼，要求法院保护其权利，则时效从起诉时中断。《德国民法典》第 209 条规定，权利人提起履行或确认请求权之诉时，时效中断。在这种情况下，诉讼时效一般应从法院判决生效时起重新计算，起诉前已经过去的期间不再予以考虑。西方各国法律都认为，起诉是引起时效中断的主要原因之一，对这一点是没有分歧的。但是对于权利人不向法院起诉，而仅向债务人提出履行合同的请求，能否产生时效中断的效力，各国法律分歧则较大。多数国家的法律认为，只有向法院起诉才能产生时效中断的效力，如果仅向对方当事人提出履约请求，则不能产生时效中断的效力。但是，《日本民法典》与《瑞士债务法典》则认为，不论权利人向法院起诉还是仅向对方提出履约的请求，均可发生中断时效的效力。

（2）承认（acknowledgement）。承认是指债务人向债权人承认其债务。各国法律都认为承认可以产生时效中断的效力。

（3）部分履行。如果债务人部分履行其债务，时效亦告中断。债务人支付利息亦产生同样的法律效果。在这种情况下，诉讼时效应从债务人最后付款之日起重新开始计算。

4. 诉讼时效的延长或缩短

对于诉讼时效是否可以由双方当事人约定予以延长或缩短，各国的法律有不同的规定。有些国家认为，诉讼时效是强制性规定，不允许当事人予以延长或缩短，例如，《瑞士债务法典》第129条就做出了这样的规定。但是，有些国家的法律则认为，时效期间虽然不能延长，但是可以缩短。其理由是，延长时效期间是与时效制度的目的背道而驰的，因为制定时效制度本来就是为了把行使权利的时间限定于法律规定的期间之内，因此，不应当允许当事人通过协议予以延长。但是，缩短时效期间是允许的，因为这样做并不违反时效制度的主旨。例如，《德国民法典》第225条规定，消灭时效不得以法律行为抛弃或加重之，但消灭时效得减轻之，可以缩短时效的时间。美国《统一商法典》第二篇第2-725条规定，买卖合同的诉讼时效为4年，从诉讼原因发生时开始计算。双方当事人可以在合同中将这一期限缩短至1年，但是不得予以延长。

（四）英美法与大陆法在时效制度上的主要分歧

英美法与大陆法在时效问题上的主要不同之处在于，英美法认为时效属于程序法的范畴，所以，英美法将时效称为"limitation of action"，意思就是"对诉讼的限制"。而大陆法则认为时效属于实体法，是在民法典或商法典中加以规定的。这种区别在涉外民事诉讼中，特别是在对外贸易合同的诉讼中，可能会产生一些意想不到的后果。因为在这种诉讼中，双方当事人分属于不同的国家，因此就产生这样一个问题：这项合同应当受哪一个国家的法律支配？应当适用哪一个国家的法律？这个问题在西方国家称为法律冲突（conflict of law），它属于国际私法的研究对象。在西方国家都有一些规则来处理这种问题，这种规则称为法律冲突规范（rule of conflict of law），其中有一条叫作"诉讼程序依法院所在地"原则。这就是说，凡是属于程序法方面的问题，均必须根据法院所在地的程序法的有关规定办理，其理由是，程序法或诉讼法属于公法范畴。由于英美法与大陆法在时效制度上有不同的规定，这就可能出现下列情况：如果一个法国人与一个英国人签订了一项合同，合同所适用的法律是法国法。但是，如果当事人在英国向英国法院提起诉讼，关于诉讼时效的问题就必须根据英国的时效法处理，因为英美法认为，诉讼时效属于程序法，必须适用法院所在地的诉讼程序法，而不能适用《法国民法典》有关时效的规定。如果根据英国有关时效的法律，认为当事人的诉讼时效已过（根据英国时效法的规定，简式合同的时效为6年，签字蜡封式合同的时效为12年），即使根据《法国民法典》有关时效的规定，该项时效尚未完成（根据其民法典规定普通时效为30年），则该当事人也不能再向英国法院主张其请求权了。

（五）1974 年《联合国国际货物买卖时效期限公约》

国际货物买卖中的时效问题，与当事人的权利紧密相连。由于各国对时效期限的规定不同，经常影响当事人对权利的行使，给国际货物买卖增加了不少困难，无助于国际经济的交往，有碍于国际贸易的开展。为了避免这种情况，联合国国际贸易法委员会起草了一项国际货物买卖时效公约，于 1972 年在第五届"贸法会"上通过了公约草案。1974 年 6月 14 日，在纽约联合国总部召开了外交会议，订立了《联合国国际货物买卖时效期限公约》（United Nations Convention on the Limitation Period in the International Sale of Goods）（以下简称《时效公约》）。为使 1974 年《时效公约》与 1980 年《联合国国际货物买卖合同公约》相配套，在 1980 年 4 月举行的联合国维也纳外交会议上缔结《联合国国际货物买卖合同公约》的同时，还通过了《关于修正〈联合国国际货物买卖时效期限公约〉的议定书》。该时效公约与议定书于 1988 年 8 月 1 日生效。截至 2005 年上半年，前者有 25 个参加国，后者有 18 个参加国。《时效公约》的主要内容如下。

1. 定义与适用范围

《时效公约》所规定的时效期限是指与合同有关的权利的消灭期限。这种权利既可以是由合同本身规定而产生的请求权，也可以是在履行合同中因违反合同、终止合同或因合同失效而产生的请求权。上述各种请求权只能在有关合同或《时效公约》规定的期限内行使，规定的期限届满以后，便不能行使这些请求权。因此，请求权的行使期限便是《时效公约》所指的时效期限。《时效公约》的适用范围与《联合国国际货物买卖合同公约》的适用范围是一致的。

2. 时效期限及其起算与计算

《时效公约》规定国际货物买卖中的请求权的时效期限为 4 年，但是时效期限的起算日期，却因情况不同而有所不同。《时效公约》规定起算时效的总原则是，自请求权产生之日起计算时效。在这项总原则下又具体地规定：（1）因违约而发生的请求权，违约行为发生之日为该请求权产生之日；（2）所交货物有缺陷或不符合合同规定，实际交货之日或买方拒收之日为请求权产生之日；（3）对于欺诈行为，该欺诈行为被发现或理应被发现之日为请求权产生之日；（4）对因保证期而引起的请求权，在保证期由买方将事实通知卖方之日为请求权产生之日；（5）声明终止合同的请求权，做出此声明之日为请求权产生之日；（6）对分期交货或分期付款的请求权，自每期违约行为发生之日起计算请求权时效。

《时效公约》规定的计算时效的方法是，起算之日的对应日期为时效的届满日期，如果届满日期为假日、节日的，可以顺延。

3. 时效期限的变更与延长

根据《时效公约》规定的停止计算时效与重新计算时效办法，实际上都变更了时效的期限，但是这种变更的权利不属于当事人。《时效公约》明确地规定，在时效期限届满以前，被请求的一方当事人（债务人），可以向请求的一方当事人（债权人）提出延长时效期限的书面声明，声明可以是多次的。除这种情况外，合同当事人无权以声明或其他协议的形式变更公约规定的时效期限。

《时效公约》对由各种原因引起的延长时效规定了一个一般限制，即在任何情况下，自起算之日起，时效期限不得超过 10 年。

4. 时效期限的停止计算与重新计算

时效期限的停止计算，即时效期限的中止。《时效公约》规定，如果发生下列情况，则时效期限停止计算：（1）债权人依法向法院提起诉讼，或者根据仲裁协议提起仲裁；（2）债务人死亡或丧失权利能力；（3）债务人破产或无清偿能力；（4）法人解散或清算。

时效期限的重新计算，即时效期限的中断。《时效公约》规定，在下列情况下重新计算时效期限：（1）根据债务人营业所所在国家的法律规定，在重新计算时效期限时，即开始一个新的 4 年时效期限；（2）在时效期限内，当债务人以书面形式向债权人承认其所负债务时，自承认之日起重新计算时效期限。

5. 时效期限届满的后果

根据《时效公约》的规定，在时效期限届满后，其法律后果是，在诉讼上消灭了债权人对债务人的请求权，而不是实体权利的消灭。因此，在时效期限届满后，债权人无权提起诉讼或仲裁，但是仍然有权以请求权为由抗辩或抵销债务人的请求权，也有权接受债务人偿还的债务，债务人不得以不知时效期限已届满为由，要求退还已经偿还的债务。

（六）美国《统一商法典》关于诉讼时效的规定

（1）该商法典在"买卖"篇的最后一条，即第 75 条，专门就货物买卖合同的诉讼时效做出了 4 项规定。该商法典明确地规定，就违反货物买卖合同提起的诉讼，必须在诉因（cause of action）发生之时起的 4 年之内提出。双方当事人可以通过最初的协议，将诉讼时效减至不少于 1 年的时间，但是不得延长诉讼时效。

在该商法典制定之前，美国各州是以制定法对违约事件的诉讼时效予以限制的，将货物买卖合同一并加以规定，其诉讼时效一般为 6 年。这些诉讼时效法现在虽然依然有效，但是采用该商法典的各州，在违反货物买卖合同的诉讼时效问题上，一般根据法典的规定行事，即以 4 年为限。值得一提的是，1974 年在联合国会议上通过的《联合国国际货物买卖时效期限公约》，规定国际货物买卖合同的时效期限为 4 年，与该商法典在这方面的规定相吻合。另外，《中华人民共和国合同法》也规定，货物买卖合同争议提起诉讼或者仲裁的期限为 4 年，自当事人知道或者应当知道其权利受到侵犯之日起计算。

（2）关于诉因发生时间的具体计算问题，该商法典规定，一旦违约行为发生，诉因即发生，即使受损害方不知悉违约行为的发生也做出如此处理。违反担保在做出交货的提示时即产生诉因；排除这种担保明示地指向货物将来的履行，必须等到这样的履行时间才能发现违约。

在这种情况下，诉因在发现违反担保时或应当发现违反担保时发生。换言之，上述诉因发生的起算点，一般是在违约方履行合同之时。

（3）基于货物买卖合同的诉讼，因实体法以外的理由被驳回，在被驳回的 6 个月内，可以另提起诉讼。在 4 年诉讼时效期内提起的诉讼终结之后，如果就同一违约另提他诉尚有补救办法时，即使诉讼时效已届满，但是在前诉终结之后的 6 个月内，仍然可以提起其他诉讼。

（4）该商法典规定，本条关于诉讼时效的规定，仅适用于该法典生效之后发生的诉因。在这方面沿用了国际上通行的"法律不溯及既往"原则。

第五节 电子商务示范法

自 20 世纪 90 年代以来，随着互联网的不断发展与广泛应用，电子商务异军突起，正在产生巨大的影响。利用电子商务进行各种商事交易，必然涉及传统国际商法的一系列问题，会与之形成矛盾和冲突，必须进行适当的规范与调整，例如，电子合同的订立及其有效性、数据电文的可接受性与证据力、电子单据的确认以及电子支付的安全性等。显然，传统的国际商法已经无法适应与满足这些新出现的现实问题，必须加以修改或制定新的法律。各国与国际组织为此先后制定了一些重要的法律。随着电子商务的迅速发展，相应的电子商务新法律应运而生，并且正在逐渐形成一套电子商务的法律规范，即电子商法。

在国际商法中，虽然有关的国际公约与国际惯例必须了解与掌握，但是一些由国际经济贸易组织起草与制定的国际示范法也值得注意和重视。例如，由世界知识产权组织主持起草的 1978 年《保护计算机软件示范条款》，以及由联合国国际贸易法委员会主持制定的 1985 年《国际商事仲裁示范法》、1994 年《货物、工程和服务采购示范法》、1996 年《电子商务示范法》以及 1997 年《跨国界破产示范法》等，都比较具有代表性。虽然这些示范法不像国际公约那样具有约束力，只是供各国在立法时作为参考，但是由于其制定具有指导性、及时性与前瞻性，对于协调与统一各国对有关重要国际商事的立法，减少各国之间制定法律的冲突，推动国际经济贸易的发展，具有重要的影响与作用。有不少国家采用了《国际商事仲裁示范法》与《电子商务示范法》的主要原则、结构与内容，制定本国的国际商事仲裁与电子商务法。一旦条件成熟，其中一些示范法就有可能成为国际公约或惯例。

一、电子商务的概念与分类[①]

对电子商务，英语有两种表达方式：一是 "electronic business"；二是 "electronic commerce"。这两种都称为 "电子商务"。但是，从实际情况看，"E-commerce" 这个概念比 "E-business" 的概念所包含的范围更加广泛，内容更加具体，表述更加准确，更能代表电子商务发展的现状与趋势。联合国国际贸易法委员会制定的《电子商务示范法》中的 "电子商务"，英文用的就是 "E-commerce"。

简单地说，电子商务就是用互联网做生意。对于电子商务的定义，大致有以下四种说法：（1）可以称为在电子形式下的商品与服务的商业交易；（2）一般是基于数字化信息的处理与传输，既包括文本、声音与图像，也包括机构与个人的所有与商业行为有关的交易形式；（3）是有关电子化的商业行为，既包括文本、声音与图像的数据处理与传输，也包括商品与服务的电子商贸，还包括数据的在线传输、电子资金的转移或转账、电子单据的传输、商品的拍卖、对工程的设计，以及对消费者的直接营销与售后服务等；（4）是指通过信息网络，以电子数据信息流通的方式，在世界范围内进行并且完成的各种商务活动、交易活动与金融活动，以及相关的综合服务活动等。

电子商务有广义与狭义之分。广义的电子商务包括所有以电子形式发生的商务与金融

---

① 阎坤，陈昌盛. 电子商务税收理论探析. 世界经济，2001（1）.

交易活动，例如，电子数据交换（electronic data interchange，EDI）、电子资金转移或转账（electronic funds transfer，EFT）与各种信用卡交易；狭义的电子商务是指企业与企业之间的电子商务（B2B）以及企业与消费者之间的电子商务（B2C）。

为了使问题简化和便于分析，本节所指的电子商务是狭义的电子商务，分为两种类型。

第一种类型是根据交易商品与服务的特点进行分类，电子商务可以分为有形电子商务与无形电子商务两种。所谓有形电子商务，也称为间接电子商务，是指有形货物的电子商务交易，这种交易必须通过传统渠道，例如，运输系统与邮政系统等完成其商品的配送。所谓无形电子商务，也称为直接电子商务，是指无形的货物与服务在 cyberspace（电脑空间，是指由计算机系统产生的虚拟空间）直接完成整个交易过程的行为，例如，计算机软件、音乐（CD、MP3 等）、图片与在线交付等。

第二种类型是根据交易主体分类，可以把电子商务分为企业与企业之间的电子商务（B2B）以及企业与消费者之间的电子商务（B2C）。许多人认为，政府也应当包括在电子商务之中，因为从某种程度而言，政府订货与采购等经济活动，是可以归于 B2B 的，而政府对经济部门的审批与监管，以及有关信息的发布与传输，是可以归于 B2C 的（见表 3 - 1）。

表 3 - 1   电子商务及其更加广泛的应用

	政府（G）	企业（B）	消费者（C）
政府（G）	G2G	G2B	G2C
企业（B）	B2G	B2B	B2C
消费者（C）	C2G	C2B	C2C

二、电子商务对国际商法的影响

电子商务的发展对国际商法的影响，最直接的领域是与运用 EDI 有关的国际贸易，主要表现在运输单据（提单）与合同的磋商与签订方面。

1980 年《国际贸易术语解释通则》所规定的合同书面形式只包括通常意义上的书信、电报与电传。在当时，传真并不普及。20 世纪 80 年代，EDI 开始逐渐流行，用来代替书面的信函、电报与电传，出现无纸贸易（paperless trade）的新情况。对此，1990 年《国际贸易术语解释通则》在"引言"中指出："尽管提单具有特殊的法律性质，在不久的将来它可望被 EDI 所取代。1990 年《国际贸易术语解释通则》对该发展趋势给予了适当的考虑。"1990 年《国际贸易术语解释通则》在后面的每一个具体术语的 A8、A10 和 B8、B10 条款中，都对 EDI 做出了明确的规定。

20 世纪 90 年代后期以来，随着信息技术的迅速发展，电子商务、网上交易这种新的交易方式迅速传播并日益普及。这种全新的无纸化交易，对长期以纸质单据为中心的传统商法的一系列法律与法规产生了巨大的冲击与影响，由此出现了许多亟须解决的法律问题，其中合同法首当其冲。

1. 合同的形式问题

各国的法律规定，传统的合同一般应以书面合同为准，否则无效。而 EDI 则取代了交易的书面文件，使交易无纸化。这样，如何解决传统法律中关于合同书面形式的规定与电子商务合同无纸化这一特点的矛盾，就成为国际货物买卖合同法要解决的头等大事。

2. 合同的证据问题

根据传统法律，在发生贸易纠纷，将其提交仲裁或者提起诉讼时，应当以书面合同的具体条款为证据做出处理或者裁决。而 EDI 在保持数据方面则比较困难，原因是：（1）它可以任意改动而不留下任何痕迹；（2）它在某些情况下容易丢失；（3）它甚至可能被篡改与盗用；（4）互联网上传输的数据或者文件，难以确定哪些是"正本"与"副本"。这样，电子数据的真实性就存在问题，在仲裁或者诉讼中是否能作为证据，成为法律上的一个争论点。

3. 合同的签字确认问题

各国的法律规定，交易合同必须由买卖双方签字方为有效，同时流通票据的支付与转让，也必须由有关当事人签名或者背书才能生效。但是，采用 EDI 的交易方式是难以符合这一法律要求的。

4. 合同成立的时间问题

各国的法律在这个问题上有较大的分歧。德国法规定"到达生效"原则，英美法规定"投邮生效"原则。电子商务交易也有同样的问题，究竟是采用前者还是采用后者呢？当然，还有许多其他有关的问题。

三、电子商务示范法

（一）《电子商务示范法》的主要内容

全球网络经济与电子商务的迅速发展，不仅要求各国进行相应的国内立法，也呼唤各国进行协调，用新的国际法律加以规范。于是，《电子商务示范法》应运而生。

1996 年 12 月 16 日，联合国大会以 51/162 号决议通过了由国际贸易法委员会制定的《电子商务示范法》（Model Law on Electronic Commerce），成为世界上第一部关于数据电文（data message）的示范性法律。该法有前、后两大部分：前一部分是示范法的正文，共 17 条；后一部分是对各国制定有关法律的"颁布指导"，即对正文各条的详细解释与说明。

《电子商务示范法》（以下简称《示范法》）第 1 条"适用范围"规定："本法适用于在商业活动方面使用的、以一项数据电文为形式的任何种类的信息。"[1]《电子商务示范法》第 2 条把数据电文的形式扩大，规定除了 EDI 外，还包括电报、电传、传真以及电子邮件等形式。第 2 条（a）款指出："'数据电文'是指经由电子手段、光学手段或类似手段所生成、储存或传递的信息，这些手段包括但不限于电子数据交换（EDI）、电子邮件、电报、电传或传真。"第 2 条（b）款指出："电子数据交换（EDI）是指计算机之间采用某种构成信息的约定标准的信息传输。"

使用数据电文签订合同，会引起一系列有关的法律问题。对此，《电子商务示范法》都做出了有针对性的具体规定。以下进行详细的介绍。

1. 关于合同形式的要求

《示范法》第 6 条"契据"规定数据电文与"书面形式"具有同等的法律效力："（1）凡是法律要求信息采用书面形式之处，如果某一数据电文所包含的信息可以调出，以便日后查阅使用，那么，就符合该项要求。（2）不论对此要求是以义务的形式，还是法律只规定非书

---

[1] 此引文和以下引文均系根据雅虎网站下载的《电子商务示范法》英文原文翻译，仅供参考。

面形式信息的后果，第 1 款均可以适用。"这实际上是根据各国法律规定的合同书面形式的要求，扩大了传统法律规定的"书面"一词的定义，把数据电文纳入了"书面"所包含的范围。

2. 关于合同签字的确认

《示范法》第 7 条为"签字"，规定了数据电文签字的有效性："凡是法律要求某人签字，就某一数据电文而言，可视为符合该项要求，如果：（a）采用某种方法可以确认此人的身份，并且表明此人认可数据电文所包含的信息；以及（b）根据种种情况来看，包括任何相关的协议，所使用的方法是可靠的，对生成或交流该数据电文的目的是适当的。"

3. 关于合同的原件

《示范法》第 8 条"原件"规定，只要自信息首次以其最终形式而生成之时起保持了完整性，并且该信息能将其显示给想要展示的人，就符合原件的要求："（1）凡是法律要求信息以原件形式加以展示或保留之处，某一数据电文都符合该要求，如果（a）能够可靠地保证，自信息首次以其最终形式生成，作为一项数据电文或者充当其他用途之时起，保持了完整性；以及（b）凡是要求将该信息加以展示之处，该信息都能将其显示给想要展示的人。（2）不论对此要求是以义务的形式，还是法律只规定不以其原件形式展示或保留的信息后果，第 1 款均可以适用。（3）为达第 1 款第 1 项之目的：（a）评估完整性的标准应当是，信息是否保持完全，未加改动，添加背书和在正常的交流、储存以及显示过程中所发生的任何变动除外。（b）对所要求的可靠性标准的评估，应当根据生成信息的目的以及根据全部相关的情况。"

4. 关于合同证据的价值

《示范法》第 9 条"数据电文的可接受性和证据价值"规定，不得仅以某一数据电文为由否定其法律上的效力："（1）在任何法律诉讼中，证据规则将完全不适用于否定某项作为证据的数据电文的可接受性：（a）仅以其是一项数据电文为由；或（b）如果它是举证人按合理预期所能获得的最佳证据，以其不是原件形式为由。（2）对数据电文形式的信息，应当给予适当的证据价值。在评估某一数据电文的证据价值时，应当考虑生成、储存或者交流该数据电文办法的可靠性，保持信息完整性办法的可靠性，用来鉴别原发件人的办法，以及任何其他相关的因素。"

5. 关于合同的保留

《示范法》第 10 条"数据电文的保留"规定，只要日后可以调取并且以原始格式保留就可以满足："（1）凡是法律要求保留某些单据、记录或信息，保留数据电文即符合该要求，如果满足下列条件：（a）由此包含的信息可以调取，以便今后备查使用；以及（b）该数据电文是以其生成、发送、接收的格式保留的，或以可用来证明能够准确地展示所生成、发送或接收信息的格式保留的；以及（c）所保留的此种信息，如有的话，要能够确认某一数据电文的来源和目的地，以及在其发送和接收时的日期和时间。（2）根据第 1 款的规定，保留单据、记录或信息的义务，并不适用于只是为了能够收发数据电文的任何信息。（3）任何人通过利用任何其他人的服务就可能满足第 1 款所述要求，如果符合第 1 款（a）、（b）和（c）项中所规定的条件。"

6. 关于合同的成立和有效性

《示范法》第 11 条"合同的成立和有效性"规定，不得仅以采用了数据电文为由，否定该合同的有效性或可执行性："（1）在合同形成的背景下，除非当事人另有约定，一项要约和对要约的承诺可以用数据电文的方式表示。凡是在合同形成中采用数据电文之处，不得只是以为此目的而采用了数据电文为由，否定该合同的有效性或可执行性。"

7. 关于合同的承认

《示范法》第12条"当事人对数据电文的承认"规定，当事人之间不得以其只是数据电文形式为由，否定其法律作用、有效性或可执行性："当某一数据电文发生在原发件人和收件人之间时，不得以其只是数据电文形式为由，而以某一意愿声明或其他声明否定其法律作用、有效性或可执行性。"

8. 关于合同收发的时间与地点

《示范法》第15条"合同收发的时间与地点"规定采用"到达原则"，即到达时间是指数据电文进入收件人特定信息系统或首次进入收件人信息系统的时间："（1）除非原发件人与收件人之间另有约定，某个数据电文的发送，在其进入原发件人或代表其发送该数据电文之人无法控制的某个信息系统之时即告成立。（2）除非原发件人与收件人之间另有约定，收到某个数据电文的时间，可确定如下：（a）如果收件人收到数据电文而指定了某个信息系统，收到即告成立：（ⅰ）在该数据电文进入指定的信息系统之时；或（ⅱ）如果该数据电文发送到某个并非收件人指定的信息系统，则在收件人检索该数据电文之时。（b）如果发件人没有指定某个信息系统，收到则发生在该数据电文进入收件人的某个信息系统之时。（3）尽管设置信息系统的地点与根据第4款规定的被认为收到该数据电文的地点有所不同，第2款仍可以适用。（4）除非在原发件人与收件人之间另有约定，某个数据电文被认为是在原发件人拥有营业地的地点发送的，以及被认为是在收件人拥有营业地的地点收到的。为实现本款制定之目的：（a）如果原发件人或收件人拥有一个以上的营业地，其营业地是指与主要交易关系最密切的地点，或如果没有主要交易，则是指主要营业地；（b）如果原发件人或收件人没有一个营业地，可参照其常住地。"

与其他任何国际商法一样，《电子商务示范法》只起示范作用，不具有强制性，仅供各国参考选择。但是，《电子商务示范法》的制定，为解决与EDI有关的法律问题提供了有益的思路，必将产生重要的影响。

（二）《电子商务示范法》的特点与影响

1. 特点

《电子商务示范法》具有下列明显的特点：

首先，电子商务的国际立法是对传统国际商法立法的重要补充和发展，该示范法对于1980年《联合国国际货物买卖合同公约》即是如此。

其次，电子商务的国际立法要早于各国国内电子商务的立法。该示范法制定于1996年，此前，全世界没有一个国家制定出有影响的有关法律法规，包括电子商务最发达的美国。

最后，电子商务的国际立法具有突破性，该示范法的出台打破了国际商法立法的传统模式，即先国内后国际的立法模式。

2. 影响

正因为该示范法具有上述特点，所以它起了真正的示范作用，引领了许多国家制定自己国内的电子商务法。在联合国国际贸易法委员会通过的《电子商务示范法》的影响下，欧美与许多发展中国家都已经制定了本国的电子商务法。

例如，1998年，新加坡颁布了《电子交易法令》，作为规范电子交易的法律依据。该法令采用了联合国国际贸易法委员会通过的《电子商务示范法》中的绝大部分条款。

1999 年 11 月，欧盟正式通过了关于电子签名的指令；1999 年 12 月 7 日，还通过了一个"统一法令"，明确规定在某个成员国签订的电子商务合同，其效力在其他任何一个成员国都应被承认。

2000 年 6 月 30 日，美国时任总统克林顿签署了关于网上电子签名的法案，使网上签名与钢笔和圆珠笔签名具有同等效力。

四、中国有关电子商务的立法

《中华人民共和国合同法》首次对数据电文合同的有关问题做出以下规定：(1) 当事人订立合同，有书面形式、口头形式和其他形式（第 10 条）。书面形式是指合同书、信件和数据电文（包括电报、电传、传真、电子数据交换和电子邮件）等可以有形地表现所载内容的形式（第 11 条）。(2) 要约到达受要约人时生效。采用数据电文形式订立合同，收件人指定特定系统接收数据电文的，该数据电文进入该特定系统的时间，视为到达时间；未指定特定系统的，该数据电文进入收件人的任何系统的首次时间，视为到达时间（第 16 条第 2 款）。(3) 采用数据电文形式订立合同的，承诺到达的时间适用《合同法》第 16 条第 2 款的规定（第 26 条第 2 款）。(4) 当事人采用信件、数据电文等形式订立合同的，可以在合同成立之前要求签订确认书。签订确认书时合同成立（第 33 条）。

从 2000 年至今，中国先后出台了《全国人大常委会关于维护互联网安全的决定》《电子签名法》《全国人大常委会关于加强网络信息保护的决定》等法律和法律文件，也出台了《网络交易管理办法》等部门规章，但缺乏一部权威性、综合性的电子商务大法。2013 年年底，电子商务法列入十二届全国人大常委会立法规划，立法进程由此正式启动。

2016 年 12 月 19 日，《中华人民共和国电子商务法（草案）》初次提请全国人大常委会审议。草案设专章对跨境电子商务活动做出规定，鼓励促进跨境电子商务发展，推动建立国家之间跨境电子商务交流与合作。

草案共 8 章 94 条，包括总则、电子商务经营主体、电子商务交易与服务、电子商务交易保障、跨境电子商务、监督管理、法律责任和附则八大部分。

草案明确了电子商务的定义，即通过互联网等信息网络进行商品交易或者服务交易的经营活动。其中，信息网络包括互联网、移动互联网等；商品交易包括有形产品交易和无形产品交易（如数字产品）；服务交易是指服务产品交易；经营活动是指以营利为目的的商务活动，包括上述商品交易、服务交易和相关辅助经营服务活动。

2016 年 12 月 27 日，结束首次审议的电子商务法首次通过人大官网公布，意味着电子商务法走完第一步立法程序。草案在公开征求社会意见后，进行了第二次和第三次人大审议。

2004 年 8 月 28 日，第十届全国人大常委会第十一次会议通过了《中华人民共和国电子签名法》，首次赋予可靠的电子签名与手写签名或盖章同等的法律效力，并明确了电子认证服务的市场准入制度。这部法律确立了数据电文、电子签名在中国的法律效力，指出了数据电文在何种条件下满足中国法律所规定的"书面形式"、"原件形式"和"文件保存"，明确了数据电文的发送、接收与证据力在法律上的认可方式，规范了法律对电子认证服务机构的要求和行政管理模式等。该法是中国第一部真正意义的电子商务法，其条文体现的原则基本上奠定了中国电子交易与电子商务的法律基础。该法自 2005 年 4 月 1 日起施行。

第六节 中国的合同法

一、1999 年以前的合同法

1999 年以前，中国的合同法见之于《中华人民共和国民法通则》（以下简称《民法通则》）、《中华人民共和国经济合同法》（以下简称《经济合同法》）、《中华人民共和国涉外经济合同法》（以下简称《涉外经济合同法》）以及其他有关合同的单行法规中。《民法通则》规定了合同法的一般原则，主要包括民事权利能力与民事行为能力、民事法律行为与代理、债权与民事责任等内容。它所规定的各项原则基本上适用于所有合同。

《经济合同法》主要涉及国内订立的经济合同，包括经济合同的订立与履行、经济合同的变更与解除、违反经济合同的责任、经济合同纠纷的调解与仲裁以及合同的管理等内容。该法还对购销、建筑工程承包、加工承揽、货物运输、供用电、仓储保管、财产租赁、借款、财产保险以及科技合同 10 种经济合同做出了具体的规定。该法的适用范围很广，除上述列举的 10 种经济合同外，还适用于其他各种国内经济合同，但是不适用于涉外经济合同。

《涉外经济合同法》主要包括涉外经济合同的订立，合同的履行与违反合同的责任，合同的转让，合同的变更、解除和终止，以及争议的解决等内容。该法适用于中国企业或者其他经济组织与外国企业或者其他经济组织之间或者个人之间订立的涉外经济合同，但是国际运输合同除外。

这三部法律构成了中国合同法的主要框架。除此之外，中国还颁布了一些专门对某种特定类型的合同做出规定的单行法规。例如，《中华人民共和国中外合资经营企业法》《中华人民共和国中外合作经营企业法》《技术引进合同管理条例》等，分别对中外合资经营企业合同、中外合作经营企业合同和技术引进合同做出了某些具体的规定。

下面介绍《民法通则》的有关内容。

（一）关于合同的形式

《民法通则》规定，民事法律行为可以采取书面形式、口头形式或者其他形式，但是法律规定用特殊形式的，应当根据法律的规定。这一规定表明，《民法通则》对合同的形式原则上没有规定特殊的要求，但是，如果其他法律对某些合同有特殊的形式要求者除外。具体而言，《经济合同法》与《涉外经济合同法》对经济合同与涉外经济合同所应采取的形式都有一些特殊的要求。

（二）关于合同的合法性

根据《民法通则》第 55 条的规定，民事法律行为不得违反法律或者社会公共利益。

（三）关于违约赔偿责任

《民法通则》第 112 条规定，当事人一方违反合同的赔偿责任，应当相当于另一方因此所受到的损失。根据中国的有关法律，在确定损害赔偿的责任范围时，主要有以下两项原则：

1. 违反合同一方的赔偿责任，应当相当于另一方因其违约所受到的损失

这是确定损害赔偿责任范围的一项基本原则。这里关键在于如何解释"另一方因其违

约所受到的损失"，在另一方所受的损失当中是否包括利润的损失？对于这个问题，在《最高人民法院关于适用〈涉外经济合同法〉若干问题的解答》中做出了肯定的回答。根据该解答，在另一方当事人所受到的损失中，一般应包括财产的毁损、减少、灭失和为减少或者消除损失所支出的费用，以及合同如能履行可以获得的利益（在国际货物买卖合同中指利润）。

2. 赔偿的责任不得超过违约一方在订立合同时应当预见的因违反合同可能造成的损失

这一规定是对上一项规定的限制。根据这一规定，违约一方的赔偿责任，仅以他在订立合同时应能预见的损失为限。这种损失称为可预见的损失，即若违约的一方在订立合同时已经预见或者理应能够预见如果他违约将会给对方带来怎样一种损失，他对此损失就要承担责任；反之，如果违约所造成的损失超过了违约一方在订立合同时可以预见或应能预见的范围，他对此就不承担责任。因此，在订立合同时，如果一方认为一旦对方违约将会给他带来非常严重的损失，他就应当让对方知道这种严重的后果，否则，对方就可能以其在订立合同时不可能预见违约会造成这样严重的后果为由而拒绝承担责任。目前，一些国际公约与某些国家的国内法都倾向于采用这种所谓"可预见的损失"的原则来限制违约一方的责任范围。

（四）关于合同的消灭

《民法通则》对合同的消灭问题没有专门做出规定。但是，《最高人民法院关于贯彻执行〈中华人民共和国民法通则〉若干问题的意见（试行）》中曾指出，债权人无正当理由拒绝债务人履行义务，债务人将履行的标的物向有关部门提存的，应当认定债务已经履行。因提存所支出的费用，应当由债权人承担。提存期间，财产收益归债权人所有，风险责任由债权人承担。除了提存以外，在中国的司法与仲裁实践中，抵销、免除与混同也是导致合同消灭的原因。

（五）关于合同的终止

原《涉外经济合同法》第31条对合同的终止做了明确的规定。根据这一条规定，凡是有下列情况之一的，合同即告终止：（1）合同已根据约定条件得到履行；（2）仲裁机构或者法院判决终止合同；（3）双方协商同意中止合同。

关于合同终止与合同消灭的关系，在中国学者间有不同的理解。有的学者认为，合同终止，是指当事人之间根据合同确定的权利与义务的消灭。根据这种理解，合同终止就是合同的消灭。但是也有学者认为，合同终止只是合同履行的停止或合同不再继续履行，不一定是合同的全部权利与义务都归于消灭。例如，部分抵销或部分免除，就只能消灭被抵销或被免除的那一部分合同的权利与义务，至于其余的合同权利与义务仍然存在。因此，他们不主张把合同终止与合同消灭完全等同起来。

（六）关于诉讼时效

《民法通则》对诉讼时效做出了具体的规定，但对取得时效没有做出规定。

根据《民法通则》第135条的规定，向人民法院请求保护民事权利的诉讼时效期间为2年，但是法律另有规定的除外。根据这一规定，在中国，一般诉讼时效为2年。这一期间应从知道或者应当知道权利被侵害时起计算。所谓法律另有规定的诉讼时效，包括《民法通则》与其他法律、法规有关诉讼时效的规定。主要有以下两种情况：

1. 短期时效

短期时效是指法律特别规定的短于 2 年的诉讼时效。例如，《民法通则》第 136 条规定，下列诉讼时效期间为 1 年：（1）身体受到伤害要求赔偿的；（2）出售质量不合格的商品未声明的；（3）延付或者拒付租金的；（4）寄存财物被丢失或者损毁的。

2. 最长时效

根据《民法通则》的规定，在中国最长的诉讼时效期间为 20 年，从权利被侵害之日起计算，超过 20 年的，人民法院不予保护。但是有特殊情况的，人民法院可以延长诉讼时效期间。

《中华人民共和国民法总则》对诉讼时效制度做了完善：

一是将现行二年的一般诉讼时效期间延长为三年。

第 188 条规定："向人民法院请求保护民事权利的诉讼时效期间为三年。法律另有规定的，依照其规定。"

二是强调了诉讼时效的法定性。

第 197 条规定："诉讼时效的期间、计算方法以及中止、中断的事由由法律规定，当事人约定无效。当事人对诉讼时效利益的预先放弃无效。"

第 198 条规定："法律对仲裁时效有规定的，依照其规定；没有规定的，适用诉讼时效的规定。"

二、中国的新合同法

从 1999 年 10 月 1 日开始实施的新合同法——《中华人民共和国合同法》，是于 1999 年 3 月 15 日由第九届全国人民代表大会第二次会议通过的。

中国新合同法的"新"内容主要表现在以下四个方面：（1）"总则"第一章第 3 条与第 6 条中分别增加了自由订立合同——"契约自由"以及履约应当遵循"诚信原则"等；（2）在第二章第 13 条中，正式规定了对合同的订立"采取要约、承诺方式"；（3）在分则中，对买卖合同等格式合同做出了明确、统一的规定；（4）在附则（最后一条，即第 428 条）中，明确地规定："本法自 1999 年 10 月 1 日起施行，《中华人民共和国经济合同法》、《中华人民共和国涉外经济合同法》、《中华人民共和国技术合同法》同时废止。"

新合同法的有关规定如下：

1. 关于合同形式

《合同法》第 10 条规定当事人订立合同的形式，不仅可以有书面的，也可以有口头的。

2. 关于合同的合法性

《合同法》第 8 条规定，依法成立的合同，对当事人具有法律约束力。当事人应当按照约定履行自己的义务，不得擅自变更或者解除合同。依法成立的合同，受法律保护。第 52 条规定，有下列情形之一的，合同无效：（1）一方以欺诈、胁迫的手段订立合同，损害国家利益；（2）恶意串通，损害国家、集体或者第三人利益；（3）以合法形式掩盖非法目的；（4）损害社会公共利益；（5）违反法律、行政法规的强制性规定。

3. 关于违约赔偿责任

《合同法》第 107 条规定，当事人一方不履行合同义务或者履行合同义务不符合约定的，应当承担继续履行、采取补救措施或者赔偿损失等违约责任。《合同法》第 113 条规定，损失赔偿额应当相当于违约所造成的损失，包括合同履行后可以获得的利益。

4. 关于解除合同

《合同法》第 93 条规定，当事人协商一致，可以解除合同。第 94 条规定，有下列情形之一的，当事人可以解除合同：（1）因不可抗力致使不能实现合同目的；（2）在履行期限届满之前，当事人一方明确表示或者以自己的行为表明不履行主要债务；（3）当事人一方迟延履行主要债务，经催告后在合理期限内仍未履行；（4）当事人一方迟延履行债务或者有其他违约行为致使不能实现合同目的；（5）法律规定的其他情形。

5. 关于合同权利的消灭

《合同法》第 95 条规定，法律规定或者当事人约定解除权行使期限，期限届满当事人不行使的，该权利消灭；法律没有规定或者当事人没有约定解除权行使期限，经对方催告后在合理期限内不行使的，该权利消灭。

6. 关于合同的终止

《合同法》第 91 条规定，有下列情形之一的，合同的权利与义务终止：（1）债务已按约定履行；（2）合同解除；（3）债务相互抵销；（4）债务人依法将标的物提存；（5）债权人免除债务；（6）债权债务同归于一人；（7）法律规定或当事人约定终止的其他情形。

7. 关于诉讼时效

《合同法》第 129 条规定，因国际货物买卖合同和技术进出口合同争议提起诉讼或者申请仲裁的期限为 4 年，自当事人知道或者应当知道其权利受到侵害之日起计算。

最重要的是，中国新合同法有了关于"要约"与"承诺"的规定。其内容如下：

当事人订立合同，采取要约、承诺方式（第 13 条）。

（一）关于要约

要约是希望他人订立合同的意思表示，该意思表示应当符合下列规定：（1）内容具体确定；（2）表明经受要约人承诺，要约人即受该意思表示约束（第 14 条）。

要约到达受要约人时生效（第 16 条）。

要约可以撤回。撤回要约的通知应当在要约到达受要约人之前或者与要约同时到达受要约人（第 17 条）。

要约可以撤销。撤销要约的通知应当在受要约人发出承诺通知之前到达受要约人（第 18 条）。

（二）关于承诺

承诺是受要约人同意要约的意思表示（第 21 条）。

承诺应当以通知的方式做出，但根据交易习惯或者要约表明可以通过行为做出承诺的除外（第 22 条）。

承诺应当在要约确定的期限内到达要约人（第 23 条）。

承诺生效时合同成立（第 25 条）。

承诺通知到达要约人时生效。承诺不需要通知的，根据交易习惯或者要约的要求做出承诺的行为时生效（第 26 条）。

承诺可以撤回。撤回承诺的通知应当在承诺通知到达要约人之前或者与承诺通知同时到达要约人（第 27 条）。

受要约人超过承诺期限发出承诺的，除要约人及时通知受要约人该承诺有效的以外，为新要约（第 28 条）。

承诺的内容应当与要约的内容一致。受要约人对要约的内容做出实质性变更的，为新要约。有关合同标的、数量、质量、价款或者报酬、履行期限、履行地点和方式、违约责任和解决争议方法等的变更，是对要约内容的实质性变更（第 30 条）。

承诺对要约的内容做出非实质性变更的，除要约人及时表示反对或者要约表明承诺不得对要约的内容做出任何变更的以外，该承诺有效，合同的内容以承诺的内容为准（第 31 条）。

这样，中国新合同法基本上与国际商法接轨，其表现是：（1）取消了双重合同制。不论是在大陆法系国家还是在普通法系国家，都只有一种合同法，没有对内与对外之分。现在，新合同法把对内合同与对外合同合二为一，做到了与国际通行做法相一致。（2）第一次有了要约与承诺的规定，这也与国际通行合同法相一致。

三、新合同法的主要特点

总体而言，中国新合同法具有下面四个特点。

1. 体系相对完整

新合同法确立了合同关系最基本的原则，例如平等自愿、公平与诚实信用原则等（第 3、4 与 5 条）；建立了基本合同制度，例如订立合同的条件（第 7 与 8 条）与形式（第 10 与 11 条），订立合同主体资格问题（第 9 条），以及建立了合同效力（第 3 章）等。同时新合同法的分则中规定了 15 种常见与通用的格式合同。这样从总体到一般，新合同法形成了相对完整的合同体系。

2. 责权明确突出

新合同法强调当事人法律责任的公平性。第 1 条明确指出制定合同法的目的："为了保护合同当事人的合法权益，维护社会经济秩序，促进社会主义现代化建设，制定本法。"新合同法在合同履行制度（第 4 章）、变更转让制度（第 5 章）、权利义务终止制度（第 6 章）与违约责任制度（第 7 章）等中，都规定了合同当事人的权利、义务与违约责任。新合同法规定的合同责任，并不是单纯的违约责任，而是一个相当宽泛的法律概念，适用不同的归责原则：对于缔约过失责任（第 42 条）与合同无效责任（第 58 条），应当适用过错责任原则，或者主要适用过错责任原则，即过错推定原则；对于加害给付责任（第 112 条），适用过错责任原则；而对于实际违约责任，尽管在第 112 条规定违约责任的条文中没有写明"过错"字样，仍应确认违约责任中的损害赔偿责任的归责原则是过错责任原则。具体而言，新合同法规定的合同责任方式有以下几种：

（1）继续履行（第 107 条）。其适用范围是违约责任。根据第 108 条与第 122 条的规定，继续履行不仅适用于实际违约，而且适用于预期违约与加害给付。

（2）采取补救措施（第 107 条）。这是一个概括性的民事责任方式，具体内容包括很多。对此，新合同法未做具体规定。参照《合同法》第 111 条规定的内容，具体包括"修理、更换、重作、退货、减少价款或者报酬等"，采取补救措施这种民事责任方式，适用于违约责任。

（3）返还财产或者折价补偿（第 58 条）。

（4）给付违约金（第 114 条）。

（5）赔偿损失。这种合同责任方式，是应用最为广泛的一种，在第 42、43、58、107、112 条以及其他相关的条文中都有规定。

新合同法规定的损害赔偿责任方式有两种：一是一般的损害赔偿，即补偿性的损害赔偿；二是惩罚性损害赔偿。在一般的合同责任中，适用的是补偿性的损害赔偿，不得适用惩罚性赔偿，惩罚性赔偿只有在商品欺诈与服务欺诈中才可以适用。在补偿性赔偿中，确定赔偿范围是一个非常重要的问题。《合同法》第 113 条规定了确定违约损害赔偿范围的原则，即"损失赔偿额应当相当于因违约所造成的损失，包括合同履行后可以获得的利益"。关于违约损害赔偿的最高限额问题，第 113 条第 1 款后段规定，赔偿数额"不得超过违反合同一方订立合同时预见到或者应当预见到的因违反合同可能造成的损失"。

总之，这些权利与责任都规定得比较详细和具体，便于实施与操作。

3. 形式适时更新

新合同法及时吸收与反映了若干现实生活中新的合同现象，例如，过去没有的口头合同（第 10 条）、赠与合同（第 11 章）、融资租赁合同（第 14 章）、行纪合同（第 22 章）与居间合同（第 23 章）等，反映了新的合同交易方式；再例如，根据电子商务发展而出现的数据电文形式，规定订立合同可以采取电子邮件等新形式（第 11 条）。

4. 借鉴合理规定

新合同法从实践出发，借鉴了国外合理与通行的合同法规定。具体而言，新合同法借鉴的有关规定如下：

（1）要约与承诺。"当事人订立合同，采取要约、承诺方式"（第 13 条）。同时对它们的定义、生效与撤销等，做了具体规定（第 14～35 条）。

（2）代位权（第 73 条）。"因债务人怠于行使其到期债权，对债权人造成损害的，债权人可以向人民法院请求以自己的名义代位行使债务人的债权，但该债权专属于债务人自身的除外。"

（3）撤销权（第 74～75 条）。"因债务人放弃其到期债权或者无偿转让财产，对债权人造成损害的，债权人可以请求人民法院撤销债务人的行为。"

（4）预期违约（第 108 条）。"当事人一方明确表示或者以自己的行为表明不履行合同义务的，对方可以在履行期限届满之前要求其承担违约责任。"

（5）不安抗辩权（第 68 与 69 条）。不安抗辩权也称为先履行抗辩权，是指双务合同中应当先履行债务的当事人，有确切证据证明对方出现有关情况，危及实现自己的债权时，可以中止自己义务的履行，在合理期限内对方未恢复履行能力且未提供适当担保时，可以解除合同的权利。《合同法》第 68 与 69 条分别规定了有关当事人享有"中止履行"与"解除合同"两项不安抗辩权。第 68 条规定："应当先履行债务的当事人，有确切证据证明对方有下列情形之一的，可以中止履行：（一）经营状况严重恶化；（二）转移财产、抽逃资金，以逃避债务；（三）丧失商业信誉；（四）有丧失或者可能丧失履行债务能力的其他情形。当事人没有确切证据中止履行的，应当承担违约责任。"第 69 条规定，当事人依照本法第 68 条的规定中止履行的，应当及时通知对方。对方提供适当的担保时，应当恢复履行。中止履行后，对方在合理期限内未恢复履行能力并且未提供适当担保的，中止履行的一方可以解除合同。不安抗辩权是国际贸易中经常采用的一项保护合同履行的制度，新合同法的这一规定具有重要的现实意义。

复习和练习

一、关键术语

1. 对价与约因　2. "投邮主义"与"到达主义"　3. 错误、欺诈与胁迫　4. 违反条件与违反担保　5. 轻微违约、重大违约与根本违约　6. 给付不能与给付延迟　7. 债的消灭　8. 诉讼时效　9. 电子商务　10.《电子商务示范法》

二、复习思考题

1. 什么是要约？要约与要约邀请有什么区别？要约人在什么情况下可以撤回或者撤销要约？

2. 什么是承诺？英美法与大陆法对承诺生效的时间有什么不同的规定？两者对承诺的撤回又有什么不同的规定？

3. 当一方违反合同时，另一方可以得到哪些方面的补救？

4. 简要叙述中国新合同法关于"要约"与"承诺"以及对数据电文合同的有关规定。

主要参考资料

1. 冯大同. 国际商法. 北京：中国人民大学出版社，1994.
2. 王军. 美国合同法判例选评. 北京：中国政法大学出版社，1995.
3. 韩德培. 国际私法. 武汉：武汉大学出版社，1993.
4. 吴兴光. 美国统一商法典概要. 广州：华南理工大学出版社，1997.
5. 中华人民共和国合同法. 北京：法律出版社，1999.
6. 曹祖平. 国际商法英语读物. 北京：中国人民大学出版社，1997.
7. 法学教授公丕祥代表解析新合同法. 中国青年报，1999-03-10.
8. 吴宁. 合同法情事变更原则研究. http://blog.sina.com.cn/s/blog_4ee1bba0010009b7.html.

法律窗口

——《法国民法典》
——《德国民法典》
——《中华人民共和国民法总则》有关规定的摘录

《法国民法典》

作为1789年法兰西大革命的产物，《法国民法典》于1804年3月21日通过施行，最初的名称是《法兰西人的民法典》(Code Civil des Français)。它先后于1807年和1852年两次被命名为《拿破仑法典》(Code Napoléon)。但1870年以后，在习惯上一直沿用《法国民法典》(Code Civil)的名称。

《法国民法典》的编制体例以优士丁尼编纂的《法学阶梯》"三编制"体例为蓝本。它的很多制度、原则、法律概念和术语都来自罗马法，特别是关于所有权和债权的内容更是直接源于罗马法。它由总则和三编组成，共 2 281 条。

总则规定了法律的公布、效力及适用范围（第 1～6 条）。

第一编是"人"法（第 7～515 条），有十一章：第一章"民事权利的享有及丧失"；第二章"身份证书"；第三章"住所"；第四章"失踪"；第五章"结婚"；第六章"离婚"；第七章"父母子女"；第八章"收养与非正式监护"；第九章"亲权"；第十章"未成年、监护及亲权的解除"；第十一章"成年、禁治产及裁判上的辅助人"。该编实际上是关于民事权利主体的规定。

第二编是关于"财产及对于所有权的限制"（第 516～710 条），有四章：第一章"财产分类"；第二章"所有权"；第三章"用益权、使用权及居住权"；第四章"役权或地役权"。该编实际上是关于在静态中的民事权利客体的规定，即物权法。

第三编是关于"取得财产的各种方法"（第 711～2 281 条），有二十章：第一章"继承"；第二章"生前赠与及遗嘱"；第三章"契约或合意之债的一般规定"；第四章"非因合意而发生的债"；第五章"夫妻财产契约及夫妻间的相互权利"；第六章"买卖"；第七章"互易"；第八章"租赁"；第九章"合伙"；第十章"借贷"；第十一章"寄托及讼争物的寄托"；第十二章"赌博性的契约"；第十三章"委任"；第十四章"保证"；第十五章"和解"；第十六章"民事拘留"；第十七章"质押"；第十八章"优先权及抵押权"；第十九章"对于债务人不动产的强制执行及债权人间受分配的顺位"；第二十章"时效"。该编实际上是关于民事权利客体从一个权利主体转移至另一个权利主体的各种可能性的规定。

该民法典是一部早期西方国家的民法典，与当时的自由竞争经济条件相适应，体现了"个人最大限度的自由，法律最小限度的干预"这样的立法精神。其中的基本原则包括：全体公民民事权利平等，绝对所有权制度，契约自由和过失责任等。这些原则都是代表资产阶级在自然法领域中的"天赋人权"理论在该民法典中的体现，而绝对所有权制度则是财产私有权神圣不可侵犯的集中体现。

该民法典的语言一直受后人的称赞。它浅显易懂、生动明朗，有人甚至说该法典是一部"出色的法国文学著作"。

该民法典是西方社会第一部民法典，对 19 世纪许多国家发生的法典编纂运动有重要影响。它以罗马法为基础，使那些与罗马法有历史渊源的国家，特别是亟须制定新法典的国家竞相效仿。由于法国在大革命后成为世界资本主义的政治和文化中心，法国的法学研究和教育的发展，使该民法典得到广泛传播，影响不断扩大，遍及欧、亚、美洲许多国家。

首先，在 1804 年原属法国因而自该法典施行之日起即属于它的效力范围的一些国家中适用，比利时和卢森堡现在仍然把它作为自己的法典。该法典在法国的某些前殖民地中也仍在施行。例如，加拿大的魁北克省现行的民法典，部分以该法典为基础，部分以《巴黎习惯法》为基础。美国的路易斯安那州自 1825 年起采用了该法典，不过做了若干修改和补充。其次，有些国家以该法典为蓝本制定本国的民法典。例如，1838 年的《丹麦民法典》是依据该法典制定的，1940 年的《希腊民法典》也是以该法典为范本的。最后，还有很多国家的民法典在编纂时或多或少地受到了该法典的影响，如 1896 年的《德国民法典》、1907 年的《瑞士民法典》、1867 年的《葡萄牙民法典》、1889 年的《西班牙民法典》、1855 年的《智利民法典》、1869 年的《阿根廷民法典》以及 1916 年的《巴西民法典》等。此外，亚洲很多国家的民法都借鉴了《拿破仑法典》。

拿破仑曾自己对这部法典评价说:"我的光荣不在于打胜了四十几场战役,滑铁卢会摧毁那么多的胜利……但不会被任何东西摧毁的,会永远存在的,是我的《民法典》。"

200多年来,随着法国政治、经济、社会情况的变化,该法典也经过100多次修改,以不断适应新的情况,但很多条文都完整保留,只字未改。近年来,法国立法机关对这部法典进行了一系列重大修改:人的身份能力、人权与人格权的保护、婚姻和家庭等方面的规定修改幅度更大,继承法几乎全部修改,并且开创了同性恋婚姻入民法典的先河。原法典保持了200年不变的"人法"、"物法"与"债法"三卷体系也被突破,增设了第四卷"担保法"。法典整体构架的变动反映了立法观念的变革,适时地反映了法国现代社会不同层面的深刻变化。

该民法典的最新版本是2014年12月22日修订的(2015年3月22日起生效),共分五卷,2 534条(有的一条里有若干副条)。第一卷是关于人,第二卷是关于财产以及所有权,第三卷是关于取得财产的各种方法,第四卷是关于担保,第五卷是适用于马约特岛的规定。

下面的《法国民法典》目录以2009年11月法国"Legifrance"公布的文本内容为依据。

序编 法律的颁布、效力和适用的一般规则

第一卷"人"

第一编"民事权利",第一编(二)"法国国籍";第二编"身份证书";第三编"住所";第四编"失踪";第五编"婚姻";第六编"离婚";第七编"亲子关系";第八编"收养子女";第九编"亲权";第十编"未成年与解除亲权";第十一编"成年以及受法律保护的成年人";第十二编"受监护的未成年人与成年人的概括财产的管理";第十三编"紧密关系民事协议与姘居"。

第二卷"财产及所有权的各种限制"

第一编"财产的分类";第二编"所有权";第三编"用益权、使用权和居住权";第四编"役权或地役权"。

第三卷"取得财产的各种方法"

总则;第一编"继承";第二编"无偿处分财产";第三编"契约或合意之债的一般规定";第四编"非因合意发生的债",第四编(二)"有缺陷的产品引起的责任";第五编"夫妻财产契约与夫妻财产制";第六编"买卖";第七编"互易";第八编"租赁契约",第八编(二)"房地产开发合同";第九编"公司",第九编(二)"有关行使共有权的协议";第十编"借贷";第十一编"寄托与讼争物寄托";第十二编"赌博性契约";第十三编"委托";第十四编"财产托管";第十五编和解";第十六编"仲裁";第十七编"质押";第十八编"优先权与抵押权";第十九编"不动产扣押及买卖价金的分配";第二十编"消灭时效";第二十一编"占有与取得时效"。

第四卷"担保"

第一编"人的担保";第二编"物的担保";第一副编"一般规定";第二副编"动产担保";第三副编"不动产担保"。

第五卷"适用于马约特岛的规定"

序编"有关序编的规定";第一编"有关第一卷的规定";第二编"有关第二卷的规定";第三编"有关第三卷的规定";第四编"有关不动产登记以及对不动产的权利登记的

规定"。

《德国民法典》

《德国民法典》（德文正式名称为 Bürgerliches Gesetzbuch，简称 BGB）从一开始就不曾被冠以贤明君主的名字。但实际上，该民法典是以一部靠逻辑力量和立法质量取胜的民法典。

19 世纪中期以后，在德国制定统一的民法典已经是大势所趋，围绕民法典的制定，出现了潘德克吞法学派（强调罗马法是德国历史上最重要的法律渊源）。后来潘德克吞法学派按照罗马法的《学说汇编》阐发的民法"五编制"体例，为德国民法典所最终采用。这一学派认为《学说汇编》是罗马法的精华，是《国法大全》中内容最广博的部分。因为《学说汇编》的德文译名为"潘德克吞"，所以称为"潘德克吞派"。

该民法典是德意志帝国于 1896 年 8 月 18 日公布，并于 1900 年 1 月 1 日施行的一部民法典。该民法典在形式方面的一大特色是其五编的结构：总则、债务关系法、物权法、亲属法与继承法。该民法典共计 2 385 条，分为五编，依次是：

第一编"总则"（第 1 条至第 240 条），主要包括对自然人和法人、物、法律行为的一般规定，此外还有对期间和期日、请求权的消灭时效以及权利的行使和担保的规定。

第二编"债务关系法"（第 241 条至第 853 条），其中第 241 条至第 432 条是债务关系法的总则性规定，包括债务关系的内容、基于一般交易条件形成的约定债务关系、基于合同形成的债务关系、债务关系的消灭、债权转让、债务承担以及多数债务人与多数债权人；第 433 条至第 853 条分别是关于个别债务关系的具体规定。

第三编"物权法"（第 854 条至第 1 296 条），该编以占有和对物的权利为内容，共 8 章，分别是占有、土地权利的一般规定、所有权、役权、先买权、物上负担、抵押权、动产质权和权利质权。

第四编"亲属法"（第 1 297 条至第 1 921 条），共 3 章，分别是民法上的婚姻、血亲关系和监护。

第五编"继承法"（第 1 922 条至第 2 385 条），主要是关于一个人死亡后其财产的归属以及何人对遗产债务负责等问题的规定。

该民法典比《法国民法典》迟了将近百年，德意志帝国在法典编纂与民法学方面都有相当丰富的理论与实践经验足资利用，在编制体例和包含内容上均有很大的进步与发展。

首先，整个民法典设有"总则"，即从人法与物法两部分里抽象出共同的规则来。在"总则"编规定的几种主题（如"人"、"物"和"法律行为"等）中，"法律行为"特别重要。通过这一概念，把许多种行为概括在一起，从而使整个民法典成为一体。该民法典的"总则"编正是以"法律行为"这一概念为核心建立起来的。

其次，该民法典的第二编是"债务关系法"，第三编是"物权法"。这样，把民法财产法部分中债的关系与物权关系严格划分开来，分别规定于两编。而在《法国民法典》的规定里，债法并没有独立的地位。在《德国民法典》中，"债法"则独立成编，与"物权法"（财产法）并列。这是一个重要的发展。

再次，该民法典中有些规定是《法国民法典》中完全没有的，例如法人制度和代理制度。在《法国民法典》中，代理不成为一个独立的制度，与委任混淆不分。而该民法典则将代理与委任分开，并且从性质上加以区分。

最后，该民法典的一大特点是规定了若干"一般条款"。所谓"一般条款"是一种抽象的原则性的规定，与那些规定具体情况的条文显然不同，这样法官可以把这些"一般条款"运用到各种具体案件中，以解决其想要解决的问题。其中最著名的是关于"诚实信用"的规定。该民法典有两个条文规定了诚信原则。一是第157条规定："契约应依诚实信用的原则及一般交易上的习惯解释之。"二是第242条规定："债务人须依诚实与信用并照顾交易惯例履行其给付。"法官可以运用这两条规定，来处理他认为根据许多具体条文处理时有失公平的案件。德国法学家还从这些"一般条款"出发，发展出一些新的理论，例如缔约过失、情事变更与法律行为基础丧失等。

该民法典体系完整，概念科学，字义准确，对20世纪时世界各国制定的民法典具有重大影响。《奥地利民法典》早在1811年就已颁布，但为了吸收德国民法典的某些思想，又于1914—1946年进行了修订。1933年的波兰《债务法》，1946年的《希腊民法典》，1926年的《土耳其民法典》，1924—1935年的《泰国民法典》等，这些国家的民法立法，均在不同程度上受到《德国民法典》的影响。在亚洲，《日本民法典》和旧中国民法都是学习该民法典的产物。

该民法典是继1804年《法国民法典》之后，西方国家又一部重要的民法典。《德国民法典》和《法国民法典》并列，成为大陆法系的两大基石，这种地位维持至今仍未改变。

该民法典公布至今已有100余年，已经过多次修订，有时甚至是重大的修订，包括条文的废止和增添，但其基本结构、基本内容和条文顺序的编排都没有发生改变。在此期间，德国经历了几次极其深刻的社会震荡，经济的发展使社会面目大改，而民法典，除亲属和继承法经过大的修改外，其他几编都没有大的修改。虽然其他三编也为一些单行法所修改或补充，但该法典基本内容未变。

21世纪以来，该法典已经有4个版本，即2004年版、2006年版、2010年版和2014年版。这4个版本的结构和体例基本不变。2014年《德国民法典》（第4版）目录如下：

第一编"总则"（第1条至第240条）

第一章"人"（第1条至第89条）；第二章"物和动物"（第90条至第103条）；第三章"法律行为"（第104条至第185条）；第四章"期间、期日"（第186条至第193条）；第五章"消灭时效"（第194条至第225条）；第六章"权利的行使、自卫、自助"（第226条至第231条）；第七章"担保的提供"（第232条至第240条）。

第二编"债务关系法"（第241条至第853条）

第一章"债务关系的内容"（第241条至第304条）；第二章"通过一般交易条款来形成法律行为上的债务关系"（第305条至第310条）；第三章"因合同而发生的债务关系"（第311条至第361条）；第四章"债务关系的消灭"（第362条至第397条）；第五章"债权的转让"（第398条至第413条）；第六章"债务承担"（第414条至第419条）；第七章"多数债务人和债权人"（第420条至第432条）；第八章"各种债务关系"（第433条至第853条）。

第三编"物权法"（第854条至第1296条）

第一章"占有"（第854条至第872条）；第二章"关于土地上权利的一般规定"（第873条至第902条）；第三章"所有权"（第903条至第1017条）；第四章"役权"（第1018条至第1093条）；第五章"先买权"（第1094条至第1104条）；第六章"物上负担"（第1105条至第1112条）；第七章"抵押权、土地债务、定期土地债务"（第1113

条至第 1 203 条）；第八章"动产质权和权利质权"（第 1 204 条至第 1 296 条）。

第四编"亲属法"（第 1 297 条至第 1 921 条）

第五编"继承法"（第 1 922 条至第 2 385 条）

《中华人民共和国民法总则》有关规定的摘录

第六章　民事法律行为

第一节　一般规定

第一百三十三条　民事法律行为是民事主体通过意思表示设立、变更、终止民事法律关系的行为。

第一百三十四条　民事法律行为可以基于双方或者多方的意思表示一致成立，也可以基于单方的意思表示成立。

法人、非法人组织依照法律或者章程规定的议事方式和表决程序作出决议的，该决议行为成立。

第一百三十五条　民事法律行为可以采用书面形式、口头形式或者其他形式；法律、行政法规规定或者当事人约定采用特定形式的，应当采用特定形式。

第一百三十六条　民事法律行为自成立时生效，但是法律另有规定或者当事人另有约定的除外。

行为人非依法律规定或者未经对方同意，不得擅自变更或者解除民事法律行为。

第二节　意思表示

第一百三十七条　以对话方式作出的意思表示，相对人知道其内容时生效。

以非对话方式作出的意思表示，到达相对人时生效。以非对话方式作出的采用数据电文形式的意思表示，相对人指定特定系统接收数据电文的，该数据电文进入该特定系统时生效；未指定特定系统的，相对人知道或者应当知道该数据电文进入其系统时生效。当事人对采用数据电文形式的意思表示的生效时间另有约定的，按照其约定。

第一百三十八条　无相对人的意思表示，表示完成时生效。法律另有规定的，依照其规定。

第一百三十九条　以公告方式作出的意思表示，公告发布时生效。

第一百四十条　行为人可以明示或者默示作出意思表示。

沉默只有在有法律规定、当事人约定或者符合当事人之间的交易习惯时，才可以视为意思表示。

第一百四十一条　行为人可以撤回意思表示。撤回意思表示的通知应当在意思表示到达相对人前或者与意思表示同时到达相对人。

第一百四十二条　有相对人的意思表示的解释，应当按照所使用的词句，结合相关条款、行为的性质和目的、习惯以及诚信原则，确定意思表示的含义。

无相对人的意思表示的解释，不能完全拘泥于所使用的词句，而应当结合相关条款、行为的性质和目的、习惯以及诚信原则，确定行为人的真实意思。

第三节　民事法律行为的效力

第一百四十三条　具备下列条件的民事法律行为有效：

（一）行为人具有相应的民事行为能力；

（二）意思表示真实；

（三）不违反法律、行政法规的强制性规定，不违背公序良俗。

第一百四十四条　无民事行为能力人实施的民事法律行为无效。

第一百四十五条　限制民事行为能力人实施的纯获利益的民事法律行为或者与其年龄、智力、精神健康状况相适应的民事法律行为有效；实施的其他民事法律行为经法定代理人同意或者追认后有效。

相对人可以催告法定代理人自收到通知之日起一个月内予以追认。法定代理人未作表示的，视为拒绝追认。民事法律行为被追认前，善意相对人有撤销的权利。撤销应当以通知的方式作出。

第一百四十六条　行为人与相对人以虚假的意思表示实施的民事法律行为无效。

以虚假的意思表示隐藏的民事法律行为的效力，依照有关法律规定处理。

第一百四十七条　基于重大误解实施的民事法律行为，行为人有权请求人民法院或者仲裁机构予以撤销。

第一百四十八条　一方以欺诈手段，使对方在违背真实意思的情况下实施的民事法律行为，受欺诈方有权请求人民法院或者仲裁机构予以撤销。

第一百四十九条　第三人实施欺诈行为，使一方在违背真实意思的情况下实施的民事法律行为，对方知道或者应当知道该欺诈行为的，受欺诈方有权请求人民法院或者仲裁机构予以撤销。

第一百五十条　一方或者第三人以胁迫手段，使对方在违背真实意思的情况下实施的民事法律行为，受胁迫方有权请求人民法院或者仲裁机构予以撤销。

第一百五十一条　一方利用对方处于危困状态、缺乏判断能力等情形，致使民事法律行为成立时显失公平的，受损害方有权请求人民法院或者仲裁机构予以撤销。

第一百五十二条　有下列情形之一的，撤销权消灭：

（一）当事人自知道或者应当知道撤销事由之日起一年内、重大误解的当事人自知道或者应当知道撤销事由之日起三个月内没有行使撤销权；

（二）当事人受胁迫，自胁迫行为终止之日起一年内没有行使撤销权；

（三）当事人知道撤销事由后明确表示或者以自己的行为表明放弃撤销权。

当事人自民事法律行为发生之日起五年内没有行使撤销权的，撤销权消灭。

第一百五十三条　违反法律、行政法规的强制性规定的民事法律行为无效，但是该强制性规定不导致该民事法律行为无效的除外。

违背公序良俗的民事法律行为无效。

第一百五十四条　行为人与相对人恶意串通，损害他人合法权益的民事法律行为无效。

第一百五十五条　无效的或者被撤销的民事法律行为自始没有法律约束力。

第一百五十六条　民事法律行为部分无效，不影响其他部分效力的，其他部分仍然有效。

第一百五十七条　民事法律行为无效、被撤销或者确定不发生效力后，行为人因该行为取得的财产，应当予以返还；不能返还或者没有必要返还的，应当折价补偿。有过错的一方应当赔偿对方由此所受到的损失；各方都有过错的，应当各自承担相应的责任。法律另有规定的，依照其规定。

第四节　民事法律行为的附条件和附期限

第一百五十八条　民事法律行为可以附条件，但是按照其性质不得附条件的除外。附生效条件的民事法律行为，自条件成就时生效。附解除条件的民事法律行为，自条件成就时失效。

第一百五十九条　附条件的民事法律行为，当事人为自己的利益不正当地阻止条件成就的，视为条件已成就；不正当地促成条件成就的，视为条件不成就。

第一百六十条　民事法律行为可以附期限，但是按照其性质不得附期限的除外。附生效期限的民事法律行为，自期限届至时生效。附终止期限的民事法律行为，自期限届满时失效。

第七章　代理

第一节　一般规定

第一百六十一条　民事主体可以通过代理人实施民事法律行为。

依照法律规定、当事人约定或者民事法律行为的性质，应当由本人亲自实施的民事法律行为，不得代理。

第一百六十二条　代理人在代理权限内，以被代理人名义实施的民事法律行为，对被代理人发生效力。

第一百六十三条　代理包括委托代理和法定代理。

委托代理人按照被代理人的委托行使代理权。法定代理人依照法律的规定行使代理权。

第一百六十四条　代理人不履行或者不完全履行职责，造成被代理人损害的，应当承担民事责任。

代理人和相对人恶意串通，损害被代理人合法权益的，代理人和相对人应当承担连带责任。

第二节　委托代理

第一百六十五条　委托代理授权采用书面形式的，授权委托书应当载明代理人的姓名或者名称、代理事项、权限和期间，并由被代理人签名或者盖章。

第一百六十六条　数人为同一代理事项的代理人的，应当共同行使代理权，但是当事人另有约定的除外。

第一百六十七条　代理人知道或者应当知道代理事项违法仍然实施代理行为，或者被代理人知道或者应当知道代理人的代理行为违法未作反对表示的，被代理人和代理人应当承担连带责任。

第一百六十八条　代理人不得以被代理人的名义与自己实施民事法律行为，但是被代理人同意或者追认的除外。

代理人不得以被代理人的名义与自己同时代理的其他人实施民事法律行为，但是被代理的双方同意或者追认的除外。

第一百六十九条　代理人需要转委托第三人代理的，应当取得被代理人的同意或者追认。

转委托代理经被代理人同意或者追认的，被代理人可以就代理事务直接指示转委托的第三人，代理人仅就第三人的选任以及对第三人的指示承担责任。

转委托代理未经被代理人同意或者追认的，代理人应当对转委托的第三人的行为承担责任，但是在紧急情况下代理人为了维护被代理人的利益需要转委托第三人代理的除外。

第一百七十条　执行法人或者非法人组织工作任务的人员，就其职权范围内的事项，以法人或者非法人组织的名义实施民事法律行为，对法人或者非法人组织发生效力。

法人或者非法人组织对执行其工作任务的人员职权范围的限制，不得对抗善意相对人。

第一百七十一条 行为人没有代理权、超越代理权或者代理权终止后，仍然实施代理行为，未经被代理人追认的，对被代理人不发生效力。

相对人可以催告被代理人自收到通知之日起一个月内予以追认。被代理人未作表示的，视为拒绝追认。行为人实施的行为被追认前，善意相对人有撤销的权利。撤销应当以通知的方式作出。

行为人实施的行为未被追认的，善意相对人有权请求行为人履行债务或者就其受到的损害请求行为人赔偿，但是赔偿的范围不得超过被代理人追认时相对人所能获得的利益。

相对人知道或者应当知道行为人无权代理的，相对人和行为人按照各自的过错承担责任。

第一百七十二条 行为人没有代理权、超越代理权或者代理权终止后，仍然实施代理行为，相对人有理由相信行为人有代理权的，代理行为有效。

第三节 代理终止

第一百七十三条 有下列情形之一的，委托代理终止：

（一）代理期间届满或者代理事务完成；

（二）被代理人取消委托或者代理人辞去委托；

（三）代理人丧失民事行为能力；

（四）代理人或者被代理人死亡；

（五）作为代理人或者被代理人的法人、非法人组织终止。

第一百七十四条 被代理人死亡后，有下列情形之一的，委托代理人实施的代理行为有效：

（一）代理人不知道并且不应当知道被代理人死亡；

（二）被代理人的继承人予以承认；

（三）授权中明确代理权在代理事务完成时终止；

（四）被代理人死亡前已经实施，为了被代理人的继承人的利益继续代理。

作为被代理人的法人、非法人组织终止的，参照适用前款规定。

第一百七十五条 有下列情形之一的，法定代理终止：

（一）被代理人取得或者恢复完全民事行为能力；

（二）代理人丧失民事行为能力；

（三）代理人或者被代理人死亡；

（四）法律规定的其他情形。

第八章 民事责任

第一百七十六条 民事主体依照法律规定和当事人约定，履行民事义务，承担民事责任。

第一百七十七条 二人以上依法承担按份责任，能够确定责任大小的，各自承担相应的责任；难以确定责任大小的，平均承担责任。

第一百七十八条 二人以上依法承担连带责任的，权利人有权请求部分或者全部连带责任人承担责任。

连带责任人的责任份额根据各自责任大小确定；难以确定责任大小的，平均承担责任。实际承担责任超过自己责任份额的连带责任人，有权向其他连带责任人追偿。

连带责任，由法律规定或者当事人约定。

第一百七十九条 承担民事责任的方式主要有：

（一）停止侵害；

（二）排除妨碍；

（三）消除危险；

（四）返还财产；

（五）恢复原状；

（六）修理、重作、更换；

（七）继续履行；

（八）赔偿损失；

（九）支付违约金；

（十）消除影响、恢复名誉；

（十一）赔礼道歉。

法律规定惩罚性赔偿的，依照其规定。

本条规定的承担民事责任的方式，可以单独适用，也可以合并适用。

第一百八十条 因不可抗力不能履行民事义务的，不承担民事责任。法律另有规定的，依照其规定。

不可抗力是指不能预见、不能避免且不能克服的客观情况。

第一百八十一条 因正当防卫造成损害的，不承担民事责任。

正当防卫超过必要的限度，造成不应有的损害的，正当防卫人应当承担适当的民事责任。

第一百八十二条 因紧急避险造成损害的，由引起险情发生的人承担民事责任。

危险由自然原因引起的，紧急避险人不承担民事责任，可以给予适当补偿。

紧急避险采取措施不当或者超过必要的限度，造成不应有的损害的，紧急避险人应当承担适当的民事责任。

第一百八十三条 因保护他人民事权益使自己受到损害的，由侵权人承担民事责任，受益人可以给予适当补偿。没有侵权人、侵权人逃逸或者无力承担民事责任，受害人请求补偿的，受益人应当给予适当补偿。

第一百八十四条 因自愿实施紧急救助行为造成受助人损害的，救助人不承担民事责任。

第一百八十五条 侵害英雄烈士等的姓名、肖像、名誉、荣誉，损害社会公共利益的，应当承担民事责任。

第一百八十六条 因当事人一方的违约行为，损害对方人身权益、财产权益的，受损害方有权选择请求其承担违约责任或者侵权责任。

第一百八十七条 民事主体因同一行为应当承担民事责任、行政责任和刑事责任的，承担行政责任或者刑事责任不影响承担民事责任；民事主体的财产不足以支付的，优先用于承担民事责任。

资料来源：

1. 吴兴光. 美国统一商法典概要. 广州：华南理工大学出版社，1997.

2. 陈卫佐.法国民法典的影响——与德国民法典的比较，2010-11-21，http：//blog. sina. com. cn/ bjliuming.

3. 陈卫佐.法典译丛：德国民法典：第4版.北京：法律出版社，2014.

4. 王军.美国合同法判例选评.北京：中国政法大学出版社，1995.

第 四 章

国际货物买卖合同法

国际货物买卖合同法（contract law on international sale of goods），是指调整营业地分处不同国家的当事人之间订立与履行货物买卖合同，及其权利和义务的有关法律规范的总和。

本章在前一章的基础上，从国际贸易的角度出发，主要围绕 1980 年《联合国国际货物买卖合同公约》与国际贸易惯例，具体讨论与分析国际货物买卖合同成立必须具备的条件——发价与接受，买卖双方的权利与义务，对违反货物买卖合同的救济办法，货物所有权与风险转移等的有关规定，以及中国法律与外贸实践的有关规定与做法。

本章重点内容是了解和掌握：（1）发价与接受；（2）买卖双方的权利与义务以及对违反货物买卖合同的救济办法；（3）货物所有权与风险是如何转移的；（4）中国外贸实践中有关实盘与虚盘的规定。

重点问题

- 国际货物买卖合同法概论
- 国际贸易术语
- 国际货物买卖合同的成立
- 卖方与买方的义务
- 对违反买卖合同的救济办法
- 货物所有权与风险的转移

第一节　国际货物买卖合同法概论

一、国际货物买卖合同的概念

国际货物买卖合同，是指营业地处于不同国家的当事人之间所订立的货物买卖合同。这种合同的主要特点是，它是一种具有"涉外"性质的货物买卖合同。国际货物买卖合同与国内货物买卖合同之间的主要区别是：国际货物买卖合同的双方当事人的营业地不是设在同一个国家，而是设在不同的国家。因此，在判断某项合同是国际货物买卖合同还是国内货物买卖合同时，其标准是双方当事人所在的营业地，而不是其国籍。即使双方当事人具有相同的国籍，如果他们的营业地设在不同的国家，他们之间所订立的合同也应当认为是国际货物买卖合同。相反，如果双方当事人的营业地设在同一个国家内，那么即使他们的国籍不同，他们所订立的合同也应视为国内货物买卖合同。国际货物买卖合同的这一本质特点，决定了这种合同的其他特点。例如，货物要越过国境，由一个国家运往另一个国家，涉及长距离运输过程中可能产生的各种风险；货款的支付要涉及外币的使用，采用与国内结算不同的国际支付方式；可能会遇到外汇汇率的变动与政府外汇管制所引起的各种风险等。

在国际货物买卖合同中，双方当事人既可以是法人，也可以是自然人。但是，在大多数场合下，都是以法人为订约的主体。这些法人通常是指在国际市场上从事商业活动的公司或者其他企业组织。

国际货物买卖合同的标的是货物。这里所指的货物是指有形动产，不包括股票、债券、投资证券、流通票据以及其他权利性财产，也不包括不动产与提供劳务的交易。

二、各国有关国际货物买卖的法律

国际货物买卖合同法，是指调整营业地分处不同国家的当事人之间订立与履行货物买卖合同，及其权利和义务的有关法律规范的总称。

在国际货物买卖中，由于双方当事人的营业地分处不同的国家，这在法律上就会遇到一些难以解决的问题。其中最重要的一个问题就是，该项合同应当适用哪一个国家的法律，双方当事人的权利与义务关系应当由哪一个国家的法律确定？这就是所谓国际货物买卖合同的法律适用问题。在国际贸易中，对于这个问题有以下两种处理方法：一是由双方当事人达成协议、在合同中订立一项法律选择条款（choice of law clause），明确地规定该合同所应适用的法律。例如，双方当事人可以在合同中规定，该合同应适用某一国的国内法或适用某项国际公约或国际贸易惯例。二是在双方当事人未能就法律适用问题达成协议、合同中没有规定法律选择条款的情况下，一旦发生争议，就要由有关的法院或仲裁机构根据它们认为适用的法律冲突规则（rule of conflict of laws）确定该合同所应适用的法律。但是，无论在哪一种情况下，在国际货物买卖中，都有可能导致适用哪个国家的国内法或哪项国际公约或哪种国际贸易惯例的问题。

1. 大陆法系国家的法律

在西方国家，买卖法所采取的形式与内容并不完全相同。从形式上看，主要有两种情形：在欧洲大陆法系各国，大多把有关买卖的法律编入民法典内，作为民法典的一个组成部分。例如，《法国民法典》第三编第六章、《德国民法典》第二编第七章与《日本民法典》第二章第三节，都是处理有关买卖方面的问题的。这些国家除民法典外，还制定了商法典，专门就商业行为、海商、票据或公司等方面的法律分别做出具体的规定。这些国家采取民商分立的形式，把民法与商法分别编为两部法典，以民法为普通法，以商法作为民法的特别法；民法的一般原则可以适用于商事活动，但是对于商法中另有特别规定的事项，则应适用商法典的有关规定。某些较为晚近的大陆法法典，则采用民商合一的编制方法。意大利只有一部民法典，瑞士只有一部债务法典，这两个国家都没有商法典，它们都把有关商法的内容，包括买卖法的内容，归并入各自的民法典或债务法典之中。

2. 英美法系国家的法律

在英美法系各国，没有民法与商法的区分。这些国家的买卖法大多是以单行法规的形式出现。其中最具有代表性的是英国 1893 年《货物买卖法》。这部法律是在总结英国数百年来法院就有关货物买卖案件所做的判例的基础上制定的。该法自公布以来曾进行过多次补充修改，现行的是英国 1979 年《货物买卖法》。英国 1893 年《货物买卖法》为英美法系各国制定各自的买卖法提供了一个样本。1906 年美国《统一货物买卖法》（Uniform Sale of Goods Act）就是以英国 1893 年《货物买卖法》为蓝本制定的。该买卖法曾被 36 个州采用。但是，随着时间的推移，这部买卖法已经不能适应美国经济发展的需要，因此，从 1942 年起，美国统一州法全国委员会与美国法学会就着手联合起草一部新的美国《统一商法典》（Uniform Commercial Code），并于 1952 年正式公布，其后又进行过多次修改，最近公布的是 1998 年的修订本。该商法典的第二篇是买卖篇，它是该法典 10 篇条文的中心与重点。这一篇既属于买卖法范畴，是规范以商品买卖为目的的合同所产生的买卖双方权利与义务的法律制度，同时又包含了合同法的许多内容，对买卖合同的成立、履行、变更与解释等一系列重要问题做出了详细、具体的规定，集中概括了美国合同法的主要规定。由此可以说，该法典的第二篇是商业活动中最重要的规范。

买卖篇的一个重要特点是，从过去的统一货物买卖法强调所有权，转向强调债权。该篇共分 7 章，包含 104 条规定，是该商法典各篇中篇幅最长的一篇，内容相当丰富。但是，该法典不同于大陆法系国家的商法典，它不是由美国国会通过的法律，而只是由一些法律团体起草，供各州自由采用的一部样板法。因为美国是联邦制国家，联邦与各州都在宪法规定的范围内享有立法权，根据美国宪法的规定，有关贸易方面的立法权原则上属于各州，联邦只对涉及州之间的贸易与国际贸易的事项享有立法权。所以，各州对于是否采用上述《统一商法典》有完全的自主权。但是，由于该《统一商法典》比较适应当代美国社会经济发展的需要，因此，现在美国 50 个州中，除保持大陆法传统的路易斯安那州外，其他各州均已通过了本州的立法采用该商法典。在该商法典实施后，1906 年的《统一货物买卖法》随之废止。

3. 中国有关货物买卖的法律

中国有关货物买卖的法律，主要见《民法通则》、《经济合同法》与《涉外经济合同法》。1986 年公布的《民法通则》第四章第一节有关民事法律行为的规定与第五章第二节有关债权的规定，以及第六章有关民事责任的规定，都与货物买卖有密切的关系。1982 年公布的《经济合同法》对包括购销合同（即货物买卖合同）在内的 10 种经济合同做出了明确的规定，其中许多规定，特别是第 17 条关于产品数量、质量、包装、价格、验收与交货期等的规定都是直接适用于买卖合同的。全国人民代表大会于 1993 年对《经济合同法》做出了重大的修改，删去了已经过时与反映计划经济要求的规定，增加了一些新内容。尽管如此，修改后的《经济合同法》仍然只适用于纯属国内性质的经济合同，不适用于具有涉外性质的经济贸易合同。

为了使中国在处理涉外经济合同纠纷时有法可依，以促进对外经济贸易关系的发展，中国于 1985 年公布了《涉外经济合同法》。该法适用于除国际运输合同以外的一切涉外经济合同，包括国际货物买卖合同、中外合资经营企业合同、中外合作经营企业合同、中外合作开发自然资源合同、引进技术合同、国际借贷合同与国际租赁合同等。该法就涉外经济合同的订立，合同的履行，违反合同的责任，合同的转让、变更、解除与终止，争议的解决以及法律适用等事项做出了规定。

由此可见，当时中国同时存在两部关于经济合同的法律：一部是适用于国内经济合同的《经济合同法》，另一部是专门适用于涉外经济合同的《涉外经济合同法》。这两部法律各有其特点与适用范围。前者适用于国内经济合同，后者适用于涉外经济合同。

必须指出的是，在西方各国，不论是大陆法系国家还是英美法系国家，一般只有一种买卖法，它既适用于国内货物买卖，也适用于国际货物买卖。因此，在国际货物买卖合同中，如果规定该合同适用法国法，就意味着适用《法国民法典》或《法国商法典》的有关规定；如果合同规定适用美国某个州的法律，就意味着适用该州通过的《统一商法典》的有关规定。

有鉴于此，自 1999 年 10 月 1 日起开始实施的《中华人民共和国合同法》废止了《经济合同法》与《涉外经济合同法》这两部法律，从而结束了我国这种双重法律存在的局面。新合同法既适用于国内经济合同，也适用于涉外经济合同，这意味着我国与世界上主要国家的买卖法趋于统一。

三、关于国际货物买卖的国际公约

目前，国际上有 3 项关于国际货物买卖的国际公约。它们是 1964 年《国际货物买卖统一法公约》、《国际货物买卖合同成立统一法公约》以及 1980 年《联合国国际货物买卖合同公约》。由于种种原因，前两项公约没有能够被广泛接受与采用，后一项公约则应运而生。

（一）1964 年《国际货物买卖统一法公约》与《国际货物买卖合同成立统一法公约》

由于各国在货物买卖法方面存在不少分歧，在国际经济交往中不可避免地会引起法律冲突，这对国际贸易的发展是不利的。为了解决这个问题，早在 1930 年，罗马国际统一私法协会就决定拟订一部有关国际货物买卖的统一法，以便协调与统一各国关于国际货物买卖的实体法。后来因为第二次世界大战爆发，这项工作一度中断。战后，该协会继续进行这部统一法的起草工作，1964 年在海牙会议上正式通过了《国际货物买卖统一法公约》（Convention Relating to a Uniform Law for International Sale of Goods，ULIS）与《国际货物买卖合同成立统一法公约》（Convention Relating to a Uniform Law on Formation of Contracts for the International Sale of Goods，ULF，也称为 1964 年《海牙第二公约》）。前者于 1972 年 8 月 18 日生效，后者于 1972 年 8 月 23 日生效。

但是，上述两项公约在国际上并没有被广泛接受和采用。这主要是因为许多国家认为这两项公约受欧洲大陆法传统的影响较多，内容比较烦琐，有的概念比较晦涩难懂。

这一事实表明，上述两项公约未能达到其预期目的，没有起到统一国际货物买卖法的作用。

（二）1980 年《联合国国际货物买卖合同公约》

由于 1964 年海牙会议通过的两项公约都未能达到统一国际货物买卖法的预期目的，联合国国际贸易法委员会决定由它完成这一使命。该委员会于 1969 年成立了一个专门工作小组，决定在 1964 年两项公约的基础上制定一部统一的国际货物买卖法，力求使其得到不同社会经济制度与不同法律制度的国家的广泛接受。工作组经过大约 10 年的酝酿和准备，于 1978 年完成了起草公约的任务，并将其命名为《联合国国际货物买卖合同公约》

(United Nation's Convention on Contracts for the International Sale of Goods，CISG)。该公约分为四个部分：(1) 适用范围；(2) 合同的成立；(3) 货物买卖；(4) 最后条款。全文共有 101 条。1980 年 3 月，在由 62 个国家代表参加的维也纳外交会议上通过了该公约。按照该公约第 99 条的规定，公约在有 10 个国家批准之日起 12 个月后生效。自 1988 年 1 月 1 日起，公约对包括中国在内的 11 个成员国生效。截至 2014 年 6 月，核准和加入该公约的国家已有 81 个。

中国是批准《联合国国际货物买卖合同公约》的最早成员国之一。中国政府曾派代表参加了 1980 年召开的维也纳会议，并于 1986 年 12 月向联合国秘书长递交了关于该公约的核准书，成为该公约的缔约国。自 1988 年 1 月 1 日起，公约对中国生效。

应当注意的是，中国在核准该公约时，曾根据该公约第 95 条与第 96 条的规定，对该公约提出了两项重要的保留。

1. 关于采用书面形式的保留

根据《联合国国际货物买卖合同公约》第 11 条的规定，国际货物买卖合同不一定以书面形式订立或以书面的形式证明，在形式方面不受任何其他条件的限制。这就是说，公约对国际货物买卖合同没有提出任何特定的形式要求。无论采取口头形式还是采取书面形式订立的合同都是有效的。公约的这一规定以及其他类似内容的规定，与当时的《中国涉外经济合同法》关于涉外经济合同，包括国际货物买卖合同在内，必须采用书面形式订立的规定不一致。因此，中国在核准该公约时，对此提出了保留。中国坚持认为，订立国际货物买卖合同必须采取书面形式，公约的上述规定对中国不适用。

2. 关于公约适用范围的保留

根据《联合国国际货物买卖合同公约》第 1 条第 1 款 (a) 项的规定，如果合同双方当事人的营业地处于不同的国家，而且这些国家都是该公约的缔约国，该公约就适用于它们之间订立的货物买卖合同，即该公约适用于营业地处于不同缔约国的当事人之间订立的买卖合同。对于这一点，中国是赞同的，没有任何异议。但是，该款中的 (b) 项又规定，如果双方当事人的营业地处于不同的国家，那么即使他们的营业地所在国不是公约的缔约国，只要根据国际私法的规则导致适用某一缔约国的法律，则该公约亦将适用于这些当事人之间订立的国际货物买卖合同。这项规定的目的是扩大公约的适用范围，使该公约不仅适用于营业地处在缔约国的当事人之间所订立的买卖合同，而且有可能适用于营业地处于非缔约国的当事人之间所订立的买卖合同。只要根据国际私法的规则导致该合同适用于任何一个缔约国的法律，例如，根据合同的订立地或履行地法导致适用某一缔约国的法律即可。对于这一点，中国在核准该公约时也提出了保留，即中国认为该公约的适用范围仅限于双方的营业地分处于不同的缔约国的当事人之间所订立的货物买卖合同。

1980 年《联合国国际货物买卖合同公约》是迄今为止关于国际货物买卖的一个最重要的国际公约。由于核准或参加这一公约的国家越来越多，它对国际贸易的影响也会越来越大。中国是该公约的缔约国，中国外贸企业与营业地处于其他缔约国的当事人之间所订立的货物买卖合同都将适用这一公约，除非当事人已在合同中排除了公约的适用。因此，本章在介绍国际货物买卖法时，将以该公约作为主要内容加以阐释。

四、关于国际货物买卖的国际贸易惯例

国际贸易惯例是国际商法的渊源之一。在国际货物买卖中，双方当事人可以在他们的

买卖合同中规定采用某种国际贸易惯例，用以确定他们之间的权利与义务。

与国际商法有关的国际贸易惯例主要有以下三种。

（一）《国际贸易术语解释通则》

《国际贸易术语解释通则》（International Rules for the Interpretation of Trade Terms，INCOTERMS）是由国际商会（ICC）在 1936 年制定的，后分别于 1953 年、1967 年、1976 年、1980 年、1990 年、2000 年和 2010 年作了多次修订。现行文本是 2010 年《国际贸易术语解释通则》。该通则在国际上已经得到广泛的承认与采用，是国际货物买卖的最重要的贸易惯例。

2000 年《国际贸易术语解释通则》在"引言"中说明了其宗旨和适用范围。该通则的宗旨是为解释国际贸易中最普遍使用的贸易术语提供一套国际规则，以避免因各国解释不同而出现的不确定性，或至少在相当程度上减少这种不确定性。

其适用范围是：该通则涵盖的范围只限于销售合同当事人的权利义务中与已售货物（指"有形的"货物，不包括"无形的"货物，如电脑软件）交货有关的事项。尽管该通则对于销售合同的履行有着极为重要的意义，但销售合同中可能引起的许多问题却并未涉及，如货物所有权和其他产权的转移、违约、由于各种违约所产生的后果以及某些情况下的免责等。需要强调的是，该通则无意取代那些完整的销售合同所需要拟定的标准条款或商定条款。通常，该通则不涉及违约的后果或由各种缔约障碍导致的免责事项，这些问题必须通过销售合同中的其他条款和适用的法律来解决。

（二）《华沙—牛津规则》

《华沙—牛津规则》（Warsaw-Oxford Rules）是国际法协会在 1932 年制定的。1928 年，该协会在华沙举行会议，制定了有关 CIF 买卖合同的统一规则，共有 22 条，称为 1928 年《华沙规则》。后来，经 1930 年的纽约会议、1931 年的巴黎会议与 1932 年的牛津会议修订为 21 条，并定名为《华沙—牛津规则》。该规则完全是针对"成本加运费、保险费"（CIF）合同制定的。它对 CIF 合同中买卖双方所承担的责任、费用与风险做出了详细的规定，在国际上有较大的影响。

（三）1941 年《美国对外贸易定义修正本》

1919 年，美国 9 个大商业团体曾制定了《美国出口报价及其缩写条例》（The U. S. Export Quotation and Abbreviations）。后来在 1941 年美国第 26 届全国对外贸易会议上对该条例做了修订，称为 1941 年《美国对外贸易定义修正本》（Revised American Foreign Trade Definitions）。1941 年《美国对外贸易定义修正本》为美国商会、美国进口商协会与全国对外贸易协会所组成的联合委员会所采用，并由全国对外贸易协会予以发行。1941 年《美国对外贸易定义修正本》对以下 6 种贸易术语做出了解释：

（1）Ex（Point of Origin），产地交货。

（2）FOB（Free On Board），在运输工具上交货。

（3）FAS（Free Along Side），在运输工具旁交货。

（4）C&F（Cost and Freight），成本加运费。

（5）CIF（Cost，Insurance，Freight），成本、保险费加运费。

（6）Ex Dock（Named Port of Importation），目的港码头交货。

1941 年《美国对外贸易定义修正本》中的 FOB 术语，适用范围很广，它既可以用于内陆交货，也可以用于装运港交货，甚至可以用于进口地交货。1941 年《美国对外贸易定义修正本》将 FOB 术语细分为 6 种，其中只有第 5 种 FOB Vessel 与国际贸易中一般使用的 FOB 术语的含义类似。1941 年《美国对外贸易定义修正本》在美国、加拿大及其他美洲国家有一定的影响，在使用时应特别注意其区别。

以上介绍的各国买卖法、《联合国国际货物买卖合同公约》以及各项国际贸易惯例，都与国际货物买卖具有密切的关系，即凡是涉及与国际货物买卖合同有关的问题时，都要援引这些法律或惯例的有关规定。同时必须指出，上述各项国际贸易惯例并不具有普遍的约束力，双方当事人可以采用，也可以不采用，完全由当事人决定。如果双方当事人在合同中采用了某种贸易惯例，它就对当事人具有约束力。

第二节　国际贸易术语

一、国际贸易术语的形成与发展

国际贸易术语是在合同双方当事人之间划分费用、责任与风险的专门术语。国际贸易术语是国际贸易长期实践的产物，有些贸易术语已有大约 200 年的历史。例如，"船上交货"（FOB）这个贸易术语在 19 世纪初就被广泛采用。当时，从事航海贸易的商人往往随船出海到世界各地采购货物，在双方成交后，由当地卖方将货物交到其船上，买卖双方对货物的责任、费用与风险负担均以货物交到船上为界限，这种贸易做法就是"船上交货"（FOB）这个贸易术语的由来。19 世纪中期，随着交通运输保险与通信事业的发展，卖方有条件为国外的买主办理货物运输与保险事宜，为减少买主安排运输、保险的麻烦与困难，于是就出现了"成本、保险费加运费"（CIF）这种贸易术语，CIF 后来成为最常使用的贸易术语之一。

国际贸易术语的形成与国际贸易的特点具有密切的联系。国际贸易不同于国内贸易，因为在国际贸易中，买卖双方通常不在同一个国家，货物要越出国境由一国运往另一国，这就产生了许多国内贸易所没有的复杂情况，并引起了许多为国际贸易所特有的风险、责任与费用。国际贸易术语一般涉及下列问题。

1. 交货地点

在国际贸易中，买卖双方分别处在两个不同的国家，交货地点显得特别重要，它对买卖双方所承担的责任、费用与风险具有重要的意义。因此，每一项买卖合同都必须首先明确卖方应当在什么地点交货。例如，应当明确卖方是在工厂交货，还是在装运港船上交货，或者是在目的港交货。

2. 货物运输

国际买卖的货物通常都要经过长距离的运输，在这种情况下，买卖双方在合同中就必须确定究竟是由买方还是由卖方负责安排货物的运输，并负责签订相应的运输合同。

3. 风险转移

货物在运输途中可能会遇到各种风险，使货物遭受损失，这就要求买卖双方必须在合同中确定货物的风险从何时起由卖方移转给买方。如果需要保险，则需确定应当由谁负责投保并支付保险费。

4. 贸易管制

各国政府对其对外贸易都制定了一系列管制措施，例如，实行进出口许可制度、海关及关税制度等。因此，在买卖合同中就必须明确究竟是由卖方还是由买方申领进出口许可证、办理结关手续及缴纳进出口关税。

如果每一笔交易都需要买卖双方对这些费用、责任与风险逐项进行反复磋商而达成，则将耗费大量的费用与时间。因此，在国际贸易的长期实践中，逐渐形成了各种不同的贸易术语，并且已经得到广泛的采用，可以解决上述有关的问题。由于这些贸易术语都是以卖方履行交货义务的地点作为在买卖双方之间划分彼此所应承担的责任与义务的标准，所以，通常又将其称为交货条件（delivery terms）。例如，从卖方的角度看，最理想的状况是能够在其工厂或仓库交货，这样，卖方就不必承担货物离开工厂或仓库之后所发生的风险与费用，不必办理租船、订舱、运输、保险以及申领出口许可证等与出口有关的事宜，并且一般在交货时就可以立即收到货款。但是，从买方的角度看，最理想的状况可能是卖方把货物交到目的地，由卖方办理运输、保险以及与出口有关的事宜，并在收到货物之后才支付货款。根据买卖双方的不同要求，双方可以通过协议采取各种不同的交货安排。例如，双方可以约定在卖方的工厂或仓库交货，或者在卖方工厂附近的铁路交货，或者在卖方国家的港口船边交货，或者在装运港的船上交货，或者在目的港的船上交货等。

这些国际贸易术语的作用，主要是在买卖双方之间划分各自所应承担的风险、责任与费用。其中主要包括以下 5 个方面：（1）确定交货的地点与方式；（2）确定是由卖方还是由买方负责办理货物的运输与投保货物运输保险；（3）确定货物风险移转的时间与地点；（4）确定是由卖方还是由买方负责取得并提交各种装运单据以及领取货物进出口国境所必需的其他单据；（5）确定买卖双方的费用负担。

采用不同的贸易术语，买卖双方所承担的风险、责任与费用也因此有所不同。但是这些风险、责任与费用最终都要在货价上反映出来。一般而言，如果卖方所承担的风险大、责任重、支付的费用项目多，则货物的售价也高；反之，如果卖方所承担的风险小、责任轻、支付的费用项目较少，则货物的售价也相应较低。同样品质规格的货物，在根据工厂交货条件出售时，其价格一般应低于根据装运港船上交货条件出售的价格，而根据装运港船上交货条件出售的价格又应低于根据目的港船上交货条件出售的价格。从这种意义上而言，不同的贸易术语代表了商品的不同价格构成，所以，人们往往把贸易术语称为价格术语或价格条件（price terms）。

由于国际贸易术语具有在双方当事人之间划分风险、责任与费用的作用，因此，在国际贸易中，买卖双方在磋商交易和订立买卖合同时，只要选用某种双方认为合适的贸易术语，就可以据此确定他们之间的责任与义务，而不必逐项进行磋商。所以，国际贸易术语的广泛采用为买卖双方提供了很大的方便，它简化了交易的程序，缩短了磋商的时间，并且可以节省交易的费用。

二、1980 年以来《国际贸易术语解释通则》的变化与主要内容

（一）主要变化

国际商会（ICC）的 1980 年《国际贸易术语解释通则》对 14 种贸易术语做出了规定与解释，明确地规定了在每个贸易术语下合同双方当事人的权利与义务。它们是：（1）工

厂交货（包括制造厂交货——Ex Factory、Ex Mill，农场交货——Ex Plantation，仓库交货——Ex Warehouse）；（2）铁路交货/敞车交货（FOR/FOT）；（3）船边交货（FAS）；（4）船上交货（FOB）；（5）成本加运费（CFR）；（6）成本、保险费加运费（CIF）；（7）目的港船上交货（Ex Ship）；（8）目的港码头交货，关税已付（DEQ）；（9）边境交货（DAF）；（10）完税后交货（DDP）；（11）起运港机场交货（FOB Airport）；（12）货交承运人（FCA）；（13）运费付至（Freight or Carriage Paid to）；（14）运费、保险费付至（Freight or Insurance Paid to）。

1990 年 7 月 1 日实施的《国际贸易术语解释通则》对 1980 年《国际贸易术语解释通则》进行了全面的修改，其原因有 5 个：（1）为了适应电子数据交换系统推广使用的需要。目前在国际贸易业务中，电子数据交换系统（EDI）越来越广泛地被采用，以电子单证代替纸质单证的做法日益增多。但是在 1980 年及以前的《国际贸易术语解释通则》中，都一律要求卖方提供纸质单证（例如，纸质提单等），已经不适应现今形势发展的要求，因此，国际商会决定对 1980 年《国际贸易术语解释通则》进行修订，在卖方有义务提供交货凭证与运输单据的场合，都允许卖方提供相等的电子单证，承认电子单证的效力。（2）为了适应运输技术发展与运输方式变革的需要，主要是适应集装箱运输、滚装运输与多式联运的需要。（3）为了统一贸易术语，所有的贸易术语均以 3 个字母的缩写构成。例如，在 1980 年及以前的版本中，Cost and Freight（成本加运费）的缩写一直是 C&F，现在则改为 CFR。（4）删去与合并了过去使用的 FOR/FOT FOB Airport，增加了 DDU，由 1980 年《国际贸易术语解释通则》的 14 种贸易术语变为 13 种贸易术语。（5）以前的贸易术语是根据卖方承担的责任、费用与风险由小到大依次排列的，即从"工厂交货"（EXW）开始到"完税后交货"（DDP）为止，没有分组。1990 年《国际贸易术语解释通则》则根据卖方承担义务的不同，将各种贸易术语进行分类排列，并且根据各种术语的共同特点进行归类，分为 4 组，同时 1990 年《国际贸易术语解释通则》还把卖方与买方的义务采用相互对照的办法标示出来，各方的义务均为 10 项，每项互相对应。例如，卖方的第 1 项义务是提供符合合同规定的货物；买方的第 1 项义务是支付货款。双方的第 5 项义务和第 6 项义务均为"风险转移"与"费用划分"，卖方的义务列于左面，买方的义务列于右面，两相对应，便于阅读与理解。

自 1980 年以来，国际商会对通则每 10 年修订一次。2000 年《国际贸易术语解释通则》是 1999 年 7 月国际商会所做的第 6 次修订，于 2000 年 1 月 1 日生效。在"引言"部分，2000 年《国际贸易术语解释通则》明确指出，其与 1990 年《国际贸易术语解释通则》相比看上去变化很小。原因很明显，即《国际贸易术语解释通则》当前已得到世界承认，所以 ICC 决定巩固《国际贸易术语解释通则》在世界范围内得到的认可，并避免为了变化而变化。另一方面，在修订过程中，ICC 尽量保证 2000 年《国际贸易术语解释通则》中的语言清楚准确地反映出国际贸易实务。2000 年版本在以下两个方面做出了实质性改变：在 FAS 和 DEQ 术语下办理清关手续和缴纳关税的义务；在 FCA 术语下办理装货和卸货的义务。此外，在编排形式上，与 1990 年《国际贸易术语解释通则》相比，2000 年《国际贸易术语解释通则》的变化也较大：前者将卖方（A）与买方（B）的义务分别单独列举，即 A1 至 A10 和 B1 至 B10 是分开的，而后者则将它们加以合并，即按照 A1 之后接着是 B1，A10 之后是 B10 的编排顺序，这样对应比较，使买卖双方的义务一目了然。

（二）2000 年《国际贸易术语解释通则》的主要内容

2000 年《国际贸易术语解释通则》把 13 种贸易术语分为 4 组（见表 4-1）。贸易术语综合比较见表 4-2。

表 4-1　　　　　　　　2000 年《国际贸易术语解释通则》关于贸易术语的分组

Group E E 组 (Departure) (起运)	EXW	Ex Works (…named place) 工厂交货（……指定地点）
Group F F 组 (Main Carriage Unpaid) (主要运费未付)	FCA	Free Carrier (…named place) 货交承运人（……指定地点）
	FAS	Free Alongside Ship (…named port of shipment) 船边交货（……指定装运港）
	FOB	Free On Board (…named port of shipment) 船上交货（……指定装运港）
Group C C 组 (Main Carriage Paid) (主要运费已付)	CFR	Cost and Freight (…named port of destination) 成本加运费（……指定目的港）
	CIF	Cost，Insurance and Freight (…named port of destination) 成本、保险费加运费（……指定目的港）
	CPT	Carriage Paid to (…named place of destination) 运费付至（……指定目的地）
	CIP	Carriage and Insurance Paid to (…named place of destination) 运费、保险费付至（……指定目的地）
Group D D 组 (Arrival) (到达)	DAF	Delivered At Frontier (…named place) 边境交货（……指定地点）
	DES	Delivered Ex Ship (…named port of destination) 目的港船上交货（……指定目的港）
	DEQ	Delivered Ex Quay (…named port of destination) 目的港码头交货（……指定目的港）
	DDU	Delivered Duty Unpaid (…named place of destination) 未完税交货（……指定目的地）
	DDP	Delivered Duty Paid (…named place of destination) 完税后交货（……指定目的地）

表 4-2　　　　　　　　　　　　　贸易术语综合比较

	卖方 义务	运输方式	交货地点	风险转移	不能使用此术语的条件
E组　EXW （起运）	最小	任何方式	卖方所在地 （工厂或仓库）	交买方起	买方不能办理出口手续
F组　FCA 　　　FAS 　　　FOB （主要运费未付）		任何方式 海运和内河 海运和内河	至买方指定承运人 规定装运港指定船边 规定装运港指定船上	交承运人起 以船边为界 越过船舷	买方不能办理出口手续 采用集装箱和滚装/卸

续前表

		卖方义务	运输方式	交货地点	风险转移	不能使用此术语的条件
C组	CFR		海运和内河	规定装运港指定船上	越过船舷	采用集装箱和滚装/卸
	CIF		海运和内河	规定装运港指定船上	越过船舷	采用集装箱和滚装/卸
	CPT		任何方式	交承运人	交承运人起	
	CIP		任何方式	交承运人	交承运人起	
（主要运费已付）						
D组	DAF		任何方式	相邻国家关境前	交买方支配起	
	DES		海运和内河	指定目的港船上	交买方支配起	
	DEQ		海运和内河	指定目的港码头	交买方支配起	买方不能取得进口许可证
	DDU		任何方式	在进口国指定地点	交买方支配起	
	DDP	最大	任何方式	在进口国指定地点	交买方支配起	买方不能取得进口许可证
（到达）						

（三）2010 年《国际贸易术语解释通则》

2000 年《国际贸易术语解释通则》已在世界各国推广使用了 10 年，其间国际贸易发生了巨大变化，通则有些规定已明显不适应形势发展的需要，正如 2010 年通则的"前言"所指出的：该通则考虑了免税贸易区的不断增加，电子通信在商务中的不断增多，以及更加受重视的货物运输中的安全和变化等问题。加之原来存在一些争议，悬而未决，为与时俱进，其修订势在必行。

2010 年 9 月 27 日，国际商会在巴黎召开 2010 年《国际贸易术语解释通则》全球发布会，正式推出其于近期刚刚完成修订的 2010 年《国际贸易术语解释通则》（International Rules for the Interpretation of Trade Terms 2010，缩写为 Incoterms © 2010，以下简称 2010 年通则），并于 2011 年 1 月 1 日起正式生效。

这标志着被国际经贸界使用了 10 年的 2000 年《国际贸易术语解释通则》（以下简称 2000 年通则）被 2010 年通则所取代。

2010 年通则无论在形式上还是在数量上均有不少重要的变化，其具体表现如下。

1. 两大变化

与 2000 年通则相比，2010 年通则主要有两大变化：贸易术语数量减少与贸易术语重新分类。

（1）贸易术语数量减少。

2010 年通则贸易术语数量的变化主要是源于对 2000 年通则中 D 组贸易术语的增删，原来的 E、F、C 组的贸易术语基本没有变化。

2010 年通则增加了两个贸易术语，即 DAT（Delivered At Terminal，终点交货）和 DAP（Delivered At Place，地点交货）。DAT 取代了 2000 年通则的 DEQ，DAP 取代了 2000 年通则的 DAF、DES 和 DDU，从而使贸易术语的数量从原来的 13 个减少到 11 个。

DAT（Delivered At Terminal，终点交货）中的"Terminal"可以是目的地的任何地点。2010 年通则对 DAT 做了如下规定：卖方自行负担费用和风险订立运输合同，按惯常路线和方式，在规定的日期和期限内，将货物从出口国运到进口国指定的目的地或目的地终点（目的地的港口码头、仓库、集装箱堆场或铁路、公路、航空货运站），卸货后，将货物置于买方支配下，才算完成交货；卖方需要承担在目的地或目的港把货物从运输工具上卸下的费用。

DAP（Delivered At Place，地点交货）中的"Place"可以是港口，也可以是陆地的地名。2010年通则对DAP做了如下规定：卖方自行负担费用和风险订立运输合同，按惯常路线和方式，在规定的日期和期限内，将货物从出口国运到进口国指定的目的地，将货物置于买方支配下，才算完成交货；卖方不需要在目的地卸货。

DAT和DAP贸易术语都规定需在指定地点交货。在DAT情况下，从运输工具上卸下货物交由买方处置（这和先前的DEQ术语一样）；在DAP情况下，同样交由买方处置，但需要做好卸货的准备（这和先前的DAF、DES和DDU术语一样）。

2010年通则规定下列7个贸易术语所指"地点"为交货地点，同时风险也从卖方转移至买方：

EXW，工厂交货（……指定地点）；

FCA，货交承运人（……指定地点）；

DAT，终点交货（……指定目的地）；

DAP，地点交货（……指定目的地）；

DDP，完税后交货（……指定目的地）；

FAS，船边交货（……指定装运港）；

FOB，船上交货（……指定装运港）。

2010年通则规定下列4个贸易术语所指"地点"随交货地不同而不同，所指地点为运费付至地：

CPT，运费付至（……指定目的地）；

CIP，运费、保险费付至（……指定目的地）；

CFR，成本加运费（……指定目的港）；

CIF，成本、保险费加运费（……指定目的港）。

2010年通则强调，为避免疑问和争议，指定地点或目的地可以进一步阐述为一个准确的地点。ICC此次将Incoterms注册成为商标（©），并对使用2010年通则贸易术语提出了格式要求：只有双方当事人选用某一特定的收货地或港口时，所选术语才能发挥作用。在使用任何贸易术语时都需要将"Incoterms © 2010"或"国际贸易术语解释通则 © 2010"作为后缀，或在合同中说明所选贸易术语的必要构成要件，尽可能对地点和港口做出详细说明。例如，FCA Tianjin International Port Zone Incoterms © 2010。其中FCA是贸易术语，Tianjin International Port Zone是地点，Incoterms © 2010说明所选的贸易术语是最新版本，注册商标"©"是其组成部分。

（2）贸易术语重新分类。

2000年通则把贸易术语分为E、F、C、D四组，按照卖方责任逐渐增大、买方责任逐渐减小依次排列。2010年通则按照运输方式将11种贸易术语分为两类：适用于任何单一运输方式或多种运输方式，以及适用于海上和内陆水上运输方式。

①适用于任何运输方式的贸易术语有7个：

EXW，工厂交货；

FCA，货交承运人；

CPT，运费付至；

CIP，运费、保险费付至；

DAT，终点交货；

DAP，地点交货；

DDP，完税后交货。

此分类中的 7 个贸易术语不用考虑所选用运输方式的种类。它们甚至可以用于没有海上运输的情况下，只要运输中有一个部分运用过船只，便可适用此类术语。

②适用于海上和内陆水上运输方式的贸易术语有 4 个：

FAS，船边交货；

FOB，船上交货；

CFR，成本加运费；

CIF，成本、保险费加运费。

此分类中的 4 个贸易术语，交货地点和把货物送达买方的地点都是港口，所以只适用于海上或内陆水上运输。

2. 其他调整与变动

除了上述两大变化外，2010 年通则还有如下若干调整与变动：

（1）调整义务项目。

2010 年通则与 2000 年通则对于其解释的每种贸易术语下买卖双方各自的义务，都分别列出了 10 个项目。与 2000 年通则相比，2010 年通则的不同之处在于，卖方在每一项目中的具体义务不再"对应"买方在同一项目中的相应义务，而是改为分别描述，并且各项目的内容也有所调整（见表 4-3）。

表 4-3　　　　　　　　　　2010 年通则与 2000 年通则基本义务比较

2000 年通则	2010 年通则
A1/B1 提供符合合同规定的货物/支付价款	A1/B1 卖方/买方的一般义务
A2/B2 许可证、其他许可和手续	A2/B2 许可证、授权，安全清关和其他手续
A3/B3 运输合同和保险合同	A3/B3 运输合同和保险合同
A4/B4 交货/收货	A4/B4 交货/收货
A5/B5 风险转移	A5/B5 风险转移
A6/B6 费用划分	A6/B6 费用分摊
A7/B7 通知卖方/买方	A7/B7 通知卖方/买方
A8/B8 交货凭证、运输单据或有同等作用的电子通信	A8/B8 交付单据/交货证明
A9/B9 查对、包装、标记/货物检验	A9/B9 查对、包装、标记/货物检验
A10/B10 其他义务	A10/B10 信息协助和相关费用

从表 4-3 可知，与 2000 年通则相比，2010 年通则的基本义务内容也有所不同，发生了 3 个变化：第 1 项从具体到一般。第 2 项增加了与安全有关的清关手续。这主要是考虑到美国"9·11"事件后对安全措施的加强，为与此配合，在某些情况下，进出口商必须提前提供有关货物接受安全扫描和检验的相关信息，这一要求体现在 A2/B2 和 A10/B10 中。变化较为明显的是第 10 项 A10/B10，规定卖方和买方分别要帮助对方提供与安全有关的信息和单据，并因此可向受助方索偿由此而发生的相关费用。

（2）新增"指导性注释"。

2010 年通则中每个术语都增加了"指导性注释"（guidance notes），用以解释：①何时使用本术语；②在何种情况下使用其他术语；③本术语合同中与货物有关的风险负担何时发生转移；④本术语合同中买卖双方之间的成本或费用以及清关手续如何划分；⑤买卖双方应该明确交货的具体地点和未能规定所引起的费用的负担等。

在"指导性注释"中，2010 年通则通常要求双方当事人自行确定风险转移的临界点，而非由新通则本身规定这些临界点。这就要求买卖双方在订立合同时要考虑到该问题，必要时可在商定的基础上另行规定认可的风险临界点。

"指导性注释"并不是 2010 年通则的内容，但它们能帮助使用者更准确有效地针对特定的贸易运用合适的贸易术语。

（3）首提连环买卖。

2010 年通则在 FAS、FOB、CFR 和 CIF 等几种适用水上运输术语的"指导性注释"中，首次提及连环买卖（string sales），在 CPT 和 CIP 的 A3 项中也有提及。

连环买卖亦称路货交易，俗称多次买卖，是指在海上货物运输过程中，卖方将已装船的货物再寻找适当的买方，以期出售尚在运输途中的货物。连环买卖合同订立时，货物已经脱离了卖方的实际控制，因此卖方摆脱了此后运输途中的货损责任，加之卖方将货物交付运输时，通常对货物进行投保，有关在途货物的单据以及保险单在签订买卖合同之时一并转移给了买方。对运输途中出售的货物，《联合国国际货物买卖合同公约》第 68 条规定，在买卖合同订立时风险转移至买方。

对于这一规定，2010 年通则适时做了相应调整，在 FAS、FOB、CFR 和 CIF 等术语中规定了连环买卖的货物在运输期间卖方的义务。以 FOB 为例，2010 年通则在此术语的"指导性注释"中明确指出：卖方的义务是将货物装运上船，或根据买卖合同指定的地点交付货物。此处的买卖合同适用多次出售运输途中货物的交易形式，即在连环买卖中，卖方履行其对买方的义务，不是装运货物，而是使买方"取得"（procure）被装运的货物。为明确起见，2010 年通则规定了"取得已装运货物"（procure goods shipped）的义务，对连环买卖模式下卖方的交货义务做了细分，弥补了以前版本中在此问题上未能反映的不足。

（4）改变划分风险的传统规定。

2000 年通则中的 FOB、CFR 和 CIF 这三个贸易术语的交货标准是货物装运越过船舷（pass the ship's rail）。在 2010 年通则中，不再有"船舷"的概念。换言之，2000 年通则中的这三个贸易术语解释中"船舷"的概念被删除，取而代之的是"装上船"（place on board）。之前关于卖方承担货物越过船舷为止的一切风险，在新术语环境下改为"卖方承担货物装上船为止的一切风险，买方承担货物自装运港装上船后的一切风险"。

2010 年通则之所以如此改变，原因有二：

一是以"船舷"来划分买卖双方的风险，长期以来饱受争议，而该争议在修订 2000 年通则时就已存在，但当时还是保留了这一规定。而实际上"船舷"只是买卖双方活动领域之间假想的界限，长期以来已不能反映各国港口的惯常做法，具体操作时的风险界限应遵循码头公司在进行装船时的习惯做法，而最实际的问题则是，码头公司需要确定谁将负责其服务费用。

二是随着运输方式的发展，例如滚装/卸船、集装箱货物以及多式联运的发展，特别是 FCA 术语的大量使用，FOB 等术语中关于以货物"越过船舷"作为交付和风险转移的规定在很多情况下并不适宜，同时 2000 年通则中对 FOB、CFR 和 CIF 三个贸易术语的这种风险划分标准，与国际通行的海上运输合同规则，如《海牙规则》（1924）、《汉堡规则》（1978）以及联合国大会新近通过的《鹿特丹规则》（2008，其全称为《联合国全程或部分海上国际货物运输合同公约》）等关于风险的划分标准并不一致。

鉴于上述考虑，2010 年通则取消了以货物越过船舷为交货的标准，代之以将货物装运上船为交货的标准。这是与传统观念的彻底决裂与更新。正如国际商会所指出的，这更准确地反映了现代商业现实，可避开以往风险围绕船舷这条虚拟垂线来回摇摆这一早已过时的概念（avoid the rather dated image of the risk swinging to and fro across an imaginary perpendicular line）。

（5）调整适用范围。

2000 年通则只适用于国际货物买卖合同。考虑到在世界许多地区免税贸易区的不断增加，以及欧盟的建立与发展，使得不同国家间的过关手续不再重要，也考虑到两个新的发展现实，即许多国家的商人们已经普遍在国内贸易合同中使用 2010 年通则，以及比起通行的《统一商法典》中的运输和交货术语，越来越多的美国人愿意在国内贸易中使用 2010 年通则中的术语，国际商会相信向这个方向的改革是适宜的。2010 年通则正式认可所有的贸易术语既可以适用于国际交易，也可以适用于国内交易。2010 年通则在一些地方明确规定，只有在适当的时候，当事人才有义务遵从进口或者出口的手续。

此外，2010 年通则明确了电子通信（electronic communication）的效力。由于全球化对国际经贸的影响，电子通信在商务中不断增多，尤其是电子运输单证得到普遍应用，电子通信的重要性与日俱增。据此，2010 年通则中的 A1/B1 赋予电子通信与纸质通信相同的效力，只要缔约双方当事人缔约时同意或存在国际惯例。

3. 适当选用

虽然 2010 年通则已于 2011 年 1 月 1 日正式生效，但并非 2000 年通则就自动作废。其原因有三：

一是国际贸易惯例不是正式的法律，不具有普遍的约束力。根据许多国家的法律规定，如当事人在合同中采用某一贸易惯例，那么该惯例就对双方当事人具有约束力，如不选用，则对其并不具有约束力。

二是自从 1980 年以来，《国际贸易术语解释通则》每 10 年修改一次，虽然每一次修改的内容均有所变化，甚至变化比较大，但主要是形式（分类）和数量（增减）方面的变化，其基本内容已趋于稳定，每次的修改都是继承多于变化，部分变化并不影响整体的适用性。

三是在适用的时间效力上并不完全是"以新通则取代旧通则"，当 2000 年通则正式实施后，1990 年通则仍然适用，这涉及习惯的转换与逐渐适应的过程。例如，新通则实施后可继续选用旧通则，如果合同中出现了新通则中没有的术语（如 DAF、DES、DEQ 等），则仍将被认为适用旧通则。

总之，可以根据实际情况，灵活选用。当然，从长期看，尽快适应是大势所趋。

第三节　国际货物买卖合同的成立

货物买卖合同是指卖方为了取得货款而将货物的所有权转移于买方的一种双务合同。《中华人民共和国合同法》第 130 条规定："买卖合同是出卖人转移标的物的所有权于买受人，买受人支付价款的合同。"根据这种规定，卖方的基本义务是交出货物的所有权，买方的基本义务是支付货款。这是货物买卖合同区别于其他种类合同的一个主要特点。

国际货物买卖合同的订立与其他合同一样，是双方当事人意思表示一致的结果。具体而言，它是通过一方提出要约，另一方对要约表示承诺而成立的。本书第三章所介绍的合同法的各项基本原则，一般都可以适用于国际货物买卖合同。关于国际货物买卖合同的成立所涉及的法律问题，中国早先的《涉外经济合同法》与《合同法》以及 1980 年《联合国国际货物买卖合同公约》都做了明确的规定。

一、中国法律关于合同成立的规定

国际货物买卖合同是一种涉外经济合同，根据中国的法律，以前是适用《涉外经济合同法》，现在则应当适用《合同法》。

（一）涉外经济合同成立的基本条件

《涉外经济合同法》第 7 条规定："当事人就合同条款以书面形式达成协议并签字，即为合同成立。"这项规定对涉外经济合同的成立提出了以下两项基本条件。

1. 实质条件

双方当事人必须就合同条款达成协议，合同才能成立，这是订立合同必须具备的一项实质性条件。所谓达成协议，是指双方当事人意思表示一致。只有双方当事人意思表示一致才能达成协议，合同方能成立。如果双方当事人未能达成协议，便无合同可言。在这个问题上，中国的法律规定与其他国家法律的要求基本上是一致的。所不同的是，外国法律一般都明确规定，双方当事人应当通过要约与承诺的法律行为来达成协议，并对要约与承诺的规则做了具体规定。但是，中国《涉外经济合同法》只规定了双方当事人必须达成协议，合同才能成立，而对于要约与承诺这两个法律问题，则没有进一步做出规定。因此，尽管中国在外贸实践、司法实践与法学理论上都承认只有当一方的要约（发价）被对方承诺（接受）时，合同才能成立，但是，由于中国法律对要约与承诺的有关法律问题，诸如要约能否撤回或撤销、承诺何时生效以及发出承诺之后能否将其撤回等问题都没有做出任何规定，因此，一旦当事人之间在双方是否已经达成协议、合同是否已经成立的问题上发生争议，有时就很难处理。

为了完善中国的合同法，对于要约与承诺这两个法律问题，在《合同法》中已经有了具体的规定。该法第 13 条规定："当事人订立合同，采取要约、承诺方式。"

2. 形式条件

根据《涉外经济合同法》的规定，涉外经济合同（包括国际货物买卖合同）必须以书面形式订立。这是中国法律对涉外经济合同有效成立的一项重要的形式要求。根据 1987 年 10 月 19 日发布的《最高人民法院关于适用〈涉外经济合同法〉若干问题的解答》，不采用书面形式订立的涉外经济合同是无效的。不仅如此，根据《涉外经济合同法》的规定，变更或者解除合同的通知或协议，亦应当采用书面的形式。这是因为涉外经济合同的金额往往比较大，而且具有涉外因素，因此应当采用书面形式订立，以示郑重。日后如果双方发生纠纷，有书面合同为证，便于确定双方当事人的权利与义务。如果采用口头方式订立合同，没有文字根据，一旦发生争议，在举证问题上将会遇到很多困难，不易确定当事人的责任。

对于合同的形式，中国《合同法》则采取了一种比较灵活的规定："当事人订立合同，有书面形式、口头形式和其他形式"（第 10 条）。其中书面形式，只是强调在下列情况下采用："法律、行政法规规定采用书面形式的，应当采用书面形式。当事人约定采用书面形式的，应当采用书面形式"（第 10 条）。

（二）在以信件、电报与电传达成协议时，合同何时成立

在外贸业务中，合同有两种主要的成立方式：一种是由双方当事人以对话的形式直接谈判成交；另一种是由双方通过信件、电报与电传等通信传媒达成交易，即所谓函电成交。根据中国外贸企业的习惯做法，双方以函电方式达成协议以后，中方还要提出一式两份的销售确认书（confirmation of sale），邮寄对方交换签字后，才作为合同正式成立的依据。这种销售确认书实质上是一份简单的书面合同。《涉外经济合同法》也反映了中国外贸企业的这种习惯做法。该法在第 7 条中规定："通过信件、电报、电传达成协议，一方当事人要求签订确认书的，签订确认书时，方为合同成立。"

《合同法》第 33 条也有类似的规定："当事人采用信件、数据电文等形式订立合同的，可以在合同成立之前要求签订确认书。"

对于这种规定，有两个问题需要加以说明：

1. 当事人应于何时提出签订确认书的要求

在以函电成交时，任何一方当事人如果要以签订确认书作为合同成立的依据，都必须在发出要约或在承诺通知中提出这一保留条件。在这种情况下，合同应于签订确认书时成立而不是在双方以函电达成协议时成立，双方当事人在签订确认书前，均不受函电成交的约束。与《涉外经济合同法》的规定一样，《合同法》第 33 条规定"签订确认书时合同成立"。

2. 如果任何一方当事人都没有提出签订确认书的要求，合同应于何时成立

一般而言，如果任何一方当事人在以函电发出要约或在承诺通知中都没有提出要求签订确认书作为合同成立的依据，则根据合同法的一般原则，合同应于双方以函电达成协议时成立，即当载有承诺内容的信件、电报或电传生效时，合同即告成立。在这种情况下，任何一方当事人均不得以未签订确认书为由否定合同的成立。

《合同法》对采用数据电文（包括电报、电传、传真、电子数据交换和电子邮件等）订立合同的要约与承诺的到达时间即生效时间做了明确的规定。该法第 16 条规定："采用数据电文形式订立合同，收件人指定特定系统接收数据电文的，该数据电文进入该特定系统的时间，视为到达时间；未指定特定系统的，该数据电文进入收件人的任何系统的首次时间，视为到达时间。"第 24 条规定："要约以信件或者电报作出的，承诺期限自信件载明的日期或者电报交发之日开始计算。信件未载明日期的，自投递该信件的邮戳日期开始计算。要约以电话、传真等快速通讯方式作出的，承诺期限自要约到达受要约人时开始计算。"

（三）须经国家批准的合同何时成立

根据《涉外经济合同法》的规定，凡是根据中国法律或行政法规的规定，应当由国家批准的合同，须于获得批准时合同才成立。《合同法》第 38 条规定："国家根据需要下达指令性任务或者国家订货任务的，有关法人、其他组织之间应当依照有关法律、行政法规规定的权利和义务订立合同。"这主要是指中外合资经营企业合同、中外合作经营企业合同、中外合作勘探开发自然资源合同、技术转让合同与补偿贸易合同等。《合同法》第 44 条规定："依法成立的合同，自成立时生效。法律、行政法规规定应当办理批准、登记等

手续生效的，依照其规定。"根据中国法律，这些合同必须经过国家授权的审批机关审查批准之后，才能有效成立。因此，这些合同成立的时间，应为国家审批机关批准之日，而不是双方当事人在合同上签字的日期。

关于国际货物买卖合同，则无须经国家的批准，只要双方当事人达成协议并签字，合同即告成立。

二、1980 年《联合国国际货物买卖合同公约》关于合同成立的规定

1980 年《联合国国际货物买卖合同公约》（简称《公约》）第二部分的标题就是"合同的成立"（formation）。在这一部分中，《公约》对合同成立的两个基本法律问题——要约与承诺——做出了相当详尽的规定。由于各国的法律，特别是英美法与大陆法在要约与承诺的某些法律规则方面存在重大的分歧，联合国国际贸易法委员会在起草《公约》的这一部分内容时，曾遇到很大的困难，做出了巨大的努力，采取各种折中办法调和各国的法律分歧，力图使《公约》所确立的法律原则能被各国普遍接受。

鉴于中国是《公约》的缔约国，中国外贸公司在与营业地设在其他缔约国的企业订立国际货物买卖合同时，将会适用《公约》的规定，因此，有必要了解《公约》有关合同成立的各项规定。

必须说明的是，第三章中讨论的"要约"（offer）与"承诺"（acceptance）是从订立合同的法律角度而言的，而本章中的"发价"与"接受"，则是从具体的货物买卖或外贸业务的角度而言的。《公约》正是从这一角度采用了"发价"与"接受"的意思。当然，也有译文采用"要约"与"承诺"意思的。

（一）发价

1. 发价的含义

《公约》第 14 条规定，凡是向一个或一个以上特定（specific）人提出订立合同的建议，如果其内容十分确定，并且表明发价人（发盘人）（offeror）有当其发价（发盘）（offer）一旦被接受就将受其约束的意思，即构成发价。根据这一规定，发价应当符合下列规定。

（1）发价应向一个或一个以上的特定人发出。发价是由发价人向受发价人（offeree）发出的。因此，这里所谓特定人，是指受发价人必须是特定人，即发价人在发价时必须具体指明收受该项发价的公司、企业或个人的名称或姓名。这项规定的目的是把普通商业广告或向广大公众散发的商品目录（catalogues）、价目表（price list）等行为与发价区别开来。前者是向广大公众发出的，不是向某一个或某几个特定人发出的，其对象是广大公众，而不是特定的人。根据许多国家的法律规定，普通的商业广告不具有发价的作用，只是一项发价邀请（invitation for offer）。但是有些国家，例如，英国和美国的判例则认为，商业广告原则上虽然不是一项发价，但如果广告的内容十分明确与肯定，则在某些例外的情况下，也可以视为一项发价。对此，《公约》基本上采取折中的办法处理。根据《公约》第 14 条第 2 款的规定，凡不是向一个或一个以上特定人提出的订约建议，仅应视为发价邀请，而不是一项发价。但是，如果此项建议符合作为发价的其他要求，而且提出该建议的人明确地表示有相反的意向，例如，明确地表示他所刊载的广告是作为一项发价提出来的，则这项建议就可以视为发价。这里所说的"明确表示"，可以有各种不同的表示方式，例如，在刊登商业广告时注明"本广告构成发价"，或注明"广告所列的各种商品将售给

最先支付现金或最先开来信用证的人"等。如果有这类特别说明，这则广告也将被认为是一项发价。

（2）发价的内容必须十分确定。发价一般应包括拟订立合同的主要条件，例如，商品名称、价格、数量、品质或规格、交货日期、地点以及付款方式等，以便一旦被对方接受，就足以成立合同，不致由于欠缺某项重要的条件影响合同的成立，或使合同无法执行。但是，发价人不需在其发价中详尽无遗地列出合同的全部条款，只要达到足以确定合同内容的程度即可。根据《公约》第 14 条的规定，一项关于订立合同的建议如果要构成一项发价，其内容必须十分确定。所谓十分确定（sufficiently definite），是指必须符合公约提出的最低限度的要求。《公约》认为，一项关于订立合同的建议，如果包含以下三项内容，就符合"十分确定"的要求：第一，应当载明货物的名称。例如，准备进行买卖交易的商品是大米、小麦还是羊毛、棉花等。第二，应明示或默示地规定货物的数量或规定确定数量的方法。例如，在发价中可以明确地规定"泰国大米 5 000 公吨"或"阿根廷牛肉 1 000 公吨"等。但是也可以不规定具体的数量，只规定某种确定数量的方法。例如，在发价中规定"拟出售某铁矿在某段时间内所生产的全部铁矿砂"等。前者称为供应全部产品（output）的发价，后者称为购买全部需要（requirements）的发价。这种做法虽然没有规定货物的具体数量，但是根据该厂矿企业的生产规模与规定的期限仍然可以推算出所需或所供产品的数量。美国《统一商法典》也有类似的规定。第三，应当明示或默示地规定货物的价格或规定确定价格的方法。在外贸业务中，前者称为固定价或板价（fixed price），后者称为活价或开口价（open price）。由于国际市场的价格经常发生波动，因此，在国际贸易中，当事人对于某些敏感性的商品交易与长期大宗供货活动，有时愿意采用活价的做法，以减少风险。例如，在五金矿产品的交易中，有些当事人有时在发价中或在签订合同时并不具体规定商品的价格，而只规定商品的价格应根据交货时伦敦五金交易所的平均时价计算。这是确定货物价格的一种办法。

根据《公约》的规定，一项订约建议如果包含了以上三项内容，便应当认为是"十分确定"的，就是一项有效的发价。一旦它被对方接受，买卖合同即告成立。至于发价中没有规定的其他事项，在买卖合同成立后，可以根据《公约》的有关规定处理。例如，如果在发价中对交货时间没有做出具体的规定，则在合同成立后，根据《公约》第 33 条的规定，卖方应在订立合同后的一段合理的时间内交货。如果在发价中对买方支付货款的时间没有做出规定，则根据《公约》第 58 条的规定，买方应于卖方把货物或把代表货物所有权的单据交给买方支配时支付货款。总之，在发价中只要包括上述三项内容就满足了《公约》的最低要求。至于其他事项，在合同成立后，可以通过援引《公约》的有关规定补充解决，不致因此影响合同的有效成立。

（3）发价人必须有一旦其发价被接受即受约束的意思。发价的目的是与对方订立合同。因此，发价一旦被对方接受，合同即告成立，发价人必须受其约束。如果发价人在其发价中附有若干保留性或限制性条件，表明其"发价"即使被对方接受，也不受其约束，那么，这就不是法律意义上真正的发价，而只是一种发价的邀请。

由于在发价对发价人有无约束力的问题上，各国的法律存在重大的分歧，因此，为了避免在这个问题上产生误解，引起不必要的纠纷，以利于交易的进行，中国的进出口公司根据有关方针、政策与外贸业务的实践经验，把发价或发盘分为实盘（firm offer）与虚盘（non-firm offer）两种。两者的主要区别在于，对发盘（价）人（offeror）的约束力有所不同：实盘在规定时间内对发盘人有约束力，虚盘对发盘人无任何约束力。

两者的主要特点与要求如下：第一，实盘。实盘的主要特点是对发盘人有约束力。在实盘规定的有效期内，发盘人不得随意撤回或修改其内容。实盘一经受盘人（offeree）在有效期内无条件地接受，就不用再经发盘人的确认，即可成立对双方都有约束力的合同。实盘必须具备两项主要条件：一是必须提出完整、明确与肯定的交易条件，一般应包括拟议中的合同的主要条件，例如，商品的名称、数量、价格、计价单位、品质、规格、装运期限、支付时间与方式等；二是必须规定有效期，受盘人如果接受此项实盘，就必须按期答复，如果超过有效期，那么，发盘人可以不受其约束。因此，实盘完全符合《公约》规定的关于发价的要求，即发价（实盘）一旦被对方接受，合同即告成立，发价人须受其约束。第二，虚盘。这是发盘人有保留地愿意根据一定的条件达成交易的一种表示。虚盘对发盘人没有约束力，发盘人可以随时撤回或修改虚盘的内容。即使受盘人对虚盘表示接受，仍然须经发盘人的最后确认，才能成立对双方都有约束力的合同。虚盘也有两个主要特点：一是在发盘中附有保留条件。例如，注明"以我方最后确认为准"（subject to our final confirmation），"以你方两周内答复为有效"（subject to your reply within two weeks）。二是在发盘中不规定有效期。虚盘的作用是试探对方的交易诚意，吸引对方对我方递盘（bid）或订货，使我方拥有对是否成交的最后决定权。但是，从法律意义而言，虚盘事实上并不构成一项真正的发价，而是一项发价邀请，其目的是吸引对方提出发价。

2. 发价生效的时间

《公约》第 15 条第 1 款规定，发价于其到达受发价人时生效。在这一点上，各国的法律规定是没有分歧的，因为发价是一种意思表示，受发价人必须在收到发价之后才能决定是否予以接受。因此，如果一方仅凭以往交易的经验，或通过其他途径了解对方可能向他发出发价的内容，他也不能在收到发价之前主动做出接受的表示，即使他这样做，也不能因此而认为双方已成立了合同关系，而只能认为是双方的交叉发价（cross offer）。明确地规定发价生效的时间不仅是一个理论问题，而且在确定发价人是否能撤回或变更其发价内容时具有重要的实际意义。

3. 发价的撤回与撤销

发价的撤回（withdrawal）与撤销（revocability）是两个不同的概念。发价的撤回，是指发价人在发出发价之后，在其尚未到达受发价人之前，即在发价尚未生效之前，将该项发价收回，使其不发生效力。发价的撤销，是指发价人在其发价已经到达受发价人之后，即在其发价已经生效之后，将该项发价收回，从而使发价的效力归于消灭。这个问题在国际贸易实务中具有实际意义。因为发价人在发出发价之后，如果发现发价有错误，或者遇到国际市场价格发生波动，或者外汇汇率发生变化，发价人就可能要求撤回或撤销其发价，或要求变更发价的内容，而受发价人很可能不同意，于是双方就可能因此发生争议。在这个问题上，各国的法律规定，特别是英美法与大陆法之间有分歧。为了解决这些分歧，《公约》对发价的撤回或撤销做出了以下规定。

（1）发价的撤回。《公约》第 15 条第 2 款规定，一项发价，即使是不可撤销的发价，都可以撤回，只要撤回的通知能在该发价到达受发价人之前或与其同时送达发价人。

这项规定包括以下四层意思：

第一，撤回发价的时间仅限于发价人已经发出了发价但是该发价尚未到达受发价人之前的这一段期间，即发价发出后至生效前的这一期间。

第二，《公约》允许撤回发价的理由是，该发价尚未生效，既然发价尚未生效，自然应当允许其撤回。

第三，发价人如果想撤回其发价，就必须向受发价人发出撤回通知，而且此项撤回通知必须在该项发价到达受发价人之前送达，最晚也应与该项发价同时送达受发价人，只有这样，才能阻止该项发价生效。例如，以空邮寄出发价之后，如果发价人想将其撤回，在该项发价送达受发价人之前，用电报或电传等更加快捷的通信传递方式发出撤回通知，将该项发价予以撤回。

第四，《公约》的这一规定，可以适用于一切发价，包括不可撤销的发价（例如，实盘），只要其尚未到达受发价人都可以将其撤回。

（2）发价的撤销。关于发价已到达对方并已生效之后，发价人是否能将其撤销的问题，各国的法律规定，特别是英美法和大陆法存在严重的分歧。英美法认为，发价原则上对发价人没有约束力，不论发价是否已经送达受发价人，发价人在受发价人做出接受之前随时都可以撤销其发价或变更其内容。大陆法系国家特别是德国等国家的法律则认为，发价原则上对发价人具有约束力，除非发价人在发价中已表明其不受约束，否则，发价一旦生效，发价人就要受到约束，不得随意将其撤销。为了解决这个分歧，《公约》在经过长期酝酿与讨论之后，对发价的撤销做出了以下两项规定：

第一，《公约》第16条第1款规定，在合同成立以前，发价可以撤销，但是撤销通知必须于受发价人做出接受之前送达受发价人。这项规定包括以下三层意思：

一是《公约》认为，发价在其送达受发价人之后（即发价生效后），只要受发价人尚未发出接受发价的通知，发价人原则上仍可以将其发价撤销。第16条中所说的"合同成立以前"实质上就是指受发价人做出接受发价的通知以前。在这一点上，《公约》的规定与英美法的原则是类似的。

二是发价人如果想撤销其发价，就必须向受发价人发出撤销通知，而且此项撤销通知必须于受发价人发出接受通知之前送达受发价人。一旦受发价人已对发价发出接受通知，发价人撤销发价的权利即告终止，而不是等到接受生效时，即接受通知到达发价人之时，才告终止。其目的是缩短发价人得以撤销其发价的时间。

三是这一规定的适用范围有一定的限制，它只适用于《公约》第16条第2款规定以外的发价，但是对《公约》第16条第2款特别规定的不得撤销发价则不适用。

第二，根据《公约》第16条第2款的规定，在下列两种情况下，发价一旦生效就不得撤销。

其一是在发价中已经载明了接受的期限，或用其他方式表示它是不可撤销的。这种发价，一旦送达受发价人之后，就不能撤销。这项规定包括两种情况：一是在发价中规定了有效期。例如，在发价中规定："本发价于9月15日前接受有效。"即在9月15日前，发价人不得撤销该发价。二是以其他方式表示该发价是不可撤销的。最典型的例子是，发价人在发价中注明"不可撤销"或"实盘"等字样，这样的文辞本身就清楚地表明该项发价是一项不可撤销的发价。

其二是受发价人有理由信赖该发价是不可撤销的，并且已本着对该项发价的信赖行事。这是指发价人虽然没有在发价中规定接受的期限，也没有以其他方式表明该发价是不可撤销的发价，但是，只要收受该发价的一方有理由信赖该发价是不可撤销的，并据此行事，那么，为了保障交易的安全与维护受发价人的利益，《公约》也不允许发价人撤销此种发价。

如果说《公约》第16条第1款的规定反映了英美法的原则，那么，《公约》第16条第2款的规定则主要反映了大陆法的原则。

4. 发价的终止或失效

《公约》第17条规定，一项发价，即使是不可撤销的发价，也应于拒绝该发价的通知送达发价人时终止。根据《公约》第17条及其他有关条文的规定，发价的终止有以下四种情况：

(1) 发价因被拒绝而终止。拒绝发价有两种方式：一种方式是直截了当地表示拒绝接受某项发价；另一种方式是对发价人在发价中提出的交易条件进行讨价还价，例如，要求降低价格、增加或减少数量、变更发价提出的交货期或支付方式等。这也是对发价的拒绝，并构成还价（还盘）（counter-offer）。根据《公约》第17条的规定，任何发价，包括不可撤销的发价，于拒绝该发价的通知到达发价人时即告终止，此后，发价人就不再受该发价的约束。例如，甲公司于7月5日向乙公司发出一项发价，规定接受的期限至7月30日止。乙公司于7月12日收到上述发价后，于7月14日以电报的方式通知甲公司拒绝其发价。如果甲公司7月15日收到此项拒绝电报，则该发价于7月15日起即告终止。如果后来乙公司又改变主意，于7月20日以电传的方式通知甲公司表示接受其发价，在这种情况下，尽管表示接受的电传到达甲公司之日尚未超过发价规定的接受期限7月30日，但是因为该项发价于7月15日拒绝通知到达甲公司时已告终止，合同不能成立。即使该项发价是不可撤销的发价，发价所规定的接受期限还未届满，也是如此。但是，在上例中，如果乙公司在7月14日收到甲公司的发价后，于7月15日以航空挂号信的方式表示拒绝，马上又改变主意，于7月16日以电传的方式通知甲公司表示接受其发价，在这种情况下，只要以电传的方式发出的接受通知能先于以航空挂号信的方式发出的拒绝通知到达发价人，则该项接受通知仍然有效，合同仍然可以成立。

(2) 发价因被发价人撤销而终止。除《公约》特别规定不可撤销的发价外，其他发价均可以因其被发价人撤销而告终止。

(3) 发价因其规定的接受期限届满而终止。凡是规定了接受期限的发价，如果受发价人不在规定期限内接受，该发价即告终止。

(4) 发价因"合理期限"已过而终止。如果发价中没有规定接受的期限，那么只要受发价人未能在一段合理的时间内把接受通知送达发价人，则该发价即告失效。

(二) 接受

1. 接受的含义

根据《公约》第18条的规定，受发价人以做出声明（statement）或以其他行为（conduct）对某项发价表示同意，即为接受（acceptance）。

接受的实质是对发价表示同意。这种同意发价的意旨必须以某种方式向发价人表示出来。根据《公约》的规定，受发价人可以用两种方式表示其对发价的接受：一种方式是采取向发价人发出声明的方式（口头或书面均可以）表示接受该项发价；另一种方式是通过某种行为表示接受。例如，受发价人根据发价中规定的品质规格和数量发运货物或支付货款，这种发货和付款的行为也是接受发价的一种方式。但是，根据《公约》的规定，受发价人在收到发价后，仅保持缄默，不能认为是接受。

2. 接受生效的时间

接受从什么时候起生效是货物买卖合同法中的一个十分重要的问题，因为接受一旦生效，合同即告成立，接受生效的时间与地点就是合同成立的时间与地点。在这个问题上，英美法与大陆法，特别是与德国法之间的分歧很大。英美法采取所谓"投邮生效原则"（mail box rule），大陆法系中的德国法则采取"到达生效原则"（receipt of the letter of acceptance rule）。

《公约》对接受生效的时间，原则上采取"到达生效原则"，但是也有一些例外规定。

（1）受发价人以发出接受通知表示接受时，必须于通知到达发价人时才能生效。《公约》第18条第2款规定，对发价所作的接受，应于接受通知到达发价人时生效。如果表示接受的通知在发价人规定的时间内，或者如果发价中没有规定时间，则在一段合理的时间内，未能送达发价人，该接受即为无效。但是必须考虑交易的情况，包括发价人使用的通信方式的快捷程度。对口头发价必须立即接受，但是情况表明有不同的要求者除外。《公约》的这一规定明确地表明，凡是以发出同意的通知表示接受者，均必须于该项通知到达发价人时方为生效。根据这一规定，如果由于邮递失误，接受通知在中途遗失，或未能在发价规定的期限内或未能在合理的期限内送达发价人，则除了属于下文将要介绍的《公约》第21条规定的情况外，该项接受属于无效，合同不成立。换言之，根据《公约》的规定，接受通知在传递中可能发生的失误风险，应由受发价人承担，而不是由发价人承担。

（2）受发价人通过做出某种行为表示接受时，接受于做出该项行为时即告生效。《公约》第18条规定，如果根据发价的要求或根据当事人之间已经确立的习惯做法或惯例，受发价人可以通过做出某种行为，例如，以发运货物或支付货款的行为对发价表示接受，无须向发价人发出接受通知，则当受发价人做出这种行为时接受即告生效，而不要求等到货物运到发价人时才生效。这一规定与上述《公约》第18条第2款关于接受通知必须于送达发价人时方为生效的规定有所不同。这一区别的实际意义在于：在受发价人根据本款的规定以做出发运货物或支付货款的行为表示接受的情况下，一旦做出上述行为，接受便被认为已经生效，合同即告成立，发价人必须受约束，不得再撤销其发价。这对保护以做出上述行为表示接受的一方的利益是很必要的。否则，如果在受发价人已根据上述规定发运货物或已支付货款之后，仍然允许发价人以货物尚未到达与货款尚未收到为由而撤销其发价，则做出上述行为的受发价人就会遭受很大的损失。

3. 对发价的内容做了变更的接受的效力

根据各国法律的规定，接受是同意发价提出的订立合同条件的一种意思表示，因此，接受必须同意发价中提出的各项条件，不能随意加以变更。如果接受的内容与发价的内容不一致，就不是真正有效的接受，而是一项还价或还盘。《公约》基本上采纳了这一传统的法律原则。根据《公约》第19条第1款的规定，对发价表示接受时，如果载有添加、限制或其他更改，就应视为对发价的拒绝，并构成还价或还盘。但是，为了避免由于接受的内容与发价稍有出入而影响合同的有效成立，公约提出了一个比较灵活的处理办法。根据《公约》第19条第2款的规定，对发价表示接受但载有添加或不同条件的答复，如果所载的添加或不同条件在实质上并不变更该项发价的条件，则除发价人在不过分延迟的期间内以口头形式或书面形式提出异议外，仍然可以作为接受，合同仍然可以有效成立。在这种情况下，合同的条件就以该项发价提出的条件以及接受时附加或更改后的条件为准。

在适用上述规定时，最重要的问题是，要确定接受中附加或变更的条件是否在实质上变更了发价中提出的条件（alter the terms of the offer materially），因为《公约》只允许在接受时对发价的内容有某些非实质性的变动，不允许在接受中对发价的条件做任何实质性的变更，否则就不是接受，而是对发价的拒绝。不仅如此，《公约》还指出，即使受发价人在接受时对发价所做的某些变更是非实质性的，发价人仍然有权及时提出异议。如果发价人坚持不同意对其发价的内容做任何变更，则尽管受发价人在接受中对发价所做的变更并不是实质性的变更，但合同仍然不能成立。由此可见，在接受时如果对发价的内容做了变更，则只有在符合以下两个条件时，该项接受才被认为有效，合同才能成立：（1）接受中对发价所做的变更并非实质性的变更；（2）发价人对此项非实质性的变更没有及时提出任何异议。

对于哪些变更属于"实质性"的变更问题，《公约》第19条第3款运用列举的方式做出了回答。它规定凡是在接受中对下列事项做了添加或变更者，均被认为在实质上变更了发价的条件：（1）货物的价格；（2）价款；（3）货物的数量与质量；（4）交货的时间与地点；（5）当事人的赔偿责任范围；（6）解决争议的方法等。如果受发价人在接受发价时，对发价中所涉及的上述任何一项条件做了添加或变更，就不能认为是真正的接受，而是还盘或还价，即使发价人没有提出异议，合同亦不能成立。中国《合同法》第30条对"实质性变更"也有类似的明确规定："承诺的内容应当与要约的内容一致。受要约人对要约的内容做出实质性变更的，为新要约。有关合同标的、数量、质量、价款或者报酬、履行期限、履行地点和方式、违约责任和解决争议方法等的变更，是对要约内容的实质性变更。"美国《统一商法典》也有类似的规定，但是对何谓"实质性"的添加或变更，没有像《公约》那样一一列举。

4. 逾期接受

逾期接受也称为迟到的接受（late acceptance），是指接受通知到达发价人的时间已经超过了发价规定的有效期，或者在发价没有规定有效期时，已经超过了合理的时间。根据各国的法律规定，逾期接受不能被认为是有效的接受，而是一项新的发价。《公约》也认为逾期接受原则上是无效的。但是，为了有利于双方合同的成立，《公约》对逾期接受亦采取了一些灵活的处理方法，使它在符合某些条件的情况下，仍然具有接受的效力，合同仍然可以成立。根据《公约》第21条第1款的规定，逾期接受仍然具有接受的效力，只要发价人毫不延迟地以口头形式或书面形式将其认为该逾期接受仍然属于有效的意思通知受发价人即可。例如，卖方于8月10日以信件的方式向买方发出一项发价，其中规定："接受通知须于8月30日前送达卖方。"两地邮程往返各为7日。买方于8月30日才回信通知卖方表示接受其发价，此信直到9月7日才送达卖方。这时如果卖方表示仍然愿意与买方订立合同，他就应当及时通知买方，表示尽管买方的接受已经逾期到达，但是其仍然视之为有效的接受。这样，合同仍然可以有效成立，合同成立的时间就是该项逾期接受送达发价人（卖方）的日期（即9月7日）。反之，如果卖方未及时对此项迟到的接受予以确认，或表示由于接受逾期，其发价已经失效，则该项迟到的接受就不具有接受的效力，合同就不能成立。

《公约》第21条第2款还规定，如果载有逾期接受的信件或其他书面文件表明，根据其寄发时的情况，只要邮递正常，它本来就应当是能够及时送达发件人的（但是事实上却由于传递的延误而迟到了），那么，此项逾期接受应当被认为仍然具有接受的效力，除非发价人毫不延迟地以口头形式或书面形式通知受发价人，表示其发价已经因为接受逾期而失效。这项规定与上述条款的区别在于：这项规定所指的接受迟到是邮递延误所致，不是受发价人做出接受的时间太晚造成的，迟到的原因不能归咎于受发价人，所以，在处理上也与前一条款的情况有所不同。在《公约》第21条第2款的情况下，如果发价人在收到逾期的接受之后，未及时通知受发价人，表示其发价已经因接受逾期而失效，则该项逾期的接受仍然被认为有效，合同将可以成立。

5. 接受的撤回

根据《公约》的规定，接受是可以撤回的，只要撤回的通知能于该项接受原应生效之前或与其同时送达发价人即可。撤回接受是受发价人阻止其接受发生法律效力的一种意思表示。受发价人在发出接受通知之后，如果发现不妥，可以在该接受生效之前，赶紧发出撤回通知，只要撤回通知能在该接受生效之前或与其同时送达对方，即可以将该项接受予以撤回。一旦接受生效，合同即告成立，受发价人就不得予以撤销，否则就等于撕毁合同。在这个问题上，英美法与大陆法存在重大的分歧。英美法认为，接受的函电一旦投邮发出就立即生效，合同即告成立。因此，受发价人在发出接受通知之后，就不可能将其撤回。但是，根据德国法律的规定，接受通知须于到达对方时方能生效，因此，受发价人发出接受通知之后，在其到达对方之前，仍然有可能将其撤回。在这方面，《公约》的规定与德国法的规定是相似的。

第四节　卖方与买方的义务

货物买卖合同是一种双务合同，合同一经成立，买卖双方都有责任履行其依据合同所应承担的义务。在货物买卖合同中，卖方的基本义务是交货，买方的基本义务是接受货物与支付货款。除合同另有约定外，卖方的交货义务与买方的付款义务是一项对流条件（concurrent condition），双方均应同时履行各自的义务，即通常所说的一手交钱，一手交货。但是买卖双方也可以在合同中做出不同的安排。例如，卖方可以同意给予买方信贷（credit），在这种情况下，卖方应先履行交货的义务，而买方则可以在信贷期限届至时才支付货款。

围绕货物买卖合同的双方当事人所必须履行的义务是货物买卖法的核心问题。对此，《公约》第三部分的第二章、第三章与第五章，用了很大的篇幅对买卖双方的义务做出了详细的规定。本节主要介绍《公约》的上述规定，同时也介绍西方主要国家有关国内法的规定。

一、卖方的义务

根据《公约》的规定，卖方的主要义务有三项：交付货物，移交有关货物的全部单据，将货物的所有权转移给买方。其中所谓交货（delivery），是指自愿地转移货物的占有权，即把对货物的占有权从卖方的手中转移到买方的手中。交货有两种做法：一种做法叫作实际交货（physical delivery），即由卖方把货物置于买方的实际占有之下。另一种做法叫作拟制交货或推定交货（constructive delivery），例如，卖方已把货物存入仓库，在交货时可以将仓库的收据交给买方，让买方去仓库提取货物；或者在涉及海洋运输的情况下，卖方把提单交给买方，由买方在目的地向承运人凭提单收货。后一种做法又称为象征性交货（symbolic delivery），因为提单是货物所有权的凭证，是代表货物的象征，合法地取得提单就等于取得了货物的所有权。在国际贸易中，有些合同是实际交货合同，有些合同是象征性交货合同，例如，根据工厂交货条件与目的港船上交货条件成交的合同是实际交货合同，而根据 CIF 条件成交的合同则是象征性交货合同。

卖方在履行交货义务的过程中，会遇到许多法律问题，必须承担一系列的法律义务，其中主要有以下三项：(1) 根据合同规定的时间、地点与方式交货的义务；(2) 对货物品质的担保义务；(3) 对货物权利的担保义务。对于卖方的这些义务，各国的法律都做出了具体的规定。大陆法系国家主要是在民法典中做出规定，英美法系国家则主要是在有关货物买卖的法律中做出规定。这些法律都是国内法，主要适用于国内交易。但是，如果在国际货物买卖合同中订立了法律选择条款，选定适用某个国家的法律；或者在发生争议时，法院或仲裁庭根据法律冲突规则，认为该合同应适用某个国家的法律，则这些法律的规定就将适用于该项国际交易。

(一) 卖方交货的时间与地点

《公约》第 31 条至第 33 条对卖方履行交货义务的时间与地点做出了以下规定。

1. 关于交货地点

如果买卖合同对交货地点已做出规定，则卖方应根据合同规定的地点交货。如果买卖合同对交货地点没有做出规定，则根据《公约》第 31 条的规定，卖方应当根据以下三种不同的情况履行交货义务：

(1) 如果买卖合同没有规定具体的交货地点，而该合同又涉及货物的运输，就要求卖方把货物运送给买方，例如，铁路交货合同或装运港船上交货合同等，卖方的交货义务就是把货物交给第一承运人。即使这批货物需要经过两个以上的承运人才能运交买方，卖方也只需要把货物交给第一承运人，就认为已经履行交货的义务。不仅如此，根据《公约》第 67 条的规定，在这种情况下，从货物根据合同规定交付给第一承运人时起，风险就由卖方转移至买方。

(2) 如果买卖合同既没有规定具体的交货地点，又不要求卖方把货物运交给买方，即合同中没有涉及卖方应当负责运输的事项，那么即使该合同出售的货物是特定物，或者是从某批特定的存货中提取的货物（例如，从指定存放于某地的小麦仓库中提取 100 吨小麦作为交货之用），或者是尚待加工生产或制造的未经特定化的货物（例如，买卖的货物将在某地某家工厂加工制造），而双方当事人在订立买卖合同时已经知道这些货物存放在这个地方，或者已经知道它们将在某个地方生产或制造，则卖方应当在该地点把货物交给买方处置。

(3) 除上述情况外，在其他情况下，卖方的交货义务是在其订立合同时的营业地点将货物交由买方处置。所谓交由买方处置 (at the buyer's disposal)，是指卖方采取一切必要的行动，让买方能够取得货物，例如，做好交货前的准备工作，将货物适当包装，刷上必要的标志，并向买方发出通知让其提取货物等。如果卖方已经把货物交给仓库或承运人照管，卖方将有关单据，例如，提单或仓库单据交给买方，就认为已将货物交由买方处置。

但是，《公约》的上述规定只有在买卖合同对交货地点没有做出规定时才适用。如果双方当事人已经使用某种贸易术语明确地规定了交货地点，则卖方的义务就不是交到第一承运人的手中或在特定货物的所在地交货，而是应当把货物交到指定地点。例如，如果双方当事人在合同中规定交货的条件是"FOB上海"，那么即使货物需要从内地（例如，郑州）用火车运到上海，再由上海装船运往国外，在这种情况下，卖方的义务也是把货物交到上海的指定船舶上，而不是把货物交到内地（例如，郑州）开往上海的火车上就算作完成交货义务。

《公约》第32条还规定，如果买卖合同涉及货物运输事宜，即合同要求卖方通过承运人把货物运交买方，则卖方还应承担下列额外的义务：

（1）如果根据合同或《公约》的规定，卖方要把货物交付给承运人以便运交买方，但是货物并未打上标志，或未以填写装运单据的方式或以其他方式，将货物确定在该合同项下（identified to the contract），则卖方必须向买方发出具体注明此项货物的发货通知。这项规定实质上是把货物特定化。所谓把货物确定在合同项下，就是以某种行为明确地指定以该项货物作为履行合同的标的。一般而言，卖方可以采取下列办法将货物特定化：一是在货物上标明买方的姓名与地址；二是在提单上载明以买方为收货人或载明货物运到目的地时应通知某一买方。如果卖方未按上述办法或其他办法将货物确定在合同项下，他就必须向买方发出一份具体指明货物情况的发货通知。卖方把货物特定化是一项具有重要法律意义的行为。根据许多国家的法律规定，卖方将货物特定化，是货物所有权与风险由卖方转移到买方的必要条件。在货物特定化之前，货物的所有权与风险原则上不转移至买方。

（2）如果卖方有义务安排货物的运输，他就必须负责订立必要的运输合同，用适当的运输工具，根据通常的运输条件，将货物运到指定地点。具体而言，当买卖双方根据CIF、CFR或DES等条件订立合同时，卖方都要承担安排运输的义务，但是如果双方是根据FOB条件成交的，则除合同另有规定外，卖方一般没有义务安排货物的运输，其义务仅限于将货物送到指定的装运港口岸，装上买方派来的运输工具。

（3）如果卖方没有义务对货物的运输办理保险（例如，FOB合同或CFR合同），则他必须在买方提出要求时，向买方提供一切可供买方投保货运保险之用的必要资料，使买方能够投保这种保险。虽然《公约》没有把这一点作为卖方的一项一般性义务，因为根据《公约》的规定，只有当买方提出要求时，卖方才必须提供这类资料，但是根据国际贸易惯例，即使买方没有提出要求，卖方也应当提供这类资料，否则，如果因为卖方不提供这类资料，买方不能及时投保，卖方可能就要对货物在运输过程中的风险负责。

2. 关于交货时间

《公约》第33条对如何确定卖方交货的时间做出了以下三项规定：（1）如果买卖合同中规定了交货日期，或从合同中可以确定交货日期，则卖方应在该日期交货。（2）如果买卖合同中规定了一个交货期间（例如，6月或7月等），或从合同中可以确定一段时间（例如，收到信用证后30日内），则除非情况表明买方有权选定一个具体日期，否则卖方有权决定在这一期间内的任何一天交货。例如，如果买卖合同规定交货期为7月至8月，则卖方可以在7月1日至8月31日，选择任何一个日子交货。（3）在其他情况下，卖方应在订立合同后的一段合理的时间内交货。至于何谓合理的时间，应根据交易的具体情况确定。

根据各国的法律规定，凡是合同中对交货时间、地点与交货方式已有明确规定的，卖方必须根据合同的规定交货。但是如果买卖合同对上述事项没有做出明确的规定，则各国的法律有不同的处理方法。大陆法与英美法的有关规定如下。

（1）大陆法的有关规定。如上所述，在大陆法系国家，关于卖方履行交货义务的问题，是在民法典债篇中规定的。这些规定不仅适用于买卖合同，也适用于其他合同。关于交货地点，根据大陆法的规定，卖方履行交货的地点应当是合同规定的地点。如果合同未指定地点，则根据不同的情况，由法律确定适用不同的原则，主要有以下两种情况。

第一，如果买卖合同支付的标的物是特定物，那么根据《法国民法典》、《日本民法典》与《瑞士债务法典》的规定，就应当在订约时该特定物的所在地交货。

第二，如果买卖合同支付的标的物是非特定物，那么根据《法国民法典》、《德国民法典》与《瑞士债务法典》的规定，应于卖方营业场所所在地交货，但是《日本民法典》则规定应于买方的住所所在地交货。关于交货时间，根据大陆法系国家法律的规定，如果买卖合同对交货时间没有做出具体的规定，则买方有权要求即时交货，卖方也有权在合同成立后即时交货。值得注意的是，大陆法认为，履行的期限是为债务人的利益而定的。因此，在合同规定了履行期的情况下，买方不能要求卖方在履行期到来之前交货，但是卖方却有权要求提前交货。例如，《德国民法典》第271条规定，合同订立了履行期者，债权人不得于期限前请求给付，而债务人则可以于期限到来之前履行其给付。但是，债务人在履行债务时，必须遵守诚实信用原则（bona fides）。如果债务人（卖方）打算提前交货，应当事先通知债权人（买方），否则突然提前交付大批货物，使债权人来不及准备仓栈，不能及时受领货物，这就有违诚实信用原则，债权人可以不负受领延迟的责任。

（2）英美法的有关规定。关于卖方的交货时间、地点与方式的问题，英国是在1893年《货物买卖法》中规定的，美国是在《统一商法典》中规定的。根据英国上述买卖法的规定，卖方交货的时间、地点与方式，应根据合同的规定履行，如果合同没有做出具体的规定，则应根据下列原则处理：

第一，交货的地点一般应为卖方的营业地，如果买卖合同的标的物是特定物，而双方在订约时已经知道该特定物在其他地方，则应在该地交货。

第二，如果合同没有规定交货时间，则应在合理的时间内交货。

第三，如果买方授权或要求卖方把货物运交给他，则卖方为了把货物运交买方而把货物交给承运人，就可以推定为已经向买方交货，在这种情况下，卖方应负责订立适当的运输合同。如果涉及海上运输，卖方还有义务及时通知买方，以便买方投保海上货物运输保险，否则，卖方就必须承担货物在运输途中的风险。

第四，如果卖方同意在货物出售地点以外的其他地点把货物交给买方，则除合同另有规定外，应由买方承担货物在运输途中腐烂与变质的风险。

第五，关于使货物处于可交付状态（deliverable state）的费用，例如，容器与包装等项费用，除双方当事人另有约定外，应由卖方承担。

根据英美法的规定，在履行合同的过程中有一个十分重要的步骤，叫作"提供"（tender）。所谓提供，就是当事人为履行其合同义务而做出的一种表示。"提供"的作用在于表明债务人业已准备就绪并向债权人提出履行合同义务的意愿，如果债权人拒绝接受，则除金钱债务外，债务人可以解除履约的义务。例如，在买卖合同中，如果卖方已经根据合同规定的时间与地点向买方提供适当的货物，而买方却拒绝受领其货物，则卖方可以解除交货的义务，并且要求买方赔偿损失。

（二）提交有关货物的单据

在国际货物买卖中，装运单据（shipping documents）具有十分重要的作用。它们是买方提取货物、办理报关手续、转售货物以及向承运人或保险公司请求赔偿所必不可少的文件。根据国际贸易惯例，在大多数情况下，卖方都有义务向买方提交有关货物的各种单据，而且买卖合同也往往规定，以卖方移交装运单据作为买方支付货款的对流条件。《公约》明确地规定，移交有关货物的单据，是卖方的一项主要义务。

根据《公约》第34条的规定，如果卖方有义务移交有关货物的单据，那么，他必须根据合同规定的时间、地点与方式移交这些单据。这类与货物有关的单据，主要是指提单、保险单与商业发票，有时还可能包括领事发票、原产地证书、重量证书或品质检验证书等。

《公约》还规定，如果卖方在上述时间以前已经移交了这些单据，他可以在这个时间届满以前对单据中任何不符合合同之处做出修改。但是卖方在行使这项权利时不得使买方遭受不合理的不便或承担不合理的开支，而且买方有权对此保留请求损害赔偿的权利。

（三）卖方的品质担保义务

关于卖方对货物的品质担保义务，各国的法律与《公约》都做出了具体的规定。一般而言，如果买卖合同对货物的品质规格已经做出了具体的规定，则卖方应根据合同规定的品质与规格交货；如果买卖合同对货物的品质与规格没有做出具体的规定，则卖方必须根据合同应当适用的有关法律规定办理。

1.《公约》的有关规定

《公约》对卖方的品质担保义务做出了明确的规定，其内容与英美法中的默示条件或默示担保义务有很多相似之处。根据《公约》第35条的规定，卖方交付的货物必须与合同规定的数量、质量与规格相符，并且必须根据合同规定的方式装箱或包装，除双方当事人另有协议外，卖方所交的货物应当符合下列要求，否则就认为其货物与合同不相符：

（1）货物应当适用于同一规格的货物通常使用的用途。

（2）货物应当适用于订立合同时买方曾经明示或默示地通知卖方的任何特定用途，除非情况表明买方并不依赖卖方的技能与判断力，或者这种依赖对卖方来说是不合理的。例如，根据他指定的商标选购货物，或者使用高度技术性的规格描述他所需要的货物，就可以认为买方是凭对自己的自信选购货物，而不是依赖卖方的技能与判断力为他提供货物，在这种情况下，卖方就不承担提供适合特定用途的货物的义务。

（3）货物的质量与卖方向买方提供的货物样品或样式相同。

（4）货物应根据同类货物通用的方式装进容器或包装，如果没有这种通用的方式，则应当根据足以保全与保护货物的方式装进容器或包装。

以上四项义务，是在双方当事人没有其他约定的情况下由《公约》加之于卖方身上的义务。它们反映了买方在正常交易中对其购买的货物所抱有的合理期望。因此，只要双方当事人在合同中没有做出与此相反的规定，《公约》的上述规定就适用于他们之间的合同。

《公约》还对卖方承担上述义务的时间做出了明确的规定。例如，《公约》第36条规定，卖方应对货物在风险转移于买方时所存在的任何不符合合同的情形承担责任，即使这种不符合合同的情况是在风险转移于买方之后才明显表现出来的。这就是说，《公约》认为卖方对货物应符合合同要求的责任，原则上虽然是以风险转移的时间作为衡量标准，即只要货物在风险转移于买方的时候符合合同的要求，卖方就算作履行了他的义务，如果在风险转移于买方之后，货物发生腐烂、变质与生锈等情况以至与合同的要求不相符，则卖方不承担责任。但是，也有例外的情况，即如果货物与合同的要求不相符的情形要在风险转移于买方之后的一段时间才能发现或显露出来，例如，有些货物需要经过科学鉴定甚至需要使用一段时间后才能显示其是否与合同的要求相符，在这种情况下，尽管风险已经转移于买方，但是如果货物的缺陷在风险转移于买方之前就已经存在，则卖方仍然应当承担责任。

《公约》还规定，在某些情况下，卖方对货物在风险转移于买方之后发生的任何不符合合同要求的情形也应承担责任，即这种不符合合同的情形的发生是由于卖方违反了他的某项义务，包括违反关于货物在一定的期限内将继续适合于其通常用途或某种特定用途的保证。在这方面最明显的例子是，在机械设备交易中，如果合同规定卖方对其提交的机械设备产品的保证期为 1 年，那么尽管该设备的风险早已转移于买方，而且在风险转移的时候该设备是符合合同要求的，但是如果在 1 年的保证期内，买方发现该设备的质量与合同的要求不相符，则卖方仍然必须对此负责。

2. 大陆法与英美法的有关规定

（1）大陆法的有关规定。大陆法把品质担保称为瑕疵担保，即卖方应当保证出售的货物没有瑕疵。例如，《德国民法典》第 459 条规定，卖方应对买方保证其出售的物品在风险责任转移于买方的时候不存在失去或减少其价值，或降低其通常的用途或合同规定的使用价值的瑕疵；并且规定，卖方应担保货物在风险责任转移于买方时确实具有他所担保的品质。但是，如果买方在订立买卖合同时，已经知道出售的货物确有瑕疵，则卖方可以不负瑕疵担保的责任。该民法典还规定，如果买卖的标的是根据质权以公开拍卖的方式出售的，则卖方对货物的瑕疵不负担保责任。

（2）英美法的有关规定。英美法对于货物品质担保责任的规定比大陆法更加详细。其中具有代表性的是英国《货物买卖法》与美国《统一商法典》的有关规定。

第一，英国《货物买卖法》的规定。英国 1893 年《货物买卖法》曾就卖方关于货物品质的责任做出了具体的规定，但是其中有些内容已经不适应当代经济发展的要求，因此，英国通过了 1973 年《货物供应（默示条款）法》[Supply of Goods（Implied Terms）Act]，对 1893 年《货物买卖法》做了补充与修改。根据修改后的该买卖法第 12 条至第 15 条的规定，卖方出售的货物必须符合下列默示条件（implied condition）：

其一，凡是凭说明（by description）出售的货物，卖方的交货必须与说明相符。根据英国法律的解释，如果双方对货物的情况已经在买卖合同中做出了说明，而买方又是根据此项说明订立合同的，就属于凭说明的交易。

其二，如果卖方是在营业期间出售货物，则应当包含一项默示条件，即卖方根据合同提供的货物应当具有商销品质（merchantable quality）。但是，有下列情况之一者，则不包含货物应具有商销品质的默示条件：有关货物的各种缺陷在订约之前已经特别提醒买方注意；买方在订约之前已经对货物进行检验，而货物存在的缺陷经过检验本来是应当能够发现的。

其三，如果卖方是在营业期间出售货物，而且买方已经明示地或默示地让卖方知道，他要求货物必须适用于某种特定的用途，在这种情况下，合同就包含一项默示条件，即卖方根据合同提供的货物应合理地适用于这种特定的用途，除非情况表明买方并不信赖也没有理由信赖卖方的技能与判断力。

其四，凡是凭样品（by sample）成交的买卖合同，应认为包含下列默示条件：卖方所交的货物在品质方面必须与样品相符；买方应有合理的机会把样品与整批货物进行比较；卖方所交的货物应当没有任何对样品进行检验所不能发现的与不合商销的缺陷。

其五，如果在交易中既有样品又有说明，则卖方所交的货物必须与样品和说明都一致。

以上是英国《货物买卖法》关于卖方对货物品质责任的规定。根据英国法的解释，所谓默示条件具有以下三个方面的含义：（1）如果双方当事人在合同中没有相反的表示，这些默示条件就依法适用于他们之间的合同。（2）英国法把合同条款分为条件（condition，也译为"要件"）与担保（warranty）两大类。条件是指涉及合同基础的主要条款，担保是指从属于合同主要目的的次要条款。无论是条件还是担保都有明示（express）与默示（implied）之分：明示是在合同中以语言或文字明确地表示出来的；默示则是隐含的，是根据法律或根据具体的情况认为应当包含在合同之内的。如果一方违反了明示的或默示的条件，则对方可以解除合同，并有权请求损害赔偿，但是如果一方只是违反了担保，则对方只能请求损害赔偿，而不能解除合同。（3）根据英国1893年《货物买卖法》的规定，买卖双方当事人可以在合同中做出明确的规定，排除上述各项默示条件。但是1973年《货物供应（默示条款）法》对此做出了修改。根据该法的规定，为了加强对消费者的保护，对于供私人使用的消费交易（consumer sale），卖方不得在合同中排除英国《货物买卖法》有关默示条件的各项规定。至于在非消费交易（non-consumer sale）中，法律上虽然允许卖方在合同中排除上述各项默示条件，但是不能超出"公平或合理"的限度。如果法院认为卖方排除各项默示条件是不公平或不合理的，法院将不予强制执行。但是，这项修改只适用于国内贸易，不适用于国际交易。在国际交易中，双方当事人可以自由地确定他们之间的权利与义务，不受上述规定的限制。

第二，美国《统一商法典》的有关规定。该商法典与英国《货物买卖法》不同，它不采取条件与担保的区别方法，而是把卖方对货物的担保义务分为明示担保（express warranties）与默示担保（implied warranties）两种。

一是明示担保。所谓明示担保，是指卖方直接对其产品做出的保证。明示担保是买卖合同的一个组成部分，并且是买卖双方达成交易的基础（basis of the bargain）。根据该商法典第二篇第2-313条的规定，明示担保可以通过以下三种方式产生：

①如果卖方对买方就有关货物在事实方面做出了确认或许诺，并成为交易基础的一部分，就构成一项明示担保，即保证他所出售的货物与他对该项事实所做的确认或许诺相符。这种对事实所做的确认或许诺可以见诸货物的标签与商品的目录，也可以载诸合同。例如，如果卖方在出售服装的标签上写明"100％羊毛"，就是一项对事实的许诺，它可以构成明示担保。

②对于货物所做的任何说明，只要是作为交易基础的一部分，就构成一项明示担保，卖方所交的货物必须与该项说明相符。

③任何作为交易基础一部分的样品与模型（model），也是一种明示担保，卖方所交的货物应与该样品或模型一致。

根据该商法典的规定，卖方在合同中并不需要使用担保（warranty）或保证（guarantee）等郑重其事的字眼，或者必须有设定担保义务的特别意思，才能产生明示担保的效果。即使卖方没有采用"保证"或"担保"这类字样，只要符合上述三种情况之一，也可以产生明示担保的效力。但是如果卖方只是确认货物的价值，或者仅是对货物提出某种看法或表示赞许，则不能构成明示担保。

二是默示担保。默示担保不同于明示担保之处在于，它不是由双方当事人经过交易磋商在合同中规定的，而是法律认为应当包括在买卖合同之内的，只要买卖双方在合同中没有相反的规定，那么，法律上所规定的默示担保就可以依法适用于他们之间的买卖合同。根据美国《统一商法典》的规定，卖方对货物品质的默示担保主要有以下两项：

①关于商销性的默示担保。该商法典第二篇第 2-314 条规定，如果卖方是经营某种商品的商人，则在这类商品的买卖合同中，卖方有一项默示担保，即保证他所出售的货物具有商销品质。所谓商销品质，至少应符合以下要求：第一，合同项下的货物根据该行业的标准是可以通过的；第二，如果出售的货物是种类物，则卖方所交的货物应在该规格的范围内具有平均良好品质；第三，货物应适合于一般的用途；第四，除合同允许有差异外，货物的每一单位和所有单位在品种、品质与数量方面都应当相同；第五，在合同有要求时，应把货物适当地装入容器，加上包装与标签；第六，货物必须与容器或标签上许诺或确认的事实相一致。卖方如果违反提供具有商销性的货物的默示担保，可能会引起十分严重的后果，即卖方不仅要对违约造成的直接经济损失负责，而且要对由此而引起的人身伤害与财产损失负责，其赔偿的对象不仅限于买方本人，而且可以延伸到一切预期会使用该项产品的人，例如，买方的家属、亲友或客人等，这就是所谓的产品责任（product liability）问题。产品责任具有侵权行为的性质，应根据产品责任法的原则处理，一般不受买卖合同的限制。

②关于适合特定用途的默示担保。该商法典第二篇第 2-315 条规定，如果卖方在订立合同时有理由知道货物将用于某种特定的用途，而且买方信赖卖方具有挑选或提供合适的货物的技能与判断力，则卖方应承担所售货物必须适合这种特定用途的默示担保。

在卖方对货物的担保责任问题上，美国法与英国法还有一点不同之处，即美国法允许卖方在合同中排除上述各项明示担保或默示担保，但是卖方在排除其担保义务时，必须符合法律规定的要求。例如，如果卖方想排除或限制商销性的默示担保，那么他在措辞上必须使用"商销性"这个字眼。如果排除默示担保的条款载于书面合同，则必须醒目或显眼，并且应当采用大号字体或不同的颜色书写或印刷，以便引起买方的注意。至于明示担保，一般是比较难以排除的。因为根据该商法典的规定，如果双方当事人在进行交易时，既有表示明示担保的言辞或行动，又有否定或限制这种担保责任的言辞或行动，则对于所有这些言词或行动都应尽可能做一致的解释。如果两者之间有矛盾，就认为卖方应负有明示担保的义务。

此外，根据该商法典的规定，如果有下列情况之一，则卖方亦认为排除了对货物品质的默示担保：第一，如果在交易时卖方使用了"依现状"（as is）、"带有各种残损"（with all faults）或其他一般能引起买方注意的措辞，以表明卖方不承担任何默示担保者；第二，如果买方在订立合同以前，已经检验了货物或其样品或模型，或者买方拒绝进行检验，对于通过此种检验应能发现的缺陷，就不存在任何默示担保；第三，根据双方当事人过去的交易做法、履约做法或行业惯例，也可以排除默示担保。

对于上述排除对货物品质默示担保的第一种情况，《统一商法典》第 2-316（2）条和第 2-316（3）（a）条规定了卖方排除对货物质量的默示担保方式。其原文如下：

（2）除本条第 3 款另有规定外，排除或修改有关商销性的默示担保或其任何部分，用语必须提及商销性；如果排除或限制以书面形式作出，其书写必须醒目。排除或修改有关适用性的默示担保，必须以书面形式作出，且书写必须醒目。如果要彻底排除有关适用性的默示担保，可以使用"除去此处的说明，不作任何其他担保"一类的词句。

（3）不论本条第 2 款如何规定，

（a）除非客观情况另有表示，所有的默示担保均可由下列各类用语加以排除，如"依现状出售""不保证质量"或其他根据通常理解可使买方注意到卖方排除担保且明确地不存在默示担保的用语。

但是，在任何情况下，卖方都不得在合同中事先排除由产品责任引起的损害赔偿义务。

（四）卖方对货物的权利担保义务

权利担保，是指卖方应保证对其出售的货物享有合法的权利，没有侵犯任何第三人的权利，并且任何第三人不会就该项货物向买方主张任何权利。在货物买卖中，卖方最重要的义务就是保证他确实享有出售货物的权利（share the right to sell the goods）。例如，卖方是货物的所有人，或者卖方受货主的委托，作为代理人替货主出售货物等，都可以认为卖方享有出售货物的合法权利。具体而言，卖方的权利担保义务包括以下 3 个方面的内容：（1）保证对其出售的货物享有合法的权利；（2）保证在其出售的货物上不存在任何未曾向买方透露的担保物权，例如，抵押权或留置权等；（3）保证其出售的货物没有侵犯他人的权利，包括商标权与专利权等。根据各国的法律规定，上述权利担保义务是卖方的一项法定义务，即使在买卖合同中对此没有做出规定，卖方依法仍应承担此项义务。

1.《公约》对卖方权利担保义务的规定

《公约》对卖方权利担保义务的规定，主要有以下两项：

（1）卖方交付的货物必须是第三人不能提出任何权利或请求的货物。《公约》第 41 条规定，卖方交付的货物必须是第三人不能提出任何权利或请求的货物，除非买方同意在受制于这种权利或请求的条件下收取这项货物。这项规定实质上就是要求卖方保证对所售货物享有合法的权益，如果有任何第三人对货物提出权利主张或请求权，卖方应对买方承担责任。这往往涉及货物的所有权或担保物权方面的问题。这里应当注意的是，根据《公约》第 41 条的规定，该公约是不涉及买卖合同对货物所有权产生的影响等问题的。因此，如果卖方把不属于他所有或未经货主合法授权出售的货物卖给了买方，而买方由于不知情而买受了这批货物，那么当这批货物的真正所有人向买方提出权利请求时，该善意的买主是否能在法律上受到保护，货物的真正所有人是否能把这批货物追夺回来？这个问题是不能根据《公约》处理的，因为《公约》没有涉及这方面的问题。如果出现这种情况，就只能根据该合同所应适用的国内法处理。《公约》第 41 条仅限于规定买卖双方之间的权利与义务，即一旦发生这类问题，买方对卖方享有什么权利，以及卖方对买方应当承担什么义务。至于第三人对货物是否可以行使权利或提出请求等问题，不在本条的范围之内，也不是《公约》所能解决的。

根据《公约》第 41 条的规定，卖方不仅要向买方保证他所交付的货物必须是第三人不能提出任何权利（right）的货物，而且必须是第三人不能提出任何请求（claim）的货物。这项规定包含了两层意义：第一，如果第三人对买方起诉，主张他是货物的真正所有人或对货物享有某种权利，结果获得胜诉，这固然表明该第三人对货物享有权利，但也可以认定卖方违反了《公约》第 41 条的规定，应对买方承担责任。第二，即使第三人对货物提出某种请求后，由于法律上的依据不足而败诉了，卖方也仍将被认为违反了《公约》第 41 条规定的义务，因为根据《公约》的规定，卖方有义务保证第三人不能对货物提出任何请求。所以，尽管第三人的请求不能成立，但是他毕竟提出了请求，使买方受到了干扰或损失，卖方仍然必须对此负责。《公约》之所以做出这样的规定，主要是因为要保护善意买方的利益，因为买方的本意是买货物，而不是买"官司"来打。

（2）卖方交付的货物不得侵犯任何第三人的工业产权或其他知识产权。根据《公约》第42条的规定，卖方交付的货物必须是第三人不能根据工业产权或其他知识产权提出任何权利或请求的货物。这一规定与某些国家国内法的规定差不多。但是，国际货物买卖比国内货物买卖更为复杂。因为在国内货物买卖中，一般只涉及侵犯受本国保护的工业产权或其他知识产权，而在国际交易中，侵犯工业产权（例如，商标权、专利权）或其他知识产权（例如，版权）大多涉及卖方国家以外的其他国家（例如，进口国或转售国）。例如，卖方交付的货物可能既没有侵犯卖方国家的工业产权，也没有侵犯买方国家的工业产权，但是由于买方将这批货物转销其他国家而侵犯了其他国家的工业产权或其他知识产权。因为工业产权或其他知识产权是具有地域性的，各国授予的工业产权或其他知识产权是相互独立的。同一种商品虽然可能在甲国被认为没有侵犯他人的工业产权，但是在乙国却可能会被认为侵犯了他人的工业产权。基于上述复杂的情况，《公约》并不是绝对地要求卖方必须保证他交付的货物不得侵犯任何第三人的工业产权或其他知识产权，而是提出了一定的限制条件，这些限制条件是：

第一，卖方只有当其在订立合同时已经知道或不可能不知道第三人对其货物会提出工业产权方面的权利或请求时，才对买方承担责任。

第二，卖方并不是对第三人根据任何一国的法律提出的工业产权或其他知识产权的权利或请求都要向买方承担责任，而只是在下列情况下才必须向买方负责：一是如果买卖双方在订立合同时已经知道买方打算将该项货物转售到某一个国家，则卖方对于第三人根据该国法律（例如，专利法、商标法、版权法等）提出的有关工业产权或其他知识产权的权利请求，应对买方承担责任。因为卖方在订约时既然已经知道货物将转销该国，他就应保证其货物在该国销售不会侵犯该国的工业产权或其他知识产权。二是在任何其他情况下，卖方对第三人根据买方营业地所在国法律提出的有关侵犯工业产权或其他知识产权的请求，应对买方承担责任。

第三，如果买方在订立合同时已经知道或不可能不知道第三人对货物会提出有关侵犯工业产权或其他知识产权的权利或请求，则卖方对由此引起的后果不承担责任。

第四，如果第三人提出的有关侵犯工业产权或其他知识产权的权利或请求，是卖方根据买方提供的技术图纸、图案或其他规格为其制造产品而引起的，则应由买方对此负责，卖方对此不承担责任。美国《统一商法典》也有类似的规定。

此外，《公约》还规定，买方在已经知道或理应知道第三人对货物的权利或请求后，应在合理的时间内通知卖方，否则，买方就会丧失援引上述第41条与第42条规定的权利，除非买方对未及时通知卖方能提出合理的理由。

2. 英国法的有关规定

英国1893年《货物买卖法》第12条规定，卖方须承担下列默示义务（implied under-taking）：（1）除第2款的规定外，在任何买卖合同中，卖方有一项默示条件，保证他具有出售该项货物的权利，并且有一项默示担保，保证他出售的货物不存在任何订约时未曾告知买方的担保物权（encumbrance），从而保证买方能安稳地占有货物，不受任何他所不知道的第三人的干扰。（2）如果买卖合同表明卖方所能转移给买方的权利只是他享有的那一部分权利，或者表明某个第三人对货物享有某种权利，则卖方应承担一项默示担保，保证凡是他知道而买方并不知道的有关货物的一切负担或债务，已于订立合同之前告知买方。

根据该买卖法第52条第3款的规定，卖方不得在买卖合同或其他合同中排除上述默示义务，合同中有关免除卖方上述默示义务的规定一律无效。

3. 美国法的有关规定

1979年马里兰州上诉法院在"杰斐逊诉琼斯"一案中所涉及的是该州所有货物买卖中都存在的对所有权的担保问题。在该案的判决中，法官引用了该州所采纳的《统一商法典》有关条款的规定："通过仔细阅读该条款的注释我们可以发现，2—312条的目的是向买方提供'关于一种所有权的基本的需要'。每当卖方'以一种适当的方式向其买方转让了一种完好的、无瑕疵的所有权'时，他就实现了这一目标。"所谓"完好的所有权"（good title）通常用来表示，卖方给予买方的所有权是不会受到有合理根据的怀疑的。也就是说，这种所有权不仅事实上是合法的，并且可以再次卖给一个依合理的方式行事的买主或者抵押给一个保持着应有的谨慎的人。如果某一第三人的权利要求所针对的问题是那样的微乎其微，我们就不应把这一问题看作卖方的担保所防范的困扰。

（五）检验货物的时间与地点

为了鉴定卖方所交的货物是否与合同相符，各国的法律一般都承认买方有权对货物进行检验。如果经过检验发现货物与合同不相符，那么买方有权向卖方要求赔偿损失甚至可以要求退换货物。《公约》对检验货物的时间与地点做出了明确的规定。

1. 检验货物的时间

《公约》第38条第1款规定，买方必须在按情况实际可行的最短时间内检验货物或由他人检验货物。检验货物的时间在外贸业务中是一个十分重要的问题，如果买方不在合同或法律规定的时间内对货物进行检验，就会失去主张货物与合同不相符的权利。《公约》对检验货物的时间没有做出硬性的规定，而只是要求"买方必须在按情况实际可行的最短时间内检验货物"。按情况实际可行的最短时间，主要根据货物的性质、交易的情况与贸易惯例确定。例如，先进的技术设备与需要借助复杂的测试手段进行检验的商品，其实际所需要的检验时间应长于一般农副产品所需要的时间。由于国际货物买卖种类繁多，商品千差万别，其所需要的检验时间也不可能完全一样。在实际业务中，买卖双方往往会在买卖合同中对货物的检验时间做出具体的规定，例如，规定"货到后60日（或90日）进行检验"。在这种情况下，买方必须在合同规定的期限内对货物进行检验，否则，卖方可以以检验期限已过为由拒绝赔偿。

2. 检验货物的地点

《公约》第38条第2款与第3款对检验的地点做出了规定。其中第2款规定，如果合同涉及货物的运输，则检验可以推迟至货物到达目的地后进行。这一规定反映了国际贸易的通常做法。在国际贸易中，大多数合同都涉及货物运输，如果要求买方在装运以前对货物进行检验，就会给买方带来许多困难与不便，因此，《公约》明确地规定，在合同涉及货物运输的情况下，买方可以在货物到达目的地后进行检验。

《公约》第38条第3款还进一步规定，如果货物在运输途中改运或买方必须再发运货物，没有合理机会进行检验，而卖方在订立合同时已经知道或理应知道这种改运或再发运的可能性，则检验可以推迟至货物到达新目的地后进行。这项规定的目的是在货物需要转运的情况下，允许把检验的地点延展至新的目的地。在援用这一规定时，必须符合以下要求：（1）货物需要在中途改运或买方必须再发运。（2）在改运或再发运以前，买方没有合理机会对货物进行检验。买方之所以在改运或再发运时没有合理机会检验货物，主要是由于货物的性质或包装等原因。例如，成套设备在中途或转运地就无法进行检验。（3）卖方在订立合同时已经知道或理应知道这种改运或再发运的可能性。这主要是指买方在订立合同时已将所购货物需要改运或再发运至其他地方的情况通知了卖方，也包括卖方根据客观情况或双方的习惯做法理应知道货物有改运或再发运至其他地方的可能性。中国企业在进口业务中，有很多货物在到达沿海目的口岸（例如，CIF 天津或 CFR 上海等）之后，还要转运给内地的用户。在这种情况下，检验地点究竟是设在沿海口岸（例如，CIF 天津或 CFR 上海）还是设在内地，往往会引起争议。为了避免发生分歧，应在合同中对检验地点做出具体的规定。

3. 通知货物不符合合同的时间

当买方发现卖方所交货物不符合合同的要求时，应根据合同或法律规定的时间通知卖方，并提出索赔或退换货物的要求。如果超过了规定的期限，买方就会丧失其应有的权利。对于这个问题，《公约》第 39 条做出了以下两项规定：（1）买方在货物不符合合同的情况下，必须在发现或理应发现此种情况后的一段合理的时间内通知卖方，说明不符合合同情形的性质，否则就丧失声称货物不符合合同的权利。（2）在任何情况下，如果买方不在实际收到货物之日起 2 年内将货物不符合合同的情况通知卖方，他就丧失了声称货物不符合合同的权利，除非这一时限与合同规定的保证期限不相符。这里应当注意的是，如果买卖合同已对货物品质与数量的索赔规定了索赔期（例如，卸货后 90 日），则买方必须在合同规定的索赔期限内提出索赔，而不能拖到 2 年后才提出索赔。

二、买方的义务

买方的义务主要有两项：支付货款与受领货物。《公约》第三部分第三章对买方的义务做出了详细的规定。其中第一节规定了买方支付货款的义务，第二节规定了买方收取货物的义务。

（一）支付货款

根据《公约》的规定，买方支付货款的义务涉及许多方面的问题，例如，履行必要的付款手续、合理确定货物的价格以及确定付款的时间与地点等。对这些问题，《公约》的规定比许多国家的国内法都更加详细与具体。

1. 履行必要的付款手续

《公约》第 54 条规定了买方支付货款的义务，包括根据合同或任何法律与规章所要求的步骤及手续，使货款得以支付。这一点在国际贸易中是十分重要的，因为国际贸易的付款程序远比国内贸易复杂，并且涉及外汇的使用问题，如果买方不履行必要的付款手续，到时就有可能付不了货款。《公约》这项规定的目的，是把买方为付款所必须采取的准备行动作为其付款义务的一个组成部分。《公约》所谓的"根据合同或任何法律与规章所要求的步骤及手续"，主要是指根据买卖合同的规定，向银行申请开出信用证或银行保函；在实行外汇管制的国家，还必须根据有关法律或规章的规定，向政府申请取得支付货款所必需的外汇。

如果买方没有办理上述各种必要的手续，使货款未能支付，就构成违反合同。在这种情况下，卖方可以规定一段合理的额外时间让买方履行其上述义务。如果买方在这段额外时间内仍不履行其义务，卖方就有权宣告撤销合同。如果买方不办理上述手续，其本身已构成根本违反合同，则卖方无须给买方一段合理的额外时间让其履行上述义务，即可宣告撤销合同。

2. 确定货物的价格

如果买卖合同已经规定了货物的价格或规定了确定价格的方法，则买方应当根据合同规定的价格付款，这是毫无疑问的。但是，如果合同没有明示地或默示地规定货物的价格或规定确定价格的方法，在这种情况下，如果合同已有效成立，则应当认为双方当事人已默示引用订立合同时这种货物在有关贸易中在类似情况下出售的通常价格。这项规定可能适用于下列场合：例如，买方以电报向卖方订购某种型号的机床若干台，要求立即装运，但是没有规定价格或计价方法；卖方在收到电报后，即按其要求将机床装船运给买方。在这种情况下，货物买卖合同在卖方装运机床时就告成立，至于机床的价格可以根据同类机床在合同成立时在类似交易中的通常价格计算。《公约》这项规定的目的，是使合同不致由于没有规定价格或计价方法而不能履行，但是《公约》的这一规定与某些国家的法律规定有所不同。根据某些国家，例如，英国和美国等国的法律规定，如果货物买卖合同没有规定货物的价格或确定价格的方法，则一般应根据交货时的合理价格确定货物的价金，但是《公约》规定应根据订立合同时的通常价格确定货物的价金。

《公约》第56条还规定，如果货物的价格是根据货物的重量（例如，公吨、千克等）确定的，在有疑问时，就应根据货物的净重确定。换言之，如果买卖合同对货物究竟是按毛重还是按净重计算货价的问题没有做出具体的规定，则应按净重计算，货物的包装不计算在内。当然，如果买卖合同中已经明确地规定"以毛作净"，则另当别论。

3. 支付货款的地点

在国际货物买卖中，在什么地方支付货款，对买卖双方，特别是对卖方而言，是一个不可忽视的问题，因为一旦遇到约定的支付地点实行外汇管制，或因外汇短缺而限制外汇的汇出，买方就无法履行其付款的义务，卖方也不能取得货款。如果双方在买卖合同中对付款的地点已经有明确的规定，则买方应在合同规定的地点付款。

如果买卖合同对付款地点没有做出具体的规定，则买方应根据《公约》第57条的规定，在下列地点向卖方支付货款：（1）在卖方的营业地付款。如果卖方有一个以上的营业地点，则买方应在与该合同及合同的履行关系最为密切的那个营业地点向卖方支付货款。（2）如果是凭移交货物或单据支付货款，则买方应在移交货物或单据的地点支付货款。

在国际货物买卖中，如果采用 CIF、CFR 与 FOB 等条件成交，那么通常都是凭卖方提交装运单据支付货款。无论是采用信用证付款方式还是采用跟单托收的支付方式，都是以卖方提交装运单据作为买方付款的必要条件。所以，交单的地点就是付款的地点。问题是在什么地方提交单据，是在卖方的营业地还是在买方的营业地交单？对于这个问题，《公约》没有做出规定。但是，根据国际贸易的通常做法，一般可以认为，如果采用跟单托收的支付方式，则卖方应通过托收银行在买方的营业地点向买方提交有关的装运单据，并凭单据付款；如果采用银行信用证付款，则卖方通常是向设在出口地（卖方营业地）的议付银行提交有关的装运单据，由议付行凭单付款。

此外，根据《公约》的规定，如果卖方的营业地点在订立合同后发生变动，则由于卖方营业地点的变动而引起的在支付方面增加的开支，应由卖方承担。

4. 支付货款的时间

《公约》第 58 条规定了买方支付货款的时间与条件，它包括以下三项内容：（1）根据《公约》第 58 条第 1 款的规定，如果买卖合同没有规定买方应当在什么时候付款，则买方应当在卖方根据合同与《公约》的要求把货物或把代表货物所有权的装运单据（例如，提单）移交给买方处置时支付货款。卖方可以把支付货款作为移交单据的条件，即付款与交单互为条件。如果买方不付款，卖方就没有义务把货物或单据交给买方；反之，如果卖方不把货物或单据交给买方，买方也没有义务支付货款。（2）如果合同涉及货物的运输，卖方可以在发货时订明条件，规定必须在买方支付货款时，方可把货物或代表货物所有权的装运单据交给买方。（3）《公约》规定，买方在没有机会检验货物以前，没有义务支付货款，除非这种检验的机会与双方当事人约定的交货或支付程序相抵触。这项规定与美国《统一商法典》的规定基本上相同。但是，在国际货物买卖中，买方不一定在支付货款之前就有机会对货物进行检验，特别是采用 CIF 条件成交时，通常都是凭单付款在前，货到检验在后，买方不能要求先对货物进行检验，再支付货款，而必须先凭卖方提交的装运单据付款，等货物运到目的港后，再对货物进行检验。为了适应国际贸易的这种惯常做法，《公约》明确地指出，如果买方在付款之前要求对货物进行检验的权利与双方约定的交货或付款程序相抵触，买方就无权要求在付款以前先检验货物。上面所讲的就属于这类情况。但这并不是说买方就放弃了检验货物的权利，因为即使买方已经支付了货款，在货物运达目的地后，买方仍有权对货物进行检验。如果发现货物与合同不相符，买方仍然有权要求卖方赔偿损失，或采取《公约》规定的其他补救办法，维护其正当权益。

（二）收取货物

1. 《公约》的规定

买方的另一项基本义务是收取货物。根据《公约》第 60 条的规定，买方收取货物的义务主要包括以下两项内容：（1）采取一切应采取的行动，以便卖方能够交付货物。这项规定主要是要求买方合作，采取必要的行动，例如，及时指定交货地点或根据合同的规定安排有关的运输事宜，以便卖方能够履行其交货义务。特别是在采用 FOB 条件成交时，买方的配合更是必不可少的，因为在 FOB 条件下，装运货物的运输工具是由买方负责指派的。如果买方不根据合同规定的时间将运输工具派往装货地点，卖方就无法履行其交货义务。对此，买方应当承担责任。（2）接收货物。买方有义务在卖方交货时接收货物。如果买方不及时接收货物，有时就可能会对卖方的利益产生直接的影响。当卖方有义务将货物运送给买方时，卖方一般都要求买方及时卸货并提走货物。如果买方不及时提货，卖方就可能要对承运人支付滞期费及其他费用，对此买方应承担责任。

2. 大陆法系国家的有关规定

关于买方的义务，大陆法系国家主要是在民法典中做出规定，其中有代表性的是《德国民法典》与《法国民法典》的有关规定。《德国民法典》第 433 条规定，买方对卖方负有支付其约定价金以及受领买得物的义务。如果订约时没有确定价金而依市价约定价金，则应以清偿时清偿地的市价为标准。如果合同对付款地点没有做出具体规定，则根据一般金钱债务的清偿原则，债务人（买方）应在债权人（卖方）的所在地进行清偿。

《法国民法典》第 1650 条规定，买方的主要义务是根据买卖合同规定的时间及地点支付价金。如果买方不支付价金，则卖方可以要求解除合同。如果在交易时对于支付价金的时间与地点没有做出具体规定，则买方应在卖方交货的时间与地点支付价金。该民法典还规定，对于商品及动产的买卖，如果买方逾期不受领买得物，则为了卖方的利益，不需要催告，买卖即可当然解除。

3. 英美法系国家的有关规定

（1）英国货物买卖法的有关规定。英国货物买卖法对买方的义务做出了相当详细的规定。根据英国 1893 年《货物买卖法》第 27 条的规定，买方有义务根据合同的规定接受货物与支付价金。该买卖法认为，除双方当事人另有约定外，卖方交付货物与买方支付价金是对流条件，两者应同时进行。

关于买方接受货物的义务问题，根据该买卖法的规定，有两个问题需要特别做出说明。

第一，该买卖法把买方接受货物的义务与对货物的检验权结合起来。根据该买卖法第 34 条的规定，当卖方提交货物时，除另有约定外，买方有权要求合理的检验货物机会，以便确定它们是否与合同的规定相符。凡是事先未曾检验货物的买方，都不能被认为已经接受了货物，因而没有丧失其拒收货物的权利，直至他有合理的机会检验货物时为止。至于买方是否利用这种机会检验货物，则完全由买方自行决定。如果买方在有这种机会时，不对货物进行检验，那么，他就是放弃了这种权利。在这种情况下，买方就丧失了拒收货物的权利。

第二，该买卖法把买方收到货物（receipt of goods）与接受货物（acceptance of goods）区别开来。收到货物并不等于接受货物。买方如果接受了货物，就丧失了拒收货物的权利，但是买方如果仅仅是收到了货物，则日后如果发现货物与合同不相符，他仍然可以拒收货物。根据该买卖法第 35 条的规定，凡有下列情况之一者，买方应被认为已经接受了货物：如果买方通知卖方，他已接受该项货物；如果货物已交付给买方，而买方对货物做出了任何与卖方的所有权相抵触的行为，例如，买方以货物的所有权人自居，把货物转卖给第三人，在这种情况下，就应认为买方已经接受货物；如果买方把货物留下来，经过了一段合理的时间之后并没有通知卖方拒收此项货物，买方也将被认为接受了货物，从而丧失了拒收货物的权利。至于何谓"合理的时间"，这是一项具有灵活性的规定，必须视具体情况而定。因此，对买方而言，最好的办法是，在货物运到目的地后立即对货物进行检验，以便及时决定是拒收还是接受货物。

（2）美国《统一商法典》的有关规定。该商法典在这个问题上有一个特点，就是把买方的付款义务与接受货物的义务，与检验货物的权利联系在一起。根据该商法典第二篇第 2-513 条的规定，除双方当事人另有约定外，买方在支付货款和接受货物之前，有权对货物进行检验。检验的时间、地点与方法应根据合同的规定办理。如果合同对此没有做出规定，则在卖方负责把货物运至目的地的情况下，应在货物的目的地进行检验。在其他情况下，应在合理的时间与地点，以合理的方法进行检验。如果检验结果表明货物与合同相符，则检验费用由买方负担；如果检验结果证明货物与合同不相符，则检验费用应由卖方负担。

如果合同规定采用交货付现（cash on delivery, COD）或交单付款（document against payment, D/P）等条款，则买方必须在检验之前付款。在国际贸易中基本上采用交单付款的方式，因此，买方通常都是在卖方移交装运单据时支付货款，待货物运抵目的地后再进行检验。在这种情况下，虽然买方已经根据合同的规定支付了货款，但是这并不构成对货物的接受，也不影响买方日后对货物进行检验的权利，以及采取各种法律上的救济措施的权利。

第五节 对违反买卖合同的救济办法

在买卖合同订立后，卖方与买方都有可能发生违约行为。有时是卖方违约，例如，不交货，不按时、按质、按量交货，或不根据合同的规定提交与货物有关的单据等；有时是买方违约，例如，无理拒收货物或拒绝支付货款等。根据各国法律的规定，当一方违反合同使对方的权利受到损害时，受损害的一方有权采取适当的措施来维护自身的合法权益。这种依法取得补偿的方法在法律上称为对违反合同的救济办法（remedies）。

一、《公约》的有关规定

《公约》在第三部分第一、二、三和五章中分别对违反买卖合同的救济办法做出了具体的规定。第一章主要规定根本违反合同的定义；第二章和第三章分别对卖方违反合同时买方的救济办法，以及买方违反合同时卖方的救济办法做出了若干规定。《公约》在具体规定卖方与买方的救济办法之前，首先对"根本违反合同"（fundamental breach of contract）下了一个定义，因为是否构成根本违反合同，对当事人可能采取何种救济办法有直接的影响：如果某种违约行为已经构成根本违反合同，受损害的一方就有权宣告撤销合同，并有权要求赔偿损失或采取其他救济办法；如果不构成根本违反合同，则受损害的一方不能撤销合同，而只能要求损害赔偿或采取其他救济办法。

《公约》第25条对根本违反合同的规定是，如果一方当事人违反合同的结果，使另一方当事人蒙受损害，以至于实际上剥夺了他根据合同有权期待得到的东西，即属于根本违反合同，除非违反合同的一方并不预知而且同样一个通情达理的人处于相同情况下也没有理由预知会发生这种结果。《公约》对根本违反合同采取的衡量标准是，看违反合同的后果是否使对方蒙受重大的损害，即违约后果的严重程度，至于损害是否重大，则应根据每起案件的具体情况确定，例如，违反合同造成的损失金额的大小，或者违反合同对受害一方其他活动产生的消极影响的程度等。但是，如果违反合同的一方能够证明他并没有预见会产生这种严重的后果，而且没有理由预见会产生这种严重的后果，他就可以不负根本违反合同的责任。在这种情况下，没有违反合同的一方就不能对他采取撤销合同或其他适用于根本违反合同的救济办法。

具体而言，《公约》对违反合同的救济办法分为三种情况：买卖双方都可以采取的救济办法，卖方违约时买方可以采取的救济办法，以及买方违约时卖方可以采取的救济办法。

（一）买卖双方都可以采取的救济办法

1. 损害赔偿

根据《公约》的规定，损害赔偿是一种主要的救济办法。当一方违反合同时，对方即有权要求赔偿损失，而且要求损害赔偿的权利并不因其已经采取其他救济办法而丧失。例如，当卖方违反合同时，即使买方已经宣告撤销合同，或者已经允许卖方推迟交货，但是买方对由于卖方违约所遭受的损失，也仍然有请求损害赔偿的权利。

《公约》第74条至第77条对损害赔偿的责任范围与计算办法做出了具体的规定。

（1）损害赔偿的原则与责任范围。《公约》第74条规定，一方当事人违反合同应负责的损害赔偿额，应与另一方当事人因其违反合同而遭受的包括利润在内的损失额相等，但这种损害赔偿不得超过违反合同一方在订立合同时，依照他当时已经知道或理应知道的事实和情况，对违反合同预料到或理应预料到的可能损失。这项规定对买方或卖方提出的损害赔偿请求同样适用，而且适用于因各种不同的违约情况提出的损害赔偿要求。对于这项规定有以下 4 个方面需要做出说明。

第一，《公约》明确地规定，损害赔偿的责任范围应与对方因其违约而遭受的包括利润在内的损失额相等。从损害赔偿的法理而言，这就是要使受损害一方的经济状况与合同假如得到履行时他本应实现的经济状况相同。《公约》特别指明应当包括利润损失。

第二，《公约》对损害赔偿的责任范围有一个重要的限制，这就是"不得超过违反合同一方在订立合同时，根据他当时已经知道或理应知道的事实和情况，对违反合同预料到或理应预料到的可能损失"。即违约一方的赔偿责任仅以其在订立合同时可以预见的损失为限，对于那些在订约时不可能预见的损失，违约的一方可以免负责任。

第三，《公约》没有采取过失责任原则。根据《公约》的规定，当一方请求损害赔偿时，无须证明违约的一方有过失。只要一方违反合同，并给对方造成了损失，对方就可以要求其赔偿损失，这一点与某些国家的法律规定有所不同。许多大陆法系国家在民法中都采取过失责任原则，即只有当违约的一方有过失并给对方造成损害时才承担损害赔偿责任。

第四，《公约》认为损害赔偿的请求权不因当事人采取其他救济办法而受到影响。根据《公约》第 45 条第 2 款与第 61 条第 2 款的规定，当卖方或买方违反合同时，买方或卖方可能享有的要求损害赔偿的任何权利，并不因为他已经采取其他救济办法而丧失。这就是说，即使他已经采取了撤销合同或其他救济办法，他仍然可以要求违约的一方给予损害赔偿，即两种救济办法可以同时使用。这一点与某些大陆法系国家的法律也是有所不同的。例如，根据《德国民法典》的规定，债权人只能在解除合同与损害赔偿请求权两者之间选择行使其中的一项权利，不能同时行使两项权利，即两者不能就同一债务关系并存。

（2）减轻损失的义务。当一方当事人违反合同时，没有违反合同的他方有义务采取必要的措施，以减轻因违约引起的损失。根据《公约》第 77 条的规定，声称另一方违反合同的一方，必须按情况采取合理措施，减轻由另一方违反合同引起的损失，包括利润方面的损失。如果他不采取这种措施，违反合同一方可以要求从损害赔偿中扣除原应可以减轻的损失数额。这项规定适用于买方或卖方的各种违约索赔情况。

2. 预期违约

所谓预期违约（anticipatory breach），是指在合同规定的履行期到来以前，已有迹象预示合同的一方当事人将不会履行其合同义务。

根据《公约》第 71 条第 1 款的规定，如果订立合同后，另一方当事人由于下列原因显然将不履行其大部分的重要义务，对方当事人可以中止履行义务：一是一方履行义务的能力或他的信用有严重的缺陷；二是在准备履行合同或履行合同中的行为显示他将不履行其主要的义务。

上述规定主要包含 3 个方面的内容：

（1）对预期违约的救济办法。根据《公约》第 71 条的规定，对预期违约的救济办法是中止履行合同义务。即当一方当事人已明显地显示他将不履行其大部分重要义务时，对方有权中止履行自己的合同义务。但是，根据《公约》第 72 条的规定，如果在履行合同的日期到来之前，已经明显地看出一方当事人将根本违反合同，则另一方当事人不仅有权中止履行合同，而且可以宣告撤销合同。所以，对预期违约必须视其是否构成根本违反合同，而分别采取中止合同或撤销合同这两种不同的救济办法。

（2）在援引中止履行合同这种救济办法时必须具备的条件。一方当事人只有在对方显然将不会履行其大部分重要义务的条件下，方可中止履行自己的合同义务。《公约》对何谓"显然将不会履行其大部分重要义务"提出了两项主要理由：一是当事人的履约能力或信用严重下降，例如，买方在订立合同后失去偿付能力或已经宣告破产等；二是当事人在准备履行合同或履行合同中的行为已经明显地显示出他将不履行其大部分重要的义务。此外，如果订立合同后，一方当事人所在国发生战争或实行封锁禁运，也可以认为他将不能履行其大部分重要义务。

（3）规定了在援引中止履行合同时必须采取的通知程序。根据《公约》第71条第3款的规定，宣告中止履行义务的一方当事人，必须立即通知另一方当事人，如果另一方当事人对履行义务提供了充分的保证，则必须继续履行义务。因为中止合同只是暂时停止履行合同，而不是使合同告终，因此，只要另一方当事人提供了充分的履约担保（例如，银行保函），在这种情况下，宣告中止履行合同的一方就仍然必须继续履行其合同义务。

3. 对分批交货合同发生违约的救济办法

分批交货是指一个合同项下的货物分成若干批交货。例如，一项购买200万吨小麦的合同，可以分为5批交货，每批交40万吨。在这种情况下，如果一方当事人对其中一批货物没有履行合同义务，并构成根本违反合同，那么对方是否能宣告撤销整个合同，或者只能宣告合同对这一批货物无效，而不能撤销整个合同？由于买卖双方都有可能遇到这种情况，因此，《公约》第73条专门对此做出了规定。根据这一条的规定，主要有以下3种情况：

（1）在分批交货合同中，如果一方当事人不履行对其中任何一批货物的义务，便已经对该货物构成根本违反合同，则对方可以宣告合同对该批货物无效，即宣告撤销合同中这一批交货的效力，但是不能撤销整个合同。

（2）如果一方当事人不履行对其中任何一批货物的义务，使另一方当事人有充分的理由断定今后各批货物亦将会发生根本违反合同，则该另一方当事人可以在一段合理的时间内宣告合同今后无效，即撤销合同对今后各批货物的效力，但是对在此以前已经履行义务的各批货物则不能予以撤销。

（3）当买方宣告合同对某一批交货无效时，如果合同项下的各批货物是互相依存与不可分割的，不能将其中的任何一批货物单独用于双方当事人在订立合同时所设想的目的（例如，大型设备分批装运交货），则买方可以同时宣告合同对已经交付或今后将交付的各批货物均无效，即可以宣告撤销整个合同。

（二）卖方违约时买方的救济办法

1. 《公约》的有关规定

卖方违反合同主要有以下3种情况：（1）不交货；（2）延迟交货；（3）交付的货物与合同规定不相符。《公约》没有分别就每一种违约情况规定相应的救济办法，而是从总的方面对卖方违反合同时买方可以采取的各种救济办法做出规定。根据《公约》第三部分第二章第三节的规定，如果卖方不履行其合同或《公约》中规定的任何义务，则买方可以采取下列救济办法：

（1）要求履行其合同义务。《公约》第 46 条规定，如果卖方不履行合同义务，则买方可以要求卖方履行其合同或《公约》中规定的义务。例如，如果卖方不交货，则买方可以要求他根据合同的规定交货。但是，如果买方已经采取了与这一要求相抵触的其他救济办法，那么他就不能采取这种救济办法。例如，如果买方已经宣告撤销合同，就不能再要求卖方履行其合同义务，因为撤销合同与要求卖方履行合同义务两者是相互抵触的。《公约》规定的这种救济办法与各国法律中规定的实际履行（specific performance）的救济办法基本上一致，即要求卖方根据合同的规定履行其义务。

但是，根据《公约》第 28 条的规定，当一方当事人要求另一方当事人履行某项义务时，法院没有义务做出判决要求具体履行此项义务，除非法院根据其本身的法律，对不属于本公约范围的类似销售合同愿意这样做。根据这项规定，当卖方不履行其合同义务时，买方有权要求卖方根据合同的规定具体履行其合同义务，即向法院对卖方提起实际履行之诉；但是，法院却没有义务做出实际履行的判决，判令卖方实际履行其合同义务，除非法院根据其本身的法律即根据法院所在国的法律，对不属于该公约范围的类似销售合同也会做出实际履行的判决。《公约》之所以做出这样的规定，是因为要调和英美法与大陆法在实际履行问题上存在的分歧。英美法认为，对违反合同的主要救济办法是损害赔偿，而不是实际履行。只有当金钱赔偿不足以弥补受损害一方的损失时，衡平法才考虑判令实际履行。所以，根据英美法的规定，实际履行只是一种在例外情况下才采用的辅助性的救济办法。一般而言，英国和美国等国家的法院对于一般的货物买卖合同，原则上不会做出实际履行的判决，而只判决违约一方支付金钱上的损害赔偿，除非买卖的标的物是特定物或者是珍稀的、在市场上不容易买到的物体，法院才会考虑判令实际履行。但是，大陆法特别是德国法则认为，实际履行是对不履行合同的一种主要救济办法，当债务人不履行合同时，债权人有权要求债务人实际履行其义务。由于两个法系在实际履行问题上分歧较大，难以完全统一，所以，《公约》只好让各个法律体系的法院按其自身的法律处理这个问题。如果法院按其自身的法律对不属于《公约》范围内的类似买卖合同做出实际履行的判决，则对于适用《公约》的买卖合同也会做出实际履行的判决，否则，法院就不会做出实际履行的判决。

（2）要求卖方交付替代货物。《公约》第 46 条第 2 款规定，如果卖方所交付的货物与合同规定不相符，而且这种不符合合同的情形已构成根本违反合同，则买方有权要求卖方另外再交一批符合合同要求的货物，以替代原来那批不符合合同的货物。但是，买方在采用这种救济办法时，受一项条件的限制，即只有当卖方所交的货物不符合合同的情形相当严重，业已构成根本违反合同时，买方才可以要求卖方交付替代货物。如果卖方所交的货物虽然与合同不相符，但是情况并不严重，尚未构成根本违反合同时，买方就不能要求卖方交付替代货物，而只能要求卖方赔偿损失或对货物与合同不相符之处进行修补等。这是因为，要求卖方交付替代货物会给卖方带来重大的损失，例如，交付替代货物的运费与处理原来所交付的不符合合同的货物的费用等。因此，《公约》对这种救济办法做出了一定的限制。从法律上看，要求卖方交付替代货物，实质上是要求卖方实际履行的一种方式。

根据《公约》的规定，如果买方要求卖方交付替代货物，则买方必须在向卖方发出货物与合同不相符的通知时提出此项要求，或者在发出上述通知后的一段合理时间内提出这种要求。

（3）要求卖方对货物不符合合同之处进行修补。《公约》第 46 条第 3 款规定，如果卖方所交的货物与合同规定不相符，则买方可以要求卖方通过修理（repair）对不符合合同之处做出补救。这项规定适用于货物不符合合同的情况并不严重，尚未构成根本违反合同，只需卖方加以修理即可使之符合合同要求的情形。这样做对买卖双方都是比较方便的。

但是，如果根据当时的具体情况，要求卖方对货物不符合合同之处进行修理的做法是不合理的，买方就不能要求卖方对货物不符合合同之处进行修理。例如，货物的缺陷轻微，只需略加修理即可符合合同的要求，在这种情况下，买方可以自行修理或请第三人进行修理，所需费用或开支，可以要求卖方予以赔偿。

（4）给卖方一段合理的额外时间让其履行合同的义务。《公约》第 47 条第 1 款规定，如果卖方不根据合同规定的时间履行其义务，则买方可以规定一段合理的额外时间，让卖方履行其义务。对于这项规定，其含义如下：

第一，这是《公约》针对卖方延迟交货而规定的一种救济办法。它的基本思想是，买方一般不能仅因为卖方不按时交货就撤销合同，而应给卖方一段合理的额外时间让其交货。例如，如果货物买卖合同规定卖方应于 2014 年 9 月交货，届时卖方未能交货，则买方可以给卖方一段合理的额外时间，例如，1 个月，让其在 10 月交货。这实际上是给卖方一个宽限期，让其在此期限内履行义务。一般不能仅因卖方未能在 9 月交货，就立即撤销合同。

第二，本条规定的另一意义是为买方日后宣告撤销买卖合同提供依据。因为根据《公约》第 49 条第 1 款 b 项的规定，如果卖方不根据买方规定的合理的额外期限交货，或声明他将不在上述额外期限交货，买方就有权宣告撤销合同。在上面的例子中，如果卖方不在 10 月交货，或声明他将不会在 10 月交货，买方就可以宣告撤销合同。

第三，当卖方不根据合同的规定交货时，买方是否一定要给卖方一段合理的额外时间，让其履行义务，而不能当即宣告撤销合同呢？关于这个问题，各国的法律有不同的规定。根据《公约》的规定，在通常情况下，当卖方不按期交货时，买方应给他一段合理的额外时间，让卖方在此期间内履行其义务，只有当卖方在此期间内仍不交货或声明他将不在此期间内交货，买方才可以撤销合同。但这是就一般情况而言的，不是绝对的。如果卖方不根据合同规定的时间交货本身已经构成根本违反合同，则根据《公约》第 49 条的规定，买方可以不给卖方规定额外的合理期限，就立即宣告撤销合同。这里的难题是如何确定卖方延迟交货本身是否足以构成根本违反合同。因为《公约》对根本违反合同所下的定义是比较原则与抽象的，在具体适用时，还要根据不同的案情做出决定。有些外国的法学者曾经假设两个不同的案例，试图对延迟交货是否构成根本违反合同做出符合《公约》精神的解释。

一个案例是出售圣诞节食用火鸡合同案。买方从国外进口一批供圣诞节出售的火鸡，卖方交货的时间比合同规定的期间晚了一个星期。由于圣诞节已过，火鸡难以销售出去，使买方遭受重大的损失。在这种情况下，对卖方延迟交货可以认为根本违反合同，买方有权撤销合同，拒收迟交的货物。

另一个案例是出售普通肉鸡合同案。合同规定卖方应于 7 月至 8 月装运，但是实际上卖方的装运日期比合同规定的时间迟了一个星期。在这段时间内，肉鸡的市场价格并没有发生变化，供销情况亦正常。在这种情况下，卖方延迟交货就不能认为根本违反合同，买方不能撤销合同。这两个例子对理解《公约》的这一含义是有一定帮助的。

第四，根据《公约》第 47 条第 2 款的规定，如果买方已经给卖方规定了一段合理的额外时间，让卖方在此期间内履行其义务，则在这段时间之内，除非买方已收到卖方的通知，表明卖方将不在这段时间内履行其义务，否则买方就不能对卖方采取任何救济办法。因为买方既然已经答应给卖方一段合理的额外时间，让卖方履行其义务，他实际上就放弃（waiver）了在这段时间届满以前实施其他救济办法的权利。但是，根据《公约》的规定，买方并不因此而丧失其对卖方延迟履行义务享有的请求损害赔偿的权利，因为尽管买方给卖方规定了一段合理的额外时间，让卖方履行其义务，但是卖方毕竟违反了合同，没有根据合同规定的时间交货，对此，买方是有权要求赔偿损失的。

（5）卖方可以对不履行义务进行补救。根据《公约》第 48 条的规定，除第 49 条的规定（关于撤销合同）外，卖方即使在交货日期之后，仍然可以自付费用，对任何不履行义务做出补救，但是这种补救不得造成不合理的迟延，也不得使买方遭受不合理的不便，或无法确定卖方是否将偿付预付的费用。但是，买方可以保留《公约》规定的要求损害赔偿的任何权利。

《公约》原则上允许卖方在交货日期之后，自付费用对任何不履行义务之处做出补救，但是卖方的这项自行补救的权利必须符合以下要求：第一，买方没有根据《公约》第 49 条的规定撤销合同；第二，卖方应当承担做出补救的费用；第三，卖方在做出补救时不得给买方造成不合理的不便或迟延。

《公约》第 48 条第 2 款还规定，如果卖方要求买方表明他是否接受卖方履行义务，而买方不在一段合理的时间内对这项要求做出答复，则卖方可以根据其在要求中所指明的时间履行义务。买方不得在该段时间内采取与卖方履行义务相抵触的任何救济办法。这项规定包含以下两层意思：第一，卖方在准备行使上述救济权利时，应事先将此意图通知买方。第二，买方在收到卖方的上述通知后，应在合理的时间内做出答复。如果买方不予以答复，卖方即可以根据其通知的内容履行其义务，而买方则不得采取与卖方履行义务相抵触的救济办法，例如，买方不得在通知规定的时间内宣告撤销合同，但是，上述有关通知必须于送达买方时方始生效。

（6）撤销合同。根据《公约》第 49 条的规定，当卖方违反合同时，买方在下列情况下可以宣告撤销合同：第一，卖方不履行其在合同或《公约》中规定的任何义务，已构成根本违反合同；第二，如果发生不交货的情况，卖方在买方规定的合理的额外时间内仍不交货，或卖方声明他将不在买方规定的合理的额外时间内交货。

从上述规定看，《公约》对买方撤销合同的权利是有一定的限制的，并不是卖方的任何违约行为都可以使买方有权撤销合同。

《公约》十分强调买方必须在"合理的时间内"行使撤销合同的权利，如果超过了合理的时间，买方就丧失了撤销合同的权利。这是因为在卖方已经交付货物的情况下，买方撤销合同就意味着退货，这时卖方的处境将十分困难，他要处理被退回的货物，如果要将货物另行出售或运回本国，往往还涉及运输与保险等的安排问题。所以，在卖方已经交货的情况下，如果买方想撤销合同，就必须在合理的时间内行使这项权利，以免给卖方带来更大的损失。至于何谓"合理的时间"，公约没有做出具体的规定，必须根据具体的案情而定。

（7）要求减价。根据《公约》第 50 条的规定，如果卖方所交的货物与合同不相符，那么不论买方是否已经支付货款，买方都可以要求降低价格。减价应根据实际交付的货物在交货时的价值与符合合同的货物在当时的价值两者之间的比例计算。但是，如果卖方已根据《公约》的规定对其任何不履行合同义务之处做出了补救，或者买方拒绝接受卖方对此做出的补救，买方就不得降低价格。这项规定的主要含义如下：

第一，这是针对卖方交货与合同规定不相符而规定的救济办法。它主要适用于下列场合：卖方交货虽然与合同不相符，但是买方仍然愿意收下这批与合同不相符的货物，而不愿撤销合同与退还货物；或者买方由于种种原因不能或不愿采取请求损害赔偿的做法，而宁愿采取减价的办法。

第二，减少价金的计算办法，是根据实际交付的货物在交货时的价值与符合合同的货物在同一时间的价值两者之间的比例计算的。例如，买方购买一批货物，合同规定为一等品，价值为 10 万美元。假定交货时价格不变，其价值仍为 10 万美元，在货物运到目的地后，发现货物严重受损，其价值只有 4 万美元，则买方可以减价 6 万美元，仅付 4 万美元。

（8）当卖方只交付部分货物或所交货物只有一部分符合合同规定时，买方可以采取的救济办法。根据《公约》第 51 条的规定，当卖方只交付一部分货物，或者卖方所交付的货物中只有一部分与合同的要求相符时，买方只能对漏交的货物或对与合同要求不相符的那一部分货物，采取上述第 46 条至第 50 条规定的救济办法，包括退货、减价以及要求损害赔偿等。但是一般不能宣告撤销整个合同或拒收全部货物，除非卖方不交货，或者不根据合同的规定交货已经构成根本违反合同时，买方才可以宣告撤销整个合同。例如，在机器设备的买卖中，卖方所交的机器设备里有一个重要的零件与合同不相符，使得整台机器不能使用，或漏交了这个重要的零件，影响了全局，构成了根本违反合同。在这种情况下，买方就可以宣告撤销整个合同。

（9）当卖方提前交货或超量交货时，买方可以采取的救济办法。根据《公约》第 52 条的规定，如果卖方在合同规定的日期以前交货，买方可以收取货物，也可以拒绝收取货物。但是，如果卖方在提前交货遭到拒绝后，等到合同规定的交货期来临时再次向买方提交货物，则买方必须收取这批货物。

《公约》还规定，如果卖方所交的货物的数量大于合同规定的数量，买方可以收取全部货物，也可以拒绝收取多交部分的货物，而只收取合同规定数量的货物，但是不能拒收全部货物。如果买方收取多交部分的货物，他就必须根据合同规定的价格付款。

（10）请求损害赔偿。《公约》认为损害赔偿是一种主要的救济办法。根据《公约》第 45 条的规定，如果卖方违反合同，则买方可以要求损害赔偿，而且买方要求损害赔偿的权利，不因其已经采取其他救济办法而丧失。这就是说，即使买方已经采取了撤销合同、拒收货物与要求交付替代货物等救济办法，他仍然有权要求卖方赔偿因其违反合同而造成的损失。《公约》第 75 条与第 76 条对在撤销合同的情况下，如何计算损害赔偿额的具体办法做出了规定。主要有以下两种情形：

第一，如果买方已经宣告撤销合同，而在宣告撤销合同后的一段合理的时间内，买方已以合理方式购买替代货物，则买方可以取得合同价格与替代货物的交易价格之间的差额，以及因卖方违约而造成的其他损害赔偿。这种做法叫作实际补进（cover）。例如，当卖方不交货或所交的货物与合同规定不相符已经构成根本违反合同时，买方可以宣告撤销合同，并在市场上买进一批同样的货物以替代合同项下的货物。如果合同的价格为 100 万美元，补进同样货物的交易价格为 120 万美元，则在各种交易条件相同的情况下，买方可以向卖方索赔两者之间的差价，即 20 万美元。但是，如果两者的交易地点或其他交易条件不尽相同，则损害赔偿的金额应根据具体情况做适当调整。但是买方在购进替代货物时，应当在宣告撤销合同后的一段合理的时间内进行，而且应当以合理的方式购进。所谓以"合理的方式购进"，在商业上一般是指以合理的可能的最低价格购进。在上述情况下，买方除了可以取得合同价格与补进交易价格之间的差额以外，还可以索赔由卖方违反合同造成的其他损失，例如，由于卖方所交的货物与合同规定不相符而必须购买替代货物所引起的额外开支，以及因临时购买的替代货物不能按原合同规定的日期交货而造成的损失等。

第二，如果买方在撤销合同之后没有实际补进原来合同项下的货物，而此项货物又有时价的话，则买方可以取得原合同规定的价格与宣告撤销合同时的时价之间的差额，以及由卖方违约造成的任何其他损害赔偿。但是，如果买方在接收货物之后才宣告撤销合同，则应根据接收货物时的时价与合同规定的价格之间的差额计算，而不是根据宣告撤销合同时的时价计算。这里所说的时价，是指合同原定交货地点的现行价格。如果该地点没有时价，则指另一合理替代地点的现行价格。但是在这种情况下，应适当考虑货物运输费用的差额。

2. 大陆法与英美法的规定

（1）不交货（non-delivery）。

交货是卖方的一项基本义务。当卖方拒绝交付买卖合同规定的货物时，各国在法律上都给予买方一定的救济办法，以保障买方的利益，但是各国法律的具体规定并不完全相同。

①大陆法的有关规定。根据有些大陆法系国家民法典的规定，当卖方拒绝交货时，买方有权采取以下救济办法：

一是实际履行。实际履行是指债权人有权要求债务人根据合同原来的规定履行其义务。大陆法认为，当债务人拒绝履约时，只要该合同的履行尚属可能，债权人原则上就可以要求债务人实际履行其义务。例如，《德国民法典》第 241 条明确规定，债权人根据债务关系，有向债务人请求履约的权利。具体到货物买卖合同而言，当卖方拒绝交货时，只要卖方还有可能履行其交货义务，买方就有权直接向卖方要求其根据合同的规定交货，或者向法院提起实际履行之诉，要求法院发出执行命令，以国家的强制力强令卖方交出合同规定的货物。但是，如果合同的履行已属不可能（impossibility），例如，在特定物的买卖中，如果非因债务人的过失该特定物全部被烧毁，则买方不能要求实际履行，法院也不会做出实际履行的判决。虽然大陆法系国家在理论上都认为实际履行是一种重要的救济办法，但实际上提起实际履行之诉的情况是很少的。当债务人不履行合同时，债权人在大多数情况下都是要求损害赔偿或解除合同，只有当债权人要求的目标非金钱赔偿所能满足时，债权人才会提起实际履行之诉。

二是解除合同或请求损害赔偿。在确定民事责任时，大陆法沿袭罗马法的传统，采取过失责任原则，即不履行合同的一方当事人，只在他有过失的时候，才承担违约责任。这一点与英美法有所不同。英美法强调一切合同的义务都是当事人所做的许诺（promise），如果做出许诺的一方没有履行其合同规定的义务，那么即使他没有过失，也构成违约，应承担违约责任。《德国民法典》第 276 条规定，债务人除另有规定外，对故意或过失均应负责任。

《法国民法典》第 1147 条规定，凡不履行合同是由不能归责于债务人的外来原因造成的，债务人即可免除损害赔偿的责任。这些规定原则上都适用于买卖合同。

当卖方不交货时，大陆法系国家首先区别卖方是否有过失，然后才能确定其是否应负违约责任。如果卖方由于过失而拒不交货，则对方有权提出损害赔偿或要求解除合同。《法国民法典》第 1184 条还规定，双务合同的一方当事人不履行其债务时，视为在合同中已有解除条件的约定，但是合同并非当然解除，在这种情况下，债权人有选择权：他可以要求对方当事人履行合同，或者解除合同并请求损害赔偿。在这个问题上，德国法与法国法的区别主要有以下两个方面：

首先，根据德国法的规定，买方只能在请求损害赔偿或解除合同之间选择其中一种救济办法，不能并行提出两种请求权。但是根据法国法的规定，买方可以在解除合同的同时，请求卖方赔偿由不交货造成的损失。

其次，根据德国法的规定，解除合同只要买方向卖方做出这种意思表示即可发生法律效力，不一定要经法院判决。但是根据法国法的规定，解除合同的请求必须向法院提出，必须经法院做出判决才能解除合同。

②英美法的有关规定。

一是英国货物买卖法的有关规定。英国 1893 年《货物买卖法》第 51 条与第 52 条对卖方不交货时买方的救济办法做出了明确的规定。该买卖法第 51 条规定，如卖方非法疏忽或拒绝向买方交货，买方可以以不交货为由对卖方提起损害赔偿之诉。损害赔偿的数额应根据在通常情况下由于卖方违约而直接地与自然地引起的损失进行计算。如果该项货物有市价，则损害赔偿的金额应初步推定为合同价格与本应交货时的市场价格之间的差价。如果合同没有规定交货的时间，则应根据合同价格与卖方拒绝交货时的市场价格之间的差价计算。

关于卖方不交货时，买方是否可以请求实际履行的问题，英国法与大陆法的规定有所不同。英国普通法认为，如果一方当事人不履行其合同义务，对方的主要救济办法是提起违约之诉，要求金钱上的损害赔偿。普通法不采取实际履行这种救济办法。但是，英国的衡平法认为，如果原告能证明仅仅采用损害赔偿的办法还不足以满足他的要求，则法院可以考虑判令被告实际履行其合同义务。即使如此，在英国的衡平法中，实际履行也只是作为一种例外的救济办法，而不是主要的或经常采用的救济办法，而且法院对于是否判令实际履行有自由裁量权。根据该买卖法第 52 条的规定，只有当合同出售的货物是特定物或者是已经特定化的货物，而且只有当一般的金钱赔偿不足以弥补买方的损失时，英国法院才会根据买方的请求，在它认为合适时做出强制执行的判决，判令卖方实际履行其合同义务。如果合同出售的货物是市场上随便可以买到的普通商品，买方就不能请求实际履行。但是，如果合同出售的是特定物或具有某种特殊价值的商品，例如，名画、珍贵图书或珠宝等，则在卖方拒绝交货时，买方可以向法院提起实际履行之诉。

二是美国《统一商法典》的有关规定。该商法典第二篇第 2-711 条到第 2-713 条规定，当卖方拒绝交货时，买方可以采取以下三种救济办法：

其一，解除合同。如果卖方不交货，则买方有权解除买卖合同。但是买方解除合同并不妨碍其采用其他救济办法的权利。换言之，买方在解除合同后，仍然有权向卖方请求损害赔偿。

其二，请求损害赔偿。根据该商法典的规定，在卖方不交货时，买方可以通过补进或市场差价的方式向卖方索取损害赔偿。所谓补进，是指买方在市场上购进同样的货物代替原应由卖方提供的货物。在买方采取这种救济办法时，其损害赔偿的数额应根据合同价格与补进价格之间的差价加上由此造成的附带损失或间接损失，减去由于卖方违约所节省的费用进行计算。当卖方不交货时，买方也可以不在市场上进行补进实物的交易，而采取市场差价的办法算出他所遭受的损失的数额，并据此向卖方索取损害赔偿。所谓市场差价，就是合同价格与买方得知卖方违约时提供该项货物的地点的市场价格之间的差价，加上由卖方违约造成的附带损失或间接损失，减去由于卖方违约节省的费用。所谓"由卖方违约造成的附带损失"，包括检验费用、运输费用、商业佣金以及其他合理的开支。间接损失则是指卖方在订立合同时理应知道的损失，例如，买方的需求得不到满足时会产生的损失，而且这种损失是不能因补进货物或用其他方法所能合理避免的。

其三，在某些情况下可以向法院提起实际履行之诉。美国法与英国法一样，认为实际履行是一种辅助的救济办法，只有当一般的法律救济办法不能弥补买方的损失时，买方才能提起实际履行之诉。如果合同出售的货物不是具有独特性质的商品，或者买方能够在市场上补进同样的货物，买方就不能提起实际履行之诉。

在通常情况下，只有当合同规定的交货期届满的时候，卖方拒不交货才构成违约，买方才能据此采取相应的法律救济措施。但是，有时卖方在合同规定的交货期到来之前就向买方明确地表示，他届时将不履行交货义务，或者卖方以其行动表明他届时将不能交货，例如，在特定物的买卖中，卖方已经将合同项下的特定物转售给第三人，这种情况在英美法上称为预期违约或提前毁约（anticipatory repudiation）。在卖方出现预期违约的情况时，买方可以有两种选择：一种做法是不等到交货期届满立即采取适当的救济办法，通常是宣告解除合同并请求卖方赔偿损失；另一种做法是不理会卖方预期违约的表示，坚持认为合同仍然有效，等到合同规定的交货期届满时，再决定采取何种法律上的救济办法。但是在采取后一种做法时，由于买方拒绝了卖方预期违约的表示，合同仍然有效，因此，如果在卖方宣告预期违约之后到合同规定的交货期限届满之前这段时间内，发生了某种可以免除当事人履约责任的意外事故，卖方则有权援引合同中的免责条款免除自己的交货义务。

（2）延迟交货。

延迟交货是指卖方不能按时交货。这是比较常见的一种违约行为。卖方延迟交货有时会给买方带来十分严重的后果。特别是在国际贸易中，由于国际市场价格经常发生波动，如果卖方延迟交货的时候恰逢货物的价格猛跌，买方就会遭受惨重的损失。因此，有些国家从保护买方的利益出发，在法律上对卖方延迟交货的处理十分严厉；有些国家的法律则比较偏重于维护卖方的利益，对延迟交货的处理采取比较宽容的态度。一般而言，英国法属于前者，德国法属于后者。

第一，英国法的有关规定。英国法把违约分为违反条件与违反担保两种不同的情况，其救济办法亦有所不同。如果属于违反条件，则受损害的一方有权解除合同，并可以请求损害赔偿；如果仅属于违反担保，则受损害一方只能请求损害赔偿，不能解除合同。当出现卖方延迟交货的情况时，买方究竟可以采取何种救济办法，必须视卖方的此项违约行为究竟属于违反条件还是属于违反担保而定。根据英国法的解释，在一般有关货物买卖的商事合同中，履约的时间应当推定为合同的要件。因此，如果卖方没有在合同规定的时间交货，就是违反合同的条件（breach of condition），买方有权解除合同，并可以请求损害赔偿。但是，买方也可以把违反条件当作违反担保处理，即既不宣告解除合同，也不拒收迟交的货物，只就延迟交货造成的损失向卖方提出损害赔偿的要求。

第二，德国法的有关规定。德国法在处理延迟履约的问题上与英国法的规定有所不同。根据《德国民法典》的规定，在合同没有明确规定确定的履行日期的情况下，债权人只有首先向债务人提出催告，才能使债务人承担延迟履约的责任。所谓催告，是指债权人向债务人请求履行合同的一种通知。除合同另有规定外，催告是债权人就延迟履行请求损害赔偿的必要条件。催告既可以采用书面形式，也可以采用口头形式，但是无论采取哪一种形式都必须送达债务人才能生效。如果债权人在合同的履行期届满后，不向债务人提出催告，就表示他不打算追究债务人延迟履约的责任。但是，如果合同中已经明确地按日历规定了履约的日期，或者债务人已经明白地表示不打算按期履行合同义务，则债权人可以不必提出催告。

《德国民法典》第 326 条还规定，在双务合同中，当一方当事人延迟履行其承担的给付时，他方得指定一个合理的期间并表示超过这段时间将拒绝受领给付的意思。在此种情形下，如果给付没有在该期间内履行，则他方在该期限届满后，可以请求不履行的损害赔偿或解除合同。具体到货物买卖合同而言，当卖方不按期交货时，买方可以给他指定一个宽限期，让卖方在此期间内交货。如果卖方届时仍不交货，买方就可以解除合同或请求损害赔偿。

从该民法典的上述规定中可以看出，德国法与英国法在这个问题上主要有两点区别：首先，根据英国法的规定，只要卖方不根据合同规定的时间交货，或者在合同没有规定交货期限时，没有在合理的时间内交货，买方就有权解除合同，并可以请求损害赔偿；而根据德国法的规定，则往往需要经过催告程序或者要给卖方另外规定一个合理的期间，只有在卖方收到催告之后，或者在另外规定的期间届满之后仍不交货，买方才可以解除合同或请求损害赔偿。其次，根据英国法的规定，买方在解除合同的同时还可以请求损害赔偿；而根据德国法的规定，买方只能在解除合同与请求损害赔偿这两种救济办法中选择其一，不能并行请求。

（3）货物与合同不符。

所谓货物与合同不符，是指卖方所交的货物在品质、规格、数量与包装等方面与合同的规定不一致。在这种情况下，各国的法律都允许买方采取适当的救济办法来保障其利益。

第一，德国法的有关规定。根据《德国民法典》第 459 条的规定，如果卖方所交付的货物与合同不相符，违反了卖方对货物的品质担保义务，则买方可以从以下两种救济办法中选择其一：一是解除合同；二是减少价金。

但是根据德国法的规定，如果卖方所交付的货物与合同不相符，买方并不是在任何情况下都有权请求损害赔偿，只有当卖方答应保证货物应具有某种品质，但是他所交付的货物实际上并不具备此种品质，或者卖方有欺诈行为时，买方才能请求损害赔偿。

德国法对解除合同也做出了一定的限制。根据《德国民法典》的规定，只有当卖方自己的过失致使所交货物与合同不相符，而且这种有缺陷的履约对买方并无利益可言时，买方才可以解除合同。

减少价金是大陆法对卖方违反货物的瑕疵担保责任的一种重要的救济办法。根据《德国民法典》第 472 条的规定，当买方采取减少价金的救济办法时，应根据出卖时完好货物的价值与有瑕疵的货物的价值的比例来确定减少价金的数额。

此外，根据《德国民法典》第 241 条的规定，买方有权要求卖方支付符合合同要求的货物，即买方有权向法院提起实际履行之诉，要求卖方根据合同规定的品质与规格等条件交货。从理论上说，德国法认为实际履行是一种主要的救济办法，而损害赔偿则属于第二位的救济办法。实际上，德国法院做出判决强制卖方根据合同规定交货的情况是很少见的。在一般情况下，当卖方所交付的货物与合同不相符时，买方大多要求减少价金或采取其他救济办法。

第二，英国法的有关规定。根据英国法的规定，当卖方所交付的货物与合同不相符时，只要这种不符合合同的情况构成违反条件，买方就可以拒收货物，解除合同，并可以请求损害赔偿。在这个问题上，英国法的要求十分严格，只要卖方所交付的货物在品质、规格、数量以及包装方面与合同的规定稍有出入，就可能被认为违反合同的条件，并引起严重的法律后果。根据英国1893年《货物买卖法》的规定，下列卖方所交付的货物均属于违反条件：①不具备商销品质；②与合同的说明不一致；③不适合约定的特殊用途；④与凭样品成交时的样品不相符；⑤与合同规定的品种不同；⑥在数量上大于或少于合同规定的数量，在这种情况下，买方可以拒收全部货物，也可以收下合同规定的数量而拒收多余部分，但是如果买方接受了货物，他就必须根据合同规定的价格支付货款。

只要出现上述情况之一，买方就有权拒收货物，解除合同，并且可以请求损害赔偿。但是买方也可以把违反条件当作违反担保处理，即不解除合同而只请求损害赔偿。

但是，根据该买卖法的规定，在某些情况下，即使卖方违反了合同的条件，买方也不能拒收货物，解除合同，只能把它作为违反担保处理。这主要有以下两种情况：①该项买卖合同是一个不可分割的合同，买方已经接受了其中一部分货物；②该合同的标的物是特定物，货物的所有权业已转移于买方。在以上两种情况下，买方不能拒收货物，只能以卖方违约为由请求损害赔偿。

如果卖方所交付的货物虽然与合同不相符，但是并未构成违反条件，只是违反担保，则买方可以采取以下两种救济办法：①向卖方提起损害赔偿之诉。损害赔偿的数额就是由违约的结果根据通常情形直接地、自然地产生的损失。在违反品质担保的情况下，一般的计算办法是，根据交货时交给买方的货物的价值与符合合同的品质要求的货物的价值之间的差额计算。②以违反担保为由，向卖方提出扣减价金或抵销价金。如果买方还遭受其他进一步的损失，则买方有权就同一违反担保的事实向卖方提起损害赔偿之诉。

第三，美国法的有关规定。美国《统一商法典》对卖方所交付的货物与合同不相符时买方可以采取的各种救济办法做出了具体的规定。美国法根据买方是否已经接受了货物规定了不同的救济办法。

其一，买方在接受货物（acceptance of goods）以前的救济办法。根据美国《统一商法典》的规定，如果卖方所交付的货物与合同不相符，买方在未接受货物以前，可以选择采取以下救济办法：把货物收下，同时提出损害赔偿的要求；拒收货物，解除合同，并请求损害赔偿；如果以上两种救济办法均不足以弥补买方所遭受的损失，则在某些例外情况下，例如，当买卖的标的物具有某种独特的性质时，买方还可以向法院提起实际履行之诉，要求法院判令卖方根据合同规定的要求交货。这里需要说明以下四个问题：首先，该商法典区别一批交货（single delivery）的合同与分批交货的合同（installment contracts）。在分批交货合同的情况下，如果卖方所交付的某一批货物与合同要求不相符，则只有当这种不符在实质上损害了这批货物的价值，并且无法修复（cure）时，买方才有权拒收这批货物。但是，在一批交货合同的情况下，只要卖方所交付的货物存在任何缺陷（defect），不管此项缺陷是否构成重大违约（material breach），买方都有权拒收货物。其次，卖方有权对货物的缺陷做出补救（seller's right to cure）。如果卖方所交付的货物与合同要求不相符，那么卖方在合同规定的交货期限届满以前，有权对货物的缺陷进行补救。例如，对有缺陷的货物做出修理，或重新补交一批符合合同要求的货物等。另外，在某些情况下，当买方拒收卖方交付的货物时，如果卖方原来有理由认为，他所交付的货物买方在扣款（money allowance）或不予以扣款的情况下是会接受的，则卖方在向买方发出合理的通知后，可以要求再给他一段合理的时间替换一批符合合同要求的货物。再次，如果买方想拒收货物，就必须在卖方交货之后与买方接受货物之前的一段合理的时间之内，向卖方发出拒收通知，如果买方没有及时通知卖方，拒收就不能发生效力。而且买方还应当把经过合理检验可能发现的有关货物的具体缺陷告知卖方，否则，如果此种缺陷属于卖方一旦得知之后即能予以补救的缺陷，买方就不能据此拒收货物。另外，如果交易双方都是商人，则在买方拒收货物之后，如果卖方以书面形式要求买方以书面形式详细说明货物的一切缺陷，买方必须给予答复，否则买方亦不能根据此项货物的缺陷拒收货物。最后，买方在拒收货物之后，如果该项货物是在其占有之下，则买方应以合理的注意为卖方保管货物，以便让卖方能对货物做出处置。如果卖方在当地没有代理人，则买方应根据卖方的合理指示，对被其拒收的货物做出适当的安排，例如，将货物重新装船运往卖方指定的目的地，或者根据卖方的请求将货物另行出售等。如果卖方在接到买方的拒收通知后一段合理时间内，没有做出任何有关处理被拒收的货物的指示，则买方可以自行替卖方把货物存入仓库或代为转售，或把货物运回给卖方，由此而支出的费用，应由卖方负担。

其二，买方在接受货物以后的救济办法。根据美国《统一商法典》的规定，如果买方已经接受了货物，他就失去了拒收货物的权利。在这种情况下，即使卖方所交付的货物与合同要求不相符，买方一般也不能予以拒收或解除合同，而只能请求赔偿损失。但是，在有限的几种情况下，该商法典也允许买方撤回其对货物已经做出的接受。这主要是指下列情况：如果卖方所交付的货物有重大的缺陷，严重地影响了它们对买方的价值，而且买方在接受这些货物时基于合理的信赖，认为这种缺陷是可以补救的，但是实际上却不能补救；或者，买方之所以接受该项货物是由于难以发现其有缺陷，或者是由于卖方曾做出货物符合合同的保证。在上述情况下，买方可以撤回其对货物所做的接受。在买方一旦撤回了对货物的接受之后，他的法律地位就如同买方未接受货物时所处的地位一样，即买方有权拒收货物，解除合同，并可以请求损害赔偿。

（三）买方违反合同时卖方的救济办法

买方违反合同主要有以下 4 种情形：（1）不付款；（2）延迟付款；（3）不收取货物；（4）延迟收取货物。以下根据《公约》第三章第三节以及某些国家法律的有关规定，对买方出现上述违约情形时，卖方可以采取的各种救济办法分别加以介绍。

1.《公约》的有关规定

（1）要求买方实际履行其合同义务。当买方不支付货款、不收取货物或不履行其他义务时，卖方可以要求买方实际履行其合同义务，除非卖方已经采取了与这些要求相抵触的救济办法。如果卖方已经宣告撤销合同，他就不能要求买方根据合同收受货物或支付货款，因为这种要求与撤销合同是相抵触的。但是，根据《公约》第 28 条的规定，当一方当事人要求对方实际履行其合同义务时，法院没有义务判令对方实际履行其义务，除非法院根据法院所在国的法律，对不属于《公约》范围的类似合同亦将做出实际履行的判决。

由于各国的法律对实际履行的态度不完全相同，因此，卖方在要求买方实际履行其合同义务时，在某些国家，特别是在英美法系国家可能会遇到困难。所以，有些学者主张，当遇到买方不付款或不收受货物时，卖方最好还是把货物卖给其他买主，然后向买方请求损害赔偿。

（2）卖方可以规定一段合理的额外时间，让买方履行其义务。如果买方没有在合同规定的时间内履行其合同义务，卖方可以规定一个合理的期限让买方履行其义务。但是在这种情况下，除非卖方已收到买方的通知，表明他将不在卖方规定的额外时间内履行其义务，否则，卖方不得在这段时间内对买方采取任何救济办法，但是卖方并不因此而丧失其对买方延迟履行合同可能享有的要求损害赔偿的权利。

（3）撤销合同。卖方在下列情况下可以宣告撤销合同：第一，如果买方不履行合同或《公约》的义务已经构成根本违反合同，即买方的违约行为使卖方遭受重大损失，以致实质上剥夺了卖方根据合同有权得到的东西，在这种情况下，卖方可以宣告撤销合同。但是，在大多数情况下，买方不根据合同的规定履行支付货款或收取货物的义务，并不一定达到根本违反合同的程度，在这种情况下，卖方就不能立即宣告撤销合同，而应当给买方规定一段合理的额外时间，让买方履行其合同义务。第二，如果卖方已经给买方规定了一段合理的额外时间，让买方履行其义务，但是买方不在这段时间内履行其义务，或买方声明他将不在规定的时间内履行其义务，则卖方亦可以宣告撤销合同。

撤销合同的后果可参见《公约》第 81 条至第 84 条的规定。依照相关条款，当卖方或买方宣告撤销合同后，就解除了双方在合同中规定的义务。例如，卖方不需要交货，买方不需要支付货款，如果卖方已经交货，那么他可以要求归还货物。特别值得注意的是，根据《公约》的规定，撤销合同并不终止违约一方对其违约所引起的一切损害负赔偿责任，也不终止合同中关于解决争议的任何规定。例如，合同中的仲裁条款不会因为撤销合同而终止其效力。如果双方对合同有争议，则仍然应根据仲裁条款的规定进行仲裁。这项规定是十分重要的，因为有些国家的法律认为，合同被撤销后，就不能要求损害赔偿，仲裁条款亦告失效。

（4）自行确定货物的具体规格。根据《公约》第 65 条的规定，如果买卖合同对货物的具体规格，例如，形状、大小与尺码等没有做出具体的规定，只规定买方有权在一定的日期内提出具体的规格要求，或在收到卖方通知后提出具体的规格要求，在这种情况下，买方在合同规定的时间内，或在收到卖方要求后的一段合理的时间内没有提出具体的规格要求，则卖方在不损害其可能享有的权利（例如，请求损害赔偿的权利）的情况下，可以根据他所知道的买方的要求，自行确定货物的具体规格。这项规定的目的是使这种合同不因买方不指定具体规格而不能执行。相反，如果买方违反其指定具体规格的义务，拒不指定货物的具体规格，卖方可以根据《公约》赋予的权利，自行确定货物的规格或采取其他救济办法。但是，卖方应把他确定的具体规格通知买方，而且必须规定一段合理的时间，让买方可以在此期间内提出他所需要的规格。但是，如果买方在收到卖方的上述通知后，没有在规定的合理期间内提出不同的规格要求，卖方所确定的规格就具有约束力。换言之，卖方就有权根据其确定的规格交货，买方不得拒收。

（5）请求损害赔偿。当买方违反其合同义务或《公约》规定的义务时，卖方有权要求损害赔偿。而且根据《公约》的规定，卖方请求损害赔偿的权利，不因其已经采取上述其他救济办法而受到影响。

（6）要求支付利息。如果买方没有支付价款或任何其他拖欠金额，则卖方有权对这些款额收取利息，但是这并不妨碍卖方根据《公约》第 74 条的规定可以取得的损害赔偿。

2. 大陆法与英美法的有关规定

（1）大陆法的有关规定。

根据某些大陆法系国家民法典的规定，如果买方不根据合同的规定支付货款，或不受领货物，则卖方有权请求解除合同。例如，《法国民法典》第 1654 条规定，如买方不支付价金，卖方得请求解除合同。该民法典第 1657 条规定，关于商品及动产的买卖，如买方未按合同规定的期限受领其买受的标的物，为卖方的利益计，不经催告，买卖即当然解除。如果买方没有根据合同规定的时间支付价金，就应支付价金的利息，直至价金的本利清偿完毕为止。此外，为了保护卖方的利益，该民法典还规定，在买卖合同成立以后，如果买方陷于破产状况，致使卖方有丧失价金之忧时，即使卖方原来曾同意买方在一定的期限之后支付价金，卖方亦可以不负交付买卖标的物的义务，除非买方能提供到期支付货款的保证。这种保证一般是指银行担保，或由银行开立的信用证。

根据《德国民法典》的规定，如果买方不支付货款，卖方可以采取以下两种救济办法：

第一，提起支付价金之诉。根据该民法典第 241 条的规定，债权人有向债务人请求给付的权利。卖方可以根据该条的规定向买方提起支付价金之诉，要求买方根据合同规定支付货款。

第二，请求损害赔偿或解除合同。该民法典第 325 条与第 326 条规定，双务合同一方当事人因自己的过失不能履行其义务时，他方得请求不履行的损害赔偿或解除合同；并规定，在一方延迟履行其负担的给付时，他方得指定合理期限并表示逾此期间得拒绝受领给付的意思。在此种情形下，如果此项给付未能在指定期间内履行，则他方在期限届满后得请求不履行的损害赔偿或解除合同。货物买卖合同属于双务合同，因此，当买方不支付货款时，卖方可以根据上述规定，在请求损害赔偿或解除合同这两种救济办法之间做出适当的选择。但是，在某些情况下，该民法典对卖方解除合同的权利做出一定的限制。根据该民法典第 454 条的规定，如果卖方已经履行合同，并同意给予买方合理期限以支付价金，就不能行使第 325 条第 2 款及第 326 条规定的解约权。在这种情况下，卖方只能向买方提起支付价金之诉或请求损害赔偿，不能请求解除合同。

此外，该民法典还规定，如果买方延迟支付价金，则应支付价金的利息。

（2）英美法的有关规定。

第一，英国法的有关规定。根据英国 1893 年《货物买卖法》第 10 条的规定，除合同另有意思表示外，买卖合同中有关付款时间的规定，不能认为是买卖合同的要件。这就是说，买方不根据合同规定的时间支付货款，只是违反担保（breach of warranty），不是违反条件（breach of condition）。对此，卖方只能请求损害赔偿，不能解除合同。当买方拒收货物或拒绝支付价金时，该买卖法给予卖方两种不同的救济办法：一种是债权方面的救济办法（personal remedies）；另一种是物权方面的救济办法（real remedies）。

①债权方面的救济办法。该买卖法把卖方的救济办法与货物所有权是否已经移转的问题联系在一起加以考虑。当买方拒收货物或拒绝付款时，卖方可以享有的救济办法，依货物的所有权是否已经转移于买方而有所不同。

A. 当货物的所有权尚未转移于买方时，如果买方拒绝受领货物或拒不付款，卖方一般无权对买方提出价金之诉，只能以买方不接受货物为由，对买方提出损害赔偿之诉。其损害赔偿的金额，在货物有市价的情况下，一般应根据合同价格与买方应接受货物之日的市场价格之间的差价计算。如果该项货物没有市价，则应根据由于买方拒收货物或拒绝付款而自然地、直接地发生的损失计算，一般是指卖方从该合同中本来可以获得的利润。

但是如果买卖合同规定，不论卖方何时交货，买方均应于某月某日支付价金，在这种情况下，即使货物的所有权尚未转移于买方，卖方仍有权对买方提起支付价金之诉。

B. 如果货物的所有权已经转移于买方，则有两种情况：一种情况是买方无理拒收货物，在此种情况下，卖方可以以买方无理拒收货物为由请求损害赔偿，也可以向买方提起支付价金之诉；另一种情况是买方已经接受了货物，却拒绝支付货款，在此种情况下，卖方的救济办法就是向买方提起价金之诉，要求买方支付货款。

但是，如果买方不是用现金（cash）而是用汇票（bill of exchange）支付货款，则在汇票规定的付款期限届满以前，卖方不能对买方提起支付价金之诉。在国际贸易中，大多使用汇票作为支付工具。因此，了解这种区别对从事国际贸易是有实际意义的。

C. 当买方预期违约时，即买方在合同规定应当接受货物的日期来临以前，已经向卖方明白地表示他届时将不接受货物时，卖方有两种救济办法可供选择：一种办法是立即解除合同并请求损害赔偿；另一种办法是等到买方应接受货物的日期来临时，再对买方提起诉讼。

②物权方面的救济办法。物权方面的救济办法是指未收到货款的卖方对货物所享有的权利（right of the unpaid seller against the goods）。它与债权方面的救济办法的主要区别在于：前者是对货物的权利，后者是对债务人（买方）的权利；前者是一种物权，后者是一种诉权，是通过诉讼方式实现的。

根据英国 1893 年《货物买卖法》的规定，当买方不支付货款时，未收货款的卖方可以对货物行使以下两项权利：

A. 留置权（lien）。当货物仍在卖方的占有之下时，不论货物所有权是否已经转移于买方，未收货款的卖方都可以对货物行使留置权，即把货物留下来作为支付价金的担保，直至买方支付全部价金为止。但是，卖方只有在保持对货物的占有（possession）的条件下才能行使留置权。一旦货物已经脱离了卖方的占有，例如，卖方为了把货物运交买方的目的而将货物交给了承运人，在这种情况下，未收货款的卖方就不能行使留置权，只能行使中途停运权。

B. 停运权（stoppage in transit）。停运权是未收货款的卖方在买方无清偿能力（insolvent）时，将已经脱离他的占有但仍处于运输途中的货物重新夺取回来的一种权利。未收货款的卖方在行使停运权时，必须符合下列条件：

a. 卖方必须已经交出了对货物的占有。这是行使停运权与行使留置权的不同之处。卖方只有在保留对货物的占有时，才能行使留置权，而停运权则是在卖方交出了对货物的占有情况下行使的。

b. 卖方必须在买方无清偿能力时才能行使停运权，不能仅因其未支付货款而行使停运权。所谓无清偿能力，是指在正常的业务活动中停止支付债款，或不能支付已到期的债款，不问其是否已经达到破产（bankruptcy）的程度。

c. 卖方的停运权只能在货物的运输途中行使。所谓运输途中，是指从货物为了运交买方而交给承运人之时起，一直到买方或其代理人从货物的承运人或其保管人处接受货物的交付时止。一旦货物已经由承运人交付给买方或其代理人，卖方即丧失其对货物的停运权。

但是，卖方并不因为他已经将货物交由买方承租的船只进行运输，或因提单的抬头是买方，或因卖方已经将原来是以卖方为抬头的提单交给了买方而失去行使停运权的权利。但是，如果买方已经以背书方式将提单转让给善意的、支付了对价的第三人，未收货款的卖方就丧失了停运权。

根据该买卖法的规定，货物买卖合同并不仅仅因为未收货款的卖方行使了留置权或停运权而告解除，未收货款的卖方如果要把货物另行出售，就必须具备下列条件：

一是，如果是易腐货物，则无须事先通知买方即可以另行出售。

二是，如果不是易腐货物，则必须将另行出售的意思告知买方，只有买方在合理的时间内不付清货款，才能将货物另行出售。

三是，如果卖方已经在买卖合同中保留了另行出售货物的权利，则在买方违约时，卖方即可以将货物另行出售。

当卖方根据上述条件将货物另行出售时，原来的买卖合同即告撤销，货物的所有权又归复于卖方。因此，第二买主可以取得对货物的完整无瑕的所有权。卖方有权取得另行出售货物的全部所得，不管它是多于还是少于原来合同规定的价金。如果多于原合同规定的价金，则卖方也不必将多出的部分退还给原来的买方；如果少于原合同规定的价金，则卖方有权向违约的买方请求损害赔偿。

第二，美国法的有关规定。美国《统一商法典》对买方违约时卖方的救济办法做出了具体的规定。但是，美国法与英国法有所不同，美国法没有将货物所有权是否已经转移于买方的问题与卖方的救济办法联系在一起，而是根据买方是否已经接受货物，给予卖方不同的救济办法。

其一，买方在接受货物以前，卖方可以采取的救济办法。根据该商法典的规定，如果买方在接受货物以前发生违约行为，卖方可以采取以下 4 种救济办法：

①留住货物。当卖方发现买方无支付能力，或未能在交货前或交货时支付应付的货款，或有无理拒收货物等撕毁合同的违约行为时，除非买方同意支付现金，否则卖方可以拒绝交货。

②停止制造合同项下的货物。如果卖方在得知买方违约时，该合同项下的货物尚未制造成为成品，则卖方根据商业上的合理判断，为避免损失起见，可以决定继续把合同项下的货物制成成品并将它拨归合同，也可以决定停止制造该项货物，将未制成的货物作为残缺品另行出售。但是，如果情况已经清楚地表明，卖方继续制成合同项下的货物将会大大增加损失，卖方就无权完成此项货物的制造工作，因为从商业角度看这样做显然是不合理的。

③请求损害赔偿。当买方拒收货物或拒付货款时，卖方可以向买方请求损害赔偿。损害赔偿的金额可以根据以下两种方法计算：

一是把合同项下的货物另行出售，向买方索赔转售价格与合同价格之间的差价以及附带的损失，但是必须减去由于买方违约而节省的费用。卖方在转售货物时，必须以商业上合理的方式进行，并应以合理方式通知买方，让买方知道卖方有转售货物的意思，但是如果所售货物是易腐货物或易变质、易贬值的货物，则无须事先通知买方。

二是采取市场差价的办法计算损害赔偿的金额。即卖方不将货物另行出售，而是根据交货时交货地的市场价格与原合同价格之间的差价，加上附带损失，减去由于买方违约而节省的费用，确定向买方请求损害赔偿的金额。

④提起支付价金之诉。在买方接受货物之前，卖方也可以将货物推给买方（push the goods off on the buyer），请求买方支付价金。但是卖方支付价金之诉与买方请求交货之诉一样，都是实际履行的一种形式，它只有在一定的条件下才能采用。根据该商法典的规定，如果卖方经过合理的努力之后，仍然无法以合理的价格将货物另行出售，则卖方可以向买方提起价金之诉，要求买方支付合同约定的货款。但是，如果卖方经过合理的努力，可以以合理的价格将货物转售，他就不能采取这种救济办法。

其二，在买方接受货物以后，卖方可以采取的救济办法。如果买方在接受货物之后拒绝支付货款，卖方的主要救济办法就是提起支付价金之诉，要求买方支付合同规定的价金。

二、中国合同法的有关规定

中国《合同法》第 107 条规定，当事人一方不履行合同义务或者履行合同义务不符合约定的，应当承担继续履行、采取补救措施或者赔偿损失等违约责任。该法第 111 条规定，质量不符合约定的，应当按照当事人的约定承担违约责任。对违约责任没有约定或者约定不明确，依照该法第 61 条的规定仍不能确定的，受损害方根据标的物的性质以及损失的大小，可以合理选择要求对方承担修理、更换、重作、退货、减少价款或者报酬等违约责任。

第六节　货物所有权与风险的转移

一、货物所有权的转移

在国际贸易中，货物所有权从何时起由卖方转移于买方，是关系到买卖双方切身利益的一个重大问题，因为一旦货物的所有权转移于买方，如果买方拒付货款或遭遇破产，卖方就将蒙受重大的损失。除非卖方保留了对货物的所有权，或在货物上设定了某种担保权益，否则，一旦买方在付款前破产，卖方就只能以普通债权人的身份参与破产财产的分配，其所得可能会大大少于应收的货款。

货物所有权（title to the goods or ownership）就是财产权（property right）。在国际货物买卖合同中，"转移"一词的意思，是指合同标的物即货物所有权的转移，而不是指与货物转移相关的价款的所有权的转移。

根据各国有关法律以及国际贸易惯例的规定，货物所有权的转移大致有以下三种方式：（1）货物所有权转移的标志是支付价款，即卖方交货，买方付款，所有权随之转移。（2）实际交货作为所有权转移的界限。美国《统一商法典》规定，货物所有权应在卖方完成其交货义务时就转移给买方，在需要运输的情况下，货物所有权在目的地交货时就转移给买方。（3）货物所有权转移的标志是交付单证，在国际贸易中，单据通常是代表货物所有权的凭证。在最常用的三个贸易术语 CIF、CFR、FOB 等装运合同情况下，买方收到该货物的有关单据，就是卖方转移了货物的所有权。

各国在民法或买卖法中对所有权转移的问题都做出了具体的规定，但是各国的法律在这个问题上的差异比较大。

（一）各国法律有关货物所有权转移的规定

1. 英国《货物买卖法》的有关规定

在英国《货物买卖法》中，货物的所有权从何时起由卖方转移于买方是一个十分重要的问题，它决定风险的转移，并直接影响到买卖双方在一方违约时可能采取的救济办法以及其他有关权利与义务。具体而言，英国 1893 年《货物买卖法》关于货物的所有权转移的问题，主要是区别特定物（具体概念见第一章第五节的有关内容）的买卖（sale of specific goods）与非特定物的买卖（sale of unascertained goods）这两种不同的情况，分别做出规定。

（1）特定物的买卖。根据英国《货物买卖法》第 17 条的规定，在特定物或已经特定化的货物买卖中，货物的所有权应在双方当事人意图移转的时候转移于买方，即所有权何时转移于买方完全取决于双方当事人的意旨。如果双方当事人在合同中对此没有做出明确的规定，则法院可以根据合同的条款、双方当事人的行为以及当时的具体情况确定订约双方的意旨。

（2）非特定物的买卖。非特定的货物通常是指仅凭说明进行交易的货物。根据英国《货物买卖法》的规定，凡是属于凭说明买卖未经指定或未经特定化的货物，在将货物特定化之前，其所有权不转移于买方。所谓特定化，就是把处于交货状态的货物无条件地划拨于合同项下的行为（unconditionally appropriated to the contract）。一般而言，如果根据货物买卖合同的规定，卖方以将货物运交给买方为目的而将货物交给了承运人，又没有保留对货物的处分权（reserve the right of disposal），则可以认为卖方已经无条件地把货物划拨于合同项下。但是，将货物加以特定化只是转移货物所有权的前提，至于把货物特定化之后，货物的所有权是否转移于买方，还必须视卖方是否保留了对货物的处分权而定。

（3）卖方保留对货物的处分权。无论是在特定物的买卖中，还是在非特定物的买卖中，即使在货物已经特定化之后，卖方也可以保留对货物的处分权（主要是指对所有权的处置权）。在这种情况下，在卖方要求的条件得到满足以前（主要是指在买方支付货款以前），货物的所有权仍不转移于买方。根据该买卖法第 19 条的规定，在下列情况下，应认为卖方保留了对货物的处分权。

第一，卖方可以在合同条款中做出保留对货物的处分权的规定。例如，卖方可以在合同中规定，在买方支付货款之前，所有权不转移于买方。在这种情况下，不论货物是交给买方还是交给承运人以便运交买方，货物的所有权都不随之转移于买方，直至合同规定的付款条件已经得到履行为止。

第二，卖方可以通过提单抬头的写法表示卖方保留对货物的处分权。如果货物业已装船，而提单的抬头载明该项货物必须凭卖方或卖方的代理人的指示交货（to the order of the seller or his agent）时，则在卖方将该项提单背书交给买方或其代理人以前，应推定卖方保留了对货物的处分权。如果卖方在装运货物之后拿到的是以买方或买方代理人的名字为抬头的提单（to the order of the buyer or his agent），这也不一定意味着卖方有将货物的所有权转移于买方的意思。在这种情况下，一切仍然必须取决于卖方是否将提单交付给买方而定。当卖方将提单交给买方时（通常是在买方付款时），就可以认为卖方有意图把货物的所有权转移于买方。

第三，卖方可以通过对装运单据（主要是提单）的处理方法表示卖方保留对货物的处分权。如果卖方已经根据合同规定的货价向买方开出以买方为付款人的汇票，并将汇票与提单一起交给买方，要求买方承兑该汇票或见票付款，在这种情况下，如果买方拒绝承兑或拒绝付款，他就必须将提单退回给卖方，如果买方非法扣下提单，则货物的所有权亦不因此而转移于买方。

2. 美国《统一商法典》的有关规定

美国在采用该商法典以前，关于货物所有权转移的法律与英国法的规定基本上一致。美国法与英国法一样认为所有权转移是一个关键问题，它决定风险的转移、保险利益的归属、买卖双方的救济办法以及其他有关的权利与义务。但是后来美国许多法学界人士认识到，将所有权的概念同与它无直接关系的问题搅在一起，是不符合当代商业发展的要求的。因此，美国在制定该商法典时就抛弃了这种陈旧的概念，把所有权的转移问题与风险转移问题以及救济办法分离开来，不再以所有权的转移作为决定风险转移与救济办法的关键性因素。

根据该商法典的规定，在将货物确定（即划拨）在合同项下（identification to the contract）之前，货物的所有权不转移于买方。这是美国关于所有权转移的一项基本原则。

根据该商法典第二篇第 2-401 条的规定，除了双方当事人另有特别约定外，货物的所有权应于卖方完成其履行交货义务时转移于买方，而不管卖方是否通过保留货物的所有权凭证（例如，提单）保留其对货物的权利。因为根据《统一商法典》的规定，货物的所有权凭证（例如，提单）一般只起到物权担保（security interest）的作用，即以此作为买方支付货款的担保，但是这并不影响货物的所有权根据该法典的规定转移于买方。

3. 《法国民法典》的有关规定

该民法典原则上是以买卖合同的成立决定货物的所有权的转移。根据该民法典第 1583 条的规定，在当事人就标的物及其价金达成一致时，即使标的物尚未交付且价金尚未支付，买卖也即告成立，而标的物的所有权也即依法由卖方转移于买方。但是，在审判实践中，法国法院会根据案件的实际情况适用下列原则：（1）如果买卖的标的物是种类物（具体概念见第一章第五节有关内容），则必须经过特定化之后，其所有权才能转移于买方，但是无须交付；（2）如果是附条件的买卖，例如试销（on approval），则必须待买方表示确认后，所有权才转移于买方；（3）买卖双方可以在合同中规定所有权转移的时间，例如，可以规定所有权必须于货物运到目的地后，或必须于买方支付价金后才转移于买方等。

4. 《德国民法典》的有关规定

德国法与法国法的规定不同。德国法认为，所有权的转移属于物权法的范畴，而买卖合同则属于债法的范畴，买卖合同本身并不起到转移所有权的效力。根据德国法的规定，所有权的转移必须符合下列要求：如果是动产，就必须以交付标的物为必要条件。在卖方有义务交付物权凭证（如提单）的场合，卖方可以通过交付物权凭证而将货物的所有权转移于买方。如果是不动产，则其所有权的转移必须以向主管机关登记为条件。

（二）《公约》的有关规定

《公约》第 4 条（B）款明确地规定，该公约不涉及买卖合同对货物的所有权可能产生的影响。因此，《公约》除原则性地规定卖方有义务将货物的所有权转移于买方，并保证他所交付的货物必须是第三人不能提出任何权利或请求权的货物外，对所有权转移给买方的时间、地点与条件，以及买卖合同对第三人的货物的所有权所产生的影响（例如，货主对其货物被非法出售时是否可以向买方进行追夺）等问题，都没有做出任何规定。这主要是因为各国关于所有权转移问题的法律分歧较大，不容易实现统一。所以，在拟订《公约》的过程中，各国的代表都同意将风险转移问题与所有权转移问题分开处理。因此，《公约》对所有权问题没有做出具体规定，只是对货物风险转移的时间与条件做出了规定。

（三）国际贸易惯例的有关规定

在国际贸易惯例中，只有国际法协会制定的关于 CIF 合同的《华沙—牛津规则》对所有权转移于买方的时间与条件做出了规定，其他国际贸易惯例，包括国际商会制定的《国际贸易术语解释通则》都没有涉及所有权转移的问题。根据《华沙—牛津规则》第 6 条的规定，在 CIF 合同中，货物的所有权转移于买方的时间，应当是卖方将装运单据（例如，提单）交给买方的时候。换言之，货物的所有权既不是在订立合同的时候转移，也不是在装运货物的时候转移，而是在卖方将代表货物的所有权单据（例如，提单）交给买方的时候才转移于买方。虽然《华沙—牛津规则》是针对 CIF 合同的特点制定的，但是一般认为，这项原则也可以适用于卖方有提供提单义务的其他合同，包括 CFR 合同与 FOB 合同。至于卖方没有提供提单义务的合同，例如，在工厂交货合同中，一般可以推定，货物的所有权在卖方将货物交由买方支配的时候转移于买方。

二、货物风险的转移

在国际货物买卖中，风险是指货物可能遭受的各种意外损失，例如，盗窃、火灾、沉船、破碎、渗漏以及不属于正常损耗的腐烂变质等。风险转移的关键是时间问题，即从什么时候起，货物的风险就从卖方转移于买方。在国际贸易中，风险转移直接涉及买卖双方的基本义务，并且关系到是由卖方还是由买方承担损失的问题。如果货物的风险已经由卖方转移于买方，则货物即使遭受损害或灭失，买方仍有义务根据合同规定支付价金；如果风险尚未转移于买方，则一旦货物发生损坏或灭失，不仅买方没有支付价金的义务，而且卖方还要对不交货承担损害赔偿责任，除非卖方能证明这种损失是由不可抗力造成的。

（一）各国法律有关风险转移的规定

1. 货物风险转移的划分原则

对货物风险的转移，各国的法律都做出了规定，但是规定各不相同，大致有以下两种划分原则。

（1）物主承担风险原则。

这是指将货物风险转移与所有权转移联系在一起，以货物的所有权转移的时间决定风险转移的时间，即货物的风险是随着所有权的转移而转移的。英国与法国等国家的法律是这样规定的，其中英国法律的规定更加明确。根据英国 1893 年《货物买卖法》的规定，除了双方当事人另有约定外，在货物的所有权转移给买方以前，货物的风险由卖方承担；但是当所有权已经转移给买方时，货物的风险就由买方承担，不论是否已经交货。如果买卖双方中任何一方的过失使得交货延误，那么，货物的风险应由有过失的一方承担。同时，该买卖法第 32 条第 2 款规定，如果买卖合同涉及海上运输，根据通常情况需要投保海上运输保险，则卖方有义务通知买方投保。如果卖方没有及时通知买方，使得买方不能向保险公司投保，则卖方必须承担货物在运输途中的风险。

（2）交货时间决定风险原则。

美国、德国、奥地利以及斯堪的纳维亚各国的法律均采取这种处理办法，即对货物风险转移的基本原则是以交货时间决定风险转移的时间。这些国家认为，以一个不可提供的所有权转移问题决定风险转移这个实际问题是不妥当的。美国《统一商法典》采用了这项原则。因此，该商法典的起草人抛弃了英国法中以所有权决定风险的陈旧观念，主张以交货时间确定风险转移的时间。他们认为，因为风险转移是一个实际问题，而所有权转移是一个不可捉摸的、抽象的、难以证明的问题，所以，用所有权转移决定风险转移的规定是不妥当的。他们主张原则上应以交货时间决定风险转移的时间。

该商法典第二篇第 2－509 条与第 2－510 条对货物风险转移做出了规定，前者涉及在没有违约的情况下风险转移的时间，后者涉及违约对风险转移的影响。

①在没有违约的情况下，风险转移的时间应根据以下两种不同的情况确定。

第一，当货物需要交由承运人运输时。如果买卖合同授权或要求卖方将货物交由承运人运送，但是并不要求卖方将货物交到某个特定的目的地，则货物的风险应于卖方将货物适当地交付给承运人时起转移于买方；如果买卖合同要求卖方将货物交到指定的目的地，则货物的风险须于卖方在目的地向买方提交货物时转移于买方，在运输途中的风险，仍由卖方承担。

第二，当货物已经存放在受托人处无须移动即可交货时。如果货物已经存放在受托人处，例如，已经存入仓库由仓库保管人掌管，卖方可以不必移动货物，而让买方直接向仓库提货。在这种情况下，货物的风险从何时起转移于买方，须视卖方对货物的受托人是否出具了代表货物的所有权单据，以及他所出具的是流通性物权凭证（negotiable document of title）还是非流通性物权凭证而定：如果已经出具了代表货物的流通性物权凭证，则货物的风险应于买方收到该项流通性物权凭证时起转移于买方；货物的风险在受托人承认买方有占有货物的权利时起转移于买方；如果买方收到的单据是非流通性物权凭证或指示受托人交货的其他书面文件，则应经过一段合理的时间让买方将他对货物的权利通知受托人后，货物的风险才转移于买方。如果受托人拒绝根据单据上的指示交货，则卖方的交货就不能成立，货物的风险仍由卖方负担。

②违约对风险转移的影响。

第一，卖方违约。如果卖方所提供或交付的货物（tender or delivery of goods）不符合合同的要求，致使买方有权拒收货物，则在卖方对有缺陷的货物做出补救，或买方接受货物之前，货物的风险仍由卖方承担；如果买方有正当的理由撤回他对货物的接受，买方必须在保险合同所不包括的限度内，认为卖方自始就承担了货物灭失的风险。例如，买方已经支付货款 10 000 美元，但是在接受货物之后，经过合理的检验，发现货物有瑕疵，于是撤回其接受，并及时通知卖方。但是，若在卖方从买方的占有下运走货物之前，该项货物被焚毁，如果买方对该项货物投保的金额仅为 6 000 美元，则买方有权认为保险中所不包括的 4 000 美元损失的风险，应由卖方承担。

第二，买方违约。如果卖方已经将符合合同规定的货物确定在合同项下，而买方在货物的风险尚未转移于他的时候拒绝履行合同或有其他违约行为，则卖方必须在他的保险合同所不包括的限度内，认为在商业上合理的期间内，货物的风险仍属于买方。这项规定包括以下条件：必须符合合同的规定；货物必须已经确定在合同项下，即货物业已特定化；买方的违约行为发生在风险转移于买方之前；限于商业上的合理时间，因为买方虽然有违约行为，但因为这时货物仍在卖方的支配之下，所以，不应当在过分长的时间内将风险加在买方的身上。如果符合上述条件，则卖方在其货物保险合同所不包括的限度内，可以认为由买方承担风险。

2. 中国法律的有关规定

中国《涉外经济合同法》第 13 条规定，合同应当视需要约定当事人对履行标的承担风险的界限；必要时应当约定对标的的保险范围。这项规定是比较原则性的，它只要求当事人根据需要在合同中约定承担风险的界限，但是没有具体规定风险转移的细则。这主要是因为《涉外经济合同法》适用的范围很广，不同的涉外经济合同有不同的风险，双方当事人分担风险的界限也有所不同，所以很难做出统一的具体规定，而只能由双方当事人根据合同的实际情况与需要在合同中做出符合实际需要的规定。

《合同法》第 142 条做出了比较明确的规定，即以货物的交付划分风险和责任："标的物毁损、灭失的风险，在标的物交付之前由出卖人承担，交付之后由买受人承担，但法律另有规定或者当事人另有约定的除外。"同时，《合同法》第 144 条也规定："出卖人出卖交由承运人运输的在途标的物，除当事人另有约定的以外，毁损、灭失的风险自合同成立时起由买受人承担。"

中国各外贸企业在对外贸易业务中，一般采用某种贸易术语来确定买卖双方分担风险的界限。例如，在采用 FOB、CFR 与 CIF 条件成交时，货物的风险都是在装运港装上船时起由卖方转移于买方，即货物装上船以前的风险由卖方承担，货物装上船以后的风险由买方承担。

（二）《公约》的有关规定

关于货物的风险从何时起由卖方转移于买方，《公约》所采取的某些原则与美国法的规定有相似之处。《公约》抛弃了以所有权转移决定风险转移的陈旧观念，原则上以交货时间确定风险转移的时间。《公约》第 66 条至第 70 条对风险转移问题规定了以下 6 项原则。

1. 《公约》允许双方当事人在合同中约定有关风险转移的规则

根据《公约》的规定，双方当事人可以在合同中使用某种国际贸易术语（如 FOB、CIF 等），或者以其他办法规定货物损失的风险从卖方转移于买方的时间及条件。如果双方当事人在合同中对此做出了具体的规定，其效力将高于《公约》的规定。因此，以下介绍的《公约》有关风险转移的各项规定，仅在买卖合同对此没有做出具体的规定时才适用，如果双方当事人在合同中已经就此做出规定，则应按合同的规定办理。

2. 风险转移所产生的后果

《公约》第 66 条规定，如果货物在风险转移于买方后发生灭失或损坏，则买方支付货款的义务并不因此解除，除非这种灭失或损坏是由卖方的作为或不作为造成的。根据这项规定，一旦风险转移于买方，买方就要对货物的损失承担责任，即使货物发生灭失或损坏，买方仍然必须支付货款，而不得以此为由拒付货款。但是，如果这种损失是由卖方的作为或不作为造成的，则不受此限。例如，在一项购买大米的买卖合同中，卖方租用了一艘曾经装运过有毒物质的船舶来装运大米，致使大米受到污染，失去食用价值。在这种情况下，即使这批大米的风险在卖方将大米交付给承运人时起已经转移于买方，但是这种损失是卖方的行为造成的，买方可以不支付货款。

3. 当买卖合同涉及运输时风险何时转移

《公约》第 67 条规定，如果买卖合同涉及货物的运输，但是卖方有义务在某一特定地点交付货物，则自货物根据合同交付给第一承运人以运交买方的时候起，风险就转移于买方承担。如果卖方有义务在某一特定地点将货物交付给承运人，则在货物于该地点交付给承运人以前，风险不转移于买方，但是卖方有权保留控制货物处置权的单据，并不影响风险的转移。这一规定的含义如下：

（1）这一规定旨在解决货物的运输风险由谁承担的问题。国际贸易一般都要涉及货物的运输，而且在运输过程当中货物往往会遇到各种风险而遭受损坏或灭失。因此，货物运输的风险究竟是由买方还是由卖方承担，是一个非常现实而又十分重要的问题。在这个问题上，《公约》所采取的基本原则是，除了双方当事人另有约定外，运输风险应由买方承担。其理由是，买方所处的地位使他能在目的地检验货物，在发现货物受损时便于采取措施减轻损失，同时能够及时向有责任的承运人提出索赔，或者向保险人要求赔偿。这项原则与某些国际贸易惯例所确定的原则一致。例如，在采取 FOB、CIF 与 CFR 条件成交时，都是由买方承担货物在运输途中的风险。

（2）当合同涉及货物的运输时，风险从何时起由卖方转移于买方，主要有两种情况：一种情况是合同没有规定卖方有义务在某个指定的地点交付货物。在这种情况下，货物的风险在卖方根据合同的规定将货物交付给第一承运人以运交买方时起就转移给买方承担。例如，卖方在其仓库将货物交到汽车运输公司（即第一承运人）的卡车上，风险即转移于买方，至于日后该批货物是否必须由第二承运人（例如，海运承运人）续运至目的地，一般应由买方自行安排，并由买方承担风险。另一种情况是卖方有义务在某一特定地点将货物交付给承运人，货物在该特定地点交付给承运人以前，风险仍由卖方承担。例如，如果卖方的营业地是在甲地（例如，内陆地点），而合同规定卖方有义务将货物在乙地（例如，装运口岸）交给承运人，以便运往国外的买方，在这种情况下，货物从甲地运往乙地的风险仍由卖方承担。只有当货物在乙地交付给承运人时起，风险才转移于买方。

但是，无论在何种情况下，在货物加上标志、以装运单据或以向买方发出通知或其他方式将货物清楚地确定在合同项下之前，风险不转移于买方。这实际上就是指在货物特定化以前，风险不转移于买方。

（3）卖方有权保留控制货物处置权的单据（例如，提单等）并不影响风险的转移。《公约》认为，卖方保留控制货物处置权的单据，只是作为买方支付货款的一种担保权益，不应当影响风险的转移，这与美国法的原则一致。

4. 货物在运输途中出售时风险何时转移

当卖方先将货物装上开往某个目的地的船舶，再寻找适当的买主订立买卖合同时，这种交易就是在运输途中进行的货物买卖。这在外贸业务中称为"海上路货"（floating cargo）。根据《公约》第 68 条的规定，对于在运输途中出售的货物，从订立合同时起，风险就转移于买方。但是，如果情况表明有需要，则从货物交付给签发了载有运输合同单据的承运人时起，风险就由买方承担。尽管如此，如果卖方在订立合同时已经知道或理应知道货物已经遭受损坏或灭失，而他又不将这一事实告知买方，则这种损坏或灭失应由卖方负责。

在运输途中出售货物时，其风险如何划分是一个十分困难的问题。因为在订立买卖合同时，货物已经装在运输工具上（例如，已经装在船舶上），买卖双方都可能不大清楚货物是否有损坏或灭失等情况（例如，受潮、受热、生锈、变质、腐烂或被盗等）。在这种情况下，如果货物在运到目的地后发现损坏或灭失，往往很难判断这种损失究竟是发生在运输过程的哪一个阶段，是在订立买卖合同之前还是在订立买卖合同之后，因此，很难确定这种损失的风险究竟应当由卖方承担还是由买方承担。对于这个问题，《公约》规定了以下 3 项原则或 3 种解决办法：（1）对于在运输途中出售的货物，原则上从订立买卖合同时起，风险就转移给买方承担。（2）如果情况表明有需要，则从货物交付给签发了载有运输合同单据的承运人时起，风险就由买方承担。这项规定的目的是把风险转移的时间提到订立合同之前，即提前到将货物交付给承运人的时候转移。这是从实际情况出发考虑的。因为如上所述，在这种交易中，往往很难判断货物发生损失的确切时刻，所以，《公约》采取了一种比较简单的处理方法，即情况表明有需要的时候，风险就从卖方把货物交给签发了载有运输合同单据的承运人时起，转移给买方承担。在这种情况下，如果货物发生损坏或灭失，买方就可以根据运输合同的规定向有责任的承运人请求损害赔偿。至于何谓"情况表明有需要"，则必须根据具体的案情确定。（3）如果订立买卖合同时卖方已知道或理应知道货物已经发生灭失或损坏，而他又隐瞒这一事实不告知买方，则这种损失应由卖方负责。这项规定应当被认为是合理的。

5. 其他情况下风险何时转移

前面介绍的是买卖合同涉及货物运输时风险转移的时间，即卖方有义务安排货物运输时风险转移的时间。但是，有些买卖合同并不涉及货物的运输问题，即由买方自行安排运输，在这种情况下，风险从何时起由卖方转移于买方，《公约》第 69 条做出了以下规定：

（1）在不属于第 67 条和第 68 条规定的其他情况下，从买方收受货物时起，或者如果买方不在适当的时间内收受货物，则从货物已交由他处置而他违反合同不受领货物时起，风险即转移给买方。这一条主要适用于卖方在其营业地点把货物交由买方处置的场合，即由买方自备运输工具到卖方的营业地提货的场合。

（2）如果买方有义务在卖方的营业地点以外的某一地点（例如，某个公共仓库）收取货物，则当交货时间已到而买方知道货物已经在该地点交由他处置时起，风险才转移于买方。

但是，如果合同出售的货物在上述时间尚未确定在该合同项下，即尚未特定化，则在这些货物清楚地确定在该合同项下以前，不得视为货物已经交由买方处置，风险也不转移于买方。

6. 根本违反合同对风险转移的影响

根据《公约》第 70 条的规定，如果卖方已经根本违反合同，则上述第 67 条至第 69 条规定，都不损害买方对这种根本违反合同可以采取的各种救济办法。对于这项规定有两点需要做进一步说明：

（1）此项规定仅适用于卖方根本违反合同的场合，即虽然卖方有违约行为，但是还没有构成根本违反合同，就不能援用此项规定。

（2）根据这项规定，假设卖方已经根本违反合同，但不影响货物的风险根据《公约》的规定转移于买方，在这种情况下，买方对卖方根本违反合同所应享有的采取各种救济办法的权利不应受到损害。例如，如果因为卖方根本违反合同，使货物发生灭失或损坏，即使货物的风险已经根据《公约》第 67 条至第 69 条的规定转移于买方，但是买方仍然有权采取撤销合同、要求卖方交付替代货物或请求损害赔偿等救济办法。

（三）国际贸易惯例的有关规定

在国际上，一些影响较大的贸易惯例，例如，国际商会制定的《国际贸易术语解释通则》与国际法协会制定的《华沙—牛津规则》等，对风险转移的时间都有明确的规定。例如，根据《国际贸易术语解释通则》的规定，在工厂交货合同中，货物的风险是从卖方在工厂将货物交由买方支配时起转移于买方；在 FOB、CFR 与 CIF 合同中，货物的风险是从货物在装运港装上船时起转移于买方；在目的港交货合同中，货物的风险是在货物运到目的港由买方支配时起转移于买方。因此，如果双方当事人在买卖合同中采用了上述贸易术语，则应当根据这些贸易术语的规定确定风险转移的时间。

复习和练习

一、关键术语

1. 发价（定义、生效时间、撤回与撤销） 2. 接受（定义、生效时间、对发价内容做了变更的接受、逾期接受、撤回） 3. 品质担保 4. 权利担保 5. 根本违反合同 6. 预期违反合同 7. 留置权 8. 停运权 9. 物主承担风险原则 10. 交货时间决定风险原则

二、复习思考题

1. 《公约》规定买卖双方各有哪些义务？
2. 当卖方违约时，《公约》规定买方有哪些救济办法？
3. 当买方违约时，《公约》规定卖方有哪些救济办法？
4. 实盘与虚盘有什么特点？

主要参考资料

1. 冯大同主编. 国际商法. 北京：中国人民大学出版社，1994.

2. 法学教材编写部国际贸易法编写组. 国际贸易法. 北京：北京大学出版社，1993.

3. 吴兴光编著. 美国统一商法典概要. 广州：华南理工大学出版社，1997.

4. 中华人民共和国合同法.

5. 国际商会中国国家委员会编. 2000 年国际贸易术语解释通则. 北京：中信出版社，2000.

6. 2010 年国际贸易术语解释通则主要变化及说明. 找法网，http：//china. findlaw. cn/info/jingjifa/gjmyf/gjmysy/mygl/409934. html.

7. Incoterms 2010：自由穿梭于国际贸易与运输之间的新规则. 学位论文网，http：//www. xwlunwen. com/. 2011 - 06 - 02.

法律窗口

——《联合国国际货物买卖合同公约》
——《法国商法典》
——《德国商法典》
——美国《统一商法典》
——英国法中的默示条款

《联合国国际货物买卖合同公约》

《联合国国际货物买卖合同公约》除序言外，共分 4 部分，101 条。第 1 部分共 13 条，

对公约的适用范围和总则做了规定；第 2 部分共 11 条，规定合同订立的程序和规则；第 3 部分共 64 条，对货物买卖的一般规则、买卖双方的权利义务以及风险的转移等做了规定；第 4 部分是最后条款，共 13 条，对公约的保管、签字、加入、保留、生效和退出等做了规定。

根据其序言中的规定，该公约的宗旨是，铭记联合国大会第六届特别会议通过的关于建立新的国际经济秩序的各项决议的广泛目标，考虑到在平等互利基础上发展国际贸易是促进各国间友好关系的一个重要因素，认为采用照顾到不同的社会、经济和法律制度的国际货物买卖合同统一规则，将有助于减少国际贸易的法律障碍，促进国际贸易的发展。

该公约规定的适用范围包括如下方面。

1. 公约适用的主体范围

公约适用于营业地在不同国家的当事人之间所订立的货物买卖合同，但必须具备下列两个条件之一：要么双方当事人的营业地所在国都是缔约国；要么虽然当事人的营业地所在国不是缔约国，但根据国际私法规则应适用某一缔约国法律。

2. 公约适用的客体范围

公约适用的客体范围是"货物买卖"，但并非所有国际货物买卖都属于公约的调整范围，公约排除了以下几种买卖：（1）以直接私人消费为目的的买卖；（2）拍卖；（3）依执法令状或法律授权的买卖；（4）公债、股票、投资证券、流通票据和货币的买卖；（5）船舶、气垫船和飞行器的买卖；（6）电力的买卖；（7）卖方的绝大部分义务是提供劳务和服务的买卖。

3. 公约的规定并没有涉及国际货物买卖合同的所有方面

以下问题公约没有涉及：合同的效力，或其任何条款的效力或惯例的效力；合同对所有权的影响；货物对人身造成伤亡或损害的产品责任问题。

在合同成立问题上，公约采用了通常的要约和承诺的理论。

《法国商法典》

1807 年正式通过的《法国商法典》，共分为四卷 648 条。

第一卷"商事总则"

第一编"商人"；第二编"商业会计（或账簿）"；第三编"公司"；第四编"（夫妻）财产分有制"；第五编"商业交易所、股票经纪人和经纪人"；第六编"代理商"；第七编"购买和销售"；第八编"汇票、本票和时效"。

第二卷"海商"

第一编"海船和其他海上船只"；第二编"海船的扣押与销售"；第三编"海船所有人"；第四编"船长"；第五编"水手和其他海员的雇佣与报酬"；第六编"租船或出租船"；第七编"提单"；第八编"运费和租金"；第九编"船货抵押贷款合同"；第十编"保险"；第十一编"海损"；第十二编"抛弃与分摊"；第十三编"时效"；第十四编"拒绝受理"。

第三卷"倒闭与破产"

总则；第一编"倒闭"；第二编"财产让与"；第三编"取回权"；第四编"破产"；第五编"复兴"。

第四卷"商事裁判"

第一编"商事法庭的组织"；第二编"商事法庭的管辖权"；第三编"商事法庭的诉讼

程序"；第四编"上诉法院的诉讼程序"。

二、发展变化

1807年的《法国商法典》在经历了200年左右的风风雨雨之后，其原始的内容大多数已经被废止或修改，框架结构也几乎被掏空，到20世纪90年代初，只有不到50%左右的实质内容继续存在。而这样的情形，应该归因于经久、持续的"去法典化"（decodification）过程：许多商事法律逐渐脱离商法典，独立出来。比如最初在第1卷第3编中做出规定的公司，早在1867年修订关于公司的法律时，就不是被加入法典当中，而是作为独立的文本，最终到了1966年，该编被完全废止了。

除商法典以外，法国还存在一些商事特别法，例如1867年的《商事公司法》、1885年的《期货交易法》、1917年的《工人参加股份公司法》、1919年的《商业登记法》、1925年的《有限责任公司法》、1942年的《证券交易所法》、1966年的《商事公司法》等。它们在《法国商法典》施行的近200年里，已经过了多次修改和补充，至今仍在使用。

1999年12月16日，在经过参议院、国民大会和宪法委员会的立法准备和法定程序之后，法国总统发布法律正式开始对《法国商法典》进行大刀阔斧的修改。按照立法规划的要求，《法国商法典》应该在修改命令发布之日起9个月之内完成，2000年9月18日，形式上1807年《法国商法典》被废除，整合了数部法律、法规的新《法国商法典》颁布。新颁布的《法国商法典》有超过1 800个条文，在规范内容和结构布局方面，也发生了重大的变化，拿破仑时代的《法国商法典》实际上已没有能力承担其名。

三、现行《法国商法典》的立法技术

对于法典化而言，恰当的编排技术是保证一部法典既能够包容更多的内容，同时又可以使得法典各组成部分之间不至于发生冲突的重要支持。现行《法国商法典》除了分为9卷之外，有着更为丰富的层级结构。

在立法部分的每卷（Livre）当中，又分为若干编（Titre），编之下则为章（Chapitre），章之下为节（Section），节之后还有段（Paragraphe），最后才是具体条文（Article）。这并不意味着全部，在某些章，又有复章（Chapitre bis）的设计；在许多节，则还有分节（Soussection）的设计。而在其法规部分中，段（Paragraphe）之下还有分段（Sous-paragraphe），甚至分分段（Sous-sous-paragraphe）。

以具体的条文为例，可以清楚地展现这种条文编排技术。比如Article L141-1，指的是《法国商法典》之立法部分（Partie legislative）第1卷第4编第1章的第1条。其中的字母"L"代表该条文属于Partie legislative，"141"中的第1个"1"代表第1卷，"4"代表第4编，后面的"1"代表第1章，而破折号之后的"1"才是通常意义上讲的条文号。这就意味着，现行《法国商法典》的条文表达，已经关照到了具体的部分、卷、编和章，仅有节没有显现在法条之中。

四、现行《法国商法典》的框架

2000年9月份重新颁布的现行《法国商法典》分为9卷，具体框架分为立法部分和法规部分。在这9卷之中，除了第9卷处理特殊事项之外，其他几卷实现了传统商法典与部分商事单行法的再整合：对商法法典化方面比较重视的第1卷"商事总则"，对比1807年的草案和正式版本，以及2000年夏天被修改前的版本，在现行《法国商法典》中，商行为规范重新回归商事总则，商业资产在现代商业实践中的重要性使其得以成为商事总则的规范内容，票据已独立成为单独的一卷。

单就立法框架而言，现行《法国商法典》与传统版本相比，变化如此之大，完全可以称为"新商法典"。其立法部分目录如下：

第一卷"商事总则"

第一编"商行为"；第二编"商人"；第三编"经纪人、代理商、运输商、商业代理人和独立销售商"；第四编"商业资产"。

第二卷"商业公司和经济利益集团"

第一编"初步规定"；第二编"不同商业公司的特别规定"；第三编"不同商业公司的共同规定"；第四编"刑法规定"；第五编"经济利益集团"。

第三卷"某些销售形式和排他性条款"

第一编"清盘、摊售、削价销售和工厂仓库销售"；第二编"公开拍卖"；第三编"排他性条款"。

第四卷"价格自由和竞争自由"

第一编"一般规定"；第二编"反竞争行为"；第三编"经济聚合"；第四编"透明度、限制竞争的行为和其他被禁止的行为"；第五编"调查权"；第六编"竞争委员会"；第七编"不同的规定"。

第五卷"商业票据和担保"

第一编"商业票据"；第二编"担保"。

第六卷"企业困境"

第一编"企业困境的预防"；第二编"保护"；第三编"司法接管"；第四编"司法清算"；第五编"责任与惩罚"；第六编"程序的一般规定"；第七编"适用于摩泽尔省、下莱茵省和上莱茵省的特别例外规定"；第八编"有限责任个人企业主的特别规定"。

第七卷"商事裁判和商业组织"

第一编"工商业公会系统"；第二编"商事法庭"；第三编"特别商事裁判"；第四编"商事法庭的书记室"；第五编"商业整治"；第六编"国家利益市场和商业展示"。

第八卷"某些被规制的职业"

第一编"司法管理人、司法代理人和企业诊断专家"；第二编"会计监察员"。

第九卷"适用于海外的规定（内容略）"

《德国商法典》

《德国商法典》于1897年公布，1900年1月1日生效。这部法律已经被修改了几十次，其中确立的许多规范经济生活的基本私法框架今天仍然发挥着重要作用。

该商法典共有四编905条，但因其系从港口城市的城市法发展而成，因此其中有将近一半的条文是海商法，一般在编纂法律汇编时都不列入这部分内容。1985年以前的该商法典除去最后一编海商法外，共有三编：

第1编"商业户籍"，包括商人、商业登记、商业名称、商事簿记、商事代理权以及商事经纪人等内容。

第2编"商业公司"，包括无限公司、两合公司和股份公司等各种公司形式。

第3编"商事行为"，包括总则和几种具体的商事行为。

德国商法典开创了以商人概念为基础的主观主义立法体例的先河。受德国商法典体例影响的国家包括日本、韩国等。此外，德国商法典所创制的一些概念和规定，事实上也影响着民商合一国家的民商立法。如商人的分类、代理商的分类、经理权、代办权、商业辅助人、商事居间人、商事登记的效力、商人的注意义务和商事留置权等。

后来，该商法典的结构发生了两项改变，一是1937年，将股份公司和两合公司从第二编中分离出来，以单行法的形式颁布。二是1985年，欧共体为协调各成员国公司结算方式颁布了《结算指令法》。为贯彻该指令法，该商法典的有关条文重新归类，增加了一编即现在的第三编"商事簿记"，原第一编中有相应内容的条文被撤销，新增的这一编对商业上的会计账簿和商事记录以及结算审核和公布做了详细规定。原来的第三编"商事行为"相应后移，成为第四编。这样完整的商法典便由四编变为五编。

该商法典自施行以来，曾经历40多次修改，比较重大的几次修改有：1937年股份法和股份两合公司法另立；1953年手工经营组织法另立和代理商条款的修改；1976年农林业经营者商人性质条款的修改；1985年就商事簿记而进行的法典结构调整；德国于1998年6月22日颁布《商法改革法》，对原德国商法典中商人的概念进行了简化，取消了小商人的概念，同时对商号法也进行了简化，并赋予人合商事公司更强的生存能力。

在德国商法的发展过程中，有许多法律规范不断独立于商法。首先完成自身独立并从商法分离出来的是公司法。在商法典中仍存在无限公司（第105条以下条款）、两合公司（第161条以下条款）及隐名合伙（第230条以下条款）规范。但此前包含于商法典的股份有限公司规范则很快就独立出来。受法国商法典的影响，德国于1937年1月30日首次颁布了《德国股份法》，1965年9月6日颁布了新的《德国股份法》并于次年1月1日生效。《德国股份法》共分4卷20章410条，非常详细地从股份有限公司、股份两合公司、关联企业以及特殊性及惩罚性规定四个方面对股份公司的成立、机构设置、管理、业务开展以及解散等做出了规定。由于有限责任公司是《德国商法典》颁布后新创设的公司组织形式，故有限责任公司法从一开始就不存在于商法典中。为此，德国于1892年4月20日颁布了《德国有限责任公司法》，其后历经多次修改。该法共分6节87条，明确、具体地对有限责任公司的成立，公司及其股东的权利关系，董事会和监事会的职能，公司章程的修改，公司的解散、清盘、破产和注销的各项事宜做出了规范。

由于《德国商法典》制定于1897年，囿于当时的立法理论，其理论体系的构建确实存在许多问题，并且商法所调整的商品经济关系早已发生了翻天覆地的变化，所以必须适时地对其加以修订。在修订的具体方案上，德国学者先后提出了许多建议，理论界总的倾向仍是努力地寻找一种能够使商法独立的理论。其结果便是1998年对《德国商法典》核心内容的较大篇幅的修订。这次修订是在理论界经过长期充分的探讨，立法者经过深思熟虑的权衡，以适应现代市场经济实践的客观需要的结果。尽管限于历史传统及根深蒂固的认识，这次修订并不彻底，但仍可谓是一次既维护了商法体系，又实现了对商法进行现代化改良目标的较为成功的尝试。这至少说明了当代德国理论与立法界的主流学说仍主张维持商法的法典形式。

依据德文蓝本为德国联邦司法部官方网站上的文本，以下为2010年《德国商法典》最新文本目录。

第一编　"商人的身份"（第1条至第104条）

第一章"商人"（第1条至第7条）；第二章"商业登记簿"（第8条至第16条）；第三章"商号"（第17条至第37条）；第四章"商业账簿"（废止）；第五章"经理权和代办权"（第48条至第58条）；第六章"商业辅助人和商业学徒"（第59条至第83条）；第七

章"代理商"（第 84 条至第 92 条）；第八章"商事居间人"（第 93 条至第 104 条）。

第二编　"公司和隐名合伙"（第 105 条至第 237 条）

第一章"无限公司"（第 105 条至第 160 条）；第二章"两合公司"（第 161 条至第 177 条）；第三章"隐名合伙"（第 230 条至第 237 条）。

第三编　"商业账簿"（第 238 条至第 342 条）

第一章"对所有商人的规定"（第 238 条至第 263 条）；第二章"对资合公司（股份有限公司、股份两合公司和有限责任公司）的补充规定"（第 264 条至第 335 条）；第三章"对登记合作社的补充规定"（第 336 条至第 339 条）；第四章"对特定营业部类的企业的补充规定"（第 340 条至第 341 条）；第五章"私人提出账目委员会，提出账目咨询委员会"（第 342 条）。

第四编　"商行为"（第 343 条至第 475 条）

第一章"一般规定"（第 343 条至第 372 条）；第二章"商业买卖"（第 373 条至第 382 条）；第三章"行纪营业"（第 383 条至第 406 条）；第四章"货运营业"［第 407 条至第 452（d）条］；第五章"运输代理营业"（第 453 条至第 466 条）；第六章"仓库营业"（第 467 条至第 475 条）。

第五编　"海商"（第 476 条至第 905 条另行刊载）

美国《统一商法典》

虽然该商法典包含的内容非常广泛，却概括得相当精练，整体结构十分严谨，在西方国家的商法典中颇具影响。

（一）结构

该商法典全文共分为十篇（article）。在这十篇中，第一篇"总则"和第十篇"生效日期与废除效力"统管或涉及整部商法典。第二篇至第九篇共八篇，均为相对独立的内容，每一篇管辖某一方面的范畴。该商法典的每一篇中，分为若干章（part），在每一章中，又分为若干条（section，也可译为节），每一条均冠以确切地点明条文内容的条目标题，而且条目标题也是该条规定的不可分割的内容，是该商法典的组成部分。

该商法典的条目编号均由 4 个阿拉伯数字组成，第一个数字为篇数，第二个数字为章数，第三个和第四个数字则表示条目数。例如，第 2-316 条，是指第二篇"买卖篇"中的第三章"合同的一般义务和解释"当中的第 16 条，其条目标题是"默示担保，适合特定的用途"。该商法典的第一篇"总则"（General Provision，也有人译为通则）包括两章：第一章为本法典的简称、解释、适用范围和标的物，第二章为一般定义和解释的原则，一共有 17 条规定。在总则中所确立的各项原则，对以后八篇（即第二篇至第九篇）的各项具体规定，均有提纲挈领的指导作用。

（二）宗旨

根据第一篇第 1-102 条第 2 款的内容，该商法典的宗旨有 3 个：一是使支配商业交易的法律简明、清楚易懂和现代化；二是通过惯例、习惯做法和当事人之间的协议，使商业惯例继续扩展；三是使不同管辖区域的法律统一化。

其中的一个宗旨，是使商事法律现代化，即使其适应现代经济发展的各种需要。从该商法典各篇的许多具体规定来看，确实体现了这一重要宗旨。该商法典的起草与制定者，冲破了英美普通法中许多不利于现代化经济发展的传统理论、观念和做法，确立了许多新的观念和新的法律原则。例如，在英美普通法中源远流长和根深蒂固的"对价"制度，即以有无对价作为判断双方之间有无法律上的权利和义务的主要依据，贯穿于成千上万的判例之中，几百年来一直被奉为金科玉律，连手握"创造法律"大权的高级大法官也不敢触碰其分毫。然而，在该商法典的几项具体规定中，这一传统制度都被彻底打破了：第二篇第2-205条规定，在一定条件下，商人不得撤销要约，确定的要约即使缺乏对价，也是不可撤销的；第二篇第2-209条规定，改变现存合同的协议，不需要对价即具有约束力。

（三）买卖篇的结构与内容

该商法典的第二篇是买卖篇，它是该商法典十篇的中心和重点。这一篇既属于买卖法范畴，是规范以商品买卖为目的的合同所产生的买卖双方权利义务的法律制度，同时又包含了许多合同法的内容，对买卖合同的成立、履行、变更与解释等一系列重要问题做出了详细具体的规定，囊括了美国合同法的主要规定。

买卖篇共分七章，包括104条规定：第一章"简称、解释原则和适用范围"，第二章"合同的形式、订立和修改"，第三章"当事方的一般义务和合同的解释"，第四章"所有权、债权人与善意购买者"，第五章"履约"，第六章"违约、毁约和免责"，第七章"救济办法"。

买卖篇是该商法典各篇中篇幅最长的一篇，内容相当丰富，可以说，是美国商业活动中最重要的法律规范。

（四）与《合同法重述》的关系

尽管美国法向来隶属判例法传统，但随着近年商业交易对法律确定性和可预见性的要求，美国也陆续通过了一系列制定法。与此同时，在判例法和制定法之外，美国的私法领域中还存在一种叫作法律重述的法律文件，它们不是制定法但有些类似于制定法。之所以说其不是制定法是因为这些法律重述不是国会等立法机关通过的法律文件；之所以说其类似于制定法，是因为法律重述是在人们要求普通法法典化的呼声中出台的。由于这些法律重述在适用上有相当的权威性，也有学者甚至将其视为美国"法律的渊源之一"。

迄今为止，从内容上来看，由美国法律学会制定的法律重述现在已经达到13种之多，包括代理法重述、冲突法重述、合同法重述、财产法重述、返还法重述、证券法重述、侵权法重述、信托法重述和不公平竞争法重述等，几乎涵盖了除家庭和继承法之外的美国私法的全部重要领域。不同种类的法律重述的地位和作用当然也有差别。美国法律界普遍认为：在全部的13种法律重述中，"《合同法重述》不仅是最好的一部'重述'，而且一直是最伟大的法学成就之一"。更有学者认为，《第一次合同法重述》和《第二次合同法重述》对《统一商法典》的吸收是整个20世纪合同法的最为重要的里程碑。

1932年的《第一次合同法重述》总共602条，涉及合同法的全部重要内容，是关于合同法的权威解读。相隔近50年，1981年《第二次合同法重述》正式出版，共385条，包括十六章，每章又分节。同《第一次合同法重述》一样，《第二次合同法重述》的基本条文也只占极少部分，基本条文后有评论和说明例子、报告者注解、案例援引等对条文的详细解释和说明，有些章节前还有介绍性注释。其内容丰富浩繁，阐释详尽，可谓研读美国合同法的最为重要的素材。

1.《统一商法典》对《第二次合同法重述》产生的影响

（1）取消了对单边合同与双边合同的划分。

英美法中存在单边合同与双边合同（unilateral and bilateral contracts）的划分：如果

受要约人以允诺（promise）的方式向要约人做出承诺而成立的合同就是双边合同，如果受要约人是以行为（behavior）的方式向要约人做出承诺而成立的合同则是单边合同。此种划分在英美法中被誉为"伟大的两分法"，是人们理解英美法的重要路径。但是，由于该分类存在明显的缺陷，《第二次合同法重述》便追随《统一商法典》的步伐，对这一传统理论不仅极尽淡化之能事，而且极力想从法律辞典中删除单边合同这一术语。在《第二次合同法重述》第 1 条的说明中，其报告人认为："原重述（即第一次重述）第 12 条界定了单边合同和双边合同，本重述不再采纳这一定义，因为人们对这一区分的有用性持怀疑态度。"于是，《第二次合同法重述》自始至终未使用"单边合同"和"双边合同"的概念，尽管《第二次合同法重述》为了保持与《第一次合同法重述》有一定的连续性，仍将承诺区分为以行为进行的承诺和以允诺进行的承诺两种。

（2）增加诚信和公平交易义务。

受《统一商法典》第 1-203 条"合同和义务的履行或执行必须遵循诚信原则"规定的影响，《第二次合同法重述》第 205 条也规定："合同的当事人在履行或执行合同的过程中负有诚信和公平交易的义务。"而《第一次合同法重述》对诚信和公平交易义务规则没有任何规定。该规定完全是在《统一商法典》第 1-203 条的影响下对合同法重述的更新，符合当今社会日趋复杂的交易发展的需要。

同时，《统一商法典》中诚信和公正交易义务还起到了对对价原则进行修正和替代的作用。如其第 2-209 条规定，变更买卖合同的协议无须对价支持即具有约束力，但必须符合本法施加的诚信标准。该条规定对合同法重述也产生了不小的冲击。如《第二次合同法重述》第 89 条规定：如果从订立合同时当事人所没有预见到的客观情况来看，该修改是公正和平等的，则该修改任何一方尚未完全履行的合同义务的允诺，即使无对价也具有约束力。这就使得英美合同法具有更大的灵活性。

（3）规定以弃权证书解除义务无须对价。

在《统一商法典》第 1-107 条规定的影响下，《第二次合同法重述》第 277 条也规定："债权人签署并交付书面的弃权证书，即使没有相应的对价支持，其对债务人义务的解除也是有效的。"根据《第一次合同法重述》，合同义务解除必须要有对价或者是以腊封盖印的形式，否则没有强制执行力。因此，《第二次合同法重述》的该条规定是承继《统一商法典》对传统对价原则的反叛和突破，适应了时代发展的要求。

此外，《第二次合同法重述》中有关合同条款之确定性与合同法的商业习惯观念等内容，也是从《统一商法典》的规定借鉴而来。同时，《统一商法典》的诸多概念和术语也被吸收进《第二次合同法重述》。

2.《统一商法典》与《合同法重述》的适用关系

（1）从适用的效力来看，《统一商法典》与《合同法重述》不是官方通过的法律文件，不具有法律的直接约束力，但有影响法院判决，并为各方所认可的重大权威性。在美国的司法实践中，《统一商法典》必须根据各州采纳和实施的文本以及有关判例等法律文件，结合运用，对美国法院的案件审判有重要影响。关于《合同法重述》，按照美国法学会前会长的说法就是：该重述具有普通法说服力之权威性，同时亦具有高度说服力。因此，每当法官面临困难问题而又不能从先前的判决得出明确结论时，即没有先前的判决可循或者没有明确的先例可依时，他们都会援引该重述的规定直接做出判决。同时，《合同法重述》中的大量案例说明和援引都是一些普通法的经典案例，在一定程度上起到了案例汇编的作用，从而更加有利于法官对法律的适用。

（2）从适用范围上来看，《合同法重述》是合同制度的"一般法"，而《统一商法典》则是合同制度的特别法。从《第二次合同法重述》的全部十六章的内容可以看出，《合同法重述》是对合同全部重要制度的一般概括和叙述，是合同的"一般法"。《第二次合同法重述》的十六章标题如下：

第一章"名词的含义"；第二章"合同的形成——当事人与行为能力"；第三章"合同的形成——相互同意"；第四章"合同的形成——对价"；第五章"防止欺诈条例"；第六章"错误"；第七章"虚假陈述——胁迫与不当影响"；第八章"因公共政策原因而不可强制执行"；第九章"合同义务的范围"；第十章"履行与不履行"；第十一章"履行不能与履行受挫"；第十二章"因同意或更改而解除债权"；第十三章"连带允诺人和受诺人"；第十四章"合同受益人"；第十五章"权利让与与义务承担"；第十六章"违约救济"。

而《统一商法典》的内容主要围绕其"商事性"展开。从其全部十编的内容来看，《统一商法典》主要涉及各种有关商事交易合同法和其他的商业法律制度与规则，而即使其中有关商事交易的合同法也并不是一般性的合同法律规则和制度，它们只是关于商事交易的合同的特别规则和制度。《统一商法典》的十编标题如下：

第一编"总则"；第二编"买卖"，第二编之二"租赁"；第三编"商业票据"；第四编"银行存款和收款"，第四编之二"基金转让"；第五编"信用证"；第六编"大宗转让"；第七编"仓单、提单和其他所有权凭证"；第八编"投资证券"；第九编"担保交易；账债和动产契据的买卖"；第十编"生效日期和废除效力"。

其中只有第二编"买卖"与其相当。从该编各章标题看，该编虽然囊括了美国合同法的主要规定，但其包含的内容只是《第二次合同法重述》的一部分，其适用范围不如《合同法重述》那么广泛。

英国法中的默示条款

英国成文法包含的默示条款经历了长时间的发展和变化，其成文法包含的默示条款是由判例法包含的默示条款发展而来的。这些默示条款首先被写进英国1893年《货物买卖法》。该法第一部分"契约的成立"第14条第（2）款明确规定，卖方在出售货物的交易过程中，应有一项默示要件，即该契约下货物的品质是适合商销的，即具有商销性。该法对"适合商销的品质"（merchantable quality）并没有给出一个明确的法律定义，只是由后来众多的判例给予因事因地的解释。自20世纪70年代到21世纪初，英国陆续制定了一系列包含默示条款的货物买卖成文法：首先是由英国1893年《货物买卖法》修改而成的1973年《货物供应（默示条款）法》，对"适合商销的品质"下了定义，并限制卖方利用排除条款以逃避默示条款的适用；接着是1977年《不公平合同条款法》（Unfair Contract Terms Act），进一步规定禁止消费合同排除默示条款的适用；再接着是英国1979年《货物买卖法》，在对其之前的几部相关法规进行修订的基础上，以"令人满意的品质"（satisfactory quality）替换了"适合商销的品质"这一传统用语。此后的1982年《货物供应和服务法》（Supply of Goods and Services Act）还规定了适用于服务、承揽、租赁等合同的默示条款，其内容也基本上与英国1979年《货物买卖法》的规定差不多。1994年《货物买卖和供应法》（Sale and Supply of Goods Act）仍然采用了"令人满意的品质"这一标准。《货物买卖和供应消费者条例》（Sale and Supply of Goods to Consumers Regulations）于2002

年 12 月 11 日由英国议会通过，并于 2003 年 3 月 31 日生效。该条例又对英国 1979 年《货物买卖法》和 1982 年《货物供应和服务法》的有关条款做了修改，其中包括对默示条款的修改，但并没有涉及"令人满意的品质"这一默示条款。

1994 年 11 月，英国议会审议通过了 1994 年《货物买卖和供应法》，并于 1995 年 1 月 3 日生效。英国议会基本上采纳了英国法律委员会在 1987 年有关该法的报告中提出的建议，只是稍做修改。该法对英国 1979 年《货物买卖法》做了若干重大修改。其中最引人注目的是，该法仍然采用了英国 1979 年《货物买卖法》中对"令人满意的品质"所做的规定。其主要内容见该法第 14 条第（2）款的（2A）和（2B）两个条目。① 其全文如下：

（2）卖主在营业过程中出售货物时，存在一项默示条款，即根据合同供应的货物具有令人满意的品质。

（2A）就本法目的而言，如果一个通情达理的人在考虑货物的说明、价格（如果相关）和其他全部相关情况后，认为货物符合令人满意的标准，那么货物就具有令人满意的品质。

（2B）就本法目的而言，货物的品质包括它们的状态和条件，并且在适当的情况下包括以下（以及其他）方面的货物品质：

（a）适合于通常提供该种货物的所有目的；（b）外观和完好状态；（c）不含微小的缺陷；（d）安全，以及（e）耐久性。

资料来源：

1. 叶强．"从买方谨慎"到"卖方谨慎"——谈英国货物买卖法下的默示条款//沈四宝．国际商法论丛：第 6 卷．北京：法律出版社，2004.

2. 吴冠雄．英国货物买卖法的新发展——评介《1994 年货物销售和提供法》．中外法学，1999（1）.

3. 聂卫锋．法典化与《法国商法典》的最新发展（上）（下）．法律教育网，2014 - 01 - 04.

4. 王军．美国合同法判例选评．北京：中国政法大学出版社，1995.

5. 吴兴光．美国统一商法典概要．广州：华南理工大学出版社，1997.

6. 刘承韪．美国合同法重述：徘徊于法典法与判例法之间．民商法论丛，2009（36）.

---

① 英文原文如下：

（2）Where the seller sells goods in the course of a business，there is an implied term that the goods supplied under the contract are of satisfactory quality.

（2A）For the purposes of this Act，goods are of satisfactory quality if they meet the standard that a reasonable person would regard as satisfactory，taking account of any description of the goods，the price（if relevant）and all the other relevant circumstances.

（2B）For the purposes of this Act，the quality of goods includes their state and condition and the following（among others）are in appropriate cases aspects of the quality of goods—

（a）fitness for all the purposes for which goods of the kind in question are commonly supplied，（b）appearance and finish，（c）freedom from minor defects，（d）safety，and（e）durability.

第 五 章

产品责任法

产品责任法（product liability law），是指调整产品的生产者和销售者与消费者和使用者之间，因为产品缺陷而形成的侵权赔偿关系的有关法律规范的总称。产品责任法与货物买卖法既有联系，又有区别。要全面了解产品责任法，首先，必须了解产品责任的概念与特征，并在此基础上了解产品责任法的概念与特征；其次，了解英美法系与大陆法系的产品责任法的基本内容；再次，了解关于产品责任的国际公约以及产品责任的新发展；最后，了解中国的产品责任法。

本章重点内容是了解和掌握：（1）美国产品责任法的三个理论；（2）英国和德国产品责任法的主要内容；（3）国际产品责任法新发展的具体表现；（4）中国产品责任法的有关规定。

重点问题

- 产品责任法概论
- 英美法系的产品责任法
- 大陆法系的产品责任法
- 关于产品责任的国际公约
- 产品责任法的新发展
- 中国的产品责任法

第一节　产品责任法概论

一、产品责任法的发展

产品责任原来包括在货物买卖之中，是由货物买卖法规范的，因此，产品责任法与货物买卖法既有联系，又有区别。其联系是，货物买卖法中有关卖方对货物品质的担保规定与产品责任法的某些规定是密切相关的，最明显的就是关于产品的质量问题；其区别是，货物买卖法属于私法范畴，调整的是双方当事人基于合同所产生的权利与义务的有关问题，产品责任法则属于社会立法，即公法的范畴，调整的是产品的生产者、销售者与消费者之间基于侵权行为所引起的人身伤亡与财产损失的有关问题。因此，把产品责任法从传统的货物买卖法中分离出来是完全有必要的。

产品责任法，是指由于产品的缺陷造成人身或财产损害，因此该产品的制造者或销售者需承担赔偿责任的法律。产品责任法的主要目的是保护消费者的权益。

早期无论是英美法系国家还是大陆法系国家对消费者的保护，都主要是基于"直接的合同关系"（privity of contract，也称为"合同关系不涉及第三者"）原则与民法上的侵权损害赔偿原则。

随着科学技术的迅猛发展，西方发达国家生产的商品种类日渐繁多。一方面，生产的发展提高了消费者物质文明的程度；另一方面，新产品损害消费者的事故也越来越多，涉及产品责任的诉讼案件也随之增多，产品责任者支付的损害赔偿金额与日俱增。为了进一步规范产品生产者的责任，更加有效地保护消费者的利益，20世纪50年代以来，西方发达国家打破了传统法律观念的框框，创立了一些新的产品责任理论与法律原则，使产品责任法有了进一步的发展。

20世纪60年代以来，特别是80年代以来，各国致力于改革开放，发展经济，许多国家实现了梦寐以求的经济腾飞，经济实力有了巨大的增长，人民的生活水平有了明显的提高。但是，随着人类对自然资源与环境开发利用步伐的加快，全球生态环境破坏与环境污染日益严重，导致了一系列十分严重的资源与环境问题。例如，空气污染、水资源污染、温室效应、有毒危险废物的排放以及臭氧层破坏等问题成为当今人类社会进步与经济发展的共同挑战。在这种背景下，西方发达国家的产品责任法进一步扩展，把废旧产品的回收与处理也纳入其中。

二、产品责任的概念与特征

产品责任是指产品的生产者或销售者因为产品有缺陷，从而给消费者或使用者造成财产损失甚至人身伤亡时所应当承担的赔偿责任。

根据这个概念，产品责任具有以下三个特征：

1. 产品责任是由产品的缺陷引起的

所谓产品缺陷（defect），是指产品具有不合理的危险性。产品所存在的缺陷，是指在生产者或销售者把该产品投入市场之前就已经存在的缺陷。如果消费者或使用者在购买该产品后擅自改变产品的性能，因此造成了财产损失或人身伤害，则不属于产品责任范围，即产品的生产者或销售者对此不承担产品责任。

判断一种产品是否具有不合理危险性的标准，是该产品在可预见的可能使用范围内是否具有合理、可靠的安全性。凡是不具有合理、可靠的安全性的产品，就可以视为具有"缺陷"的产品。一种产品是否具有缺陷，大致可以从以下3个方面衡量：（1）设计方面的缺陷。这主要是指产品在设计过程中，因为对产品的合理性与安全性等因素考虑不全面，后来发生产品责任的事故。（2）生产方面的缺陷。这大体上可以分为两种情形：一种情形是产品原材料的缺陷。因为原材料的好坏不仅直接影响产品的质量，而且直接影响使用者的人身健康与生命安全。另一种情形是制造装配的缺陷。许多产品，例如，家用电器、机电产品与交通运输工具等，往往由于装配不当，在使用过程中出现零部件松动或脱落，因此造成伤害事故，甚至造成重大的人身伤亡事故。（3）指示方面的缺陷。这是指如果生产者或销售者不做真实的广告，或者没有考虑产品安全使用所必需的种种因素，产品说明书不标准或不准确，致使消费者或使用者遭受损失。

对于上述这些"缺陷"所造成的后果，生产者或销售者均应承担相应的赔偿责任。

2. 产品责任是一种侵权责任

从严格的法律意义上说，产品责任是独立于货物买卖法的一种侵权（tort）责任。货物买卖法中的违约行为属于民事责任。其违约责任，主要是指没有履行或者没有适当履行合同义务的一方当事人，必须对其因为违约而给另一方当事人造成的经济损失承担相应的民事责任。违约的民事责任一般以过错责任原则作为基本的依据。而产品责任中的侵权责任不是以过错责任为必要条件，只要有产品缺陷造成财产损失与人身伤害的事实，侵权责任即告成立。

3. 产品责任是一种损害赔偿责任

既然产品责任是因为产品存在缺陷而给消费者或使用者造成财产损失与人身伤害，那么，生产者或销售者就应当承担相应的损害赔偿责任。

就赔偿金额而言，产品责任案件的赔偿金额一般要比货物买卖法的索赔金额大得多，因为在货物买卖索赔案件中，其赔偿金额一般不超过合同的金额，但是，在产品责任案件中，赔偿金额不是根据合同，而是根据产品责任制度确立的赔偿原则，补偿受损失者或受伤害者的全部损失。这种损失不仅包括过去的损失、实际的开支与将来的影响，而且包括其所受痛苦的代价。此外，赔偿金额必须一次性支付，并且不得扣除原告可能从其他途径取得的任何补偿或津贴，例如，保险赔偿或者社会救济金等。

三、产品责任法的概念与特征

产品责任法，是指调整产品的生产者和销售者与消费者和使用者之间，因为产品缺陷而形成的侵权赔偿关系的有关法律规范的总称。英美法系国家的有关法律与判例，大陆法系国家的民法与判例，都确立了比较完整的产品责任赔偿制度。

从西方国家的有关法律规定看，产品责任法具有下列三个特征：

1. 产品责任法实行侵权责任原则，突破了传统的契约原则

最初，产品责任是建立在传统的契约原则之上的。也就是说，生产者或销售者对于产品缺陷给他人造成的财产损失与人身伤害，承担责任与否，承担多少责任，取决于他与对方之间在合同中所规定的担保责任。如果双方之间有合同关系，那么，受害人可以就该损害向对方提起损害赔偿之诉；反之，就不能要求赔偿。

但是，随着产品责任事故的不断发生，许多超出合同关系的社会问题随之出现，例如，由产品缺陷导致的伤残、死亡、医疗、保险与社会补助等一系列问题当然是传统的契约原则无法解决的。于是，欧洲、美洲各国的法院对于由产品缺陷引起的典型案例，逐步做出了突破传统的基于合同关系的归责原则的判决，然后在这些案例的基础上，从货物买卖合同法中分离并且制定出特殊的产品责任法规与国际公约。这些法规与公约对产品责任制度的规定，均超出了传统的"合同所生之权利与义务"的原则，适用侵权原则。

根据合同制度的原则，如果销售者明知货物有瑕疵而不告诉购买者，则他除了返还已经收取的货款外，还应当赔偿对方所受的全部损失。根据侵权责任的严格规定，不论生产者是否知道产品有缺陷，他都应当对产品缺陷造成的损害承担责任。

2. 产品责任法基本上属于带有强制性的公法范畴

产品责任法与货物买卖法既有联系，又有区别。其联系是，货物买卖法中有关卖方对货物品质的担保责任的规定，与产品责任法的某些要求具有共同之处。其区别是，就法律性质而言，货物买卖法属于私法性质，其大多数规定是任意与灵活的，只有少数规定具有强制性。因此，买卖双方当事人可以根据具体的情况，对合同的有关规定加以修改、补充或排除。产品责任法属于国家的经济立法，具有公法性质，其绝大多数规定具有强制性，不仅当事人不能通过合同的订立加以修改、补充或排除，而且对于不存在合同关系的任何遭受损害的第三人，也可以根据产品责任法的规定，向法院对生产者或销售者提出侵权之诉，要求赔偿适当的损失。

3. 产品责任法立法的目的旨在保护消费者的权益

就产品责任法调整的对象而言，它所调整的只是产品缺陷引起的财产损失与人身伤害，并不包括产品本身的损害，这是由货物买卖法加以调整的。

在产品责任诉讼中，凡是遭受该产品伤害或涉及的人，都可以向法院起诉。例如，根据欧洲、美洲国家的产品责任法，作为原告的当事人，既可以是直接使用该产品而受伤的消费者或使用者，也可以是其亲属或家中的任何人，甚至可以扩大到旁观者或过路人。

作为承担责任的被告，不仅包括产品的生产者，还包括销售者，而销售者则包括产品的进口商、批发商、经销商、零售商与代理商等。也就是说，凡是因为产品的设计、生产、包装、运输标签以及使用说明等事项中任何一项具有缺陷而使消费者或使用者受到财产损失或人身伤害的，那么，上述所有与产品生产和销售有关的人员均应承担损害赔偿责任。当然，产品责任的最终承担者是生产者，其他中间人为产品责任所支付的损害赔偿金，可以向生产者要求补偿。

产品责任法的这些规定，旨在确立与加强生产者与销售者对其生产与销售的产品应当承担相应的责任，从而最终保护消费者的权益。因此，从这种意义上说，产品责任法相当于消费者权益保护法。

四、产品质量违约责任与产品质量责任的区别

如前所述，货物买卖法与产品责任法属于不同的法律范畴。货物买卖合同的违约主要与产品质量违约有关。产品质量违约责任与产品质量责任是两个完全不同的概念：前者属于合同法范畴，后者属于产品责任法范畴，其法律特征各异，具体差异主要表现在以下几个方面。

（一）请求权基础不同

产品质量违约责任是基于买卖合同或某种服务合同，受损方与违约方之间必须有合同存在，在双方签订的合同中约定产品的规格、质量、标准、索赔和赔偿方式，并在合同约定的索赔期内，以约定的检验机构或公认的公正检验机构出具的检验报告作为依据，向违约方主张权利，要求赔偿损失。

而产品质量责任则是基于侵权行为，即违反产品包装上的明示或默示担保，或产品存在缺陷，存在不合理危险，并且实际造成人身伤害或财产损失。责任方与行使权利方之间不论有无合同关系或约定的法律关系，遭受人身伤害或财产损失之人均可要求赔偿损失。

（二）法律适用不同

产品质量违约责任所适用的是合同法或国际贸易惯例，或合同中约定的适用法律，发

生争议后的管辖机构也按合同约定办理，合同中未约定的按所适用的法律规定办理。

而产品质量责任所适用的法律则是受损害人所在地或所在国的产品责任法，在中国是《产品质量法》的有关规定；在美国有国会提出的《产品责任法》的有关规定、商务部提出的《统一产品责任示范法》的有关规定，以及各州有关立法采用的该示范法中的有关条文。

（三）追究方式不同

产品质量违约责任的追究一般按合同约定的争议处理条款进行，约定有仲裁机构的须向约定的仲裁机构提交仲裁，如未约定仲裁机构，则向合同签订地或合同履行地有管辖权的法院起诉。

而产品质量责任的发生不可能有此约定，完全按侵权行为的管辖原则处理。如进口产品发生产品质量责任，往往在该产品的进口国起诉，并适用该进口国的产品责任法。

（四）赔偿范围与数额不同

产品质量违约责任的赔偿范围通常按合同约定，合同未约定和法律未规定时，则按实际发生的、有计算依据的实际损失赔偿。

而造成人身伤害或财产损失的产品质量责任，除了可以计算的实际损失外，还可包括其他非直接相关的损失，这些损失的数额可能大大超过实际损失。

产品质量违约责任的赔偿一般以合同金额为限，而侵权行为的产品质量责任赔偿则根据其性质，一般比合同违约赔偿金额大得多。

第二节　英美法系的产品责任法

在西方国家中，美国的产品责任法发展得最早，也最完备。在其发展演变的过程中，先后产生了以下理论。

一、疏忽责任原则

所谓疏忽责任原则（doctrine of negligence），也称过失责任原则，是指由生产者或销售者的疏忽致使产品有缺陷，从而使消费者或使用者的人身或财产遭受损害，对此，产品的生产者或销售者应当对其疏忽承担赔偿责任。

美国早期的产品责任法主要是根据契约原则，即"直接合同关系原则"制定的。该原则是美国在"1842年温特巴顿诉赖特"（Winterbotton v. Wright）一案中创立的。它是指产品制造商就其产品所发生的损害，对合同关系外的第三人不负赔偿责任。当时的法律片面强调"无过失则无责任"。与此相关的则是没有因果关系同样不产生法律责任，即只有行为是"产生损害的充分原因"时，被告才被强制承担责任。其理由是，旨在鼓励人们为提高生产率进行冒险，而法律则应当为其服务，应当在可能的范围内，避免在生产者与经营者固有的风险之上增加新的风险。如果生产者与经营者要对由其生产与经营活动所产生的全部损害负责，而不管其行为与损害之间的联系如何，那么，他们在市场上的生产与经营活动就没有任何安全性可言。这样承担责任的结果，势必阻碍生产与经济的发展。

直到1916年著名的纽约最高法院法官本杰明·卡多佐（Benjamin Cardozo）才在"麦

克弗森诉别克汽车公司"（Macpherson v. Buick Motor Co.）一案中，创立了产品制造商的"疏忽责任原则"。该案的背景是，被告是汽车制造商，原告从汽车零售商那里购买了被告制造的汽车。原告在驾驶汽车时突然翻车，被抛出车外，遭受伤害，车祸的原因是车轮破裂。虽然若原告进行了合理的检查，则可能发现车辆存在的问题，但是法官认为："任何商品，依其本质如足以危害人的生命健康，均属危险产品，在制造人可知悉买受人以外的第三人会不经试验就使用该产品时，则不论当事人间有无合同关系，制造人对该产品均负有注意的义务。""要求有直接的合同关系是不公平的，因为在大部分情况下制造者与他们的产品的消费者都没有合同关系。"最后法院判决该被告负有疏忽行为责任，给予原告赔偿。该判例打破了传统的"直接合同关系原则"，确立了如果因制造商或销售商的疏忽致使产品有缺陷或者因出售这种有缺陷商品而使消费者的人身或财产遭受损害，就可以推定制造商或销售商犯有过失行为，应负赔偿责任，这就是所谓的疏忽责任原则。

疏忽责任原则的适用使得不仅产品的买方，而且任何他人只要由于产品的缺陷直接受到损害，就都可以对该产品的制造者提起诉讼。但是原告负有举证责任，即既要证明被告有过失，还要证明：（1）产品的设计或制造有缺陷；（2）上述缺陷保持到原告遭受损害时；（3）产品中的缺陷对原告来说是未知的，即必须是原告经过简单检查所不能发现的；（4）原告对产品的使用与该产品的用途一致。当然，被告也有反证的权利。

二、担保责任原则

担保责任原则（doctrine of warranty），是指生产者或销售者违反了对产品的明示担保或法律规定的默示担保，从而导致产品存在缺陷，使消费者或使用者的人身或财产遭受损害，对此，产品的生产者或销售者应当对其担保承担赔偿责任。

产品责任法的疏忽责任原则虽然突破了"直接的合同关系"，但是原告仍然负有证明产品制造人有过失的义务，而这往往是很困难的。为了保护消费者的利益，美国法院经过努力，又提出了担保责任原则。

在英美法中，担保源于侵权行为，后来才成为合同法中的基本概念，但是始终没有丧失其在侵权行为法中的性质。由于担保的这种双重性，违反担保，除了负有合同责任外，依其情况，也可以构成侵权责任，而且基于被告违反其产品具有某种性质的明示担保以及具有适销性的默示担保并不依赖于对方对疏忽的举证，因此，美国法院将其适用于解决产品责任问题。例如，在1953年"麦克白诉利哥特杂货公司"（Macabe v. L. K. Liggett Drug Co.）一案中，原告从被告处购得一台咖啡机。当原告根据使用说明煮咖啡时，煮沸的咖啡溅起喷到原告的脸上，造成严重的伤害。陪审团认为，咖啡机的滤器槽口不适合排放水烧开后产生的压力。法院判决，根据默示担保原则，被告仍然应负赔偿责任。

在担保责任原则的适用即担保诉讼中，原告虽然不需要证明伤害或损害是被告的过失引起的，但是仍然必须证明：（1）伤害与损害的发生；（2）产品存在缺陷；（3）缺陷是伤害的近因；（4）确实存在担保以及被告违反了担保义务；（5）他是担保的受益人或第三方受益人。原告在担保诉讼中还必须就被告违反担保给予及时通知，否则被告可能会阻止原告提起诉讼。

三、严格责任原则

由前文可见担保责任原则对受产品损害的人的起诉仍然有种种限制条件。因此，为了更进一步保护消费者的利益，20 世纪 60 年代以来，美国不少法学者和法官在理论上与实践中都提出了一些新的见解，特别是 1963 年"格林曼诉尤巴动力产品公司"（Greenman v. Yuba Power Products Inc.）一案有了新的突破。在此案中，原告从零售商处购得一种由被告制造的名叫"Shopsmith"的兼有锯子与钻等多种功能的工具，在锯木时，该工具突然从装置中飞出，撞到原告的额头，致使其遭受严重的伤害。美国加利福尼亚州最高法院在该案的判决中明确地表示：制造人将其商品置于市场，知悉其将不会被检查是否具有瑕疵而被使用时，则就此项具有缺陷的商品对人身所造成的损害，应负无过失责任，从而形成了新的产品责任法原则——严格责任原则（doctrine of strict liability），又称"无过失责任原则"（doctrine of liability without fault）。

根据这项原则，只要产品有缺陷，致使消费者的人身或财产受到损害，则不论卖主与消费者之间有无合同关系，也不论卖主在制造或销售产品的过程中是否有过失，卖主都要承担赔偿责任。

在新的形势下，美国法学会也于 1965 年在《侵权法重述》（第二版）的第 402A 节（Restatement of Torts, Second Edition, Section 402A, 1965）中，采取了产品制造人严格责任原则。它虽然不具有强制规范性，但是代表法学界权威的见解，常被法院引用，对美国法律有很大的影响。以下为第 402A 节的全文：

任何产品因其瑕疵，对最终使用者或消费者的人身或其财产有不合理的危险，于下述情形下，出卖人对于使用者或消费者遭受的人身或财产损害应负赔偿责任：（1）出卖人从事此种产品的买卖。（2）依所预期，商品到达使用者或消费者时仍保持出卖时的状态，并无实质改变。

前项规定，于下列情况下亦适用：（1）出卖人对产品制造及销售已尽到可能的注意。（2）使用者或消费者与出卖人之间并无任何合同关系。

综上所述，疏忽责任原则、担保责任原则与严格责任原则这三项原则构成各个独立的美国产品责任法体系，当然在某种程度上又有重叠性与相互影响性。由于美国是联邦制国家，无统一的私法，所以，各州所采用的产品责任法原则也不尽相同，但是根据多年的实践，严格责任原则已被大多数州所采纳。

必须注意的是，原告在一次产品责任诉讼中可以适用所有的原则，让法官裁定依哪项原则判决。如果原告没有在一次诉讼中要求适用所有原则，根据"一事不再理"的原则，他就不得再以其他理由提起另一次诉讼了。

以严格责任为由起诉和以疏忽为由起诉的主要区别在于，疏忽是以卖方有无疏忽，即卖方是否尽到"适当注意"的义务作为确定其应对原告承担损害赔偿责任的依据，而严格责任则不必考虑卖方是否已做到"适当注意"的问题，即使卖方在制造或销售产品时已经尽到了一切可能的注意，但如果产品有缺陷并且使原告遭受损失，卖方仍须对此负责。这里所指的卖方不仅包括同买方直接订立合同的卖方，还包括生产者、批发商、经销商、零售商以及为制造产品提供零部件的供应商。所谓买方也不仅包括直接买主，还包括买主的家属、亲友、客人乃至过路行人。所以，严格责任原则对消费者的保护是最为充分的。

同时，对原告来说，以严格责任为依据对被告起诉是最为有利的，因为严格责任原则消除了以违反担保或以疏忽为由提出损害赔偿时所遇到的种种困难：第一，严格责任是一种侵权行为之诉（a form of tort action），它不同于以合同为依据的违反担保之诉，不要求双方当事人之间具有合同关系；第二，在以严格责任为由起诉时，原告无须承担证明被告有疏忽的举证责任，因为它要求卖方承担无过失责任。在这种情况下，原告的举证责任仅限于：（1）证明产品确实存在缺陷或不合理的危险；（2）正是产品的缺陷给使用者或消费者造成了损害；（3）产品所存在的缺陷是在生产者或销售者把该产品投入市场时就有的。只要原告能证明以上三点，被告就要承担赔偿损失的责任。当然，被告有权进行适当的抗辩，以减免其责任。

这里所指的产品缺陷不仅包括设计和生产上的缺陷，而且包括为使产品安全使用所必需的各种因素，例如产品的包装与标签、提醒用户注意的事项以及安全使用说明书等。如果由于没有达到上述要求，所以用户或消费者遭受了损失，则卖方和制造者也应承担责任。

四、严格产品责任法的适用范围与条件

传统上，美国产品责任法以判例法为主要渊源，但也有若干制定法。美国产品责任法主要是州法，不是联邦法。美国许多州在相当完备的判例法基础上，制定了专门的产品责任法，使制定法成为产品责任法的渊源之一。随着社会经济的不断发展，各州日益要求统一产品责任法。美国商务部于1979年10月颁布了专家建议文本《统一产品责任示范法》。联邦政府还通过了《联邦食品、药品、化妆品法》（1938）、《易燃织物法》（1953）、《冰箱安全法》（1956）、《危险物质法》（1960）、《防毒包装法》（1970）与《消费品安全法》（1972）等单行法。1982年美国国会又提出了被称为"卡斯腾议案"（Kasten Bill）的《产品责任法》供讨论。此外，1965年美国法学会主编了《侵权法重述》（第二版），1992年3月开始《侵权法重述》（第三版）的编纂工作，也是首次开始产品责任法的重述工作。最后公布的草案是1995年3月13日完成的试验稿2。该法虽不是法典，不具有法律效力，但有四分之三的州实际上已将它作为法律或以此作为制定产品责任法的依据。

美国《统一产品责任示范法》与《侵权法重述》（第二版）的有关条款对"产品"与"产品缺陷"等基本问题做了明确的规定，具有重要影响，是法院做出判例时不可或缺的参考依据。

1. 产品的定义

美国《统一产品责任示范法》第102条（C）款规定，产品指具有真正价值的，为进入市场而生产的，能够作为组装整件或者作为部件、零件交付的物品，但人体组织、器官、血液组成成分除外。根据上述规定，产品应当具备两个条件：第一，经过生产即加工与制作，未经加工与制作的天然物品不是该法意义上的产品，制作包括工业上的与手工业上的；第二，用于交付即销售，只是为了自己使用的加工与制作品不属于产品责任法意义上的产品。该示范法将血液排除在产品外，但是，美国伊利诺伊州最高法院在一起案件中将血液也作为产品。该法院的理由是：（1）血液是一种包含在《侵权法重述》（第二版）第402A节意思内的产品；（2）这种产品是供出售的；（3）这种产品处于一种对使用者存在不合理的危险的缺陷状态。该法院这样判决的目的是使医院承担严格责任，以保护病人。关于智力成果，像计算机软件、图书与视听资料等，美国已将其视为产品。此外，产品也逐渐包括不动产在内，并且其范围有继续扩大的趋势。

2. 产品缺陷的定义与分类

（1）产品缺陷的定义。关于美国产品责任法中对缺陷产品的定义，在实践中引用得比较多的是《侵权法重述》（第二版）第402A节所界定的"不合理的危险的缺陷状态"。该

法制定者对"不合理的危险"的解释是"超出了购买该商品的普通消费者对它的特性的人所共知的常识的预期"。例如，威士忌是一种烈性酒，过量饮用会致醉。对于这种危险，正常的消费者都能认识到，因而不属于不合理的危险。但是，如果威士忌中被加入了工业用酒精，则属于不合理的危险，因为正常的消费者不会希望自己所购买的威士忌中含有使人失明甚至丧生的工业用酒精。

（2）产品缺陷的种类。美国法学家将产品缺陷分为三种，即制造缺陷、设计缺陷与警示缺陷。

①制造缺陷。制造缺陷是指由于制造过程出现问题而产生的缺陷。美国《统一产品责任示范法》第 104 条（A）款指出，为了确定产品制造上存在的不合理的不安全性，审理事实的法官必须认定：在产品脱离制造者控制时，在一些重要方面不符合制造者的设计说明书或性能标准，或不同于同一生产线上生产出的同种产品。制造缺陷可能是由产品的零部件导致的，或是由产品的装配过程造成的，也可能是由产品的原材料有问题造成的。

②设计缺陷。设计缺陷是指产品设计本身存在的缺陷。该示范法第 104 条（B）款对设计缺陷的规定是："为了确定产品设计上存在不合理的不安全性，审理事实的法官必须认定：产品在制造时即存在造成原告损害或类似损害的可能性，这类损害的严重性在价值上超过制造商为设计能够防止这类损害的产品所承受的负担，以及替代设计对产品实用性的相反影响。"

③警示缺陷。

A. 警示缺陷的含义。《统一产品责任示范法》第 104 条（C）款对警示缺陷的解释是："与产品有关的危险或对产品的正确使用没有给予适当警告或指示，致使产品存在不合理的不安全性。"这可分为"并非不合理的危险"与"不合理的危险"两种。许多产品都有一定程度的危险，例如，小到儿童玩具，大到电视机与汽车等。如果生产者与销售者对这类危险有恰当的警告与指示，指出产品的危险所在、正确使用与避免危险的方法，上述危险就是一种并非不合理的危险。如果没有或缺乏恰当的警告与指示，消费者对上述危险、正确使用与避免危险的方法一无所知或没有足够的了解，危险就是不合理的，产品就因此构成警示缺陷。也就是说，当一种产品有其内在危险时，法律就把向用户与消费者提出警示的义务施加给生产者与销售者。若生产者与销售者没有履行其提出警示的义务，或者履行得不够，就构成侵权。

B. 警示缺陷的判断。一般而言，要求制造商对他所知道的或理应预见到的不太了解情况的任何使用者提供与其产品有关的危险的警示。这包括下面两个方面：

a. 警示义务的程度。一般规则是产品的最终使用者应得到警示。如果制造商知道或者应当知道产品具有危险性或者处于危险状态中，它就有义务把这些危险的警示告知那些可能预期接触并相应地面临这种产品的危险之人。

b. 警示的恰当性。警示必须足够明显醒目。警示的恰当性还包括内容的恰当与充分。警示的恰当性不仅通过表述什么，而且通过表述的方式来加以衡量。一个警示可以因为不正当地延迟、在语气上犹豫或缺乏急迫性而被认为不合理。如果没有在警示中指出后果，不正当地使警示的影响最小化或者不能使一般消费者合理地理解危险的性质，那么制造商就应当承担警示缺陷的责任。

3. 产品责任法主体及其范围

严格产品责任是对企业活动所设的责任，以经常从事相关营业活动的企业为规范对象，对提供产品及劳务活动，均可适用。应负产品责任的人包括制造商（manufacturer）、装配商（assembler）、批发商（wholesaler）、零售商（retailer）、委托人（bailor）与出租人（leaser）等，即凡是与商品产销有关的人，均被包括在内。但是产品责任人也有权向别人追偿。例如，如果零售商被判对其顾客负责，在大多数情况下，它还可以从制造商或中间商处追偿它偿付给别人的损失费用。

4. 受保护的人

严格产品责任法保护任何可预见的因产品缺陷而遭受损害的人，除最后的消费者（买受人与使用人等）外，还包括其他旁观者。

5. 受保护的利益

《统一产品责任示范法》规定，损害包括财产损害、人身肉体伤害、疾病与死亡，以及由此引起的精神痛苦或情感伤害。财产损害的范围不包括直接或间接的经济损失，那是属于合同法的问题。在实践中，法院对人身损害赔偿判定的数额较大，精神损害赔偿占其中大部分。美国产品责任法的特色之一是规定了惩罚性赔偿。这对于惩罚在生产与销售中的恶意或轻率行为，预防类似行为的发生，具有重要作用。根据美国法院的判例，原告可以提出的损害赔偿范围相当广泛，判决的赔偿金额也相当可观，通常在100万美元以上，有时高达上亿美元。

原告可提出的损害赔偿包括人身伤害赔偿、财产损害赔偿、商业损害赔偿与惩罚性损害赔偿。（1）人身伤害赔偿范围包括因肢体伤残所遭受的痛苦、精神上所遭受的痛苦、生活收入的损失与失去谋生能力的补偿，以及过去与将来所需的合理医疗费用开支等。其中对人身伤残的补偿要比实际支出的医疗费用及其他实际开支大得多，为补偿受害人的精神痛苦与不幸遭遇而判给的赔偿额往往占赔偿总额的大部分。（2）财产损害赔偿一般只限于修理被损失财产的合理费用与修理或重置期不能使用该财产的损失。（3）商业损害赔偿是指有缺陷的产品的价值与完好合格的产品价值之间的差价。（4）惩罚性损害赔偿通常是补偿性赔偿之外的附加赔偿。惩罚性损害赔偿的金额一般很高，几乎没有最高限制，这对被告极为不利。

6. 产品责任的减免

在产品责任诉讼中，被告可以提出某些抗辩，要求减轻或免除其责任。被告可以提出的抗辩根据原告起诉的诉因之不同而有所不同。被告的抗辩主要有以下几种：

（1）担保的排除或限制（disclaimer or limitation of warranty）。美国《统一商法典》允许卖方排除其对货物的明示担保与默示担保（例如商销性的担保与适合特定用途的担保等）。在产品责任诉讼中，如果原告以被告"违反担保"为由对其起诉，而被告已经在合同中排除了各种明示或默示担保，那么被告就可以提出担保已被排除作为抗辩。但是，根据美国1974年《马格纳森-莫斯担保法》（Magnuson-Moss Warranty Law）的规定，为了保护消费者的利益，在消费交易中，卖方如有书面担保就不得排除各种默示担保。此外，这项抗辩仅能对抗以"违反担保"为由起诉的原告，而不能用来对抗以"疏忽"为由起诉的原告，因为后者属于侵权之诉，不受合同中关于排除明示或默示担保义务的制约。

依合同约定而免除（waiver by contract）是指当事人之间对于货物的缺陷可能引起的损害必须以合同中的约定限制其责任，但是，当事人之间的约定以不得妨碍公共政策为限。

（2）疏忽分担。疏忽分担指受害人因其过失对于产品的缺陷未能发现或对于缺陷可能引起的损害未能适当预防，因而应当负担其中一部分责任。但是需要注意的是，在严格侵权责任案件中，疏忽分担在被加害者引用来抗辩时，其效力将受到很大的限制。

疏忽分担分为两种情况：与有疏忽（contributory negligence）和相对疏忽（comparative negligence）。

与有疏忽是指原告在使用被告所提供的有缺陷的产品时也有疏忽之处，由于双方的疏忽而使原告受到伤害。根据普通法早期所确立的原则，与有疏忽在侵权之诉中是一种充足的抗辩理由。因此，在以疏忽为依据提起的产品责任诉讼中，一旦确认原告有与有疏忽，原告就不能向被告要求任何损害赔偿。但是后来，美国许多州已通过立法或判例放弃了与有疏忽原则而采用相对疏忽原则。

相对疏忽是指尽管原告方面也有一定的疏忽，但是法院只是根据原告的疏忽在引起的损害中所占的比重，相对减少其索赔的金额，而不是像与有疏忽那样使原告不能向被告请求任何损害赔偿。现在，美国许多州都将相对疏忽原则适用于严格责任之诉。

应当指出的是，无论是与有疏忽还是相对疏忽都属于侵权范畴，被告只有在侵权之诉中才能提出这些抗辩，而不能在合同之诉（例如违反担保之诉）中提出这种抗辩。

（3）自担风险（assumption of risk）。自担风险是被告在产品责任诉讼中可以提出的另一种抗辩。所谓自担风险是指：①原告已经知道产品有缺陷或带有危险性；②尽管如此，原告也甘愿将自己置于这种危险或风险的境地；③由于原告甘愿冒风险而使自己受到损害。根据美国法的规定，无论原告是以被告违反担保还是以疏忽或严格责任为由起诉，被告都可以提出"自担风险"作为抗辩。例如，药品说明书上明示了"多服时有副作用，使用时需遵医嘱"等警示文句，如果不根据指示擅自服用而受害，其受害责任应当由本人负责，而制造厂商根据这种警告的内容可减免其责任。

根据美国《侵权法重述》（第二版）第402A节的注解，如果使用者或消费者已经发现产品有缺陷，而且知道有危险，但他仍然不合理地使用该产品，并因而使自己受到损害，他就不能要求被告赔偿损失。但是，在采用前述"相对疏忽原则"的各州中，有些州已不再把自担风险作为完全阻止原告索取任何赔偿的抗辩，而只是把原告的疏忽作为减少其索赔金额的依据。

（4）非正常使用产品或误用与滥用产品（unnormal or misuse or abuse of the product）。在产品责任诉讼中，如果原告由于非正常地使用产品或误用与滥用产品，使自己受到损害，被告可以以此为由提出抗辩，要求免除责任。但是，当被告提出原告非正常使用产品或误用与滥用产品的抗辩时，法院往往对此加以某种限制，即要求被告证明原告对产品的误用或滥用已超出了被告可能合理预见的范围。如果这种对产品的误用或滥用是在被告可能合理预见的范围之内，被告就必须采取措施加以防范，否则就不能免除责任。

（5）擅自改动产品（subsequent alteration）。如果原告对产品中部分零部件擅自加以变动或改装，从而改变了该产品的状态或条件，致使自己遭受损害，那么被告就可以以原告擅自改变产品的状态或条件为由提出抗辩，要求免除责任。

（6）带有不可避免的不安全因素的产品。如果某种产品即使正常使用，也难以完全保证安全，而且权衡利弊，该产品对社会公众是有益的，利大于弊，则制造或销售这种产品的被告可以要求免除责任。其中，以药物最为典型，因为有些药物不可避免地有某种对人体有害的副作用，但又确能治疗某些疾病。在这种情况下，制造和销售这种产品的卖方只要能证明，该产品是适当加工与销售的，而且它已提醒使用者注意该产品的危险性（例如药物的副作用），它就可以要求免责。至于"发展风险"，即将产品投入流通时的科学技术水平尚不能发现之缺陷是否可作为抗辩理由，多数州将其作为免责条件。即使在严格责任之诉中，被告也可以提出这些抗辩。

7. 关于诉讼时效

在美国，各州对产品责任诉讼时效的起算方法有较大差异。《统一产品责任示范法》建议，一般诉讼时效为 2 年，从原告发现或者在谨慎行事情况下应当发现产品的损害及其原因时起算。该示范法还通过规定产品的安全使用期来体现最长诉讼时效，即规定 10 年为最长责任期限，除非明示了产品的安全使用期长于 10 年。

五、严格责任原则的新发展

比较而言，严格责任原则相对于疏忽责任原则与违反担保责任原则，给消费者提供了更充分合理的保护方式。尽管在一些案例中表明，适用如违反担保的责任原则更有利于保护受害人的权利。

从上述美国产品责任理论来看，严格责任原则已成为对受害人最为有利的责任制度，但是这并不意味着在严格责任原则下，原告就可以轻松获得赔偿，否则，对被告苛以重责，最终会导致产品责任法律制度的公平性受到挑战。因此，美国开始考虑在原有严格责任基础上进行新的调整。严格责任原则在美国沿着两个方向发展：一方面，有关法律继续以更好地为受害人提供补救为目标，进行严格责任原则的完善，以实现使产品责任主体不断扩大、责任得以合理分担和举证责任均衡等公平的价值取向；另一方面，则是适当限制严格责任原则的适用，减轻制造商或销售商的责任，以鼓励它们积极研发新产品。1995 年公布的新版《侵权法重述》的有关条款就体现了后一种倾向，这反映了美国产品立法形势的变化。

1965 年美国法学会的《侵权法重述》（第二版）在第 402A 节中规定了严格责任原则，被美国绝大多数州采纳。严格责任原则的适用把对消费者的保护带入了一个前所未有的黄金时期：产品责任案件逐年成倍增长，原告的胜诉率和获得的赔偿数额越来越高。进入 20 世纪 70 年代以后，更有一些法院的判决使严格责任呈现出向绝对责任发展的势头，成为"倾向原告"（pro-plaintiff）的时代。

在此背景下，美国进行了有关产品责任的一系列立法活动，主要表现在下面三个方面。

1. 国会的立法活动

虽然产品责任法是美国各州的立法领域，但为了消除州际商业的法律障碍，并试图纠正各州产品责任法中的严重缺陷，从 1982 年开始，每届国会都会讨论一个由制造商和保险业的代表起草的"改革性"提案，提议进行联邦立法，改革产品责任制度。虽然每一次提案都因消费者保护团体的强烈反对而遭到否决，但改革的势头却丝毫不减。最近的一个提案是参议院 1991 年公布的 687 号提案（S. 687），又称为《产品责任公平法》。

2. 各州的立法活动

绝大多数州在 1980 年以后都进行了有关产品责任的立法，而且逐年频繁修改和补充。1986 年，美国有 31 个州通过立法对产品责任制度进行了改革。1995 年上半年，又有 18 个州通过立法对包括产品责任制度在内的侵权制度进行了改革。这些州立法的目的很明确，就是减少或限制产品责任诉讼。

3.《侵权法重述》的修改

1992 年 3 月，美国法学会理事会决定起草《侵权法重述》（第三版），产品责任法是该重述首要的修改内容。1993 年 4 月 20 日，报告人提交了第一份草案。草案对《侵权法重述》（第二版）中的第 402A 节，即产品责任条款做了全面的修改和补充。与第 402A 节相比，草案力求概念清楚、标准明确和内容翔实；而在观点立场上，草案相对保守，不仅未对严格责任做进一步发展，反而加以限制。

结果，各州产品责任案件及其诉讼原告的胜诉率呈不断下滑趋势，20 世纪 90 年代转向了"倾向被告"（pro-defendant）的时代。

美国对严格责任原则的限制主要表现在以下几个方面：

（一）限制严格责任原则的适用

1. 对适用主体的限制

美国国会的《产品责任公平法》建议区分本身是生产者的销售商和非生产者的销售商，对前者适用严格责任原则，而后者原则上承担疏忽责任，只有在受害者无法对生产者起诉，或者生产者没有能力承担责任的情况下才承担严格责任。

受其影响，已经有相当数量的州在其通过的法规中做了同样的规定。其他州通过对严格责任的司法解释达到了同样的结果，即将非生产者销售商从严格责任中解脱出来。

2. 对适用理由的限制

关于适用理由之一——产品缺陷，第 402A 节仅规定产品的缺陷是适用严格责任原则的基础。新重述草案则详细地将缺陷分为制造缺陷、设计缺陷和警告或指示缺陷。对于制造缺陷，即使尽了"一切可能的注意"，也要承担严格责任；对于设计缺陷和警告或指示缺陷，则将"不可预见的风险"排除在外；在决定产品是否有缺陷时，传统的"消费者预期"标准则被明确放弃，只适用"风险/效用"标准。

（二）对损害赔偿的限制

1. 严格规定要求惩罚性赔偿的前提

惩罚性赔偿（punitive damage）制度虽然在美国许多州获得承认，但也一直备受批评。主要原因在于，法院对于如何量化惩罚性赔偿金欠缺广泛认同的客观标准。陪审团经常依据陪审团成员的主观愿望，任意判断并做成判决，从而出现赔偿金数额巨大，导致被告无所适从和不堪重负的情形。

为使惩罚性赔偿金的数额与惩罚性赔偿的制裁和遏制目的相一致，1991 年，美国联邦最高法院在"太平洋互惠人寿保险公司诉哈斯利泼"（Pacific Mutual Life Insurance Co. v. Haslip）一案中，就强调指出宪法的正当程序条款要求适用惩罚性赔偿时应当公平，并列举了确定惩罚性赔偿金应该参酌的以下因素：（1）惩罚性赔偿金与被告行为导致的损害是否合理相关；（2）被告行为的可非难程度及持续期间；（3）被告是否故意隐匿其不法行为；（4）该不法行为是否曾经发生过以及发生的频率；（5）被告的不法行为获利的可能性；（6）被告的财务状况；（7）所有的诉讼成本；（8）如果被告因该行为而受到刑事制裁，应酌减赔偿金额；（9）如果被告因该不法行为而承担其他民事赔偿责任，应减少惩罚性赔偿金。

美国国会 1991 年春公布的《产品责任公平法》规定，要求惩罚性赔偿的举证要"清晰和令人信服"而非以往的"占更大优势"。到 1994 年，已有 24 个州适用了这一标准。此外，该法规定被告承担惩罚性赔偿应以承担了补偿性损害赔偿为前提。新罕布什尔州则废止了惩罚性赔偿。

2. 限制非经济性赔偿的最高数额

各州的限制数额不尽相同，如阿拉斯加州规定了 50 万美元的上限，马里兰州的上限是 35 万美元，而堪萨斯州则更低，为 25 万美元；俄克拉荷马州则规定惩罚性赔偿金不得超过补偿性赔偿金的数额。

3. 废除或限制连带与多方责任

有的州废除了连带与多方责任（joint and several liability），如犹他州、怀俄明州和华盛顿特区；有的州废止了非经济损害赔偿的连带与多方责任，如加利福尼亚州和佛罗里达州；更多的州则是加以限制，如科罗拉多州、康涅狄格州、阿拉斯加州和纽约州等。

除了上述限制，各州法律还采取其他重要举措，如允许被告"合理性抗辩"的范围扩大，适当增加原告的举证负担等。

六、产品责任法的诉讼管辖权与法律适用问题

美国的产品责任法虽然是国内法，但它在某些情况下也可适用于涉及产品责任的对外经贸争议案件。当外国的产品输入美国时，如果产品的缺陷使得美国的消费者或用户遭到人身伤害或财产损失，美国的消费者或用户可以根据产品责任法对美国的进口商、经销商与零售商起诉，要求赔偿损失。在美国法院认为有管辖权的情况下，蒙受损害的美国消费者或用户还可以对外国的出口商与该产品的制造商在美国法院提起诉讼，要求它们承担赔偿责任。另外，当美国的产品出口到外国时，如果产品的缺陷使得外国消费者或用户遭到人身伤害或财产损失，外国消费者或用户也可以援引产品责任法要求美国的出口商与生产者赔偿损失。但是，这类案件属于涉外民事案件，在处理这类案件时往往要涉及复杂的管辖权问题与法律适用问题。

（一）关于管辖权问题

当美国的消费者或用户在美国法院对外国的出口商或生产者提起产品责任的诉讼时，美国法院首先要确定它对该案是否有管辖权，特别是有无对人的管辖权的问题。这个问题在美国法律中是一个十分复杂的问题。总的来说，美国法院有一种扩大管辖权的倾向。美国各州都制定了一些法律用以确定法院对不居住在美国的被告是否享有对人的管辖权的标准。

关于产品责任法的诉讼，目前美国采用所谓"长臂法"（long-arm statute），又称"伸手管辖法"。它是指法院可以对不在本州内接受传票直接送达的非居民被告取得对人的司法管辖权。这是由于产品责任案是对人的诉讼（personal jurisdiction），而根据《美国宪法第五修正案》，只要被告与审判地有某种"最低限度的联系"（minimum contact），则州法院对非本州的居民有司法上的管辖权。

"长臂法"是美国产品责任法中有关管辖权问题的法律规范。最初，对产品责任在诉讼程序上规定不得在原告所在州提出指控他州居民的诉讼。但是，由于后来州际产品流通频繁，经济交往越来越多，不少州从 20 世纪 50 年代起通过了"长臂法"，承认法院有对外的管辖权，使得州内的受害者可以在州所在地法院控告他州（或他国）的加害者。所谓"最低限度的接触"，是指被告经常地、直接地或通过代理人在该州境内从事商业活动，或因其行为或不行为在该州境内造成了损害，只要符合这一标准，法院就有权受理案件并做出判决。一旦法院做出判决，原告就可以向被告所在州或所在国的法院要求承认并执行这

一判决。

美国法院有关"长臂法"管辖的产品责任案例，确立了在以下4种要件情况下，州法院有权管辖州外的加害者。

1. 有"接触"关系

在1961年"格雷诉美国散热器及标准卫生公司"（Gray v. American Radiator & Standard Sanitary Corp.）一案中，在美国宾夕法尼亚州的零件制造厂制造的加热器（heater）在伊利诺伊州发生爆炸，而爆炸的主要原因是该加热器有缺陷，伊利诺伊州法院认为，在本案中零件制造厂的销售活动已经与伊利诺伊州有"接触"关系，因此，伊利诺伊州法院有管辖权。

2. 有"商业交易"

在1965年"塔卡国际航空公司诉英格兰罗尔斯-罗伊斯航空有限公司"（Taca International Airlines S. A. v. Rolls-Royce of England，Ltd.）一案中，英格兰罗尔斯-罗伊斯航空有限公司的一架飞机在美国境外坠毁。原告以该公司有过失为由提起诉讼。法院认为，英格兰罗尔斯-罗伊斯航空有限公司的分公司在纽约州有"商业交易"，因此，纽约州法院对伦敦的总公司有管辖权。

3. 有"预见的可能性"

在1969年"双体汽车有限公司诉霍林斯沃思"（Double Motor Bodies Ltd. v. Hollingsworth）一案中，美国夏威夷州一原告乘坐英国制造的观光汽车时，因汽车发生故障而受伤，其向汽车制造厂提起诉讼。法院认为，该汽车由制造厂明知在夏威夷州使用而设计，经过通常交易途径出售时，应负担其对产品缺陷所致损害有"预见的可能性"的责任，因此，判决夏威夷州法院有管辖权。

4. 有"经商行为"

在1971年"本诉林登起重机公司"（Benn v. Linden Crane Co.）一案中，法院对于在瑞典有营业场所的被告所制造的起重机，在美国宾夕法尼亚州发生故障致使原告受伤害的案件，认为被告将该起重机经中间商以间接运送方式运输到宾夕法尼亚州出售，此种行为可构成宾夕法尼亚州法律所指的"经商行为"的要件，因此，判决法院有管辖权。

（二）关于法律适用问题

根据美国传统的法律适用原则，产品责任属于侵权行为法的范畴，因此应依据侵权行为法对适用问题的解决办法，处理产品责任的法律适用，即以侵权行为地的法律，具体到产品责任的诉讼中，以损害发生地的法律，作为解决产品责任纠纷的准据法。但如果受害人以违反担保的合同责任作为诉因，则判例多适用最后销售地法。

在涉外产品责任诉讼中，根据美国的冲突法规则，通常是适用损害发生地法来确定当事人的责任，即产品在什么地方对消费者或用户造成损害，就适用那个地方的法律来确定产品的生产者和销售者的责任。

但是20世纪70年代以来，这项原则受到了批评，特别是在涉及汽车事故的产品责任案件中，由于汽车到处行驶，经常跨州越国，所以如果完全以出事地点的法律来确定汽车的生产者或销售者的产品责任，有时可能对受害者不利。因此，近年来，美国一些有影响的州，例如纽约州与加利福尼亚州已经不再坚持适用损害发生地法，转为适用对原告最为有利的地方的法律，以便保护美国原告的利益。

在《侵权法重述》（第二版）中，美国法律确立了产品责任适用与产品责任发生有"最密切联系"的一般性规定。根据该法律文件第 145 条的规定：（1）有关侵权行为的当事人的权利义务，依照第 6 条规定的原则，应适用与侵权行为事件和当事人有最密切联系的州的法律。（2）在依照第 26 条的原则决定适用的法律时，应加以考虑的要素有：①损害发生地；②加害发生地；③当事人的国籍、住所、居所，以及公司成立地和营业地；④当事人之间有联系时其联系最集中之地。上述关联要素应按其与特定问题的重要程度来决定其轻重缓急。

七、英国的产品责任法

长期以来，英国的产品责任法采用的是疏忽责任原则。这项原则是由 1932 年"多诺格诉史蒂文森案"（Donoghue v. Stevenson）的判例所创立的。几十年来，英国法院对于产品责任案的判决，对此原则的解释可以归纳为以下 4 项：（1）商品的瑕疵对消费者的生命或财产造成损害；（2）商品的瑕疵，于商品离开制造人的占有时，即已存在；（3）制造商不能合理预料，消费者在损害发生前能够发现并改正商品的瑕疵；（4）商品瑕疵的存在，是由于制造商缺乏合理的注意。

在英国，生产者对消费者或使用者因使用该产品而受到的损失，不是承担违约责任就是承担侵权责任。如果原告是买方，而生产者未能交付符合合同要求的产品并因此而导致某种损害，那么，生产者就要对违约承担责任；如果受损害者是与原告有直接关系或间接关系的人，包括家庭成员、客人或旁观者等，那么，生产者的责任就将根据侵权法而产生。在侵权诉讼中，英国采取了"事实本身说明问题的原则"。根据这项原则，一旦原告证明产品有缺陷，并给他造成了损害，就可以从有关证据中推论出生产者存在疏忽，因为生产者有责任关心所有预期会受其产品影响的人。这项原则对消费者是有利的。

由于英国产品责任法采取的是过失责任原则，显然不能很好地保护消费者的利益。为此，自 20 世纪 70 年代以来，英国制定了若干保护消费者的法律，其中包括 1973 年《货物供应（默示条款）法》以及 1977 年《不公平合同条款法》。

1979 年，英国法制委员会在参考了各界人士提出的意见后，正式发表第 82 号报告，提出改进英国产品责任法的建议。其要点为以下 8 项：（1）在英格兰及苏格兰现行法上，关于产品所导致的损害，被害人的权利及救济办法并不充分；（2）为保护被害人，原则上应使商品制造商在侵权行为上负无过失责任；（3）责任主体除制造商（使商品在营业过程中流通的人）外，还应当包括以自己的商标或名义推销商品的人；（4）所谓瑕疵，是指商品不符合合理安全的标准，并推定其在流通之时，即具有瑕疵；（5）无过失责任所适用的客体，原则上包括所有的动产；（6）制造人及其他责任主体，可以提出被害人自甘冒险及与有过失的抗辩；（7）对人身伤害及死亡的赔偿额，应根据侵权行为法的一般原则计算，不宜设最高金额的限制；（8）关于产品制造商无过失责任的建议，对财产或纯经济上的损失（pure economic loss）不适用。

为与欧共体《关于对有缺陷产品责任的指令》相协调，英国于 1987 年 5 月颁布了《消费者保护法》，该法于 1988 年 3 月 1 日正式生效。该法第一章即为"产品责任"，根据该法的规定，产品的生产者对其所提供的产品承担无过错责任亦即严格责任。其主要内容如下。

1. 关于产品的定义

该法第 1 条第（2）款将产品定义为："任何物品或电力，同时［根据本条第（3）款之规定］包括组成另一产品的产品，无论此产品是不是以零配件或原材料或其他的形式构成前者。"这里的"物品"，依该法第 45 条第（1）款，是指"物质、生长的作物、附着于其他东西之上并与土地混为一体的东西和任何船舶、航空器或机动车辆"。对于其中的"物质"、"航空器"和"船舶"等，该法第 45 条又做了进一步的解释。可见，该法对"产品"的规定十分广泛和详尽。

2. 关于产品的缺陷

该法规定，如果产品不能提供人们有权期待得到的安全，该产品即存在缺陷。产品的"安全"，包括组装进该产品的各种产品部件的安全，以及与财产损害和人身风险有联系的安全。

3. 关于产品责任的权利主体

该法规定，原告不需证明被告有疏忽，任何受到有缺陷产品伤害的消费者，不论他是不是该产品的买主，都可以对责任方提起诉讼，即"任何受到生产者本应考虑的作为或不作为行为所密切地或直接地影响的人都包括在原告之列"。

4. 关于产品责任的义务主体

该法规定，产品责任的承担主体包括：制造商、加工商、提供原材料和零部件的供应商、进口商，以及产品牌号的所有人乃至装配商、批发商和修理商，即从产品的制造到最终到达消费者手中，所涉及的任何一方有关当事人都可能成为产品责任的责任主体。按照该法的规定，上述被告负连带责任，原告可以对他们全体起诉，也可以对其中一人起诉，同时不允许卖方在合同中排除其责任。

5. 关于产品责任的损害赔偿

该法规定，产品责任法实质上属于侵权法的范畴，其损害赔偿责任范围包括人身伤害和财产损失。英国产品责任法在实践中把对人身的伤害看作最重要的伤害，因产品缺陷而引起的人身伤害通常包括两个方面，即有形损失和无形损失。有形损失包括受害人谋生能力和收入的损失等，无形损失是指受害人精神上的痛苦。

6. 关于在诉讼中的举证责任

该法规定，原告只需证明：（1）产品是有缺陷的；（2）产品的缺陷在出厂时即已存在；（3）产品的缺陷与他所受的损害之间存在因果关系，即可确立产品责任，产品提供者即应负责赔偿受害人的损失。

在确定管辖权问题上，总的来说，英国法是以"实际控制"为原则的，但是此原则显然已经不能适应英国对外贸易发展的需要，因此，英国法院采取了其他理想因素来扩大国内法院对涉外案件的管辖权。《英国最高法院规则》第 11 号法令对传统原则做出了一定的修正。该规则规定，侵权行为如果发生在英国境内，那么即使被告不在英国，英国法院也有权管辖。对于在英国缔结或受英国法支配或虽然以外国委托人的名义缔结，但是其代理人在英国或在英国办理贸易的合同而产生的诉讼，以及对有关在英国的地产案件的诉讼，即使被告不在英国，英国法院也有权管辖。

至于产品责任的法律适用，英国法院一直主张适用侵权行为地法，只是英国法院认为侵权行为地应是损害发生地。

第三节 大陆法系的产品责任法

大陆法系国家没有像美国那样发达的产品责任法，多数国家没有关于产品责任的专门立法，在实践中主要是通过解释民法典中有关产品责任的规定，以此作为判决的依据。欧共体建立后，尤其是 20 世纪 80 年代以来，情况逐步有所改观。

一、德国法

德国法主要以其民法典和商法典作为处理产品责任案件的依据。德国法在传统上采用疏忽责任原则，并通过侵权行为法的交易安全及注意义务，合理地运用证据法原则，由此规范产品生产商的责任。在产品责任的诉讼中，受到损害的消费者与该产品的生产商之间即使无合同关系，也可以根据侵权行为法的有关规定请求损害赔偿。但是在诉讼中，德国法又有一些不利于原告（消费者）的规定。例如，在以违反买卖合同中的担保责任为由起诉时，原告不能直接对产品生产商起诉，除非他与该产品生产商有直接的合同关系，同时产品生产商可以进行抗辩，只要提供证据证明该产品的缺陷在生产该产品时在技术上是无法知道的，产品生产商就可以免除保证责任；在以侵权为由起诉时，原告对产品生产商的疏忽必须负举证责任的规定显然不利于消费者。但是，1968 年 11 月，联邦德国最高法院在"家禽瘟疫案"判决中确立了具有指导性的原则，即原告不对被告产品生产商的过失举证，而是由产品生产商对其产品是否存在缺陷承担举证责任，但原告对销售商起诉时，仍然必须负证明该销售商存在疏忽的责任。这表明德国在某种程度上采取了严格责任原则，从而使产品责任法能更有效地保护消费者的利益。

1989 年 12 月 5 日，联邦德国议会通过了《产品责任法》，将 1985 年 7 月 25 日欧共体①委员会制定的《关于对有缺陷产品责任的指令》（简称《指令》）纳入其本国国内法，并于 1990 年 1 月 1 日生效。该法是德国专门性的法律文件，其制定和实施标志着主要以保护消费者为目的，以严格责任（无过错责任）原则为依据的产品责任制度在德国已经确立。该法主要内容如下。

1. 产品

该法第 2 条规定，本法所称产品，是指任何动产，即使已被装配（组合）在另一动产或不动产之内。产品还包括电。但未经初步加工的包括种植业、畜牧业、养蜂业、渔业产品在内的农业产品（初级农产品）除外，狩猎产品亦然。

2. 产品缺陷

对于产品"缺陷"的定义，该法采取了与欧共体《指令》内容完全一致的做法，认为在综合考虑以下各项内容后，产品不能给消费者提供合理的安全预期，则构成产品缺陷。这些内容包括：（1）产品的使用说明；（2）对产品的合理预期和使用；（3）投入流通领域的时间。但不得以后来投入流通领域的产品更好为由认为以前的产品有缺陷。

---

① 1958 年 1 月 1 日成立欧洲经济共同体（EEC）；1967 年 7 月以后称为欧洲共同体（EC）；1993 年 11 月 1 日，欧洲共同体正式称为欧洲联盟（EU）。

3. 归责基础

该法第 1 条规定，如果有缺陷的产品造成他人死亡、人身或健康损害、财产损害，制造者应当向受害者承担损害赔偿责任，即确立了产品制造者承担严格责任原则。

4. 责任主体

该法第 4 条规定，生产者为承担责任之主体，具体包括：（1）成品制造者、任何原材料的生产者和零部件的制造者，以及将其名字、商标或其他识别特征标示在产品上表明自己是产品生产者的任何人。（2）在商业活动过程中，为销售、出租、租借或为经济目的的任何形式的分销，将产品进口、引进到欧共体成员国或地区的相关各方，也视为生产者。（3）在不能确认产品生产者的情况下，供应者应当被视为生产者，除非它在接到确认要求的一个月内将产品生产者的身份或向它提供产品的人告知受害者。但是在进口产品的情况下，该法对产品提供者采取了比《指令》更严格的做法，即如果产品不能表明上述第（2）款规定的人员的身份，即使产品有生产者的名字，产品的供应者也应当被视为生产者而承担损害赔偿责任。

5. 免责

该法规定，如果生产者有证据证明存在法律规定的免责事项，则可不依该法承担损害赔偿责任。这些法定事项包括：（1）生产者未将商品置于市场销售；（2）根据情况判断，在生产者将商品置于市场上销售之后或销售当时并没有缺陷存在；（3）该造成损害的缺陷产品不是用于贩卖，或用于非经济销售目的，或非商业目的之供需；（4）产品缺陷系为配合政府颁布的强制法令所致；（5）根据商品销售于市场时的科学或技术水准无法发现缺陷的存在；（6）零件的缺陷是产品设计所致，而且零件是根据制造商的指示设计且符合设计标准。如有上述事项之一，产品制造商可免责。

6. 损害赔偿及限额

该法对人身损害的赔偿不包括肉体的痛苦和精神上的损失等无形损失，关于精神损害等无形损失可依据德国民法的有关规定进行赔偿。

该法分别规定了最高责任限额和财产损害的最低起点。该法第 10 条规定，由于某一产品或存在同样缺陷的同类产品给他人造成人身伤害的，责任者最高赔偿限额为 1.6 亿德国马克。对财产损害，该法第 11 条规定，只有当造成的损失超过 1 125 德国马克时，才对受害者予以赔偿，对不超过 1 125 德国马克的财产损失，责任人不予以赔偿。

在确定有关产品责任的管辖权方面，德国法采用被告住所地原则，即依被告住所地决定管辖权的原则。如果是明确属于侵权行为的诉讼，根据德国法的规定，由侵权行为地法院行使管辖权。

至于国际产品责任案件的法律适用问题，德国一般适用传统的侵权行为地法。如果侵权行为地（加害行为地）与损害发生地不在一处，则适用有利于受害人的法律，即依加害行为地法或依损害发生地法。

二、欧盟产品责任法

1985 年欧共体委员会制定的《关于对有缺陷产品责任的指令》（简称《指令》），为欧共体各国确立了有缺陷产品的严格责任原则，并要求各成员国通过国内立法实施。1999 年，《指令》规定的产品范围由消费品扩展到初级农产品（如肉类、谷物、水果和蔬菜）。欧共体当时规定的实施期限是 1988 年，而实际上多数成员国都未能按期履行。例如，法国直至 1998 年才通过了相应的法律。在实施《指令》前，法国一直没有独立的产品责任法，其契约和侵权两种形式的产品责任都集中在《法国民法典》中。其立法模式的特点是扩大解释，适用原合同法和侵权法中的有关规则，作为处理产品责任案件的主要法律依据，同时通过大量司法判例来确立一些产品责任的法律规则。为了实施欧共体《指令》，法国提出了修改《法国民法典》，将产品责任作为《法国民法典》第三编"侵权"中的内容加以规定，以与《指令》内容相协调。截至 2003 年 2 月，欧盟原 15 国已完成了相应的国内立法程序。

《指令》确立了产品的严格责任原则，但允许成员国在个别条款上保留差别。《指令》允许各国保留差别的事项包括：第 15 章第（1）款（b）项允许成员国将"开发风险"作为产品责任的抗辩事由，以更好地保护生产者的利益，使其对于新产品存在的借助科学手段尚不能知晓的风险免于承担责任；也允许成员国对损害赔偿额规定上限，但不得低于《指令》所规定的最低标准；还允许成员国自行决定是否在"产品"的定义中涵盖农产品。此外，《指令》并不完全排斥成员国国内现有的产品责任法的规定，如惩罚性赔偿、消费者自愿承担风险，以及共同侵权人的责任等规定仍然可以作为《指令》的补充继续适用。

20 世纪 90 年代前半期，欧盟曾经颁发了两个有关产品安全的指令。一是《机械安全指令》（Machinery Safety Directive），这是指向欧盟进口的制造商必须考虑的具体产品指令。该指令于 1993 年 1 月 1 日生效，适用于与机械的设计、制造和零件相关的工业机械，如果这些机械带有任何材料的加工、处理、移动或包装的活动零件，则这些活动零件需达到规定的健康和安全要求。截至 1995 年 1 月 1 日，制造商必须达到该指令的要求，具有符合该指令的声明，才能在其产品上正式贴上欧盟的标志，合法地销售工业机械。二是《一般产品安全指令》（General Product Safety Directive），该指令适用于所有产品，于 1994 年 6 月 29 日生效。该指令规定欧盟成员国有义务强制本国制造商实施一项共同要求，即只将安全产品投放市场，除非有一更加具体的指令来管辖某一特定产品。该指令对安全产品的定义是：在正常条件下使用时，或者不具有任何危险，或者只具有与其使用相包容的最小但"可以接受"的危险。在评估产品是否安全时，应考虑下面 4 个主要因素：（1）该产品的特性；（2）提示；（3）对其他产品的影响；（4）在使用时面临各种严重危险的消费者类型。

自 20 世纪 90 年代中期以来，欧盟委员会发表了一系列通报、决议和绿皮书等文件来指导和协调各成员国产品责任法的实施，以确保高水平的消费者保护。截至 2007 年，这些文件包括：（1）COM（1995）617——有关《指令》实施的第一份通报；（2）COM（1999）396——有关《指令》的绿皮书；（3）COM（2000）893——有关《指令》实施的第二份通报；（4）2002 年 12 月 19 日欧盟委员会关于修改《指令》的决议；（5）COM（2006）496——有关《指令》实施的第三份通报等。

迄今为止，《指令》为欧盟成员国的国内立法提供了一个范本，允许各国根据本国的法律和习惯做出调整，在基本问题上已经达到了统一：各成员国均确立了严格责任原则；多数国家均将发展风险作为抗辩事由；多数国家未对同一产品缺陷导致的累计损害赔偿金额设定上限；各国的产品责任法均适用于农产品。

总之，在《指令》颁布后，欧盟国家的产品责任法逐渐趋同。虽然《指令》允许各国国内法存在某种差别，但在产品责任法上，欧盟各国已基本上确立了严格责任的原则和一系列统一的标准。

第四节 关于产品责任的国际公约

随着国际贸易的急剧增长，各国的产品在国际范围内的流动日益频繁，国家之间的产品责任争端与案件也随之增多。第二次世界大战后，为了提高产品质量，保护消费者的合法权益，对产品责任进行国际调整，各国对此越来越重视。但是，由于各国之间的产品责任法存在很大的差别，所以需要做出统一。在统一的产品责任法没有形成以前，目前国际上已经有三个区域性的产品责任公约：《关于人身伤害和死亡的产品责任公约》（Convention on Products Liability in Regard to Personal Injury and Death）、《产品责任法律适用公约》（Convention on the Law Applicable to Products Liability），以及《关于对有缺陷产品责任的指令》〔Directive Concerning Liability for Defective Products（85/374/EEC）〕，其中以后者的影响为最大。

一、《关于人身伤害和死亡的产品责任公约》

《关于人身伤害和死亡的产品责任公约》，是由欧洲理事会花了3年时间拟订出来的。1977年1月27日，该公约缔结于法国的斯特拉斯堡（因此也称为《斯特拉斯堡公约》），于当天正式生效，并供开放签字参加。奥地利、比利时、法国和卢森堡等国家签署了该公约。该公约由正文与附件组成，其中正文共有17条。其主要内容如下：

（1）抛弃了传统的过失责任原则，采取了严格责任原则。但是生产商对产品责任的损害赔偿范围仅限于人身伤害与死亡，不包括对财产所造成的损失。

（2）对产品"瑕疵"做出了规定。该公约第3条规定，如果某产品没有向有权期待安全的人提供安全，该产品即为有"瑕疵"，生产者与销售者应当承担由其产品的瑕疵而造成的死亡或人身伤害的赔偿责任。

（3）对生产商做出了明确的规定：第一，制造商，包括成品或零配件的生产者、天然产品的生产者与组装商；第二，产品进口商；第三，名称或商标出示者；第四，产品供应商。

（4）规定了生产商必须承担无过失责任，除非产品供应商在合理的时间内能辨明该产品的真正生产者。

（5）关于赔偿限额，该公约在附录中规定，各缔约国在签字或交存其批准书时，可以宣布保留其由国内法规定的赔偿限额的权利，但是对每一位死者或受到人身伤害的人的赔偿限额不得少于20万德国马克；对于具有相同缺陷的同类产品所造成的一切损害，赔偿限额不得少于或相当于3 000万德国马克，或等值的其他货币。

（6）对因产品责任事件而发生的诉讼规定了两个时效：第一，受损害者提起诉讼的时效，期限为3年，从受损害者知道或应当发现损害、缺陷与生产商身份之日起算；第二，生产商对其产品所造成的损害承担责任的时效，期限为10年，从该产品投入流通之日起算。

（7）对"产品"与"责任主体"规定的范围比较小，各国可以对农产品提供者的准生产者责任（quasi-producer's liability）提出保留，即农产品的提供者可以不负准产品生产者的责任，从而可以把农产品排除在"产品"之外。

二、《产品责任法律适用公约》

该公约是由第十二次海牙国际私法会议制定的，简称《海牙公约》，于 1973 年 10 月 2 日签订，1977 年 10 月 1 日起生效。批准该公约的国家包括法国、荷兰、挪威、前南斯拉夫、比利时、意大利、卢森堡、葡萄牙与奥地利等。

该公约所指的"产品"包括天然产品与工业产品，不论是未加工产品还是加工产品，是动产还是不动产。"损害"是指由于产品本身的缺陷，或产品本身虽然没有缺陷，但是由于对产品所做的错误说明或未能适当地告知产品的质量、特点或使用方法，消费者或使用者在使用时受到人身及财产的损害以及经济损失。对产品损害应负责赔偿的人员，包括制成品或零部件的制造商、天然产品的生产商、产品的供应商、产品制造或商业分配环节中的其他人员，甚至包括修理人员、仓库管理员以及上述列举人员中的代理人或雇员。

《产品责任法律适用公约》共 22 条，规定法律适用规则采用下列三项原则：（1）以损害地国家的国内法为基本适用法律，以直接受损害人的惯常居住地或被请求承担责任人员的主要营业地，或直接受损害人员取得产品地的法律为适用的法律；（2）以直接受损害人的惯常居住地的国内法为基本的适用法律，以被请求承担责任人员的主要营业地，或直接受损害人员取得产品地的法律为适用的法律；（3）在其他情况下，则可以适用该产品的制造商或供应商主营业地的法律，或者如果原告愿意，也可以适用损害发生地的法律。这些规定对受损害的消费者是有利的。

三、《关于对有缺陷产品责任的指令》

《关于对有缺陷产品责任的指令》的全称是《1985 年 7 月 25 日关于统一各成员国有关缺陷产品责任的法律、条例与行政规定的欧共体理事会 85/374 号指令》（Council Directive 85/374/EEC of 25 July 1985 on the approximation of the laws, regulations and administrative provisions of the Member States concerning liability for defective products）。为了协调欧洲共同体各成员国有关产品责任的法律，欧洲共同体理事会组成了专家委员会，于 1976 年完成了《关于对有缺陷产品责任的指令》（简称《指令》）的草案，并于 1985 年 7 月 25 日通过了《指令》，要求各成员国在 1988 年 8 月 1 日以前采取相应的立法加以实施，但是允许其有某些取舍的余地。

《指令》共有 22 条，其主要内容如下。

（一）采取无过失责任原则

在产品责任方面，《指令》放弃了欧洲大陆法传统的过失责任原则，采用无过失责任（liability without fault）原则，这是一个很大的变化。做出这种改变的主要出发点是使消费者获得更充分的保护。因为当代技术产品纷繁复杂，需要在生产者与消费者之间适当地分摊风险，而在两者之中，生产者处于更加有利的地位，他们能够而且应当通过严格的设计、加工与检验程序尽量减少产品的危险性，而且他们还可以通过产品的责任保险，将保险费加在货价中从而使自己获得保障。因此，在立法指导思想上就应当加重生产者的责任，使消费者受到更加有力的保护。

基于上述考虑，《指令》明确地规定，在产品责任诉讼中，受害的消费者只需证明他受到损害与产品有缺陷的事实，以及两者之间存在因果关系，即可使该产品的生产者承担责任，无须证明生产者有过失。

（二）关于生产者的定义

《指令》第1条规定，生产者应对有缺陷的产品所引起的损害承担责任。因此，确定谁是"生产者"是一个十分重要的问题。《指令》对生产者所下的定义是广义的，它包括如下方面：（1）制成品的制造者；（2）任何原材料的生产者；（3）零部件的制造者；（4）任何将其名称、商标或其他识别标志置于产品之上的人；（5）任何进口某种产品并在共同体内销售、出租、租赁，或在共同体内以任何形式经销该产品的人；（6）如果不能确认谁是生产者，则该产品的供应者即被视为生产者，除非受损害的消费者在合理的时间内得到生产者已被查获的通知。

（三）关于产品的定义

《指令》的另一项重要内容是确定该指令所指的"产品"的定义。根据《指令》的规定，所谓产品，是指可以移动的物品（mobile items），但是不包括初级产品与赌博用品。但是，各成员国可以通过国内立法，将上述两种产品包括在"产品"的定义范围之内。至于经过工业加工的农产品则包括在产品的范围内。

（四）关于"缺陷"的定义

《指令》对缺陷的定义采用客观标准。根据这种标准，如果产品不能提供一般消费者有权期望得到的安全，则该产品被认为是有缺陷的产品。在确定产品是否有缺陷时，要考虑各种情况，其中包括：产品的状况、对产品的合理预期与使用、将产品投入流通领域的时间。不能因为后来有更好的产品投入市场，就认为先前的产品有缺陷。例如，在20世纪60年代，汽车座位上都没有安全带，当时不认为这种汽车是有缺陷的产品。但是如果在80年代生产的汽车中没有装设安全带，就会被认为是有缺陷的产品。对产品的操作与使用说明书，也是涉及产品的安全性的因素之一。

（五）关于损害赔偿

根据《指令》的规定，可以请求损害赔偿的范围，主要包括人身伤害与死亡。对有缺陷的产品自身的损失，一般不予以考虑。对不超过500欧洲货币单位（ECU，约合750美元）的损害亦不予以考虑，以免引起过多的小额诉讼。特别需要指出的是，《指令》对"痛苦"的赔偿有所保留，它认为这是属于非物质性的损害赔偿，应当根据有关国家的国内法做出处理。这一点与美国产品责任法有所不同。

生产者的责任原则上应当是没有限制的，但是《指令》允许成员国在立法中规定，生产者对由同一产品与同一缺陷引起的人身伤害或死亡的总赔偿责任不得少于7 000万欧洲货币单位。

此外，《指令》还规定，生产者不得以合同或其他办法限制或排除其对产品的责任。这表明产品责任属于强制性的法律规定，不能由当事人据合同任意予以排除或限制。

（六）对产品责任的抗辩

根据《指令》的规定，在产品责任诉讼中，被告可以提出以下两种抗辩。

1. 无罪责

如果生产者能证明他没有罪责，他就可以不承担责任。这主要包括以下6种情况：（1）该生产者并没有把该产品投入市场。（2）引起损害的缺陷在生产者将产品投入市场的时候并不存在，或者这种缺陷是在后来才出现的，例如，是由对产品的不适当使用引起的。（3）生产者制造该产品并非基于经济目的用于销售或经销，也并非在其营业中制造或经销。（4）该缺陷是由遵守公共当局发布的有关产品的强制性规章而引起的。（5）根据生产者将产品投入市场的时候的科技知识水平,该缺陷不可能被发现。这种抗辩又称为"发展的风险"(development risks)或"现有水平"抗辩。由于各成员国的法律对这种抗辩持不同的态度,因此,《指令》允许各成员国在各自的法律中对是否采用这种抗辩自行做出取舍。(6)零件的制造者如果能证明该缺陷是由该产品的设计所致,而不是零件本身的缺陷,则可以不承担责任。

2. 时效

在产品责任诉讼中,时效已过也是重要的抗辩理由。《指令》对时效做出了以下规定:(1)受损害者的权利自生产者将引起损害的产品投入市场之日起 10 年届满即告消灭,除非受害者已经在此期间对生产者起诉;(2)《指令》要求各成员国必须在其立法中规定提起损害赔偿诉讼的时效,该诉讼时效为 3 年,从原告知道或理应知道受到损害或产品有缺陷及谁是生产者之日起计算。《指令》对时效的中止与中断没有做出规定,因此,有关时效中止与中断的问题,应根据所适用的国内法处理。

第五节 产品责任法的新发展

20 世纪 90 年代以来,世界各国越来越认识到保护资源及重视环保对人类自身健康与发展的重要性,同时国际社会要求改善生活环境质量的呼声日益高涨。

由于环境保护意识的增强,国际产品责任法有了新的发展,主要表现在以下三个方面。

1. 推行生产者延伸责任制

所谓"生产者延伸责任制",是指电子产品的生产者不仅要对生产过程中的环境污染负责,还要对产品在整个生命周期中对环境的影响负责,尤其是负责承担产品废弃后的回收和处理成本。这种环保与产品责任相互结合的制度是传统"污染者付费原则"的延伸与深化。自 20 世纪 90 年代以来,美国、欧盟和日本等国家和地区对产品实行"一条龙"式的管理和责任,即生产者不仅要对产品的生产与销售负责,而且要对其废物的处理与回收负责,以便保护环境。目前欧、美、日等国家和地区已经制定了有关的法律。例如,2000 年 5 月 26 日,日本参议院通过了《循环型社会基本法》。该法旨在减少废弃物,彻底实现循环利用;同时该法也规定了"生产者责任",即规定从产品制造到产品作为废弃物处理,生产者都要负一定的责任。2001 年 4 月 1 日,日本《家用电器再循环法》生效,其目的是从大量生产与消费型社会向"循环"型社会过渡,控制资源消耗与减少产品浪费。家用电器包括空调、电视机、电冰箱与洗衣机。该法规定制造商与进口商承担再循环责任,要求零售商具体承担收集与运输这些电器,并且进行再循环的责任;同时消费者也必须承担再循环的费用。2003 年 7 月,日本通过了全球第一个《汽车回收法》,于 2005 年 1 月开始实施。该法旨在有效处理日本每年 400 多万辆报废汽车,大幅度减少对自然环境的污染,同时规定车主承担自己汽车的回收费用。

再例如,2005 年 8 月 13 日,欧盟各国正式开始实施《废弃电子电器设备指令》。该指令明确规定了电子废弃物的回收标准,并规定生产商应承担回收责任,即包括进口商和经销商在内的"电子电器生产商",必须负责处理进入欧盟市场的废旧电子电器产品,并承担相应的回收费用。

2009 年 2 月 25 日，根据第 551 号国务院令，中国公布了《废弃电器电子产品回收处理管理条例》。该条例共 5 章，分别为总则、相关方责任、监督管理、法律责任和附则，共 35 条，自 2011 年 1 月 1 日起施行。该条例规定，国家对废弃电器电子产品的处理实行资格许可制度，同时建立废弃电器电子产品处理基金，用作对废弃电器电子产品回收处理费用的补贴；电器电子产品生产者、进口电器电子产品的收货人或者其代理人，应当按照规定履行废弃电器电子产品回收处理基金的缴纳义务；根据该条例，国家鼓励电器电子产品生产者自行或者委托销售者、维修机构、售后服务机构、废弃电器电子产品回收经营者回收废弃电器电子产品。

2. "召回制"势在必行

自 20 世纪 60 年代以来，由于科技发展水平与产品复杂程度的提高以及市场竞争激烈等方面的原因，美国、日本与欧洲各国都面临大量由产品缺陷造成的公共安全问题。为最大限度地解决此类问题，这些国家的立法机构陆续制定了一系列法律法规，授权政府有关行政部门对缺陷产品问题进行管理，使之日益成为缺陷产品危害问题解决机制中不可或缺的重要组成部分。其中召回缺陷产品即其一例。

欧、美、日等国家和地区所建立与实行的缺陷产品召回制度（recall system），均以较为完备的法律为基础。政府部门实施缺陷产品召回制度的职能与程序等，都由相应法律与法规加以明确规定；对于缺陷产品的制造商与销售商、修理商等所应当承担的民事责任、刑事责任、行政责任以及有关的义务，也都有明确的规定。缺陷产品召回制度的有关法律既包括针对所有产品的一般法，也包括针对特定产品的特殊法。例如在欧洲，此类法律包括欧盟各成员国均应遵守的关于"一般产品安全"的第 92/59/EEC 号法令（GPS 法令）与各成员国转化此法的国内法，例如德国的《产品安全法》、《设备安全法》与《建筑产品安全法》等；在美国，有《消费品安全法》与《国家交通和机动车辆安全法》等；在日本，则有《公路运输车辆法》等。

在这些国家，针对不同的缺陷产品，都有相应的专门法律与法规赋予某一特定政府部门制定与实行各种具体规定和办法，并据此进行管理的权力。在美国，消费品安全委员会根据《消费品安全法》赋予其主管一般消费品安全与召回事项的权力；国家公路交通安全管理局主管机动车安全与因系统性缺陷而发生的召回管理事项；各州自行制定的《柠檬法》（Lemon Laws）或称《次品法》（Defective Product Laws）则用以解决汽车存在的偶然性缺陷问题。对于在其国内市场上销售的进口外国产品，一般都将进口商确定为责任主体，使其承担一旦需要时进行缺陷产品召回的相关义务；对于本国出口产品存在的缺陷问题，政府管理部门的主要工作在于与进口国的有关部门进行相关协调。以轿车为例，国际上几乎每种型号的轿车都曾因存在系统性缺陷而进行过一次或多次召回。

在中国，自 21 世纪以来，由于形势所逼，"召回制"的实施势在必行。

（1）由国家质量监督检验检疫总局、国家发展和改革委员会、商务部、海关总署联合制定发布，于 2004 年 10 月 1 日起开始实施的《缺陷汽车产品召回管理规定》，是中国以缺陷汽车产品为试点首次实施召回制度。该规定在第一章第一条指出，为加强对缺陷汽车产品召回事项的管理，消除缺陷汽车产品对使用者及公众人身、财产安全造成的危险，维护公共安全、公众利益和社会经济秩序，根据《中华人民共和国产品质量法》等法律制定本规定。

2012 年 10 月 10 日，国务院常务会议审议通过《缺陷汽车产品召回管理条例（草案）》。相对于自 2004 年实施的《缺陷汽车产品召回管理规定》，该草案新增规定，生产者或经营者出现"未停止生产、销售或进口缺陷汽车产品的","生产者经责令召回拒不召回的",将被处以缺陷汽车产品货值金额 2% 以上 10% 以下的罚款;有违法所得的,并处没收违法所得;情节严重的,由许可机关吊销有关许可。

本次草案的通过表明,汽车召回相关管理措施由部门规章上升为国务院法规,更加明确了缺陷汽车召回的立法目的以及相关各方的责任与程序。

(2)自 2004 年第一部有关缺陷产品的召回法规开始施行,又先后通过并实施了《儿童玩具召回管理规定》(2007 年 8 月 27 日)、《食品召回管理规定》(2007 年 8 月 27 日)以及《药品召回管理办法》(2007 年 12 月 10 日)。

2010 年 7 月 2 日,《家用电器产品召回管理规定(征求意见稿)》发布,征求公众意见。该征求意见稿共有 5 章 44 条,从总则、信息搜集、缺陷调查、召回实施和法律责任等方面对家电召回进行了规范。

根据该征求意见稿,适用于家电召回的家用电器产品是指提供给消费者家用或类似环境使用的,依靠电流或电磁场工作的产品,包括电线电缆、电路开关和保护或连接装置等产品。具体产品目录由国家质量监督检验检疫总局制定、调整和公布。

按照该征求意见稿的要求,经确认家用电器产品存在缺陷的,生产者应当立即停止生产、进口和销售,通知销售者停止销售存在缺陷的家用电器产品,告知消费者停止使用,及时主动召回缺陷产品,并向所在地的地方质检部门报告。生产者应当主动召回而未召回的,国家质检总局将向生产者发出责令召回通知或公告,并通知所在地质检部门,依法采取相应措施。

但该征求意见稿发布后引发诸多争议,至今未能正式通过实施。

3. 全球新立法日益注重环保与安全

全球产品责任新立法的发展趋势是日益注重环保与安全。

(1)全球:联合国引领世界潮流。

从 20 世纪 90 年代起,在联合国与有关国际组织的引领下,各国环保意识大为增强,环保问题提上各国重要议事日程,其影响深远,惠及全球。

①召开地球峰会。

1992 年 6 月 4 日,世界 183 个国家与地区的代表(其中包括 102 个国家的元首与政府首脑),在巴西里约热内卢大规模集会,参加联合国环境与发展大会,并且通过了《环境与发展宣言》、《二十一世纪议程》与《关于森林问题的原则声明》三项重要国际文件。这次会议的召开与文件的发表,说明环境问题已经成为全人类关注的大问题。

②达成框架公约。

1992 年 5 月 22 日,联合国政府间谈判委员会就全球气候变化达成《联合国气候变化框架公约》(United Nations Framework Convention on Climate Change,UNFCCC),并于同年 6 月 4 日在巴西里约热内卢举行的联合国环境与发展大会上通过。该公约是世界上第一个为全面控制二氧化碳等温室气体的排放,以应对全球变暖给人类社会经济带来不利影响的国际公约。该公约于 1994 年 3 月 21 日生效。该公约由序言和 26 条正文组成,是一个有法律约束力的公约。

为此,各国纷纷制定和颁布环保新措施,倡导绿色经济,研究和生产节能减排产品。

③通过《京都议定书》。

《京都议定书》(Kyoto Protocol,全称为《联合国气候变化框架公约的京都议定书》)

是联合国气候变化框架公约的补充条款。1997 年 12 月 11 日，在日本京都由《联合国气候变化框架公约》参加国召开的三次会议制定通过。该议定书共 28 条，两个附件，其目标是"将大气中的温室气体含量稳定在一个适当的水平，进而防止剧烈的气候改变对人类造成伤害"。《京都议定书》的签署是为了人类免受气候变暖的威胁，规定发达国家从 2005 年开始承担减少碳排放量的义务，而发展中国家则从 2012 年开始承担减排义务。

该议定书于 1998 年 3 月 16 日至 1999 年 3 月 15 日间开放签字，需要占全球温室气体排放量 55% 以上的至少 55 个国家批准，才能成为具有法律约束力的国际公约。中国于 1998 年 5 月签署并于 2002 年 8 月核准了该议定书。截至 2005 年 8 月 13 日，全球已有 142 个国家和地区签署该议定书，其中包括 30 个工业化国家，批准国家的人口数量占全世界总人口的 80%。2005 年 2 月 16 日，《京都议定书》正式生效。这是人类历史上首次以法规的形式限制温室气体排放。

美国人口仅占全球人口的 3%~4%，而排放的二氧化碳却占全球排放量的 25% 以上，为全球温室气体排放量最大的国家。美国曾于 1998 年签署了《京都议定书》。但 2001 年 3 月，当时的布什政府以"减少温室气体排放将会影响美国经济发展"，以及"发展中国家也应该承担减排和限排温室气体的义务"为借口，宣布拒绝批准《京都议定书》。

④签署《巴黎协定》。

2015 年 12 月 12 日，195 个缔约方在巴黎气候变化大会上达成了新的全球气候协议——《巴黎协定》（Paris Agreement），为 2020 年后全球应对气候变化行动做出安排。《巴黎协定》自 2016 年 4 月 22 日至 2017 年 4 月 21 日开放签署。2016 年 9 月 3 日，中国全国人大常委会批准中国加入《巴黎协定》，中国成为第 23 个完成了批准协定的缔约方。

《巴黎协定》共 29 条，包括目标、减缓、适应、损失损害、资金、技术、能力建设、透明度和全球盘点等内容。

该协定的签署具有重要意义：

从环境保护与治理方面看，《巴黎协定》的最大贡献在于明确了全球共同追求的"硬指标"。该协定指出，各方将加强对气候变化威胁的全球应对，把全球平均气温较工业化前水平的升高幅度控制在 2 摄氏度之内，并为把气温升高幅度控制在 1.5 摄氏度之内努力。

从人类发展方面看，《巴黎协定》将世界所有国家都纳入了呵护地球生态、确保人类发展的命运共同体当中。该协定涉及的各项内容摒弃了"零和博弈"的狭隘思维，体现出与会各方多一点共享、多一点担当，实现互惠共赢的强烈愿望。

从经济发展方面看，首先，《巴黎协定》推动各方以"自主贡献"的方式参与全球应对气候变化行动，积极向绿色可持续的增长方式转型，避免过去几十年严重依赖石化产品的增长模式继续对自然生态系统构成威胁；其次，该协定促进发达国家继续带头减排并加强对发展中国家提供财力支持，在技术周期的不同阶段强化技术发展和技术转让的合作行为，帮助后者减缓和适应气候变化；再次，该协定通过市场和非市场双重手段，进行国际合作，通过适宜的减缓、顺应、融资、技术转让和能力建设等方式，推动所有缔约方共同履行减排责任；最后，根据《巴黎协定》的内在逻辑，在资本市场上，全球投资偏好未来将进一步向绿色能源、低碳经济和环境治理等领域倾斜；在技术和生产市场上，有关新技术和新产品及其相应的产品责任将相继问世，可进一步提升各国人民的生活水平和质量。

2017 年 6 月 1 日，美国总统特朗普在白宫玫瑰园宣布退出《巴黎协定》。特朗普表示，美国将开始协商新的条款，可能重新加入《巴黎协定》，甚至缔结新的气候协定，但条件是必须"对美国公平"。

同日，联合国和主要国家分别做出强硬表态，发布声明回复特朗普。《联合国气候变化框架公约》指出，《巴黎协定》仍然是由194个国家签署并经147个国家批准的历史性条约，因此，不能根据单方要求重新谈判。意大利、法国和德国三国领导人认为，2015年达成的《巴黎协定》引领的趋势是不可逆转的，《巴黎协定》条约也不可修改，因为这是我们星球、社会、经济的重要工具。中国外交部发言人指出，无论其他国家的立场发生了什么样的变化，中国都将加强国内应对气候变化的行动，认真履行《巴黎协定》。

⑤推动烟草控制。

1996年以来，在世界卫生组织（WHO）的大力倡议与积极推动下，保护人类健康、控制烟草已经提上了世界各国政府的议事日程。该组织起草了《烟草控制框架公约》（Framework Convention on Tobacco Control，FCTC），供各国进行讨论。2003年5月21日，该公约获世界卫生组织大会192个成员一致通过，并于2003年6月16日开始正式签署，于2005年5月27日正式生效。

中国于2003年11月10日签署了该公约。2005年8月28日，中国批准该公约，2006年1月1日该公约正式生效。

这是世界卫生组织主持达成的第一个具有国际法约束力的全球性公约，也是世界各国第一次对某一产品的生产、销售及其后果的"控制"，对国际产品责任法将产生重要影响。

在此背景下，2009年6月11日，美国参议院通过一项法案，将烟草生产、销售和广告管理权授予食品和药品管理局（FDA）。这是美国历史上国会首次授权政府机构对烟草产业实行管理。该法案旨在约束烟草生产商，减少烟草对国民尤其是青少年的危害。

（2）欧盟：出台高、严、全的安全标准。

从欧盟近年来一系列产品责任的立法来看，立法标准越来越向高、严、全的安全方向发展。

①《环境责任指令》。

2004年2月，欧洲议会和欧盟部长理事会就欧盟协议达成《环境责任指令》。该指令的生效时间是2004年4月。该指令生效后三年内，欧盟各成员国必须通过制定国家法律的方式，贯彻执行指令的要求。

该指令的重要性在于，对损害自然资源的行为人要依法实施严厉的惩罚。该指令进一步扩展和深化了欧盟环境保护的责任范围，对欧盟各国的产品生产与产品责任法将产生重要影响。

②《传统植物药注册程序指令》。

2004年，欧盟出台《传统植物药注册程序指令》，规定所有植物药生产企业，必须在2011年4月30日前完成注册，否则不允许在欧盟境内销售和使用。2011年4月29日，欧盟委员会宣布该指令将从5月1日起全面实施。

该指令大大提高了中药通过注册的"门槛"，届时未经注册的中药将不得在欧盟市场上作为药品销售和使用。

③《欧盟新玩具安全指令》。

2008年12月18日，欧洲议会通过了欧盟委员会提出的《欧盟新玩具安全指令》。该指令内容涉及儿童玩具的生产材料、检测、市场监管以及技术更新等方面的问题。

2013 年 7 月 21 日，该指令正式实施。其条款由原来的 16 条增至 57 条，明确禁止和限制使用的有毒有害化学物质从 8 种增加到 85 种，首次禁用约 300 种致癌、致基因突变与影响生育的有关物质等，涵盖物理、化学、电子、卫生与辐射等诸多领域。

该指令在安全标准和技术要求方面达到了一个新的高度，有评论称其有关规定是"世界上最严格的标准"。

欧盟这些指令的实施，势必对不少以欧盟为主要市场的国家生产与出口相关产品产生重要影响。

（3）中国：修改通过"史上最严"的食品安全法

2015 年 4 月 24 日，十二届全国人大常委会第十四次会议表决通过了关于修改食品安全法的决定。这是该法 2009 年 6 月 1 日实施以来的首次修改。

新修改的《食品安全法》共 10 章，内容从 104 条增加到 154 条，新增 50 条，于 2015 年 10 月 1 日起正式施行。该法经全国人大常委会第九次会议、第十二次会议两次审议，三易其稿，被称为"史上最严"的食品安全法。

该法主要修改内容包括：建立食品安全全程追溯制度，实行食品安全社会共治；明确食品交易主体责任，网上出售食品必须采取实名制；保健食品标签不得涉及防病治疗功能；婴儿乳粉配方必须注册；禁止剧毒高毒农药用于果蔬茶叶，批发市场须抽查农产品；明确严格的各级监管和各方法律责任制度，对生产经营企业和失职渎职的地方政府官员和监督部门分别实行最严厉的处罚和问责制度。

（4）产品责任法的公法调节作用日益增强。

20 世纪 90 年代以来，国际产品责任法调整与规范的范围呈现日益扩大和深入的趋势。其中扩大产品责任法的公法调节作用，即私法公法化的发展趋势日益明显。

上述发展新趋势，均是有关国际组织以国际公约的形式，各国政府以国内法律规定的形式所做的共同努力与推动的结果，其中环境保护与缺陷产品召回更具代表性。例如，缺陷汽车的实质在于其不仅损害个人的合法权益，还危害消费者群体与社会公共安全利益，因此与之相关的法律后果，更多的是公法上的责任，亦即"看得见的手"（visible hand）发挥着主要的作用。

第六节　中国的产品责任法

一、1993 年以前中国的产品责任法状况

在 1993 年以前，中国没有专门的产品责任法，只有一些分散的单行立法，例如，1987 年 1 月 1 日起施行的《民法通则》，1986 年 4 月 5 日国务院颁发的《工业产品质量责任条例》，以及《产品质量监督试行办法》《工业产品生产许可证试行条例》等。其中最重要的是《民法通则》，该法对产品责任规定的主要内容如下。

1. 关于产品责任法的适用范围

《民法通则》第 122 条规定，产品质量不合格造成他人财产、人身损害的，产品制造者、销售者应当依法承担民事责任。运输者、仓储者对此负有责任的，产品制造者、销售者有权要求赔偿损失。也就是说，凡是由产品质量问题造成的人身和财产损害，有关责任

人必须承担责任。受损害者有权选择向生产者或者向销售者要求赔偿损失。即使生产者与销售者没有责任，而是中间的运输者或仓储保管者的责任，受损害者也有权直接向生产者或销售者要求赔偿，因为虽然他们没有过错，但是他们必须首先承担赔偿责任，再向有关运输者或仓储者要求补偿其损失。

2. 关于承担赔偿责任的原则

《民法通则》采用过失责任与无过失责任相结合的原则。《民法通则》第 106 条规定，公民、法人由于过错侵害他人财产权利或人身权利的，应当承担民事责任。《民法通则》第 132 条规定，当事人对造成损害都没有过错的，可以根据实际情况，由当事人分担民事责任。

3. 关于产品范围与产品缺陷

关于产品的范围，中国有关法律与条例没有做出明确的规定，基本上是指工业制成品，包括原材料、零部件、食品与药品等。

关于对产品缺陷的解释也没有明确的规定，只是指"产品质量不合格"。所谓"不合格"，是指产品质量不符合国家的有关法规、质量标准以及合同规定的对产品适用、安全与其他特征的要求。

4. 关于赔偿损失的范围

《民法通则》第 134 条第（七）项"赔偿损失"中所称的"损失"是指"实际损失"。而这种"实际损失"的范围，要比发达国家与国际产品责任法的规定小得多。

5. 关于产品责任的诉讼时效

《民法通则》第 136 条规定，身体受到伤害要求赔偿的，出售质量不合格的商品未声明的，其诉讼时效期间为 1 年，从知道或者应当知道权利被侵害时起计算。这个时效也比发达国家与国际公约规定的时效要短。

二、新产品质量法

中国的产品质量法是国家关于产品质量的法律规范的总称。产品质量责任是指产品质量不符合有关规定或要求，给用户造成损失之后所应当承担的赔偿责任。产品质量是国家有关法规、质量标准与合同规定的对产品的适用、安全以及其他特征的要求。

（一）制定背景

20 世纪 80 年代到 90 年代，随着改革开放的不断深入发展，产品质量成为危害社会的严重问题，尤其是假冒伪劣产品危害人民的生命与健康，情节严重，屡禁不止，引起广大群众的强烈不满。为适应形势的要求，规范产品责任，保护消费者的权益，全国人民代表大会常务委员会先后制定与修改了产品质量法。1993 年 2 月 22 日第七届全国人民代表大会常务委员会第三十次会议通过了《中华人民共和国产品质量法》（以下简称《产品质量法》），该法于同年 9 月 1 日起实施。2000 年 7 月 8 日，第九届全国人民代表大会常务委员会第十六次会议通过了《关于修改〈中华人民共和国产品质量法〉的决定》，主要是强化产品质量的行政管理与行政责任。新法从原来的 51 条增加到 74 条，其中增加了 25 个条文，修改了 20 个条文，删去了 2 个条文，即其中三分之二的条文有所修改；修改内容涉及产品质量行政管理的有 19 条，涉及行政制裁的有 18 条，旨在加大制裁和惩罚力度。新法于同年 9 月 1 日起实施。

（二）主要内容

修改后的《产品质量法》的主要内容包括以下方面：

1. 关于制定该法的目的

该法第 1 条明确规定了制定本法的目的："为了加强对产品质量的监督管理，提高产品质量水平，明确产品质量责任，保护消费者的合法权益，维护社会经济秩序，制定本法。"

2. 关于产品的定义

该法第 2 条第 2 款规定："本法所称产品是指经过加工、制作，用于销售的产品。"第 3 款规定："建设工程不适用本法规定；但是，建设工程使用的建筑材料、建筑构配件和设备，属于前款规定的产品范围的，适用本法规定。"由此可见，该法所谓产品有两个要件：一是经加工、制作；二是用于销售。

3. 关于责任原则

该法对于产品生产者与产品销售者采用不同的归责原则。该法第 41 条对生产者的责任做了如下规定："因产品存在缺陷造成人身、缺陷产品以外的其他财产（以下简称他人财产）损害的，生产者应当承担赔偿责任。"根据这条规定，因产品存在缺陷造成人身、财产损害的，应由该产品的生产者承担赔偿责任。而生产者的赔偿责任，不是以生产者具有过错（故意或过失）为责任成立要件，因此属于严格责任。但是该条没有对"生产者"规定相应的定义。

该法第 42 条第 1 款对销售者的责任做了如下规定："由于销售者的过错使产品存在缺陷，造成人身、他人财产损害的，销售者应当承担赔偿责任。"该条明确规定，由销售者的过错导致产品存在缺陷的，销售者应当承担赔偿责任。而销售者的责任，是以销售者具有过错为责任成立要件，因此属于过错责任，实际上属于过错推定责任。

4. 关于产品缺陷的定义

该法第 46 条规定："本法所称缺陷，是指产品存在危及人身、他人财产安全的不合理的危险；产品有保障人体健康和人身、财产安全的国家标准、行业标准的，是指不符合该标准。"该条规定了"缺陷"的双重标准：一是规定"缺陷"是指不合理的危险；二是规定"缺陷"是指不符合法定安全标准。

5. 关于赔偿范围

该法规定了如下赔偿责任与费用：

（1）人身伤害的赔偿。该法第 44 条第 1 款规定了产品存在缺陷造成受害人人身伤害、残疾与死亡等有关的赔偿费用。

（2）财产损害的赔偿。该法第 44 条第 2 款规定："因产品存在缺陷造成受害人财产损失的，侵害人应当恢复原状或者折价赔偿。受害人因此遭受其他重大损失的，侵害人应当赔偿损失。"所谓"其他重大损失"，是指受害人因财物毁损所发生的经济上的损失，相当于《合同法》关于违约责任的第 113 条所规定的"可以获得的利益"的损失。

（3）缺陷产品本身的损害。根据该法第 41 条的规定，"缺陷产品"本身的损害，不在赔偿范围之内。其理由是，缺陷产品本身的损害，属于纯粹经济上的损失，应根据《合同法》中的瑕疵担保责任加以救济。

（4）精神损害赔偿。《民法通则》第 120 条规定了人格权受到侵害这一情形下的精神损害赔偿，而关于人身伤害的情形可否要求精神损害赔偿，则没有明文规定。最高人民法院发布的《关于确定民事侵权精神损害赔偿责任若干问题的解释》（法释〔2001〕7 号）

规定，自然人的生命权、健康权与身体权遭受非法侵害的，可以请求赔偿精神损害。此精神损害赔偿，在致人死亡时，称为"死亡赔偿金"；在致人残疾时，称为"残疾赔偿金"；在发生其他损害情形时，称为"精神抚慰金"。根据这些规定，《产品质量法》第44条所规定的"残疾赔偿金"与"死亡赔偿金"，在性质上应属于精神损害赔偿。

6. 关于产品质量与包装的要求

该法第26条规定，生产者应当对其生产的产品的质量负责。产品质量应当符合下列要求：(1) 不存在危及人身、财产安全的不合理的危险，有保障人体健康和人身、财产安全的国家标准、行业标准的，应当符合该标准；(2) 具备产品应当具备的使用性能，但是，对产品存在使用性能的瑕疵做出说明的除外；(3) 符合在产品或者其包装上注明采用的产品标准，符合以产品说明、实物样品等方式表明的质量状况。

第27条规定，产品或者其包装上的标志必须真实，并符合下列要求：(1) 有产品质量检验合格证明。(2) 有中文标明的产品名称、生产厂厂名和厂址。(3) 根据产品的特点和使用要求，需要标明产品规格、等级、所含主要成分的名称和含量的，用中文相应予以标明；需要事先让消费者知晓的，应当在外包装上标明，或者预先向消费者提供有关资料。(4) 限期使用的产品，应当在显著位置清晰地标明生产日期和安全使用期或者失效日期。(5) 使用不当，容易造成产品本身损坏或者可能危及人身、财产安全的产品，应当有警示标志或者中文警示说明。

7. 关于请求权的时效规定

该法第45条第1款规定，因产品存在缺陷造成损害要求赔偿的诉讼时效期间为2年，自当事人知道或者应当知道其权益受到损害时起计算。这与《民法通则》规定的普通时效期间相同。第2款还规定，因产品存在缺陷造成损害而要求赔偿的请求权，在造成损害的缺陷产品交付最初消费者满10年丧失；但是，尚未超过明示的安全使用期的除外。

8. 关于对违反该法的处罚

该法第五章专章规定了对违反该法的各种处罚。

三、其他相关法律与法规

在中国，与产品责任有关的法律，除了《产品质量法》外，还有与其相关的其他法律。最重要的有三个：《民法通则》、《侵权责任法》与《消费者权益保护法》。

1987年的《民法通则》第134条具体列举了承担民事责任的十种主要方式。

自2010年7月1日起正式施行的《侵权责任法》第15条，具体列举了承担侵权责任的八种主要方式，并用单独一章（第五章）对产品责任做了具体规定。

2013年10月25日，全国人大颁布了修订后的《消费者权益保护法》。这是自该法1993年颁布后的第二次修改，且修改内容多。修改后的法律定于2014年3月15日国际消费者权益保护日正式施行。

在修订后的该法中，明确规定了诸如网购七天内可以无条件退货，虚假广告制造者要负责任，禁止泄露消费者秘密，以及精神损害要纳入法律赔偿等。

此外，"三包"责任不断发展和明确。1993年9月1日正式施行的《产品质量法》中，规定了产品的生产者、经销者的质量责任和义务，售出的产品不符合规定要求时，应当负责修理、更换、退货，给购买产品的消费者造成损失的应当赔偿损失。此后，《消费者权益保护法》第24条规定，经营者提供的商品或者服务不符合质量要求的，消费者可以依照国家规定、当事人约定退货，或者要求经营者履行更换、修理等义务。没有国家规定和当事人约定的，消费者可以自收到商品之日起七日内退货；七日后符合法定解除合同条件的，消费者可以及时退货，不符合法定解除合同条件的，可以要求经营者履行更换、修理等义务。依照前款规定进行退货、更换、修理的，经营者应当承担运输等必要费用。

以法律的形式明确产品的生产者、销售者对售出的产品承担"三包"责任，在中国还是第一次。

为了进一步落实和规范"三包"责任，1995 年 8 月 25 日，有关部门联合发布了《部分商品修理更换退货责任规定》，明确了"三包"产品的目录、范围和期限等要求，可操作性更强了。

复习和练习

一、关键术语

1. 缺陷产品　2. 疏忽责任和违反担保责任　3. 严格责任（无过失责任）　4. 直接的合同关系　5. 长臂法　6. 最低限度的接触　7. 召回制　8.《指令》关于产品缺陷的定义　9.《指令》关于产品责任无罪责的抗辩

二、复习思考题

1. 产品责任法的主要特征是什么？

2. 与以疏忽责任和违反担保责任为由提起诉讼相比，美国以严格责任为由提起诉讼的主要有利之处是什么？

3. 简要叙述国际产品责任法的新发展。

4. 简要叙述中国产品质量法的主要内容。

主要参考资料

1. 任荣明. 实用国际贸易法. 北京：北京航空航天大学出版社，1991.

2. 陈安. 国际贸易法. 厦门：鹭江出版社，1987.

3. 冯大同. 国际商法. 北京：中国人民大学出版社，1994.

4. 中华人民共和国产品质量法. 北京：中国法制出版社，2000.

5. 梁慧星. 中国产品责任法——兼论假冒伪劣之根源和对策. 法学，2001（6）.

6. 程信和，赵湘英. 产品责任法比较研究——兼论我国相关立法的完善. 中山大学学报（社科版），1999（6）.

7. 张骐. 中美产品责任法中产品缺陷的比较研究. 法制与社会发展，1999（2）.

8. 张淑华. 论我国出口商对美贸易中产品责任的免责抗辩. 山东财政学院学报，1999（2）.

9. 试论英国产品责任法. 新浪网，2008 - 08 - 22.

10. 欧洲各国的产品责任法. 圈中人保险网，2008 - 10 - 17.

11. 王传辉，黄迎. 美国产品责任法革命述评. 国际经济法网，2008 - 04 - 17.

法律窗口

——欧盟法的分类及其概念

——《罗马条例Ⅰ》与《罗马条例Ⅱ》

欧盟法的分类及其概念

在欧盟法学理论上，通常把欧盟法分类为一级（primary）立法和二级（secondary）立法。

所谓"一级立法"，是指构成欧盟法律制度基础的那些欧盟法。在欧盟法律制度中，它们是基本的和本源的；其他一切欧盟法则是由它们所派生的。一般认为，一级立法包括两类：（1）各《欧共体条约》及其全部附件和议定书；（2）旨在完善、修改或补充各《欧共体条约》的一切法律文件。

所谓"二级立法"，是指由欧盟机构所制定的，旨在实施《欧共体条约》的那些法律，包括条例、指令和决定等。

欧盟技术法规主要是欧盟理事会和欧盟委员会依据四个基础条约（《欧洲煤钢共同体条约》、《欧洲经济共同体条约》、《欧洲原子能共同体条约》和《欧洲联盟条约》）制定的各种规范性法律文件，主要形式包括条例、指令和决定等，正式批准的文件颁布在每个工作日刊出的《欧盟官方公报》的 L 卷上。

1."条例"。条例具有基础条约实施细则的性质，它相当于议会通过的法令。条例须经欧洲议会和欧盟理事会三读批准后方能颁布实行，公布生效后各成员国必须执行，无须转化成本国立法。

根据《欧共体条约》第 189 条和《欧洲原子能共同体条约》第 161 条中的规定，条例是由欧盟部长理事会和欧盟委员会制定的立法性文件之一种。其基本特性包括：（1）普遍的适用范围；（2）全面的约束力；（3）在一切成员国内的直接适用性。

2."指令"。指令是由欧盟部长理事会和欧盟委员会依据《欧共体条约》的授权所制定的立法性文件。按照《欧共体条约》第 189 条和《欧洲原子能共同体条约》第 161 条的规定，指令在其所欲达的目标上，对其所发至的每一成员国均有约束力，但这些成员国的有关机构对于实现上述目标的方式和方法具有选择权。其基本特性包括：（1）非全面的约束力；（2）仅适用于其所发至的（一个、几个或全部）成员国；（3）通常非直接适用。

指令的适用总是需要其所发至的成员国以国内法的形式制定的某种实施规则来辅助的。收受指令的成员国负有采取适当措施实施指令的义务。

在欧盟技术法规体系中，指令占主导地位。欧盟绝大多数产品的技术立法都是以指令的形式发布，只有很少部分是以条例或决定等形式出现。欧盟技术协调指令的制定有两种不同的方式，因此其技术协调指令也分为两种类型：一是旧方法指令（old approach directives），是指 1985 年前的技术协调指令，通常对产品的规格和技术要求做出详细规定，要求成员国完全执行。按照这种方法制定的欧盟指令主要集中在药物、农药、食品添加剂和机动车辆等领域。这在三要素协同作用机理的理论研究中，可归为"规定型技术法规"。这种类型的技术法规是指确定了达到特定结果的方法的一类技术法规，它确定了要达到特定结果的方法，其焦点集中在达到目标的唯一途径上。因此，这种类型的技术法规的最大特点是其具有方法上的确定性。二是新方法指令（new approach directives），1985 年，欧共体理事会颁布了《关于技术协调与标准的新方法的决议》（85/C136/01），建立了以新方法指令为主体的比较完善的技术法规体系。新方法指令的特点是只在安全、健康和环保等方面制定基本的和强制性的要求，达到指令目标要求的途径是多方面的并有选择余地的，而对指令要求的符合程度则由相应的合格评定程序予以判定。

3. "决定"。根据《欧共体条约》第 189（4）条《欧洲原子能共同体条约》第 161（4）条及《欧洲煤钢共同体条约》第 14（2）条的规定，决定是由欧盟部长理事会或欧盟委员会做出的、具有明确针对对象的有约束力的立法性文件。它可针对特定成员国或所有成员国发布，也可以针对特定的企业或个人发布，还可针对进口自欧盟之外的经济体的具体产品。它与条例有类似的效力，但是适用的范围不同。条例具有普遍性，对所有成员国具有约束力，而决定只具有特定的适用性，是针对个别、具体和确定的群体、个人或事件。与条例和指令相比较，决定有如下特点：（1）特定的适用对象；（2）对其特定适用对象的全面约束力；（3）直接的适用性。

4. 建议和意见。按照《欧共体条约》第 189（5）条和《欧洲原子能共同体条约》第 161（5）条的规定，建议和意见均不具有约束力，但可作为欧盟立法趋势和政策导向，仅供成员国参考。

此外，在欧盟法律制度中，除上述各种法律渊源外，在成文法范围内，还有一些非正式法律渊源（或称为准法律渊源）。这类准法律渊源主要包括："决议"、"决议案"、"宣言"、"公告"和"方案"等。

《罗马条例Ⅰ》与《罗马条例Ⅱ》
——合同与非合同之债法律适用的统一

在消费者合同领域，"适用消费者经常居所地的法律"，结合"限制当事人意思自治"被国际公约与各国立法广泛采用，作为保护消费者的国际私法准则。欧共体 1980 年《合同之债法律适用罗马公约》（《罗马公约》，The Rome Convention on the Law Applicable to Contractual Obligation，Rome Convention）于 1991 年 4 月 1 日起生效。该公约第 5 条规定：消费者合同要适用消费者经常居所地法；当事人可以协议选择其他法律，但这种选择不得剥夺消费者住所地法的强制规定所赋予消费者的保护。该公约确立了"有利于消费者原则"，是首个采用保护性冲突规范规则保护消费者的立法。

但是，《罗马公约》是国际协调的产物，无论是条文内容还是适用范围上均有很大的模糊性和局限性，各缔约国对规则的运用很难实现完全的一致与协调。因此，在合同冲突法这一重要和发展相对成熟的领域，欧盟一直未能将 1980 年《罗马公约》转化为条例。直到 21 世纪第一个十年的末期，欧盟才通过和实施《罗马条例Ⅰ》。《罗马条例Ⅰ》作为合同冲突法领域最新的国际性立法，是对《罗马公约》生效以来近 20 多年合同冲突法实践的总结与发展，在一定程度上反映了合同冲突法的发展趋势。

此外，尽管欧共体各成员国自 20 世纪 70 年代以来相继进行了国际私法的法典编纂，但在非合同之债适用法领域的冲突规则并不一致。这与欧共体为实现共同市场内部货物、资本、服务和人员自由流通的目标并不相称。《罗马条例Ⅱ》的通过和实施，则体现了关于非合同之债适用法的欧盟国际私法的最新发展状况和立法水平。

一、《罗马条例Ⅰ》

2008 年 6 月 17 日，欧洲议会和欧盟理事会正式通过《合同之债法律适用的 593/2008 条例》，简称《罗马条例Ⅰ》(Parliament and Council Regulation 593/2008 Law Applicable to Contractual Obligation of 17 June 2008，Rome RegulationⅠ)，该条例于 2008 年 7 月 24 日正式生效，并于 2009 年 12 月 17 日起适用于除丹麦以外的所有欧盟成员国。该条例对《罗马公约》的一些条款做了重新解释或重大修订，以共同体立法的形式完成了欧盟成员国之间合同之债法律适用的统一，适度强化了当事人意思自治原则；对客观选择方法做了较大的调整，降低了最密切联系原则的地位；以惯常居所统一了属人法；排除了客观选择方法中合同分割法的适用。这些发展均以追求合同法适用的确定性和可预见性等欧洲大陆国际私法的传统价值为目标。

《罗马条例Ⅰ》共四章 29 条。第一章规定了适用范围和统一适用的性质；第二章规定了合同冲突法的统一规则；第三章为"其他条款"，规定了惯常居所的定义、反致的排除、法院对公共政策的运用，以及条例与共同体法、《罗马公约》及其他国际公约的关系问题；第四章规定了《罗马条例Ⅰ》生效与开始适用的时间。

《罗马条例Ⅰ》在转变的过程中对《罗马公约》的法律适用规则进行了现代化改造。这些规则的修改秉承了欧洲冲突法的传统价值追求，致力于实现法律适用的确定性、一致性和可预见性。具体而言，《罗马条例Ⅰ》对《罗马公约》有如下发展。

1. 调整意思自治原则

《罗马条例Ⅰ》和《罗马公约》一样，仍将当事人意思自治原则 (principle of autonomy of will) 作为合同冲突法的基石，当事人有权选择、变更选择和分割选择合同适用法，但较《罗马公约》，《罗马条例Ⅰ》对意思自治原则又有一定的发展。

《罗马条例Ⅰ》限制了默示选择方法的适用。默示选择理论是英国合同法理论的重要组成部分，在英美法系国家影响甚广，在大陆法系国家，如法国和德国，也曾被奉为主导性原则。《罗马公约》采纳了默示选择理论，第 3 条要求当事人对适用法的默示选择，必须由合同条款或者案件情形"合理确定地显示"(demonstrated with reasonable certainty)，《罗马条例Ⅰ》则要求当事人的选择必须"明确地显示 (clearly demonstrated)"。从字面上看，后者的要求更严格。如果说文义上两者差别不大，《罗马条例Ⅰ》序文第 16 项的叙述则表明了限制默示选择理论的倾向，以确保法律适用规则的明确性和结果的可预见性。至于何种因素能够"明确地显示"当事人法律选择的意图，该条例序文第 12 项明确要求考虑当事人排他性管辖协议。

2. 调整选择适用法的客观方法

这主要表现在以下两个方面。

第一，提高了特征性履行理论的地位。

特征性履行理论 (theory of the characteristic performance)，又称特征性给付理论，也称为特征性债务原则 (doctrine of characteristic obligation)，是由瑞士学者施耐策 (Schnitzer) 提出的用来确定最密切联系地的一种方法。其基本含义是，在涉外合同当事人未选择合同的法律适用时，根据合同的特征性质来确定合同法律适用的一种理论和方法。其目的是与最密切联系原则相结合，克服最密切联系原则在实践操作中的盲目性，使合同适用法具有确定性和可预见性。

特征性履行理论是在适用最密切联系原则的过程中不断发展起来的，它使运用最密切联系原则在进行法律选择时有了客观的前提和依据。所以，特征性履行实际上是最密切联系原则的具体化。该理论是以根据合同特征对各种合同进行划分为适用前提的，通过这种方法，可以针对不同类型合同所具有的不同特征，来分别确定支配它们的法律，因而可克服传统冲突规范"合同订立地法"原则或"合同履行地法"原则的刻板性和单一性。

在当事人没有选择适用法时，《罗马公约》兼采英美法系的最密切联系原则和大陆法系学者提出的特征性履行理论，采用三部曲决定合同的适用法，即最密切联系原则作为合同法律适用的逻辑起点，特征性履行理论作为最密切联系原则的具体化，在无法决定特征性履行或者合同与其他国家存在更密切联系时，适用与合同有更密切联系的国家的法律。《罗马条例Ⅰ》与《罗马公约》的处理方法差异较大，它也运用了三个层次的选择方法。首先对各国的冲突规则较为一致的八种典型合同的法律适用做了推定，如果法院处理的合同不属于这八种类型或者属于混合型的合同，则运用特征性履行理论寻找合同的适用法，最后运用最密切联系原则作为例外与补充。例如，对于货物销售合同、服务合同、特许经营合同和分销合同，分别适用卖方、服务提供者、特许经营人和分销人员的惯常居所地法；对于不动产物权或使用权合同适用不动产所在地法律；拍卖合同适用拍卖行为地法等。因此，特征性履行理论在《罗马条例Ⅰ》中，显然成为独立的法律适用方法，最密切联系原则不再是特征性履行理论的目的而是其手段与补缺规则。特征性履行理论是以地域选择为理论支点，以法律适用的确定性和预见性为实践目标，符合欧洲传统国际私法的价值取向。

第二，最密切联系原则的地位有所降低。

最密切联系原则（principle of the most significant relationship）是20世纪中叶以后发展起来的一项重要的国际私法原则。在合同冲突法领域，有关合同法律适用的国内和国际立法和判例都接受了这一理论。为了实现冲突规则的明确性和可操作性，《罗马条例Ⅰ》重新界定了最密切联系原则与固定冲突规则以及其他法律选择方法的关系，将典型合同适用固定冲突规则以及其他合同适用特征性履行方的惯常居所地法这一冲突规则作为逻辑起点，将最密切联系原则的适用限制在例外和补缺两个方面：（1）作为例外规则适用。《罗马条例Ⅰ》第4条第3款规定，当案件的所有情况显示存在合同有"明显的"（manifestly）更密切联系的国家时，合同应当适用该国法律。相比《罗马公约》，《罗马条例Ⅰ》增加了"明显的"这一修饰词，这意味着成员国法院应当谨慎运用例外规则，确保冲突规则第4条第1、2款确立的冲突规则适用的稳定性，克服《罗马公约》缔约国运用例外原则时出现的主观任意性问题。（2）作为补缺规则适用。对于不属于《罗马条例Ⅰ》列举的类型的合同，且无法运用特征性履行理论决定适用法的合同，《罗马条例Ⅰ》将最密切联系原则作为补缺方法，要求法官适用与合同有最密切联系的国家的法律。

3. 惯常居所作为连接点的广泛采用

在《罗马公约》中，惯常居所（habitual residence）作为连接点仅适用于自然人主体。对于其他类型的合同主体，《罗马公约》分别规定了管理中心所在地和营业地等连接点。《罗马条例Ⅰ》则用惯常居所取代了其他连接点，适用于自然人和法人等各类合同主体。

惯常居所作为连接点，多用于决定自然人的属人法问题，较多出现在与婚姻、家庭和继承等有关的国内立法与公约中。对于商业组织体而言，惯常居所标准则是一个新概念。《罗马条例Ⅰ》将这一概念引入，统一了法人和非法人的属人法的标准，与《布鲁塞尔条例Ⅰ》《罗马条例Ⅱ》等其他欧盟国际私法立法采用的概念相一致。

4. 合同分割法的限制适用

关于当事人选择法律适用于合同的方法，国际上存在两种选择："分割选择"与"整体选择"。所谓分割选择，也称为"分割论"，是指涉外合同关系的不同方面涉及许多个不同的国家，应允许当事人将涉外合同的不同方面加以分解或者切割，分别选择适用不同国家或者法域的法律的一种涉外合同的法律适用方法。所谓整体选择，即"整体论"，是指将涉外合同关系的各个方面作为一个整体，只适用一种法律处理涉外合同关系的各个方面的一种涉外合同的法律适用方法。

在《罗马公约》中，无论主观还是客观法律选择方法，合同分割法（contract segmentation）均可适用。合同当事人为合同不同部分选择不同的适用法，应为意思自治原则的必然结果。在运用客观选择方法时，《罗马公约》第4条第1款为分割法的运用设置了两个条件：（1）合同是可分割的；（2）该可分割部分与其他国家联系更加紧密。在实践中，这两个条件都失之于模糊。因为，首先对于合同分割的含义是什么，各国理解不一。从英国的冲突法来看，合同大体可分为合同的成立、缔约人的能力、合同的形式、合同的内容或实质效力、合同的解释与效力以及合同的消灭等方面。而德国《民法施行法》第32条将合同分为合同的解释、合同的履行、完全或部分不履行合同义务的后果、合同义务的消灭的不同方式以及时效和期限届满时权利的丧失。其次对于什么情况是与合同更紧密联系，各国理解也存有偏差。对这两个条件运用标准的不统一，影响了法律适用的确定性和预见性，与《罗马公约》期待的统一成员国冲突法的目标格格不入。

《罗马条例Ⅰ》因而将合同分割法限于当事人意思自治场合，在利用客观方法选择适用法时，则适用整体法确立合同的准据法。

二、《罗马条例Ⅱ》

2007年7月11日，欧洲议会和欧盟理事会先于《罗马条例Ⅰ》通过了《非合同之债法律适用的864/2007号条例》，简称《罗马条例Ⅱ》（Regulation No. 864/2007. of the European Parliament and the Council on the Law Applicable to the Non-Contractual Obligations, Rome Regulation II）。该条例于2009年1月11日起适用于除丹麦以外的所有欧盟成员国。这是欧盟在国际私法非合同之债适用法领域的一次重大改革，首次以条例的形式在对欧盟的侵权法律适用制度做了统一，标志着欧盟国际私法统一化的最新发展，统一的内容涉及侵权或不法行为、不当得利和无因管理等非合同之债的主要方面，统一的法律选择力求在法律适用的确定性与灵活性、管辖权选择与内容定向法律选择、社会公共利益与个人利益等方面达到平衡。

《罗马条例Ⅱ》共7章32条。第1章"适用范围"（第1条至第3条）；第2章"侵权行为"（第4条至第9条）；第3章"不当得利、无因管理和缔约上的过错"（第10条至第13条）；第4章"选择自由"（第14条）；第5章"共同规则"（第15条至第22条）；第6章"其他规定"（第23条至第28条）；第7章"最后规定"（第29条至第32条）。

以下是关于因侵权行为而发生的非合同之债适用法的有关内容。

1. 一般规则

《罗马条例Ⅱ》第4条是关于侵权行为适用法的通则性规定。除《罗马条例Ⅱ》有相反规定外，因侵权行为而发生的非合同之债的适用法是损害发生地国家的法律体系，而不论损害的原因事实发生于哪个国家，也不论该事实的间接后果发生于哪个国家（第4条第1款）。可见，《罗马条例Ⅱ》原则上对于侵权行为之债适用损害发生地法，而损害发生地法可以理解成"侵权行为地法"的一种具体化形式。从比较法的角度看，这一主要适用损害发生地法的做法，不仅被一些进行了国际侵权行为法的法典编纂的国家（如英格兰等）所采取，而且被法国最高法院的司法判例所采取。但与一些欧洲国家的现行国际私法制定法（荷兰《关于侵权行为领域的法律冲突的法律》第 3 条第 2 款、瑞士《关于国际私法的联邦法律》第 133 条第 2 款第 2 句和葡萄牙《民法典》第 45 条第 2 款等）所不同的是，《罗马条例Ⅱ》第 4 条第 1 款在指定损害发生地国家的法律体系时，并不要求加害人应当预见损害结果将会在该国发生。

但在损害发生时，如果加害人和受害人在同一国家有其惯常居所，则适用该国的法律体系（第 4 条第 2 款）。这意味着在加害人和受害人在同一国家有惯常居所的情况下，该国的法律体系应优先于第 4 条第 1 款所规定的损害发生地国家的法律体系而予以适用。第 4 条第 2 款的冲突规则与瑞士《关于国际私法的联邦法律》第 133 条第 2 款、1999 年德国国际私法改革后的《民法典施行法》第 40 条第 2 款第 1 句所采取的做法是一致的。

值得注意的是，《罗马条例Ⅱ》第 4 条第 1 款和第 2 款的"一般规则"要受制于第 4 条第 3 款所规定的"例外条款"（见下文关于例外条款的论述）。

2. 特别规则

因产品责任、不正当竞争及限制自由竞争的行为、侵害环境、侵犯知识产权、罢工或封闭工厂而发生的非合同之债的适用法，根据《罗马条例Ⅱ》第 5 条至第 9 条的特别规则予以确定。欧盟立法者之所以要制定此种关于特殊侵权行为适用法的特别规则，是为了更好地确定与各种特殊侵权行为相应的法律关系的空间位置，进而更加适当地确定其适用法。从比较法的角度看，这是符合国际私法的最新发展趋势的。以 2004 年 10 月 1 日生效的比利时《国际私法法典》为例，其第 99 条在制定了一条关于侵权行为适用法的一般规则之后，分别就诽谤、不正当竞争、环境污染和产品责任制定了 4 条特别规则。在国际条约方面，1973 年 10 月 2 日欧共体签订的《产品责任法律适用公约》（《海牙公约》）均采取类似做法。

《罗马条例Ⅱ》第 5 条以"连结点梯子"的方式规定了由产品所引起的损害而发生的非合同之债的适用法：a. 它通常是受害人在受损害时的惯常居所地国家的法律体系（但以产品在该国上市为前提）；b. 如不存在受害人在受损害时的惯常居所地国家，则适用产品购买地国家的法律体系（但以产品在该国上市为前提）；c. 如不存在产品购买地国家，则适用损害发生地国家的法律体系（但以产品在该国上市为前提）。然而，如果加害人不能合理地预见该产品或同类产品在依 a、b 或 c 项应适用的法律体系所属国的上市，则适用法是加害人惯常居所地国家的法律体系（第 5 条第 1 款）。不过，以上三个法律体系的适用是以"不妨碍第 4 条第 2 款"为前提的，这意味着在损害发生时，如果加害人和受害人在同一国家有其惯常居所，则应首先适用其惯常居所地国家的法律体系。

根据其第 28 条第 1 款的规定，《罗马条例Ⅱ》不影响"以一个或多个成员国为缔约国且解决非合同之债领域的法律冲突的国际公约的适用。"据此，对于既是欧盟成员国、又是《产品责任法律适用公约》（《海牙公约》）缔约国的芬兰、法国、荷兰、卢森堡、斯洛文尼亚和西班牙等国来说，该《海牙公约》的规定优先于《罗马条例Ⅱ》第 5 条的规定。此外，如果从全部情况来看，侵权行为与第 28 条第 1 款所指定的国家以外的另一国家有显然更密切的联系，则应适用该另一国家的法律体系。与另一国家显然更密切的联系，则应当基于当事人之间先存在的关系（诸如与所称侵权行为有密切联系的合同）得出（第 5

条第 2 款)。

3. 例外条款

《罗马条例Ⅱ》第 4 条第 3 款是国际侵权行为法领域的例外条款。该条款规定，如果从全部情况来看，侵权行为与第 4 条第 1 款或第 2 款所指定的国家以外的另一国家有显然更密切的联系，则应适用该另一国家的法律体系。与另一国家显然更密切的联系，应当基于当事人之间先存在的关系（诸如与所称侵权行为有密切联系的合同）得出。该例外条款受制于两个限制条件：其一是"从全部情况来看"；其二是与另一国家有"显然更密切的联系"。这表明，受理侵权行为之债领域的国际性案件的法官，只能将例外条款在有相当限制的情形下加以运用。

4. 当事人选择适用法的自由

《罗马条例Ⅱ》第 14 条承认双方当事人有选择非合同之债适用法的权利。这种法律选择既可以事后为之，也可以事前为之：双方当事人可以通过损害的原因事实发生后的协议来选择非合同之债的适用法（第 14 条第 1 款第 1 句 a 项），也可以通过损害的原因事实发生前自由地商订的协议来选择非合同之债的适用法，前提是双方均从事商业活动（第 14 条第 1 款第 1 句 b 项）。该法律选择必须是明示的或以确定的方式从情况中得出的，且不得妨碍第三人的权利（第 14 条第 1 款第 2 句）。从比较法的角度看，德国《民法典施行法》第 42 条准许当事人选择非合同之债的适用法，瑞士《关于国际私法的联邦法律》第 132 条准许当事人在损害事件发生后的任何时候约定适用法院地法。

但当事人选择适用法的权利并非不受限制。如果在损害的原因事实发生时，案情的全部因素均位于被选择的法律体系所属国以外的另一国家，则双方当事人的法律选择不得妨碍该另一国家的、不得以协议加以损抑的规定的适用（第 14 条第 2 款）。如果在损害的原因事实发生时，案情的全部要素均位于一个或一个以上成员国，有必要时，双方当事人对第三国法律的选择，不得妨碍、不得以协议加以损抑、且已被法院地成员国实施的欧盟法规定的适用（第 14 条第 3 款）。显然，第 3 款的规定旨在保证欧盟法最低标准的适用。所谓"不得以协议加以损抑的"规定，是指强制性规定。

资料来源：

1. 邵景春. 欧洲联盟的法律与制度. 北京：人民法院出版社，1999.

2. 谢宝朝. 论《罗马条例Ⅰ》对欧盟合同冲突法的发展及对我国的启示. 西南政法大学学报，2010(3).

3. 于飞. 欧盟非合同义务法律适用统一化——以《罗马条例Ⅱ》为中心. 西北政法大学学报，2009(1).

第 六 章

代 理 法

代理法（law of agency），是指调整代理的产生、无权代理与代理关系的终止，及其内部与外部关系的有关法律规范的总称。

代理，是指一方（代理人）以另一方（被代理人或本人）的名义，在授权范围内，与第三方进行某种对被代理人产生权利与义务的法律行为。普通法与大陆法对代理权的产生和无权代理有不同的规定。代理的分类有一般代理与承担特别责任的代理两类。代理关系主要是指代理的内部关系与外部关系。代理关系的终止有其原因和法律后果。中国外贸代理制的推行有其历史背景，也存在若干法律问题。

本章重点内容是了解和掌握：（1）代理人与被代理人之间各自的权利与义务；（2）代理人、被代理人与第三人之间的法律关系；（3）中国《合同法》对外贸代理制的完善与发展。

重点问题

- 代理法概论
- 代理的分类
- 代理的内部关系
- 代理的外部关系
- 中国的代理法与外贸代理制

第一节 代理法概论

一、基本概念与理论基础

（一）代理的概念与基本特征

1. 代理与商事代理的概念

代理是指代理人按照被代理人的委托，在代理权限内代表被代理人与第三人订立合同或为其他法律行为，由此而产生的权利与义务对被代理人产生法律效力的法律制度。例如，美国《代理重述》（第二版）（Restatement of Agency，Second Edition）第 1 条的标题就是"代理，本人，代理人"。该条规定：（1）代理是一种信托关系，这种关系产生于一人表示同意另一人代表他而采取行动，并且受其控制，另一人同意这样采取行动；（2）委托他人采取行动的人是本人；（3）采取行动的人是代理人。这里"控制"的意思，既包含代理人必须在其授权范围内行事，也包含代理人在其授权范围内的代理行为对本人具有约束力。

在代理（agency）关系中，委托他人为自己从事某种行为的人称为委托人、被代理人或本人（principal），接受本人委托而为其办理代理事务的人称为代理人（agent），凡是与代理人打交道的人都称为第三人。

商事代理与一般民事代理则具有不同的含义。例如，《德国商法典》第 84 条第 1 款规定，代理商是指一种独立的商事经营者，它接受委托，固定地为其他企业主促成交易，或者以其他企业主的名义缔结交易。法国在 1991 年专门制定的《关于商业代理人与其委托人之间关系的法律》中规定，商业代理人是指不受雇佣合同的约束，以制造商或其他商业代理的名义，通过签订购销合同或提供服务的合同，为其计算，并具有一定独立性的职业代理人。

由此可见，不同国家对于商事代理的含义不尽相同，但概括而言，商事代理是不受雇佣合同约束的代理商，以自己的名义或以委托人的名义，为委托人买卖货物或提供服务，并从中获取佣金的经营性活动。

2. 代理与商事代理的基本特征

根据上述代理的概念，可以知道代理具有下列基本特征：

（1）代理人必须以被代理人的名义进行代理活动。

大陆法系国家将代理分为直接代理和间接代理。直接代理是指代理人以被代理人的名义所做的代理行为，间接代理是指代理人以自己的名义为被代理人所做的代理行为，行纪即属于间接代理。英美法系则没有直接代理和间接代理之分。

（2）代理人必须在被代理人授权的范围内进行代理活动。

如果代理人没有代理权或超越代理权限进行代理活动，其代理行为对被代理人不具有法律约束力，代理人自己必须承担相应的法律后果。

（3）代理行为的法律后果直接归属于被代理人。

代理人所做代理行为的最终目的是维护被代理人的利益，因此其代理行为的法律效果直接归属于被代理人。

与民事代理比较而言，商事代理具有以下基本特征：

（1）商人性。

商法中的商事代理，实际上是指专门从事各种商务代理活动的独立的职业代理商。他们主要是专门为生产商和其他商人从事商品销售、货物采购和财产租赁的代理商，以及从事拍卖、保付、各种经纪（如证券、保险、航运、房地产等）和财产管理等与商事有直接联系的中间活动的代理商。代理商是以商业代理为职业之人，从其行为方式上可将其归入一种特殊的独立的商人范畴。要取得代理商的资格，必须首先取得商人资格。这就把商事代理与民事代理区别开来。

（2）职业性。

代理商是从事代理等行业营业的人，他们的营业活动涉及商事活动的诸多领域。例如，运输、保险、保付、商标、专利和证券等商事代理活动，都需要专门的知识和技能，这就要求经营者是具有职业性的代理商。而民事代理多为临时性的活动，即使是基于亲权或监护权的法定代理，也只是在被代理人偶尔产生代理需要时才实际发生。因此，民事代理并非一种职业行为。

（3）独立性。

商事代理关系中代理商的法律地位是独立的，它与委托人之间并非隶属关系。例如，《德国商法典》第84条第1款明确规定，代理商是独立的商事经营者。这种独立性具体表现为：

①代理商有自己独立的商号，独立的营业场所，独立的账簿，并独立进行商事登记，是一个完全独立的商事主体。

②代理商可以以自己的名义与第三人从事本人所委托的事项，在商事活动中具有独立的身份。

③代理商具有独立的经济利益。对于民事代理，一般而言，代理人是为被代理人的利益从事活动，没有自己独立的利益追求。而在商事代理中，代理商是一个独立的经营主体，通过代理活动来向本人收取佣金作为自己的经济来源，对其经营活动实行独立的经济核算，因此具有自己独立的经济利益。

④商事代理人的权利是独立的权利。商事代理人不受雇佣合同的约束，而委托合同较一般民事代理在权限上又具有更大的灵活性，不必严格按照商人赋予的职权与行为方式从事职务活动，可以灵活地决定其活动，在其行为过程中拥有明显独立的权利。

⑤从责任制度来说，在商事代理中，当第三人的合法权益受到侵犯时，他可以选择是向本人求偿，还是向代理商求偿。这也是商事代理独立性的体现。

（4）灵活性。

商事代理的形式具有灵活性。商事代理既有直接代理，又有间接代理；既可隐名代理，又可显名代理；既可明示授权，又可默示授权；既可事前授权，又可事后追认；既可采用委托书方式授权，又可采取追认和客观必需的授权。如此灵活的制度，适应了现代商事活动复杂多变的需要。而民事代理则不具有这样的灵活性。

（5）有偿性。

虽然民事代理中有的是有偿代理，但很多是属于无偿代理。而商事代理合同是为双方共同的利益而订立的，代理人有权按交易的数量和价值抽取佣金，因此商事代理都是有偿代理，这也是代理商营业所得的主要来源。

3. 调整代理关系的立法

代理法，是指调整代理的产生、无权代理与代理关系的终止，及其内部与外部关系的有关法律规范的总称。

目前，规范代理关系的立法主要包括国际公约和国内立法。

（1）国际公约。

代理制度是现代民商法中的一项重要制度，但是各国的代理制度各不相同，不仅两大法系的代理制度存在巨大的分歧，即使是在同一法系，各国的代理制度也存在不同程度的差别。

为了消除各国代理制度分歧给国际贸易带来的不便，从20世纪60年代开始，国际社会一直致力于建立统一的国际代理制度。1961年，国际统一私法协会制定了《代理统一法公约》和《代理合同统一法公约》，前者调整直接代理关系，后者调整间接代理关系。由于这两个公约是建立在大陆法系的基础之上，因此未能得到普通法系国家的认同。1983年，该协会又公布了《国际货物销售代理公约》，该公约因具有浓厚的英美法系代理法色彩，而遭到了大陆法系国家的抵制。2004年出台的《国际商事合同通则》（修订版）在其1994年版本上增加了"代理权"一节，这是该协会为统一国际代理制度所做的最新努力。在经过了前面两次的失败尝试后，该协会的此次努力能否获得成功值得关注。

（2）国内立法。

由于目前国际社会还没有统一的代理法公约，因此对于代理关系的规范主要以各国国内法为基础，尤其是两大法系的有关法律规定。

在大陆法系民商分立的国家中，立法上对于代理有民事代理和商事代理之分，分别在其民法典和商法典中确立有关代理制度的规定。例如，《法国民法典》第十三编"委托"中的第1 984至2 010条对民事代理做了规定，而《法国商法典》在商人编中对商事代理做了规定。法国还于1958年12月25日专门颁布了第58-1345号《关于商事代理人的法令》，1991年6月25日又颁布了第91-593号《关于商业代理人与其委托人之间关系的法律》。

但是，当时的《法国民法典》只将代理作为"委任契约"列入"取得财产的各种方法"中，未能建立完备的代理法律制度。1900年施行的德国民商法典在这方面有了突破性的进展。《德国民法典》把商事代理中具有普遍意义的部分从旧法典中抽出来，纳入"法律行为"一章加以规定，同时仍保留有关商事代理的特别规定。德国立法者的这一举措，使代理成为一项独立的民事法律制度，同时又不影响商事代理所具有的特殊性，为大陆法系其他国家树立了典范。《德国民法典》在总则中从第164至181条对代理制度做了规定，其中有一专章规定"代理权及行为的委托"；《德国商法典》则以一专章第7章明确规定了"代理商"。

虽然普通法系国家没有严格的民事代理和商事代理之分，其代理主要是委托代理，且多为商事方面的代理，但代理制度已经成为一项单独的法律制度。随着商事代理趋于专业化，代理人的分工越来越细，各种专业代理人纷纷出现。即使在奉行判例法的英美两国，关于商事代理的制定法也越来越多。英国早在1889年就制定了《经纪人法》，规定了经纪人和其他种类代理人的广泛代理权限，1971年又专门制定了《代理权利法》，还有1979年制定的《不动产代理人法》等。美国法学会1933年出版的《代理法重述》及其后来的第二版中，以及美国在财产法、合同法和公司法等成文法中，都对代理制度做了有关规定。

（二）代理的理论基础

大陆法系与英美法系的代理法具有较大的差异，其制度性分歧源于两套不同的理论基础。

1．大陆法系的区别论

大陆法系代理法的理论基础是区别论（theory of separation）。大陆法系在初期（包括1804年《法国民法典》）并不区分代理授权与委任合同。后来，代理权与委任合同及其他基础关系开始得到划分。以德国为代表的大陆法系，严格区分代理人与本人的内部关系，以及代理人一般的对外权力。德国法关于区分代理权授予及其基础关系的理论，源于1861年《德国商法典》所创立的有关商事活动的一般权限，即委任。

具体而言，在大陆法系国家中，德国、瑞士与日本的法律规定，委任与授权行为是有区别的。委任是本人与代理人之间的内部关系，而授权行为则是委任合同的对外关系，是本人、代理人与第三人关系的法律依据。根据德国法的解释，授权行为是一种抽象的法律行为，它与委任合同是互相独立，互不牵连的；即使委任关系宣告无效或撤销，授权行为仍然存在，代理人与第三人订立的合同仍然有效，本人对此仍然必须负责。这是为了保护第三人的利益，使第三人可以放心地与代理人订立合同，而不必考虑本人与代理人之间的内部关系。法国法虽然没有严格地把委任与授权行为区别开来，但是其法学理论都赞同德国法的主张，《法国民法典》修订草案也表示接受这种观点。

所谓区别论，是指把委任（mandate，即作为内部关系的委托人与代理人之间的合同）与授权（authority，即作为外部关系的代理人代表委托人与第三人缔约的权力）的概念严格区别开来。大陆法系的代理以"区别论"为理论依据，将代理关系划分成内部关系与外部关系两个方面。在内部，即委托人与代理人之间，为委任关系；在外部，即代理人与第三人之间，为授权代理关系。就内部关系而言，本人通过委任合同对代理人的限制，原则上对第三人无效，他不能因此而减轻责任。就外部关系而言，代理人为代理行为须以被代理人的名义，表明其代理人身份。而这种产生于民事代理制度的直接代理说，显然已不适应高效快捷、形式多变的商事代理活动。为改变这种情况，《德国商法典》在规定直接代理的同时，也承认并确立了间接代理，例如独立商事代理人之外的其他代理均为间接代理。区别论的核心是，尽管本人在委任协议中对代理人的权限予以限制，但是此限制原则上并不产生对第三人的约束力。

2. 英美法系的等同论

与大陆法系不同，英美法系不区分代理与委任合同，其代理法的基础是本人与代理人的等同论（theory of identity）。所谓"等同论"，是指将代理人的代理行为视为本人亲自所为，即"通过他人去做的行为视同自己亲自做的一样"。英美法中的代理权不是来自本人与代理人的合同，而是来自权限的单方授予。由于英美法突出强调权限的让与，因此本人身份不公开的权利与义务得以确立。"等同论"对代理关系不做内部与外部关系的区分，简化了代理的三方关系，使整体代理概念得以形成。为了保护善意第三人的利益，英国代理法以"不容否认的代理说"，对表见代理（具体内容见下文"无权代理"中的论述）予以制约。此外，英国代理法中的"不公开本人身份"的规定颇具特色，它适用于得到授权的代理人，在未公开本人的情况下以自己的名义签订的合同。对于此类合同，本人有直接介入权，既可向第三人行使请求权，又可对其行使诉权，不过本人一旦介入，就要对第三人承担责任。与直接介入权相对应，第三人有选择权，在本人与代理人之间，他既可以选择其中之一作为合同责任人，又可以选择其中之一起诉，而该选择只能是单项的，一经选定，不得更改。

3. 区别论与等同论的区别

综上所述，两大法系代理制度的设计各有侧重。区别论强调代理三方关系中的两个不同侧面，即本人与代理人之间的内部关系，本人和代理人与第三人之间的外部关系。大陆法侧重"以谁的名义进行法律行为"，所以按照"名义"的标准，代理划分为：（1）直接代理，即代理人为了本人的利益，并以本人的名义与第三人开展商事活动，其法律效果直接归属本人的代理；（2）间接代理，即代理人为了本人的利益，以自己的名义与第三人开展商事活动，其效果间接地归于本人的代理。

等同论笼统地把代理人的行为视同于本人的行为。即使是代理人的行为，其产生的结果也与本人亲自为之一样。英美法侧重"谁对与第三人签订的主合同承担责任",所以按照"披露本人"的程度不同,代理划分为三类:显名代理,即既公开本人的存在又公开本人姓名的代理;不显名代理,即代理人公开本人的存在但不公开本人的姓名,仅以"代表我的本人"方式与第三人签约的代理;隐名代理,即既不公开本人的存在又不公开本人姓名,而是以自己的名义与第三人订立合同的代理。

由此可见,两大法系的差异更多地体现在代理制度的设定上:英美法不存在以"间接代理"为名的法律制度安排,代之以隐名代理;大陆法则不存在隐名代理的法律制度安排,代之以间接代理、行纪、居间等制度。但是,就制度功能而言,英美法中的显名代理和不显名代理与大陆法中的直接代理基本相同;而英美法中的隐名代理大致上相当于大陆法中的间接代理。两大法系的代理制度之所以能够并存,各显其能,关键是因为它们在各自的制度设计上形成了一整套行之有效的规则体系。

二、代理权产生的方式

关于代理权产生的方式,两大法系具有明显的不同。

(一)大陆法

大陆法把代理权的产生方式分为两种:一种是法定代理(statutory);另一种是意定代理(voluntary)。

凡不是由于本人的意思而产生的代理权称为法定代理。法定代理包括三种情况:(1)根据法律规定享有的代理权,例如,父母对未成年子女的代理权;(2)根据法院确定享有的代理权,例如,法院批准的破产人或指定的清算人的代理权;(3)根据私人推选取得的代理权,例如,家族推选的遗产管理人的代理权。

意定代理则是指根据本人的意思表示而产生的代理权。这种意思表示既可以采用口头形式,也可以采用书面形式。

(二)英美法

英美法认为,代理权可以经由下列原因而产生。

1. 根据协议而产生的代理权

根据协议而产生的代理权(agency by agreement)包括明示指定与默示授权两种情况:(1)明示指定(express appointment)。所谓明示指定,是指由本人以明示的方式指定某人为其代理人。根据英美法的规定,代理协议的成立并不要求特定形式,既可以采用口头形式,也可以采用书面形式。即使代理人需要以书面形式与第三人订立合同,本人也仍然可以采用口头形式授予代理权,除非本人要求代理人用签字蜡封的方式替他与第三人订立合同,例如,只有委托代理人购置不动产,才需要采用签字蜡封的形式授予代理权。这种要式的授权文书叫作"授权书"(power of attorney)。(2)默示授权(implied authority)。所谓默示授权,是指某人以其言辞或行动使另一人有权以他的名义签订合同等,他就要受该合同的约束,就像他明示地指定了代理人一样。例如,甲经常让乙为他向丙订购货物,并且如数向丙支付货款。在这种情况下,乙便被认为具有默示的代理权。如果日后甲不让乙以他的名义订货,则甲除通知乙外,还必须通知丙,否则如果乙仍然继续以甲的名义向丙订货,则甲仍然必须向丙负责。在英美法中,这又叫作"不可否认的代理"(agency by estoppel),意思是说,当一个人以其言辞或行动使第三人合理地相信某人是其代理人时,他必须对该人以其名义所进行的行为承担责任。在上例中,甲既然以他的行动表示乙具有代理权，而丙基于这种情况信赖乙有代理权并与之订立了合同，则甲就不能予以否认。

2. 客观必需的代理权

客观必需的代理权（agency of necessity）是当一个人接受委托照管另一人的财产时，为了保全财产而必须采取某种行动时产生的权限。在这种情况下，虽然受委托管理财产的人并没有得到采取此种行动的明示授权，但是由于客观情况的需要得视其为具有这种授权。在国际贸易中这种情况时有发生。例如，承运人在遇到紧急情况时，有权采取超出其通常权限的、为了保护委托人的财产所必须采取的行动，像出售易腐烂或有灭失可能的货物，以及有权抵押船舶以清偿为完成航次所必需的修理费用等。但是要取得这种代理权是相当困难的，英国和美国法院一般不愿意不适当地承认这种代理权。

3. 追认的代理

如果代理人未经授权或者超出授权范围而以本人的名义与第三人订立了合同，这项合同对本人是没有约束力的。但是，本人可以在事后批准或承认该合同，这种行为称为追认（ratification）。追认的效果就是使该合同对本人具有约束力，如同本人授权代理人替他订立了该合同一样。追认具有溯及力，即自该合同成立时起就对本人生效。

三、无权代理

无权代理，是指欠缺代理权的人所做的代理行为。无权代理的产生主要有以下四种情况：（1）不具备默示授权的代理；（2）授权行为无效的代理；（3）越出授权范围行事的代理；（4）代理权消灭后的代理。

根据各国法律的规定，无权代理所做的代理行为，例如，与第三人订立合同或处分财产等，非经本人的追认，对本人是没有约束力的。如果善意的第三人由于无权代理人的行为而遭受损失，则该无权代理人应对善意的第三人负责。这里所谓的"善意"，是就第三人不知道该代理人是无权代理而言的。如果第三人明知代理人没有代理权而与之订立合同，则属于咎由自取，法律不予以保护。

（一）大陆法的有关规定

关于无权代理的问题，大陆法各国基本上在民法典中做出规定。例如，《德国民法典》与《日本民法典》都规定，无代理权人以他人名义订立合同者，非经本人追认不产生效力。在本人追认以前，无权代理人所做的代理行为处于效力不确定的状态。在这种情况下，大陆法有两种处理方法：一是由第三人向本人发出催告，要求本人在一定的时间内答复是否予以追认；二是允许第三人在本人追认以前撤回他与无权代理人订立的合同。例如，《德国民法典》第177条与第178条规定，在发生无权代理的情况时，第三人可以催告本人表示是否追认。追认的表示应在收到催告后两周之内做出，如果在此期间不表示追认，则视为拒绝追认。同时该民法典规定，无权代理人订立的合同，在未经本人追认之前，第三人有权予以撤回；但是如果第三人在订立合同时明知其为无权代理人，则不得撤回。

关于无权代理人的责任，大陆法系各国的法律规定并不完全相同。从原则上来说，无权代理人对第三人是否必须承担责任，主要取决于第三人是否知道该代理人没有代理权。如果第三人不知道该代理人没有代理权而与之订立了合同，无权代理人就要对第三人承担责任；反之，如果第三人明知该代理人没有代理权而与之订立了合同，无权代理人就不负责任。在这方面，大陆法系各国的法律规定是一致的，但是在无权代理人的责任内容上则有不同的规定。根据《法国民法典》与《瑞士债务法典》的规定，无权代理人应对善意的第三人负损害赔偿的责任。但是根据《德国民法典》第179条的规定，无权代理人以他人的名义订立合同时，如果本人拒绝追认，则无权代理人应根据第三人的选择负履行合同或赔偿损失的义务。换言之，第三人既可以要求无权代理人赔偿损失，也可以要求其履行合同，由第三人在两者之中选择其一。

（二）英美法的规定

英美法把大陆法的无权代理称为违反有代理授权的默示担保（breach of implied warranty of authority）。根据英美法的解释，当代理人与第三人订立合同时，代理人对第三人有一项默示的担保，即保证他是有代理权的。因此，如果某人冒充别人的代理人，但是实际上并没有得到本人的授权，或者是越出了他的授权范围行事，则与其订立合同的第三人就可以以其违反有代理授权的默示担保对他提起诉讼，该冒牌的代理人或越权的代理人就必须对第三人承担责任。对于这种情况，需要注意以下五点：（1）这种诉讼只能由第三人提起，不能由本人提起；（2）不论无权代理人的行为是出于恶意还是出于不知情，他都要对此负责；（3）如果第三人知道代理人欠缺代理权，或者知道代理人并没有提供有代理权的担保，或者合同中已经排除了代理人的责任，则代理人可以不承担责任；（4）如果本人对代理人所做的指示含混不清，而代理人出于善意并以合理的方式执行了这一指示，则代理人对此不承担责任，即使代理人对本人的此项指示做出了错误的解释，他也不负责任；（5）代理人对违反有代理授权的默示担保承担的损害赔偿金额，一般应根据第三人遭受的实际损失计算。

（三）表见代理

表见代理（apparent authority，又称 ostensible authority），是指行为人虽无代理权，但本人的行为造成了足以使善意第三人相信其有代理权的表象，而与善意第三人进行的、由本人承担法律后果的代理行为。

1. 表见代理的成立要件

（1）表见代理属于广义的无权代理，因此只能在代理人无权代理而从事代理行为的情况下发生。（2）相对人有合理的理由相信无权代理人的代理权。（3）相对人主观上是善意的、无过错的。（4）无权代理行为的发生与本人有关。

2. 表见代理产生的法律后果

表见代理是指代理人没有代理权而使第三人误认为有代理权的情形，它可以发生与有权代理相同的效力。中国《合同法》第49条对表见代理的法律后果有如下规定：行为人没有代理权、超越代理权或代理权终止后以被代理人的名义订立合同，相对人有理由相信行为人有代理权的，该代理行为有效。虽然表见代理欠缺本人关于授权的意思表示，但它却具有一个非实质的"外观"上的授权行为，这个授权行为产生于本人的过失，使相对人有足够理由相信行为人具有代理权。而法律从保护善意第三人的信赖和利益以及维护交易安全的角度出发，要求其具有一般代理行为的法律效力。但由于它的产生并非由于行为人的本意，故有别于一般的有权代理，同时又由于这种表见代理行为包含本人的主观表示，所以又区别于无权代理。

《中华人民共和国民法总则》在现行法律规定的基础上完善了表见代理制度。《民法总则》第172条规定："行为人没有代理权、超越代理权或者代理权终止后，仍然实施代理行为，相对人有理由相信行为人有代理权的，代理行为有效。"

四、代理关系的终止

（一）代理关系的终止

代理关系的终止，是指根据双方当事人的协议，或某些法定事由的出现，使得代理关系消灭的行为。代理关系的终止有两种情形：一种情形是根据当事人的行为；另一种情形是根据法律。

1. 根据当事人的行为终止代理关系

代理关系可以根据当事人的行为而告终止。如果双方当事人在代理合同中规定了期限，则代理关系于合同规定的期限届满时终止。如果代理合同中没有规定期限，当事人也可以通过双方的同意终止他们的代理关系。至于本人是否可以单方面撤回代理权的问题，根据各国的法律规定，原则上允许本人在代理关系存续期间撤回代理权。例如，《德国民法典》第168条规定，代理权的消灭，依授予代理权的法律关系决定之。如此项法律关系无特别规定，代理权的授予亦得于该法律关系存续期间撤回。但是，本人在终止代理关系时，必须事先给代理人以合理的通知期限。如果本人在代理关系存续期间不适当地撤销了代理关系，则本人必须赔偿代理人的损失，其中包括代理人的佣金损失或其他报酬。这里需要特别指出以下两个方面：

（1）有些大陆法系国家为了保护商业代理人的利益，在法律中规定，本人在终止代理合同时，必须在相当长的时间以前通知代理人。例如，法国的法律规定，对于与代为招揽业务的代理人订立的代理合同，凡是合同中未约定期限者，本人在终止合同以前必须向该代理人预先发出通知。通知的期限，在订约后的第一年至第三年为6个星期，3年以后为3个月。其他大陆法系国家，例如，瑞士、意大利与荷兰等国家也有类似的规定。这些规定都是强制性的，但是它们只适用于不定期限的代理合同。如果双方当事人在代理合同中订立了终止期限，则应根据合同规定办理。

（2）有些国家对本人单方面撤回代理权做出了一定的限制。根据英国和美国的判例，如果代理权的授予是与代理人的利益结合在一起的，本人就不能单方面撤回代理权。例如，甲向乙借款若干，并指定乙为代理人代其收取房地产租金，以清偿其借款。在这种情况下，代理权的授予就与代理人的利益结合在一起，甲在其借款清偿完毕之前，不能单方面撤回对乙的代理权。

2. 根据法律终止代理关系

根据各国的法律规定，在下列情况下，代理关系即告终止：

（1）本人死亡、破产或丧失行为能力。但是，根据某些大陆法系国家民商法的规定，上述情况只适用于民法上的代理权，至于商法上的代理权，则应适用商法典的特别规定，不因本人的死亡或丧失行为能力而消灭。

（2）代理人死亡、破产或丧失行为能力。根据各国的法律规定，当代理人死亡、破产或丧失行为能力时，无论是民事上的代理权还是商事上的代理权，均因此而消灭。

（二）代理关系终止的后果

代理关系终止的后果，可以从以下两个方面进行分析。

1. 当事人之间的后果

在代理关系终止之后，代理人就没有代理权，如果该代理人仍继续从事代理活动，则属于无权代理，本人与代理人之间的关系应根据前面介绍过的有关无权代理的法律规定办理。

这里应当注意的是，有些大陆法系国家为了保护商业代理人的利益，在商法典中特别规定，在终止代理合同时，代理人对于他在代理期间为本人建立的商业信誉（商誉，good-will），有权要求本人予以赔偿。因为在代理合同终止后，这种商业信誉将为本人所享有，本人将从中得到好处，而代理人则将因此失去一定的利益。例如，《德国商法典》第89条规定，在下列情况下，本人应给代理人以补偿：（1）在代理关系终止后，本人从与代理人曾经介绍给他的客户的交易中获得重大的利益；（2）代理人由于代理合同的终止将失去佣金，如果不是由于终止代理合同，则根据代理人介绍的客户已签订的合同或将来签订的合同，该代理人本来是应当得到这种佣金的；（3）根据各种有关的情况，对代理人付给补偿乃是公平合理的。

代理人对于商业信誉的赔偿请求，必须在代理合同终止后3个月内提出。这些规定属于强制性规定，当事人不得事先在合同中放弃此项请求权。但是，在国际商事代理合同中，双方当事人可以通过选择适用外国法律的办法来规避这种法律的适用。根据德国的法律规定，如果一个外国的本人与一个德国的代理人订立代理合同，合同中规定适用本人国家的法律，则可以不适用《德国商法典》的上述规定。目前，除德国以外，法国、瑞士与意大利等国家的法律均有类似的规定，但是英国和美国等国家的法律则没有这种规定。

2. 对第三人的后果

当本人撤回代理权或终止代理合同时，对第三人是否有效，主要取决于第三人是否知情。根据各国的法律规定，当终止代理关系时，必须通知第三人才能对第三人发生效力。如果本人在终止代理合同时没有通知第三人，后者由于不知道这种情况而与代理人订立了合同，则该合同对本人仍具有约束力，本人对此仍然必须负责，但是本人有权要求代理人赔偿其损失。例如，《日本民法典》规定，对代理的限制或撤销，不得用以对抗第三人。《瑞士债务法典》第34条规定，撤销代理权之全部或一部分时，只有在已经通知第三人后，才能用以对抗第三人。在这个问题上，英美法与大陆法的处理办法基本上是一致的。

第二节 代理的分类

一、商事代理的分类

西方各国将代理划分为两大类：民事代理和商事代理。根据不同的划分标准，商事代理大致可分为以下六种：

（1）根据代理行为的标的，可分为商业代理与商务代理。商业代理是传统的商事代理形式，指对有形商品交易活动进行的代理。而商务代理行为的标的，则是无形的营利性服务，例如广告代理、保险代理与商事申请申报代理等。应当指出的是，劳务性的商事服务与商务代理是有区别的。商界一般将打字、复印、接发传真与信件等办公室工作称为商务。有些酒店附属的商务中心，以及一些企业的咨询服务公司，专为其他企业提供类似的服务，此种服务是劳务性商事服务，并非法律意义上的商事代理行为。

（2）根据代理行为的名义，可分为显名代理或公开本人姓名的代理，不显名代理或不公开本人姓名的代理，隐名代理或不披露（公开）本人身份的代理。其中显名代理大陆法称之为直接代理；而隐名代理即以代理人名义所为之商事代理，大陆法称之为间接代理。所谓间接代理，是指代理人为了本人的利益，以自己的名义与第三人开展商事活动，其效果间接地归于本人。行纪是大陆法系中间接代理的主要形式。行纪（factor, factorage）过去在中国又称牙行，在美国则称为代销商或收取佣金批发商（commission merchant）。其特点是以自己的名义，接受委托人的委托，为之计算，代为买进商品或卖出商品，或者办理寄售，从中收取佣金。虽然大陆法系的《德国民法典》没有规定间接代理，但《德国商法典》第383条至第406条对此做出了规定。第383条把行纪人定义为"以自己的名义为他人（委托人）购买或销售货物、有价证券，并以其作为职业经营的人"。

（3）根据代理人的归属，可分为自营商事代理与他营商事代理。商事代理人以自己的名义设立的非独立机构（例如经销部）所进行的商事代理称为自营商事代理；商事代理人以独立商事主体接受被代理人委托而进行的商事代理，称为他营商事代理。前者在代理人与被代理人之间负连带责任，后者在被代理人与代理人之间一般不负连带责任。

（4）根据代理人的权限，可分为总代理、独家代理、一般代理以及特约代理。总代理是指在确定的地区有权代理被代理人从事全面业务活动的代理。独家代理（sole or exclusive agent）指委托人在特定地区给予代理人独家代销其货物的权利。委托人向代理人支付佣金，负担经营风险；代理人代表委托人与买主洽谈交易与签订合同。独家代理的特点是以委托人的名义售货，在特定地区享有代销该项货物的专营权。一般代理是指不享有专营权的代理，其他权利义务与独家代理相同。这通常是指由一般代理人代表委托人推销货物，洽谈交易，由委托人签订买卖合同，代理人根据代理协议收取佣金。特约代理是一种专业代理。有些国家的大型厂商或跨国公司，由于其业务全球化，常在国外授权或指派专门代理，在某地区或国家设置专门网点，为其推销技术性的工业产品或为其提供技术和维修服务。国外知名品牌的电器与汽车制造商往往采用这种方式。

（5）根据商事代理的业务类型，可分为商品购销代理、地产代理、广告代理、证券代理、旅游代理与商事申请申报代理等。商事代理经营实践中的业务分类远不止这些，而且随着商事代理业务的迅速发展还会不断增加。应当注意的是，商事代理中有些虽冠名代理，但并非商事代理关系。例如，所谓经销代理，实质为买卖关系。经销是大陆法系国家经常采用的一种推销商品的方式。经销商（distributor）的地位兼有代理商的性质，有时也有类似行纪的行为。其业务主要是生产厂商将商品卖给经销商，再由经销商分销或批发给零售商。经销商还可进行代销。经销有独家经销与一般经销之分。

独家代理商与独家经销商（exclusive distributor）两者之间最大的不同是：前者与被代理人之间只有代理关系，而无实际交易关系，仅收取佣金，不负盈亏之责，而后者与被代理人之间有实际买卖某特定商品的关系，须自负盈亏。一般的商事代理著作未将商事申请申报代理列入商事代理之中，实际上它不仅是商事代理的一种，而且是独立的类型。例如，企业登记代理、税务申报代理、海关申报代理、专利申请代理、商标申请代理与建筑报建代理等即属此类。这种代理属显名代理，代理人一般应具有相应的专业能力与特许资格。这是一种专业性与营利性服务。从被代理人角度看，此种代理的内容虽具有行政义务性，却是其商事经营所必不可少的环节。

（6）根据代理人所负的责任，可分为特别责任代理与普通责任代理。特别责任代理，是指代理人在代理关系之外，自己对第三人另行承担责任的代理。例如，运输代理、保险代理与保付代理等就属此类。它实际上是代理人为了代理事项的顺利完成，以自己的名义向第三人做了承诺，而在原有的代理关系上另外附加了一个从属的法律关系。它是商事代理中独有的代理类型。普通责任代理是指除了特别责任代理之外的代理。

二、复代理

（一）概念

有一种代理是根据选任代理人的不同，称为本代理与复代理。

本代理，也称为普通代理或初代理，是直接由被代理人授予代理权，以被代理人的名义进行的代理行为。

复代理（sub-agency），也称为再代理或次代理，是指与本代理相对应的代理。复代理是代理人为处理代理事务，在必要时为被代理人选任其他人进行的代理。

代理人在必要时将代理事项的一部分或全部转委托第三人代理时，被代理人与代理人之间的代理为本代理，而代理人转委托的第三人行使的代理则为复代理。例如，A 委托 B 为其采购一批药材，B 接受委托后，突发急病，不能完成采购事项，在征得 A 的同意后，转委托 C 完成采购事项。A 与 B 之间的代理是本代理，C 的代理则是复代理，C 是复代理人。

（二）产生的法律依据

关于复代理，中国有关法律称之为"转托他人代理"或"转委托"。

根据代理法的规定，代理人负有亲自完成代理事项的义务，因此，法律原则上不允许代理人将被代理人的委托事项另行转托给第三人处理。但是，这种禁止不是绝对的，在必要情况下，法律仍然允许代理人转委托。对此，中国有关法律有明确的规定。

《民法通则》第 68 条规定，委托代理人为被代理人的利益需要转托他人代理的，应当事先取得被代理人的同意。事先没有取得被代理人同意的，应当在事后及时告诉被代理人，如果被代理人不同意，由代理人对自己所转托的人的行为负民事责任，但在紧急情况下，为了保护被代理人的利益而转托他人代理的除外。

《合同法》第 400 条也规定，受托人应当亲自处理委托事务。经委托人同意，受托人可以转委托。转委托经同意的，委托人可以就委托事务直接指示转委托的第三人，受托人仅就第三人的选任及其对第三人的指示承担责任。转委托未经同意的，受托人应当对转委托的第三人的行为承担责任，但在紧急情况下受托人为维护委托人的利益需要转委托的除外。

《民法总则》第 169 条规定，代理人需要转委托第三人代理的，应当取得被代理人的同意或者追认。

转委托代理经被代理人同意或者追认的，被代理人可以就代理事务直接指示转委托的第三人，代理人仅就第三人的选任以及对第三人的指示承担责任。

转委托代理未经被代理人同意或者追认的，代理人应当对转委托的第三人的行为承担责任，但是在紧急情况下代理人为了维护被代理人的利益需要转委托第三人代理的除外。

由此可知，复代理的产生有两种情况：一是一般情况下，事先授权，"应当事先取得被代理人的同意"，或事后追认，"事先没有取得被代理人同意的，应当在事后及时告诉被代理人"。二是"在紧急情况下"，可以"为了保护被代理人的利益而转托他人代理"，或

"受托人为维护委托人的利益需要转委托"。

根据中国有关法律的规定，上述两法所指的"紧急情况"，是指诸如由于急病、通信联络中断等特殊原因，委托代理人自己不能亲自办理代理事项，又不能与被代理人及时取得联系，如不及时转托他人代理，会给被代理人的利益造成损失或者扩大损失的情况。

（三）主要特点

根据代理法的有关规定，复代理具有如下特点。

（1）代理人以自己的名义选任第三人为复代理人。复代理人是代理人以自己的名义选任的，而不是由被代理人选任的。如果不是由代理人以自己的名义选任，而是由被代理人选任或者代理人受被代理人的委托以被代理人的名义选任的，则构成共同代理，而不是复代理。

（2）复代理人的代理权限以原代理人的权限为限。复代理人的权限不是代理权的移转。复代理权是由代理人转委托的，以代理人的代理权限为限，不能优于原代理人的代理权。如果复代理人的代理行为超越代理人的权限，则同样构成无权代理，而不产生复代理的法律效果。

（3）复代理人是被代理人的代理人，而不是代理人的代理人。"转委托经同意的，委托人可以就委托事务直接指示转委托的第三人"，这表明委托人（被代理人）与转委托的第三人（复代理人）之间发生的是直接的法律关系，如同被代理人与代理人之间的法律关系。

（四）责任归属

在复代理关系中，代理人介于被代理人与复代理人之间，因为有这种关系，所以对被代理人承担更多的责任。

1. 被代理人的责任

复代理人是被代理人的代理人，复代理人的所作行为的法律后果应直接由被代理人承担。在正常情况下，复代理人的行为应由被代理人承担责任，法律效果直接归于被代理人。

2. 代理人的责任

原则上，复代理一经成立，代理人"仅就第三人的选任及其对第三人的指示承担责任"。据此，在以下三种情况下，代理人必须对复代理人的行为对被代理人承担责任。

（1）选任责任。代理人以自己的名义为被代理人选任第三人作为复代理人，应向被代理人默示担保该第三人：一是人品道德可靠，二是具备处理受托事务的基本技能。否则，代理人对被代理人须承担责任。

（2）指示责任。如果代理人错误指示复代理人，导致被代理人利益受损，代理人须对被代理人承担责任。

（3）转委托授权不明责任。因委托代理人对复代理人授权不明，给第三人造成损失的，第三人可以直接要求被代理人赔偿损失；被代理人承担赔偿责任后，可以要求委托代理人赔偿损失。

此外，除紧急情况，"转委托未经同意的，受托人应当对转委托的第三人的行为承担责任"。

3. 复代理人的责任

对被代理人而言，复代理人是被代理人的代理人，复代理一经成立，复代理人应对自身的代理行为对被代理人承担责任。

（1）复代理人不履行其义务，或者在接受被代理人的直接指示时，处理事务有过失，致使被代理人遭受损失，应对被代理人承担赔偿责任。

（2）如复代理人与代理人或第三人恶意串通，损害被代理人的利益，致使被代理人遭受损失，应对被代理人承担赔偿责任。

对代理人而言，复代理人必须忠实执行其指示或授权。

（1）复代理人对代理人的指示，理解有误，执行有偏，致使第三人遭受损失，应自己承担赔偿责任。

（2）代理人的转委托授权不明，复代理人有过错，致使第三人遭受损失的，应负连带赔偿责任。

三、承担特别责任的代理人

简单地说，所谓承担特别责任的代理人，即各种专业代理人。

从以上的分析可以知道，在通常情况下，代理人在授权范围内与第三人订立合同之后，就退居合同之外，他对第三人不承担个人责任，即使第三人不履行合同，代理人对本人也不承担个人责任。这是各国代理制度的一般规定。

但是，各国的法律或国际惯例也承认与规定，某些代理人在一定的条件下，必须对本人与第三人负责。这种代理人称为承担特别责任的代理人。这些代理人在国际贸易中起着非常重要的作用，其业务活动涉及国际贸易的各个领域。这些代理人之所以具有独特的作用，是因为在国际贸易中，本人与第三人分别处于不同的国家，他们对于彼此的资信、能力与经营作风不太了解，而对与他们有经常业务往来的这些代理人则比较熟悉，因此，被代理人与第三人在进行交易时，对代理人的信任往往多于对交易双方的信任。正因为如此，他们有时会要求这些代理人对他们承担个人责任，这样他们就能够放心地进行相互交易。

这种承担特别责任的代理人分为两大类，共5种：第一类是对本人或委托人承担特别责任的代理人，即信用担保代理人；第二类是对第三人承担特别责任的代理人，有4种，即运输代理人、保险经纪人、保付代理人和对商业跟单信用证加以保兑的保兑行。

1. 信用担保代理人

在西方，有一种对本人承担特别责任的代理人，称为信用担保代理人（del credere agent）。这种代理人的责任是，在他所介绍的买方即第三人不支付货款时，由他赔偿委托人即本人因此而遭受的损失。

采用这种办法的好处是，由于委托人对国外市场的情况不太了解，无法判断代理人所在地区的买方的资信是否可靠，而且由于竞争的需要，往往以赊销的方法销售货物，一旦买方赖账或破产，就会遭受重大的损失，因此，如果代理人同意为国外的买方担保，委托人就可以避免无法预见的风险。还有一种好处是，由于代理人承担了信用担保的责任，就不会因为贪图多得佣金而在替委托人承揽订单时，只顾数量而忽视买方的资信能力。这种特别的代理关系，从法律上看，除了在本人与代理人之间存在合同以外，还存在另外一项合同，即担保合同，代理人就是根据这种担保合同而承担个人责任的。

信用担保制度在西方国家的出口贸易中曾经起过一定的作用，但是现在已经被逐步淘汰，因为现在许多西方国家已经设立了由政府经营的出口信贷机构，专门办理承担那些国内外的买主没有清偿能力的担保业务。因此，信用担保代理人的作用已经被这些机构逐步代替。

2. 运输代理人

在国际贸易中，运输代理人（forwarding agent）起着非常重要的作用。运输代理人具有运输方面的专门知识与信息，精通海、陆、空与国际联运的业务，例如，了解经常变化的国内外海关手续与运费，熟悉海关和机场的习惯与惯例，知道货物集装箱运输的组织安排，以及出口货物的包装与装卸等运输业务。

根据有些国家运输行业的惯例，如果运输代理人接受客户（本人）的委托，向轮船公司预订舱位，那么，他们自己就必须向轮船公司（第三人）负责。如果客户到时没有装运货物，使轮船空舱而行，则代理人必须支付空舱费。然后，代理人可以要求客户进行赔偿。如果客户拖欠代理人的佣金、手续费或其他费用，则代理人对客户的货物有留置权，直到客户付清各项费用为止。

3. 保险经纪人

在国际贸易中，根据保险行业的惯例，进口人或出口人在投保货物运输保险时，一般不能直接与保险人（保险公司）订立保险合同，而必须委托保险经纪人（insurance broker）代为办理。

根据有些国家，例如，英国海上保险法的规定，凡是海上保险合同由经纪人替被保险人（即本人）签订时，经纪人必须对保险人（第三人）与保险费直接负责，而保险人则对被保险人的保险金额直接负责。根据这项规定，如果被保险人不缴纳保险费，则经纪人必须直接负责向保险人缴纳保险费。如果保险标的物因为承保范围内的风险而遭受损失，则由保险人直接赔付给被保险人。

但是，保险行业具有自己的特点，即经纪人的佣金是由保险人（第三人）支付的。而在其他行业中，代理人或经纪人的佣金通常是由其委托人（本人）支付的。

4. 保付代理人

在西方国家，特别是在英国和美国等国家，有一种对第三人承担特别责任的代理人，称为保付代理人（confirming agent）。在英国，这种代理人是由英国出口商协会的出口商承担的，所以，又称为出口商行（export house）或保付商行（confirming house）。

保付代理人的业务是代表国外买方（本人）向本国卖方（第三人）订货，并在国外买方的订单上加上保付代理人自己的保证，由他担保国外的买方履行合同。如果国外的买方不履行合同或拒绝付款，保付代理人就负责向本国的卖方支付货款。保付商行通常发生两个方面的法律关系：一方面是与国外委托其购货的买方的关系；另一方面是与本国市场上卖方的关系。根据他们所订立的合同的性质，这种关系可以分为两种情况：一种情况是保付商行自己为买方（本人）订购货物，与卖方签订买卖合同，从而根据合同对货款以及接受货物负责；另一种情况是保付商行以代理人的身份为国外的买方订货，与本国的卖方（第三人）订立买卖合同，但是同时加上代理人自己的保证，表明他自己对货款负责，从而使得保付代理人作为卖方的第三人承担了特别责任。这是一种典型的保付安排。

保付商行的义务是：不论是在上述第一种情况下还是在第二种情况下，他都要对本国的卖方（第三人）承担支付货款的责任。如果在合同履行前，国外的买方（本人）没有正当理由就取消了订货，保付商行仍然必须对本国的卖方（第三人）支付货款。当然，在这种情况下，保付商行在付清货款之后，有权要求国外的买方（本人）偿还他所付的货款，在某些情况下，还可以要求损害赔偿。

在国际贸易中，保付商行的作用是可以解脱本国的卖方（第三人）在国际贸易中可能遭受的损失，使其不必顾虑国外买方的信贷能力而接受订单。

保付商行与信用担保代理人既有相同之处，也有不同之处。相同之处是，在两种情况下，都要承担个人责任；不同之处是，保付商行对第三人承担责任，而信用担保代理人则对本人承担责任。

5. 对商业跟单信用证加以保兑的保兑行

在国际贸易中普遍使用商业跟单信用证的方式支付货款。在采用这种支付方法时，卖方为了保证收款安全，往往要求买方通过银行对他开具保兑的不可撤销信用证（confirmed, irrevocable letter of credit）。其程序是：由国外的买方通过进口地的银行向出口地往来银行或代理行（correspondent bank）开出一份不可撤销的信用证，委托该出口地的代理行对其不可撤销信用证加以保兑，即在其上面加上"保兑"字样，并将该信用证通知卖方（即第三人，在银行业务中称为受益人，beneficiary）。这样，卖方只要提交信用证所规定的单据，就可以向设在出口地的保兑银行（confirming bank）要求支付货款。

根据国际商会制定的《跟单信用证统一惯例》第16条的规定，当开证行（opening or issuing bank）授权另外一家银行对其所开出的不可撤销信用证加以保兑，而后者根据开证行的授权加以保兑时，这种保兑就构成保兑行的一项确定的担保，即对该信用证的受益人承担根据信用证规定的条件付款或承兑信用证项下的汇票，并于到期日付款的义务。

在这种法律关系中，开证行是委托人（本人），保兑行是代理人，卖方是受益人（第三人）。由于作为代理人的保兑行在开证行的不可撤销信用证上加上了自己的保证，这样，就必须对第三人承担责任。但是，如果没有在该信用证上加上自己的保兑，而仅仅是把开证行所开出的不可撤销信用证通知其所在地的受益人（第三人），那么，该银行对受益人就不必承担根据信用证规定的条件进行付款的义务。

第三节　代理的内部关系

如果某人能够代表另一人对第三人实施某种法律行为，另一人既委托此人代表自己，又承担这种法律行为的结果，那么，这个委托人就称为本人，被委托人称为代理人，与代理人打交道的人称为第三人。代理人接受本人的委托就叫作授权，本人授予代理人进行某种法律行为的权利就称为代理权。这三者之间的法律关系如图6-1所示。

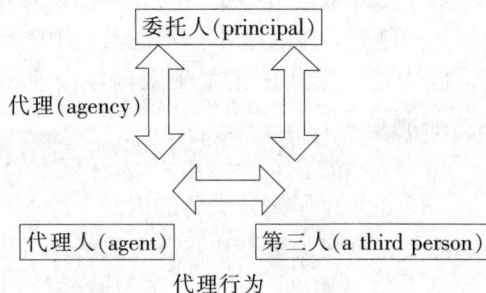

图6-1　代理三方的关系

通常，代理人与本人之间的代理合同关系是根据民商法或合同法产生的。在这种合同关系中，代理人与本人之间的关系是内部关系，因此，本人、代理人在与第三人发生合同关系时，可以作为一方，第三人则为另一方，双方的关系为外部关系。有关代理的法律制度，就是处理这种内部和外部关系的依据。

本人与代理人之间的关系，一般是合同关系，属于本人与代理人之间的内部关系。在通常情况下，本人与代理人都是通过订立代理合同或代理协议建立他们之间的代理关系，并据以确定他们之间的权利与义务，以及代理人的权限范围及报酬等。

关于本人与代理人的权利与义务，在大陆法系国家主要是在民商法典中规定的，在英美法系国家则主要由判例法确定，但是各国对于本人与代理人的权利与义务的规定基本上是一致的。

一、代理人的主要义务

1. 服从的义务

代理人有义务按照本人的指示完成其代理任务。

2. 谨慎的义务

代理人有义务以足够的谨慎和小心履行其代理职责，并运用自己所具有的的技能来完成代理任务。

如果代理人不履行其义务，或者在替本人处理事务时有过失，致使本人遭受损失，则代理人应对本人负赔偿的责任。

3. 亲自履行的义务

代理关系是一种信任关系。因此，在一般情况下，代理人有义务亲自履行代理任务，代理人不得把本人授予的代理权委托他人，让别人替他履行代理义务。但是如果客观情况有此需要，或贸易习惯上允许这样做，或征得本人的同意，则不在此限。

4. 报账的义务

代理人有义务对全部代理交易进行记账，并根据本人的要求报告账目，同时有义务将本人所收的款项与其个人财产分别存放，并将应交款项全部交给本人。但是，如果本人欠付代理人的佣金或其他费用，代理人对于本人交给他占有的货物享有留置权，或以在他手中掌握的属于本人所有的金钱，抵销（set off）本人欠他的款项。

5. 保密的义务

代理人不得泄露在代理业务中获得的机密情报与资料。代理人在代理协议有效期间或在代理协议终止之前，不得将在代理过程中获得的机密情报或资料向第三人泄露，也不得由他自己利用这些资料与本人在业务上进行不正当的竞争。但是，在代理合同终止后，除经双方同意的合理的贸易上的限制外，本人也不得不适当地限制代理人使用他在代理期间获得的技术、经验与资料，因为根据某些国家关于限制性商业做法（restrictive business practice）的法律规定，这种限制是无效的。

6. 忠实的义务

美国《代理法重述》第387条规定了忠诚义务的内涵：除非特别约定，代理人在和其代理行为有关的所有场合，都负有仅仅为本人利益而实施法律行为的义务。

代理人有义务为本人的最大利益服务，对本人必须诚实信用与忠实（good faith and loyalty），不得从代理行为中谋取任何私利。这一义务主要包括下列内容：

（1）代理人必须及时地将他所掌握的有关客户的全部必要情况通知与披露给本人，以供本人考虑是否与该客户订立合同。

（2）代理人不得以本人的名义与自己订立合同，除非事先取得本人的同意，也不得兼任合同双方的代理人。代理人非经本人的特别许可，也不能兼任第三人的代理人，从两边收取佣金。例如，《德国民法典》规定，代理人除经特别许可的情形外，不得以本人名义与自己为法律行为，也不得作为第三人的代理人而为法律行为。这种行为是对代理权的滥用，是违反代理人义务的行为。因此，当发生上述情形时，本人有权随时撤销代理合同或撤回代理权，并有权请求损害赔偿。

（3）代理人不得接受贿赂或谋取其他私利，或与第三人恶意串通损害本人的利益，或从事其他有违于本人的行为。代理人不得谋取超出其本人付给他的佣金或酬金以外的任何私利。如果代理人接受了贿赂，本人有权向代理人索还，并有权不经事先通知解除代理关系，或撤销该代理人与第三人订立的合同，或拒绝支付代理人在受贿交易上的佣金，本人还可以对受贿的代理人与行贿的第三人起诉，要求他们赔偿由于行贿、受贿订立合同使他遭受的损失。即使代理人在接受贿赂或图谋私利时并未因此而影响他所做的判断，也没有使本人遭受损失，本人仍然可以行使上述权利。根据英国 1906 年《反贪污法》(Prevention of Corruption Act) 的规定，受贿的代理人与行贿的第三人都犯有刑法上的犯罪行为，情节严重者可以追究刑事责任。

二、本人的义务

本人的义务有三项：支付佣金、偿还必要债务、允许代理人核查账册。

1. 支付佣金

本人必须根据代理合同的规定付给代理人佣金或其他约定的报酬，这是本人的一项最主要的义务。在商订代理合同时，对佣金问题必须特别注意以下两点：（1）本人不经代理人的介绍，直接从代理人代理的地区内收到订货单，直接与第三人订立买卖合同时，是否仍须对代理人照付佣金；（2）代理人所介绍的买主在日后连续订货时，是否仍须支付佣金。这些问题都应当在代理合同中明确地做出规定，因为有些国家在法律上对此没有做出详细的规定，完全取决于代理合同的规定。

根据英国和美国法院的判例，如果本人与第三人达成的交易是代理人努力的结果，代理人就有权得到佣金。因此，如果经过代理人与买方谈判，最后买方向本人直接订货，或代理人向本人推荐了买方，买方所出的价钱虽然较标价低，结果本人还是接受了这个较低的价格，那么代理人都可以要求佣金。如果本人没有经过代理人的介绍直接与代理地区的买方达成交易，代理人一般就无权索取佣金。但是，这些法律规则往往可以通过双方当事人的协议或行业习惯而改变，特别是在指定地区的独家代理协议中，通常规定代理人对所有来自代理地区的订货单都可以获取佣金。关于代理人所介绍的买方再次向本人订货时，代理人是否有权要求付给佣金的问题，主要取决于代理合同的规定。特别是在代理合同终止以后，买方再次向本人订货是否仍然应付给代理人佣金的问题，如果代理合同没有明确的规定，则往往会在本人与代理人之间引起争执，因为在代理合同终止之后，本人仍然可以利用代理人为他建立的商业信誉和工作的成果。根据英国和美国法院的判例，如果代理合同没有规定期限，那么只要本人在合同终止后接到买方的再次订货，就仍然必须向代理人支付佣金；如果代理合同规定了一定的期限，则在期限届满合同终止后，代理人对买方向本人再次订货就不能要求本人给予佣金。即使是在代理人对再次订货有权要求佣金的情况下，代理人也只能要求对再次订货的佣金损失给予金钱补偿，而不能要求取得未来每次订货的佣金，否则这种佣金就将变成代理人的一个取之不尽、用之不竭的收入源泉。

大陆法对这些问题的处理方法与英美法有所不同。有些大陆法系国家在法律上对商业代理人取得佣金的权利与佣金的计算方法都有详细的规定。例如，有些大陆法系国家的法律规定，凡是在指定地区享有独家代理权的独家代理人，对于本人与指定地区的第三人达成的一切交易，不论该代理人是否参与其事，该代理人都有权要求取得佣金。《德国商法典》第 87 条还有一项强制性规定，即商业代理人一经设定，他就有权取得佣金，即使本人不履行订单，或者履行的方式与约定有所不同，代理人也有权取得佣金。但是如果由于不可归咎于本人的原因出现了履约不可能的情况，则不能适用上述规定。遇到这种情况时，代理人不能要求佣金。此外，有些大陆法系国家为了保护商业代理人的利益，在法律中还规定，在本人终止商业代理合同时，商业代理人对其在代理期间为本人建立的商业信誉，有权请求给予赔偿。

2. 偿还代理人因履行代理义务而产生的债务

一般而言，除了合同规定外，代理人执行代理任务时所开支的费用是不能向本人要求偿还的，因为这属于代理人的正常业务支出。但是，如果他因执行本人指示的任务而支出了费用或遭受损失，则有权要求本人予以赔偿。例如，代理人根据本人的指示，在当地法院对违约的客户进行诉讼所遭受的损失或支出的费用，本人必须负责补偿。

3. 有义务让代理人检查核对其账册

这主要是大陆法系国家的规定。有些大陆法系国家在法律中明确地规定，代理人有权检查核对本人的账目，以便核对本人付给他的佣金是否准确无误。这是一项强制性的法律规定，双方当事人不得在代理合同中做出相反的规定。

第四节　代理的外部关系

代理的外部关系是指本人、代理人与第三人之间的关系。根据代理的一般原则，代理人是代替本人与第三人订立合同或实施其他法律行为的，合同一经订立，其权利与义务均归属于本人，应由本人直接对第三人负责，代理人对此一般不承担个人责任。但是实际情况却并非如此，本人及代理人与第三人的关系往往是错综复杂的。其中最重要的是必须弄清楚第三人究竟与谁订立了合同。

代理关系是一种三角关系，其中既有本人与第三人的关系，也有代理人与第三人的关系。因此，最重要的问题是弄清楚第三人究竟是与代理人还是与本人订立了合同。这个问题在外贸业务中时常发生。例如，中国对外贸易企业在与外商订立合同时，双方或其中一方究竟是作为代理人还是作为本人签订合同，究竟应该由谁对合同负责？有时对方并没有声明他是代理人，更没有指明谁是他的委托人（本人），但是在执行合同的过程中却出现了一个本人，要求直接对他履行合同。对于这个问题，大陆法与英美法有不同的处理方法。

一、大陆法

在确定第三人究竟是与代理人还是与本人订立了合同的问题时，大陆法所采取的标准是看代理人是以代表的身份与第三人订立合同，还是以他自己个人的身份与第三人订立合同。当代理人是以代表的身份与第三人订立合同时，这项合同就是第三人与本人之间订立的合同，合同的双方当事人是第三人与本人，合同的权利与义务直接归属于本人，由本人直接对第三人负责。在这种情况下，代理人在与第三人订立合同的时候，可以指出本人的姓名，也可以不指出本人的姓名，而仅声明他是受他人的委托进行交易，但是无论如何，代理人必须表明他是以代理人的身份订约的，或依订约时的环境情况可以表明这一点，否则就将认为是代理人自己与第三人订立合同，代理人就应对此合同负责。如果代理人是以他个人的身份与第三人订立合同，则无论代理人事先是否得到本人的授权，这项合同都将认为是代理人与第三人之间订立的合同，代理人必须对合同负责。在这种情况下，本人原则上与第三人没有直接的法律上的联系。

基于上述标准，大陆法把代理分为两种：一种叫作直接代理；另一种叫作间接代理。如果代理人在代理权限内以代表的身份，即以本人的名义与第三人订立合同，其效力直接及于本人的，称为直接代理；如果代理人以他自己的名义，但是为了本人的计算（on the account of principal）而与第三人订立合同，日后再将其权利与义务通过另外一项合同转移于本人的，则称为间接代理。

在大陆法系国家，直接代理称为商业代理人，间接代理称为行纪人。行纪人虽然是受本人的委托并为本人的计算而与第三人订立合同的，但是他在订约时不是以本人的名义与第三人订约，而是以代理人自己的名义订约。因此，这项合同的双方当事人是代理人与第三人，而不是本人与第三人，本人不能仅凭这项合同直接对第三人主张权利。只有当代理人把他从这项合同中所得到的权利转让给本人之后，本人才能对第三人主张权利。例如，《德国商法典》第 392 条规定，由行纪人的交易行为所发生的债权，必须转让于委托人（即本人）后，委托人才能向债务人主张权利。因此，在间接代理的情况下，本人需要经过两道合同手续才能对第三人主张权利，第一个是间接代理人与第三人订立的合同，第二个是该代理人把有关权利转让于本人的合同。根据德国、瑞士与日本等国家的法律，行纪人的业务仅以从事动产或有价证券的买卖为限。但是法国法则没有这种限制，行纪人可以订立各种类型的合同。

二、英美法

英美法与大陆法不同，英美法没有直接代理与间接代理的概念。对于第三人究竟是与代理人还是与本人订立合同的问题，英美法的标准是，对第三人而言，究竟是谁应当对该合同承担义务，即采取所谓义务标准。英美法在回答这个问题时，区分三种不同的情况：（1）代理人在与第三人订约时具体指出本人的姓名；（2）代理人表示出自己的代理身份，但不指出本人的姓名；（3）代理人事实上有代理权但他在订约时不披露代理关系的存在。这是英美法特有的制度。

1. 显名代理，即代理人在订约时已指出本人的姓名（agent for a named principal）

如果代理人在与第三人订约时已经表明他是代表指名的本人订约的，在这种情况下，这项合同就是本人与第三人之间的合同，本人应对合同负责，代理人不承担个人责任。代理人在订立合同后，即退居合同之外，他既不能从合同中取得权利，也不对该合同承担义务。

2. 不显名代理，即代理人在订约时表明代理关系的存在，但是没有指出本人的姓名（agent for an unnamed principal）

如果代理人在与第三人订立合同时表明他是代理人，但是没有指出他为之代理的本人的姓名，在这种情况下，这项合同仍被认为是本人与第三人之间的合同，应由本人对合同负责，代理人对该合同不承担个人责任。根据英国的判例，代理人在与第三人订立合同时，如果仅在信封抬头或在签名之后加列"经纪人"（broker）或"经理人"（manager）的字样是不足以排除其个人责任的，而必须以清楚的方式表明他是代理人。例如，写明"买方代理人"或"卖方代理人"等。至于他所代理的买方或卖方的姓名或公司的名称则可以不在合同中载明。

3. 隐名代理，即代理人在订约时根本不披露代理关系的存在

代理人虽然得到本人的授权，但是他在与第三人订立合同时根本不披露有代理关系存在一事，即既不披露本人的存在，也不指出本人是谁，这在英美法中称为"没有披露的本人"（undisclosed principal）的代理人。在这种情况下，第三人究竟是与本人还是与代理人订立了合同，他们当中谁应当对该合同负责，这是一个比较复杂的问题。毫无疑问，在这种情况下，代理人应当对合同负责，因为他在与第三人订约时根本没有披露代理关系的存在，这样他实际上就是把自己置于本人的地位与第三人订立合同，所以，他应当对合同承担法律上的责任。问题在于，在这种情况下，没有披露的本人原则上是否可以直接取得这项合同的权利并承担义务。具体来说，有以下两种方式：（1）没有披露的本人有权介入合同并直接对第三人行使请求权或在必要时对第三人起诉，如果他行使了介入权，他就使自己对第三人承担义务；（2）第三人在发现了本人之后，就享有选择权，他可以要求本人或代理人承担合同的义务，也可以向本人或代理人起诉。但是第三人一旦选定了要求本人或代理人承担义务之后，他就不能改变主意对他们当中的另一个人起诉。

根据英国的法律规定，没有披露的本人在行使介入权时有两项限制：（1）如果没有披露的本人行使介入权会与合同的明示的或默示的条款相抵触，他就不能介入合同；（2）如果第三人是基于信赖代理人的才能或清偿能力而与其订立合同的，则没有披露的本人也不能介入该合同。

上述英美法的情况与大陆法相比较，既有相同之处，也有不同的地方。上述第一种情况与第二种情况，即代理人在订约时指出本人的姓名（显名代理）或表明自己的代理身份但不指出本人姓名的情况（不显名代理），与大陆法中的直接代理是相同的。而英美法中的第三种情况，即代理人没有披露本人存在的情况（隐名代理），虽然在表面上与大陆法中的间接代理有相似之处，但是在英美法中没有披露的本人的法律地位与大陆法中的间接代理的委托人（本人）的法律地位是截然不同的。根据大陆法的规定，间接代理关系中的委托人不能直接凭代理人与第三人订立的合同而对第三人主张权利，必须由代理人与他再订立合同，把前一项合同的权利转让给他，他才能对第三人主张权利，即只有经过两个合同关系，才能使间接代理关系中的委托人与第三人发生直接的法律关系。但是根据英美法的规定，没有披露的本人有介入权，他无须经过代理人把权利转让给他就可以直接对第三人主张权利。而第三人一经发现没有披露的本人，则有选择权，也可以直接对本人起诉。这是英美法和大陆法的一个重要的区别，也是英美法代理制度的一个主要特点。

第五节　中国的代理法与外贸代理制

一、中国的代理法律制度

中国至今还没有代理法。有关代理的规定主要见《民法通则》。

《民法通则》第四章第二节对代理制度做出了规定。根据《民法通则》第63条的规定，公民、法人都可以通过代理人实施民事法律行为。代理人在代理权限内，以被代理人的名义实施民事法律行为，被代理人对其代理人的代理行为应承担民事责任。这就是说，如果被代理人委托代理人代其签订合同，那么只要代理人是在代理权限内以被代理人的名义与第三人签订该项合同，则该项合同的权利与义务就均应归属于被代理人，应由被代理人对该项合同承担责任，代理人对该项合同可以不承担责任。从法理上讲，这种代理制度属于直接代理，其特点是代理人必须以被代理人的名义行事，从而才能使代理行为所产生的效力直接归属于被代理人。这是中国在新《合同法》实施前有关法律中关于代理制度的唯一的规定。关于间接代理制度，即代理人以自己的名义为代理人之计算与第三人签订合同时，应当如何规范，中国当时的法律还没有明文规定。

此外，《民法通则》对代理权的产生、无权代理、代理人与第三人的责任以及代理的终止等，都做出了规定。例如，《民法通则》第66条规定，没有代理权、超越代理权或者代理权终止后的行为，只有经过被代理人的追认，被代理人才承担民事责任。未经追认的行为，由行为人承担民事责任。被代理人知道他人以被代理人的名义实施民事行为而不作否认表示的，视为同意。代理人不履行职责而给被代理人造成损害的，应当承担民事责任。如果代理人与第三人串通，损害被代理人的利益的，由代理人和第三人负连带责任。第三人知道行为人没有代理权、超越代理权或者代理权已终止，还与行为人实施民事行为给他人造成损害的，由第三人和行为人负连带责任。《民法通则》第67条规定，代理人知道被委托代理的事项违法仍然进行代理活动的，或者被代理人知道代理人的代理行为违法而不表示反对的，由被代理人和代理人负连带责任。《民法通则》第65条规定，民事法律行为的委托代理，既可以采用书面形式，也可以采用口头形式。但是法律规定采用书面形式的，则应当采用书面形式。这些规定确立了中国处理代理关系的基本原则。

二、中国关于代理的分类

《民法通则》第64条规定，代理包括委托代理、法定代理和指定代理。委托代理人按照被代理人的委托行使代理权，法定代理人依照法律的规定行使代理权，指定代理人按照人民法院或者指定单位的指定行使代理权。这属于"直接代理"。

中国《合同法》在分则的15种格式合同中第二十一章、第二十二章与第二十三章规定了委托、行纪与居间3种合同，即3种代理合同方式。

关于委托合同，《合同法》第396条规定，委托合同是委托人和受托人约定，由受托人处理委托人事务的合同。

关于行纪合同，《合同法》第414条规定，行纪合同是行纪人以自己的名义为委托人从事贸易活动，委托人支付报酬的合同。《合同法》第421条规定，行纪人与第三人订立合同的，行纪人对该合同直接享有权利、承担义务。第三人不履行义务致使委托人受到损害的，行纪人应当承担损害赔偿责任，但行纪人与委托人另有约定的除外。中国的外贸代理制则与此相类似。

关于居间合同，《合同法》第 424 条规定，居间合同是居间人向委托人报告订立合同的机会或者提供订立合同的媒介服务，委托人支付报酬的合同。《合同法》第 426 条规定，居间人促成合同成立的，委托人应当按照约定支付报酬……因居间人提供订立合同的媒介服务而促成合同成立的，由该合同的当事人平均负担居间人的报酬。

居间（brokerage）或佣金代理商（commission agent），又称掮客（broker，经纪人或中介人），是商业代理的一种，其特点是仅做兜揽生意的媒介，收取佣金，买卖合同由委托者本人与第三人签订，即由买卖双方签订。一般只在成交后本人才向其支付佣金。

行纪与居间的区别主要是：（1）行纪必须由委托者本人移交商品的占有，由行纪经营与管理，而居间则不占有商品实物；（2）行纪用自己的名义进行买卖营业，而居间则不是。

三、中国的外贸代理制

推行外贸代理制是党的十三大提出的外贸体制改革的重要内容之一。所谓外贸代理制，就是由中国的外贸公司充当国内用户与供货部门的代理人，代表其签订进出口合同，收取一定的佣金或手续费的制度。在过去很长时间内，中国外贸公司在出口方面一直采用收购制，即由外贸公司用自有资金向国内供货部门收购出口商品，然后由外贸公司以自己的名义自营出口，自负盈亏。具体而言，外经贸部 1991 年 8 月 29 日颁布实施的《关于对外贸易代理制的暂行规定》对外贸代理制的定义是"有对外贸易经营权的公司、企业（代理人）可在批准的经营范围内，依照国家有关规定为另一有对外贸易经营权的公司、企业（被代理人）代理进出口业务"。该规定也适用于无外贸经营权的企业委托有外贸经营权的企业在授权范围内从事进出口业务。推行外贸代理制的主要目的之一，就是要改变过去的传统做法，即改为由外贸公司接受国内供货部门的委托，代其对外签订出口合同，代办出口手续，收取约定的佣金，至于出口的盈亏则由国内供货部门自负。这项改革的好处主要是：它有利于国内供货部门了解国际市场对产品的要求，促使其提高出口产品的质量，增强其竞争能力与出口创汇能力，增强国内生产供货部门对履行出口合同的责任感；促使其改善经营管理，提高经济效益；同时还可以减轻外贸公司在收购出口货源方面的财务负担，并使外贸公司的经营方式更加灵活多样。

（一）外贸代理的基本做法

1. 代理出口

在出口方面，由外贸公司接受国内供货部门的委托，以外贸公司自己的名义作为卖方，与国外买主签订出口合同，收取约定的佣金。在采用这种做法时，由于外贸公司不是以被代理人（国内供货部门）的名义，而是以外贸公司自身的名义对外签订出口合同，外贸公司作为出口合同的卖方，就必须对出口合同承担责任。因此，即使由于国内供货部门未能按时、按质、按量提供货源，致使外贸公司不能履行其对外签订的出口合同，外贸公司作为出口合同的卖方也必须对外承担责任。国外的买主也只能根据出口合同向外贸公司要求赔偿，而不能越过外贸公司向国内供货部门要求赔偿，因为国内供货部门不是出口合同的一方当事人，它们与国外买主之间并无直接的合同关系。至于外贸公司与国内供货部门之间的关系，只能根据它们之间签订的委托代理出口合同协调。

2. 代理进口

在进口方面，由外贸公司接受国内用货部门的委托，以外贸公司自己的名义作为买方，与国外卖方签订进口合同，收取约定的佣金或手续费。在采用这种做法时，由于外贸公司不是以被代理人（国内用货部门）的名义，而是以外贸公司自身的名义对外签订进口合同，外贸公司作为进口合同的买方，必须对进口合同承担责任。如果国外的卖方违约，只能由外贸公司根据进口合同以买方的名义对外交涉索赔；如果国内用货部门违约，例如，无理拒付进口货款或失去偿付能力，外贸公司作为进口合同的买方，仍然必须根据进口合同的规定向国外卖方负责。至于外贸公司与国内用货部门之间的关系，只能根据它们之间签订的委托代理进口合同协调。

以自身的名义作为卖方或者买方与外商签订进出口合同，不是处于被代理人的地位，而是处于合同当事人的地位（卖方或者买方），结果外贸公司就必须对这种进出口合同承担法律责任。对外贸公司来说，这种责任有时可能是很重的，与其所收取的佣金不相称。

既然如此，中国外贸公司在推行外贸代理制时，是否可以不用外贸公司自身的名义与外商签订进出口合同，而以代理人（国内用货部门或供货部门）的名义对外签订进出口合同，从而使国内的用货部门或供货部门直接对进出口合同承担责任呢？长期以来，在中国采用这种做法还存在不少的困难与问题。因为中国对外贸易实行国家统一管理，根据中国的法律与政策，只有通过国家主管部门——对外贸易经济合作部及其授权机关批准，取得外贸经营权的外贸公司才有权签订进出口合同，没有被授予外贸经营权的公司与企业是无权以自己的名义签订进出口合同的。因此，外贸公司可以以没有外贸经营权的企业的名义签订进出口合同。只有当外贸公司为其他有外贸经营权的企业包括外商投资企业代理进出口时，才可能以被代理人（享有外贸经营权的企业）的名义对外签订进出口合同，但是这类代理业务是为数很少的。

由于《民法通则》规定的是直接代理；1991年对外贸易与合作部发布实施的《关于对外贸易代理制的暂行规定》，虽然规定了间接代理，但由于是行政部门法规，缺乏权威性。此外，1994年7月1日起施行的《中华人民共和国对外贸易法》也没有为间接代理提供法律依据，因此，大量的代理业务都是以外贸公司自己的名义（直接代理），而不是以被代理人的名义对外签订进出口合同（间接代理）。这就是《合同法》实施前外贸代理制的现状与基本做法。

（二）《合同法》的有关规定

中国《合同法》的实施从法律上对中国的外贸代理制做了完善与发展，解决了外贸代理制中的许多难题。这主要表现在以下几个方面：

1. 对英美法律制度的引用，弥补了原外贸代理制法律效力的不足

《合同法》引入了英美法的不显名代理与隐名代理制度。如前所述，英美法在代理上有三种安排：第一，显名代理或公开本人姓名的代理；第二，不显名代理或不公开本人姓名的代理；第三，隐名代理或不披露（公开）本人身份的代理。

《合同法》关于不显名代理与隐名代理的规定如下：

（1）《合同法》第402条第1款规定了不显名代理："受托人以自己的名义，在委托人的授权范围内与第三人订立的合同，第三人在订立合同时知道受托人与委托人之间的代理

关系的，该合同直接约束委托人和第三人，但有确切证据证明该合同只约束受托人和第三人的除外。"

（2）《合同法》第 403 条第 1 款规定了隐名代理："受托人以自己的名义与第三人订立合同时，第三人不知道受托人与委托人之间的代理关系的，受托人因第三人的原因对委托人不履行义务，受托人应当向委托人披露第三人，委托人因此可以行使受托人对第三人的权利，但第三人与受托人订立合同时如果知道该委托人就不会订立合同的除外。"

中国《合同法》引入了英美法的不显名代理与隐名代理制度，扩展了代理的概念，突破了《民法通则》仅限于显名代理（直接代理）的规定，这样不仅解决了外贸代理制长期以来的缺陷，而且建立了在国内与国际上都普遍适用的代理法律制度，与国际公约和国际惯例接轨。

2. 借鉴英美法系中的直接请求权制度，以平衡当事人的权利与义务

《合同法》借鉴了英美法系中的直接请求权制度，在本人与第三人之间建立起直接的法律关系，从而有利于维护外贸当事人的合法权益。

外贸代理人在采取隐名代理方式时，根据《合同法》第 403 条的规定，有两种方式摆脱合同责任：一是该条第 2 款规定："受托人因委托人的原因对第三人不履行义务，受托人应当向第三人披露委托人，第三人因此可以选择受托人或者委托人作为相对人主张其权利，但第三人不得变更选定的相对人。"二是该条第 3 款规定："委托人行使受托人对第三人的权利的，第三人可以向委托人主张其对受托人的抗辩。第三人选定委托人作为其相对人的，委托人可以向第三人主张其对受托人的抗辩以及受托人对第三人的抗辩。"

在代理人摆脱合同责任时，《合同法》则规定了本人的介入权与第三人的选择权，将其直接联系起来：第一，赋予本人介入权。上述《合同法》第 403 条第 1 款有关隐名代理的内容，就是对本人介入权的明确规定。第二，赋予第三人选择权。上述《合同法》第 403 条第 2 款的内容，实际上确立了第三人选择的规则。第三人在受托人披露委托人后，可以选择其中之一作为相对人，但这种选择权只能使用一次，一旦选定则不得变更，这有利于合同关系的稳定。

《合同法》对本人的介入权与第三人的选择权的规定，并不是说以代理人名义所签订的合同就直接等于本人与第三人之间的合同，而是通过程序法来补救，以便维护当事人的合法权益，这至少对解决外贸代理制中当事人权利义务失衡与纠纷不断的问题会有所裨益。

3. 规定了行纪合同，使外贸代理形式有了明确的法律依据

如前所述，行纪是传统大陆法的概念，也称为间接代理，是指行纪人（代理人）受他人（委托人）之托，以自己的名义，为他人之计算，从事贸易活动，从中抽取佣金的代理制度。行纪人是受被代理人的委托为被代理人行事，但他是以自己的名义，不披露其背后的被代理人。

《合同法》第 414 条对行纪合同做了明确规定："行纪合同是行纪人以自己的名义为委托人从事贸易活动，委托人支付报酬的合同。"第 421 条规定："行纪人与第三人订立合同的，行纪人对该合同直接享有权利、承担义务。第三人不履行义务致使委托人受到损害的，行纪人应当承担损害赔偿责任，但行纪人与委托人另有约定的除外。"

中国的外贸代理制实际上属于行纪，《合同法》对这种行为加以规范。《合同法》第

423 条对行纪合同的规定采用两段代理的原则:"本章没有规定的,适用委托合同的有关规定。"这就是说,行纪合同中受托人所应尽的义务和承担的责任,以及委托合同中选择权与介入权等规定均可以适用于行纪。

(三) 放开外贸经营权,改革外贸代理制

除了在法律方面继续完善有关代理制度之外,在具体政策与实践中逐步放开外贸经营权,则是进一步改革外贸代理制的重点。

1. 中国外贸代理制的产生是以外贸经营权的审批制度为基础的

中国已经加入了 WTO,而 WTO 一视同仁的"国民待遇"规则,是不允许这种外贸经营特权的。一方面,中国实行外贸经营权的审批制度的目的是控制外贸经营风险,维护外贸秩序;另一方面,这种做法限制了竞争的开展和市场的发展,与国际通行的做法不符,也与 WTO 的规则相背离。在这种背景下,取消外贸经营权的审批制度势在必行。同时,中国加入 WTO 后大部分过渡措施在 2004 年年底到期。2003 年 12 月后,所有外资企业应被给予完全的贸易权,2004 年 12 月中国必须全部放开外贸经营权。

2. 外贸经营权由审批制向备案登记制转变

中国政府在 2003 年采取了若干举措,以推动外贸代理制的深入改革。

(1) 商务部决定自 2003 年 9 月 1 日起再次降低外贸门槛,所有符合条件的企业都可以申请外贸经营权。根据商务部发出的《关于调整进出口经营资格标准和核准程序的通知》,自 2003 年 9 月 1 日起,中国对在境内注册的所有内资企业在进出口经营资格管理方面实行统一政策,这意味着所有内资企业都可获得外贸经营权。申请外贸流通经营资格的内资企业注册资本的要求,由原来的不低于 500 万元人民币(中西部不低于 300 万元人民币)降低为不低于 100 万元人民币(中西部不低于 50 万元人民币),并取消了原来成立时间须 1 年以上的要求;申请自营进出口经营资格的生产企业的注册资本的要求,由原来的不低于 300 万元人民币(中西部不低于 200 万元人民币)降低为不低于 50 万元人民币。

在放宽对企业注册资本金要求的同时,核准登记的权限也下放到地方。商务部授权各省、自治区、直辖市与计划单列市商务主管部门进行进出口经营资格的核准登记,并核发中华人民共和国进出口企业资格证书。该证书是企业经营进出口业务的唯一有效凭证。获得这个证书的企业可以按照其经营范围在中国境内,以国家规定的各种贸易方式自由从事进出口业务。

(2) 对对外贸易法进行大幅度修订,修订草案于 2003 年年底初次提请国家最高立法机关审议,已由第十届全国人民代表大会常务委员会第八次会议于 2004 年 4 月 6 日修订通过,修订后的《中华人民共和国对外贸易法》自 2004 年 7 月 1 日起施行。此次外贸法的修改幅度很大,除一些原则性规定外,大部分内容都有变动,其中修改的内容主要涉及外贸经营者的范围、货物贸易和技术贸易的外贸经营权、国有贸易和进出口许可等三大方面。其中很重要的一点是,外贸经营者的范围再次扩大,享有外贸经营权的门槛再度降低。该法第 2 章第 8 条规定,本法所称对外贸易经营者,是指依法办理工商登记或者其他执业手续,依照本法和其他有关法律、行政法规的规定从事对外贸易经营活动的法人、其他组织或者个人。这样,国内自然人、法人和其他组织都可获得对外贸易经营权。同时,对货物和技术的进出口经营权的审批,也予以取消。该法第 2 章第 9 条进一步规定,从事货物进出口或者技术进出口的对外贸易经营者,应当向国务院对外贸易主管部门或者其委托的机构办理备案登记;但是,法律、行政法规和国务院对外贸易主管部门规定不需要备案登记的除外。备案登记的具体办法由国务院对外贸易主管部门规定。这两条规定意味着，普通百姓将可以以个人身份从事进出口贸易活动，今后中国从事外贸活动的经营主体将更加多样化。

此外，第十二届全国人民代表大会常务委员会第二十四次会议决定对《中华人民共和国对外贸易法》做出修改，将第十条第二款修改为："从事对外劳务合作的单位，应当具备相应的资质。具体办法由国务院规定。"该决定于 2016 年 11 月 7 日通过并公布，自公布之日起施行。

复习和练习

一、关键术语

1. 法定代理 2. 意定代理 3. 追认代理 4. 客观必需的代理 5. 无权代理
6. 承担特别责任的代理人 7. 表见代理 8. 复代理 9. 行纪 10. 代理人忠实的义务

二、复习思考题

1. 代理人对本人负有哪些义务？代理人的忠实义务包括哪些内容？

2. 什么是"没有披露的本人"？当代理人没有披露被代理人或本人的存在，而以自己的名义订立合同时，英美法与大陆法对此有什么不同的规定？

3. 简要叙述中国代理制的特点与外贸代理制的变化。

主要参考资料

1. 冯大同. 国际商法. 北京：中国人民大学出版社，1994.
2. 冯大同. 国际商法. 北京：对外贸易教育出版社，1991.
3. 赵承璧. 国际贸易法律. 北京：中国对外经济贸易出版社，1986.
4. 关安平. 国际商法实务操作. 北京：海洋出版社，1993.
5. 张楚. 论商事代理. 法律科学，1997（4）.
6. 傅京燕. 论新合同法对我国外贸代理制的影响. 财金贸易，2000（5）.

法律窗口

——《国际货物销售代理公约》
——《国际商事合同通则》（修订版）关于代理人权限的规定
——电子代理人
——《中华人民共和国民法总则》关于代理的规定

《国际货物销售代理公约》

《国际货物销售代理公约》（Convention on Agency in the International Sale of Goods）由国际统一私法协会于 1981 年起草，并于 1983 年 2 月 17 日在日内瓦外交会议上正式通过。该公约共四章和两个附件。主要内容包括：第一章"适用范围及一般规则"（第1～8条）；第二章"代理人权利之确立与范围"（第9～17条）；第三章"代理人权利之终止"（第18～22条）；第四章"最后条款"。附件一"外商独家经销协议样本"；附件二"外商代理协议样本"。

该代理公约第1条第1款规定："当事人——代理人，有权或声称有权代表另一人——本人与第三人订立国际货物销售合同时，适用本公约。"关于本人、代理人以及第三人三者之间的权利义务关系，该公约规定了以下几种情形：（1）显名代理与不显名代理。代理人在授权范围内代表本人所为的行为，如果第三人知道或理应知道代理人是以代理人身份进行的，则代理人的行为直接约束本人和第三人。（2）行纪代理。如果第三人在与代理人订立合同时既不知道也无从知道代理人是以本人身份活动，或者如果第三人和代理人已经同意或知道代理人仅约束其自己，则按一般法则，尽管代理人是在其授权范围内代表本人行事的，其行为也仅对代理人和第三人有约束力，而对本人则没有约束力。（3）隐名代理。当代理人因第三人不履行义务或因其他理由未履行或无法履行其对本人的义务时，本人可以向第三人要求代理人代表本人所取得的权利，同时受第三人可能对代理人提出的任何抗辩的限制。当代理人未履行或无法履行其对第三人的义务时，第三人发现了不公开的本人后，可以直接对本人行使其从代理人那里取得的权利。但该第三人同时应承受代理人可能对第三人提出的任何抗辩，以及本人可能对代理人提出的任何抗辩的双重限制等。

《国际商事合同通则》（修订版）关于代理人权限的规定

《国际商事合同通则》（Principles of International Commercial Contracts，PICC，简称《合同通则》）是国际统一私法协会于1994年编撰的。

该通则所规范的国际贸易合同内容不仅包括有形贸易，而且包括无形贸易。所适用的国际商事合同类型，既有国际货物买卖合同，又有国际服务贸易合同和国际知识产权转让合同，即适用于各种类型的国际商事合同。

该通则在其"序言"中说明了其制定目的：旨在为国际商事合同制定一般规则。在当事人约定其合同受通则管辖时，应适用通则。在当事人约定其合同受法律的一般原则、商人习惯法或类似措辞管辖时，可适用通则。在当事人未选择任何法律管辖其合同时，可适用通则。通则可用于解释或补充国际统一法文件，可用于解释或补充国内法，也可作为国内和国际立法的范本。

迄今为止，《合同通则》已有三个版本。相对于《公约》，《合同通则》的内容更加丰富。1994年《合同通则》即具备了比较完整的体系结构，在前言之外具体分为七章：第一章"总则"，第二章"合同的订立"，第三章"合同的效力"，第四章"合同的解释"，第五章"合同的内容"，第六章"合同的履行"，第七章"合同的不履行"。

2004年版《合同通则》主要是新增而非修改，在1994年版基础上增加了3章，共10章。其中新增内容包括：第八章"抵销"，第九章"权利的转让、债务的转移与合同的转让"，第十章"时效期间"。总条款数则由原来的120条增加到了185条。此外，第二章除了合同的订立外，新增了代理人的权限这部分内容。

与1994年和2004年两个版本相比，2010年《合同通则》变化较大。首先，在体系上，增加了第11章"多数债权人和债务人"；其次，在具体制度上，增加了恢复原状、非法合同、合同条件等内容；最后，条文数量增加到 211 条。

为了能在《国际货物销售代理公约》的基础上有所突破，《合同通则》摒弃了《国际货物销售代理公约》的国际立法方法，而是以法律重述的方式来对国际商事合同领域的一些基本原则、惯例和习惯性做法进行系统的编纂。之所以做此选择，一是考虑到各国法律制度的差异以及普通法系根深蒂固的合同法非成文化传统；二是《合同通则》的非强制性可以让从事国际贸易的商人在自愿基础上自由选择其适用方式；三是其非立法模式使得其可以在国际商事合同统一法领域进行更多的尝试。

在其 1994 年版本第二章第二节中增加了代理人权限一节，共 10 个条文。其全文如下：

第二节　代理人的权限

第 2.2.1 条　本节的范围

(1) 本节调整某人（代理人）通过与第三方之间的一项合同的订立或相关事项，影响另一人（本人）法律关系的权限，而不论代理人是以自己的名义还是以本人的名义行事。

(2) 本节仅调整以本人或代理人为一方当事人，以第三方为另一方当事人之间的关系。

(3) 本节并不调整由法律赋予代理人的权限，或由公共或司法机构指定的代理人的权限。

第 2.2.2 条　代理人权限的确立和范围

(1) 本人授予代理人的权限既可以是明示的也可以是默示的。

(2) 代理人为实现授权之目的，有权采取所有必要的行为。

第 2.2.3 条　显名代理

(1) 当代理人在其权限范围内行事，且第三方已知或应知其以代理人身份行事时，代理人的行为将直接影响本人和第三方之间的法律关系，而在代理人和第三方之间不创设任何法律关系。

(2) 但是，当代理人经本人同意成为合同一方时，则代理人的行为应仅影响代理人和第三方之间的关系。

第 2.2.4 条　隐名代理

(1) 当代理人在其权限范围内行事，但第三方既不知道也不应知道代理人是作为代理人行事时，则代理人的行为将仅影响代理人与第三方之间的关系。

(2) 然而，当代理人代表一个企业与第三方达成合同时，若其声称是该企业的所有人，则第三方在发现该企业的真实所有者后，可以向后者行使其对代理人的权利。

第 2.2.5 条　代理人无权或越权行事

(1) 代理人没有代理权或超越代理权行事时，其行为不影响委托人和第三方之间的法律关系。

(2) 但是，当本人造成第三方合理地认为代理人有权代表本人行事，且代理人是在该权限范围内行事时，则本人不得以代理人无代理权为由对抗第三方。

第 2.2.6 条　代理人无权或越权行事的责任

(1) 没有代理权或超越代理权行事的代理人，如未经本人追认，则应对第三人承担将其恢复至如同代理人有代理权或未超越代理权行事时第三方应处的同等状况的责任。

（2）但是，如果第三方已知或应知代理人没有代理权或超越代理权，则代理人不承担责任。

第 2.2.7 条　利益冲突

（1）如果代理人缔结的合同涉及代理人与本人之间存在的利益冲突，而且第三方已知或应知这一情况，则本人可主张合同无效。主张无效的权利由第 3.12 条和第 3.14 条至第 3.17 条调整。

（2）但是，本人在以下情况下不得主张合同无效：

（a）本人已经同意，或已知或应知代理人涉及利益冲突；或者

（b）代理人已经披露与本人的利益冲突，但本人在合理时间内并未提出反对。

第 2.2.8 条　次代理

代理人有指定次代理人履行那些非合理预期代理人本身履行的行为的默示权利。本节的规则适用于次代理。

第 2.2.9 条　追认

（1）代理人没有代理权或超越代理权的行为可由本人追认。经追认的行为如同代理人自始就依代理权行事产生同样的效力。

（2）第三方可以通知本人在一段合理的时间内追认。本人如未在该时间内追认，则不能再予以追认。

（3）如果在代理人行事时，第三方既不知也不应知代理人无权代理，则第三方可在本人追认前，随时通知本人表示拒绝受追认的约束。

第 2.2.10 条　代理权终止

（1）代理权的终止对第三方不产生效力，除非第三方已知或应知这一情况。

（2）尽管代理权终止，但代理人仍有权为防止损害本人的利益采取必要的行为。

电子代理人

一、电子代理人的定义

在 1996 年联合国国际贸易法委员会制定的《电子商务示范法》中尚没有电子代理人这一概念，1999 年 2 月，联合国国际贸易法委员会在其制定的《统一电子签名规则》（第三稿草案）中，在其第八条"［强化］证书的内容"的"备选条款 A 方案（1）（b）"和"备选条款 Y 方案（2）（b）"中均采用了"电子代理人"这一概念，但没有对其做相应的定义。

1999 年 7 月，由美国统一州法全国委员会通过、并向各州推荐采纳的《统一电子交易法》（Uniform Electric Transaction Act，UCITA），在计算机信息交易合同的成立和效力方面，针对电子商务的特点，也采用了"电子代理人"（electronic agent，e-agent）这一概念，并且对其做了明确的定义。该法第二条"定义"中的第 6 点明确规定："'电子代理人'系指非经人的行为或审核，全部或部分独立地发起某种行为或应对电子记录或履行的计算机程序、电子手段或其他自动化手段。"

二、电子代理人的性质及其法律特征

电子代理人虽然也使用了"代理"一词，但与民商法理论中之"代理"迥异，只是具

备了后者的某些外部特征而已。民商法代理制度中的代理是指以本人的名义实施意思表示，而其法律效果直接对本人发生的法律行为。比较而言，电子代理也具备代理人、本人和第三人这三方当事人，电子代理人也可以本人名义向第三人实施或者由第三人受领意思表示。但是，两者具有本质的区别：

（一）主体资格不同

民商法代理中对代理人的要求是具备完全行为能力的自然人或者法人；而电子代理人只是一种交易工具而已，行为能力无从谈起，只要具备与交易相应的智能化系统即可。

（二）意思表达能力不同

民商法代理中的代理人由于具备完全行为能力，有独立的意思表达能力，其为法律行为时，虽以本人名义，且为本人利益计算，但在此前提下，不受本人之约束；而电子代理人毫无独立意思和思维能力，完全按照当事人之预先设定的程序对特定行为做出反应。

（三）代理权的有无不同

民商法代理中代理人以本人名义为法律行为的前提是得到本人的授权，换言之，其行为基于代理权而发生，若超出代理权限，则构成无权代理；而电子代理人只是执行当事人意思之工具，根本无授权可言，更无无权代理之说。

（四）行为之归属不同

民商法代理的行为一般应归本人，但若是代理人未尽代理之职责，或者从事行为超出代理权限，或者其不为本人利益计算，或者与第三人恶意串通，则给本人带来的结果应由代理人负责，这是代理的制度意义所决定的；但在电子代理中，电子代理人只能完全按照当事人之预设意思做出机械性的反应，所以当事人只能对电子代理人的行为负全部责任，至于其中出现的电子错误，则另当别论。

（五）能否进行双方代理不同

根据民商法传统理论，双方代理违背了代理制度设置之初衷，因此被明确禁止；但在电子合同的签订中，例如在线证券交易、在线拍卖等自动撮合情况下，整个交易过程完全是在智能化系统的运作下完成的，电子代理人在合同的签订过程中起到中介的作用，也称电子居间。

总之，电子代理人不具备独立的法律人格，只是辅助当事人签订合同的交易工具而已。

（1）就其构成而言，电子代理人是软件、硬件或其组合；从商业应用而言，电子代理人具备搜索某一商品或服务的价格、供求等信息，完成在线拍卖、在线购销，或对交易发出授权的功能，因此将之形容为"人造商人"更为合适。

（2）就法律而言，电子代理人不具备法律人格，无独立的意思表达能力和缔约能力，与民商法之代理人有本质区别。但是，由于电子代理人签订电子合同与双方权利义务关系密切，而且电子代理人被日益广泛地应用在电子商务中，因此法律有必要对其进行规范。

三、电子代理人的法律地位

美国《统一电子交易法》正式承认了借助网络自动订立的合同的有效性。该法第202条规定："合同可以表明协议存在的任何方式订立，包括要约和承诺，或承认合同存在的双方的行为以及电子代理人的操作过程。"该条明确了电子代理人作为订约方式的合理性。

合同作为一种双方的法律行为，以合意的达成为成立要件，在电子合同的签订中，双方当事人若直接通过 EDI（电子数据交换）、电子邮件或网页点击等方式进行要约和承诺，显而易见，合意的达成不难判断。但在电子代理人签订的合同中，要约和承诺几乎难以界定，尤其是在"电子居间"的情况下。但是，电子代理毕竟只是一种交易工具而已，只起到辅助当事人签订合同的作用，它只是按照当事人预设的程序运作，是当事人意思执行的工具，是当事人意思的全面反映，因此电子意思只要在不存在诈欺和电子错误的情况下，就几乎可以等同于当事人的意思表示，因此电子代理人在交易相对方做出意思表示后做出自动反应，可以达成合意，电子合同有效。

该法不仅对电子代理人的概念进行了界定，而且对电子代理人形成了一整套的系统性的规范。例如，该法对关于电子记录与签章的法律承认，电子代理人的操作的规定，电子代理人行为的效力，电子代理人进行要约、承诺而订立的合同的条件，电子代理人行为归属的确定规则，以及相对交易人因电子错误而产生的抗辩权等内容做出了详尽的规定。

《中华人民共和国民法总则》关于代理的规定

第七章 代 理

第一节 一般规定

第一百六十一条 民事主体可以通过代理人实施民事法律行为。

依照法律规定、当事人约定或者民事法律行为的性质，应当由本人亲自实施的民事法律行为，不得代理。

第一百六十二条 代理人在代理权限内，以被代理人名义实施的民事法律行为，对被代理人发生效力。

第一百六十三条 代理包括委托代理和法定代理。

委托代理人按照被代理人的委托行使代理权。法定代理人依照法律的规定行使代理权。

第一百六十四条 代理人不履行或者不完全履行职责，造成被代理人损害的，应当承担民事责任。

代理人和相对人恶意串通，损害被代理人合法权益的，代理人和相对人应当承担连带责任。

第二节 委托代理

第一百六十五条 委托代理授权采用书面形式的，授权委托书应当载明代理人的姓名或者名称、代理事项、权限和期间，并由被代理人签名或者盖章。

第一百六十六条 数人为同一代理事项的代理人的，应当共同行使代理权，但是当事人另有约定的除外。

第一百六十七条 代理人知道或者应当知道代理事项违法仍然实施代理行为，或者被代理人知道或者应当知道代理人的代理行为违法未做反对表示的，被代理人和代理人应当承担连带责任。

第一百六十八条 代理人不得以被代理人的名义与自己实施民事法律行为，但是被代理人同意或者追认的除外。

代理人不得以被代理人的名义与自己同时代理的其他人实施民事法律行为，但是被代理的双方同意或者追认的除外。

第一百六十九条　代理人需要转委托第三人代理的，应当取得被代理人的同意或者追认。

转委托代理经被代理人同意或者追认的，被代理人可以就代理事务直接指示转委托的第三人，代理人仅就第三人的选任以及对第三人的指示承担责任。

转委托代理未经被代理人同意或者追认的，代理人应当对转委托的第三人的行为承担责任，但是在紧急情况下代理人为了维护被代理人的利益需要转委托第三人代理的除外。

第一百七十条　执行法人或者非法人组织工作任务的人员，就其职权范围内的事项，以法人或者非法人组织的名义实施民事法律行为，对法人或者非法人组织发生效力。

法人或者非法人组织对执行其工作任务的人员职权范围的限制，不得对抗善意相对人。

第一百七十一条　行为人没有代理权、超越代理权或者代理权终止后，仍然实施代理行为，未经被代理人追认的，对被代理人不发生效力。

相对人可以催告被代理人自收到通知之日起一个月内予以追认。被代理人未做表示的，视为拒绝追认。行为人实施的行为被追认前，善意相对人有撤销的权利。撤销应当以通知的方式做出。

行为人实施的行为未被追认的，善意相对人有权请求行为人履行债务或者就其受到的损害请求行为人赔偿，但是赔偿的范围不得超过被代理人追认时相对人所能获得的利益。

相对人知道或者应当知道行为人无权代理的，相对人和行为人按照各自的过错承担责任。

第一百七十二条　行为人没有代理权、超越代理权或者代理权终止后，仍然实施代理行为，相对人有理由相信行为人有代理权的，代理行为有效。

第三节　代理终止

第一百七十三条　有下列情形之一的，委托代理终止：

（一）代理期间届满或者代理事务完成；

（二）被代理人取消委托或者代理人辞去委托；

（三）代理人丧失民事行为能力；

（四）代理人或者被代理人死亡；

（五）作为代理人或者被代理人的法人、非法人组织终止。

第一百七十四条　被代理人死亡后，有下列情形之一的，委托代理人实施的代理行为有效：

（一）代理人不知道并且不应当知道被代理人死亡；

（二）被代理人的继承人予以承认；

（三）授权中明确代理权在代理事务完成时终止；

（四）被代理人死亡前已经实施，为了被代理人的继承人的利益继续代理。

作为被代理人的法人、非法人组织终止的，参照适用前款规定。

第一百七十五条　有下列情形之一的，法定代理终止：

（一）被代理人取得或者恢复完全民事行为能力；

（二）代理人丧失民事行为能力；

（三）代理人或者被代理人死亡；

（四）法律规定的其他情形。

资料来源：

1. 赵占领. 电子代理人之法律研究，法律教育网，2003 - 11 - 28.

2. 中华人民共和国民法总则.

第七章

票据法

票据法（law of bill），是指调整票据的出票和转让等票据行为，以及票据当事人之间权利和义务的有关法律规范的总称。要了解票据法，首先必须了解票据的概念与作用以及票据的法律特点和票据法体系；其次，必须了解汇票的有关当事人和种类，汇票的背书、提示、承兑、保证、付款、拒付和追索权，以及英国体系和日内瓦统一法公约体系对伪造签名的分歧所在；再次，必须了解本票与支票及其与汇票的区别；最后，必须了解中国的票据法。

本章重点内容是了解和掌握：（1）汇票流通的程序；（2）英国体系和日内瓦统一法公约体系对伪造签名的分歧的实质；（3）中国票据法的有关规定。

重点问题

- 票据法概论
- 汇票
- 本票与支票
- 《联合国国际汇票和国际本票公约》
- 中国的票据法

第一节　票据法概论

一、票据的概念与作用

（一）票据的概念

票据有广义与狭义之分。广义的票据是指商业上所使用的所有有价凭证，包括本票、支票、汇票、发票、仓单、提货单、股票与债券等；狭义的票据仅指本票、支票与汇票三种，也称为流通票据（negotiable instruments）。其含义是，出票人依法签发，约定自己或委托他人，于见票之日或指定到期日，无条件地支付一定金额的有价证券。本章所指的票据仅为狭义的票据。

（二）票据的作用

票据之所以成为经济贸易活动中的重要流通工具，是因为它在经济贸易交往中能够像货币一样发挥多种功能。其主要作用如下：

1. 支付手段

票据从其产生时起最基本的作用就是充当支付手段。在现代国际贸易中，用票据代替现金支付，不仅可以节省清点的麻烦与时间，而且方便与安全。

在国际贸易中，汇票经常与信用证和提单一起使用。因为各国的货币制度不同，禁止任意携带货币出入国境，这样以汇票代替现金就成为收送货款的重要手段。

2. 流通手段

票据在使用时的一个重要特点是，可以经由背书转让或交付转让。这种票据的转让过程也就是票据的流通过程，因此，票据从某种程度上起到货币流通手段的作用。

3. 结算手段

票据的另一个重要作用是，可以用来进行债权、债务的结算，也就是买卖当事人相互之间的支付。简单的结算是通过相互抵销的方法结算账目，而复杂的结算则是通过票据的交换制度进行的。为此，国际上既建立了票据交换中心，利用票据进行国际贸易的结算，也建立了票据买卖市场，以便在不同币制的国家之间进行贸易结算。

4. 信用手段

从金融角度看，信用就是货币资金的借贷。在经济贸易活动中，卖方可以把买方在将来给自己支付的价款作为信用，不收取现金而出售商品，这也是一种信用关系。这种信用关系是通过汇票或本票表现出来的。这时的票据不仅是支付手段，而且是信用手段，因为持票人可以通过贴现取得现金，或者通过背书转让履行其他债务。

5. 融资手段

票据的最新作用是融资，就是调度资金，主要是通过票据贴现（discount）实现的。

二、票据权利与票据抗辩

（一）票据权利

票据权利是指持票人向票据债务人请求支付一定票据金额的权利，包括付款请求权与追索权。

票据权利分为以下两个方面的内容。

1. 付款请求权

这是指票据的持票人向票据主债务人（汇票的承兑人、支票的付款人与本票的出票人）或其他付款义务人，请求根据票面上记载的金额付款的权利。这称为第一次请求权。

2. 追索权

这是指持票人行使付款请求权后因为被拒绝或其他原因（例如，退票）不能实现时，可以依法向其前手（背书人）直至出票人行使偿还债务的权利。这称为第二次请求权。

（二）票据抗辩

1. 概念

票据抗辩是票据债务人享有的一项权利，即他对于票据债权人行使承兑或付款的请求权，可以提出某种合法的理由加以拒绝，这称为票据抗辩。

2. 种类

根据抗辩原因的不同与抗辩效力的不同，票据抗辩可以分为物的抗辩与人的抗辩两种。

（1）物的抗辩（real defence）。这是指债务人根据票据本身内容发生的事由而进行的抗辩。所谓票据本身的内容，是指票面上记载的事项以及票据的性质。这种抗辩又称为绝对抗辩或客观抗辩，因为这种抗辩不受限制，都能成立，不论持票人或债务人是谁，均允许为此进行抗辩。这种抗辩又分为两种：第一，一切票据债务人可以对一切票据债权人行使的抗辩。例如，票据无效，根据记载不能提出请求，票据债权已经消灭，或者票据已经失效等的抗辩。第二，只有特定的债务人可以提出，但是可以对抗一切债权人的抗辩。例如，否定票据行为有效成立，根据记载而提出，票据债权对该债务人已过时效等的抗辩。

（2）人的抗辩（personal defence）。这是指由于债务人与特定债权人之间的关系而发生的，因而只能向特定的债权人行使的抗辩，又称为相对抗辩。这又分为两种：第一，票据上的一切债务人都可以提出，但是只能向特定的债权人行使的抗辩。第二，特定的票据债务人可以向特定的债权人行使的抗辩。这种抗辩主要是基于原因关系的抗辩。在人的抗辩中，对直接当事人的抗辩不加限制。例如，甲方为出票人，签发一张汇票给受款人乙方。这样，双方成为直接当事人，双方之间既存在票据关系，也存在原因关系，即双方之间有买卖合同。

3. 票据法对抗辩的限制

为了保护票据的流通，票据法对人的抗辩做出了适当的限制。票据法规定，在人的抗辩中，债务人与直接当事人以外的当事人之间，即其直接后手的后手们之间，只有票据关系而没有原因关系。例如，甲方将一张汇票经过背书后转让给乙方，乙方又经过背书后转让给丙方。这样，甲方与乙方、乙方与丙方之间为直接前后手，而甲方与丙方之间则不是直接前后手关系。因此，当丙方向甲方行使追索权时，甲方不得抗辩。

但是，这种限制有两个方面的例外：（1）持票人取得票据是出于恶意时不适用限制抗辩，例如，明知对债务人会有损害时；（2）持票人是以无对价或以不相当的对价取得票据的，也不适用限制抗辩。所谓以无对价或以不相当的对价，是指持票人取得票据是通过赠送等方法，或以少于票面金额的支付而取得的。例如，甲方转让票面金额为 10 万美元的本票给乙方，而乙方仅仅支付 5 万美元。

三、票据行为

票据行为，是指以发生票据上一定的权利与义务为目的的法律行为，它是发生票据法律关系的根据。票据行为是要式的、文义的、独立性的行为。这里所称票据行为是要式的，是指必须根据法律规定的方式才能发生法律效力；票据行为是文义的，是指在票据上签名的行为人仅对票据所载的文义负责；票据行为的独立性，是指即使在票据上签名的某一行为人为无行为能力人，也不影响其他签名人的权利与义务。例如，因出票人未成年，所以他的出票行为无效，但具有行为能力的人在这张票据上进行的背书行为或承兑行为仍属有效。

票据行为是一种民事法律行为，所以，可以由代理人代理，代理人可以代理本人进行出票、背书、承兑等票据行为，但是在代理人签名时，必须在票据上记载本人的意旨，否则他就要负担票据上的责任。

票据行为主要有出票、背书、承兑、保证与付款等。

四、票据的伪造、变造、涂改与销毁

(一) 票据的伪造

票据的伪造，通常指票据本身的伪造及票据上签名的伪造，包括出票人、背书人、承兑人、保证人等签名的伪造，其中还包括盗用有关人员的印章、模仿签名。

票据的伪造，无论从法律还是从票据实务来说，都是一个比较复杂的问题。如果是票据本身的伪造，则是一种明显的非法行为，自应无效，伪造人要承担法律责任。但是如果票据是真实的，只有背书是伪造的，对伪造背书的法律后果，各国的票据法有不同的规定。英国《票据法》规定，在票据上伪造签名是无效的，伪造背书不能产生票据权利，因此，即使被背书人对伪造背书之事毫不知情并且支付了对价，真正的所有人仍可以以伪造背书无效为由控告被背书人；如果银行对伪造背书的票据付款，由银行自行负责，只有当银行是善意地在正常业务中对伪造背书的票据付款时，银行才不负责任。日内瓦统一票据法与德国《票据法》则认为，善意的、没有重大过失而通过连续不断的背书取得票据的持票人，即使背书是伪造的，他仍可以取得票据上的权利。作为付款人的银行只对背书的连续性负责，对背书签字的真伪不予以负责。

(二) 票据的变造

票据的变造，是指非法变更票据记载的有关权利与义务的事项，例如，变更票据金额或付款到期日。变更的法律后果，根据签名人的签字是在变更以前还是以后而有所不同。如果签名是在变更之后，则根据变更的文义负责；如果签名是在变更之前，则根据原文义负责。

(三) 票据的涂改与销毁

票据的涂改与销毁，是指票据上的签名或文义，或被涂抹，或用纸片贴盖，或用化学方式腐蚀等。其所造成的后果，各国的法律规定也不同。英国《票据法》规定，如果涂改、销毁不是由票据权利人故意造成的，不影响票据上的效力。德国《票据法》则不管这种行为是否出于故意，或行为人是否有权进行涂改、销毁，都产生效力。此外，还有一些国家的票据法区别以下情况做不同的处理：如果是由票据权利人故意进行的涂改、销毁，可以发生票据权利的变更或消灭；如果是非票据权利人的故意行为，则不影响票据的效力；如果是由无票据权利人进行的涂改、销毁以及票据权利人因过失所进行的此种行为，不产生票据上的效力。

五、票据的法律特点与票据法体系

(一) 票据的法律特点

票据法中规定的票据，是指出票人在票面上签名，无条件地约定由他自己或委托他人支付一定的金额，并可以流通转让的一种有价证券。票据上所载的一切权利是与票据文书结合在一起的，票据权利的发生、转移与行使均以持有票据为必要条件，离开票据就不能主张其权利，也不能将其转让给他人。票据法的宗旨是促进票据的流通，保障票据交易的安全。

为了达到这个目的，各国在票据法中都确立了票据的基本原则。根据这些法律原则，票据在法律上具有以下特点。

1. 票据可以通过迅速、简便的方式进行转让

各国的票据法都规定，票据仅凭交付或经适当背书后交付给受让人即可以合法完成转让手续，无须通知票据上的债务人。这一点与民法中的债权让与是不同的。根据许多国家的法律规定，民法中的债权让与一般都以通知债务人作为对债务人生效的条件或作为对抗第三人的要件。如果债权人在将其债权转让给第三人时，没有通知债务人，则债务人仍然应向原债权人清偿债务，而不能向受让人（新债权人）清偿。票据的转让要比民法中的债权让与简单和方便得多，它只需背书或交付票据，即可以转让，而且无须通知债务人。一张票据尽管经过多次转让，数易其主，但是最后的持票人仍然有权要求票据上的债务人向其清偿，票据债务人不得以没有接到转让通知为由拒绝清偿。

2. 票据本身与其基础关系相分离

票据关系是指基于票据行为所产生的债权、债务关系，即根据票据享有权利的人与承担义务的人之间的关系，例如，出票人、受款人、背书人、被背书人、持票人与承兑人彼此之间的关系等，这是票据本身所固有的法律关系。基础关系是指虽然与票据有某种关联，但是处于票据之外的关系。基础关系包括原因关系与资金关系。

（1）票据的原因关系。票据的原因是指当事人之间发行票据或转让票据的依据或缘由。票据的发行或转让总是有其一定的原因的，任何人都不会无缘无故地开出一张票据，或把票据转让给别人。票据的原因因交易情况的不同而有所不同，可能是为了支付买卖合同的价金，可能是借贷，可能是为了提供担保，也可能是赠与关系，这些关系就是票据的原因关系。由于原因关系通常都是有对价的，所以，有人亦称之为对价关系。尽管票据的发行或转让都以某种原因为依据，但是各国的票据法都认为，票据上的权利与义务关系一经成立，即与原因关系相脱离，不论其原因关系是否有效或是否存在，都不影响票据的效力。票据上的债权人在行使其权利时，不必证明票据的原因，仅凭票据上的文字记载，即可以要求票据上的债务人支付票据规定的金额。因此，大陆法的学者都把票据称为不要因的证券。其目的是促进票据的流通，使人们放心地接受票据，不必在接受之际查究票据原因之有无或是否有缺陷。但是，票据的原因关系与票据关系毕竟还是存在某种联系的，这在票据的直接当事人之间表现得更加明显。在这种情况下，原因关系就会对票据关系产生影响。例如，甲、乙二人签订了一项买卖合同，买方甲为了支付货款给卖方乙开立了一张本票，甲、乙二人就是该本票的直接当事人。如果日后卖方乙不交货，则当乙凭本票要求甲付款时，甲可以对乙提出同时履行的抗辩，即乙不交货，甲就可以拒绝付款。这种情况称为原因关系与票据关系相牵连。这是维护公平原则与诚信原则所必需的。但是，在上例中，如果卖方乙把本票转让给丙，则情况就大不相同了。如果丙是善意的、付了对价的受让人，那么，即使乙不交货，甲也不得以此为由拒绝向丙支付本票规定的金额。因为甲与乙之间的买卖关系是原因关系，甲不得以原因欠缺（乙不交货）为由对抗丙，这就是原因关系与票据关系相分离的具体体现。其主要作用是保护善意的受让人。

（2）票据的资金关系。票据的资金关系是指票据（汇票与支票）的付款人与出票人之间的资金补偿关系。票据的付款人之所以同意接受出票人的委托为其付款，也是有其一定的理由的。其理由可能是出票人曾向付款人提供了资金，例如，客户在银行有存款，所以，银行同意支付该客户开出的支票；也可能是付款人曾对出票人负有债务，或愿意为出票人提供信用等。这些都属于票据的资金关系。目前，大多数国家的票据法都认为，票据的资金关系应与票据关系相分离。不论出票人是否向付款人提供了资金，票据的效力都不

受影响。这也是为了促进票据的流通而采取的制度。

3. 强调保护善意第三人

"善意"一词是个抽象的概念。对此,美国《统一商法典》第2-103 (1) (b) 条的解释是:"涉及商人时,'善意'指事实上的诚实(honest)和遵守该行业中有关公平交易的合理的商业准则。"美国法院的有关判决指出,"善意"一词包括但不限于,一种诚实的信念,包括无恶意、无欺骗企图或寻求一种显失公平的利益的企图。

善意并支付了对价的票据受让人,可以取得优于其前手的权利,不受其前手的权利瑕疵的影响。这是票据的流通转让与民法中的债权让与之间的一个重要区别。根据民法的一般原则,让与人只能把自己所享有的权利转让给受让人,而不能把自己本来没有的权利转让给受让人,因此,让与人与受让人的地位是一样的,受让人不能取得优于让与人的权利。例如,如果甲窃取或拾到一件属于乙的财物并把它转卖给丙,一旦日后被乙发现,乙有权要求丙把该财物返还给他。因为甲对该财物并无任何合法权利,所以,从甲手中买受该财物的丙也无权取得该财物的合法权利。这就是说,作为受让人丙的权利并不比出让人甲的权利更为优越。但是,如果乙遗失了一张无记名(to bearer)的汇票,被甲拾到并把它转让给丙,则情况就大不相同。只要丙是善意的、支付了对价的票据受让人,他就有权得到票据的全部权利,乙不能要求丙把票据返还给他。因为这属于票据的流通转让,票据法保护善意受让人的利益,善意受让人享有优于其前手(甲)的权利,不受其前手(甲)权利瑕疵的影响。这是为了促进票据流通,保障票据交易的安全。

在英美法中,让与(assignment)、转让(transfer)与票据的流通(negotiation)这三个法律术语的含义是有区别的。(1) 让与。让与是指一般债权的让与(例如,合同的转让),这种债权让与必须以通知原债务人为条件,而且债务人可以用以对抗原债权人,也可以用以对抗受让人(新债权人)。(2) 转让。转让是指物权凭证(document of title)的转让。这种物权凭证可以仅凭交付或加上适当背书而转让,无须通知债务人,但是受让人的权利不能优于出让人,如果出让人的权利有瑕疵,则受让人所取得的也只是一种有瑕疵的权利。提单(bill of lading)与仓单(warehouse receipt)就属于这类物权凭证。以提单为例,如果甲窃取了乙的提单并把它转让给丙,那么即使丙是善意的、支付了对价的受让人,他也不能享有优于出让人(甲)的权利。由于甲对该提单并无合法权利,丙也不能取得对该提单的合法权利。如果乙发现提单被窃,他有权要求丙将提单返还给他。因此,提单只是一种可以转让的单证(transferable documents),而不是流通票据(negotiable instruments)。但是由于提单可以通过交付或适当背书的方式进行转让,手续也比较简便,因此,有的学者称之为"准流通票据"(quasi-negotiable instruments)。(3) 流通。流通是指票据的流通。票据流通是使受让人成为持有人的票据转让方式。流通票据仅凭交付或加上适当背书即可转让某些权利财产,无须通知原债务人。更重要的是,票据善意的、付了对价的受让人可以取得优于其前手的权利,不受其前手的权利瑕疵的影响。这是流通票据的一个重要的法律特征。

4. 票据是一种要式证券

所谓要式证券,是指票据的作成必须符合法定的形式要求,如果不符合法定的形式,就不能产生票据的效力。各国的法律对于票据所必须具备的形式条件都做出了具体的规定,这些规定都是必须遵守的,当事人不得随意变更。这是因为票据是一种流通证券,如果票据上记载的事项不统一,不符合法律对票据的形式要求,欠缺法律上的形式要件,该票据即属无效，根本不能流通。

5. 票据是一种文义证券

所谓文义证券，是指票据上的权利与义务必须而且只能根据票据上所记载的文义确定其效力。凡是在票据上签名的人，都必须根据票据上记载的文字对其负责，不得以票据之外的任何事由变更票据上的文字记载的效力。

（二）西方国家票据法的编制及其体系

票据法，是指调整票据的出票和转让等票据行为，以及票据当事人之间权利和义务的有关法律规范的总称。

票据法产生于 17 世纪下半叶至 18 世纪初。1673 年法国国王路易十四颁布的《商事敕令》与 1807 年的《法国民法典》曾先后对汇票与本票问题做出了规定，其后许多国家都制定了票据法，例如，1882 年的英国《票据法》和 1896 年的美国《统一证券流通法》等。

西方各国都制定了票据法，但是各国票据法的编制体例不同。从形式上看，英国、德国、奥地利与瑞典等国家采取单行法的做法，专门制定了关于票据的单行法规；法国、比利时与日本等大多数国家则把票据法列入商法典内，作为商法典的一个组成部分；美国各州原先都制定了各自的票据法，内容不完全统一，但是在 1952 年美国《统一商法典》公布后，情况有所变化。该商法典把有关票据的法律规定编入第三篇，称为商业票据（commercial paper）。由于各州已通过立法程序相继采用该商法典，所以，现在美国各州的票据法已经基本趋于统一。至于瑞士则把票据法编入债务法典内，作为债务法的一部分。

西方各国的票据法在本质上是相同的，但是在某些具体法律制度方面也存在不少的分歧与差异。在日内瓦统一票据法制定以前，大致可以分为以下三个法系：

1. **法国法系（又称拉丁法系）**

法国《票据法》历史最为悠久，早在 1673 年的《商事敕令》中就有关于票据的规定，后来经过修订编入 1807 年《法国商法典》内，作为该法典的一章。法国《票据法》的主要特点有两个：（1）认为票据是代替现金输送的工具，对票据的这一作用规定得十分详尽，而对票据作为信用工具与流通手段的作用则考虑较少，规定也很简略。（2）认为票据关系与基础关系（包括对价关系与资金关系）不能截然分离。其具体表现是，要求在票据上载明对价文句，否则就认为欠缺要件，不能产生票据法上的效力；同时强调资金关系，如果出票人能证明他已将资金交付给付款人，即可以免除责任，免受追索。法国《票据法》的上述特点，与法国制定该法时所处的时代是有直接关系的。因为法国《票据法》制定较早，当时票据在经济生活中主要是作为代替现金输送的工具，至于票据作为流通与信用工具的效能，尚未充分显示出来，因此，作为上层建筑的票据法，也只能反映当时社会经济生活的客观需要。法国《票据法》对欧洲大陆各国的票据法一度产生过重大的影响。欧洲各国早期的票据法中有许多都是仿效法国《票据法》制定的，但是后来随着时代的推移和商业的发达，法国《票据法》的某些原则已不能适应近代经济发展的要求。因此，某些原来仿效法国《票据法》的国家，例如，意大利、西班牙与比利时等后来在制定商法典时，已舍弃法国法的旧制而采取德国的法例。法国也于 1935 年根据日内瓦《统一汇票和本票法公约》对票据法进行修订，并于 1936 年施行新的票据法。

2. **德国法系（又称日耳曼法系）**

德国《票据法》于 1871 年 4 月 16 日公布施行，其内容仅包括汇票与本票两种。《支票法》则于 1908 年另行制定。德国《票据法》注重票据的信用功能与流通功能。其主要特点是：（1）强调票据关系与基础关系相分离，使票据成为不要因的证券；（2）采取严格的要式主义，具体规定票据的各项形式要件，凡是不符合法定形式要求者，即不产生票据的效力。简言之，德国法认为票据乃是一种不要因而要式的有价证券。属于德国法系的国家主要有瑞士、瑞典、奥地利、荷兰、丹麦、挪威以及日本等。

3. 英国法系

英国法系包括英国、美国以及受英国普通法传统影响的国家。英国《票据法》颁布于1882年，它是由英国学者查尔姆（Chalmer）在总结过去法院判例的基础上起草的。1957年又制定了《支票法》。由于英国《票据法》制定的年代较晚，当时票据的流通已经相当普遍，票据作为流通手段与信用工具的作用已经十分明显，因此，英国《票据法》的立法宗旨与法国《票据法》有明显的差别，而与德国《票据法》则比较接近。但是对票据的形式要求，英国《票据法》有一定的灵活性，比较注重实际，不像德国《票据法》那样严格。英国《票据法》的主要特点是，强调票据的流通作用与信用功能，保护正当持票人的利益。其具体表现是，将票据关系与其基础关系严格区别开来，即不问对价关系或资金关系如何，凡是善意的票据受让人均受到法律保护。因此，尽管在习惯上英国的票据仍然载有对价文句（value received），但是英国《票据法》并不以在票据上载明对价文句作为票据有效的必要条件，而且认为凡是正当持票人都推定为已经支付了对价取得票据的人。英国《票据法》的这些原则对于促进票据的流通、加速社会资金的周转都是有利的。

（三）关于票据的统一法

由于西方各国票据法的编制体例不同，不仅存在上述法国、德国与英国三个不同的法系，而且在同一法系的各个国家之间，其票据法的某些具体规定也有差异。这种状况的存在对于票据在国际上的流通使用，对于国际经济贸易的发展都是不利的。有鉴于此，从19世纪后期起，就有一些国际组织与学者主张把各国的票据法加以统一，制定一些有关票据的统一法公约。1910年与1912年在荷兰政府的倡导下，一些国家曾在海牙举行了统一票据法的会议，并提出了若干关于统一票据法的草案，后因第一次世界大战爆发，此项工作未能取得成功。在第一次世界大战后，在国际联盟的主持下，先后于1930年与1931年在瑞士日内瓦举行了两次关于统一票据法的国际会议，通过了4项关于统一票据法的日内瓦公约：（1）1930年《统一汇票和本票法公约》（Convention on the Unification of the Law Relating to Bills of Exchange and Promissory Notes）；（2）1930年《解决汇票和本票若干法律冲突的公约》（Convention on the Settlement of Certain Conflicts of Laws in Connection with Bills of Exchange and Promissory Notes）；（3）1931年《统一支票法公约》（Convention Providing a Uniform Law of Checks）；（4）1931年《解决支票若干法律冲突的公约》（Convention on the Settlement of Certain Conflicts of Laws in Connection with Check）。

此外，还通过了两个关于统一票据与印花税法的有关公约。现在，大多数欧洲国家、日本以及某些拉丁美洲国家已经采用了上述各项日内瓦统一法公约，有些国家还以上述公约为基础，对本国的票据法进行了修订。例如，1933年德国修订了票据法及支票法，1935年法国修订了商法典中关于汇票及本票的规定，1936年瑞士修订了债务法中有关有价证券的规定等。此后，大陆法系各国的票据法即逐步趋于统一，法国法系与德国法系之间的分歧已经逐步消失。但是，英国、美国等国家则从开始时起就拒绝参加日内瓦统一法公约。它们认为，日内瓦《统一汇票和本票法公约》主要是根据大陆法的传统制定的，与英美法的传统与实践相矛盾，如果参加这些公约，将会影响英美法系各国之间已经实现的统一局面，因而一直拒不接受。由于这个缘故，历史上存在的票据法的三大法系，现在已经演变为日内瓦统一法系与英美法系并存的局面。

第二节　汇　票

一、汇票的定义

汇票是由出票人签名出具的，委托受票人于见票时、于规定的日期或于将来可以确定的时间，向特定人或凭特定人的指示或向持票人支付一定金额的无条件的书面支付命令。可见，汇票属于委托式票据。

上述定义包括以下四个方面的内容：

（1）汇票是一种委托他人付款的证券。汇票的原始当事人包括出票人、受票人与受款人。由出票人委托受票人，要求后者向受款人支付一定的金额。

（2）汇票是一种无条件的书面支付命令。汇票必须以书面形式作成，而且必须有出票人的签名；汇票的付款必须是无条件的。

（3）汇票的金额必须确定。汇票的支付标的必须是金钱而不能是金钱以外的其他物品。

（4）汇票必须于见票时或规定的到期日付款。

汇票的原始当事人的法律关系可以简单地概括如下：汇票的出票人对付款人来说是债权人，而对受款人来说则是债务人。但是，汇票上的付款人之所以成为债务人，并不是由于出票人对他开立了汇票，而是取决于他本人是否在汇票上签了名。只有当付款人在汇票上签名（承兑），承担了付款义务之后，他才成为汇票的债务人，而且一旦付款人在票据上签名，他就成为该汇票的主债务人，而出票人则居于次要地位，成为从债务人。但是付款人在汇票上签名承认付款责任之前，汇票的债务人仍然是出票人而不是付款人。

二、汇票的有关当事人与种类

（一）有关当事人

在对外贸易业务中，通常是由卖方作为出票人开立以买方为付款人的汇票，指定与其有往来关系的银行为受款人结算货款。

也就是说，汇票的有关当事人有三个：出票人或开票人（drawer）、受票人或付款人（drawee or payer）与受款人（payee）。具体而言，在外贸业务中，出票人是签发汇票的人，一般为出口商；受票人是接受出票人的委托付款的人，一般是进口商；受款人是从出票人那里取得汇票，向受票人请求付款的人，一般是银行。

（二）国外汇票的准据法

在国际贸易中使用的是国外汇票，签发地与付款地不在同一个国家。因此，有必要了解国外汇票准据法的作用。在国际贸易中发生的诉讼，其解决的原则是以行为地法为准据法。准据法的选择不受文字与货币制度的限制。例如，一张汇票，如果在中国签发，在日本背书，最后在美国承兑，那么，该出票行为的效力就应当根据中国的票据法，而其背书与承兑的效力，则应当分别适用日本的票据法与美国的票据法。也就是说，在同一票据上的各种票据行为，其法律效力是各自独立的。

（三）汇票的种类

汇票的种类比较多，大致可以分为以下7种。

1. 国内汇票与国外汇票

英国《票据法》第4条规定，凡是在英国境内出票并在境内付款或向境内居民付款的汇票称为国内汇票（bill of exchange or inland bill）；凡是在英国境外签发而在境内支付，或在境内签发而在外国（或地区）支付的汇票，称为国外汇票（draft，foreign bill）。

国内汇票与国外汇票的区别在于：在退票的情况下，即拒绝承兑或付款时，是否必须作成拒绝证书。根据英美法系国家的票据法的规定，在国内汇票退票的情况下，持票人的追索权不必以是否作成拒绝证书作为必要条件；而在国外汇票退票时，则必须作成拒绝证书，以便给外国背书人提出退票的正式证明。

2. 商业汇票与银行汇票

商业汇票（commercial draft），是指由作为出口方的收款人，在装运货物后开出汇票，请外汇银行委托代收，或请外汇银行贴现的汇票。银行汇票（banker's draft），是指付款人将款项交存当地外汇银行，由该银行签发给收款人的当地银行（作为付款人），以便收款人向当地银行支取款项的汇票。

3. 即期汇票与远期汇票

即期汇票（sight draft），是指见票就付款的汇票。它包括记明"见票即付"（on demand）的汇票、出票日为到期日的汇票与未记载到期日的汇票。即期汇票在出票当日或其后任何时候提示时，付款人必须立即将票面金额支付给票据债权人。远期汇票（time draft），是指必须到出票日后、见票后或承兑后的约定日期，才能请求支付的汇票。

4. 光票汇票与跟单汇票

光票汇票（clean draft），是指汇票没有跟随任何装运单据（shipping documents），通常这种方式用于金额较小的结算。跟单汇票（documentary draft），是指汇票跟随有装运单据、发票（invoice）与其他单据。

5. 指示汇票、记名汇票与不记名汇票

指示汇票（order bill），是指除了在汇票上记载受款人或商号外，同时还附加记载"或其指定人"（or order）字样的汇票。例如，"请于2000年2月6日付给张先生或其指定人"等。记名汇票（straight bill），是指出票人在汇票上记载受款人或商号的汇票。例如，"请付ABC公司或布莱克先生"等。不记名汇票（bearer bill），是指汇票上不记载受款人或商号的汇票，任何人只要是持票人，均有权向付款人请求付款的汇票。与上述两种汇票不同，这种汇票的转让，不要求背书，只要交付即可。

6. 付款交单汇票与承兑交单汇票

前者是根据托收中的付款交单支付方式而来的，是指首先付清票款，然后银行才能交付装运单据的汇票。后者是根据托收中的承兑交单支付方式而来的，是指汇票经提示付款人，在其承兑（保证付款）之后才可以交付装运单据的汇票。

7. 信用证项下的汇票与托收项下的汇票

信用证项下的汇票（bill with L/C），是指凭进口地银行在办理信用证时所开具的汇票。所谓托收项下的汇票（bill with collection），是指不凭信用证而开具的汇票（bill without L/C），付款人就是进口商本人。托收分为付款交单（D/P）和承兑交单（D/A）

两种方式。托收项下的汇票与付款交单和承兑交单支付方式的汇票，均属于无信用证汇票。不过，要注意两点：（1）如果汇票没有 D/P 或 D/A 的记载，可以视为同 D/P 一样处理；（2）见票即付的汇票，必然是 D/P，因而没有必要在汇票上记载 D/P 的文句。

三、汇票的出票

汇票的流通使用要经过出票（issue）、背书（endorsement）、提示（presentation）、承兑（acceptance）、付款（payment）等行为，如果汇票遭到拒付（dishonor），持票人还要作成拒绝证书（protest），依法行使追索权（recourse）。

出票是指首次将格式完备的汇票交付给受款人的行为。这是产生票据关系的一种基本票据行为。出票包括两项内容：（1）由出票人制作汇票，并在其上签名；（2）将汇票交付给受款人。如果出票人仅仅是制成了汇票，并未把它交给受款人，那么，不算是完成了出票行为，因为这时他还可以将手中的票据注销作废，使之不产生票据关系。因此，只有当出票人把汇票交给受款人时，出票行为才告完成，票据关系才告成立。

汇票是一种要式证券，出票人在制作汇票时必须根据有关国家票据法的规定，把法定内容记载于汇票之上，只有这样才能产生票据的效力。如果欠缺法律规定所必须记载的事项，则该汇票就不能认为有效。各国的票据法关于汇票必须记载的事项如下：

1. 标明汇票字样

德国法系各国及日内瓦统一法公约都要求在汇票上必须标明"汇票"字样，有的学者称之为票据文句，其作用是使人们易于认清它是汇票，以免与其他种类的证券相混淆，但是英美法系各国则不要求必须注明"汇票"字样。

2. 汇票必须是无条件的支付命令

汇票的付款必须是无条件的。如果在汇票上规定受款人必须完成某种行为或履行某项义务后，付款人才予以付款，例如，在汇票上规定，"须于交付合格的货物后才付款"，那么，这种汇票就是有条件的，这样的证券就不是汇票，不起汇票的作用。根据英国《票据法》的规定，如果汇票上指定必须在某项特定的资金内付款（payment out of a particular fund），例如，在汇票上规定，"在出售某批纺织品所得的收入中支付某甲 5 万英镑"，那么，这种记载就表明付款是有条件的，因而这种汇票也是无效的。因为如果这批纺织品卖不出去，或者出售所得不足 5 万英镑，受款人将得不到汇票上规定的金额。

3. 汇票上所载明的金额必须是确定的

汇票是一种金钱证券，其支付的标的必须是金钱，而且金钱的数额必须确定。根据英国《票据法》的规定，如果在汇票上载有利息条款、分期付款条款与汇率条款，或在分期付款的情况下规定，如果有一期不按时付款，则全部金额应视为立即到期，都不影响汇票金额的确定性，都是有效的。日内瓦统一法公约也认为，见票即付或见票后定期支付的汇票，出票人可以规定利息。应付利息的利率应在汇票上载明，如果未载明，则该项规定视为无记载，利息从出票之日起计算。但是，日内瓦统一法公约则不允许采取分期付款的办法。

如果汇票上的金额以文字与数字记载，而两者金额不相符时（例如，文字记载为壹万美元，而数字记载为 100 000 美元），根据英国法系与日内瓦统一法公约的规定，应以文字记载的金额为准。日内瓦统一法公约还规定，如果汇票金额以文字或数字记载在一次以上，而先后有不相符时，则应以较小的数额为付款数额。

4. 必须载明付款人的姓名

各国的票据法都要求汇票必须载明付款人的姓名或商号。出票人可以指定银行或其他受托人为付款人，也可以以自己为付款人。当出票人以自己为付款人时，这种汇票称为"对己汇票"。对于"对己汇票"的性质，各国有不同的看法。英美法认为，对于这种票据，持票人有权选择把它作为本票或作为汇票处理。其他国家的法律有的把它视作本票，有的则把它视作汇票。

汇票的付款人一般是一个，但是也可以载明一个以上的付款人。在这种情况下，任何一个付款人均须承担支付全部汇票金额的责任，不能仅就金额的一部分负责。当其中一个付款人付款后，其余的付款人即可以解除付款义务。

5. 汇票的受款人

汇票是否必须载明受款人的姓名，各国的法律有不同的规定。英美法认为，汇票上可以指定受款人，也可以不指定受款人，而仅填写"付给持票人"（payable to bearer）字样。不指定受款人的汇票称为无记名汇票或来人式汇票，谁持有汇票，谁就有权要求付款人支付票据上所记载的金额。但是日内瓦统一法公约则要求在汇票上记载受款人的姓名，原则上不承认无记名汇票。

根据英国《票据法》的规定，汇票上的受款人可以有以下三种写法：

(1) 限制性抬头。例如，汇票上载明"仅付给 A 公司"（pay Co. A only）或"付给 A 公司，不准转让"（pay Co. A，not transferable）。这种带有限制转让字样的汇票，不能以背书的方式转让，而只能根据一般民法中债权让与的方式转让。①

(2) 指示式抬头。例如，汇票上载明"付给 A 公司或其指定的人"（pay Co. A，or pay to the order of Co. A）。这种指示式抬头的汇票可以经过背书转让。如果汇票上虽然载明受款人的姓名，但是没有加注限制转让的字样，例如，汇票上仅写明"付给 A 公司"，则此种汇票可以视同指示式汇票，可以背书转让。

(3) 来人式抬头。汇票上不载明受款人的姓名，而只写明"付给持票人"（payable to bearer）字样。这种汇票可以流通转让，而且在转让时无须由持票人背书，仅凭交付票据本身即可以实现转让的目的。

汇票上的受款人通常都是出票人以外的人，但是各国的法律都允许出票人与受款人同为一个人。这种汇票称为"指己汇票"，在转让时须由出票人背书。

6. 汇票的出票日期及地点

日内瓦统一法公约规定，汇票应当记载出票日期及地点，否则不得认为有效。但是有一个例外，即如果汇票上没有载明出票地点，则以出票人姓名旁的地点为出票地点。英美法系各国则认为，出票日期与地点并不是汇票必须记载的事项。如果汇票上没有填写出票日期，汇票仍然有效，在这种情况下，持票人可以将其认为正确的日期补填在汇票上。如果汇票上没有载明出票地点，则可以以出票人的营业所、住所或居住地为出票地点。

出票的时间与地点在法律上具有重要的意义。出票日期对于出票日后定期付款的汇票具有确定付款日期的作用，对于见票即付的汇票起着确定付款提示期限的作用，而对于见

---

① 在民法中，在债权人与债务人有变动时，即有债权债务的让与时，规定了两点着重保护债务人：(1) 在债权让与时，债权人必须将让与之事实通知债务人，让与才对债务人生效；(2) 债务人所有能对让与人行使的抗辩，都能对受让人行使。而在票据关系中，如仍遵守上述民法规定，则会阻碍票据的流通。票据法不得不改变上述民法规定的两点规定：(1) 票据让与时，不必通知债务人即可生效；(2) 对债务人所能行使的抗辩加以限制。

票后定期付款的汇票则起着确定承兑提示期限的作用。根据一些国家票据法的规定，付款提示与承兑提示都有一定的期限，这个期限是从出票之日起开始计算的。因此，如果汇票上没有载明出票日期，上述提示的期限就无法确定。

出票地点对国际汇票具有重要的意义。它关系到汇票的法律适用问题。根据《关于解决汇票和本票若干法律冲突的公约》与许多国家的法律冲突规则，汇票所适用的法律在许多方面都采用行为地法的原则，特别是有关汇票的形式与有效性的问题，一般都是以出票地国家的法律确定的。

7. 汇票的到期日

汇票的到期日就是汇票所载金额的支付日期。根据英国、美国等国家的法律规定，载明到期日并不是汇票的法定条件，如果汇票上未载明到期日，则作为见票即付的汇票处理。日内瓦统一法公约虽然规定汇票应载明付款的时间，但是允许有例外。例如，未载明付款时间者，可以视为见票即付。换言之，汇票即使没有载明付款时间，其效力亦不受影响。根据各国的法律规定，如果汇票上的到期日恰遇公休节日或假日，可以顺延至下一个营业日。

关于汇票的到期日，有以下四种规定方式：

（1）定日（fixed date）付款，即在出票时订明在某个日期付款。例如：

汇票金额10 000英镑　伦敦 2014 年 3 月 5 日

凭票于 2014 年 4 月 20 日付给约翰·琼斯壹万英镑，对价收讫。

此致

汤姆·鲁滨逊先生

威廉·史密斯（签名）

（2）见票即付（sight bill），即要求付款人在持票人向其提示汇票时付款。例如：

汇票金额10 000英镑　伦敦 2014 年 3 月 5 日

见票即付约翰·琼斯壹万英镑，对价收讫。

此致

汤姆·鲁滨逊先生

威廉·史密斯（签名）

（3）出票日后（after date）定期付款，即从出票日起算，于出票日后的一定期间内（例如，1 个月）付款。例如：

汇票金额 10 000 英镑　伦敦 2014 年 3 月 5 日

于出票后 1 个月付约翰·琼斯或其指定人壹万英镑，对价收讫。

此致

汤姆·鲁滨逊先生

威廉·史密斯（签名）

（4）见票后（after sight）定期付款，即从持票人提示汇票起算，于见票后的一定期间内（例如，3 个月）付款。例如：

汇票金额 10 000 英镑　伦敦 2014 年 3 月 5 日
见票后 90 日付约翰·琼斯或其指定人壹万英镑，对价收讫。
此致
汤姆·鲁滨逊先生

威廉·史密斯（签名）

根据英国《票据法》的规定，汇票的到期日既可以是确定的期限或日期，也可以把将来肯定会发生但不能预先确定其发生的确切日期的事件作为汇票的到期日。例如，在汇票上可以规定，"于某甲死后 3 个月内付款"，这是有效的，因为某甲死亡这一事件是肯定会发生的，只不过是不能预先确定其确切日期而已。但是，如果在汇票上规定，"于某甲结婚后 3 个月内付款"，就不能作为汇票的到期日，因为某甲可能终生不结婚，这张汇票就可能永远没有到期之日。但是日内瓦统一法公约只允许采取上述第（1）种至第（4）种办法规定汇票的到期日，不允许以其他方式规定到期日，否则汇票无效。

8. 汇票的付款地点

关于汇票上是否必须载明付款地点的问题，各国的法律有不同的规定。英国《票据法》认为，票据上不一定要载明付款地点，不管付款人在什么地方，只要持票人能找到他，就可以向他提示汇票，要求付款。日内瓦统一法公约则要求在汇票上应记载付款地点，但是，如果没有记载付款地点，那么，可以将付款人姓名旁的地点视为付款地，亦即视为付款人的所在地。

9. 必须由出票人在汇票上签名

根据票据法的原则，只有在票据上签名的人，才对票据承担责任。因此，各国的票据法都规定，汇票上必须有出票人的签名才能生效，欠缺出票人签名的汇票在法律上是无效的。

出票人的责任有两项：（1）担保其汇票将获得承兑。如果汇票的付款人拒绝承兑，则持票人可以作成拒绝证书，向出票人行使追索权，请求其清偿票款。（2）担保其汇票将获得付款。如果汇票到期时不能获得付款，则出票人应对持票人承担清偿的责任。关于出票人是否可以在汇票上列入"免予追索"（without recourse）的文句，以免除其对持票人的偿还责任的问题，各国的法律有不同的规定。根据日内瓦统一法公约的规定，出票人可以在汇票上列入免责文句来免除担保承兑的责任，但是不得免除担保付款的责任。英国《票据法》与美国《统一商法典》规定，出票人可以在汇票上列入免责文句，来免除或限制其对持票人的偿还义务。

以上就是汇票出票时所应载明的事项。其中，有些事项是汇票的法定要件，缺一不可，有些事项不是绝对必要的条件，即使没有记载也不影响汇票的效力。总的来说，日内瓦统一法公约体系对汇票的形式要求较严格，而英美法系一般比较灵活。

四、汇票的背书

（一）概念

票据转让可以通过单纯交付的简单方法进行，这种方法仅限于无记名或空白背书票据；票据转让也可以通过背书进行。

背书是指持票人在票据上签名并交付受让人的票据行为。转让人是背书人，受让人是被背书人。他们分别称为前手和后手。被背书人可以将受让的票据通过背书而转让他人，称为再背书。这种票据的连续转让，称为票据的流通。每次背书都明确地记载在票面上，查究起来非常方便。

根据各国法律的规定，除无记名汇票得仅凭交付转让外，记名汇票与指示汇票都必须以背书的方式进行转让。

背书必须记载于票面上。关于是否必须记载于票据的背面，各国票据法的规定不一致。例如，英美法就没有规定必须在票据背面记载，《统一汇票和本票法公约》也只规定空白背书必须记载于背面。

背书有两种效力：（1）把汇票上的权利转让给被背书人；（2）背书人对包括被背书人在内的一切后手担保该汇票必然会被承兑或付款，如果汇票的承兑人或付款人拒绝承兑或付款，任何后手都有权向背书人进行追索。

（二）背书的方式

背书的方式主要有以下两种。

1. 记名背书

记名背书（special endorsement）也称为完全背书或特别背书，持票人在背书时，在汇票背面写上被背书人的姓名与商号，并签上自己的名字，然后将汇票交付给被背书人，汇票的转让即告完成。记名背书有两种写法，一种是仅写上被背书人的姓名，另一种是在被背书人的后面加上"或其指定人"（or order）字样。这两种写法的作用都是一样的。记名背书的被背书人仍然可以通过背书的方式把汇票再度转让。

关于背书时是否必须载明背书年、月、日的问题，各国的法律有不同的规定。法国、比利时、意大利与荷兰的法律认为，背书必须载明日期；英国、美国等国家的法律则认为，载明日期并不是背书的必要条件。

2. 空白背书

空白背书（blank endorsement）又称无记名背书或略式背书，背书人仅在汇票背面签上自己的名字，而不填写被背书人的姓名或商号。经空白背书后的汇票可以仅凭交付而转让，其结果同来人式汇票（to bearer）相同。

空白背书可以转变为记名背书，记名背书也可以转变为空白背书。例如，取得空白背书汇票的持票人，可以将自己的名字加在背书人的签名之后，这就将空白背书转变为记名背书。同样，取得记名背书汇票的被背书人，在将该汇票再度转让时，可以仅签上自己的名字而不记载受让人的名字，从而使该汇票成为空白背书汇票。

空白背书的绝对应记载事项仅为背书人的签名。其任意记载事项及禁止记载事项与记名背书相同。

现在世界各国的票据法都承认空白背书是有效的。法国早期的票据法禁止采用空白背书，但是从 18 世纪以后已经承认空白背书有效。

（三）背书的种类

背书的种类，根据背书人在背书时的意图，可以分为转让（negotiable）与非转让（non-negotiable）两大类，每一种类又分为不同的若干小种类（见图7-1）。

1. 转让背书

转让背书是指以转让汇票上的权利为目的所作的背书，其受让人（被背书人）可以取得该汇票的所有权。除持票人在背书时另有记载外，通常的背书多属于此类。根据各国票

记名背书(special endorsement)

一般转让背书

空白背书(blank endorsement)

转让背书

限制转让的背书(restrictive endorsement)

特殊转让背书 —— 限制背书人责任的背书(qualified endorsement)

附有条件的背书(conditional endorsement)

背书

委托取款背书(endorsement for collection)

非转让背书

设质背书(endorsement of pledge)

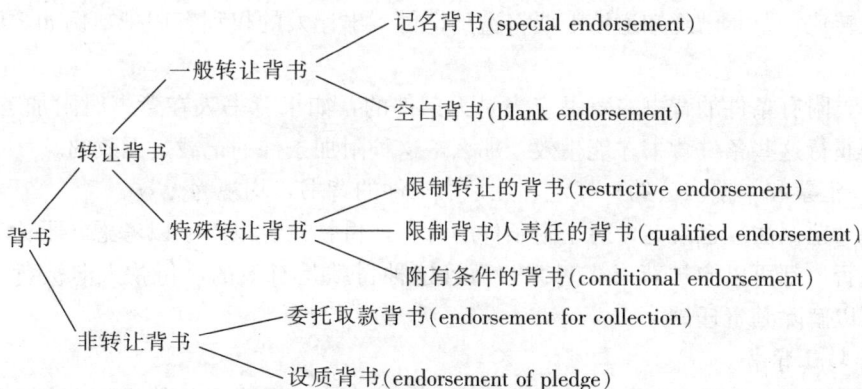

图 7 - 1　背书的种类

据法的规定，持票人在背书转让汇票时，必须把汇票上的全部金额同时转让给同一个人，不能只转让汇票金额的一部分，或把汇票金额分别转让给几个不同的人。这就是所谓的"背书的不可分割性"。例如，一张金额为 10 万美元的汇票，在背书转让时，不能只背书转让其中的 5 万美元，而留下 5 万美元；也不能将其中的 5 万美元转让给甲，而将其中的 5 万美元转让给乙，否则这种背书在法律上就是无效的。

转让背书分为两种。

（1）一般转让背书。一般转让背书分为两类：记名背书和空白背书。

（2）特殊转让背书。这种背书是指持票人在背书时，除了签名外，还附加若干特殊的文句，以便限制自身的责任，限制汇票的再度转让，或附加其他条件等。特殊转让背书分为以下三类：

第一，限制转让的背书。这是背书人在背书时附加限制转让的文句，例如，"不得转让"（not negotiable）和"只许付给甲方"（pay Party A only）等。对于这种背书的法律效力，欧洲、美国等国家和地区的规定有所不同。美国《统一商法典》第二篇第 3 - 206 条规定，限制转让的背书一般不能限制其票据的转让流通。英国法规定，如果背书人在背书时做了限制或禁止性的记载，那么，该汇票的被背书人只能取得凭此汇票要求付款与对汇票上的有关当事人起诉的权利，但是无权将该汇票再次转让，除非另有授权。有些大陆法系国家的法律规定了两种情况：首先，出票人所为。如果出票人在出票时就已经做出禁止转让的记载，那么，该汇票就不能再用背书的形式进行转让，而只能根据一般债权让与的方式转让。其次，背书人所为。如果背书人做出不得转让的记载，那么，该汇票仍然可以通过背书方式进行转让，但是背书的效力有所不同，即该背书人仅对其直接被背书人负责。如果该被背书人又以背书方式将该汇票转让给其他人，则背书人对于在其做出禁止背书记载之后，再根据背书取得该汇票的其他人可以不负任何责任，可以拒绝其他人的追索。

第二，限制背书人责任的背书。背书人限制自己的责任，往往在汇票的背面写上"无追索权"（without recourse）这样的文句。这种文句可以起到背书人免除其由于在汇票上签名而产生的责任的作用。如果该汇票在以后遭到拒付，持票人向前手追索时，就不能向该背书人追索，而只能越过他向其他背书人或出票人追索。但是，英国《票据法》规定，加注了"无追索权"字样的背书人的地位，与仅凭交付票据而转让的不记名汇票的出让人的地位是相同的，即他们虽然对间接的受让人可以免受追索，但是如果有以下情况则仍然必须对支付了对价的直接受让人（immediate transferee for value）负责：汇票曾被伪造；背书人在转让汇票时已经知道该汇票将遭到拒付；出让人的权利有瑕疵，例如，无权出让该汇票等。

第三，附有条件的背书。背书应当是无条件的，如果背书人在背书时附加若干条件，要求必须履行这些条件背书才能生效，那么，这种附加条件的记载是无效的。

《统一汇票和本票法公约》规定，凡是附条件的背书，均视为无效。

英国《票据法》也规定，对于附条件的背书，付款人可以不予以考虑，不论其所附条件履行与否，都可以向被背书人付款，而且这种付款是有效的，付款人向被背书人付款后，就可以解除其责任。

2. 非转让背书

这是指背书人背书的目的不是转让汇票上的权利，而是有另外的目的。它通常分为以下两种：

（1）委托取款背书。也称为委任背书，是指背书人将行使汇票的权利授予他人的背书。背书人在背书时注明其背书的目的只是委托被背书人代为取款，而不是转让汇票的所有权。这种背书通常都注明"委托取款"（for collection）或"委托代收"（by procuration）等字样。这样，就形成一种代理关系，即委托背书的背书人是代理权授予人，即被代理人，被背书人是代理人。这种背书的效力分为两个方面：一方面是代理权授予的效力。其代理权包括可以行使汇票上的一切权利。但是，票据行为的代理有特别的规定：首先，严格的显名主义，即代理人在代理他人进行票据行为时，必须明示其是代理他人（被代理人），否则应由代理人自负票据上的责任，同时隐名代理是被禁止的。其次，无权代理却以代理人的名义在汇票上签名的，应当自负汇票上的责任，越权代理也是如此。另一方面是被背书人享有的权限。日内瓦统一法公约规定了以下两项：一是行使汇票上的一切权利，包括请求承兑或付款，在遭到拒付时行使追索权，以及对有关当事人提起诉讼等权利；二是以代理人的资格，为了取款的目的，可以把汇票再度背书给第三人，从而将其代理权转交给第三人，让后者代为取款，但是不得作其他背书，例如，转让背书。同时，因为该汇票的权利并未转让给被背书人，仍然为背书人所拥有，所以，在被背书人行使汇票上的权利时，该汇票的债务人所提出的抗辩，只能用于背书人，而不能用于被背书人。例如，如果背书人甲以委任取款方式将汇票背书给乙，委托乙代向承兑人丙取款，当乙行使汇票权利，向丙请求付款时，如果甲曾欠丙款项，则丙可以主张抵销；但是，如果乙曾欠丙款项，则丙不得以此为由主张把乙的欠款与票款相抵销，因为乙仅为代理人，不是汇票的所有人。但是，如果该项背书不是委托取款背书，而是转让背书，则情况就完全不同。在转让背书的情况下，乙即取得汇票的所有权。如果乙本人对丙有欠账，则丙可以向乙主张抵销，但是却不得以甲对其有欠款为由，向乙提出抵销的要求。

（2）设质背书。也称为质权背书，是指以设定质权为目的所作的背书。所谓设质或质权，是指债务人向债权人出质（抵押）资产（股票、证券等动产），作为偿还债务的保证。这种背书的被背书人，可以以质权人（债权人）的身份行使汇票上的权利，包括要求承兑、付款与行使追索的权利等。

质权背书通常都记载有"担保价值"（value in security）或"出质价值"（value in pledge）的字样。

根据日内瓦统一法公约的规定，汇票的债务人不得以其自己对设质背书人的抗辩对抗设质背书的被背书人，但是不包括如果被背书人在接受汇票时明知会使债务人受损害的情况在内。

（四）背书的连续性

根据日内瓦统一法公约与许多国家票据法的规定，汇票的持票人应以背书的连续证明权利的成立。具体而言，背书的连续就是持票人对汇票享有权利的证据，只要背书是连续的，持票人无须出具其他任何证明，即可以当然地行使汇票上的权利，而汇票的债务人就应当然地向其付款，无须向其索取其他证明后才向其付款。因此，背书的连续性十分重要，持票人在取得汇票时，必须注意审查其背书是否连续。所谓背书的连续，是指第一次作背书的人应当是该汇票的受款人，其后各次背书的背书人均应为前一次背书的被背书人，依次衔接，直至最后的持票人，一环扣一环，中间没有间断。如果在空白背书之后，再以背书方式转让，则其后的背书人应视为因此项空白背书取得汇票的受让人，以便使背书的连续性不因出现空白背书而受影响。

（五）背书人及被背书人的权利与义务

根据票据法的原理，凡是在票据上签名的人，都是票据的债务人，都要对票据负责。因此，背书人一旦在汇票上签名背书，他就成为该汇票的债务人，应对该汇票负责。根据英国《汇票法》规定，背书人的责任有以下三项：

（1）保证该汇票在提示时会获得承兑与付款。如果遭到拒付，则背书人应对持票人或被迫对汇票付了款的任何其他背书人予以补偿，只要他们已对拒付一事履行了必要的程序，例如，已作成拒付证书或已通知有关当事人等。

（2）对正当持票人不得否认出票人及一切前手背书人的签名的真实性。

（3）对其直接的或后来的被背书人不得否认该汇票在其背书时是有效的，并且不得否认他对该汇票享有正当的权利。

被背书人是汇票的受让人，他因背书而取得汇票上的一切权利，从而成为汇票的债权人。被背书人可以用自己的名义要求付款人承兑或付款；也可以通过背书将汇票转让给其他受让人；当汇票遭到拒绝承兑或付款时，被背书人有权向一切前手背书人以及包括出票人在内的所有曾经在汇票上签名的人进行追索，必要时还可以对他们提起诉讼。不仅如此，被背书人还可以取得优于背书人的权利，付款人一般不得以其对抗出票人或前手背书人的抗辩事由来对抗善意的、付了对价的被背书人。这是票据法的一项基本原则，是为了保护善意的受让人，使汇票得以顺利流通。各国的票据法都承认这项原则。

五、汇票的提示

提示，是指持票人向付款人出示汇票，请求其承兑或付款的行为。这是持票人为行使与保全其票据权利所必须做的一种行为。提示可以分为承兑提示和付款提示两种。一般而言，远期汇票都应先向付款人作承兑提示，再于到期时作付款提示。特别是见票后定期付款的远期汇票更必须及时向付款人作承兑提示，以便从承兑之日起计算付款的到期日。即使是出票日后定期付款的汇票（payable after date），通常也要向付款人提示，以便确定其付款的义务，因为付款人只有在其承兑汇票之后，才成为该汇票的主债务人，承担到期付款的责任。但是，即期汇票（bill payable on demand, at sight or presentation）只须作付款提示，无须作承兑提示。

不论是承兑提示还是付款提示都必须在法定期限内进行，或根据票据上的记载办理。

对于提示的期限各国的法律有不同的规定。日内瓦统一法公约规定，见票后定期付款的汇票，应在出票日起 1 年内作承兑提示；见票即付的汇票，应于出票后 1 年内作付款提示；出票人可以将该期限延长或缩短，背书人亦可以将该期限缩短，但不能延长。英国、美国的法律则没有规定具体的提示期限，只要求在"合理的时间"（reasonable time）内提示。例如，英国《票据法》规定，见票后定期付款的汇票，持票人必须在合理的时间内作承兑提示；见票即付的汇票，必须在合理的时间内作付款提示。如果持票人不在规定的期间内做出承兑提示或付款提示，他就丧失了对前手背书人与出票人的追索权。因此，及时做出相应的提示，乃是持票人保全其权利的一种必要的程序。但是，汇票承兑人不得以持票人没有按时作付款提示而解除其对汇票的责任，因为他是汇票的主债务人，负有绝对的付款义务。因此，持票人即使因为没有及时提示而丧失了对其前手的追索权，仍然有权向承兑人要求付款。如果承兑人拒付，持票人可以对他提起诉讼，但是此项诉讼必须在法定的期限内提出。关于这个诉讼时效，各国法律有不同的规定，日内瓦统一法公约规定为 3 年，英国《票据法》规定为 6 年。一旦上述时效已过，持票人将丧失汇票上的一切权利。

六、汇票的承兑

（一）承兑的概念

承兑，是指汇票的付款人接受出票人的付款委托，同意承担支付汇票金额的义务，而将此项意思表示以书面文字记载于汇票之上的行为。

一般而言，是否要求付款人承兑，这是持票人的一项自由权，他可以在汇票到期日前向付款人提示承兑，也可以等待到期日来临时向付款人要求付款。但是，在某些情况下，持票人必须向付款人提示承兑，而在另一些情况下，则无须或不能向付款人提示承兑。主要有以下 5 种情形：（1）凡是属于见票后定期付款的汇票，持票人必须向付款人提示承兑，否则就无法确定付款的到期日；（2）凡是汇票上载明必须提示承兑的汇票，持票人必须根据汇票上的规定提示承兑；（3）凡是汇票上规定必须在付款人的营业地或住所地以外的其他地点付款者，持票人也必须向付款人提示承兑，以便付款人做好付款准备；（4）凡是见票即付的汇票无须提示承兑；（5）凡是汇票上载有"不得承兑"条款的汇票，持票人不得向付款人要求承兑。

实际上，持票人对于远期付款的汇票，除汇票上有限制承兑的规定外，一般都乐于及时向付款人提示承兑。这样做有两个好处：一是有利于保护汇票持票人的权利，如果付款人拒绝承兑，即使汇票尚未到期，持票人也有权立即向出票人与前手背书人追偿；二是有利于汇票的流通转让，因为未经承兑的汇票，付款人的责任尚未确定，受让人一般不愿意接受，而经过承兑特别是经过银行作为参加承兑人承兑的汇票，由于付款有保障，流通转让就比较顺利。

（二）承兑的程序与方式

承兑首先必须由持票人向付款人出示汇票，即向付款人作承兑提示，再由付款人决定是否予以承兑。提示是承兑的前提，如果持票人不向付款人出示汇票（提示），付款人就无从对汇票进行承兑。

承兑的方式通常是由付款人在汇票正面横写"承兑"字样，签上自己的名字，并注明承兑的日期。其中，最重要的是付款人的签字，如果没有付款人的签字，该汇票就不能认为已被承兑。至于是否应载明"承兑"字样与注明承兑日期，各国的法律有不同的规定。

日内瓦统一法公约规定，承兑应在汇票上记载"承兑"或其他相等的字样。英国、美国等国家的法律则认为，承兑只需要有承兑人的签名即可，不必加注"承兑"等字样。至于是否必须注明承兑日期的问题，除西班牙与墨西哥等少数国家的法律要求必须注明承兑日期外，其余大多数国家都不以载明承兑日期作为承兑生效的必要条件。但是根据日内瓦统一法公约的规定，对于见票后定期付款的汇票与特别约定提示承兑期限的汇票，承兑人必须注明承兑的日期。对于这种汇票，如果在承兑时未载明日期，持票人为保全其对背书人与出票人的追索权起见，就应在适当的时间内作成拒绝证书，以证明漏注的承兑日期。

（三）承兑的作用

承兑的作用在于确定付款人对汇票金额的付款义务。因为从理论上说，开立汇票是出票人单方面的行为，出票人在开立汇票时可以指定任何人为付款人，而付款人并未参与出票，因此，凡是没有在汇票上签名承兑的付款人都不是汇票的当然债务人，他对汇票还没有承担责任。所以，持票人为了确定付款人的付款责任，就必须向付款人提示承兑，那么，只有当付款人在汇票上签名承兑之后，他才对汇票的付款承担责任。如果付款人拒绝承兑，那么他对汇票的付款就不负法律上的责任。在这种情况下，持票人不能对他提起诉讼，而只能对汇票的背书人与出票人进行追索。

在汇票被付款人承兑以前，汇票的债务人是出票人而不是付款人，但是付款人一旦承兑了汇票之后，他就成为承兑人（acceptor）并由此而成为汇票的主债务人，出票人与其他背书人则居于从债务人的地位。如果付款人承兑汇票之后到期拒绝付款，则持票人可以直接对他提起诉讼。根据日内瓦统一法公约的规定，即使持票人是原出票人，也可据以对抗承兑人。这就是承兑行为的主要法律效力。但是承兑不是债务更新，债务更新是由新债务人代替原债务人履行债务，债务经过更新以后，原债务人即可以解除义务。而承兑并不能解除出票人与背书人对汇票的责任，如果承兑人在汇票到期时不付款，那么，持票人仍然有权向任何前手背书人或出票人进行追索。

（四）承兑的种类

承兑有以下两种：

1. 普通承兑

普通承兑（general acceptance）也称为单纯承兑，即由付款人在汇票上注明"承兑"字样并签具付款人的姓名与日期，除此以外没有任何附加条件。这是正常的承兑，是完全有效的。

2. 附有限制条件的承兑

附有限制条件的承兑（qualified acceptance）也称为非单纯承兑，主要有以下五种情形：（1）有条件的承兑。例如，付款人在承兑时注明必须以提交某种装运单据为付款条件等。（2）部分承兑，即只承兑汇票金额的一部分。（3）对付款地点加以限制。例如，在承兑时注明只能在某个地方付款。（4）对付款的时间做出限制。例如，在承兑时注明必须在原定的到期日后2个月才付款，或限定承兑的有效期为3个月，逾期必须更新等。（5）当汇票有数个付款人时，只有某些付款人承兑，而不是全体付款人都承兑。

对于上述附有限制条件的承兑的效力，各国的法律有不同的规定。根据英国《票据法》的规定，持票人可以拒绝接受附有限制条件的承兑，并可以认为这是付款人拒绝承兑的行为。但是如果持票人接受有限制条件的承兑，则他必须征得出票人与背书人的同意，否则出票人与背书人都可以解除对汇票所承担的义务。根据日内瓦统一法公约的规定，承兑应当是无条件的，但是承兑人可以限制其所承兑的数额，承兑的仅是汇票金额的一部分。换言之，部分承兑是允许的，持票人应当接受，因为这对双方都有利。

（五）参加承兑

参加承兑，是指当汇票不能获得承兑，或付款人与承兑人因死亡、逃匿或其他原因，无法向持票人作承兑提示，或付款人与承兑人被宣告破产时，为了防止追索权的行使，由第三人以参加承兑人的身份加入票据关系的行为。所以，参加承兑行为必须以不获承兑并作成拒绝证书为前提。参加承兑制度的目的在于防止持票人在汇票到期日前因不获承兑而行使追索权，以维护出票人与背书人的信誉，因此，英国《票据法》称之为荣誉承兑（acceptance for honor）。日内瓦统一法公约也规定了参加承兑的办法。做出参加承兑行为的人称为参加承兑人，由于他人参加承兑而直接享受其利益的人，称为被参加承兑人。两者的关系相当于担保人与被担保人之间的关系。为了明确参加承兑人是为何人作担保，许多国家的票据法都规定，参加承兑人除了必须在汇票上签名外，还应表明其参加承兑的意旨，并载明被参加承兑人的姓名。如果没有注明，则应视为出票人参加承兑，即以出票人为被参加承兑人。

参加承兑与承兑有所不同，其主要区别在于：参加承兑的目的是防止持票人在汇票到期日前行使追索权，而承兑的目的则是确定付款人的责任；参加承兑人只是汇票的第二债务人，只有在付款人拒绝付款时，才承担付款义务，而承兑人则是汇票的主债务人，承担绝对的付款义务；同时，由于承兑人是主债务人，如果承兑人对汇票付款，汇票上的权利即归于消灭，汇票也失去效力。如果是由参加承兑人付款，则只是代被参加承兑人偿还了债务，参加承兑人仍可以作为持票人，要求被参加承兑人及其前手予以偿还，在这种情况下，汇票的权利并不消灭，汇票也不因此而失效。

参加承兑的效力主要表现在两个方面：（1）当付款人不付款时，参加承兑人应负责向持票人付款；（2）如果持票人允许参加承兑，他就不能在汇票到期日前对被参加承兑人及其后手行使追索权。因为持票人既然相信参加承兑人，允许其参加承兑，就应当等到到期日才要求付款，而不应一方面允许参加承兑，另一方面又行使追索权，这与参加承兑制度的精神是不相符的。

七、汇票的保证

（一）汇票保证的概念及其特点

汇票的保证，是指由汇票债务人以外的第三人，以担保因主票据行为所产生的债务为目的所作的从票据行为。票据保证是保证债务的一种。保证人可以为出票人或背书人与承兑人提供保证。由于有第三人为票据的债务人提供保证，票据的信用将有所增强，对票据的流通不无好处。因此，日内瓦统一法公约及某些国家的票据法都对票据保证做出了比较详细的规定，但是英国、美国等国家的票据法仅略有涉及，没有具体的规定。

汇票保证有以下特点：

1. 汇票保证是一种要式行为

汇票保证应在汇票上或粘单[①]上做出，注明"保证"或类似字句，并由保证人签名。

[①] 粘单是为弥补票据本身不能满足记载事项的需要而粘附于票据上的纸张。票据凭证不能满足背书人记载事项的需要，可以加附粘单，粘附于票据凭证上。粘单上的第一记载人应该在汇票和粘单的粘接处签章。在粘单上记载的背书，只要符合票据法规定的形式条件，即产生背书效力。

根据日内瓦统一法公约的规定，保证人在做出保证时，可以在汇票上记载被保证人的姓名。如果没有记载，则视作为出票人提供保证。

2. 汇票保证具有独立性

这是汇票保证与民法中的保证的一个主要区别。汇票保证与民法中的保证虽然都有从属性，都以主债务的存在为前提，但是两者又有很大的不同，即汇票保证具有独立性，而民法中的保证则无独立性。具体而言，在汇票保证的场合下，即使被保证的主债务因任何原因无效，除因款式欠缺而无效外，保证人也仍应承担义务。在民法保证的场合下，如果被保证的主债务由于各种原因被宣告无效或撤销，保证债务亦随之无效，保证人即可以不承担义务。

3. 汇票保证人不得享有先诉抗辩权

这也是汇票保证与民法中的保证的一个主要区别。根据民法的一般原则，保证人是第二债务人，在债权人对主债务人（承兑人）的财产强制执行没有效果之前，保证人可以拒绝清偿。这就是所谓保证人的先诉抗辩权。但是在汇票保证的情况下，汇票保证人就不能享有此项先诉抗辩权，因为汇票保证具有独立性，所以，汇票的持票人（债权人）可以不先向被保证人请求付款或追索，而是直接向保证人提出付款请求或追索。

（二）保证人的权利与义务

1. 保证人的权利

保证人的权利是保证人在清偿汇票债务后，有权行使持票人对承兑人、被保证人以及对被保证人应负汇票上责任的前手的追索权。因为保证人在清偿后，即取得票据，成为该汇票的持票人，所以，他有权对被保证人及其前手行使追索权。至于被保证人的后手，因为保证人既然已为被保证人提供了保证，当其由于履行自己的保证义务而为被保证人清偿债务时，当然就不能再向被保证人的后手追索。

2. 保证人的义务

保证人的义务主要有以下四项：

（1）保证人与被保证人负同一责任。保证人与被保证人的责任完全相同，被保证人根据汇票应承担何种义务，保证人亦应承担该种义务。其中最主要的是担保付款的义务。

（2）当有一个以上的保证人为同一汇票债务提供保证时，各保证人均应负连带责任。

（3）当保证人担保的汇票债务因某种理由无效时，其仍应承担责任，但是因款式欠缺无效者除外。

（4）保证人可以就汇票的全部金额提供担保，也可以仅就部分金额提供担保，在后一种情况下，保证人仅对他所保证的部分金额承担支付义务。

八、汇票的付款

汇票的付款，是指汇票的付款人在汇票的到期日向持票人支付汇票金额，以消灭票据关系的行为。付款涉及以下四个问题：

（一）提示付款的时间

提示是付款的必要程序。持票人必须在法定的时间内向付款人作付款提示。至于提示付款的时间，各国的法律有不同的规定。根据英国《票据法》的规定，凡是见票即付的汇票，持票人必须在"合理的时间"内向付款人作付款提示，其他汇票，例如，出票后定期付款或见票后定期付款的汇票，则必须在到期日向付款人作付款提示，否则持票人即丧失对出票人及前手背书人的追索权。但是根据日内瓦统一法公约的规定，见票即付的汇票，持票人应于出票后 1 年内向付款人作付款提示。至于定日付款或出票后定期付款或见票后定期付款的汇票，持票人应于到期日或其后的 2 个营业日内作付款提示。

付款提示的效力主要表现在以下两个方面：

1. 作为保全偿还请求权的要件

如果持票人不在法定的期限内向付款人作付款提示，那么将丧失其对出票人及前手背书人的追索权。因为如果持票人不按时作付款提示，那么，在汇票到期后，付款人就会因为财务状况恶化，失去偿付能力，仍然允许持票人向出票人及前手背书人进行追索，这对出票人及前手背书人显然是不公平的。所以，如果出现上述情况，则应由怠于作付款提示的持票人自食其果。

2. 作为确定汇票主债务人承担延期付款责任的条件

如果汇票的承兑人（主债务人）在持票人向其作付款提示后，未能在法定时间内付款，就应承担延迟付款的责任。

（二）付款人付款的时间

关于当持票人在汇票的到期日向付款人提示付款时，付款人是否必须于当天付款，有无一定的宽限期，各国的法律有不同的规定。根据英国《票据法》的规定，对于远期付款的汇票，可以有 3 日的优惠日（three days of grace）。日内瓦统一法公约则没有关于优惠日的规定。但是，根据各国的法律或习惯，如果汇票的到期日是星期日或其他公休假日，则付款的日期可以顺延至下一个营业日。

（三）付款人付款的效力

汇票一旦由付款人根据票面金额全部付清后，汇票上的债权、债务关系即告消灭。付款人在付款时可以要求持票人在汇票上签名注明"收讫"字样，然后把汇票收回。

关于在汇票上出现伪造背书的情况下，善意的付款人在向持票人付款后，是否能解除自己的责任的问题，各国的法律有不同的规定。根据英国的法律规定，付款人即使是善意地向伪造背书后支付了对价而取得汇票的持票人支付了汇票规定的金额，也不能解除其责任。在这种情况下，汇票的真正所有人仍然有权要求付款人再向他付一次款。付款人如果向该汇票的真正所有人再次付款，他可以向上述持票人要求返还他所付的金额。但是根据日内瓦统一法公约的规定，付款人只负责证明汇票背书的连续性，没有义务证明签名的真实性。因此，善意的付款人经核对背书的连续性认为合格而向持票人付款之后，即可以合法地解除其对汇票的责任。

（四）参加付款

参加付款，是指当付款人或承兑人不向持票人付款时，由付款人以外的人代为付款的行为。参加付款与前面所介绍的参加承兑有许多共同之处，其目的都是保全票据债务人的信用，防止持票人行使追索权。因为在付款人拒付时，如果有第三人参加付款，持票人就不必行使追索权，从而使票据债务人的信用得以保全。因此，英国《票据法》称之为"荣誉付款"（payment for honor）。参加付款与正常付款有所不同。在正常付款的情况下，汇票的付款人支付了汇票全部金额，票据关系即告消灭。但是在参加付款的情况下，参加付款人在付款后，票据上的债权、债务关系并不因此而消灭，而是由参加付款人取得了持票人的权利，他可以向被参加付款人及其前手要求偿还，但是不得将该汇票再行背书转让。汇票一旦由参加付款人付款后，被参加付款人的后手背书人即因此解除责任。因此，在参加付款时，必须记载被参加付款人的姓名，如果未注明，则视为以出票人为被参加付款人，以便使最大多数汇票债务人得以免除责任。因为在这种情况下，出票人之后的一切背书人都将解除责任，参加付款人只能向出票人或承兑人要求偿付。

参加付款人可以是参加承兑人、预备付款人或任何第三人。由于参加付款对持票人与汇票债务人都有好处，因此，只要参加付款人同意支付汇票的全部金额，持票人就不得拒绝参加付款。日内瓦统一法公约与英国《票据法》都规定，如果持票人拒绝参加付款，他将对由于此种付款而得以解除责任的任何当事人丧失追索权。换言之，他即丧失对被参加付款人及其后手背书人的追索权。参加付款应在持票人得以行使追索权时进行，但是最迟不得在作成拒绝付款证书期限届满的次日进行。

九、汇票的拒付

拒付包括拒绝承兑与拒绝付款两种情况。当持票人向付款人提示承兑远期汇票时，如果付款人拒绝承兑，持票人即可以行使追索权，无须等到远期汇票到期再向付款人作付款提示并遭到拒付时，才行使追索权，因为付款人拒绝承兑，就表示他拒绝承担汇票的付款义务。

拒付不仅是指付款人明白地表示拒绝承兑或拒绝付款，也包括付款人逃匿、死亡或宣告破产等情况。因为在这种情况下，持票人已经不可能得到汇票上的金额，实际上等于拒付。

十、汇票的追索权

当汇票遭到拒付时，为了保护持票人的利益，各国的法律都认为持票人有权向前手背书人以及汇票的出票人请求偿还汇票上的金额，这项权利在票据法中称为追索权（right of recourse）。

根据各国票据法的规定，持票人在行使追索权时必须具备以下条件：

（1）汇票遭到拒绝承兑或拒绝付款。

（2）已在法定期限内向付款人作承兑提示或付款提示。

但是，由于付款人或承兑人死亡、逃匿或其他原因，无法向其提示时，或付款人与承兑人宣告破产时，无须作上述承兑提示或付款提示。

（3）必须在汇票遭到拒付后的法定期间内作成拒付证书。

所谓拒付证书，是一种由付款地的公证人（notary public）或其他依法有权作出这种证书的机构，例如，法院与银行公会等作成的证明付款人拒付的书面文件。持票人在请求公证人作成拒付证书时，应把汇票交给公证人，由公证人再向付款人提示一次，如果遭到拒付或拒绝承兑，即根据一定的格式写成一张证明书，连同汇票交还持票人，由持票人据此向其前手进行追索。

根据大多数国家的法律规定，除出票人已在汇票上注明不必作成拒付证书的情况外，所有汇票在遭到拒付时都必须作成拒付证书。如果持票人没有根据法定的时间作成拒付证书，则丧失对其前手背书人与出票人的追索权。根据日内瓦统一法公约的规定，拒付证书应于提示期内作成，如果提示日为提示期限的最后之日，则必须于其后的第一个营业日作成。但是根据英国《票据法》的规定，国内汇票在遭到拒付时，不一定要作成拒付证书，只有国外汇票才必须在拒付之日或次日作成拒付证书，否则出票人与背书人即可以解除对该汇票的责任。至于汇票的承兑人仍然应对汇票负责。

（4）必须在汇票遭到拒付后的法定期限内将拒付事实通知其前手。

英国《票据法》对拒付通知（notice of dishonor）的要求十分严格。根据该票据法的规定，持票人必须将拒付事实通知其直接背书人以及任何他将对之追索的前手。如果他只通知其直接背书人，则后者在接到通知后也必须立即通知他将对之进行追索的前手，依次通知直至出票人。此项拒付通知必须在合理的时间内做出，否则持票人将丧失其对前手背书人与出票人的追索权。

所谓合理的时间，包括以下两种情形：①如果当事人居住在同一地区，则拒付的通知应于拒付的次日做出，或于拒付后及时发出通知使对方能于次日收到；②如果当事人居住在不同的地方，则拒付通知应于拒付的次日发出，如果次日无邮班，则应于下一个邮班发出。在这个问题上，日内瓦统一法公约的规定没有英国法严格。根据日内瓦统一法公约的规定，持票人应于拒绝承兑或拒绝付款证书作成之日后4个营业日内通知其背书人与出票人，每一背书人应于收到此项通知之日后2个营业日内通知其前手背书人，依次推及出票人。不在上述期限内发出通知的，并不因此丧失其权利。但是由于怠于通知而使汇票的债务人产生损失时，怠于通知的一方应承担赔偿责任，赔偿额不得超过汇票金额。

十一、汇票上的伪造签名

汇票上的伪造签名（forged signature），是指假冒他人的名义或未经授权而用他人的名义在汇票上签名的行为。伪造签名包括假冒出票人、背书人或承兑人的名义在汇票上签名，也包括盗用他人的印章在汇票上盖章。根据票据法的原理，只有自己在汇票上签名的人才承担责任，伪造签名是无效的，被伪造签名者不负票据上的责任，从伪造者手中取得票据的人不能取得票据上的权利。至于伪造者本人也不负票据上的责任，因为在票据上出现的签名不是用他自己的名字而是用别人的名字，但是他作为伪造者犯有刑法上的伪造票据罪与民法上的侵权行为，应根据刑法与民法的有关规定追究其责任，这不属于票据法的范畴。

对伪造签名特别是伪造背书问题的处理，英美法与大陆法存在严重的分歧。

（一）英国票据法关于伪造签名的规定

根据英国《票据法》第24条的规定，伪造签名或未经授权而以他人的名义在汇票上签名，是完全不起作用的，任何人都不能根据这种签名取得保留该汇票的权利，也不能因为对该汇票付了款而解除责任，或提出强制执行付款的要求。所谓完全不起作用，是指伪造的签名等于没有签名一样。凡是需要背书转让的汇票，如果没有背书人的真实签名，就不能起到转移汇票所有权的作用。

伪造签名主要有以下几种情形：

1. 伪造出票人的签名

如果有人假冒出票人的名义开出汇票，由于出票人实际上并没有在汇票上签名，他对该汇票不负责任，因此，这张汇票就不能作为一张有效的汇票，任何人都无权继续保有该汇票，也无权请求强制执行付款义务。如果付款人对之付了款，他也不能向出票人追偿，他唯一的出路是向伪造者追诉。如果找不到伪造者，他就成为伪造票据的牺牲品。

但是，如果假冒出票人签名的汇票已被付款人承兑，则情况就有所不同。因为尽管该汇票是伪造的，是没有出票人真实签名的，它本来是无效的，但是根据该票据法第54条的规定，承兑人一旦承兑了汇票，他就不得否认出票人的存在及其签名的真实性。换言之，即使出票人的签名是被别人假冒的，甚至根本不存在出票人其人，承兑人也必须对最后的持票人承担付款义务。此外，该汇票的背书人也必须对其后的持票人负责，因此，背书人依法必须对持票人保证出票人以及一切前手背书人的签名是真实的。如果发现有伪造签名的事实，背书人就违反了上述保证义务，必须对持票人负责。

2. 伪造承兑人签名

如果有人假冒承兑人的名义在汇票上承兑，则该汇票应视为未经承兑。被假冒签名的"承兑人"不承担责任。

3. 伪造背书

伪造背书（forged endorsement）是指假冒背书人的名义在汇票上签名。例如，出票人 A 开立一张以 B 为受款人、P 为付款人的指示汇票，B 将其背书转让给 C，C 不慎遗失了这张汇票，被 S 拾得，S 为了取得票款假冒 C 的名字在汇票上背书后转让给 D，D 又背书转让给 E，E 又背书转让给 F，F 成为最后的持票人，如图 7 - 2 所示。

S 假冒 C 签名
↓
A（出票人）—B—C……D—E—F（持票人）—P（付款人）

等于无背书人　　　　　　　　（承兑后成为承兑人）

图 7 - 2

在上述过程中，S 假冒 C 的签名所做的背书就是伪造背书。根据英国法的规定，伪造背书的后果是：

（1）上述伪造背书视同没有背书，该汇票仍应认为是向 C 付款的汇票。

（2）D 所得到的是一张未经背书的汇票，他不能因此取得汇票的任何权利。因此，他也没有转让该汇票的权利，这样一来，E 与 F 也同样不能取得对该汇票的任何权利。一旦 C 发现遗失了汇票，并获悉该汇票已转让到 F 手中，C 就有权要求 F 把汇票返还给他。

（3）即使付款人（P）已经承兑了汇票，成为该汇票的承兑人，但是如果发现有伪造背书的情况，最后的"持票人"（F）也无权对其要求强制执行付款义务。因为根据英国法的规定，承兑人不仅对出票人（A）签名的真实性负责，而且对背书人签名的真实性也应负责，所以，持有伪造背书票据的人（F），无权要求承兑人付款。

（4）遇有伪造背书时，即使付款人（承兑人）已向"持票人"付了款，也不能解除其付款义务，该汇票的真正所有人（C）仍然有权要求付款人再次向他付款。但是有一个例外，即如果作为付款人的银行，对见票即付的汇票付了款，即使该汇票曾有伪造背书的情况，但只要银行的付款是出于善意，付款银行即可以解除其付款义务。这项规定主要是针对支票而言的，因为英国把支票视同见票即付的汇票。

由此可见，英国法是着重保护票据的真正所有人（C）的利益的，因为英国法允许汇票的真正所有人从最后"持票人"手中追回被伪造其签名的汇票，并有权要求已对伪造背书的汇票付了款的付款人（承兑人）再向他付一次款。其结果是，汇票的真正所有人并不因为被他人盗用其名义作了背书而蒙受损失。但是，在出现伪造背书时，总要有人承担损失，那么，在这种情况下究竟应当由谁承担损失呢？英国法认为，应当由直接从伪造背书者手中取得汇票的人承担损失。因为根据英国《票据法》的规定，背书人应保证汇票在提示时能获得承兑或付款，如果遭到拒绝，背书人应当承担责任，对其后来的背书人及持票人予以补偿。同时，背书人还要对持票人保证，该汇票是有效的，汇票上的出票人以及一切前手背书人的签名都是真实的。因此，如果"持票人"（F）由于汇票曾被伪造背书而遭到拒绝付款，或者被迫把汇票退还给真正的所有人（C），他所受到的损失，可以要求其前手背书人（E和D）给予补偿，理由是上述前手背书人（E和D）违反了关于保证其前手背书人的签名的真实性的义务。在这种情况下，如果先由背书人E对"持票人"（F）给予补偿，则E在补偿了"持票人"（F）后，也有权以同样的理由要求其前手背书人（D）补偿其损失。但是，背书人D所受的损失却不能要求C给予补偿，因为C没有在汇票上签名，他的签名是被别人（S）伪造的，C对此不负责任，汇票的背书至此已告中断，D从S手中得到的是一张不起作用的汇票，即使他向S支付了对价，也不能要求C予以补偿。不仅如此，D也不能要求A（出票人）或B（受款人、背书人）予以补偿，因为D必须以连续不断的背书确立其权利，连续的背书应当是一环扣一环的，但是由于C的背书是伪造的，背书的连续性已经被切断，所以，D无权要求A或B对他给予补偿。结果，伪造背书所引起的损失，最后就落在从伪造者（S）手中取得票据的D身上。除非D能找到伪造者（S），对其提起诉讼，要求其赔偿损失，否则，D就成为伪造背书的牺牲者与损失承担者。

总之，在出现伪造背书时，英国法的立场是：保护汇票的真正所有人（C），让从伪造者手中取得汇票的人（D）承担损失。

（二）日内瓦统一法公约关于伪造签名的规定

该公约对汇票伪造签名的处理方法与英国法的规定不同，形成鲜明的对照。该公约对伪造签名有以下三项规定：

（1）汇票上的伪造签名对被伪造者与伪造者都没有约束力，但是对于在汇票上作了真实签名的人的义务，则并不因此减少其效力。

（2）无论由于任何方式而失去汇票的人，都不能要求以一系列背书方式取得票据权利的持票人交还汇票，除非持票人在取得汇票时有恶意或有重大过失。

（3）凡是在到期日付了款的付款人即可以解除对汇票的责任，除非他有欺诈行为或有重大的过失。付款人只需要证明背书的连续性，但是对背书签名的真实性不负责任。

根据该公约的上述规定，在出现伪造签名时，汇票并不因此而无效；失去汇票的人（即汇票的所有人）不能要求后来的持票人退还汇票，除非他能够证明持票人是以恶意取得的汇票或有重大的过失；付款人一旦对有伪造签名（包括伪造背书）的汇票付了款，就可以解除责任，失去汇票的人不能要求他再次付款，除非他能够证明付款人有欺诈行为或有重大的过失。

由此可见，该公约着重保护的是善意的持票人，让失去汇票的真正所有人蒙受伪造签名所引起的损失。因为汇票的所有人不论以何种方式失去汇票，他都无权要求善意持票人退回汇票，也不能要求付款人再次向他付款。在这种情况下，除非他能找到伪造者，追究其伪造票据的法律责任，并要求其赔偿损失，否则，他就只好承担由伪造签名所引起的损失。

综上所述，英国法与该公约在伪造签名问题上的根本分歧在于，英国法主张保护汇票的真正所有人，而日内瓦统一法公约则主张保护善意的持票人。但是，两者都认为这样规定是为了促进票据的流通使用。英国法认为，如果由出票人或被伪造签名或背书的人承担伪造签名的损失，他们就会不愿意开出汇票或接受汇票，从而使汇票的使用受到影响。以日内瓦统一法公约为代表的大陆法系各国则认为，如果由善意持票人或付款人承担伪造签名的损失，他们在使用汇票时就要花时间查对有无伪造签名的情况，否则就不放心接受汇票，这也会影响汇票的流通使用。由于两者考虑问题的角度不同，因此，虽然都是从促进票据流通的立场出发，却对伪造签名做出截然不同的处理方法。

综上所述，日内瓦统一法公约体系与英美法体系关于汇票的规定在许多方面是不同的。其区别归纳于表7－1。

表7－1　　　　　　日内瓦统一法公约体系与英美法体系关于汇票的不同规定

日内瓦统一法公约体系	英美法体系
1. 要求在汇票上必须注明"汇票"字样	1. 并不要求必须注明"汇票"字样
2. 汇票上要有受款人名称	2. 可以指定也可以不指定受款人
3. 必须注明出票日期方为有效	3. 即使没有注明出票日期，仍为有效
4. 必须注明出票地方为有效	4. 如没有注明出票地，可视为出票人营业地
5. 见票后定期付款汇票和见票即付汇票，自出票后一年内必须分别作承兑和付款提示	5. 见票后定期付款汇票和见票即付汇票，分别在"合理时间"内作承兑和付款提示
6. 承兑时应记载"承兑"字样	6. 不必加注"承兑"字样，只要有承兑人签名即可
7. 背书如附有条件，均为无效	7. 付款人可不考虑附条件背书，向被背书人付款后可解除其义务
8. 付款人不负调查背书真伪的责任，在到期日付了款的付款人即可解除对汇票的责任	8. 付款人负有调查背书真伪的责任，其对假背书持票人的付款无效
9. 如有伪造背书，并不因此无效，其后果由失去汇票的所有人承担	9. 伪造背书无效，其后果由直接从伪造者取得汇票的人承担
10. 被拒付时，持票人没有及时通知，并不丧失其追索权	10. 被拒付时，持票人应及时通知前手，否则丧失其对前手背书人的追索权

第三节　本票与支票

一、本　票

本票又称期票，是出票人约定于见票时或于一定日期，向受款人或其指定人支付一定金额的无条件的书面允诺（promise in writing）。可见，本票属于允诺式票据。

本票的当事人只有两个，一个是出票人，另一个是受款人。出票人完成出票行为后就成为该本票的付款人，自负到期付款的义务，而不像汇票那样由出票人委托他人支付票据金额，这是本票的一个主要特点。

本票没有统一的格式，一般必须具备以下八项内容：（1）注明"本票"字样；（2）无条件支付；（3）收款人或其指定人；（4）出票人签字；（5）出票日期与地点；（6）付款期限；（7）一定金额；（8）付款地点。

西方国家的本票分为一般本票与银行本票两种。一般本票的出票人是企业或个人；银行本票的出票人是银行。在国际贸易中，利用买方信贷进口大型设备时，进口商可以开出远期付款本票，经进口方银行背书保证，到期由出票人偿还本息。

本票与汇票都是流通票据，它们有许多共同之处。例如，汇票法中有关出票、背书、付款、拒绝证书以及追索权等的规定，基本上都适用于本票。因此，世界各国除个别国家的票据法是以本票为中心外，绝大多数国家均以汇票为中心，它们在票据法中对汇票做出了相当详细的规定，而对本票则只做出几条特别规定，其余事项均可以适用汇票的有关规定。

本票与汇票的区别主要有以下两个方面：

（1）汇票有三个当事人，即出票人、付款人与受款人，因此，汇票上必须载明付款人的姓名；本票则只有两个当事人，即出票人与受款人，出票人本身就是付款人，所以，本票上无须记载付款人的姓名。

（2）汇票必须经过承兑之后，才能确定付款人对汇票的责任，使承兑人处于主债务人的地位，而出票人则居于从债务人的地位；本票的情况有所不同，本票的出票人始终居于主债务人的地位，他是本票的当然的主债务人，自负到期偿付的义务，无须办理承兑手续。虽然见票后定期付款的本票持票人仍然必须向出票人作见票提示，否则就无法确定该本票付款的到期日，但是这种提示与汇票的承兑提示在法律效用上是不同的，前者是为了确定付款的到期日，后者是为了确定付款人对汇票的付款义务。所以，即使本票的持票人没有作见票提示，出票人对其本票的付款义务也是确定无疑的，只不过是付款的具体日期尚未确定而已。而汇票如果不经过提示承兑，则付款人对汇票的付款义务尚不能确定。

二、支 票

（一）支票的定义

支票是指由出票人签发，委托其存款银行于见票时向持票人无条件支付票面上的确定金额的票据。可见，支票属于委托式票据。英国票据法把支票作为汇票的一种，认为支票是以银行为付款人的即期付款的汇票。

（二）支票的种类

支票主要有以下五种：

1. 保付支票

保付支票（confirmed check）是指由银行或其他法定金融机构等办理支票存款业务的机构承担绝对付款义务的支票。保付支票比起承兑后的汇票有更大的付款确定性。

办理这种支票的方式是，当付款人同意保付后，应在支票上记载"保付""照付"或同等文字，再由保付人签名。保付支票无须记载保付日期，这是因为保付支票的持票人不受提示期限的限制，可以随时向付款人取款。

支票保付后，保付人（原付款人）就成为唯一的债务人，由其承担无论在何种情况下都绝对付款的义务。其他所有债务人（出票人与背书人）均免责。

保付人只有银行或其他法定金融机构才能担当。保付支票对持票人非常安全，因为几乎像持有现金货币一样。

支票付款人在办理保付时，必须查清出票人确有足够的资金由出票人账户划入保付支票账户（即银行自己的账户）。

保付支票始于美国，发展至今，现在很多国家都在对外贸易中加以使用。

此外，银行实务中还发展了银行的"本行支票"与"存款支票"等支票形式，其性质与保付支票相似。这两种支票都是银行发行的对己支票，即以银行自己为付款人的支票。但是，这两种支票在票据法中未做出规定。

2. 非划线支票

非划线支票（non-crossed check）也称为普通支票，是个人平常使用的支票。

3. 划线支票

划线支票（crossed check）是指在支票上加划两道平行线的支票，又称为平行线支票。这种支票是为防止冒领而设计的。这种支票的受款人仅限于银行或付款银行的客户。

划线支票由出票人、背书人或持票人在支票正面划两道平行线作成，无须记载年、月、日，也无须签名，但是，在背面划线则无效。

划线支票有三种格式：

（1）平行线中间没有文字，这是一般划线支票（general crossed check）。

（2）平行线中间写有"银行"二字，也是一般划线支票。一般划线支票只能向银行或向付款银行的客户付款。例如，甲取得一张一般划线支票，为持票人，乙银行为付款人，甲是乙的存款户（客户），甲可以将该支票存入户头内，委托乙收款。乙就将票款从他人账户划入甲的户头内。又如，付款人为丙银行，甲在丙银行没有账户，那么，甲可以将支票交给自己的开户银行乙，委托乙向丙银行取款。这样，丙向乙付款，乙再将票款划入甲的账户。

（3）平行线中间记载特定银行的名称，称为特别划线支票（special crossed check）。这种支票只能由平行线内特定的银行付款。

划线支票一般用于比较大的金额。虽然它使支票的使用受到限制，但是即使支票丢失或被冒领，也很容易查找，因此，使用比较安全、可靠。

划线支票制度最早起源于英国，后来欧洲其他国家、美洲各国亦相继采用。划线支票的作用主要是减少支票遗失与被窃的风险，防止他人冒领票款，保护支票真正所有人的利益。因为划线支票实际上是银行之间的收付，由于收付双方都是银行，同业之间业务往来较多，彼此比较熟悉，不易发生冒领的事情，即使发生冒领，也比较容易追查。

4. 转账支票

转账支票是指只能在记入受款人账户后才能支付，不能以现金支付票款的支票。转账支票（check only for account）的持票人必须首先将支票存入自己的账户，再从自己的账户中提取现金。

正面记载有"转账"或同义的文字的支票，就是转账支票，其作用是可以防止支票被人冒领。

5. 旅行支票

旅行支票（traveller's check）是银行为了方便旅客在国内外旅游时支付旅费与各种杂费而开立的支票。这种支票的持有人可以在各地的指定银行取得票面款项，用以支付有关的开支。

（三）支票与汇票的区别

支票与汇票一样有三个当事人，即出票人、付款人与受款人。支票的出票人是支票的债务人。支票与汇票有若干相似之处，但也有一些区别。其主要区别是：（1）支票的付款人限于银行，而汇票的付款人则不以银行为限，例如，可为企业等。（2）支票均为见票即付，而汇票则不限于见票即付。但是在近代商业中出现了一种提前开出的支票，即在支票表面记载的日期以前开出的支票（postdate）。例如，明明是 2014 年 1 月 10 日开出的支票，但支票上却写成是 2015 年 1 月 10 日开出的。在这种情况下，持票人尽管在 2014 年 1 月 10 日已经拿到了支票，但是仍然必须等到 2015 年 1 月 10 日才能凭票要求付款银行支付票面金额。这种支票实际上是一种"延期支票"，它不仅是支付工具，而且能起到信用工具的作用。

（四）银行与客户的关系

所谓客户，一般是指将钱款存入银行，银行同意在其存款的额度内支付其开出的支票之人。英国法认为，银行与客户的关系基本上是债务人与债权人的关系。客户把钱存入银行或委托银行代为收款，这就是把金钱借给银行，而银行则答应凭客户对银行开出的支票予以偿付。法国法则认为，出票人与银行的关系是资金关系，银行之所以对出票人开立的支票付款，是因为出票人在银行存有资金，或者银行同意对出票人给予透支。

为了防止出票人明知没有存款，或者未经银行同意透支而对银行滥开支票，各国的法律都对开立空头支票的恶意出票人规定了处罚方法，有的处以罚金，情节严重者还要负刑事责任。

但是，银行也有义务了解客户的资信情况，并随时核对客户的账目。根据英国法律的规定，如果银行由于疏忽而对客户开立的支票付了款，事后发现客户的存款或财产不足以抵偿这一金额，则银行不能向受款人要求偿还这笔款项，因为这虽然属于错付，但这不是在银行与受款人交易中发生的问题，而是银行与客户往来交易中发生的问题，因此，银行只能向其客户要求赔偿。

（五）支票的撤回、停付与确认

有些国家的法律允许支票的出票人在出票后与付款前将其支票撤回（countermand）或通知付款银行停付（stop payment）。所谓撤回，等于支票的出票人解除了他原先在支票中对银行所做出的付款指令。在遇到这种情况时，支票的持票人不能对付款银行提起诉讼，只能要求出票人按其开出的支票付款或向其前手追索，因为支票的债务人是出票人（如果有背书转让则包括背书人），不是付款银行。

停付命令（stop payment order）通常是在出票人发现受款人的若干违约行为（例如欺诈或交付缺陷产品等）或在支票丢失之后发出的，其目的是防止受款人从银行立即取得支付。停付命令的约束力不是无限期的，是有一定期限的。美国《统一商法典》第四篇第 4-403 条第（2）款规定：口头命令对银行的约束力为 14 个日历日，除非在该时期以书面命令确认；书面命令的有效期为 6 个月，除非再以书面命令延续。

停付命令涉及两个方面的法律后果：一是该命令对出票人的影响。如果出票人及时发出停付命令，要求银行据此行事，其直接影响是支票持有人在其向银行出示时得不到支付。当然，这并不意味着出票人对该支票没有责任。在受款人被拒绝支付之后，他必须证明出票人没有停付的合法理由，即法院必须确定出票人不能对受款人进行抗辩。在这种情况下，受款人则有权获得该支票的全部金额。二是银行不服从该命令的责任。该法对付款银行的责任问题采取了严格责任原则，明确规定付款银行即使没有过失，根据诚信义务行事而偿付了一张被偷盗、伪造或涂改的支票，也必须对真正的所有人负责。此规定旨在加重银行的责任，充分保护票据的真正所有人的权益。

就停付命令支票而言，如果银行在出票人发出停付命令之后的有效期内兑现了支票，那么银行则必须由于其非法支付而承担赔偿出票人全部损失的责任。但是，在某些情况下，银行这样做可不负责任。下面的案例则可说明银行的免责事由。在 1971 年"格朗尼特设备租赁公司诉汉普斯特德银行案"（Granite Equipment Leasing Corp. v. Hempstead Bank）中，原告格朗尼特公司认为汉普斯特德银行对支付过期支票负有责任。它提出了两点理由：（1）在支票已经过期再出示时，以及在支付该支票前，汉普斯特德银行有责任询问格朗尼特公司；（2）汉普斯特德银行支付支票时，它已过期。纽约最高法院判决汉普斯特德银行在这两方面均不负责任。其理由是：（1）该商法典第四篇第 4-403 条只是规定停止支付命令的有效期为 6 个月，在此之后银行支付支票并不承担责任；（2）该商法典第四篇第 4-404 条允许银行拒绝支付过期支票，但是它也规定只要银行根据诚信办事，是可以支付这种支票的。

为了防止支票的出票人在出票后与付款前通知银行停付或撤回支票从而使受款人遭受损失，支票的受款人可以要求付款银行对支票予以确认（certified）。一旦付款银行在支票上签字、盖章予以确认之后，付款银行对该支票就承担了绝对的付款义务，成为该支票的唯一债务人，从而该支票的出票人与背书人等均可以因此而免除责任。因此，经过付款银行确认的支票，其效力较汇票的承兑更佳。支票的确认在使用提前开出的支票时显得尤其重要，因为这种支票的出票人在付款前完全有可能并有充分的时间通知银行停付或将支票撤回。如果不经过付款银行的确认，那么，到时持票人不能得到付款的风险是很高的。

第四节　《联合国国际汇票和国际本票公约》

由于《关于统一汇票和本票法公约》并没有能够达到统一各国票据法的目的，英美法系各国的票据法与日内瓦统一法公约在许多问题上一直存在重大的分歧。这种状况的存在，对汇票在国际上的使用、流通是十分不利的。为了解决这个问题，促进各国票据法的协调与统一，联合国国际贸易法委员会从 1971 年起决定着手起草一项适用于国际汇票的统一法公约，并于 1973 年提出了一项《统一国际汇票法（草案）》。这项草案是日内瓦统一法公约体系与英美法体系相互调和与折中的产物，但是由于各国在许多问题上的分歧一时难以解决，该草案迟迟未能获得通过，1979 年又将其改名为《国际汇票和国际本票公约（草案）》[Convention on International Bill of Exchange and International Promissory Note（draft），本章以下简称《公约》]，以后又进行了多次修改，直到 1987 年 8 月在维也纳召开的联合国国际贸易法委员会第二十届会议上才正式获得通过，但至今尚未生效。现将该公约的适用范围及其在协调两大法系的分歧方面所取得的成果简要介绍如下。

一、《公约》的适用范围

根据《公约》第 1 条的规定，该公约仅适用于载有"国际汇票（……公约）"和"国际本票（……公约）"标题的国际汇票和国际本票。对于国际汇票，《公约》还要求在下列 5 个地点中，至少有两个地点要表明它们是处于不同的国家：

（1）出票地点。

（2）出票人签名旁所示地点。

（3）受票人姓名旁所示地点。

（4）受款人姓名旁所示地点。

（5）付款地点。

只有符合上述要求的汇票才是国际汇票，才具备适用该《公约》的条件，但是不要求上述地点必须位于《公约》的缔约国。

二、《公约》的协调成果

《公约》的主要目的是尽可能弥合各国票据法，特别是英美法体系与日内瓦统一法公约体系之间的分歧，使其成为被不同法律体系的国家所普遍接受的一项统一法。在这方面，《公约》主要在以下三个问题上取得了统一。

（一）关于票据的形式要求问题

英美法体系与日内瓦统一法公约体系的一个重要分歧是，对票据的形式要求的严格程度有所不同。日内瓦统一法公约对票据的形式要求相当严格，相比较而言，英美法对票据的形式要求则比较灵活。例如，根据日内瓦统一法公约，汇票上必须注明"汇票"字样，必须载明出票日期，不得开立无记名汇票，出票人不得在票据上记载免除或限制其对持票人责任的条款，有些汇票不得规定利息条款等。而英美法则没有这些限制。在这个问题上，《公约》基本上采纳了英美法的原则，但在下列两个方面采纳了日内瓦统一法公约的精神，与英美法有所不同。

（1）根据《公约》第3条的规定，汇票上必须载有出票日期。

（2）不得开立无记名式的国际汇票，但是背书人可以用空白背书的方法，使汇票实际上变为无记名汇票；因为经过空白背书之后，其受让人在将汇票再度转让时，无须背书，只要交出汇票即可以将其转让给别人。

（二）关于对持票人的法律保护及票据的抗辩问题

为了使票据具有流通性，各国的票据法对善意或合法的持票人都给予有力的保护，认为他可以享有优于其前手的权利，但是各国的法律对善意或合法的持票人所要求的条件不完全相同。英国《汇票法》把持票人分为一般持票人、付了对价的持票人与正当持票人三种。法律上对这三种持票人所给予的保护也有所不同。所谓一般持票人（general holder），又称单纯持票人，是指票据的受款人或被背书人，或空白汇票的持有人。所谓付了对价的持票人（holder for value），是指在任何时候曾对票据付了对价的持票人。这里所说的对价（value）包括一切能使简式合同有约束力的对价，例如，金钱、货物或劳务等。所谓正当持票人（holder in due course），是指在票据完整、正常与没有过期的情况下，出于诚信，不知悉票据曾经遭到拒付，不知悉出让人的权利有任何瑕疵，并且付了对价而取得票据的持票人。英国法给予正当持票人充分的保护，他可以享有优于其前手的权利，不受其前手对票据的任何权利瑕疵的影响，也不受其他人对票据可能享有的任何衡平权益的影响（pass free from all equities）。根据英国法的解释，所谓知悉，是指实际知悉，如果仅仅是拟制知悉或推定知悉（constructive note），即仅仅根据周围情况推定持票人知道出让人的票据权利有瑕疵，则还不能动摇正当持票人的地位。

《统一汇票和本票法公约》对"合法持票人"（lawful holder）的条件做出了规定。根据该公约第16条的规定，所谓合法持票人，是指通过一系列不间断的背书证明其对票据有所有权的持票人。日内瓦统一法公约体系各国的法律都没有"对价"的概念，也不以是否支付了代价或对价作为合法持票人的必要条件。因为这些国家的法律认为，票据是抽象的法律行为，是不要因而要式的证券，在法律上无须要求对价或约因。而且持票人对其前手的权利瑕疵是否知情，也不以实际知悉为限，只要拟制知悉就可以影响持票人的权利。换言之，即使票据的受让人实际上并不知道其背书人的权利有瑕疵，但是如果根据客观情况能推定其应当知道背书人的权利有瑕疵，该受让人就不能成为票据的合法持票人，从而不能享受法律给予合法持票人的各种保障。

《联合国国际汇票和国际本票公约》把持票人分为一般持票人和受保护的持票人两种。根据《公约》第 30 条的规定，"受保护的持票人"（protected holder）必须具备下列条件：（1）持票人在取得票据时，该票据应是完整的；（2）他在成为持票人时对有关票据责任的抗辩不知情；（3）他对任何人对该票据的有效请求权不知情；（4）他对该票据曾遭到拒付的事实不知情；（5）该票据未超过提示付款的期限；（6）他没有以欺诈或盗窃手段取得票据或参加与票据有关的欺诈或盗窃行为。这些条件与英国法对正当持票人的要求有许多地方是相似的，其主要区别是，《公约》对受保护的持票人不以支付对价为条件，这一点与大陆法的原则是一致的。

该公约对受保护的持票人给予强有力的保护。其具体办法是，限制对受保护的持票人可能提出的抗辩。根据该公约第 31 条的规定，除下列情况外，当事人不得对受保护的持票人提出任何抗辩。（1）关于票据上伪造签名的抗辩；（2）关于票据曾发生过重大改动的抗辩；（3）关于未经授权或越权代理人在票据上签名的抗辩；（4）关于汇票必须提示承兑而未能提示承兑的抗辩；（5）关于未适当提示付款的抗辩；（6）关于必须在不获承兑或不获付款时作成拒绝证书而未正当地作成拒绝证书的抗辩；（7）关于票据时效（4 年）已过的抗辩；（8）基于该当事人本人与持票人之间在票据项下的交易，或由于该持票人有任何欺诈行为从而使该当事人在票据上签字而提出的抗辩；（9）基于当事人不具备履行票据责任的行为能力的抗辩。

除了上述九项抗辩外，当事人不得对受保护的持票人提出任何其他抗辩。而且受保护的持票人的权利不受任何第三人对该票据的任何请求的限制，除非这种请求权是由于他本人与提出请求权的人之间的基础交易所引起的。该公约的这些规定对于促进票据在国际范围内的流通和安全交易是十分必要的。

（三）关于伪造背书的后果

如果汇票被伪造背书转让，总有一方要遭受损失，问题是应当由谁承担这种损失。在这个问题上，如前所述，英美法体系与日内瓦统一法公约体系存在严重的分歧。根据日内瓦统一法公约的规定，尽管票据曾发生过遗失、被窃或其中有一个签名被伪造等情况，但是对于善意而且没有重大过失，并且通过一系列没有间断的背书而取得该票据的人来说，这项背书仍然是有效的，他仍然可以享有票据上的权利，凡是在票据上有真实签名的人，包括出票人、承兑人、保证人等仍然必须对其负责。如果付款人已对这张被伪造背书的汇票付了款，他也可以解除责任。但是有一个重要的例外，即如果付款人是在票据到期以前付款，他就必须自行承担不当付款的风险。至于伪造签名者的责任，属于刑法中的责任及民法中的侵权行为责任，不属于票据法中的问题。根据日内瓦统一法公约的上述规定，伪造背书的风险最终由票据的所有人（owner of the bill）承担，他可能是丢失（从而使拾到者或窃贼伪造其签名）票据的出票人、受款人或背书受让人。日内瓦统一法公约的目的是保护善意的持票人，使他能够放心地接受票据，从而有利于票据的流通、转让。但是，根据英国、美国法律的规定，虽然承认票据的正当持票人享有优于其前手的权利，即使其前手把属于别人的汇票（指无须经背书即可转让的来人式汇票）偷来转让给他，只要他对此不知情并支付了对价，他也可以取得票据上的权利，要求汇票上的付款人向他付款或向汇票上的前手进行追索。但是，这项原则有一个重要的例外，就是任何人都不能通过伪造签名的背书取得票据的权利。例如，一张经过特别背书的汇票的被背书人甲不慎将该汇票遗失，被乙拾到后冒用甲的签名，将该汇票转让给另一个不知情而且支付了对价的第三人丙，则该第三人丙不得享有汇票上的权利。即使付款人对这张被伪造背书的汇票付了款，亦不能解除付款人的付款义务。因为根据英美法，伪造的背书是不起任何作用的，取得这种汇票的人也不能成为持票人，他不能取得票据上的权利。因此，即使付款人向这种人付了款，也不能认为是向汇票的持票人付了款，所以，也就不能解除其对该汇票的真正所有人的付款义务。唯一的例外是以银行为付款人的见票即付的支票。如果银行出于善意在正常的业务中对有伪造背书的支票付了款，则可以解除责任。根据英美法的上述规定，伪造背书的风险最终是由直接从伪造者手中取得票据的人承担。这样做的目的是保护票据的真正所有人。因为英美法认为，受让人应该了解出让票据的人，如果受让人不慎买进了伪造背书的汇票，则应由他自己承担损失，而不应让真正的所有人（票据的失主）承担损失。

《联合国国际汇票和国际本票公约》试图用折中的办法调和两大法系的这一分歧。该公约第16条规定，凡是拥有经过背书转让给他或前手的背书为空白背书的票据，并且票据上有一系列连续背书的人，即使其中任何一次背书是伪造的或者是由未经授权的代理人签字的背书，只要他对此不知情，就应当认为他是票据的持票人，从而受到法律的保护。同时该公约第26条又规定，如果背书是伪造的，则被伪造其背书的人或者在伪造发生之前签署了票据的当事人，有权对因受让伪造背书遭到的损失向伪造人、从伪造人手中直接受让票据的人，以及向伪造人直接支付了票据款项的当事人或受票人索取赔偿。但是，向伪造人直接支付票据款项的当事人或受票人，如果在付款时对伪造背书一事不知情，则可以不承担上述赔偿责任，除非这种不知情是他没有根据诚信原则行事或未尽适当注意义务所致。前一项规定是为了保护善意的受让人，反映了日内瓦统一法公约的原则；后一项规定是倾向于保护真正的所有人，反映的是英美法系的要求。根据该公约的规定，伪造背书的风险最终由伪造者负责。如果伪造者逃匿或破产，则由从伪造者手中取得票据的人负责。

第五节　中国的票据法

在20世纪90年代中期以前，中国长期没有票据法。从50年代开始至80年代之前的30多年间，中国国内取消了汇票与本票，只允许使用支票，使其成为单纯的结算工具。在这种情况下，当然也就不需要制定专门的票据法，而只需要在银行结算办法中对支票做一些简单的规定即可。例如，1955年9月制定的《国营企业、供销合作社、国家机关、部队、团体间非现金结算暂行办法及结算放款暂行办法》以及1959年9月制定的《中国人民银行非现金结算办法》，都规定了支票与限额支票的使用规则；1972年制定并于1977年10月修订的《中国人民银行结算办法》也规定了支票结算方式。

自从改革开放后，中国逐渐恢复了票据的使用。1983年12月，中国人民银行制定了《汇票结算办法》，允许参加全国联行的银行机构办理汇票业务；1984年9月，国务院制定了《商业汇票承兑贴现办法》，允许企业签发银行承兑的商业汇票，并规定持票人在汇票到期前，可以向银行申请贴现。1988 年 12 月，中国人民银行制定了《银行结算办法》，规定可以使用商业汇票、银行汇票、银行本票与支票作为支付结算手段。这一规定可以说是中国票据发展史上的一个重要的转折点，它标志着中国的结算制度已经开始从非票据结算向票据结算全面转变。

但是，从严格的意义上说，这些规定并未形成中国票据法的完整体系，甚至可以说，它们还属于银行制度方面的、有关结算规则的规定，并不是真正的票据法的规范。而且，就其内容而言，也是不充分的，不能完全适应中国当时票据使用的现实需要。例如，《银行结算办法》虽然已经规定允许票据背书转让，但是并没有规定背书转让的具体程序要求，也没有规定票据转让后不能兑现时如何进行追索，因而难以保障票据使用的安全性，制约了票据的流通与信用功能的发挥。中国票据立法的这种状况，已经不适应当时社会主义商品经济发展的需要，亟须制定票据法及相关法规，完善票据法的体系，以适应商品经济发展的需要。

中国长期没有票据法的状况直到 20 世纪 90 年代中期才结束。1995 年 5 月 10 日，第八届全国人民代表大会常务委员会第十三次会议通过了《中华人民共和国票据法》（以下简称《票据法》），规定于 1996 年 1 月 1 日起施行。该票据法共有 7 章 111 条。

一、主要内容

1996 年《票据法》包括下面的主要内容。

1. 关于《票据法》的宗旨、适用范围与票据的权利和责任

1996 年《票据法》第 1 条说明了其制定的宗旨："为了规范票据行为，保障票据活动中当事人的合法权益，维护社会经济秩序，促进社会主义市场经济的发展，制定本法。"第 2 条规定了该法的适用范围："在中华人民共和国境内的票据活动，适用本法。本法所称的票据，是指汇票、本票和支票。"该法第 4 条第 4 款与第 5 款规定了票据的权利与责任："本法所称票据权利，是指持票人向票据债务人请求支付票据金额的权利，包括付款请求权和追索权。本法所称票据责任，是指票据债务人向持票人支付票据金额的义务。"

2. 关于票据行为的形式

该法规定的汇票的必须记载事项有七项，本票和支票则各有六项。

具体而言，该法第 22 条规定了汇票上必须记载的事项："（一）表明'汇票'的字样；（二）无条件支付的委托；（三）确定的金额；（四）付款人名称；（五）收款人名称；（六）出票日期；（七）出票人签章。汇票上未记载前款规定事项之一的，汇票无效。"

该法第 76 条规定了本票上必须记载的事项："（一）表明'本票'的字样；（二）无条件支付的承诺；（三）确定的金额；（四）收款人名称；（五）出票日期；（六）出票人签章。本票上未记载前款规定事项之一的，本票无效。"

该法第 85 条规定了支票上必须记载的事项："（一）表明'支票'的字样；（二）无条件支付的委托；（三）确定的金额；（四）收款人名称；（五）出票日期；（六）出票人签章。支票上未记载前款规定事项之一的，支票无效。"

3. 关于票据行为的无因性

票据法的基本原则是票据行为无因性原则。该法第 27 条规定："持票人可以将汇票权利转让给他人或者将一定的汇票权利授予他人行使。"第 31 条规定："持票人以背书的连续，证明其汇票权利。"

同时，该法第 10 条第 2 款规定，没有对价而取得的票据，不享有票据权利；第 12 条规定，因欺诈、胁迫等原因而取得票据的，明知以上情形而取得票据的，以及因重大过失而取得票据的，均不享有票据权利。

4. 关于票据流通的安全性

商法创立了诸如公示主义、外观主义与严格责任主义等一系列制度，以适应安全性要求，确保交易安全。

（1）公示制度。该法也有类似规定，如该法第 15 条第 3 款规定："失票人应当在通知挂失止付后 3 日内，也可以在票据丧失后，依法向人民法院申请公示催告，或者向人民法院提起诉讼。"

（2）外观主义。该法第 4 条规定："票据出票人制作票据，应当按照法定条件在票据上签章，并按照所记载的事项承担票据责任。"第 14 条第 3 款规定："票据上其他记载事项被变造的，在变造之前签章的人，对原记载事项负责；在变造之后签章的人，对变造之后的记载事项负责，不能辨别是在票据被变造之前或者之后签章的，视同在变造之前签章。"这些规定旨在通过赋予票据突出的外观功能从而达到有利于票据流通与保护交易安全的目的。

（3）严格责任主义。该法规定，汇票、本票的出票人、背书人、承兑人与保证人对持票人承担连带责任，持票人可以不按债务人的先后顺序而对其中任何一人、数人或全体行使追索权（第 68、81 与 94 条）。这些规定均体现了稳定交易秩序与确保交易安全的要求。

5. 关于票据丧失的补救办法

该法规定了票据丧失的三种补救办法——挂失止付、公示催告与法律诉讼。该法第 15 条规定："票据丧失，失票人可以及时通知票据的付款人挂失止付，但是，未记载付款人或者无法确定付款人及其代理付款人的票据除外。收到挂失止付通知的付款人，应当暂停支付。失票人应当在通知挂失止付后 3 日内，也可以在票据丧失后，依法向人民法院申请公示催告，或者向人民法院提起诉讼。"

6. 关于更改、伪造与变造票据等行为的法律责任

该法第 9 条规定更改票据记载事项，票据无效，这是要维护票据的文义性；该法第 14 条关于伪造与变造票据等行为的法律责任的规定，是强调交易秩序的安全性。

该法第 6 章（第 103 至 107 条）是关于票据的法律责任，分别对票据欺诈行为、金融机构工作人员在票据业务中玩忽职守以及票据的付款人故意压票与拖延支付给持票人造成损失等规定了相应的法律责任。

7. 对涉外票据的法律适用做了规定

该法第 95 条第 2 款对涉外票据下了定义。涉外票据是指出票、背书、承兑、保证、付款等行为中，既有发生在中华人民共和国境内又有发生在中华人民共和国境外的票据。

第 95 条第 1 款规定："涉外票据的法律适用，依照本章的规定确定。"第 96 条规定："中华人民共和国缔结或者参加的国际条约有不同规定的，适用国际条约的规定。但是，中华人民共和国声明保留的条款除外。本法和中华人民共和国缔结或者参加的国际条约没有规定的，可以适用国际惯例。"

二、修改与票据电子化

2004 年 8 月 28 日，我国公布了第十届全国人民代表大会常务委员会第十一次会议通

过的关于修改《票据法》的决定。这次修改只是删去了第75条（该条原文为：本票出票人的资格由中国人民银行审定，具体管理办法由中国人民银行规定），其他条款的内容均保持不变。根据该修改决定对《票据法》条款顺序做了调整（原第76条至第111条相应地改为第75条至第110条），即重新公布的《票据法》为7章110条。修改后的《票据法》自公布之日起施行。

进入21世纪后，尤其是近年来，随着中国金融电子化水平不断提高和金融基础设施的完善，在银行票据业务方面，银行汇票、银行本票和支票都不同程度地实现了电子化，安全性和效率得到极大改善。2007年全国支票影像交换系统的建立，实现了纸质支票处理的部分电子化；2008年，银行本票和华东三省一市银行汇票的业务通过小额支付系统进行清算，实现了电子化处理。

2009年10月16日，中国人民银行发布《电子商业汇票业务管理办法》。该办法共6章86条：第一章"总则"，第二章"基本规定"，第三章"票据行为"，第四章"信息查询"，第五章"法律责任"，第六章"附则"。

该办法第2条规定："电子商业汇票是指出票人依托电子商业汇票系统，以数据电文形式制作的，委托付款人在指定日期无条件支付确定金额给收款人或者持票人的票据。电子商业汇票分为电子银行承兑汇票和电子商业承兑汇票。电子银行承兑汇票由银行业金融机构、财务公司（以下统称金融机构）承兑；电子商业承兑汇票由金融机构以外的法人或其他组织承兑。电子商业汇票的付款人为承兑人。"第5条规定："电子商业汇票的出票、承兑、背书、保证、提示付款和追索等业务，必须通过电子商业汇票系统办理。"

2010年9月19日，中国人民银行发布《电子商业汇票系统管理办法》。该办法共5章48条：第一章"总则"，第二章"准入、变更和退出"，第三章"业务处理"，第四章"故障处理"，第五章"附则"。

该办法第2条规定："电子商业汇票系统运营者，以及经中国人民银行审核在中华人民共和国境内通过电子商业汇票系统处理业务的参与者（以下简称系统参与者）适用本办法。"第3条规定："电子商业汇票系统是指经中国人民银行批准建立，依托网络和计算机技术，接收、存储、发送电子商业汇票数据电文，提供与电子商业汇票货币给付、资金清算行为等相关服务的业务处理平台。纸质商业汇票登记查询和商业汇票转贴现公开报价也通过电子商业汇票系统办理。"

2009年10月28日，由中国人民银行建设与管理的电子商业汇票系统（Electronic Commercial Draft System，ECDS）正式建成运行，2010年6月28日，中国人民银行组织ECDS在全国推广应用，中国票据市场从此迈入电子化时代。

复习和练习

一、关键术语

1. 支票及其种类　2. 汇票及其种类　3. 出票　4. 背书及其种类　5. 承兑

6. 付款　7. 拒付　8. 追索权　9. 票据抗辩　10. 让与、转让与流通

二、复习思考题

1. 汇票上必须记载哪些事项？

2. 对于伪造背书的法律后果，英美法与大陆法有什么不同的规定？

3. 在行使追索权时应当注意哪些问题？

4. 中国票据法对汇票必须记载的事项有哪些具体规定？

主要参考资料

1. 冯大同. 国际商法. 北京：中国人民大学出版社，1994.

2. 关安平. 国际商法实务操作. 北京：海洋出版社，1993.

3. 赵承璧. 国际贸易法律. 北京：中国对外经济贸易出版社，1986.

4. 苏惠祥. 中国商法概论. 长春：吉林人民出版社，1993.

5. 中华人民共和国票据法. 北京：中国法制出版社，1998.

6. Rate A. Howell, John R. Allison, Robert A. Prentice, *Business Law*, Fourth Alternative Edition, Chapter 28. The Dryden Press, 1989.

7. 刘凯湘. 论商法的性质、依据与特征. 现代法学，1997（5）.

法律窗口

——1882 年英国《票据法》的有关规定

——1933 年德国《票据法》的有关规定

——美国票据法的有关规定

——电子支付

1882 年英国《票据法》的有关规定

第 3 条 汇票的定义

（1）汇票为由一人向另一人签发的书面无条件支付命令，由一人开至另一人，并由发出命令者签名，要求受票人见票或定期或在某一可预先确定的日期，将一定金额的款项付与规定之人或其指定人或来人。

（2）不符合上述条件或要求，在支付款项之外完成其他行为的票据，不是汇票。

（3）从某一特定基金中支付的命令，按照本条含义不属无条件；但无保留支付的命令中有下述记载者，应属无条件：

（a）受票人自某一基金中取得偿付，或以金额借记某一账户者；或

（b）说明产生汇票的交易。

（4）汇票不因下述原因而无效：

（a）无出票日；

（b）未说明已付的价值，或过去已付的价值；

（c）无出票地或付款地。

第 9 条 应付金额

（1）汇票上的应付金额，就本法含义而言，即为一定金额，即使它要求：

（a）带有利息；

(b) 注明分期支付；

(c) 注明分期支付，并规定任何一期不获付款，全部汇票金额即为到期；

(d) 按规定的汇率或按汇票规定的方式得以确定的汇率折算支付。

(2) 如应付金额同时用文字和数字表示，而两者有差异，应以文字所表示的金额为准。

(3) 如汇票表明支付时带有利息，除票据另有其他规定外，利息应自出票日起算，如未载明出票日，则自签发日起算。

第24条 伪造或未经授权的签名

除本法另有规定外，如汇票上的签名系伪造或未经被签名人授权，则伪造或未经授权的签名完全不产生效力，从而无权通过或根据该签名保留汇票或解除汇票责任，或要求汇票上的任何当事人履行付款，除非当事人对保留汇票表示同意或对汇票应负付款责任的当事人不能否定该伪造或未经授权的事实。

但本条并不影响对未经授权但非伪造的签名的追认。

1933年德国《票据法》的有关规定

第1条 内容

汇票包括下列内容：

(1) 票据文句中应标明汇票的字样，并使用与开立汇票同样的文字；

(2) 无条件支付一定金额的规定；

(3) 付款人的姓名；

(4) 到期日；

(5) 付款地点；

(6) 受款人或其指定人的姓名；

(7) 出票日及地点；

(8) 出票人签名。

第2条 内容欠缺

一、欠缺前条中规定的任何一项内容的票据，均不被视为汇票，但下述各款列举的情况除外。

二、未载明到期日的汇票视为见票即付的汇票。

三、未载明特定付款地，写在付款人姓名旁的地点被视为既是付款地点又是付款人的住所地。

四、未载明开票地点的汇票，被视为在写于出票人姓名旁的地点开立。

第5条 利息

一、(1) 见票即付或见票后定期付款的汇票，出票人得规定应付汇票的金额必须计息；

(2) 除此以外的汇票上的计息条款被视为无记载。

二、在汇票上应载明利率；未载明利率的条款被视为无记载。

三、如未注明其他日期，利息应从汇票出票日起算。

第6条 汇票金额

一、如用文字和数字载明汇票金额而两者发生差异，以文字金额为准。

二、如多次用文字或多次用数字载明汇票金额而发生差异，以最小金额为准。

第7条 无效的签名

如汇票上载有不能承担汇票义务的人的签名、伪造的签名、虚拟的人的签名，或出于其他任何原因，汇票上有对签名的人或被签名的人不构成任何义务的签名，所有这些，不影响其他签名的有效性。

美国票据法的有关规定

不像德国有1933年施行的《票据法》，英国有1882年施行的《票据法》，美国则没有单独的票据法。美国的票据法见之于《统一商法典》的第三篇——"商业票据"（Commercial Paper）。虽然美国统一州法全国委员会于1896年公布了其主持制定的《统一票据法（草案）》，后来各州议会通过立法，将《统一票据法》变为本州法律的一部分，但以后半个多世纪，由于美国经济情况和商业惯例的变迁和发展，《统一票据法》的许多规定已经难以适应社会经济发展的需要，因此《统一商法典》的"商业票据"篇对有关规定做了全面修正。该篇包括8章79条，主要内容包括：第1章"简称、款式及定义"；第2章"转让和流通"；第3章"持票人的权利"；第4章"当事人的责任"；第5章"提示、退票通知和拒绝证书"；第6章"解除责任"；第7章"国际见票即付汇票的通知"；第8章"附则"。

摘录该篇有关规定如下：

第3-104条 票据款式："汇票"；"支票"；"存款单"；"本票"

一、本篇中作为票据的文件必须符合下列条件：

1. 由出票人签名；

2. 包含有支付一定金额的无条件承诺或委托，除本篇授权许可者外，出票人没有给予另外的承诺、委托、义务或权利。

3. 见票即付或在特定日期付款。

4. 向指定人或持票人付款。

二、符合本条规定条件的文件

1. 如果是委托付款，则是"汇票"；

2. 如果属于由银行付款并见票即付的汇票，则是"支票"；

3. 如果银行声明接收到现金，并承诺清偿，则是"存款单"；

4. 如果是承诺而不是存款单，则是"本票"。

第3-118条 含义不明的条款和解释原则

下列原则适用于一切票据：

1. 对票据是汇票还是本票存在疑问时，持票人可以视为任何一种。以出票人为付款人的汇票，与本票效力相同。

2. 手写条款与打字条款和印刷条款相抵触的，以手写条款为准；打字条款与印刷条款相抵触的，以打字条款为准。

3. 文字记载与数码记载不符的，以文字记载为准，但若文字记载含义不明时，则以数码记载为准。

4. 除另有专门规定外，所约定的利息是指从票据的出票日起算，若未载明出票日则从实际出票日起计算，根据付款地法院判定的利率支付。

第 3 - 302 条　正当持票人

正当持票人是按下列规定取得票据的持票人：

1. 具有对价；

2. 善意；

3. 对票据逾期或曾被拒绝承兑或付款，或对任何人就票据提出的任何抗辩或权利主张，均不知情。

第 3 - 404 条　未被授权的签名

1. 任何未被授权的签名，对其姓名被签上的人概无效力，除非他予以追认或不得予以否认，但对票据的善意付款人或以对价取得票据的人，则应作为未被授权签名者的签名。

2. 任何未被授权的签名，为了本篇的所有立法宗旨，可以被追认。该种追认不影响追认者对实际签名者的任何权利。

第 3 - 406 条　对更改或未经授权的签名有过失者

由自己的过失造成票据的实质性更改或做出未被授权的签名的任何人，对正当持票人，或对出于善意且符合付款人的合理的商业标准而支付票据金额的票据付款人或其他付款人，不能主张是更改或缺乏授权。

电子支付

随着互联网技术的广泛应用，电子商务的飞速发展，贸易金融的电子化和全球化，各种类型的网上电子支付方式蓬勃发展，使得传统支付方式发生了深刻的变化。20 世纪 70 年代以来支票和现金支付方式的主导地位逐渐让位于银行卡，在这一转换过程中，支付过程的"现金流动"转变成"票据流动"。伴随着银行应用计算机网络技术的不断深入，银行已经能够利用计算机应用系统将上述"现金流动"和"票据流动"进一步转变成计算机中的"数据流动"。资金在银行计算机网络系统中以电子方式进行转账和划拨，是银行业推出的一种现代化支付方式。这种以电子数据形式存储在计算机中并能通过计算机网络使用的资金被越来越广泛地应用于电子商务中。电子支付是大部分电子商务的关键环节之一，而大额电子支付是电子支付的核心组成部分。

根据中国人民银行 2005 年 10 月 26 日颁发的《电子支付指引（第一号）》第二条的规定："电子支付是指单位、个人（以下简称客户）直接或授权他人通过电子终端发出支付指令，实现货币支付与资金转移的行为。

电子支付的类型按电子支付指令发起方式分为网上支付、电话支付、移动支付、销售点终端交易、自动柜员机交易和其他电子支付。"

虽然经过数年的努力，联合国贸易法委员会第 25 届会议于 1992 年 5 月 15 日通过了《国际贷方划拨示范法》（UNCITRAL Model Law on International Credit Transfers），但美国《统一商法典》第 4A 编是目前世界上调整大额电子支付的最完善的法律。

电子资金划拨（electronic funds transfer）是电子商务的重要环节。作为世界上调整大额电子资金划拨最完善的法律，美国《统一商法典》第 4A 编创设了"支付命令"（payment order）和"安全程序"（security procedure）等全新的概念与规则。

美国《统一商法典》第 4A 编（Article 4A of Uniform Commercial Code）是世界上第

一部专门调整大额电子资金划拨的法律。该法尚未生效时，许多州法院就将其作为判案的指导。到 1996 年 2 月，美国《统一商法典》第 4A 编已被美国所有的州以及哥伦比亚特区采用，成为美国《统一商法典》中被采用范围最广的一编。

一、支付命令

（一）支付命令的定义

"支付命令"是美国《统一商法典》第 4A 编（以下简称第 4A 编）中用以表示电子支付指令的概念，其地位类似于各国票据法中的"汇票""支票"等概念。根据第 4A 编 §4A-103（a）的规定，"支付命令"指发送人对接收银行的一项指令，这项指令以口头方式、电子方式或书面形式传送，是支付或使另一家银行支付固定的或可确定的货币金额给受益人的指令。支付命令须同时具备以下条件：1. 该指令除了支付时间外未规定向受益人支付的条件；2. 接收银行将通过借记发送人的账户，或以其他方式从发送人处收到支付，来得到偿付；以及 3. 这项指令由发送人直接传送给接收银行，或通过代理人、资金划拨系统或通信系统传送给接收银行。"支付命令"是第 4A 编的起草者设计的最重要的概念之一，对明确该法的适用范围，确定大额电子资金划拨各方当事人的权利义务具有重要的意义。

（二）支付命令与第 4A 编的适用范围

第 4A 编的起草者经研究发现，大额电子资金划拨与票据支付的重大区别在于大额电子资金划拨是贷记划拨（credit transfer），而票据支付是借记划拨（debit transfer），传递支付指令的媒介是电子的还是纸面的并不具有法律上的重要性。为了使第 4A 编能调整以非电子工具传递的支付指令，从而调整一项以大额电子资金划拨为核心的支付的整个过程，第 4A 编使用了一个意义更广泛的术语"资金划拨"（funds transfer）来代替"电子资金划拨"（electronic funds transfer）或"有线划拨"（wire transfer）。

第 4A 编 §4A-102 规定："除非……另有规定，本编适用于在 §4A-104 中定义的资金划拨。"第 4A 编 §4A-104（a）将"资金划拨"定义为"始于发端人的支付命令，以向该命令的受益人进行支付为目的的一系列交易。"由于此术语的外延过大，所以只有"支付命令"才是真正明了这部法律适用范围的概念。如果一项指令构成一项"支付命令"，则第 4A 编适用；如果一项指令不构成"支付命令"，那么第 4A 编就不适用。前述第 4A 编定义的"支付命令"须满足以下五项要求：

第一，指令必须发给"银行"。这样规定就是将第 4A 编的调整范围限于大额支付系统。

第二，除了支付时间外，指令不得附加任何条件。第 4A 编的此项规定实际上排除了其对信用证支付的适用。与第 4A 编对支付命令的要求类似，各国票据法也把汇票与支票定义为无条件支付一定金额的委托或命令。

第三，指令的金额必须是固定的或可确定的。这项要求也与票据法对票据上记载的金额的规定相类似。

第四，就支付指令的支付，第 4A 编要求从发送人处接收了支付指令的接收银行，将通过借记发送人账户，或以其他方式从发送人处接收支付来得到偿付。显然，"借记发送人账户，或以其他方式从发送人处接收支付"就是支付的付款人发动银行程序，此处支付方式就是贷记划拨方式。因此，第 4A 编调整所有贷记划拨，包括"以口头方式、电子方式或书面形式传送"的贷记划拨，但不包括是借记划拨方式的电子资金划拨。

第五，指令须由发送人直接传送给接收银行，或通过其代理人、资金划拨系统或通信系统传送给接收银行。此要求从第 4A 编的适用范围中排除了以支票或信用卡等为工具的支付。

总之,"支付命令"的概念将第 4A 编的调整范围限于除支票、信用卡、信用证以外的金额确定的大额贷记划拨,其核心是大额电子资金划拨。

(三) 支付命令与票据

由此可知,第 4A 编中的"支付命令"与各国票据法中的"汇票"和"支票"存在类似之处:(1) 均为无条件支付金额的委托或命令;(2) 支付的金额是固定的或可确定的;(3) 支付命令的接受在大额电子资金划拨的各当事方间产生权利义务关系,票据的签字在票据各当事方间产生权利义务关系。但其不同在于,以"支付命令"为工具的支付是贷记划拨,以汇票和支票为工具的划拨是借记划拨。在第 4A 编中,"支付命令"的概念与票据法中的汇票和支票的概念居于同样的地位。

二、第 4A 编中的安全程序

(一) 安全程序的定义

为解决支付命令的认证及未能检测出欺诈而造成损失时的责任分担问题,第 4A 编的起草者发明了一种认证方法——安全程序。第 4A 编 §4A-201 规定,所谓"安全程序",指由客户和接收银行间的协议所建立的程序,其目的是:(1) 证实支付命令或修改或撤销支付命令信息是客户发出的;(2) 发现"支付命令"或信息在传递过程中或在内容上的错误。

票据支付中的认证问题相对简单,即核对签字或图章。但在大额电子资金划拨中,无法使用核对签字或图章的方法。因此,就安全程序所使用的技术,第 4A 编 §4A-201 规定,安全程序可以要求使用算法 (algorithms) 或其他密码、确认字符 (identifying words) 或数字、加密、回呼程序 (callback procedure) 或类似的安全工具 (security devices)。为明确与在票据上的签字的区别,第 4A 编同节进一步规定,支付命令或信息上的签字和客户授权的签字样本的比较其本身不是安全程序。

(二) 安全程序与大额电子资金划拨各当事方的损失分担

安全程序是为检测欺诈及解决损失分担而创设的概念。如果银行和其客户通过协议建立了安全程序,那么在大额电子资金划拨中欺诈所造成的损失的分担将根据以下第 4A 编所确立的规范解决。如果银行和其客户未通过协议建立安全程序,那么在大额电子资金划拨中出现欺诈所造成的损失的分担问题,应通过第 4A 编以外的原则,特别是代理法的原则处理。

第 4A 编规定了损失分担一般规则及该规则的重要例外。第 4A 编 §4A-202 (a) 规定,只有在客户根据代理法对签发支付命令进行了授权时,客户才受不是客户本人签发的支付命令的约束,此时,接收银行接收的支付命令称为授权的支付命令 (authorized payment order)。因此,未经授权的支付命令所造成损失的风险一般应由银行承担,这是第 4A 编规定的存在欺诈时分担责任的一般规则,也符合一般的法律原则。这项规则的例外是,如果接收银行与其客户达成协议,以客户的名义签发给接收银行的支付命令将通过安全程序进行认证且银行遵循了安全程序,在满足一定条件时,无论支付命令是否得到客户授权,接收银行接收的支付命令都视为客户签发的支付命令。此时,接收银行接收的支付命令称为证实的支付命令 (verified payment order)。即使该支付命令事实上未经客户的授权,此欺诈所造成的损失仍由客户承担。第 4A 编 §4A-202 (b) 规定的未经客户授权的支付命令的损失由客户承担的条件为:(1) 银行与其客户已达成协议,以客户的名义签发给银行的支付命令的真实性必须由安全程序来证实;(2) 使用的安全程序必须是防止未经授权的支付命令的商业上合理的方法；（3）银行证明其已善意接受支付命令；（4）银行已遵守安全程序。如果接收银行同时满足了上述 4 项条件，那么客户有责任就未经其授权的支付命令向接收银行支付。即使支付命令未经客户授权，不是"授权的支付命令"，但该支付命令是"证实的支付命令"，也可以视为客户的支付命令。此时，客户必须就这项未经其授权的支付命令向接收银行进行付款。

值得特别注意的是，即使满足了前述的 4 项条件，也不意味着客户一定承担欺诈所造成的损失，第 4A 编规定了客户不承担损失的两种例外。第一种例外是，如果客户此时能证明该支付命令不是直接或间接地由以下人员所造成：（1）客户在任何时候委以在关于支付命令或安全程序方面代表客户采取行动的责任人；或（2）得到接近客户的传送设施的人，或未经接收银行的授权，而从客户控制的来源得到有助于违反安全程序的信息的人，而不论信息是如何得到的或客户是否存在过错，那么接收银行无权强制执行支付命令或保留就支付命令的付款。第二种例外是，通过明示的书面协议，接收银行可以限制其有权强制执行支付命令或保留就支付命令的付款的范围。

综上所述，只要满足下列条件之一，接收银行接收的支付命令存在欺诈时，欺诈所造成的损失就由银行承担：（1）客户与银行未达成关于使用安全程序的协议；（2）银行使用的安全程序不具有商业上的合理性；（3）银行未遵守具有商业上的合理性的安全程序；（4）银行未按善意接受支付命令；（5）银行的客户证明，欺诈人既不是客户的雇员或代理人，也不是从客户控制的来源得到秘密安全信息；或（6）银行以明示的书面协议，限制其有权强制执行支付命令或保留就支付命令的付款的范围。

（三）安全程序与签字

为防止欺诈，就需要对客户向银行签发的指令及银行间的指令进行认证。传统商事交易中的认证，就是核对签字。法律要求签字，是把签字作为认证的一种手段。各国票据法几乎都毫无例外地规定，票据都必须有出票人的亲笔签字才能生效，票据的承兑、担保、背书转让等，也必须有相关当事人的签字才能生效。在票据支付中，欺诈的典型方式是伪造签名特别是伪造背书，在核对签名未能检测出欺诈而产生损失时，有关损失分担问题，英美法和大陆法存在重大分歧。

第 4A 编有关安全程序及大额电子资金划拨各当事方的损失分担的规定，与票据法有关签名（特别是背书签名）及票据支付中各当事方的损失分担的规定存在类似之处。第 4A 编的"安全程序"与票据法上的"签字"背书具有同样的地位，是认证客户向银行签发的支付命令或银行间签发的支付命令的手段。但并未采用"电子签字"或"电子背书"的概念，这说明美国《统一商法典》第 4A 编未采用"功能等同"（functional equivalent）的立法指导思想。

第 4A 编未采用"功能等同"的立法指导思想，不是用"电子合同"、"电子票据"、"电子签字"以及"电子背书"等概念来对传统的法律制度进行修补，而是创造了"支付命令"和"安全程序"这两个全新的概念，来解决计算机技术在支付领域中的应用所产生的支付指令的电子化，以及支付指令认证的电子化问题，从而创造了全新的法律制度，从根本上适应了新技术发展的需要，代表了电子商务立法的发展方向。

资料来源：刘颖. 支付命令与安全程序——美国《统一商法典》第 4A 编的核心概念及对我国电子商务立法的启示. 中国法学，2004（1）.

第 八 章

知识产权保护法

知识产权保护法（intellectual property protection law），是指调整商标、发明与创作的所有权和使用权的有关法律规范的总称。

各国保护知识产权的主要法律是商标法、专利法和著作权法。要了解知识产权，必须了解：（1）知识产权的概念及其发展和主要特点；（2）商标注册登记的作用，商标取得的原则，商标注册的有效期与续展的期限，以及关于保护商标权的国际公约及其原则；（3）取得专利的条件，专利的申请与审查程序，专利保护的期限，以及关于保护专利权的国际公约和原则；（4）著作权法的概念与特点，保护著作权的国际公约和原则；（5）《与贸易有关的知识产权协定》（《TRIPS 协定》）的基本原则、保护范围和实施制度；（6）中国知识产权保护法的发展与修改。

本章重点内容是了解和掌握：（1）商标取得的原则；（2）取得专利的条件；（3）著作权法的概念与特点；（4）保护商标权、专利权和著作权的国际公约及其原则；（5）《TRIPS 协定》的基本原则与保护范围；（6）中国知识产权保护法的修改与完善。

重点问题

- 知识产权保护法概论
- 商标法
- 专利法
- 著作权法
- 《与贸易有关的知识产权协定》
- 中国的知识产权保护法

第一节　知识产权保护法概论

一、知识产权的概念

知识产权（intellectual property right，简称 intellectual property），也称为智力产权

或智慧产权。它是个人或组织对其在科学、技术与文学艺术等领域里创造的精神财富，即对其智力创造性活动成果所享有的一种专有权。根据《成立世界知识产权组织公约》第2条第8款的规定，知识产权包括以下8项权利：（1）关于文学、艺术和科学作品的权利；（2）关于表演艺术家的演出、录音与广播的权利；（3）关于人们在一切活动领域中的发明的权利；（4）关于科学发现的权利；（5）关于工业品式样的权利；（6）关于商标、服务商标、厂商名称与标记的权利；（7）关于制止不正当竞争的权利；（8）关于在工业、科学、文学或艺术领域里一切其他来自知识活动的权利。

传统的知识产权可以分为工业产权（商标与专利）与著作权（版权）两类。根据《保护工业产权巴黎公约》第1条第2款的规定，工业产权的保护包括九项内容："工业产权的保护以发明专利、实用新型、工业品外观设计、商标、服务商标、商店名称、产地标记或原产地名称以及制止不正当的竞争作为对象。"

著作权也称为版权或作者权。它是指作者对其创作的作品享有的人身权与财产权。人身权包括发表权、署名权、修改权与保护作品完整权等；财产权包括作品的使用权与获得报酬权，即以复制、表演、播放、展览、发行、摄制电影、摄制电视、录像或者以改编、翻译、注释、编辑等方式使用作品的权利，以及许可他人以上述方式使用作品并由此获得报酬的权利。在内容的选取与编排上有独创性的数据库，许多国家将其视为编辑作品，也受著作权法保护。

在世界贸易组织的《与贸易有关的知识产权协定》（《TRIPS协定》）第一部分第1条所规定的知识产权范围中，还包括"未披露过的信息专有权"，这主要是指工商业经营者所拥有的经营秘密与技术诀窍（know-how）等商业秘密。此外，该协定还把"集成电路布图设计权"列为知识产权的范围。

上述内容，是有关国际公约规定的知识产权的保护对象。随着科学技术的迅速发展，知识产权保护对象的范围将不断扩大，不断涌现新型的智力成果，例如，计算机软件、生物工程技术、遗传基因技术、植物新品种等，也是当今世界各国所公认的知识产权的保护对象。

各国保护知识产权的主要法律是商标法、专利法与著作权法。知识产权保护法，是指调整商标、发明与创作的所有权和使用权的有关法律规范的总称。国家通过这些法律授予知识产权所有人以商标权、专利权与著作权，确认与保护他们对自己的商标、发明和作品的所有权与使用、支配、转让、继承等权利。知识产权是一种独占性的权利，具有排他性，未经知识产权所有人的许可或转让，任何人不得使用；当上述权利受到侵害时，知识产权所有人有权对侵权者提起诉讼，要求排除侵害、赔偿损失或予以刑事处罚。法律对知识产权的保护都有一定的期限，过了这个期限，这些权利便自行终止而成为社会的共同财富。

在国际上，知识产权的特点是具有严格的地域性。其表现是，在一国境内根据该国法律取得的知识产权，只在该国境内有效，受该国法律的保护，而在其他国家却不具有域外效力，除了有国际条约约束外，不能得到其他国家法律的承认与保护。而其他民事权利则不同，例如，在一国境内根据该国法律取得的约束，在外国境内，虽然没有国际条约的约束，在通常情况下，也都能根据该国的冲突规范所确定的准据法，得到有关国家法律的承认与保护。

早在19世纪末期，当时一些主要西方国家极力谋求通过缔结双边的或多边的国际公约保护其商品、技术和图书在国际市场上的竞争力与垄断地位。在它们的发起与支持下，1883年签订了《保护工业产权巴黎公约》，1886年签订了《保护文学艺术作品伯尔尼公约》等保护知识产权的国际公约。这些国际公约的缔结，在一定程度上削弱了"严格地域性"的作用，并在知识产权的国际保护方面产生了重要的作用，为知识产权的国际保护奠定了基础。

目前，绝大多数国家都制定了保护工业产权与版权的法律，国际上也缔结了若干关于保护工业产权与版权的国际公约。中国也先后制定了《中华人民共和国商标法》、《中华人民共和国专利法》和《中华人民共和国著作权法》，对这些无形财产权在法律上予以保护。

二、知识产权的主要特点

知识产权具有自己独特的特点。一般而言，具有以下6个特点：（1）合法性。即它的存在必须得到法律的承认与保护。（2）专有性，即独占性、排他性或专断性。除权利人同意或法律规定外，权利人以外的任何人不得享有或使用该项权利。（3）地域性。即除签订了国际公约或双边互惠协定外，经一国法律所保护的某项权利只在该国境内发生法律效力，对其他国家不发生效力。（4）时间性。法律对各项权利的保护，都规定一定的期限，期限届满即失去效力，法律不予以保护。（5）双重性。即某些知识产权兼具人身权与财产权，是精神权利与财产权利的结合。例如，著作权，其人身权属性主要是指署名权等；其财产权属性主要体现在所有人享有的独占权或者排他权，以及许可他人使用而获得报酬的权利，其所有人既可以通过自己独家实施获得收益，也可以通过有偿许可他人实施获得收益，还可以像有形财产那样进行买卖或抵押。（6）使用的非排斥性。像许多公共产品一样，某人对某知识产权的合法使用，并不影响他人对该知识产权的合法使用，也就是说，知识产权的使用增加时，其成本并不会增加，即增加一个知识产权产品使用时的边际成本为零。其生产或复制也是如此。这就使得知识产权比财产权更容易受到侵害。这些特点在下面的介绍中均有具体论述。

国际上之所以存在较多的知识产权纠纷，究其原因，主要是因为知识产权不同于其他财产权，即知识产权具有"开发难而复制易"的特点。第一，知识产权的客体开发时间较长，投入成本与风险较大，一旦开发成功则具有可观的市场潜力与获利前景。第二，知识产权产品生产或使用时的边际成本几乎为零，其生产不需要庞大的厂房和存储空间，其复制或使用方便，费用很低，既不需要特殊的设备，也不需要大量的时间，因此随着其生产或使用的增加，成本不会增加。第三，知识产权的权利是"无形的"，不像有形财产的所有人那样，可通过占有来达到其保护财产的目的。第四，对财产权与人身权造成损害的侵权行为的表现形态，与侵害知识产权行为的表现形态完全不同：侵害财产权，受损害的对象是财物，侵权行为通常表现为对财物的侵占或毁损，以及造成权利人的财产损失；对人身权中的健康权与生命权的侵害，受侵害的对象是人的身体健康与生命安全，侵权行为常常表现为针对受害人身体的伤害行为，损害结果通常为受害人的致伤、致残或致死；而知识产权的侵权行为，侵害的对象是知识产权保护法所保护的体现创造性智力成果的知识财产与精神利益，其侵权行为通常表现为篡改、假冒、剽窃、盗用与不付报酬等。因此，知识产权权利人的专有权范围被他人无意或过失地侵害的可能性与实际程度，比财产权等其他权利受侵害的概率要大得多，即知识产权比其他财产权更加容易受到侵害，一旦受到侵害，其损失则往往是巨大的。

第二节 商 标 法

一、商标的概念

商标（trade mark），是指生产者或销售者用以识别其所生产或出售的商品的一种标志。这种标志可以由一个或多个具有特色的单词、字母、数字、图样或图片等组成。

商标大体上可以分为三类，即制造商标、商业商标与服务商标。制造商标是生产产品的企业使用的商标，由其把商标贴在自己生产的产品上，用以表明它们是该产品的生产者。商业商标是由推销商品的商业企业贴在它们出售的商品之上的商标，其目的是表明它们所经销的商品都是经过精心挑选的。西方国家的大百货公司都有自己的商业商标，这种商标有时又称为推销商标。同一商品可以同时贴有制造商标与商业商标，而且这两种商标可以分属不同的企业所有。服务商标是服务性行业使用的标志，例如，运输业、旅馆在旅客行李上加贴的标签，汽车修理行在修妥的汽车上加盖的标志，银行在支票本及存折上加印的标志等。由于服务商标往往与商店或企业的名称很接近，有时甚至完全相同或它们的简写相同，因此，有些国家，例如，英国、比利时、荷兰与卢森堡等的商标法都明确地规定，对服务商标一般不予以办理注册。

商标具有以下三个方面的作用：

（1）作为产品来源的标志。由于每一种产品都贴有不同的商标，因此，贴有同一商标的产品表示它们是来自同一个来源，是由同一个生产者制造或销售的，这就使生产者或销售者对其出售的产品承担应尽的责任。

（2）作为产品识别的标志。由于在市场上同一种商品的花色、品种、质量与规格可能千差万别，因此，就有必要采用不同的商标加以区别。使用同一商标的商品意味着它们具有统一的品质或规格，这样就便于消费者根据商标挑选他们所满意的商品。

（3）作为宣传广告的标志。商标本身对消费者既是一种广告，同时又是生产者与销售者进行广告宣传的核心内容。通过对商标的广泛宣传，可以在消费者心目中留下深刻的印象，吸引消费者购买带有这种商标的商品，以达到打开市场、扩大销路的目的。

二、商标注册的作用

商标是一种工业产权，各国为了保护商标所有人的利益，都制定了有关商标的法律，并且设立了专门机构主管商标注册事宜。根据大多数国家商标法的规定，商标的所有人必须将商标向政府主管部门登记注册，只有经批准注册后，才能获得商标权，受到国家有关法律的承认与保护。凡是依法批准注册的商标，该商标的所有人就取得了在一定的期限内对该商标的专用权。除了该商标的所有人外，任何人都不得使用这个商标，也不得使用与其相类似的以至于会在公众中引起混淆的商标，否则就构成仿冒他人商标的侵权行为，被仿冒的商标的所有人有权向法院提起诉讼，或者向商标主管机关提出申诉，请求依法对仿冒者追究法律责任。

对商标的保护与对其他工业产权的保护一样，都具有地域性与时间性。所谓地域性，是指在一个国家注册的商标，只有在注册国的国境内才受到保护。商标所有人如果要使其商标在其他国家取得法律上的保护，就必须向有关国家的主管部门另行办理商标的注册手续，否则任何国家对外国的商标都没有保护的义务。所谓时间性，是指各国对商标的保护都有一定的期限，在法律规定的期限内给予商标的注册所有人以专用权。在法定保护期限届满以后，如果商标的注册所有人没有按期办理续展手续，该项商标就不再受法律保护，任何人都可以自由使用。

三、各国商标法简介

各国为了加强对商标的管理，保护商标所有人的利益，从19世纪起，先后制定了一些有关商标的法律。到目前为止，世界上已经有100多个国家和地区公布了商标法。一般而言，各国商标法都有许多共同之处，但是对于某些问题的处理又各有不同之处，有的甚至存在严重的分歧。

下面将各国商标法中的一些主要内容加以简单介绍。

（一）商标权的取得

关于什么人可以取得商标权的问题，各国的商标法有不同的规定，大体上有以下三种情况。

1. 以使用在先决定商标的所有权

以使用在先决定商标的所有权即，商标的首先使用（priority of use）人有权取得商标的所有权，而不论其是否办理了商标注册手续。只要存在首先使用的事实，即使商标所有人没有办理商标注册手续，法律亦予以承认与保护。在采用这种办法的国家中，办理商标注册手续只具有"声明"性质，不能确定商标权的归属。该商标的真正所有人可以随时对已注册的商标提出异议，要求予以撤销。例如，列支敦士登《商标法》规定，商标的首先使用人有权取得商标的法律保护，并可以要求撤销别人已经注册的相同或相类似的商标。这种制度对商标的首先使用人有利，但是对商标的注册人不利，因为它使商标注册人的权利处于不确定的状态，随时有遭到异议与被撤销的可能。同时，它使商标的注册徒有虚名，不能起到确定商标所有权的作用。因此，目前只有极少数国家采取这种做法。

2. 以注册在先确定商标的所有权

在采用这种制度的国家中，商标的注册是取得商标权的必要法律程序。商标权属于该商标的首先注册（priority of registration）人所有。首先注册人的权利可以压倒任何其他人的权利，包括首先使用人的权利。例如，法国《商标法》规定，商标的所有权只有通过首先有效的申请注册而取得，仅凭使用商标的这一事实本身并不能产生任何权利。因此，根据这些国家的商标法的规定，如果商标的首先使用人未能及时办理注册手续，而被别人将该商标抢先注册，则该商标的首先使用人就无法取得该商标的所有权。目前，大多数国家，例如，日本、法国、德国、意大利、比利时、丹麦、荷兰、卢森堡、希腊、埃及、伊朗、墨西哥、秘鲁、俄罗斯等，均采用这种制度。

在采用这种制度的国家中，如何确定提出商标注册申请的日期是一个十分重要的问题，特别是遇到有两个以上的申请人就同一商标或类似商标同时提出注册申请时，尤其如此。在这种情况下，有些国家允许两个以上的申请人作为该商标的共同所有人，有些国家则要求由各申请人自行协商，推选其中的一个人提出申请。例如，日本《商标法》规定，如果申请人直接向专利厅提出申请，以专利厅收到申请文件的当天为申请日；如果通过邮局寄出申请，则以邮戳的日子为申请日；如果一天内有两个以上的申请人，就相同或类似的商品提出两件以上相同或类似商标的申请时，专利厅将让申请人之间互相协商，只能由一人提出申请。如果申请人之间通过协商不能解决，则采用抽签的方法确定。

中国的商标制度以注册作为取得商标专用权的必要条件。根据修改后于 2001 年 12 月 1 日起施行的《商标法》第 4 条的规定，自然人、法人或其他组织，对其生产、制造或经销的商品，需要取得商标专用权的，应当向商标局申请商品商标注册。经商标局核准注册后，该商标的注册人即享有专用权，受法律保护。该《商标法》第 29 条还规定，如果有两个或两个以上的申请人，就同一种商品或类似商品，以相同或者近似的商标申请注册的，初步审定并公告申请在先的商标；同一天申请的，初步审定并公告使用在先的商标，驳回其他人的申请，不予以公告。

3. 以在规定期限内无人对已注册的商标提出指控决定商标的所有权

这种制度实际上是上述两种制度的折中。根据这种制度，一个人只要首先使用了某个商标，即使未经注册，也受到法律的保护，他可以阻止别人注册同样或相类似的商标。如果别人已将该商标注册，那么，他也可以对此提出异议，要求宣告该项注册无效。但是，如果在法律规定的期限内，没有人对业已注册的商标提出异议，则该商标的注册人就可以取得无可辩驳的商标权。例如，1938 年英国《商标法》、美国 1946 年通过并于 1947 年生效的《兰哈姆（商标）法》[Lanham（Trademark）Act] 以及美国联邦《商标法》都实行这种制度。以美国为例，美国一贯采用使用在先的原则，不论是已经注册的商标还是未经注册的商标，都受到法律的保护。未注册的商标可以享受普通法的保护。如果该商标所有人的权益受到侵害，那么，他可以援引普通法中的"不公平竞争法"请求给予法律上的救济。已注册的商标则既可以享受联邦或州的成文商标法的保护，也可以享受普通法的保护。根据美国联邦《商标法》的规定，商标的注册申请人必须证明该商标已经实际使用，才能申请注册。商标注册是享有该商标的所有权的初步证据，任何第三人都可以在批准注册后 5 年之内提出异议，但是在 5 年期限届满以后，则任何第三人都不得再提出异议，要求法院撤销已注册的商标。目前，除了美国和英国外，澳大利亚、加拿大、印度、新西兰、斯里兰卡、奥地利、西班牙和科威特等国家的商标法都采用这种制度。但是对提出异议的年限，各国的规定不同。美国和奥地利规定为 5 年，西班牙则规定为 3 年。

此外，有些国家为了保护商标首先使用人的利益，在授予商标注册人商标权的同时，允许首先使用该商标但未办理注册手续的人继续使用该商标。例如，英国《商标法》规定，商标的首先注册人无权限制与干涉该商标的首先使用人继续使用该商标。斯里兰卡、沙特阿拉伯、冰岛等国家也有类似的规定。但是，商标首先使用人的权利仅限于自己使用该商标，或只能在将其业务转让给别人的同时连同商标一起转让，而不能像商标的注册所有人那样可以任意将商标的使用权转让给别人，从中收取使用报酬。

（二）商标注册的手续与审查程序

1. 商标注册与审查程序

各国的商标法对申请商标注册的手续都有具体的规定。一般都要求申请人提交书面申请，具体说明申请人的名称、国籍、居住地与使用该商标的商品名称和商品类别等。在提出申请时，还要提交一定尺寸的商标图样与印版一式数份，并且必须根据规定缴纳申请费用。主管部门在接到商标注册申请后，要对申请进行审查。有些国家只对申请进行形式审查，即审查申请文件和手续是否完备；有些国家除进行形式审查外，还要进行实质审查，即审查商标的内容是否具有新颖性以及是否符合该国法律的要求。经审查认为申请人有资格取得商标注册，即将该项申请在官方的《商标公报》上予以公布，让公众进行审查，时间一般为 3 个月。在此期间，任何人如果认为该商标不符合法律的要求，或与已注册的商标相同或相类似，都可以向商标主管部门或有管辖权的法院提出异议。如果在规定的期限内无人提出异议，即可以准予注册，并由商标主管部门发给注册证书。如果商标注册申请遭到主管部门的拒绝，申请人可以向有关部门或有管辖权的法院提起上诉。但是上诉必须在规定的期限内提出，否则有关部门或法院可以不予受理。关于提出上诉的期限，各国的规定不同，一般是 1 个月至 3 个月，从申请被驳回之日起算。

大多数国家对申请注册的商标都根据统一的标准，在统一的登记部门进行注册登记，并对注册商标给予统一的法律保护。但是，英国与某些英联邦国家的商标法却有一个重要的特点，它们把商标注册分为 A 部注册与 B 部注册两种，有些商标只能在 B 部注册而不能在 A 部注册；它们所要求的条件以及法律给予的保护也有所不同。两者的区别在于，对商标的"识别性"的要求不一样。凡是在 A 部注册的商标，必须具有明显的"识别性"，而在 B 部注册的商标则不要求在其注册时就具有"识别性"，只要求它能在使用过程中由于公众逐渐把该商标与其使用人的产品结合起来而取得这种"识别性"。例如，当商标主管部门认为申请注册的商标与现有的某个商标相类似时，一般只允许其在 B 部注册，不允许其在 A 部注册。但是，已在 B 部注册的商标，经过长时间的使用以后，可以以已取得"识别性"为由重新申请在 A 部注册。根据英国《商标法》的规定，在 B 部注册的商标，其法律保护是十分有限的。当该商标的注册人提起侵犯商标权的诉讼时，被告只要能证明他使用有关商标的方式不会使公众引起误会，误认为是原告的商标，原告就败诉。但是在 A 部注册的商标却受到法律的强有力保护。别人不能在广告上把他的商品与使用 A 部商标的商品进行比较。例如，别人不能在广告上宣称，他的商品与某个在 A 部注册商标的商品原料相同、质量相同，而价格便宜一半等，否则就构成侵犯商标权的行为，该商标所有人有权对其提起仿冒的诉讼（action of passing off）。

2. 对外国人申请商标注册的待遇

根据各国商标法的规定，对于外国人申请商标注册，一般都给予国民待遇（national treatment），即给外国人与本国人同等的待遇。但是在实行国民待遇原则时，各国也有一些具体的要求，主要有以下三个方面：

（1）关于互惠问题。有些国家的商标法规定，外国人在该国申请商标注册，必须以互惠为条件，即如果该外国人所属国家允许该国国民办理商标注册，该国亦允许其注册，否则就不允许其在该国注册。日本、法国、德国、瑞士、奥地利、希腊、西班牙、葡萄牙、伊朗与菲律宾等国家都实行互惠制。有的国家还要求由双方国家达成商标注册互惠协议，才允许对方国家的个人或企业申请商标注册。但是大多数国家，例如，英国、美国、瑞典、丹麦、挪威、意大利、新西兰、澳大利亚、巴基斯坦、斯里兰卡、泰国、印度以及墨西哥、阿根廷等国家，对外国人申请商标注册都不要求以互惠为条件，任何外国人都可以自由申请注册。中国法律规定在互惠的基础上，允许外国人在中国申请商标注册。根据中国修改后于 2001 年 12 月 1 日起施行的《商标法》第 17 条的规定，外国人或者外国企业在中国申请商标注册的，应当根据其所属国与中国签订的协议或者共同参加的国际条约办理，或者根据对等原则办理。

（2）关于商标注册代理问题。大多数国家的商标法都规定，外国人要在该国办理商标注册，必须在该国设有营业所或住所，否则必须委托在该国设有营业所或住所的代理人代为办理。有的国家虽然允许外国人直接申请注册，但是由于外国人一般不太了解该国的法律规定与注册手续，办理起来十分费事，因此，一般多委托注册国的代理人代为办理。根据中国修改后于 2001 年 12 月 1 日起施行的《商标法》第 18 条的规定，外国人或者外国企业在中国申请商标注册与办理其他商标事宜的，应委托依法设立的商标代理机构办理。

（3）关于提供本国商标注册登记证书的问题。有些国家的商标法规定，外国人在申请商标注册时，必须提交本国相应的注册登记证书。也就是说，只有先在本国获准注册的商标，才能在该外国办理注册手续。例如，美国、奥地利、德国、丹麦、挪威、瑞典、瑞士、芬兰、冰岛、葡萄牙、菲律宾、科威特与巴拿马等国家的商标法均有此项要求。但是大多数国家的商标法都不要求外国人在申请注册时提交本国的注册证明。

（三）不能作为商标注册的内容

各国的商标法对于不准作为商标注册的事项都有详细的规定，如果申请注册的商标与其相抵触，就不能获准注册。其中主要有以下八项：

（1）本国或外国的国旗、纹章、勋章、军旗、军徽以及其他官方标志、名称或图形。

（2）红十字标章或"红十字"及日内瓦"红十字"的字样。

（3）违反公共秩序或道德的文字、图形或标记。

（4）通用的名称、文字、图形、数目、记号、图画或图像，除非它们与识别商品有关，并且具有明显的特色。

（5）用来表示类别、品种、性质、来源、原料、用途、重量、尺码、价值与质量的通常名称与图形。

（6）含有他人商号、姓名、艺名或肖像的商标，未经本人或其合法继承人的书面同意，不得使用。

（7）地理名称或图形。

（8）与已经注册的商标相同或类似的商标。

此外，有些国家由于政治或宗教的原因，还有一些特殊的规定。例如，有些阿拉伯国家规定，为了反对以色列，凡是与以色列的标志、象征或徽章相同或相类似的图案或文字均不准作为商标注册。违反伊斯兰教传统与教义的标记、回教寺院的圣堂或教坛的图画等，也不得作为商标进行注册。

（四）商标注册的有效期与续展的期限

各国的商标法对注册商标都规定了一定的保护期限，有些国家规定的期限较长，有些则较短。最长的为 20 年，最短的为 5 年，一般为 10～15 年。例如，美国、瑞士、意大利、西班牙、菲律宾和厄瓜多尔等国家规定为 20 年；加拿大、伊拉克和叙利亚等国家规定为 15 年；日本、法国、德国、奥地利、瑞典、丹麦、挪威、比利时、荷兰、卢森堡、希腊、泰国以及大多数中东与拉丁美洲国家均规定为 10 年；英国与一些英联邦国家则规定为 7 年。上述期限称为注册商标的有效保护期限。

在有效保护期限届满以后，商标所有人可以办理续展手续，要求续展（renew）。续展的期限一般与注册的有效保护期相等，但是也有一些国家的法律规定经续展后的保护期长于注册的有效期。例如，英国《商标法》规定，商标注册的有效期为 7 年，而续展后的保护期为 14 年。各国的商标法对续展的次数都不加以任何限制。因此，只要商标所有人按期办理续展手续，并缴纳规定的费用，他的商标就可以长期受到法律的保护。但是，如果商标所有人不按期办理续展手续，则有关主管部门在该商标的有效期届满后，可以依法撤销其注册。

中国修改后于 2001 年 12 月 1 日起施行的《商标法》第 37 条规定，注册商标的有效期为 10 年，自核准注册之日起计算。第 38 条规定，有效期届满，需要继续使用的，应在期满前 6 个月内申请续展注册；在此期间未能办理的，可以给予 6 个月的宽展期。每次续展的有效期为 10 年，自该商标上一届有效期满次日起计算。宽展期满未办理续展手续的，注销其注册商标。

（五）商标注册的撤销

商标在获准注册后，如果出现下列情况，则有关主管当局可以依法撤销其注册：

（1）因第三人的异议成立而被撤销。

（2）因有效期届满，未按时办理续展而被撤销。

（3）因不使用而被撤销。根据大多数国家商标法的规定，商标在获准注册之后，必须付诸使用。如果在规定的期限内不予以使用，又无正当的理由，经第三人提出要求，有关主管部门可以撤销其注册。该期限一般为 3 年或 5 年。例如，英国《商标法》规定为 5 年，瑞士《商标法》规定为 3 年。

根据中国修改后于 2001 年 12 月 1 日起施行的《商标法》第 44 条的规定，使用注册商标，有下列情况之一者，可由商标局责令限期改正或者撤销其注册商标：（一）自行改变注册商标的；（二）自行改变注册商标的注册人名义、地址或者其他注册事项的；（三）自行转让注册商标的；（四）连续 3 年停止使用的。

四、关于保护商标权的国际公约

任何一个国家对商标的保护都是有地域限制的。在一个国家获准的商标权，只在该国境内有效，一旦越出国境就不起作用，其他国家都没有给予保护的义务。如果商标权的所有人要使他的商标在其他国家取得法律保护，就必须向有关国家办理商标注册手续。

为了便于一个国家的自然人或法人在另一个国家取得商标的法律保护，从 19 世纪末期起，世界各国先后缔结了一些有关保护商标的国际公约，其中主要有 1883 年《国际保护工业产权巴黎公约》、1891 年《商标国际注册马德里协定》等。

（一）《巴黎公约》

《巴黎公约》的全称是《国际保护工业产权巴黎公约》（Paris Convention for International Protection of Industrial Property），它是 1883 年 3 月 20 日在巴黎签订的，因此简称为《巴黎公约》。该公约于 1884 年 7 月 7 日生效。最初的成员国为 11 个，截至 2013 年 9 月 21 日，该公约缔约方总数为 175 个。自从 1883 年签署以来，《巴黎公约》多次被修订。从 1900 年的布鲁塞尔会议开始以来的每次修订会议，均以《巴黎公约》修订案的采纳而闭幕。除了 1897 年和 1900 年在布鲁塞尔以及 1911 年在华盛顿特区的修订会议上产生的法案外，所有那些更早期的法案仍然有效力，但是现在大多数国家都采纳较近期的草案，即 1967 年的斯德哥尔摩文本。《巴黎公约》共 30 条，第 1～12 条为实质性条款，第 13～17 条为行政性条款，第 18～30 条是关于成员国的加入、批准、退出及接纳新成员国等内容，称为"最后条款"。

中国于 1984 年 12 月 19 日交存加入该公约 1967 年斯德哥尔摩修订文本的加入书，1985 年 3 月 19 日，该公约对中国生效。中国政府在加入书中声明：中华人民共和国不受该公约第 28 条第 1 款的约束。①

该公约的范围除商标外，还以发明专利权、实用新型、工业品式样、商店名称、产地标记或原产地名称，以及制止不正当的竞争作为保护对象。《巴黎公约》是一个开放性的国际公约，任何国家都可以参加。

参加《巴黎公约》的国家成立了一个保护工业产权的国际同盟，称为巴黎同盟。巴黎同盟设有大会、执行委员会与国际局。1967 年，各国在斯德哥尔摩缔结了一项关于建立世界知识产权组织（WIPO）的公约，决定由这个组织集中管理巴黎同盟与伯尔尼版权同盟的行政工作，这两个同盟的国际局也移交给国际知识产权组织，作为该组织的国际局。

由于西方国家在工业产权法律方面存在不少分歧，难以实现统一，因此，《巴黎公约》并没有也不可能为各成员国提供一套国际统一的关于工业产权的实体法。各成员国在商标与专利等工业产权的立法上仍然享有充分的自主权。《巴黎公约》只是规定了各成员国必须共同遵守的若干规则，为成员国的国民在成员国间申请商标或专利的保护提供某种便利。至于是否给予法律保护，仍然必须由各成员国根据其本国的法律确定。《巴黎公约》的许多规定是既适用于商标，也适用于专利及其他工业产权的。该公约的主要内容如下。

1. 基本原则

该公约规定了三项基本原则：

（1）在成员国之间实行国民待遇原则。

凡是成员国的国民在商标的申请注册与保护方面都享受与本国国民同等的待遇，这是《巴黎公约》的一项基本原则。根据该公约第 2 条的规定，任何成员国的国民，在工业产权保护方面，在其他成员国内应享有各国的法律现在或将来给予其本国国民的各种便利。他们只要遵守对该国国民适用的条件与手续，就可以享有与该国国民同样的保护。当他们的权利遭受任何损害时，也可以得到同样的法律救济。第 3 条规定，非成员国的国民，如果在某一成员国内有永久住所或有真实与正当的工商营业所，亦可以享有与成员国国民同样的待遇。

（2）在成员国之间相互给予优先权原则。

根据该公约的规定，凡是已在一个同盟国申请注册的商标，可以享受自初次申请之日起计算的为期 6 个月的优先期限，以便他考虑是否向其他成员国提出同样的注册申请。如果他在规定的 6 个月期限以内，再向其他成员国提出同样的申请，其后来申请的日期应视同初次申请的日期。在这个期限内，即使有任何第三人使用了该项商标或已向有关成员国提出了同样的商标注册申请，也不得用以对抗首次申请人。优先权的作用在于保护首次申请人，使他在向其他成员国提出同样的注册申请时，不致由于两次申请日期的差异而被第三人抢先申请注册。

（3）同一商标在不同的国家所取得的权利互相独立原则。

由于各国的商标法各有差异，在甲国获准注册的商标，在乙国则不一定能获准注册。为了避免某项注册申请由于在一个国家遭到拒绝，而使申请人在其他成员国提出同样申请时受到不利的影响，该公约规定了所谓同一权利在不同的国家互相独立原则。该公约规

① 该公约第 28 条第 1 款全文："两个或两个以上本同盟成员国之间对本公约的解释或引用有争议不能协商解决时，任一有关国家可根据国际法院规约向国际法院起诉，但有关国家同意通过其他办法解决时除外。向法院起诉的国家应通知国际局；国际局应将此事提请本同盟其他成员国注意。"

定，申请与注册商标的条件，由每一个同盟国的本国法予以确定。对成员国国民提出的商标注册申请，被请求保护的成员国不能以其未在所属国申请、注册或续展为由，而予以拒绝或使其注册无效。也就是说，商标在一个成员国取得注册之后，就独立于原商标，即使原注册国已将该商标予以撤销，或因其未办理续展手续而无效，都不影响它在其他成员国所受到的保护。

2. 其他规定

该公约的其他有关规定如下：

（1）商标的使用。

该公约对有关商标使用方面的问题规定了一些共同的规则：

①如果某个成员国的国内法规定凡是已注册的商标都必须付诸使用，则该公约要求必须经过一段"合理的期限"，并且只有有关权利人不能提出其不使用的正当理由时，才能撤销其注册。

②商标所有权人使用的商标，如果与其在成员国之一所注册的图样有所不同，但是并没有改变其显著特征，则不得视为注册无效，亦不得减少已给予该商标的保护。这是考虑同一商标在不同的国家进行注册时，往往必须对原商标的图案或文字做一些变动，最常见的是把本国文字译为外文，这在商业上是完全有必要的。因此，任何成员国都不得以此为由不允许其注册，或使其注册无效。

③如果几个工商企业共同将同一商标使用于相同的或类似的商品上，而根据被请求保护国家的国内法必须视为该商标的共同所有人，则只要这种共用商标并非欺骗群众与违反公众利益，任何成员国都必须给予注册。

（2）对驰名商标的保护。

为了防止利用他人的驰名商标进行投机诈骗或在公众中鱼目混珠，该公约禁止注册属于他人所有的驰名商标。如果驰名商标被他人注册于同类商品或类似商品，则其权利人有权在被模仿注册之日起至少为期5年的期限内提出撤销此项注册的请求。如果申请注册人出于恶意，则没有期限的限制，原驰名商标的权利人可以在任何时候提出撤销其注册的请求。

（3）对欺诈性申请注册的处理。

该公约不允许商标所有权人的代表或代理人利用该商标所有权人没有在代理人所在国家申请注册的机会，欺诈性地以自己的名义申请注册。该公约规定，代理人如果以欺诈手段取得商标注册，不得用以对抗商标的所有人，后者有权在合理的期限内提出异议，要求撤销代理人所注册的商标。该公约的这项规定是为了保护商标所有权人的利益，制止代理人的恶意行为。

（4）商标的转让。

关于商标的转让问题，各国的法律有不同的规定。有些国家的法律规定商标可以单独转让，有些国家则规定商标不能单独转让，必须连同企业的营业一道转让。该公约在这个问题上采取折中的办法。该公约规定，如果根据某个成员国的法律，商标必须连同企业的营业同时转让方为有效，则只需将该企业或牌号在该国的部分，连同被转让商标的商品在该国制造或销售的专有权一起转让给受让人，而不需要把设立在该国以外的那些企业或牌号全部同时转让。但是该公约又同时规定，这样的转让应以不会使公众对贴有该商标的商品的原产地、性质或其品质发生误解为条件。

（5）关于临时性的保护措施。

《巴黎公约》对于在国际展览会上展出的商品的商标给予临时性的保护。该公约规定，该公约的成员国根据本国的法律对在任何一个成员国领土上举办的官方或经官方认可的国际展览会上展出的商品的商标，给予临时性的保护。但是，这种临时性的保护不能延长优先权的期限。如果商标使用人日后向成员国申请商标注册，则各国的主管部门可以把该商品在展览会展出的日期作为起算优先权的期限的日期。

（二）《马德里协定》

1. 基本情况

《马德里协定》的全名是《商标国际注册马德里协定》（Madrid Agreement Concerning the International Registration of Marks，简称《马德里协定》）。《马德里协定》是 1891 年 4 月 14 日在马德里缔结的一项关于商标国际注册的国际公约，于 1892 年 7 月 15 日生效。该协定自缔结以来曾先后于 1900 年、1911 年、1925 年、1934 年、1957 年与 1967 年做过 6 次修订，但是只有 1957 年与 1967 年的 2 次修订生效。最近一次的文本为 1991 年的华盛顿文本。截至 2012 年 9 月，参加这一协定的共有 87 个国家，主要有法国、瑞士、意大利、德国、西班牙、奥地利、荷兰、卢森堡与埃及等国家，苏联与其他一些东欧国家也参加了这一协定。但是，美国、英国与英联邦一些国家没有参加这一协定。该协定是对《巴黎公约》的补充，对商标的国际注册、国际注册的效力和有效期，以及国际注册与国内注册之间的关系做了具体规定。

1989 年 5 月 25 日，中国国务院决定：中国加入《商标国际注册马德里协定》（1967 年修订并于 1979 年修改的斯德哥尔摩文本），同时做如下声明：（1）关于第 3 条第二款：通过国际注册取得的保护，只有经商标所有人专门申请时，才能扩大到中国；（2）关于第 14 条第二款第四项：本议定书仅适用于中国加入生效之后注册的商标。但以前在中国已经取得与前述商标相同且仍有效的国内注册，经有关当事人请求即可承认为国际商标的，不在此列。1989 年 10 月 4 日，中国成为该协定的成员国。

《马德里协定》共 18 条，其主旨是解决商标的国际注册问题。该协定规定，缔约国的任何申请人，在本国办理了商标注册后，就可以向设在日内瓦的世界知识产权组织国际局申请该商标的国际注册。如果申请得到核准，国际局即予以公告，并通知被要求给予保护的有关成员国。有关成员国在接到上述通知后的 1 年内应对是否准予注册做出决定。如果在 1 年之内不向国际局提出驳回该项商标注册申请的声明，该商标便被认为在该国获准注册。

根据该协定的规定，享受商标国际注册的申请人必须是缔约国的国民，非缔约国的国民则必须在缔约国内设有真实有效的营业所或住所，才能申请商标的国际注册。该协定的一个重要特点是，凡是要求商标国际注册的申请人，必须首先在其所属国注册，然后才能通过所属国注册当局向世界知识产权组织国际局提出国际注册的申请，而不能不在所属国注册就径自向国际局提出国际注册申请。国际商标注册的有效期为 20 年。期限届满时可以申请续展。续展的有效期为 20 年，续展的次数不限。

商标国际注册的主要目的是简化手续，节省人力与财力。申请人在其所属国办理了商标的注册手续后，只要向国际局提出一次申请，在申请时只要使用一种文字（法文），交纳一笔费用，就可以在选定的成员国获得法律保护，无须逐一向各成员国办理注册手续。

2.《马德里议定书》及其实施细则

1989 年 6 月 27 日，有关各方在马德里通过了《商标国际注册马德里协定有关议定书》（Protocol Relating to the Madrid Agreement Concerning the International Registration of Marks，简称《马德里议定书》）。①

该议定书是在《马德里协定》的基础上发展而来的，它在申请条件、审查周期、工作语言、收费标准和收费方式、保护期限，以及国际注册与基础注册的关系等方面都做了重要修改，使得商标国际注册程序更加公平、科学和便捷，更加有利于保护商标注册当事人的权益，也更加有利于各成员国商标主管机关独立审查与协调一致工作。

该议定书有 16 条，于 1995 年 12 月 1 日生效，同日也对中国生效。

此前，为进一步实施《马德里协定》，世界知识产权组织曾于 1988 年 4 月 22 日制定了《商标国际注册马德里协定实施细则》，于 1989 年 1 月 1 日生效。

由于《马德里议定书》与《马德里协定》共存，世界知识产权组织在日内瓦召开了马德里联盟大会，通过了《商标国际注册马德里协定及其议定书的共同实施细则》（Common regulations under the Madrid Agreement Concerning the International Registration of Marks and the Protocol relating to that Agreement），并于 1996 年 4 月 1 日开始实施。其最新修订版（英文版）于 2013 年 1 月 1 日生效。

该细则既适用于《马德里协定》成员国，又适用于《马德里议定书》缔约方，也适用于同属《马德里协定》和《马德里议定书》的缔约方，它在申请条件、审查周期、工作语言、申请方式以及收费标准和收费方式等方面，对原《商标国际注册马德里协定实施细则》都做了较大的修改和补充。

《马德里协定》《马德里议定书》及其有关实施细则，统称为商标国际注册马德里体系或马德里体系。

（三）《商标法条约》

1994 年 10 月 27 日，世界知识产权组织在日内瓦主持召开外交会议（是指由联合国及其所属机构签订国际条约的一种专门形式的会议）并签署了《商标法条约》（Trademark Law Treaty，TLT），其目的是制定统一的国际标准，简化与协调各国有关商标的行政程序，使商标注册体系更加方便当事人，促进缔约国间商标权的相互保护。

该条约共 25 条，对商标注册做了原则规定，主要包括主管机关不得要求申请人提供商业注册证明，申请人可以在一份申请书上申请多个类别的注册以及变更、转让，注册与需展期注册的有效期统一为 10 年，不必就每一份申请提交一份代理人委托书，不得对签字要求进行公证、认证、证明与确认等。这一系列的规定极大地简化了商标申请人在各成员国之间申请注册的程序。

该条约于 1996 年 8 月 1 日正式生效。中国是该条约的签字国，但一直没有正式加入，其主要原因是中国的商标法律法规中的一些规定与该条约还有一些差距，如《商标法条约》要求商标申请可一标多类，但当时中国的《商标法》规定只能一标一类；在当事人补充材料的时限要求方面，也有较大差距。

（四）《新加坡条约》

《新加坡条约》的全称是《商标法新加坡条约》（Singapore Treaty on the Law of

---

① 议定书是指缔约国对条约或协定的解释、补充、修改或延长有效期，以及关于某些技术性问题所议定缔结的国际法律文件。它有时附在条约或协定之后，有时也作为独立的条约，如《中国入世议定书》《京都议定书》等。

Trademarks，STLT）。

该条约是在 1994 年《商标法条约》基础上制定的，2006 年 3 月 28 日在由世界知识产权组织主办、新加坡政府承办的"通过经修订的《商标法条约》外交大会"上通过。该条约共 32 条，于 2009 年 3 月 16 日正式生效。

《新加坡条约》对《商标法条约》的修订主要涉及四个方面：一是扩展了条约的适用范围，使条约不仅适用于含视觉标志的商标，还可适用于由嗅觉与听觉标志构成的商标；二是进一步规范了通过电子方式向商标局提交或传送文件的规则；三是增加了商标申请人、注册持有人或其他利害关系人未遵守期限时的救济措施；四是增加了商标使用许可的备案规则。此外，《新加坡条约》还确定建立"缔约方大会"机制，以邀请缔约国及政府间组织参加会议，并根据实际情况及时、合理地修改条约内容。

2010 年 9 月 20 日至 29 日，《新加坡条约》大会第二届会议在瑞士日内瓦召开，大会批准了对《商标法新加坡条约实施细则》（Regulations under the Singapore Treaty on the Law of Trademarks）的修改，该修改于 2011 年 11 月 1 日生效。修改后的细则对一些非传统商标，如立体商标、全息图商标、动作商标、颜色商标、位置商标和声音商标申请使用的图样规定了统一标准。

2008 年 1 月 29 日，中国签署该条约，但至今没有正式加入，其主要原因与没有加入《商标法条约》类似。第三次修改后已于 2014 年 5 月 1 日起正式施行的中国《商标法》，可望弥合与上述两个条约的有关差距。

除了上述条约外，还有一些有关商标的国际性或区域性的条约与协定。例如，《商标注册条约》（1973）、《关于商标注册的商品国际分类的尼斯协定》（1975）与《维也纳协定》（1973），以及 1929 年在华盛顿签订的《泛美国际商标注册公约》、1968 年缔结的《中美洲公约》、1972 年公布的《欧洲商标法》等。

第三节 专 利 法

一、专利的概念

专利（patent）是由政府主管部门根据发明人的申请，认为其发明符合法律规定的条件，而在一定的期限内授予发明人的一种专有权（exclusive right）。取得专利权的人即专利权人（patentee），有权在规定的期限内享有就该项发明进行制造、使用与销售其产品的专有权，并可以将其专利权转让给他人，或把专利的使用权让与他人使用。任何第三人要利用该项发明进行制造、使用或销售产品，都必须事先征得专利权人的许可，并要付给一定的报酬。如果未经专利权人的同意而擅自使用其专利，就构成侵犯专利权的行为（infringement），专利权人可以向有关当局提出控告，要求予以制止，并可以请求赔偿损失，情节严重者还可以追究其刑事责任。

专利法是以保护发明为手段，达到促进全社会的科学技术与生产发展目的的一种法律制度。专利法的主要作用在于：一方面要求发明人公开其发明，以便让社会公众能了解其发明，并可以通过合法的途径利用其发明；另一方面在法律上保护发明人的专有权，在一定的期限内禁止任何第三人侵犯其专利权，使发明人不致因公开其发明而遭受损失。如果没有专利制度的保护，发明人就会对其发明严加保密，以免一旦泄露，被他人模仿与抄袭而遭受损失，这样，一些有用的发明就不能对社会经济的发展充分发挥其作用；相反，如果实行了专利保护制度，发明人就不必担心因公开其发明而遭受损失；他们为了获得专利权就必须根据法定程序向政府主管部门公开其发明，这样社会公众就可以从官方发表的专利公告中获得大量的科技情报资料。如果任何第三人需要利用发明人的专利，可以通过合法途径取得发明人的许可，发明人则可以通过向第三人出售专利的办法，收取使用报酬。因此，实行专利制度，使发明公开化与商品化，可以使社会公众，特别是科技界与产业界迅速获得各种科技情报资料，这对推广使用专利发明、提高全社会的科学技术水平与促进生产的发展都有重要的作用。

二、各国专利法简介

在西方国家，专利制度已经有几百年的历史。最早把发明专利纳入正式法律制度的是威尼斯，它从 1474 年制定专利法之后，就授予了许多专利权。继此之后，英国于 1624 年颁布了第一部专利法，并于 1852 年正式成立了专利局，主管专利申请的审批与专利刊物的出版工作。但是，对大多数国家来说，专利制度大多是从 19 世纪后期建立起来的。据统计，1900 年只有 45 个国家和地区制定了专利法，但是到 1980 年已经有近 150 个国家与地区制定了专利法。各国和地区专利法的主要内容如下。

（一）取得专利的条件

根据中国与大多数国家专利法的规定，一项发明要取得专利权，必须具备以下三个条件。

1. 新颖性

新颖性（novelty）是指一项发明在申请人提出专利申请时，必须是从来未曾公开发表、公开使用或以其他形式为公众所知的。换言之，该项发明必须是人们先前不知道的新东西。凡是在提出专利申请之前已经为公众所知、已经被公开使用或已经有公开刊物发表的，就丧失了新颖性，不能取得专利权。

新颖性是专利条件中最重要的一项，但是各国的专利法对新颖性的要求并不完全相同，大体上有以下两种情况：

（1）判断新颖性的时间标准。判断一项发明是否具有新颖性，可以有三个不同的时间标准：一是以申请专利的时间为准；二是以发明的时间为准；三是以发明公开的时间为准。目前，中国与大多数国家的专利法都以提出专利申请之日为判断新颖性的标准，因为相对而言，提出专利申请之日比较容易确定，而以发明的时间或公开的时间为标准，在理论上和实践上都会产生许多困难，往往不太容易确定。

（2）判断新颖性的地域标准。判断新颖性的地域标准主要有两个：一是世界标准，即要求申请专利的发明在提出申请时，必须是在世界上任何国家都未曾公开发表与公开使用的，才给予专利权；二是本国标准，某项发明在提出专利申请时，只要在申请国未曾公开发表与公开使用（尽管在国外已被公开发表或公开使用），就仍然可以在该国取得专利权。目前大多数国家的立法都以世界范围内的新颖性作为取得专利权的条件，只有少数几个国家采用本国范围的新颖性作为取得专利权的条件。但是，在采用世界范围的新颖性为标准的国家中，情况也各有不同。有些国家对公开发表与公知、公用等不同项目，采用不同的标准。例如，日本《专利法》规定，对公知、公用采用本国的标准，即一项发明只要在日本国内未被公知、公用即视为具备新颖性，而对公开刊物发表则采用世界标准，即要求该项发明必须是在日本国内外都未曾在公开刊物发表过，才认为具备新颖性的要求。美国、加拿大、瑞士、瑞典、比利时与罗马尼亚等国家都采用这种标准。中国《专利法》也有类似的规定。但是，有些国家则要求公知、公用与在公开刊物发表都必须具备世界标准，即要求申请专利的发明在提出申请时，必须是在世界范围内未被公知、公用和未在公开刊物发表的。英国、德国、法国与荷兰等国家都采用这种标准。

关于何种事实能构成"先前公开"的问题，各国所采用的标准也不相同。例如，根据美国法律的规定，凡是刊载在本国或外国的印刷出版物上的，就构成先前公开；但是根据法国法律的规定，不论采取何种形式公开发明的内容，比如，在书刊上发表或口头演讲与答辩，均构成先前公开。凡是在提出专利申请日以前已经公开的发明，除专利法另有规定外，原则上就认为丧失新颖性，不能取得专利权。

各国的专利法对新颖性的要求都有一些例外规定，主要是对于在科学讨论会上发表的有可能取得专利权的学术报告，以及在官方主办或官方认可的展览会上展出的有可能取得专利的产品，在其发表或展出后的一定时间内（一般为 3 个月至 6 个月），不影响该项发明的新颖性。只要发明人在规定的期限内提出专利申请，就仍然可以依法取得专利权。

2. 先进性

先进性（progress）又称为创造性，是指提出专利申请的发明，必须比现有已知的技术水平有突出的实质性特点与显著进步，也就是说，在一个同行业的专业人员看来，该项发明并不是显而易见的。美国《专利法》把这一条件称为"非显见性"（non-obviousness）。如果某项发明与先前的技术水平没有什么差别，对同行业的专业人员来说是显而易见的，就不能取得专利权。根据美国的法例，凡是属于以新材料代替旧材料，改变机械或物品的形状、大小、尺寸，将零件的位置加以改动或重新组合等，一般都认为不具备"非显见性"的条件，不算作新发明，不能取得专利权。

3. 实用性

实用性（utility）是指申请专利的发明必须能够实际应用于产业部门，才能取得专利。所谓产业部门，主要包括工业、农业、采矿业、林业、渔业、水产业、畜牧业以及交通运输业等，服务行业一般不包括在内。根据美国与日本法院的判例，科学原理、自然现象的发现以及营业方式、财务制度、电报密码与广告方法等，都认为不符合实用性的要求，不能取得专利权。至于电子计算机的程序是否可以取得专利权的问题，在美国法院中曾经引起过很大的争论，直至 1970 年，美国专利与海关上诉法院才做出判例，认为可以取得专利。

任何一项申请专利的发明，都必须具备以上三项条件，只有这样，才能取得专利权。其中最重要的是新颖性，这是各国专利机构审查专利申请的重点内容。

（二）不能获得专利权的发明

各国基于社会、政治、经济与工业保护政策的考虑，认为某些发明不宜由个人垄断时，就在专利法中把它们列为不能取得专利权的项目，不授予专利权。至于哪些发明不能取得专利权，各国的法律有不同的规定，一般有以下六项：

（1）纯科学原理或理论。

（2）违反法律与社会道德的发明。

（3）动物、植物新品种。

（4）化学物质。

（5）食物与药物。

（6）原子能技术。

根据传统的专利法，对于化学物质以及食物与药物的发明都不授予专利权，但是对制造这些物品的方法的发明，仍然授予专利权。对食物与药物的发明不授予专利权的主要理由是，这些东西都是人们日常生活的必需品，如果授予发明人以专利权，势必促成其任意提高价格，给人们的日常生活造成威胁，因此不能授予专利权。

至于对化学物质的发明不授予专利权，主要有两个方面的原因：（1）认为化学物质是天然存在物，人们只不过是发现了它，而不是发明了它，因此不能取得专利；（2）基于工业保护政策的考虑。当一国的工业技术尚不发达时，为了防止先进国家利用专利权垄断化学物质的发明，对本国工业的发展造成巨大的压力，因而从保护本国幼稚工业（infant industry）的观点出发，对化学物质的发明不授予专利权。但是，第二次世界大战后，随着社会生产与科学技术的发展，许多西方国家已经放弃了过去对物质发明不授予专利权的做法，并且修改了专利法，采取了新的物质专利制度。例如，1959年日本《专利法》曾规定，对食品饮料和容易沉迷其中或上瘾的物品、医药及其化合方法与化学物质都不授予专利权。但是，1975年日本《专利法》已对此做了修改，对上述发明都授予专利权。目前，美国、英国、法国、德国、瑞典、挪威、丹麦与芬兰等国家均已采用物质专利制度，对物质发明授予专利权。

至于对动物、植物新品种及其培植方法的发明是否授予专利权的问题，近年来也在演变之中。有的国家对于利用既有品种进行的栽培、饲养或养殖方法的发明，授予专利权，但是对动物、植物新品种的发明，则不授予专利权。有的国家则认为，对植物新品种的发明，亦应承认其具有专利性，并在传统的专利法之外，另行制定了保护植物新品种的专利法，对植物新品种的发明加以保护。目前，美国、德国、法国和意大利等国家都已经制定了保护植物新品种的特别法。英国、德国、法国、丹麦和瑞典等国家还于1968年缔结了一项关于保护植物新品种的国际条约。此外，近年来西方国家对于生物克隆技术也存在很大的争议，各国政府一般持保留态度。

对于原子能技术与核装置，各国一般都不授予专利权。这主要是基于国防与国家安全的考虑。这种发明一般都收归国家所有，由国家付给发明人适当的报酬。

（三）专利的申请与审查程序

1. 专利申请

一项发明要取得专利权，必须由发明人向政府主管部门——专利局——提出专利申请，经专利局根据法定程序审查批准后，才能取得专利权，使其发明受到法律的保护。

根据各国专利法的规定，发明人在提出专利申请时，必须对发明的内容做出说明，并具体指出要求保护的范围，必要时还要附具图样对其发明做出解释。例如，美国《专利法》规定，发明人在提出专利申请时，必须向专利局提交下列文件：（1）说明书（specification）；（2）图样（drawing）；（3）宣誓书或声明书（oath or declaration）。其中最重要的是说明书。根据美国法律的规定，申请人在说明书中应包括发明的名称与对发明的叙述，并应说明制造和使用发明的方式、方法以及发明人认为实施其发明的最佳方式（best mode）。对于上述情况，申请人必须如实披露，并应做到足以使具有专业技术的人能够实施该项发明的程度。此外，申请人还必须在说明书中明确、具体地提出他所要求给予专利保护的范围。由于申请书的内容相当复杂，如果不符合法律的要求，则往往会被专利局驳回，因此，发明人一般都委托专利律师或专利代理人代为申请。

根据专利法的基本原则，对于同一个发明只能授予一个专利权，不能授予几个专利权。因此，当出现两个以上的人就同一发明分别提出专利申请的情况时，就要由专利局确定究竟应当将专利权授予谁。对于这个问题，现在国际上存在两项不同的处理原则：一项是先发明原则，另一项是先申请原则。所谓先发明原则，是指同一发明如果有两个以上的人分别提出专利申请，应把专利权授予最先做出此项发明的人，而不问其提出专利申请时间的早晚。但是由于在采取这个原则时，在确定谁是最先发明人的问题上往往会遇到很多实际困难，因此，目前在世界上只有美国、加拿大与菲律宾等少数国家采用这个原则。所谓先申请原则，是指当两个以上的人就同一发明分别提出申请时，不问其做出该项发明的时间先后，而以提出专利申请时间的先后为准，将专利权授予最先提出申请的人。目前世界上大多数国家都采用这项原则。

2. 专利审查程序

各国对专利申请的审查有不同的要求，基本上实行两种不同的制度。有的国家实行形式审查制，即只审查专利申请书的形式是否符合法律的要求，而不审查该项发明是否符合新颖性等实质性条件，只要申请的手续完备，申请书的内容符合规定的要求，就授予专利权。有些国家则实行实质审查制，即不仅审查申请书的形式，而且对发明是否具备新颖性、先进性与实用性等条件进行实质性审查，只有对具备上述专利条件的发明，才授予专利权。一般而言，采用形式审查制比较省事，但是其核准的专利质量往往不高；采用实质审查制工作量很大，但是专利的质量比较有保证。过去，实行实质审查制的国家大多是西方工业发达国家，例如，美国、英国、德国、日本、荷兰与北欧国家等，亚、非、拉广大发展中国家大多采用形式审查制，但是近年来情况逐渐发生变化。根据联合国国际贸易法委员会等机构的调查，近年来共有 49 个国家制定或修订了专利法，其中只有 5 个国家采用形式审查制，其他国家都采用实质审查制，其中包括印度与巴西等发展中国家。

专利审查涉及许多复杂的科学技术问题，审查机构往往要查阅全世界数十年乃至上百年的专利档案资料，才能确定某项专利申请是否具有新颖性，从而确定是否授予专利权，其工作任务十分繁重。一项发明从提出专利申请到被批准获得专利权，往往要经过三五年甚至更长的时间。由于每年提出的专利申请案数量很多，审查的工作量很大，许多国家的专利机构都难以应付这种局面，拖延积压的现象相当严重。为了解决这个问题，近年来许多国家都实行了早期公开与延迟审查的制度。根据这种制度，从申请人提出专利申请之日起，经过一定的期限（一般为 18 个月）之后，专利机构即将该项申请在官方的《专利公报》上发表。在发表后的一定时间内（一般为 2 年至 7 年不等），申请人可以自行酌定是否要求进行实质性审查。如果申请人或任何第三人要求进行实质性审查，则应交纳规定的审查费用，然后由专利机构根据申请人或第三人的请求进行实质性审查，并决定是否授予专利权。如果申请人在规定的期限内不要求进行实质性审查，就视为撤回专利申请。这种制度对专利机构与申请人都有好处。对专利机构而言，可以减轻对每件申请案都必须进行实质性审查的繁重的工作量；对专利申请人而言，可以有比较充分的时间考虑其发明的经济价值与技术价值，再决定是否值得要求进行实质性审查。即使申请人放弃进行实质性审查的要求，但是由于其专利申请已经在《专利公报》上发表，已为公众所周知，也可以阻止任何第三人就同一发明取得专利权。目前这一制度已为荷兰、日本、德国、澳大利亚及欧洲专利公约所采用。

（四）专利保护的期限

各国的专利法对专利权的保护都规定了一定的期限，但是期限的长短与计算期限的办法各国有所不同。西方发达国家的专利期限一般多为15年至20年；俄罗斯及其他东欧国家为10年至15年；发展中国家的情况比较复杂，有短至5年的，也有长达20年的，视不同国家和发明的不同性质与不同的部门而异。计算期限的方法，多数国家是从提出专利申请之日起计算，少数国家是从授予专利权之日起计算。例如，法国、英国、比利时和卢森堡等国家规定，专利权的期限为从提出申请之日起20年。美国规定为16年，从授予专利权之日起计算。此外，有些国家是从专利申请被公告之日起计算。例如，日本《专利法》规定，从公告之日起15年，但不能超过从申请之日起20年，以较长者为准。中国修改后于2001年7月1日起施行的《专利法》第42条规定发明专利权的期限为20年，实用新型专利权和外观设计专利权的期限为10年，均从申请之日起算。根据多数国家专利法的规定，在专利有效期内，专利权所有人必须根据法律规定，每年向专利主管部门缴纳专利费，如果不按时缴费，则其专利权即告失效。在受法律保护的时间性上，专利权比商标权严格得多。商标权在有效期届满后可以续展，而且各国对续展的次数都不加任何限制。但是，专利权在有效期限届满后，原则上都不能续展，任何人都可以随意使用。有些国家对某些专利虽然在特殊情况下允许其续展，但是续展的期限一般都不能超过原来的有效期，而且只准续展一次。

（五）关于专利的强制使用问题

过去，各国在专利法中一般都不规定专利权人必须将其专利付诸实施的义务。但是近年来，一些国家特别是发展中国家的专利法都规定了专利权人有实施其专利发明的义务，把不实施其专利发明视为滥用专利权的行为，并采用强制许可证（compulsory license）、撤销专利权或由国家征用其专利权等办法予以制裁。所谓实施，是指由专利权人或该项专利的使用许可证购买人，将专利发明在专利授予国投入生产，制造产品，以满足当地市场与经济发展的需要，仅从国外进口专利产品，不算作实施。

这项立法的主要理由是：（1）授予专利权的目的是发展本国的国民经济与科学技术事业，如果专利权人不把其发明在当地予以实施，就失去了授予专利权的意义；（2）有些西方国家往往利用其在经济上与技术上的优势地位，将其某些发明在外国，特别是在发展中国家申请专利，但是并不在当地实施其发明，而是利用专利权取得对进口的垄断权，从其他国家输入专利产品，借以达到垄断这些国家的市场、阻碍其民族工业的发展、谋取高额利润的目的。

有鉴于此，许多国家在专利法中都规定，取得专利权的发明，必须在当地实施，如果在申请专利之日起满4年，或在批准专利之日起满3年，没有正当理由而未将其发明付诸实施或未充分实施，专利主管机关可以根据第三人的申请，不经专利权人同意，依法发给强制使用许可证，允许该第三人在向专利权人支付一定报酬的条件下使用该专利发明。但是，这种强制使用许可证是非独占性的。第三人不能把它转让给别人，除非连同企业一道转让。此外，有些国家的专利法还规定，如果在颁布第一个强制使用许可证2年之后，该专利的实施情况仍不能达到令人满意的程度，则专利主管部门为了满足国民经济或公共利益的需要，可以撤销或征用该项专利，这是为了保障本国的利益所采取的一项重要的措施。

根据联合国国际贸易法委员会对 73 个国家的调查，有 65 个国家都在不同程度上采用了强制使用制度，只有 8 个国家在专利法中对专利的实施没有规定任何限制，其中包括美国、苏联、乌干达、智利、肯尼亚、利比里亚、加纳和坦桑尼亚。美国在专利法中没有规定专利权人必须实施其发明的义务，主要是通过反托拉斯法对滥用专利权的行为给予制裁。

（六）对外国人申请专利的待遇

各国的专利法对外国人申请专利一般都给予国民待遇，即给予外国人与本国国民同等的待遇。大多数国家都无条件地给外国申请人以国民待遇，但是有些国家则要求在互惠的基础上给予国民待遇。此外，根据各国专利法的规定，外国人在申请专利时，一般都要在申请国设有营业所或住所，否则应委托在该国设有营业所或住所的代理人代为办理。

三、关于保护专利权的国际公约

专利权具有严格的地域性，一国授予的专利权只在该国领土内有效，其他国家的法律没有保护的义务。专利权人如果要在其他国家取得法律上的保护，必须根据有关国家的法律另行办理专利申请手续。为便于一国国民在其他国家取得专利保护，各国先后签订了一些有关保护工业产权或专利权的国际公约，其中主要有《巴黎公约》与《专利合作条约》等。

（一）《巴黎公约》

1. 基本原则

《巴黎公约》是以保护工业产权为目的的一项国际公约，其保护对象不仅包括专利权，也包括商标及其他形式的工业产权。其中有关保护专利权的基本原则如下：

（1）国民待遇原则。

凡是该公约成员国的国民，在专利权的保护方面在其他成员国内都可以享受国民待遇。《巴黎公约》并不包括非成员国的国民，但是在一个成员国的领土上设有永久住所或真实有效的工商营业所的人，也享有与成员国国民同样的待遇。

（2）优先权原则。

根据该公约的规定，成员国的申请人已在公约的一个成员国正式提出专利权申请的，在从首次提出专利申请之日起 12 个月的期限内，享有优先权，即当他向其他成员国就同一发明提出专利申请时，其后来申请的日期可以视同首次申请的日期。优先权对成员国的专利申请人有两点好处：①在优先权期限内，任何人不能以其在第一次申请时已将其发明的内容公开，就认为其发明已失去新颖性，从而阻止其在其他成员国取得专利权；②在优先权期限内，其他成员国不得以已有其他人就同一发明提出了专利申请为由对抗首次申请人取得专利权。

行使优先权的条件是，申请人必须在成员国之一完成第一次合格的申请，而且第一次申请的内容与日后向其他成员国所提出的专利申请的内容必须完全相同，并且必须不超过 12 个月的期限。

（3）专利权独立原则。

根据该公约的规定，成员国的国民向各个成员国申请的专利权与他在其他成员国或非成员国就同一发明所获得的权利无关。所谓独立原则，是指不同的国家就同一发明所授予的专利权，在条件、期限、无效与撤销方面都是互不牵连的。任何成员国对于上述问题都有权根据本国的专利法独立做出决定，不受其他国家所做出的任何决定的影响。

2. 其他有关规定

（1）关于强制许可与撤销专利权的规定。

该公约规定，各成员国有权采取立法措施，规定在一定的条件下可以核准强制许可证，以防止由于专利权人滥用专利权而可能产生的流弊。具体而言，这一条件则是自提出专利权申请之日起 4 年，或自核准专利权之日起 3 年，以期限较长者为准。如果专利权人对于没有把该项发明付诸实施或没有充分实施没有合法的理由，则任何第三人都可以向有关主管部门提出申请，要求给予强制使用许可证。如果经核准强制使用许可证还不能防止上述流弊，则在核准第一次强制使用许可证 2 年届满之后，可以提出撤销该项专利的程序。

（2）关于临时性保护措施的规定。

该公约规定，各成员国根据本国的法律对在任何一个成员国领土上举办的官方的或经官方认可的国际展览会展出的展品中可以取得专利的发明给予临时性保护，使之在一定的期限内不致因公开展出失去新颖性而不能取得专利权。但是这种临时保护不能延展优先权的期限，如果该发明人日后向某个成员国申请专利权，则各国的有关主管部门可以把该展品在展览会展出的日期作为起算优先权期限的日期。

（二）《专利合作条约》

《专利合作条约》（Patent Cooperation Treaty，PCT）由英国、美国、法国、日本与德国等 25 个国家于 1970 年 6 月 19 日在华盛顿签订。

该条约是继《巴黎公约》之后专利领域最重要的国际条约。其立法宗旨是简化国际专利申请的手续和程序，强化对发明创造的国际保护。

PCT 申请分为国际和国家两个阶段。国际阶段处理申请的受理、检索、公布或初审，国家阶段则由各指定国进行初审和授权。

PCT 申请国际阶段的程序概括如下：

1. 提出申请

作为该条约缔约国的国民或者居民申请人，首先应当向其主管国家的专利局、地区性专利局或者国际机构提出专利申请。在专利申请中，申请人应当使用一种指定的语言和统一的格式，并至少指定一个希望获得专利权的缔约国（指定国）。受理局在收到国际申请后，按条约和细则规定的格式对其专利申请进行格式审查，经审查认为申请文件和手续符合要求，即确定国际申请日，使该申请在各指定国产生正规的国内效力。

该条约所建立的"一项发明一次申请制度"，可减少和避免专利申请人与各国专利审查机关的重复劳动，简化专利申请程序，为专利保护的国际化创造条件。

2. 委托检索

受理局在自国际申请受理之日起一个月之内，将申请文件副本送交由该条约联盟大会委托的一个检索单位，按统一的标准进行检索，同时送交 WIPO 国际局。国际检索单位在收到检索副本之日起 3 个月内或自国际申请日（或优先权日）起 9 个月内，按"PCT 最低文献量"进行检索后，提出检索报告，分别送交 WIPO 国际局和申请人。申请人在收到该报告后，可决定撤回或者维持国际申请。申请人如果认为有必要，还可对申请文件中的权利要求书进行修改。

3. 实施国际公布

自国际申请日（或优先权日）起满 18 个月，WIPO 国际局对国际申请连同国际检索报告一起公布。公布后的国际申请在各个指定国是否享有临时保护权，由各个指定国根据各自的国内法决定。国际局在公布国际申请的同时，将国际申请和国际检索报告送交各个指定国。如申请人仅使用条约的第一章，国际申请应当在自国际申请日（或优先权日）起满 20 个月后进入国内阶段。申请人到这时才需办理有关手续，委托指定国的代理人缴纳在该国的申请费用，以及提交该国语言的申请译本等。国际公布是强制性的，所有缔约国必须对其承认和使用。

4. 履行初步审查程序

国际初步审查程序，是选择性的，每个缔约国可声明不使用该程序。如果申请人是承认第二章程序的缔约国的国民或居民，可请求由受理局所确定的国际初步审查单位对其专利申请进行国际初步审查，并在承认第二章程序的指定国中，至少选定一个使用国际初步审查结果的国家。国际初步审查单位认为该请求符合规定的要求，就予以受理，并将注明受理日期的请求书原件送交 WIPO 国际局，国际局在收到该文件后，将选定情况通知各选定国的专利局。

该条约是非开放性的，只有《巴黎公约》的成员国才能申请加入。

该条约于 1978 年 1 月 24 日生效。截至 2010 年 1 月，该条约有 130 多个成员国。

该条约自 1994 年 1 月 1 日起对中国生效。中国国家专利局也成为该条约的受理局，并被指定为条约的国际检索和国际初审单位，中文成为该条约的工作语言之一。

此外，为进一步实施该条约，1970 年 6 月 19 日，国际专利合作联盟（PCT 联盟）大会通过了《专利合作条约实施细则》，此后频繁修订，其最新修订版的实施细则自 2013 年 1 月 1 日起生效。

在欧洲，为了统一各国的专利制度，还有欧共体成员国于 1975 年 12 月 15 日在卢森堡缔结的《欧共体专利权公约》，以及一些欧洲国家于 1973 年 10 月在慕尼黑签订并于 1977 年生效的《欧洲专利公约》。

第四节　著作权法

一、概念与特点

著作权（copyright）是作者依法对其创作的文学、艺术与科学作品享有的专有权。著作权也称为版权。"著作权"是大陆法系的概念，其原意是"作者权"（author's right）。"版权"（copyright）是英美法系的概念，其最初意思是"复制权"，是为了阻止他人未经允许复制作品、损害作者经济利益而由法律创设的权利。

各国版权法把著作权保护的对象分为主体与客体。所谓著作权保护的主体，是指用自己的创作活动产生某种作品的人，亦即可以享受著作权保护的作者。著作权的主体可以是本国和外国的公民与法人，也可以是政府机构与国际组织（例如，联合国及其所属专门机构的教科文组织与世界知识产权组织等）。《世界版权公约》规定把受保护的著作权主体扩延到无国籍人士作者与流亡人士作者。所谓著作权保护的客体，是指以某种物质形式所表现的创作活动的产物，即一定的作品，通常是指作者创作的具体文学、艺术与科学作品。受法律保护的作品必须具备两个特点：（1）作品必须是作者创作活动的产物，而不是抄袭别人的作品；（2）作品不论其内容如何，都必须以一定的形式表现出来，以便别人能够看到、听到与触到（例如，凸点盲文）。任何作品只要具备上述两个特点，即具有一定的创造性与物质表达形式，不管其思想内容是否与早已问世的作品相同，都可以获得著作权。也就是说，著作权所保护的是作品的"独创的表达形式"，而不是作品的内容与实质。例如，某作家写了一个电影剧本并获得著作权，另外一位作家用类似题材独创地写了一部小说，同样可以取得著作权。这是著作权与专利权及商标权的一个主要区别。

著作权保护的作品内容广泛，形式多样，各国的规定不完全相同。归纳起来，大体可以分为以下几大类：（1）文字作品（著作、小册子、单篇文章及其他文字作品）；（2）口头作品（讲学、演说、布道及其他口头作品）；（3）音乐作品；（4）戏剧作品与戏剧音乐作品；（5）舞蹈作品与哑剧作品；（6）艺术作品，如油画、绘画、版画、雕刻、雕塑与其他造型艺术作品；（7）摄影作品；（8）电影作品；（9）录音与录像作品；（10）电视与广播作品；（11）辞典、百科全书、文选、诗集与画集等；（12）与地理、地形、建筑或科学有关的示意图、地图、设计图与模型作品；（13）利用已有的文学、艺术与科学作品进行改编、翻译与注释等而形成的演绎作品。通常各国的著作权法规定，政府的法律、条例、行政命令与法院判决等官方文件，报纸与电台的新闻报道，公开的政治演说，属于公共财富的常识性作品，例如，标语、口号、表册、日历与度量衡表等，都不在著作权的保护之列。此外，对于诽谤性的、淫秽色情的以及故意欺骗公众的作品，通常各国都拒绝以著作权保护。

随着科学技术日新月异的发展，计算机程序的法律保护问题已经被提到议事日程。美国在1980年增补其新版权法时，第一个把计算机程序列为著作权法保护的对象。此后，越来越多的国家也将计算机程序纳入著作权法保护的范畴。

作者对其作品的专有权包括精神权利（即人身权）与经济权利（即财产权）。

精神权利是指与作者人身不可分割的一种权利，主要包括作者有在自己的作品上签署真名、假名或不署名的权利；有发表、修改与收回自己作品的权利；有保护自己作品完整性的权利。这种精神权利只能由作者本人享有，而其他版权所有者都不能享有。它也不能转让、继承与剥夺。精神权利可以不依赖经济权利而存在，在经济权利转让后，作者还保留着精神权利。大多数国家的法律对作者的精神权利的保护是没有限制的。作者死后，他的精神权利一般由其继承人依法进行保护；如果作者没有合法继承人，就由相应的作者协会或作者生前的所属组织依法进行保护；有的国家则规定由作者生前的所属组织进行保护。

经济权利是一种财产权，主要是指作者自己利用或通过许可他人利用其作品而获得经济利益的权利。这些权利包括出版权、复制权、表演权、广播权、演绎权、发行权与展览权等。作者的这种经济权利可以赠送、转让与继承。作者可以把他的包括经济权利的著作权赠送给个人、法人、公众或国家。在英国、美国与其他英美法系国家，著作权被看成一种个人的流动财产，作者可以通过签订合同的方式将他的版权部分或全部转让给他人。而在法国、德国与其他大陆法系国家，著作权则被认为是一种与作者本人不可分割的个人权利，因此，不能作为流动财产转让，但是可以作为使用权转让，通常采取发放许可证的方式允许他人行使其著作权中的某些权利。作者死后，他的著作权可以根据遗嘱继承或法定继承的程序转移给他的继承人。著作权除了可以通过合同或许可证的方式转让以及通过继承的方式转让外，还可以因国家收购而转移。

法律对作者著作权的经济权利的保护是有一定期限的，一般为作品发表后若干年，或为作者在世之年加死后若干年。一部作品的著作权期限届满后，该作品就成为人类共有文化财富，任何人都可以自由地使用。但是，近年来，有些国家制定了若干规定，对这类作品的使用要求支付一定数额的报酬，用来作为扶助作者基金或某种社会福利基金。

各国的著作权法与国际版权公约，除了强调保护作者的正当权益外，还规定在一定的条件下，为了公众与社会的利益，为了发展文化科学的需要，可以不经著作权所有人同意而无偿地利用其著作权作品，这就叫作对著作权的权利限制或称为"合理使用"。"合理使用"的条件归纳起来主要有以下6个方面：（1）为了个人学习、学术研究、评论与新闻报道而摘录、复制某一作品；（2）为了诉讼程序的需要或报道此种诉讼程序而复制某一作品；（3）为了进行系统教学活动收集教材而复制某一作品；（4）图书馆、档案馆或其他资料中心（指非营利性的对公众开放的资料中心）为保藏版本或供公众借阅等目的而对某一作品进行复制（包括照相复制、录音、录像等）；（5）利用已发表的作品免费在公共场所表演节目，或为了教学目的，师生在校内表演或展出某一作品，或为慈善机构募捐举行义演而表演或展出某一作品；（6）在自己的作品中少量引用他人的作品等。不论属于哪种情况，使用者都必须说明作品的来源与作者的姓名，并且严格遵守法律规定的条件（例如，复制件不许超过一定的份数等）。

著作权是一种排他性的权利，非经本人或法律许可，他人不得行使，否则便构成对著作权的侵犯。在著作权遭受侵犯时，作者或版权所有人有权向法院提起诉讼，要求侵权者停止侵犯著作权的行为、赔偿损失直至给予侵权者法律制裁。

世界上第一个著作权法是英国于1710年制定的。18世纪末，美国、法国等国家相继通过了有关的立法。到目前为止，大多数国家都已经制定了著作权法。

二、著作权的国际保护

著作权与商标权、专利权一样也具有严格的地域性，即受一国保护的著作权，仅在该国境内有效，其他国家没有保护的义务。19世纪上半期，欧洲大多数国家逐步走上了资本主义发展的道路，随着科学技术的日益进步与工业生产的迅速发展，作为传播科学文化手段的出版业也由于印刷技术的改进而迅速发展起来。同时，随着文化与经济贸易等方面的国际交往的不断扩大，各国对科学文化知识的需求日益迫切，使得许多优秀作品打破一国界限而在许多国家被大量翻印、翻译与发行。一方面，这促进了各国之间的文化交往；另一方面，由于版权的地域性作用，本国的作者与出版商的合法利益得不到外国法律的保护。为了保护本国作者与出版商的利益，便于本国出版商在国际图书市场的竞争方面处于有利的地位，英国、法国等欧洲发达国家便积极地开展谋求国际版权保护的活动。它们之间除了签订双边版权协定相互给予互惠待遇外，主要是通过缔结多边国际公约实现对版权的国际保护。经过多次国际会议，以英国、法国、德国与西班牙等欧洲国家为中心，于1886年在瑞士首都伯尔尼签订了《保护文学艺术作品伯尔尼公约》（Berne Convention for the Protection of Literary and Artistic Works，简称《伯尔尼公约》）。美国、阿根廷、巴西、智利等美洲国家于1889年在乌拉圭首都蒙得维的亚签订了《美洲国家间版权公约》（简称《泛美公约》）。1952年，在联合国教科文组织的发起与主持下，在日内瓦签订了

《世界版权公约》。美国与《泛美公约》的成员国都先后参加了《世界版权公约》，所以，《泛美公约》这个地区性的多边版权公约已经被完全取代了。非洲 13 个法语国家于 1977 年在中非首都班吉签订了《班吉协定》（其附件七是世界上第一部地区性的跨国版权法）。截至 2012 年年底，已有 7 个有关公约问世，下面分别做简要介绍。

1.《保护文学艺术作品伯尔尼公约》

《保护文学艺术作品伯尔尼公约》于 1886 年 9 月 9 日签订于瑞士首都伯尔尼。当时签字的有英国、法国、德国、意大利与西班牙等 10 个国家。1887 年由上述国家组成了伯尔尼同盟。该公约于 1887 年 12 月 5 日生效。该公约缔结后，先后经过 7 次修订与补充：1896 年于巴黎，1908 年于柏林，1914 年于伯尔尼，1928 年于罗马，1948 年于布鲁塞尔，1967 年于斯德哥尔摩，1971 年于巴黎。该公约的管理机构是联合国世界知识产权组织。截至 2013 年 11 月 22 日，共有 167 个国家批准或承认这个公约的不同文本。1992 年 7 月 1 日，中国决定加入该公约，并于同年 10 月 5 日成为该公约的第 93 个成员国。

该公约是一个开放性的国际公约，是世界上第一个保护文学、艺术与科学作品的国际公约，为著作权的国际保护奠定了基础。长期以来，美国以公约条文与本国立法有抵触和未获得国会批准为由没有在公约上签字，至今未加入。除了加拿大等个别国家外，美洲国家也拒绝参加该公约。20 世纪 50 年代至 70 年代中期，1948 年布鲁塞尔修订文本曾一直是该公约的权威文本，但是现在已经逐渐被 1971 年巴黎修订文本所代替。目前采用巴黎修订文本的成员国已有 40 多个。根据巴黎修订文本的规定，现在任何一个希望参加该公约的国家，只能参加 1971 年在巴黎修订的公约。

该公约共有 44 条，其中正文有 38 条，附件有 6 条，正文前 21 条与附件 6 条为实质性条款，正文后 17 条为管理条款。该公约对保护的对象、作者的专有权利、保护期限、对版权的限制以及对发展中国家实行强制许可证等，都有比较详细的规定。该公约的基本原则有：

（1）国民待遇原则。该公约规定适用"双国籍国民待遇"原则，双国籍是指作者国籍与作品国籍。双国籍国民待遇原则，是指如果作者为一成员国的国民，则不论其作品在哪个国家出版，或者如果作品首次在一成员国出版，则不论作者为哪一国国民，在这两种情况下出版的作品，在其他成员国中均享有各成员国给予其本国国民的作品的同等保护。这项原则也适用于在任何成员国有长期住所的不具有成员国国籍的作者。

（2）自动保护原则。根据这项原则，作者在公约成员国中享受版权的保护，不需要履行任何手续，即作品一旦产生，便自动受到保护，不必登记注册，不必送交样本，也不必在出版物上刊载任何形式的标记。

（3）版权保护的独立性原则。各成员国向其他成员国作品所提供的法律保护，不受该作品在原属国的保护条件的约束。

（4）最低限度保护原则。根据这项原则，各成员国不论是对本国作者还是外国作者作品的版权保护水平都不得低于该公约规定的限度。归纳起来，主要有以下五项内容：第一，受保护的作品起码要包括该公约的作品分类中所列各类作品。第二，作者所享有的经济权利起码要包括复制权、翻译权、公演权、广播权、摄制影片权与改编权等。第三，作者应享有不依赖于经济权利而独立存在的精神权利。第四，文字作品的版权保护不得少于作者有生之年加死后 50 年；在作者难以确定的情况下，不得少于自作品发表之日起 50 年。第五，该公约要求各成员国向其他成员国的作品提供的保护必须具有追溯力，即一成员国对其参加该公约之前其他成员国内已受保护的作品必须给予保护，而不仅仅保护在它参加该公约之后其他成员国开始保护的作品。

2.《世界版权公约》

《世界版权公约》（Universal Copyright Convention）是在联合国教科文组织的主持下，于 1952 年 9 月 6 日在日内瓦召开的政府间代表会议上签订的。美国、英国、法国等 50 个国家的代表参加了大会，其中 40 个国家的代表在公约上签了字，并成立了政府间的著作权委员会。该公约已于 1955 年 9 月 16 日开始生效。1971 年，《世界版权公约》与《伯尔尼公约》同时在巴黎做了修订，修订后的《世界版权公约》于 1974 年 7 月 10 日生效，任何新的参加国，只能参加这个在巴黎修订的公约。《世界版权公约》也是一个开放性的国际公约，与《伯尔尼公约》互相独立，可以参加一个而不参加另一个，也可以两个都参加。但是原来已参加《伯尔尼公约》的，不能退出原公约而参加《世界版权公约》。截至 2004 年 12 月 31 日，该公约的缔约方总数为 181 国。《世界版权公约》的管理机构是联合国教科文组织。中国于 1992 年 7 月 30 日递交了加入《世界版权公约》的官方文件，同年 10 月 30 日生效，并于 1995 年加入该公约的政府间委员会。

《世界版权公约》是《伯尔尼公约》与《泛美公约》调和、折中的产物。第二次世界大战后，美国成为世界上头号资本主义大国，美国的大出版商与大书商为了使日益增多的作品在国外得到充分的保护，并扩大与控制世界图书市场，迫切希望缔结一个对它有利的新的国际版权公约，但是又不愿意参加由欧洲国家控制的伯尔尼同盟。伯尔尼同盟国家为了使自己的作品打进美国与美洲其他国家的市场，并得到充分的保护，也急于要把美国拉进国际版权组织。因此，双方都希望建立一个国际版权组织来协调它们之间的关系。于是，在美国的推动下，《世界版权公约》在联合国教科文组织的主持下制定出来了。为了使该公约既能为《伯尔尼公约》参加国所接受，又能为美洲国家所接受，《世界版权公约》强调它将不触及各缔约国之间以前已经达成的行之有效的双边或多边著作权协定的效力。参加《世界版权公约》的《伯尔尼公约》成员国，如果对某作品的版权保护在两个公约的条款之间发生矛盾，应当服从《伯尔尼公约》的条款。

《世界版权公约》的条文很短，不到《伯尔尼公约》的三分之一，各种规定也都是原则性的。1971 年巴黎修订文本《世界版权公约》由 7 条实体条文与 14 条行政条文以及两个议定书附件组成。该公约对要求版权保护须履行一定手续的国家，规定只要在作品上标有"C"（英文版权"Copyright"一词的第一个字母）符号并注明版权所有者姓名、初版年份，即认为履行了手续。一个缔约国对其他缔约国的作品，只要符合这一规定，即承认其著作权。其主要原则如下：

（1）国民待遇原则。实行双国籍国民待遇，具体内容与《伯尔尼公约》关于国民待遇原则的规定基本相同。

（2）非自动保护原则。任何一个缔约国出版的作品，必须具备一定的形式，即出版作品的所有各册，必须在版权栏内醒目的地方标有 C（文字作品）或 R（录制品）的标记、作者姓名与初版年份三项内容，才可以在其他缔约国自动受到保护，并且无须履行任何登记注册手续。

（3）最低限度保护原则。该公约对各成员国版权法的保护水平规定了最低要求，主要有以下三项内容：第一，要充分、有效地保护文学、科学与艺术作品，包括文字、音乐、戏剧、电影作品、绘画、雕刻与雕塑（作品的具体范围与内容，未加限制）；第二，作者享有的经济权利起码要包括复制权、公演权、广播权与翻译权；第三，对作品的保护期一般不得少于作者有生之年加死后 25 年，或作品发表之后 25 年。

该公约虽然调和了美国与英国、法国等国家在著作权保护问题上的矛盾，但是并没有解决发展中国家与发达国家之间在这个问题上的矛盾。当前，发展中国家要求改变这种不合理的国际版权保护制度的呼声日益强烈，而发达国家却力图维护现行制度，双方的矛盾越来越尖锐。1971 年 7 月，由联合国教科文组织出面，在巴黎同时召开了修订《伯尔尼公约》与《世界版权公约》的会议，制定并通过了两个公约的修订本。在新修订的文本中，共同给予了发展中国家在作品的翻译与复制权方面某些优惠待遇。例如，发展中国家的国民，为了教学、学习或科学研究的目的，可以向本国主管部门要求发给强制许可证，将其他成员国（主要指发达国家）已经出版 3 年而尚未译成本国文字出版的作品，译成本国文字出版；或者为了系统教育活动的目的，要求发给强制许可证，对未在其本国适当的范围内用适当的价格出售的受公约保护的其他成员国的科学技术与文学艺术作品，以适当的价格或更低的价格复制出版上述作品的版本（包括用录音、录像的形式复制外国专为教学准备与录制的视听资料）。但是两个公约的修订文本又对发放强制许可证的手续与程序以及优惠的内容做了许多限制。例如，要求发放强制许可证的手续极其复杂，时间很长；规定这种强制许可证是非独占性的，即不可转让的；规定翻译与复制出版的作品不许出口；规定要以国际可兑换的货币支付版税等。大多数发展中国家对于这种微不足道的没有多大实际意义的所谓优惠待遇表示强烈不满。联合国教科文组织与世界知识产权组织这些年来继续进行各种调查工作，准备对两个公约再次进行修订，以期在不损害发达国家根本利益的前提下，适当增加或变通有利于发展中国家的规定。

（4）外国人的作品在本国取得版权保护的待遇。各国著作权的立法都规定，在一定的条件下，准予外国人在本国依法取得著作权，也就是说给予国民待遇。几乎所有国家对第一版首次在本国发表的外国作者的作品，都采用"作品国籍"原则（也叫作地域原则），视为本国作品，给予与本国作品同等的保护。"作品国籍"原则，是指第一版首次在本国发表的作品便被认为是该国的作品，而不管作者国籍如何，住所何在，都受到该国法律的保护。另外，本国作者第一版首次在外国发表的作品，被视为外国作品，但是该作品在作者本国仍然受到保护。对在一国已发表的作品，则只有通过互惠原则、双边协定或多边国际版权公约，才能在他国获得国民待遇，取得著作权的保护。

一国的作品，不论是根据"作品国籍"原则，还是根据互惠原则、双边协定或多边国际版权公约，如果要在外国获得著作权的保护，都必须以他国的国内法为依据，也就是说，必须建立在他国的国内法效力之上。

3.《保护表演者、录音制品制作者和广播组织国际公约》

《保护表演者、录音制品制作者和广播组织国际公约》（International Convention for the Protection of Performers, Producers of Phonograms and Broadcasting Organizations）简称《罗马公约》，于 1961 年 10 月 26 日在罗马缔结，1964 年 5 月 18 日生效。该公约要求一个国家必须在参加了两个主要版权公约（即《伯尔尼公约》与《世界版权公约》）中的任何一个之后，才有资格参加该公约。截至 2003 年 5 月 23 日，该公约有 76 个缔约方。《罗马公约》保护表演者的专有权利、录制者的专有权利与广播组织的专有权利，其专有权的保护期限为 20 年。

《罗马公约》的行政管理由联合国世界知识产权组织、教科文组织与国际劳工组织共同承担。这是世界上第一个保护邻接权的国际公约。

该公约也称为《邻接权公约》。公约所称的邻接权（neighboring rights），是指表演者的表演权、录音制品制作者的录音制品制作权和广播组织的广播权。

该公约共 34 条，其基本内容如下：

（1）国民待遇原则。任何一个成员国均应依照本国法律，给予其他成员国的表演者、录音制品制作者和广播组织相当于本国同类自然人和法人的待遇。

（2）在录音制品制作者或表演者就录音制品享有专有权方面，实行非自动保护原则。如果把表演者的演出录制下来，不仅录音制品制作者对录制品享有专有权，表演者也对它享有专有权。但录音制品制作者与表演者的这种专有权不能自动产生，而必须在录音制品上附加三种标记：录音制品制作者或表演者的英文首字母缩略语；录音制品首次发行之年；录音制品制作者与表演者的姓名。

（3）专有权的内容包括：未经表演者许可，不得广播或向公众传播其表演实况（专为广播目的演出者除外），不得录制其从未被录制过的表演实况，不得复制以其表演为内容的录音制品（该公约另有规定者除外）；未经录音制品制作者许可，不得直接或间接复制其录音制品；未经广播组织许可，不得转播其广播节目，不得录制其广播节目，不得复制未经其许可而制作的对其广播的录音、录像（公约另有规定者除外）。

4. 《保护录音制品制作者防止未经授权复制其录音制品公约》

《保护录音制品制作者防止未经授权复制其录音制品公约》（Convention for the Protection of Producers of Phonograms Against Unauthorized Duplication of Their Phonograms）简称《保护录音制品日内瓦公约》（Geneva Convention for the Protection of Phonograms）。1971 年 10 月 29 日该公约于日内瓦签订，于 1973 年 4 月 18 日生效。

早在 1961 年国际上就制定通过了上述《罗马公约》，但由于《罗马公约》的保护范围比较广泛，限制了许多国家参加，加上《罗马公约》又未规定录音制品制作者有权禁止销售和进口未经授权可复制的录音制品；与此同时，盗版及非法复制录音制品的活动日益猖獗，为了及时有效地保护录音制作者的权利，国际社会开始研究制定专门保护录音制品的公约，《保护录音制品日内瓦公约》的问世，恰逢其时。

《保护录音制品日内瓦公约》有 13 条，其宗旨是要求成员国在国内立法中制定有效条款，制止盗印与出售录音制品的行为。其主要内容如下：

（1）该公约保护录音制品制作者的权利仅限于录音的复制和发行范围，即公约保护录音制品制作者有权禁止未经授权而对其制作的录音制品进行复制，禁止以向公众发行为目的，进口非法录音制品和向公众发行非法录音制品。但是，《罗马公约》规定的录音制品制作者对其录音制品享有的公开传播权和播放权，在该公约中并没有涉及。

（2）该公约允许各成员国通过国内立法，自行确定对录音制品制作者权利的保护方式，即可以通过版权法、专门法、不公平竞争法或刑法中的任何一种，来防止非法复制录音制品的行为。

（3）该公约采取非自动保护原则，即通过加注标记和标示作为保护的条件。该公约第 5 条规定，如果成员国国内法要求符合一定形式，以作为保护录音制品的条件，则要求向公众发行的经授权复制的录音制品上或其包装上标有○，并附以首次出版年份；如果在录音制品或其包装上没有指明制作者、制作者的合法继承人或独占被许可人（即没有载明其名称、商标或其他适当的标记），则上述要求的标示中还应附以制作者名称、其合法继承人名称或其被授权人名称。

（4）该公约要求各成员国至少为录音制品提供 20 年的保护期限。

截至 2004 年 1 月，参加该公约的有 72 个国家。

该公约于 1993 年 4 月 30 日对中国生效。

5.《世界知识产权组织表演和录音制品条约》

《世界知识产权组织表演和录音制品条约》（WIPO Performances and Phonograms Treaty，WPPT）简称《WIPO 表演和录音制品条约》，是 1996 年 12 月 20 日在由世界知识产权组织主持、有 120 多个国家代表参加的外交会议上缔结的，其旨在解决国际互联网环境下应用数字技术而产生的版权保护新问题，实际是"邻接权"条约。此次会议还同时缔结了《世界知识产权组织版权条约》。

该条约由 5 章 33 条组成。其中有总则、分别适用的条款与共同条款。第 1～23 条（除第 21 条外）系实体条款，第 24～33 条以及第 21 条系行政管理条款。此外还附有"议定声明"10 条。

其主要内容如下：

（1）该条约涉及两种受益人的知识产权问题：一是表演者（演员、歌唱家、音乐家等）；二是录音制品制作者（对将声音录制下来提出动议并负有责任的自然人或法人）。该条约之所以同时涉及该两种受益人，是因为它给予表演者的大部分权利都是与其已经录制的、纯声音的表演相关的权利。

（2）该条约第 18 条和第 19 条规定了与《世界知识产权组织版权条约》相一致的保护"技术措施"和"权利管理信息"的义务；第 5 条规定了与《伯尔尼公约》第 6 条之二相似的"表演者的精神权利"。

（3）该条约规定了与《世界知识产权组织版权条约》相一致的"发行权"、"出租权"和"限制与例外"等，对录音制品的出租权，可以规定表演者和录音制品制作者实行"非自愿许可"。

（4）该条约第 15 条规定了表演者和录音制品制作者的"广播权"，录音制品用于广播或向公众传播，表演者和录音制品制作者应享有获得一次性合理报酬的权利，但缔约各方可以对该项权利进行保留（即不适用该项权利）。

该条约于 2002 年 5 月 20 日生效。截至 2006 年 10 月 13 日，加入国家为 58 个。

该条约于 2007 年 6 月 9 日对中国正式生效。

6.《世界知识产权组织版权条约》

《世界知识产权组织版权条约》（World Intellectual Property Organization Copyright Treaty，WCT）简称《WIPO 版权条约》，主要也是为解决国际互联网环境下应用数字技术而产生的版权保护新问题。

该条约由序言和 25 条正文组成，第 1～14 条系实体条款，第 15～25 条系行政管理条款。此外还附有"议定声明"9 条，对条约中一些可能发生歧义的问题做进一步解释。该条约第 1 条规定，它是《伯尔尼公约》第 20 条意义下的专门协定，缔约各方应适用于《伯尔尼公约》的实体条款。其中，除第 2 条有关版权保护范围、第 4 条有关计算机程序保护、第 5 条有关数据汇编（数据库）的保护，以及第 10 条有关限制与例外，基本与世贸组织的《TRIPS 协定》的规定相一致。

该条约是对《伯尔尼公约》与《TRIPS 协定》的发展与补充。其主要内容如下：

（1）关于保护客体。该条约版权保护的客体主要包括两个方面：一是计算机程序，二是数据或数据库编程。

（2）关于权利。该条约新增了向公众传播的权利，作者有权许可将其作品以有线或无线方式向公众传播，包括将其作品向公众提供，使公众中的成员在其个人选定的时间和地点可获得这些作品。

（3）关于技术措施的义务。该条约要求缔约各方应在法律中规定，未经权利人许可或法律准许，规避（包括破解）由权利人为实现版权保护而采取的技术措施为侵权行为。

（4）关于权利管理信息的义务。该条约规定，未经权利人许可擅自去除权利管理的电子信息属侵权行为；未经许可发行、广播、向公众传播明知已被未经许可去除或改变权利管理电子信息的作品或复制品也属于侵权行为。"权利管理信息"包括：识别作品、作品的作者、权利所有人信息、作品使用条件以及相应的数字或代码等。该条约规定必须对技术措施和权利管理信息加以保护。

该条约于 2002 年 3 月 6 日生效，截至 2006 年 10 月 13 日，参加该条约的国家为60 个。

该条约于 2007 年 6 月 9 日对中国正式生效。

7.《视听表演北京条约》（Beijing Treaty on Audiovisual Performances）

20 世纪 90 年代以来，随着经济全球化的深入发展与互联网技术的迅速普及，文艺作品的传播速度与频率达到了前所未有的程度，与此同时知识产权保护的复杂性与难度也加大了。《视听表演北京条约》正是基于对视听表演者权利保护的紧迫性与适时性这一时代背景应运而生。

2012 年 6 月 20 日到 26 日，由 WIPO 主办、北京市政府承办了保护音像表演外交会议，于 6 月 26 日成功签署了《视听表演北京条约》。截至 26 日会议闭幕，已有包括中国在内的 40 个国家正式签署了该条约。

2014 年 4 月 24 日第十二届全国人民代表大会常务委员会第八次会议决定：批准世界知识产权组织于 2012 年 6 月 26 日在北京召开的保护音像表演外交会议上通过的《视听表演北京条约》。同时声明：第一，中华人民共和国不受《视听表演北京条约》第 11 条第一款和第二款规定的约束（见"法律窗口"中该条约"主要内容摘录"的相应条款）。第二，在中华人民共和国政府另行通知前，《视听表演北京条约》暂不适用于中华人民共和国香港特别行政区。

该条约共 30 条，以中文、阿拉伯文、英文、法文、俄文和西班牙文签署，详细规定了诸多有关事项。

该条约主要内容包括：

第一，该条约明确界定了与国际上先后制定的三大条约、协定的关系。

该条约第 1 条规定了"与其他公约和条约的关系"：

（1）本条约的任何内容均不得减损缔约方相互之间依照《世界知识产权组织表演和录音制品条约》或依照 1961 年 10 月 26 日在罗马签订的《保护表演者、录音制品制作者和广播组织国际公约》已承担的现有义务。

（2）依本条约给予的保护不得触动或以任何方式影响对文学和艺术作品版权的保护。因此，本条约的任何内容均不得被解释为损害此种保护。

（3）除《世界知识产权组织表演和录音制品条约》之外，本条约不得与任何其他条约有任何关联，亦不得损害任何其他条约所规定的任何权利和义务。

该条约又在其相应的两个注释中进一步说明："[1] 关于第 1 条第（1）款的议定声明：各方达成共识，本条约的任何内容均不得影响《世界知识产权组织表演和录音制品条约》（WPPT）所规定的任何权利或义务或其解释；另外，各方达成共识，第 3 款不对本条约缔约方增加批准或加入《世界知识产权组织表演和录音制品条约》或遵守其任何规定的任何义务。[2] 关于第 1 条第（3）款的议定声明：各方达成共识，系世界贸易组织成员的缔约方承认《与贸易有关的知识产权协定》（《TRIPS 协定》）的各项原则与目标，并达成共识：本条约的任何内容均不影响《TRIPS 协定》的规定，包括但不限于涉及反竞争行为的规定。"

第二，该条约对"表演者"、"视听录制品"、"广播"与"向公众传播"做了明确的界定。

该条约第 2 条"定义"规定，在本条约中，（a）"表演者"系指演员、歌唱家、音乐家、舞蹈家以及对文学或艺术作品或民间文学艺术表达进行表演、歌唱、演说、朗诵、演奏、表现或以其他方式进行表演的其他人员。（b）"视听录制品"系指活动图像的体现物，不论是否伴有声音或声音表现物，从中通过某种装置可感觉、复制或传播该活动图像。（c）"广播"系指以无线方式的传送，使公众能接收声音或图像，或图像和声音，或图像和声音的表现物；通过卫星进行的此种传送亦为"广播"；传送密码信号，只要广播组织或经其同意向公众提供了解码的手段，即为"广播"。（d）"向公众传播"表演系指通过除广播以外的任何媒体向公众传送未录制的表演或以视听录制品录制的表演。在第 11 条中，"向公众传播"包括使公众能听到或看到，或能听到并看到以视听录制品形式录制的表演。

第三，该条约的核心是作为邻接权（neighboring rights）的"表演者权"。

该条约列举了表演者的下列权利：第 5 条精神权利，第 6 条表演者对其尚未录制的表演的经济权利，第 7 条复制权，第 8 条发行权，第 9 条出租权，第 10 条提供已录制表演的权利，第 11 条广播和向公众传播的权利。（具体有关条文附于"法律窗口"中。）

该条约首次将表演者的精神权利和经济权利延伸到了"视听录制品"中的表演，"表演者权"因此作为邻接权中的首要权利类型得到了国际条约承认。

该条约尤其重视以数字形式使用表演的权利。该条约第 7 条"复制权"在其相应的注释 [6] 中强调指出："关于第 7 条的议定声明：第 7 条所规定的复制权及其通过第 13 条所允许的例外，完全适用于数字环境，尤其是以数字形式使用表演的情况。各方达成共识，在电子媒体中以数字形式存储受保护的表演，构成该条意义下的复制。"

第四，该条约延长了对表演者的保护期。

该条约第 14 条"保护期"规定："依本条约给予表演者的保护期，应自表演录制之年年终算起，至少持续到 50 年期满为止。"这一规定使视听表演版权从传统的 20 年最低保护期提高到《TRIPS 协定》规定的 50 年。

第五，该条约附有"议定声明"。

类似《世界知识产权组织表演和录音制品条约》与《世界知识产权组织版权条约》其后均附有"议定声明"若干条，该条约后附有以注释形式所做的"议定声明"（agreed statements），对条约中一些相应条款可能发生歧义的问题做进一步解释，作为条约的组成部分。这些"议定声明"是 2012 年 6 月 24 日在北京举行的保护视听表演外交会议上经各代表团一致同意而通过的，具有解释条约的法定效力。

该条约的签署意义重大：填补了视听表演领域版权保护国际条约的空白，使缔结前后对表演者权利的保护将发生巨大的变化。

在该条约缔结之前，有如前所述的三大国际公约涉及对表演者权利的保护，即1961年的《罗马公约》、1994年的《TRIPS协定》与1996年的《WPPT》。这三大公约都对视听表演者提供了一定程度的保护，但不是全面的保护。因为这些公约区分了以音频方式和以视频方式录制的表演，对前者提供保护，对后者则不提供保护。而在该条约生效后，一改过去只是涉及"听"（音像）的权利的国际保护，现在则解决了"看"（视像）的权利的国际保护。"视听"结合，对表演者知识产权固有权利的国际保护则更加全面。

2014年4月24日，十二届全国人大常委会第八次会议批准了《视听表演北京条约》。

三、世界知识产权组织

保护工业产权巴黎同盟的国际局与保护文学艺术作品伯尔尼同盟的国际局，于1893年合并在一起，成立了一个联合事务局，其最后一个名称是"保护知识产权联合国际局"。根据过去的规定，这个联合国际局置于瑞士政府的监督之下，不能充分发挥国际机构的作用。在该联合国际局的建议下，经过多年的酝酿，51个国家于1967年7月14日在斯德哥尔摩会议上签订了《成立世界知识产权组织公约》，并根据该公约成立了一个政府间的国际机构，定名为"世界知识产权组织"（World Intellectual Property Organization，WIPO）。《成立世界知识产权组织公约》于1970年4月26日正式生效。1974年12月，世界知识产权组织成为联合国的一个专门机构，是联合国15个专门机构中的第14个，总部设在日内瓦。根据公约第5条成员资格的规定，任何保护知识产权的同盟成员国，以及虽未参加任何同盟，但只要是联合国的成员国，或受到了世界知识产权组织成员会议邀请的国家，均可成为该组织的成员国。截至2014年4月，该公约缔约方总数为187个国家。1980年6月3日中国成为该公约成员国。

世界知识产权组织的宗旨是：（1）通过各国间的合作，并在适当的情况下与其他国际组织进行协作，促进全世界范围内的知识产权保护；（2）保证各知识产权同盟间的行政合作。

世界知识产权组织的主要任务与职能包括如下方面：

（1）在促进全世界对知识产权保护方面，鼓励缔结新的国际条约，协调各国的立法，给予发展中国家法律与技术援助，搜集并传播情报，以及办理国际注册或成员国之间的其他行政合作事宜。

（2）在各知识产权同盟的行政合作方面，世界知识产权组织将各同盟的行政工作集中于日内瓦国际局（即世界知识产权组织的秘书处）。目前，它执行保护工业产权巴黎同盟、保护文学艺术作品伯尔尼同盟、商标国际注册马德里同盟、专利合作条约同盟、工业品外观设计国际保存海牙协定同盟等十几个知识产权方面的国际组织的行政职能。所以，世界知识产权组织已成为知识产权方面的十几个同盟的行政执行机构。

（3）在对发展中国家援助方面，世界知识产权组织就技术转让、起草知识产权方面的立法、建立专利机构与专利文献机构以及培养专业工作人员等事项，向发展中国家提供援助。例如，它起草了《发展中国家发明示范法》及其实施细则，以供发展中国家参考。为了在技术转让问题上对发展中国家提供帮助，它制定了"工业产权发展合作长期计划"。

世界知识产权组织设有四个机构：

1. 大会

大会由参加本公约的各同盟成员国组成，是其最高权力机构。大会的主要职责是：任命总干事；审核并批准总干事与协调委员会的工作报告；通过各同盟共同的 3 年开支预算；通过本组织的财务条例等。

2. 成员国会议

成员国会议由参加本公约的国家组成，不论其是否为任何同盟的成员国。会议的主要职责是：讨论知识产权方面普遍感兴趣的事项；通过成员国会议的 3 年预算；在预算限度内制定 3 年法律—技术援助计划等。

3. 协调委员会

协调委员会由担任巴黎同盟执行委员会委员或伯尔尼同盟执行委员会委员或兼任该两委员会委员的本公约参加国组成，是为保证各同盟国之间的合作而设立的机构。其主要职责是：就一切与行政、财务等有关的事项提出意见；拟订大会的议程草案。

4. 国际局

国际局是世界知识产权组织各种机构与各同盟的秘书处，即常设办事机构。其主要职责是：提供报告与工作文件，为这些机构的会议做准备。它自己组织各种会议。会议以后，它要保证将会议决定传达到各有关方面，并将与国际局有关的各项决定付诸实施。国际局设总干事 1 人和 2 个以上的副总干事。总干事为本组织的行政首脑，任期不得少于 6 年，可连选连任。总干事应向大会提出关于本组织内、外事务的报告，并遵从大会的指示。

第五节 《与贸易有关的知识产权协定》

一、《TRIPS 协定》的重要意义

1994 年 4 月 15 日，乌拉圭回合多边贸易谈判结果的最后文件在马拉喀什订立。在 4 个附件中，附件 1 中的附件 1A 是《货物贸易多边协定》，附件 1B 是《服务贸易总协定》及附件，附件 1C 是《与贸易有关的知识产权协定》（Agreement on Trade-Related Aspects of Intellectual Property Rights，《TRIPS 协定》）。后者是《关贸总协定》乌拉圭回合谈判的 21 个最后文件之一，于 1994 年 4 月 15 日由成员代表签字，并于 1995 年 1 月 1 日起生效，由同时成立的世界贸易组织（WTO）管理，自 2001 年 12 月 11 日中国正式加入世界贸易组织时起对中国生效。

《TRIPS 协定》的订立对于国际上知识产权的保护具有重要的意义，是对知识产权国际保护的新发展。与在世界知识产权组织管辖下的《巴黎公约》与《伯尔尼公约》等保护知识产权的国际公约相比较，《TRIPS 协定》第一次以协定的形式对知识产权的国际保护在 WTO 的文件中做出了正式规定，第一次把商标、专利与版权等各种知识产权的保护合并为一体，第一次与国际贸易相联系，从而第一次把世界贸易组织（WTO）成员应尽的义务扩大到国际知识产权保护的适用领域。

作为 WTO 的有机组成部分，《TRIPS 协定》包括 7 个部分，共有 73 条：

附件 1C（Annex 1C）

《与贸易有关的知识产权协定》

第一部分　总则和基本原则（general provisions and basic principles）；

第二部分　关于知识产权效力、范围和使用的标准（standards concerning the availability，scope and use of intellectual property rights）；

第三部分　知识产权的实施（enforcement of intellectual property rights）；

第四部分　知识产权的取得和维持及当事人之间的相关程序（acquisition and maintenance of intellectual property rights and related inter-parties procedures）；

第五部分　争端的防止和解决（dispute preventions and settlement）；

第六部分　过渡性安排（transitional arrangements）；

第七部分　机构安排：最后条款（institutional arrangements：final provisions）。

二、《TRIPS 协定》简介

（一）《TRIPS 协定》对知识产权的规定

以《巴黎公约》《伯尔尼公约》等为基础，《TRIPS 协定》为处在世纪之交的国际贸易中的知识产权保护确立了一系列新的标准与制度。

《TRIPS 协定》对知识产权的定义见之于其第 1 条第 2 款。该条款规定了协定中所包含的知识产权的七个方面：（1）版权与邻接权；（2）商标权；（3）地理标志权；（4）工业品外观设计权；（5）专利权；（6）集成电路布图（拓扑图）设计权；（7）未披露过的信息专有权。

对此，有两个问题必须加以说明：

（1）与"贸易"有关，这里的"贸易"主要指有形货物的贸易。《TRIPS 协定》并不涉及服务贸易，服务贸易另有《服务贸易总协定》对其加以规范。

（2）协定中所涉及的对未披露过的信息专有权的保护，实际上主要是指对"商业秘密"（trade secrets）的保护，其中自然也包括对技术诀窍（know-how）的保护。长期以来，知识产权法理论界及司法界就商业秘密究竟是否能作为一种财产权对待而争论不休。该协定在国际贸易领域对此做出了肯定的回答。

（二）《TRIPS 协定》的基本原则

传统的知识产权保护原则只有国民待遇原则，而《TRIPS 协定》则增加了最惠国待遇原则。国民待遇原则与最惠国待遇原则一起构成世界贸易体系下的非歧视原则，其实质是要求各成员"一视同仁"地对待本国生产的产品和进口的相同产品。

1. 国民待遇原则

《TRIPS 协定》第 3 条"国民待遇"规定：（1）在知识产权保护方面，各成员应给予其他成员国民不低于本国国民的待遇，在《巴黎公约》、《伯尔尼公约》、《罗马公约》或《集成电路知识产权条约》中已有规定的例外。对表演者、录音制品制作者与广播组织而言，该义务仅限于本协议规定之权利。任何成员如可能适用《伯尔尼公约》（1971）第 6 条，或《罗马公约》第 16 条（b）款，应根据这些规定通报与贸易有关的知识产权理事会。（2）各成员可以在司法与行政程序方面适用第 1 款的例外，包括在某成员的管辖范围内指定服务地址或代理人，但这种例外是实施与本协定不相抵触的法律与细则所必不可少的，并且这种实践不能构成对贸易的伪装限制。

在国民待遇原则方面，《TRIPS 协定》第 3 条第 1 款的规定是对《关贸总协定》第 3 条第 1 款的延伸，所不同的是，《TRIPS 协定》中"一视同仁"的对象是人（国民）及其享受的知识产权，而不是物（产品）。其本质与《巴黎公约》和《伯尔尼公约》也是一致的。

2. 最惠国待遇原则

就知识产权领域而言，过去在世界知识产权组织管理的公约下实施的知识产权的国际保护中，只有"国民待遇"原则，没有"最惠国待遇"原则。《关贸总协定》的乌拉圭回合谈判为了使新建的世界贸易组织加强对知识产权的国际保护，在"国民待遇"原则之外，增加了"最惠国待遇"原则。不论这种增加的待遇在实际上是有条件的还是无条件的，都已经使 WTO 中的知识产权保护与 WIPO 的知识产权保护相比，有了很大的不同。

《TRIPS 协定》第 4 条是"最惠国待遇"条款：在知识产权保护方面，某成员给予任何其他成员国民的任何利益、优待、特权或豁免，都将立即无条件地给予其他成员国民。某成员给予任何这种利益、优惠、特权或豁免的义务之例外是：（1）基于有关司法协助的国际协定或一般性质的法律实施，并且不是特定限于知识产权保护；（2）根据《伯尔尼公约》或《罗马公约》的有关规定允许给予的待遇，不属于国民待遇，而属于在其他国家获得的对等待遇；（3）有关本协定未规定的表演者、录音制品制作者和广播组织的权利；（4）在 WTO 生效以前，根据国际协定规定的知识产权保护措施，如果已将这种协定通知与贸易有关的知识产权理事会，并且不构成对其他成员的专横和不公正的歧视。

（三）《TRIPS 协定》的保护范围

《TRIPS 协定》对知识产权的保护范围规定了下面 7 个方面：

第一，版权与邻接权（copyright and neighboring rights）。《TRIPS 协定》的版权条款是第 9 条至第 13 条，沿袭了《伯尔尼公约》规定的版权保护标准（作者的精神权利除外），以及版权保护的是作品而非观念这种传统理论，同时又着重规定了与信息技术产品、影视产品相关的知识产权保护标准。

（1）明确地将计算机程序与数据汇编（即数据库）作为版权保护的客体。随着信息时代的来临，计算机程序软件已成为美国等发达国家的重要出口产品。为此，这些发达国家强烈要求通过版权保护计算机程序软件设计者与生产商的利益。同时该协定规定了保护"完全意义上的数据库"。《TRIPS 协定》第 10 条规定，汇编或其他材料的汇编，无论采用机器可读形式还是其他形式，只要内容的选择与安排构成智力创作，即应予以保护。这类保护不延及数据或其他材料本身，不得损害数据或材料本身已有的版权。这一规定适应了迅猛发展的互联网知识产权保护的需要。

（2）计算机程序与影视作品的作者及其继承者，可以授权或禁止他人向公众商业性出租其原始的或复制的版权作品。这是与商业交易特别有关的一项权利。

《TRIPS 协定》第 14 条规定了若干邻接权的保护标准，其中包括在录制表演者表演的音像作品方面，未经表演者授权不得录制或复制，或通过无线电通信向公众传播；音像作品制作者可以授权或禁止他人直接或间接地复制其作品；音像作品制作者享有出租权；表演者与音像作品制作者的邻接权保护期至少为首次表演或录制之日起的 50 年；广播组织的邻接权保护期为首次广播之日起 20 年。值得注意的是，《TRIPS 协定》第 14 条第 4 款规定，根据有条件的"祖父条款"（grandfathering clause），即在 1999 年 4 月 15 日时，某成员已生效的域内法在录音制品的出租方面已规定的对权利人的公平补偿制度，将被允许继续实行，只要这种商业性出租不会导致对权利人独占复制权的实质性损害。

第二，商标（trade mark）。《TRIPS 协定》的商标条款是第 15 条至第 20 条，在与已有的商标保护国际条约相协调的基础上做了进一步的规定：

（1）商标保护的主题包括任何能够区分特定商品或服务，构成某种商标的标志或组合。如果某种标志难以起到区别的作用，则成员可以根据使用情况，决定是否给予商标注册。成员可以将使用作为商标注册的依据，但是商标的实际使用不能作为申请商标注册的条件。

（2）对驰名（well-known）商标的保护。《TRIPS 协定》确立了由商标注册国或使用国主管机构认定驰名商标；第 16 条第 2 款着重规定了驰名商标的认定原则，即在认定某商标是否驰名时，应考虑有关公众对其的知晓程度，包括在该成员地域内宣传该商标而使公众知晓的程度。换言之，知晓程度不仅靠商标的使用，而且可以借助广告的大量宣传；协定还宣布《巴黎公约》的特殊保护延及服务商标。由于服务贸易在全球迅速发展，对驰名商标的保护也显得非常迫切。这一新规定对美国等服务贸易占领先地位的发达国家非常有利。

（3）注册商标专用权。未经商标所有人同意，任何人均不得在商业中使用与该注册货物或服务商标相同或相似的商标。但是，这种注册商标专用权不能妨碍先有商标的使用权，或影响成员规定的以实际使用为基础的商标权。

（4）注册商标的保护期为初始注册之日起 7 年。该保护期可以无限地每 7 年续展。

第三，地理标志（geographic indications）权。与《巴黎公约》相比较，《TRIPS 协定》在商标保护方面与其基本原则相同，但是《TRIPS 协定》更强调对地理标志的保护，特别是对酒类地理标志的附加保护。《TRIPS 协定》第 22 条规定，地理标志是指确认原产于成员领域内的商品，说明该商品由于地理上的原产地而特有的质量、声誉或其他特点。各成员应采取一定的法律手段，保护原产地标志所有人的利益，以防止任何假冒原产地标志或《巴黎公约》第 10 条第 2 款规定的不正当竞争。对于葡萄酒或烈性酒产品，《TRIPS 协定》第 23 条规定了有关原产地标志的附加保护。

第四，工业设计（industrial designs）权，指外观设计。根据《TRIPS 协定》第 25 条与第 26 条的规定，各成员应对具有独创性与新颖性的外观设计提供保护。对于那些不具有独创性与新颖性，但是足以区别于其他已知设计特点的外观设计，由各成员决定是否给予保护。各成员可以通过外观设计法或版权法，保护纺织品的外观设计。外观设计的所有人享有权利，任何第三人未经其同意不得为了商业目的而制造、销售或进口包含该外观设计的复制的产品。外观设计保护期至少为 10 年。

第五，专利（patents）权。《TRIPS 协定》对专利保护范围、保护期限、授予的权利与方法、专利的举证责任等实质性问题做出了规定，这是对以往知识产权国际公约的突破。《TRIPS 协定》第 27 条至第 34 条规定了以下标准：

（1）专利的主题应是所有技术领域内的任何发明，无论其是产品还是工序，除非为了保护公共秩序或道德，包括保护人类的生存与健康，动物、植物的生长，或避免对环境的严重破坏；或为了保护对人类或动物的治疗方法。这一规定将大多数发展中国家不予以保护的药品、食品与化学物质包括在内，突出地反映了发达国家的利益。而上述除外规定是各国专利法普遍采纳的。值得注意的是，第 26 条第 3 款（b）项规定，成员可以排除采用生物工序（不包括非生物与微生物工序）来再生动物、植物（不包括微生物）的专利主题，但是应提供专利或其他有效的特别制度，来保护植物新品种。这说明各成员可以决定是否保护与基因工程技术有关的专利主题。

（2）可以获得专利的条件应是新颖性与具有工业适用性（实用性）。这一规定沿袭了国际公认的标准。当然，由于专利的独立性，各成员在运用这些标准决定是否授予专利权时，难免存在程度上的差别。

（3）第 28 条规定，授予的专利权包括：对产品专利来说，禁止第三人未经权利人许可制造、利用、要约销售、销售或为这些目的而进口该产品；对方法专利来说，禁止第三人未经专利权人许可使用、要约销售、销售或为这些目的而进口由该专利方法直接获得的产品。值得注意的是，这一规定排除了非专利权人的"平行进口权"，即非专利权人可以进口在外国授予的同一专利产品或由同一方法生产的产品，而这与国际贸易密切相关。《TRIPS 协定》第 20 条第 2 款进一步规定，专利所有人有权转让其专利或许可他人使用。

（4）专利申请的条件。各成员都应要求专利申请人以充分清晰与完整的方式披露该发明，使得该领域的技术人员可以实施该发明。这也是国际上早已公认的专利申请条件。但是，《TRIPS 协定》第 29 条规定的由各成员决定是否采纳的"最佳方式"（best mode）条件，则是源于美国专利申请制度的较高标准。同时，《TRIPS 协定》遵循了《巴黎公约》确定的"优先权"原则。

（5）专利的授予及其权利的行使不应由于发明的地点、技术领域或产品是否本地生产而得到歧视待遇，即在符合上述《TRIPS 协定》规定的专利主题、可取得专利的条件与申请条件的前提下，各成员不应歧视对待在域外的发明或在域外生产的专利产品。

（6）在承认强制许可使用与政府使用专利权的同时，规定了一系列限制适用强制许可的条件，包括个案处理、合理要求许可使用未成、非独占使用与非转让等。

（7）专利权的保护期为自申请之日起 20 年。

由此可见，《TRIPS 协定》的专利条款主要是尽可能扩大专利保护的主题范围，加强对专利权人的保护。显然，这符合美国等发达国家通过提高专利保护水平，拓展海外市场，尤其是发展中国家市场的目标。

第六，集成电路布图设计（拓扑图）[layout-designs（topographies）of integrated cir-cuit] 权。《TRIPS 协定》第 35 条至第 38 条遵循了当时尚未生效的《集成电路知识产权条约》的有关规定。同时规定：

（1）确定保护范围为以商业为目的而进口、销售或发行受保护的拓扑图，以及与受保护的拓扑图结合在一起的集成电路或其集成电路产品。

（2）任何人未经权利人授权，不得进口、销售或为了商业目的而提供应受保护的拓扑图或包含拓扑图的产品。

（3）"无意侵权人"在收到权利人的通知后，如果继续侵权，就应负责任。

（4）受保护期为自注册之日起或首次商业性应用之日起 10 年，或拓扑图创造完成之日起 15 年。

第七，对未披露信息的保护（protection of undisclosed information）权。《TRIPS 协定》第 39 条就未披露的信息权规定了两个方面的保护：根据《巴黎公约》第 10 条第 2 款关于反不正当竞争的规定，各成员应对商业秘密提供知识产权保护；对于旨在取得进入药品或农产品市场而提供的有关测试数据，各成员应给予知识产权保护，以免这类数据被非法披露从而导致不正当竞争。与《巴黎公约》有关不正当竞争的内容相比，这一规定更加具体，便于操作。

（四）实施制度

《TRIPS 协定》的有关实施规定是第 41 条至第 61 条，是世界知识产权组织所管辖的公约或条约所没有的。

第一，知识产权实施的一般义务。根据《TRIPS 协定》第 41 条的规定，各成员应制定相应的国内法以便有效制止任何侵犯本协定所规定的知识产权的行为，并在法律实施程序上避免产生对合法贸易的各种壁垒，以及为防止有关程序的滥用提供各种保障。实施知识产权的程序应体现公平、公正。案件的处理应尽量采取书面形式并说明理由。当事人应有机会对行政当局的终局决定，根据一定的国内法规定的管辖权提请司法审查。但是，各成员可以无须另设一套专门的知识产权实施制度，而在其国内一般法律实施的基础上，从行政与司法两个方面加强知识产权保护的实施。

第二，民事与行政程序及补救。《TRIPS 协定》第 42 条采纳西方国家通常所说的"正当程序"的规定，将公平、公正的程序定义为知识产权的权利人可以通过各成员国内法规定的民事司法程序，实施本协定范围内的知识产权；被告有权及时获得详细的说明原告请求的书面通知；当事人有权聘请独立的法律顾问；当事人均有权提出要求或证据；在必要时，这种程序应保障当事人所要求的秘密。《TRIPS 协定》第 43 条就正当程序的核心——证据规则做出了专门规定。《TRIPS 协定》第 44 条至第 46 条规定了补救措施，其中包括：禁令，即司法当局有权命令当事人停止侵权、禁止侵权产品进口；损害赔偿，即司法当局有权命令侵权人向知识产权人支付足以补偿其损失的损害赔偿金；销毁侵权产品，即司法当局有权销毁有关侵权产品，以免其进入商业渠道从而对知识产权人造成进一步损害。《TRIPS 协定》第 49 条规定上述司法程序的基本原则均应适用于行政程序。

第三，有关边境措施的特别要求。《TRIPS 协定》在上述国内法有关民事与行政程序的基础上，为有效地制止国际贸易领域的侵犯知识产权行为，在第 51 条至第 60 条着重规定了有关边境措施，其中包括：

（1）海关中止放行。各成员应采取必要的程序来使知识产权人在有充分的理由证明存在假冒商标或盗版物进口时，可以向有关行政当局提出书面请求。各成员亦可以将这种程序扩大到对侵犯其他知识产权的进口产品的中止放行。

（2）申请的要求。任何要求海关对侵权产品中止放行的权利人，都应根据有关成员国内法提供侵权的表面证据，详细说明侵权产品，以便海关能够识别，海关当局应在合理的期限内通知权利人，告知是否同意其申请。

（3）担保或同等保证。各成员有关当局应有权要求申请人提供一定的担保或同等保证，以充分保护被告的利益；当申请释放已被海关中止放行的产品涉及外观设计、专利、拓扑图或未被披露的信息时，申请释放人应提供一定的担保或同等保证，以保护权利人的利益。

（4）中止放行的期限。在申请中止放行之日起 10 日内，海关当局没有采取申请人所要求的行动，或者有关当局已经采取了暂行措施，被中止放行的产品应予以释放。

第四，刑事措施。《TRIPS 协定》第 61 条规定，成员应对在商业规模上故意假冒商标或盗版行为实施刑事程序，补救措施包括：监禁和/或罚金、占有、没收及销毁侵权物品或原材料。成员可以对在商业规模上故意侵犯知识产权的其他行为使用刑事程序及补救措施。

第六节 中国的知识产权保护法

一、基本现状

在改革开放前，中国只有商标管理条例和专利权暂行条例，没有商标法、专利法与著作权法。

（一）商标法

1950 年，原中央人民政府政务院颁布了《商标注册暂行条例》。1963 年，国务院颁布了《商标管理条例》，代替了前一暂行条例。1982 年 8 月 23 日，第五届全国人民代表大会常务委员会公布了《中华人民共和国商标法》（以下简称《商标法》），并于 1983 年 3 月 1 日起正式施行。在新的商标法开始实施之日，旧的商标管理条例同时废止。

此后，1983 年的《商标法》自 20 世纪 90 年代起做了三次修改。第一次是 1993 年 2 月 22 日第七届全国人民代表大会常务委员会第三十次会议决定修改，第二次是 2001 年 10 月 27 日第九届全国人民代表大会常务委员会第二十四次会议决定修改与通过，自 2001 年 12 月 1 日起施行。

2013 年 8 月 30 日，第十二届全国人民代表大会常务委员会第四次会议上表决通过了《全国人民代表大会常务委员会关于修改〈中华人民共和国商标法〉的决定》，该决定于 2014 年 5 月 1 日起施行。

这是该法的第三次修改，条文由第二次修改后的 64 条增加到 73 条。（其新增或修改的主要内容见"法律窗口"。）

（二）专利法

为了奖励与推广使用发明，提高群众改进技术的积极性，促进科学技术的繁荣与国民经济的发展，1950 年，中国颁布了《保障发明权和专利权暂行条例》及其施行细则。1954 年，又公布了《有关生产的发明、技术改进及合理化建议的奖励暂行条例》。1963 年，国务院制定了《发明奖励条例》与《技术改进奖励条例》，以代替前面两个暂行条例。1978 年 12 月，国务院重新修订并颁布了《发明奖励条例》。根据这一条例的规定，在中国，发明属于国家所有，全国各单位（包括集体所有制单位）都可以利用它所需要的发明。

为了适应中国改革开放与对外经济贸易及技术交流的需要，经国务院批准，中国于 1980 年成立了专利局。《中华人民共和国专利法》（以下简称《专利法》）于 1984 年 3 月 12 日由第六届全国人民代表大会常务委员会第四次会议通过，自 1985 年 4 月 1 日起施行。

此后，《专利法》进行了三次修改。1992 年 9 月 4 日，根据第七届全国人民代表大会常务委员会第二十七次会议对《专利法》做了第一次修改。2000 年 8 月 25 日，根据第九届全国人民代表大会常务委员会第十七次会议对《专利法》做了第二次修改。修改后于 2001 年 12 月 1 日起施行的《中华人民共和国专利法》共有 8 章 69 条。

2008 年 12 月 27 日，在中华人民共和国第十一届全国人民代表大会常务委员会第六次会议上，通过了《全国人民代表大会常务委员会关于修改〈中华人民共和国专利法〉的决定》，自 2009 年 10 月 1 日起施行。此次修改后的《专利法》共 8 章 76 条。

第三次《专利法》修改的要点概括如下：

（1）明确了授予专利权的条件，包括"发明"、"实用新型"、"外观设计"和"现有技术"（第2条、第22条）。

（2）对与遗传资源有关的发明创造做了规定（第5条、第26条）。

（3）明确了同一申请人同日将同一专利申请实用新型专利和发明专利发生冲突的解决方式（第9条）。

（4）加大了对国内实用新型专利的保护（第20条），也加大了对外观设计专利权人的保护（第11条）。

（5）明确了共同的专利申请权人和专利权人的权属（第15条）。

（6）降低了外国专利申请人在中国申请专利的门槛（第19条），加强了在国外申请专利和申请国际专利的保密审查（第20条）。

（7）明确了强制许可的条件和限制（第48～57条）。

（8）明确了诉前禁令和诉前证据保全的程序，以及纠正了法院之前认为两者必须连带的错误做法（第66条、第67条）。

（9）规定了专利行政部门的公报义务（第21条在原条文的基础上增加了此款），加大了对专利侵权的行政处罚力度和民事赔偿的限额（第63～65条）。

（10）规定了不视为侵犯专利权的5种情况（第69条）。

（三）著作权法

1991年中国有了著作权法。《中华人民共和国著作权法》（以下简称《著作权法》）于1991年6月1日起施行。2001年10月27日，第九届全国人大常委会第二十四次会议通过了对《商标法》与《著作权法》的修改。修改后于2001年7月1日起施行的《著作权法》共有6章60条。这是对《著作权法》的第一次修正。

与旧著作权法相比，修改后于2001年7月1日起施行的《著作权法》具有以下三个明显的特点：

（1）该法扩大了著作权保护的客体，增加了著作权人的权利。这见之于修改后的第10条：著作权包括下列人身权和财产权：①发表权，即决定作品是否公之于众的权利；②署名权，即表明作者身份，在作品上署名的权利；③修改权，即修改或者授权他人修改作品的权利；④保护作品完整权，即保护作品不受歪曲、篡改的权利；⑤复制权，即以印刷、复印、拓印、录音、录像、翻录、翻拍等方式将作品制作一份或者多份的权利；⑥发行权，即以出售或者赠与方式向公众提供作品的原件或者复制件的权利；⑦出租权，即有偿许可他人临时使用电影作品和以类似摄制电影的方法创作的作品、计算机软件的权利，计算机软件不是出租的主要标的的除外；⑧展览权，即公开陈列美术作品、摄影作品的原件或者复制件的权利；⑨表演权，即公开表演作品，以及用各种手段公开播送作品的表演的权利；⑩放映权，即通过放映机、幻灯机等技术设备公开再现美术、摄影、电影和以类似摄制电影的方法创作的作品等的权利；⑪广播权，即以无线方式公开广播或者传播作品，以有线传播或者转播的方式向公众传播广播的作品，以及通过扩音器或者其他传送符号、声音、图像等类似工具向公众传播广播的作品的权利；⑫信息网络传播权，即以有线或者无线方式向公众提供作品，使公众可以在其个人选定的时间和地点获得作品的权利；⑬摄制权，即以摄制电影或者以类似摄制电影的方法将作品固定在载体上的权利；⑭改编权，即改变作品，创造出具有独创性的新作品的权利；⑮翻译权，即将作品从一种语言文字转换成另一种语言文字的权利；⑯汇编权，即将作品或者作品的片段通过选择或者编排，汇集成新作品的权利；⑰应当由著作权人享有的其他权利。著作权人可以许可他人行使前款第⑤项至第⑰项规定的权利，并依照约定或者本法有关规定获得报酬。著作权人可以全部或者部分转让本条第一款第⑤项至第⑰项规定的权利，并依照约定或者本法有关规定获得报酬。

（2）该法明确规定了"合理使用"的范围，这见之于修改后的第 22 条：在下列情况下使用作品，可以不经著作权人许可，不向其支付报酬，但应当指明作者姓名、作品名称，并且不得侵犯著作权人依照本法享有的其他权利：①为个人学习、研究或者欣赏，使用他人已经发表的作品；②为介绍、评论某一作品或者说明某一问题，在作品中适当引用他人已经发表的作品；③为报道时事新闻，在报纸、期刊、广播电台、电视台等媒体中不可避免地再现或者引用已经发表的作品；④报纸、期刊、广播电台、电视台等媒体已经发表的关于政治、经济、宗教问题的时事性文章，但作者声明不许刊登、播放的除外；⑤报纸、期刊、广播电台、电视台等媒体刊登或者播放在公众集会上发表的讲话，但作者声明不许刊登、播放的除外；⑥为学校课堂教学或者科学研究，翻译或者少量复制已经发表的作品，供教学或者科研人员使用，但不得出版发行；⑦国家机关为执行公务在合理范围内使用已经发表的作品；⑧图书馆、档案馆、纪念馆、博物馆、美术馆等为陈列或者保存版本的需要，复制本馆收藏的作品；⑨免费表演已经发表的作品；⑩对设置或者陈列在室外公共场所的艺术作品进行临摹、绘画、摄影、录像；⑪将中国公民、法人或者其他组织已经发表的汉族语言文字作品翻译成少数民族语言文字作品在国内出版发行；⑫将已经发表的作品改成盲文出版。以上规定适用于对出版者、表演者、录音录像制作者、广播电台、电视台的权利的限制。

（3）修改后的著作权法明确了版权管理机构的法律地位，增加了司法机关采取临时措施的规定，对侵权行为的法律责任与执法措施规定得更加具体详细，也更具操作性，对侵权行为的处罚力度也进一步加大。

2010 年 2 月 26 日，第十一届全国人民代表大会常务委员会第十三次会议通过了对《著作权法》的第二次修正。2012 年 3 月 31 日，《中华人民共和国著作权法》（修改草案）发布，征求公众意见。由于在其发布后引起颇多争议，至今未能正式通过实施。

二、主要特点

改革开放以来，中国制定了全面保护知识产权的三部重要立法。1995 年生效的《TRIPS 协定》，成为国际经贸体制的重要组成部分，标志着知识产权制度进入一个全球统一标准的新时期。中国政府在签署加入 WTO 的法律文件时郑重承诺："中国将在完全遵守 WTO 协定的基础上，通过修改现行的国内法和制定新的法律，以有效的和统一的方式实施 WTO 协定。"为顺应 WTO 的要求，中国对知识产权法进行了相应的修改，这些修改具有下列 6 个主要特点。

（一）迅速回应，大幅修改立法

如前所述，第九届全国人大常委会第十七次会议通过了对《中华人民共和国专利法》的第二次修正，第二十四次会议通过了对《中华人民共和国商标法》与《中华人民共和国著作权法》的修正。新《商标法》由原来的 43 条增加到 64 条，共修改了 47 处。新《专利法》修改前后的条文数量相同，均为 69 条，共修改了 34 处。新《著作权法》由原来的

56 条增加到 60 条，修改了 53 处之多。

由此可见，中国先后对关于知识产权的三部法律进行了全面彻底的修改、充实与完善，其中不少修改的内容都与《TRIPS 协定》有关。

（二）颁布条例，加以相应配套

在修改上述立法时，中国政府又先后修改了《计算机软件保护条例》，颁布了《商标法实施条例》、《专利法实施条例》、《著作权法实施条例》与《集成电路布图设计保护条例》等。

政府有关主管部门也制定了相应的实施细则。例如，国家工商总局发布了《关于禁止侵犯商业秘密行为的若干规定》（自 2001 年 7 月 1 日起施行）；国家知识产权局制定了《中华人民共和国专利法实施细则》（自 2001 年 7 月 1 日起施行），1992 年 12 月 12 日国务院批准修订、1992 年 12 月 21 日中国专利局颁布的《中华人民共和国专利法实施细则》同时废止；根据《集成电路布图设计保护条例》，国家知识产权局制定了《集成电路布图设计保护条例实施细则》（自 2001 年 10 月 1 日起施行）；根据《中华人民共和国计算机信息系统安全保护条例》与《中华人民共和国计算机信息网络国际联网管理暂行规定》，公安部发布了《计算机信息网络国际联网安全保护管理办法》（自 1997 年 12 月 30 日起施行）等。

此外，最高人民法院也颁布了有关的法律解释，例如，自 2001 年 7 月 1 日起施行的《最高人民法院关于审理专利纠纷案件适用法律问题的若干规定》，自 2001 年 7 月 24 日起施行的《最高人民法院关于审理涉及计算机网络域名民事纠纷案件适用法律若干问题的解释》，《最高人民法院关于适用全国人民代表大会常务委员会关于惩治侵犯著作权的犯罪决定若干问题的解释》，以及《最高人民法院关于审理涉及计算机网络纠纷著作权案件适用法律若干问题的解释》等。

上述条例、实施细则、管理暂行规定与若干问题的解释等，使相应的立法更加细化，更具操作性。

（三）吸收借鉴，引入有关规定

1. 引入"即发侵权"理论

"即发侵权"（imminent infringement）是指在侵权活动开始之前，权利人有证据证明某行为很快就会构成对自己知识产权的侵犯，或该行为的正常延续必然会构成对其知识产权的侵权行为，这类可诉行为就称为"即发侵权"。《TRIPS 协定》第 50 条第 1 款规定，对即将发生的侵权行为，权利人有权提出申请，"司法机关有权责令采取迅速和有效的临时措施以便：（a）防止侵犯任何知识产权，特别是防止货物进入其管辖范围内的商业渠道，包括结关后立即进入的进口货物；（b）保存关于被指控侵权的有关证据"。根据这一规定，该条第 2 款规定，在适当时，特别是在任何延迟可能对权利持有人造成不可弥补的损害时，或存在证据被销毁的显而易见的风险时，司法机关有权采取不做预先通知的临时措施。

根据《TRIPS 协定》的相关规定，中国在有关法律的修改中及时地引入了"即发侵权"理论，增加了诉前"保全证据"、"责令停止"与"财产保全"这三种临时措施。其具体内容包括：（1）《商标法》第 58 条第 1 款规定，为制止侵权行为，在证据可能灭失或者以后难以取得的情况下，商标注册人或者利害关系人可以在起诉前向人民法院申请保全证据。（2）《专利法》第 61 条第 1 款规定，专利权人或者利害关系人有证据证明他人正在实施或者即将实施侵犯其专利权的行为，如不及时制止将会使其合法权益受到难以弥补的损害的，可以在起诉前向人民法院申请采取责令停止有关行为和财产保全的措施。(3)《著作权法》第 50 条第 1 款也有类似的规定。(序号"(三)到(五)的内容，凡是涉及的有关条款，均为修改后于 2001 年开始施行的这三个法的有关规定。")

经过修改后的中国知识产权法全面引入了《TRIPS 协定》中的"即发侵权"规定，突破了民事诉讼法的限制，扩大了对权利人的保护，完善了临时保护措施，使得侵权行为能够得到及时与有效的制止。

2. 吸纳"法定赔偿"制度

《TRIPS 协定》中多处提到法定赔偿（pre-established damages）。例如，《TRIPS 协定》第 45 条第 1 款规定，对于故意（knowingly）或有充分理由应知道（with reasonable grounds to know）从事侵权活动的侵权人，司法机关有权责令侵权人向权利人支付足以补偿其因知识产权侵权所受损害的赔偿。第 2 款规定，司法机关还有权责令侵权人向权利人支付有关费用，其中包括有关的律师费用。在适当的情况下，各成员国可授权司法机关责令其退还利润和/或支付法定的赔偿。

中国的知识产权保护法也明确规定了侵犯知识产权的法定赔偿，具体内容包括：(1)《商标法》第 56 条第 1 款规定，侵犯商标专用权的赔偿额，为侵权人在侵权期间因侵权获得的利益，或者被侵权人在被侵权期间因被侵权所受到的损失，包括被侵权人为制止侵权行为所支付的合理开支。该条第 2 款还明确规定，前款所称侵权人因侵权所得利益，或者被侵权人因被侵权所受损失难以确定的，由人民法院根据侵权行为的情节判决给予 50 万元以下的赔偿。(2)《专利法》第 60 条规定，侵犯专利权的赔偿数额，按照权利人因被侵权所受到的损失或者侵权人因侵权所获得的利益确定；被侵权人的损失或者侵权人获得的利益难以确定的，参照该专利许可使用费的倍数合理确定。(3)《著作权法》第 48 条也有类似的规定。

以上规定充分反映了《TRIPS 协定》的法定赔偿制度的要求，使得中国的知识产权保护对侵权行为的赔偿有法可依，具有更大的可操作性。

(四) 保护权益，加大惩处力度

首先，《商标法》加强了对商标专用权的保护。其保护措施包括：第一，第 52 条规定了 5 种行为为"侵犯注册商标专用权"的行为，包括使用、销售、伪造、更换与损害注册商标或近似商标；第二，在第 53 条中确认了工商行政管理部门在对涉嫌侵犯他人注册商标专用权的行为进行查处时，可以行使的具体执法权限，包括责令立即停止侵权行为，没收、销毁侵权商品和专门用于制造侵权商品、伪造注册商标标志的工具，并可处以罚款；第三，强化了损害赔偿的措施，第 56 条对赔偿数额做了具体规定。

其次，《专利法》强化了专利侵权的损害赔偿力度。其具体规定包括：第一，强化了司法保护力度。第 61 条第 1 款规定，专利权人或者利害关系人有证据证明他人正在实施或者即将实施侵犯其专利权的行为，如不及时制止将会使其合法权益受到难以弥补的损害，可以在起诉前向法院申请采取责令停止有关行为和财产保全的措施。第二，侵权纠纷解决的办法得以扩充，在原来的既可以请求专利机关处理，也可以直接向人民法院起诉的基础之上，第 57 条第 1 款增加了"由当事人协商解决"的办法。第三，第 60 条增加了侵犯专利权的赔偿数额的规定。

再次，《著作权法》也加大了对著作权的保护力度。主要内容包括：第一，第 49 条第

1 款规定了针对即发侵权的行为，"著作权人或者与著作权有关的权利人有证据证明他人正在实施或者即将实施侵犯其权利的行为，如不及时制止将会使其合法权益受到难以弥补的损害的，可以在起诉前向人民法院申请采取责令停止有关行为和财产保全的措施。"第二，纠纷的救济途径增多了。第 54 条第 1 款规定，著作权纠纷可以调解，也可以根据当事人达成的书面仲裁协议或者著作权合同中的仲裁条款，向仲裁机构申请仲裁。该条第 2 款规定，当事人没有书面仲裁协议，也没有在著作权合同中订立仲裁条款的，可以直接向人民法院起诉。第三，对侵权事件，负责处理的著作权行政管理部门与人民法院的处理职权得到确认。第 47 条规定，有下列侵权行为的，应当根据情况，承担停止侵害、消除影响、赔礼道歉、赔偿损失等民事责任；同时损害公共利益的，可以由著作权行政管理部门责令停止侵权行为，没收违法所得，没收、销毁侵权复制品，并可处以罚款；情节严重的，著作权行政管理部门还可以没收主要用于制作侵权复制品的材料、工具、设备等；构成犯罪的，依法追究刑事责任。第 51 条规定，人民法院在审理案件时，对于侵犯著作权或者与著作权有关的权利的，可以没收违法所得、侵权复制品以及进行违法活动的财物。第四，第 48 条第 1 款对侵权赔偿的数额做了具体的规定，侵犯著作权或者与著作权有关的权利的，侵权人应当按照权利人的实际损失给予赔偿；实际损失难以计算的，可以按照侵权人的违法所得给予赔偿。赔偿数额还应当包括权利人为制止侵权行为所支付的合理开支。参照的标准为权利人的实际损失，侵权人的违法所得，包括权利人为制止侵权行为所支付的合理开支。该条第 2 款则规定了明确的数额，权利人的实际损失或者侵权人的违法所得难以确定的，由人民法院根据侵权行为的情节，判决给予 50 万元以下的赔偿。第五，对于侵害知识产权是否造成精神损害，造成精神损害能否要求精神损害赔偿，最高人民法院发布的《关于确定民事侵权精神损害赔偿责任若干问题的解释》（法释［2001］7 号）规定，肯定自然人的生命权、健康权与身体权遭受非法侵害的，可以请求赔偿精神损害。因此，在该法第 46 条列举的 11 种侵权行为的具体法律责任中，第 1 款具体规定了"停止侵害、消除影响、赔礼道歉、赔偿损失等民事责任"形式。其中对"赔偿损失"一般解释为精神损害赔偿的法律依据。

最后，2004 年修改后施行的《中华人民共和国对外贸易法》增加了"与对外贸易有关的知识产权保护"一章（第 5 章，第 29 条至第 31 条）。其中第 29 条规定，国家依照有关知识产权的法律、行政法规，保护与对外贸易有关的知识产权。进口货物侵犯知识产权，并危害对外贸易秩序的，国务院对外贸易主管部门可以采取在一定期限内禁止侵权人生产、销售的有关货物进口等措施。第 30 条规定，知识产权权利人发现有阻止被许可人对许可合同中的知识产权的有效性提出质疑、进行强制性一揽子许可、在许可合同中规定排他性返授条件等行为之一，并危害对外贸易公平竞争秩序的，国务院对外贸易主管部门可以采取必要的措施消除危害。第 31 条规定，其他国家或者地区在知识产权保护方面未给予中华人民共和国的法人、其他组织或者个人国民待遇，或者不能对来源于中华人民共和国的货物、技术或者服务提供充分有效的知识产权保护的，国务院对外贸易主管部门可以依照本法和其他有关法律、行政法规的规定，并根据中华人民共和国缔结或者参加的国际条约、协定，对与该国家或者该地区的贸易采取必要的措施。

这三条明确规定对外贸易主管部门可以根据具体情况，分别采取在一定期限内禁止侵权人生产、销售的有关货物进口等措施，采取必要的措施消除危害等，这就为充分运用世贸组织规则，保护对外贸易经营者的合法权益以及保护国内产业的健康发展提供了有力的法律保障。

（五）适时调整，体系更加完整

中国对知识产权保护的范围做了调整，具体内容包括：（1）在《商标法》中，增加了对驰名商标的保护，将对其的保护从"已经在中国注册的驰名商标"扩展到"未在中国注册的驰名商标"（第13条第1款和第2款）；做出了"对恶意注册的，驰名商标所有人不受五年时间的限制"的特别规定（第41条第2款）；以及增加了对"地理标志"的保护（第16条）。（2）在《专利法》中，增加了未经专利权人的许可而进行"许诺销售"的行为属于侵权的规定（第11条第1款）。（3）在《著作权法》方面，扩大了作品的范围，增加了"杂技艺术作品"、"建筑作品"与"模型作品"（第3条）等；突出加强了对网络环境的知识产权保护，增加规定了作品、表演与录音录像制品的"信息网络传播权"（第10条），以及对"技术措施"与"权利管理电子信息"〔见前文《世界知识产权组织版权条约》中"（4）"这段的有关规定，或"法律窗口"中"《视听表演北京条约》主要内容摘录"部分的第16条"关于权利管理信息的义务"的有关规定〕的保护规定（第47条）。此外，如前所述，依据修改后的第10条，著作权包括的人身权和财产权有17项之多，著作权的客体与著作权人的权利范围进一步扩大。

上述调整使得知识产权的权利范围更加广泛，体系更加完整。

（六）国际参与，保护更加全面

中国还积极参与有关知识产权保护的国际性组织，是许多国际主要公约的成员国。中国参加的有关公约见表8-1。

表8-1　　　　　　中国参加的有关保护知识产权的国际公约一览表

名称	对中国正式生效的时间
1.《保护工业产权巴黎公约》	1985年3月19日
2.《商标注册马德里协定》	1989年10月4日
3.《商标国际注册马德里协定有关议定书》	1995年12月1日
4.《保护文学艺术作品伯尔尼公约》	1992年10月5日
5.《世界版权公约》	1992年10月30日
6.《保护录音制品制作者防止未经授权复制其录音制品公约》	1993年4月30日
7.《专利合作条约》	1994年1月1日
8.《与贸易有关的知识产权协定》	2001年12月11日
9.《世界知识产权组织表演和录音制品条约》	2007年6月9日
10.《世界知识产权组织版权条约》	2007年6月9日
11.《视听表演北京条约》	2012年6月26日签署

说明：1980年，中国还加入了《成立世界知识产权组织公约》，因为该公约只是对其有权管辖的有关组织所做的行政管理事项做出规定，而非上述公约的实体法规定，因此未将其列入。

中国根据本国法律和加入或缔结的有关国际公约，坚持在适用法律上的国民待遇原则和对等原则，对无论中国人还是外国人的知识产权都予以保护。

复习和练习

一、关键术语

1. 注册在先 2. 使用在先 3. 新颖性 4. 先进性 5. 实用性 6. 形式审查

7. 实质审查 8. 精神权利 9. 财产权利 10.《巴黎公约》基本原则

11.《伯尔尼公约》基本原则 12.《TRIPS 协定》的保护范围 13. 权利管理信息

二、复习思考题

1. 知识产权有哪些主要特点？

2. 简要叙述《与贸易有关的知识产权协定》的基本原则与保护范围。

3. 简要叙述中国知识产权保护法的主要特点。

主要参考资料

1. 国际贸易法编写组. 国际贸易法. 北京：北京大学出版社，1993.

2. 韩德培. 国际私法. 武汉：武汉大学出版社，1993.

3. 冯大同，沈四宝. 国际商法. 北京：对外经济贸易大学出版社，1994.

4. 周汉民. 中国走进 WTO. 上海：文汇出版社，2001.

5. 中华人民共和国商标法. 北京：中国法制出版社，2001.

6. 中华人民共和国专利法. 北京：中国法制出版社，2001.

7. 中华人民共和国著作权法. 北京：中国法制出版社，2001.

8. 李仲周，容小准，何宁. 世界贸易组织乌拉圭回合多边贸易谈判结果法律文本. 北京：法律出版社，2000.

9. 解读《视听表演北京条约》保护表演者权利. 新闻出版总署网站，2012 - 06 - 28.

法律窗口

——20 世纪 90 年代以来美国对知识产权保护的重要立法与判例

——中国《商标法》第三次修改的主要内容

——《视听表演北京条约》主要内容摘录

——知识产权国际保护的发展新趋势

20 世纪 90 年代以来美国对知识产权保护的重要立法与判例

20 世纪 90 年代以来，美国在国内外不断加强对知识产权的保护，这主要表现在下面 5 个方面。

一、抓大案起诉微软

1998 年 5 月 18 日，美国司法部与 19 个州的首席检察官正式提起"美国诉微软公司案"。2001 年 9 月 6 日，司法部突然宣布，正式撤销对微软的指控。2001 年 11 月，司法部与 9 个州在微软同意限制其一系列反竞争行为，以及与行业的伙伴和竞争者分享某些技术信息后，与该公司达成了和解协议，撤回了其诉讼。该案虽然是有关反托拉斯的案件，但实际上涉及新经济时代对知识产权的保护与限制。虽然美国政府对微软案虎头蛇尾，但通过对该案的审理却留下了许多值得人深思的问题。

二、法院判例与时俱进

这主要见下面三个有名的判例。

1. 商标保护——巴那维松国际公司诉托朋案（Panavision International v. Toeppen, 1998）

随着电子商务的兴起，标志着企业互联网身份的域名由于其具有商标与商号的性质，而引发了许多为转售谋利而抢注域名的不法行为。迄今为止，美国法院已经处理了一批涉及域名争议的案件，以第九巡回上诉法院为例，该法院处理的涉及域名争议的上诉案件最多。1998 年 4 月，联邦第九巡回上诉法院在"巴那维松国际公司诉托朋案"中，运用"商标淡化立法"（Trademark Dilution Legislation），首次认定域名抢注行为构成商标淡化侵权。

2. 专利保护——国道银行与信托公司诉签章财务集团公司案（State Street Bank & Trust Co. v. Signature Financial Group, Inc., 1998）

1998 年 7 月，美国联邦巡回上诉法院（United States Court of Appeals for the Federal Circuit, CAFC, 唯一一家审理专利权上诉的联邦法院，实际上是专利权上诉的最高法院）对"国道银行与信托公司诉签章财务集团公司案"的判决，确定了电子商务的商业方法（business method）属于申请专利的范畴。

3. 版权保护——计算机国际联合公司诉阿尔泰公司案（Computer Associates International v. Altai, 1992）

20 世纪 80 年代后期到 90 年代初期，美国判断版权侵权的标准是 1987 年"威兰诉杰斯罗案"（Whelan v. Jaslow）中所阐述的版权法必须保护计算机程序的源代码和使用者接口的"结构、顺序与组织"（structure, sequence and organization）法。"威兰案"的判决引起了巨大的争议。

在 1992 年"计算机国际联合公司诉阿尔泰公司案"中，美国第二巡回上诉法院推翻了上述案例的判决。该上诉法院认为，版权并不保护思想，而是保护该思想的表达方法；那些必然附带于其功能的计算机程序方面的设计并不受版权的保护；确定计算机程序非文字因素之间是否具有实质性的类似，可采用"抽象—过滤—比较"（abstraction-filtration-comparison）三步检验法。

三、国会制定相关法律

1999 年 11 月，美国国会先后通过了两项法律，以便保护商标与专利权。

1999 年 11 月 29 日，美国国会通过了 1999 年《反域名抢注消费者保护法》（Anti-cybersquatting Consumer Protection Act）。该法为美国 1946 年《商标法》增添了一个专章。除部分特别规定外，该法具有溯及力，适用于生效日（为 1999 年 11 月 29 日）之前、之时以及之后的所有域名注册。该法具有重要意义。首先，该法规定了更为详尽周密的"恶意"认定标准，其中列举了九种可确定被告是否存在"恶意目的"（bad faith intent）的考虑要件。其次，该法提供了更为丰富多样的救济办法。除惯常采用的禁止令救济办法外，还明确授权法院可做出判决，命令将所争域名没收、撤销或直接转让给商标持有人，更为重要的是增添了法定赔偿金（statutory damages）这一救济办法。法院可在 1 000 美元至 100 000 美元的范围之间确定一个赔偿数额，作为抢注者应向原告支付的法定赔偿金。最后，该法确立了更为便利直接的对物诉讼。该法规定，如商标持有人在尽其合理努力后仍无法确定其争域名注册者的具体身份，则可以直接将其争域名作为被告，向其争域名注册地的联邦地区法院提起对物诉讼。如法院认为其争域名确实以恶意目的被注册、交易或使用，则法院可判令将其争域名没收或转让给商标持有人。

1999 年 11 月，美国国会还通过了《美国发明者保护法》（American Inventors Protection Act），旨在改革美国现行的专利制度，以加强对发明者与消费大众的保护。其中主要内容如下：（1）对"发明推广者"的欺诈行为进行制裁，保护发明者权益。所谓"发明推广者"（invention promoters），是指受发明者委托对新产品提供市场调查、利润评估以及产业周期预测等服务，从而获取酬劳之人。该法规定发明推广者必须向发明者表明其过去的服务成功记录。对于欺诈的发明推广者则课以法定或三倍损害赔偿罚金，并规定美国专利与商标局应当公开接受发明者对于发明推广者的申诉。（2）降低申请专利的各项规费，以鼓励发明者提出专利申请。（3）对使用在先的"商业方法"提供法律保护，美国厂商在内部使用多年的商业方法，如因故不能取得专利，日后他人就同一商业方法取得专利时，则有可能被控专利侵权。（4）基于美国专利与商标局可能造成的延误或延长专利申请期间，规定专利申请案应先期公布，避免若干专利申请案在专利与商标局内审理时间过长，致使发明者耗费金钱重复从事相同的发明，并重复提出专利申请。（5）允许第三人参加专利重新审查（专利权举发无效）程序。该法允许任何人在对已核发的特定专利权有所争执时，可对他人进行中的重新审查程序向专利与商标局提出书面陈述或诉讼。但在参加该重新审查程序之后，即不得另行对他人的专利权提起诉讼。该项立法旨在避免因诉讼而产生的巨额费用。（6）此外，该法对专利法中的若干条文规定做了必要的阐释或技术上的调整，同时提出了修订的基本方向与原则，其具体实施则有待相关法律的修订与主管机构的配套措施。

四、制定实施指导准则

在美国国内，1995 年 4 月 6 日，美国司法部与联邦贸易委员会共同颁布了《知识产权许可的反托拉斯指导准则》（Antitrust Guideline for Licensing of Intellectual Property）。该准则对知识产权许可的反托拉斯法的一般原则、分析方法、评估原则以及适用范围做出了比较明确的规定。虽然该准则只是执法部门的咨询性的政策说明文件，并不具有约束力，但对于规范知识产权领域的竞争，促进公平有序的竞争具有指导意义。

五、大力实施"301"条款

在国外，在面上，美国政府根据 1988 年 8 月修订的《综合贸易和竞争法》专门订立的"301"或"特别 301"条款，要求美国贸易代表办公室每年确定和公布那些拒绝充分和有效地保护知识产权的国家的名单，其中包括盗版活动严重的国家，以督促其加强防范和保护，否则将实行贸易报复；同时在点上，与有关国家进行知识产权谈判，施加压力，以达到其既定的目的。

中国《商标法》第三次修改的主要内容

1. 增加声音商标的规定

该法第 8 条规定了"声音"可作为商标申请注册。例如，广大消费者熟知的 QQ 消息声和英特尔等常见的声音标志，将可以作为商标申请注册。

2. 增加禁止宣传和使用"驰名商标"的规定

该法第14条第五款规定，生产、经营者不得将"驰名商标"字样用于商品、商品包装或者容器上，或者用于广告宣传、展览以及其他商业活动中。违反此规定的，根据该法第53条，由地方工商行政管理部门责令改正，处十万元罚款。这标志着"驰名商标"将从此退出历史舞台。

3. 增加禁止抢注因业务往来等关系明知他人已经在先使用商标的规定

该法第15条第二款规定，就同一种商品或者类似商品申请注册的商标与他人在先使用的未注册商标相同或者近似，申请人与该他人具有前款规定以外的合同、业务往来关系或者其他关系而明知该他人商标存在，该他人提出异议的，不予注册。

4. 明确"一标多类"的申请方式

该法第22条第二款规定，商标注册申请人可以通过一份申请就多个类别的商品申请注册同一商标。这是中国商标申请制度与国际接轨的一项重大变革，设置这一制度的出发点在于方便申请人针对同一商标在多个类别的注册申请。

5. 增加关于商标注册审查和案件审理时限的规定

该法第28条规定，对申请注册的商标，商标局应当自收到商标注册申请文件之日起9个月内审查完毕。第34条针对涉及单方当事人的商标确权案件，增加了9个月的审理时限；同时针对涉及双方当事人的确权案件，增加了12个月的审理时限。第35条规定，有特殊情况需要延长的，经国务院工商行政管理部门批准，可以延长6个月。

6. 修改异议复审制度

该法第35条第二款规定，商标局对商标异议进行审理后，对异议不成立，准予注册的商标，将直接发给注册证，异议人不服的可向商标评审委员会请求宣告该注册商标无效；第三款规定，商标局做出不予注册决定，被异议人不服的，可向商标评审委员会申请复审，被异议人对商标评审委员会的决定不服的，可向人民法院起诉。

7. 商标侵权判定中引入"容易导致混淆"要件

2001年修改后的《商标法》第59条只是规定了"未经商标注册人的许可，在同一种商品上使用与注册商标相同的商标"这一种商标侵权行为。2013年第三次修改后的该法第57条则增加了"未经商标注册人的许可，在同一种商品上使用与其注册商标近似的商标，或者在类似商品上使用与其注册商标相同或者近似的商标，容易导致混淆的"这两种商标侵权行为。该法明确规定，这几种商标侵权行为中的任何一种，"均属侵犯注册商标专用权"。

8. 增加惩罚性赔偿规定，提高侵权赔偿额

该法第63条第一款引入了惩罚性赔偿制度，规定对恶意侵犯商标专用权，情节严重的，可以在权利人因侵权受到的损失、侵权人因侵权获得的利益或者注册商标使用许可费的1到3倍的范围内确定赔偿数额。同时，第三款还规定，在上述三种依据都无法查清的情况下，法院可以酌情决定的法定赔偿额上限从原来的50万元提高到300万元。

9. 增加侵权人减轻权利人的举证责任

该法第63条第二款规定在商标侵权诉讼中，人民法院为确定赔偿数额，在权利人已经尽力举证，而与侵权行为相关的账簿、资料主要由侵权人掌握的情况下，可以责令侵权人提供与侵权行为相关的账簿、资料，侵权人不提供或者提供虚假账簿、资料的，人民法

院可以参考权利人的主张和提供的证据判定侵权赔偿数额。

10. 增加对商标代理组织规范的规定

该法第68条第二款规定，商标代理组织从事商标代理业务，应当遵循诚实信用原则，商标代理行业组织对违反行业自律规范的会员，可实行惩戒并记入信用档案。

《视听表演北京条约》主要内容摘录

第1条　与其他公约和条约的关系（Relation to Other Conventions and Treaties）

（1）本条约的任何内容均不得减损缔约方相互之间依照《世界知识产权组织表演和录音制品条约》或依照1961年10月26日在罗马签订的《保护表演者、录音制品制作者和广播组织国际公约》已承担的现有义务。

（2）依本条约给予的保护不得触动或以任何方式影响对文学和艺术作品版权的保护。因此，本条约的任何内容均不得被解释为损害此种保护。

（3）除《世界知识产权组织表演和录音制品条约》之外，本条约不得与任何其他条约有任何关联，亦不得损害任何其他条约所规定的任何权利和义务。[1][2]

第2条　定义（Definitions）

在本条约中：

（a）"表演者"系指演员、歌唱家、音乐家、舞蹈家以及对文学或艺术作品或民间文学艺术表达进行表演、歌唱、演说、朗诵、演奏、表现或以其他方式进行表演的其他人员。[3]

（b）"视听录制品"系指活动图像的体现物，不论是否伴有声音或声音表现物，从中通过某种装置可感觉、复制或传播该活动图像。[4]

（c）"广播"系指以无线方式的传送，使公众能接收声音或图像，或图像和声音，或图像和声音的表现物；通过卫星进行的此种传送亦为"广播"；传送密码信号，只要广播组织或经其同意向公众提供了解码的手段，即为"广播"。

（d）"向公众传播"表演系指通过除广播以外的任何媒体向公众传送未录制的表演或以视听录制品录制的表演。在第11条中，"向公众传播"包括使公众能听到或看到，或能听到并看到以视听录制品形式录制的表演。

第3条　保护的受益人（Beneficiaries of Protection）

（1）缔约各方应将本条约规定的保护给予系其他缔约方国民的表演者。

（2）非缔约方国民但在一个缔约方境内有惯常居所的表演者，在本条约中视同该缔约方的国民。

第4条　国民待遇（National Treatment）

（1）在本条约所专门授予的专有权以及本条约第11条所规定的获得合理报酬的权利方面，每一缔约方均应将其给予本国国民的待遇给予其他缔约方的国民。

（2）在本条约第11条第（1）款和第11条第（2）款授予的权利方面，缔约方应有权将其依本条第（1）款给予另一缔约方国民的保护限制在其本国国民在该另一缔约方享有的那些权利的范围和期限之内。

（3）如果另一缔约方使用了本条约第11条第（3）款允许的保留，本条第（1）款规定的义务对缔约方不再适用；如果某一缔约方做出了此种保留，本条第（1）款规定的义务也不适用于该缔约方。

第 5 条 精神权利（Moral Rights）

（1）不依赖于表演者的经济权利，甚至在这些权利转让之后，表演者仍应对于其现场表演或以视听录制品录制的表演有权：

（i）要求承认其系表演的表演者，除非因使用表演的方式而决定可省略不提其系表演者；以及

（ii）反对任何对其表演进行的将有损其声誉的歪曲、篡改或其他修改，但同时应对视听录制品的特点予以适当考虑。

（2）根据本条第（1）款授予表演者的权利在其死亡后应继续保留，至少到其经济权利期满为止，并可由被要求提供保护的缔约方立法所授权的个人或机构行使。但批准或加入本条约时其立法尚未规定在表演者死亡后保护上款所述全部权利的国家，则可规定其中部分权利在表演者死亡后不再保留。

（3）为保障本条所授予的权利而采取的补救方法应由被要求提供保护的缔约方立法规定。[5]

第 6 条 表演者对其尚未录制的表演的经济权利（Economic Rights of Performers in their Unfixed Performances）

表演者应享有专有权，对于其表演授权：

（i）广播和向公众传播其尚未录制的表演，除非该表演本身已属广播表演；和（ii）录制其尚未录制的表演。

第 7 条 复制权（Right of Reproduction）

表演者应享有授权以任何方式或形式对其以视听录制品录制的表演直接或间接地进行复制的专有权。[6]

第 8 条 发行权（Right of Distribution）

（1）表演者应享有授权通过销售或其他所有权转让形式向公众提供其以视听录制品录制的表演的原件或复制品的专有权。

（2）对于已录制表演的原件或复制品经表演者授权被首次销售或其他所有权转让之后适用本条第（1）款中权利的用尽（exhaustion of the right）所依据的条件（如有此种条件），本条约的任何内容均不得影响缔约各方确定该条件的自由。[7]

第 9 条 出租权（Right of Rental）

（1）表演者应享有授权按缔约各方国内法中的规定将其以视听录制品录制的表演的原件和复制品向公众进行商业性出租的专有权，即使该原件或复制品已由表演者发行或经表演者授权发行。

（2）除非商业性出租已导致此种录制品的广泛复制，从而严重损害表演者的专有复制权，否则缔约方被免除第（1）款规定的义务。[8]

第 10 条 提供已录制表演的权利（Right of Making Available of Fixed Performances）

表演者应享有专有权，以授权通过有线或无线的方式向公众提供其以视听录制品录制的表演，使该表演可为公众中的成员在其个人选定的地点和时间获得。

第 11 条 广播和向公众传播的权利（Right of Broadcasting and Communication to the Public）

（1）表演者应享有授权广播和向公众传播其以视听录制品录制的表演的专有权。

（2）缔约各方可以在向世界知识产权组织总干事交存的通知书中声明，它们将规定一

项对于以视听录制品录制的表演直接或间接地用于广播或向公众传播获得合理报酬的权利，以代替本条第（1）款中规定的授权的权利。缔约各方还可以声明，它们将在立法中对行使该项获得合理报酬的权利规定条件。

（3）任何缔约方均可声明其将仅对某些使用情形适用本条第（1）款或第（2）款的规定，或声明其将以某种其他方式对其适用加以限制，或声明其将根本不适用第（1）款和第（2）款的规定。

第 12 条　权利的转让（Transfer of Rights）

（1）缔约方可以在其国内法中规定，表演者一旦同意将其表演录制于视听录制品中，本条约第 7 条至第 11 条所规定的进行授权的专有权应归该视听录制品的制作者所有，或应由其行使，或应向其转让，但表演者与视听录制品制作者之间按国内法的规定订立任何相反合同者除外。

（2）缔约方可以要求，对于依照其国内法的规定制作的视听录制品，此种同意或合同应采用书面形式，并应由合同当事人双方或由经其正式授权的代表签字。

（3）不依赖于上述专有权转让规定，国内法或者具有个人性质、集体性质或其他性质的协议可以规定，表演者有权依照本条约的规定，包括第 10 条和第 11 条的规定，因表演的任何使用而获得使用费或合理报酬。

第 13 条　限制与例外（Limitations and Exceptions）

（1）缔约各方可以在其国内立法中，对给予表演者的保护规定与其国内立法给予文学和艺术作品的版权保护相同种类的限制或例外。

（2）缔约各方应使本条约中所规定权利的任何限制或例外仅限于某些不与表演的正常利用相抵触、也不致不合理地损害表演者合法利益的特殊情况。[9]

第 14 条　保护期（Term of Protection）

依本条约给予表演者的保护期，应自表演录制之年年终算起，至少持续到 50 年期满为止。

第 15 条　关于技术措施的义务（Obligations Concerning Technological Measures）

缔约各方应规定适当的法律保护和有效的法律补救办法，制止规避由表演者为行使本条约所规定的权利而使用并限制对其表演实施未经该有关表演者许可的或法律不允许的行为的有效技术措施。[10][11]

第 16 条　关于权利管理信息的义务（Obligations Concerning Rights Management Information）

（1）缔约各方应规定适当和有效的法律补救办法，制止任何人明知，或就民事补救而言，有合理根据知道其行为会诱使、促成、便利或包庇对本条约所规定的任何权利的侵犯，而故意实施以下活动：

（i）未经许可去除或改变任何权利管理的电子信息；

（ii）未经许可发行、为发行目的进口、广播、向公众传播或提供明知未经许可而被去除或改变权利管理电子信息的表演或以视听录制品录制的表演的复制品。

（2）本条中的用语"权利管理信息"系指识别表演者、表演者的表演或对表演拥有任何权利的所有人的信息，或有关使用表演的条款和条件的信息，以及代表此种信息的任何数字或代码，各该项信息均附于以视听录制品录制的表演上。[12]

该条约有关注释

[1] 关于第 1 条第（1）款的议定声明：各方达成共识，本条约的任何内容均不得影响《世界知识产权组织表演和录音制品条约》（WPPT）所规定的任何权利或义务或其解释；另外，各方达成共识，第 3 款不对本条约缔约方增加批准或加入《世界知识产权组织表演和录音制品条约》或遵守其任何规定的任何义务。

[2] 关于第 1 条第（3）款的议定声明：各方达成共识，系世界贸易组织成员的缔约方承认《与贸易有关的知识产权协定》（《TRIPS 协定》）的各项原则与目标，并达成共识：本条约的任何内容均不影响《TRIPS 协定》的规定，包括但不限于涉及反竞争行为的规定。

[3] 关于第 2 条（a）款的议定声明：各方达成共识，表演者的定义涵盖凡对表演过程中创作的或首次录制的文学或艺术作品进行表演的人。

[4] 关于第 2 条（b）款的议定声明：特此确认，载于第 2 条（b）款的"视听录制品"的定义，不损害《世界知识产权组织表演和录音制品条约》的第 2 条（c）款。

[5] 关于第 5 条的议定声明：为本条约的目的，并在不损害任何其他条约的前提下，会议达成共识：鉴于视听录制品及其制作和发行的特点，在正常利用表演的过程中以及在经表演者授权的使用过程中对该表演所做的修改，诸如使用现有或新的媒体或格式进行编辑、压缩、配音或格式化编排，将不足以构成第 5 条第（1）款第（ii）项意义下的修改。只有在客观上对表演者的声誉造成重大损害的改动才涉及第 5 条第（1）款第（ii）项所规定的权利。会议还达成共识：纯粹使用新的或改进的技术或媒体，其本身不足以构成第 5 条第（1）款第（ii）项意义下的修改。

[6] 关于第 7 条的议定声明：第 7 条所规定的复制权及其通过第 13 条所允许的例外，完全适用于数字环境，尤其是以数字形式使用表演的情况。各方达成共识，在电子媒体中以数字形式存储受保护的表演，构成该条意义下的复制。

[7] 关于第 8 条和第 9 条的议定声明：这些条款中的用语"原件和复制品"，受各该条中发行权和出租权的约束，专指可以作为有形物品投放流通的固定的复制品。

[8] 关于第 8 条和第 9 条的议定声明：这些条款中的用语"原件和复制品"，受各该条中发行权和出租权的约束，专指可以作为有形物品投放流通的固定的复制品。

[9] 关于第 13 条的议定声明：关于《世界知识产权组织版权条约》第 10 条（涉及限制与例外）的议定声明，亦可比照适用于本条约的第 13 条（涉及限制与例外）。

[10] 与第 13 条相关的关于第 15 条的议定声明：各方达成共识，本条任何规定均不阻止缔约方采取有效而必要的措施，以确保当视听表演已采用技术措施而受益人有权合法使用该表演时，例如在权利人未对某一具体表演采取能让受益人享受国内法所规定的例外与限制的适当和有效措施的情况下，受益人能享受其国内法中根据第 13 条做出的例外或限制规定。此外，在不损害录有表演的视听作品的法律保护的情况下，各方达成共识，第 15 条规定的义务不适用于不受或不再受履行本条约的国内立法保护的表演。

[11] 关于第 15 条的议定声明："表演者使用的技术措施"一语，与《世界知识产权组织表演和录音制品条约》的情况一样，应做广义的理解，亦指代表表演者实施行为的人，包括其代理人、被许可人或受让人，包括制作者、服务提供者和经适当许可使用表演进行传播或广播的人。

[12] 关于第 16 条的议定声明：关于《世界知识产权组织版权条约》第 12 条（涉及关

于权利管理信息的义务）的议定声明，亦可比照适用于本条约的第 16 条（涉及关于权利管理信息的义务）。

知识产权国际保护的发展新趋势
——ACTA、TPP 与《TRIPS 协定》的主要条款比较

1995 年 1 月 1 日 WTO 制定并生效的《与贸易有关的知识产权协定》（《TRIPS 协定》）是国际通行的知识产权保护规则。21 世纪以来，随着经贸全球化和信息技术的迅速深入发展，为维护其竞争优势和经济利益，美欧等知识产权主要输出国认为《TRIPS 协定》已无法满足对其知识产权的国际保护要求，因此，通过多边会谈，在《TRIPS 协定》外制定更高水平的知识产权国际保护规则，成为其一致的诉求。《反假冒贸易协定》（Anti-Counterfeiting Trade Agreement，ACTA）和《跨太平洋伙伴关系协定》（Trans-Pacific Partnership Agreement，TPP）的先后出台，则预示着这一发展的新动向。

一、ACTA 和 TPP 概况

1. ACTA

2008 年 6 月，以美国和日本为主的一些国家正式开启 ACTA 的谈判历程。2011 年 10 月 1 日，美国、加拿大、澳大利亚、韩国、日本、新西兰、摩洛哥和新加坡正式在日本东京签署该协议。

ACTA 旨在通过增强国际合作和更有效的国际执法，打击和遏制假冒商品以及盗版商品的激增。ACTA 共 6 章，分别为：初始条款和定义、知识产权执法的法律框架、执法实践、国际合作、制度安排、最后条款。其重点是第二章"知识产权执法的法律框架"，规定了 5 方面的内容：知识产权执法的一般义务、民事执法、边境措施、刑事执法、数字环境下的知识产权执法。

虽然欧盟是 ACTA 的最初谈判方之一，但由于 ACTA 对互联网进行的广泛监控以及对个人隐私权的侵犯等原因，该协议遭到欧盟内部大多数成员国的反对，2012 年 7 月 4 日，欧洲议会以 478 票反对、39 票赞成、165 票弃权的结果最终放弃加入 ACTA。ACTA 因此"搁浅"。

2. TPP

TPP 前身是"跨太平洋战略经济伙伴关系协定"，即由新西兰、新加坡、智利和文莱 4 国于 2002 年开始酝酿的多边自由贸易协定，旨在促进亚太地区的贸易自由化。2008 年 2 月，美国加入谈判，此后日本和韩国等也于 2013 年加入谈判。2015 年 10 月 5 日，TPP12 国在美国佐治亚州亚特兰大举行的部长会议上达成基本协议。TPP12 国经济规模占全球 4 成。12 国同意推行自由贸易，并在知识产权等广泛领域统一规范。TPP 共 30 章，囊括劳工标准、环境保护、国有企业优惠限制以及争议仲裁等迄今贸易协定从未涉及的领域。当时的美国总统奥巴马声称，TPP 为"历史上标准最高、最具进步意义的贸易协定"。这当然也包括其中"标准最高"的知识产权保护。

TPP 第 18 章是知识产权保护，该章包括商标、专利、版权、工业设计、地理标识、商业秘密以及其他形式的知识产权，缔约方同意建立强有力的执法体系，包括民事程序、临时措施和边境措施，以及针对商业规模的假冒商标和侵犯版权等行为采取刑事程序和惩罚等。

TPP 后来的发展可谓一波三折。

首先，美国退"群"。2016年11月22日，美国总统当选人特朗普用视频方式公布执政百日计划。他说他的执政核心就是"美国优先，让美国再次强大"。特朗普说，2017年1月20日就职第1天，他将会让美国撤出TPP，因为这是一个"灾难"。他强调说："我们将会谈判公平的、双边的贸易协议，为美国带来工作机会、让制造业再次回到美国。"2017年1月23日，美国新上任总统特朗普签署行政命令，正式宣布美国退出TPP。

其次，谈判破裂。美国退出后，日本成为带领TPP前进的主导者。2017年4月，在没有美国参加的情况下，日本任命一位副部级高官作为TPP首席谈判代表。此后，TPP11国先后召开了多次会议，包括同年5月在多伦多和河内，7月在箱根和8月在悉尼等举行的会议。

2017年11月，在越南岘港举行的APEC领导人会议期间，11个TPP成员国领导人最终就新协定的内容达成了框架协议。新生的TPP更名为《跨太平洋伙伴关系全面进步协定》（Comprehensive and Progressive Agreement for Trans-Pacific Partnership, CPTPP）。会议后发表的声明表示，各国部长宣布他们已经就CPTPP的核心内容达成一致意见；除了一些将要暂停执行的条款，该协定还包含4项取得实质进展的条款；部长们一致认为CPTPP保持了原TPP所设定的高标准、平衡性以及完整性。

CPTPP仍然保留了原TPP超过95％的内容，但CPTPP最终暂停执行原TPP中20项条款的实施，其中有11项涉及知识产权。知识产权是美国在TPP谈判中的重点，美国谈判代表曾经为之力争的多项知识产权保护条例被暂缓实施，包括版权有效期延续至作者死后70年，以及设定为8年的生物制药专利保护期限等。这11个国家已接近达成协定，但因加拿大对有关条款持保留态度而使谈判在最后一刻破裂。

再次，达成一致。2018年1月23日，在特朗普正式宣布美国退出一年后，日本、加拿大等11个国家的谈判代表在瑞士达沃斯清除了最后的障碍，达成了一项新TPP贸易协定，宣布将于2018年3月8日在智利签署该协定。据报道，CPTPP之所以称为"全面进步"，是因为它不再仅限于市场、贸易等问题，还包含投资内容，并在整体上更注重全面平衡和完整性，以确保所有参与者的商业利益和其他利益。CPTPP包含了贸易和投资，因此是一个更加高级、全面的TPP。

虽然新TPP是个缩减版，相比原版有20项条款被冻结，这些条款大多是美国要求的条款，但美国退出后，新版TPP的生效条件由原来的全体签约国GDP之和的85％以上国家通过，改为6个以上国家通过即可，通过难度大大降低。此外，CPTPP是开放协定，如加上希望加入该协定的印度尼西亚、菲律宾、泰国和韩国等，成员国可能很快扩大到15个。

最后，美国反悔。与此同时，特朗普在多次重申拒绝TPP后，2018年1月25日他在达沃斯参加世界经济论坛会议间隙接受采访时表示："我将告诉你一个大新闻。如果我们能敲定一个比之前好得多的协议，我会加入TPP。"这就为美国打开了重新加入TPP的大门。接着，2018年2月14日，美国财政部副部长马尔帕斯在首都华盛顿发表讲话时明确表示，美国有意与跨太平洋伙伴关系协定（TPP）的11个成员国"进行贸易谈判"，意在扩大美国出口贸易。马尔帕斯称，美国总统特朗普此前提到重返TPP是因为"TPP可能有利于美国工人"，强调"特朗普重视与各国进行贸易谈判"。当然，11国也一直给美国留下重返的机会：暂停执行了美国一直寻求的20项条款，而不是将其完全删除。

之后，出尔反尔。据CNN报道，2018年4月12日，内布拉斯加州参议员萨斯在白宫与特朗普会面后透露，特朗普已指派白宫首席经济顾问库德洛和美国贸易代表莱特希泽，研究美国重新参与 TPP 谈判一事。

紧接着，据路透社 2018 年 4 月 18 日报道，正在访美的安倍晋三在与特朗普举行的联合记者会上透露，对于重返 TPP，两国存在明显的分歧。安倍晋三说："在美国方面，他们对达成双边协定感兴趣。我国的立场是跨太平洋伙伴关系协定（TPP）对我们两国来说才是最好的。"而特朗普则明确表示："我不想回到 TPP，但如果他们给了一个我从美国的立场来说无法拒绝的协议，我还是会加入的。但我更喜欢双边协定。"

值得注意的是，21 世纪以来，知识产权的重要性与日俱增，日益成为国家核心竞争力的重要组成部分。美欧主导并试图在多边框架下建立新的和更高标准的知识产权全球保护和执法体系，这是必然的发展趋势。迄今为止，虽然这两个协定最终一个未能正式批准实施，另一个起死回生，变成缩减版，但因为这两个协定具有示范和引领作用，所以还是有必要了解其有关规定的具体内容。

二、有关规定简要比较

比较分为三部分：第一部分涉及知识产权保护客体方面，第二部分涉及知识产权保护执法方面，第三部分涉及数字环境下知识产权执法方面。

第一部分　知识产权保护客体方面

（一）扩大知识产权适用范围

1. 增加商标法保护的客体

《TRIPS 协定》第 15 条规定："个人姓名、字母、数字、图形要素和颜色组合以及任何这些符号的组合都应能够注册为商标。"

TPP 第 18.18 条规定："缔约方均不得将标记可被视觉感知作为商标注册条件，也不得因该标记仅由声音组成而拒绝商标注册。此外，每一缔约方应尽最大努力注册气味商标。"声音和气味组成的标识可给予商标注册，该项规定突破了《TRIPS 协定》的规定，扩大了可注册商标种类，增加了商标法保护的客体范围。

2. 弥补域名保护的缺失

《TRIPS 协定》中没有规定域名保护相关的条款。TPP 第 18.28 条第 1 款（a）项规定：对于国家级域名的管理，"每一缔约方应提供以互联网名称与数字地址分配机构（ICANN）《统一域名争议解决政策》所建立的原则为基础或仿照类似方法的争端解决的适当程序"。该条款填补了《TRIPS 协定》的空缺。

3. 降低可授予专利客体的标准

《TRIPS 协定》第 27 条第 1 款规定："专利应适用于所有技术领域中任何发明，不论它是产品还是方法，只要它具有新颖性、创造性和工业实用性即可。"

TPP 则在第 18.37 条第 1 款对新颖性、创造性和实用性做出概括规定后，另外增加了第 2 款，明确规定："每一缔约方应确认以下至少一种类型主张的发明可授予专利：已知产品的新用途、使用已知产品的新方法、使用已知产品的新工序。"也就是说，只要符合三者之一即可授予专利。TPP 在遵守《TRIPS 协定》关于创造性和实用性规定的前提下对新颖性做了突破，降低了新颖性的门槛，从而降低了可专利客体的标准。

（二）增加知识产权权利内容

1. 扩大驰名商标的保护范围

《保护工业产权巴黎公约》（1967）第六条之二和《TRIPS 协定》第 16 条第 3 款对驰

名商标保护的规定是指"注册商标",并且适用"相同或类似商品的商标"。TPP 第 18.22 条第 2 款规定:"《保护工业产权巴黎公约》(1967) 第六条之二比照适用到与驰名商标不相同或者相似的商品或服务上,无论注册与否,只要在该商品或者服务上使用该商标会指示其与商标所有人存在某种联系,并且该商标所有人的利益可能因为该使用受到损害。"根据此规定,TPP 将未注册驰名商标纳入了保护范围,并且可适用"不相同或者相似的商品或服务"。

2. 增加版权人复制权内容

《伯尔尼公约》第 14 条第 1 款规定的复制权为:许可把文学和艺术作品改编或复制成电影以及发行经改编或复制的作品;许可公开演出演奏以及向公众做有线广播经改编或复制的作品。TRIPS 协定第 14 条规定的复制权为:表演者的表演;录音制品制作者对其尚未固定的表演加以固定,以及已经固定的内容;广播组织已固定的内容。

TPP 第 18.58 条规定:"各缔约方应当给予作者、表演者和录音制品制作者授权或者禁止以任何方法或者形式(含数字形式)复制他们的作品、表演和录音制品的权利。"该条款规定"授权或者禁止以任何方法或者形式(含数字形式)复制他们的作品",无疑扩大了版权人对于复制权的控制范围,超越了《伯尔尼公约》和《TRIPS 协定》各自在第 14 条中规定复制权的内容。

(三)延长知识产权保护期

1. 延长商标保护期

《TRIPS 协定》第 18 条规定:"商标的首期注册及各次续展注册的保护期,均不得少于 7 年。"TPP 第 18.26 条规定:"每一缔约方应规定商标的初始注册和每次续展注册的有效期不少于 10 年。"显然,该规定超过了《TRIPS 协定》第 18 条给予商标的保护期。

2. 增加对农业化学品、药品和生物制剂未公开实验数据提供专利保护期

《TRIPS 协定》对未公开数据采用反不正当竞争法的保护模式,以防止对未公开数据进行不正当的商业使用,但没有对未公开数据设置专有的保护期。《TRIPS 协定》第 39 条第 1 款规定:"在保证按照《巴黎公约》1967 年文本第十条之二的规定为反不正当竞争提供有效保护的过程中,成员应依照本条第二款,保护未披露过的信息。"其第三款规定:"当成员要求以提交未披露过的实验数据或其他数据,作为批准采用新化学成分的医药用或农用化工产品上市的条件时,如果该数据的原创活动包含了相当的努力,则该成员应保护该数据,以防不正当的商业使用。"

TPP 则对这些产品的未公开实验数据设置了专有的保护期。TPP 第 18.47 条是对农业化学品未公开实验数据的规定:在该产品"获批上市许可之日起至少 10 年"的保护期;TPP 第 18.50 条是对药品未公开实验数据的规定:在该新药"获批上市许可之日起至少 5 年"的保护期;TPP 第 18.52 条是对生物制剂保护期的规定:可"获得首次上市许可之日起至少 8 年有效市场保护"。

3. 扩大版权保护期

《伯尔尼公约》第 7 条第 1 款规定:"本公约给予保护的期限为作者终生及其死后五十年。"《TRIPS 协定》第 12 条规定:"除摄影作品或实用艺术作品外,如果某作品的保护期并非按自然人有生之年计算,则保护期不得少于经许可而出版之年年终起 50 年,如果作品自完成起 50 年内未被许可出版,则保护期应不少于作品完成之年年终起 50 年。"

TPP 第 18.63 条规定:"每一缔约方应规定,作品、表演或录音制品保护期的计算方

式如下：（a）以自然人寿命为计算基础，保护期应不少于作者有生之年加死后70年；及（b）不以自然人寿命为计算基础，保护期应：（i）自作品、表演及录音制品首次授权发行日历年年底计算，不少于70年；或（ii）如作品、表演及录音制品自创作之日起25年内未授权发行的，自创作的日历年年底计算，不少于70年。"TPP规定的这一保护期比《TRIPS协定》和《伯尔尼公约》的长了20年。

第二部分　知识产权保护执法方面

（一）关于民事执法

1. 扩大适用范围

（1）扩大申请人范围。

《TRIPS协定》第50条第3款规定："司法当局有权要求申诉人提供合理有效的证据，以便司法当局充分肯定地确认申诉人就是权利人，申诉人的权利正在受到侵犯，或者这种侵犯即将发生。"《TRIPS协定》通过该条款明确界定了申请人（申诉人）的范围，要求其为知识产权的权利持有人。而ACTA第12条第4款中则没有出现申请人或"申诉人就是权利人"这样的规定，TPP第18.75条第2款也有与ACTA类似的规定。这样，申请人的范围已经不再被限制为知识产权的权利持有人了。

（2）扩大禁令适用范围。

《TRIPS协定》的禁令规定仅针对侵权当事人，并未提及第三人。《TRIPS协定》第44条第1款规定："司法当局应有权责令当事人停止侵权，尤其有权在海关一旦放行之后，立即禁止含有侵犯知识产权的进口商品在该当局管辖范围内进入商业渠道。对于当事人在已知，或有充分理由应知经营有关商品会导致侵犯知识产权之前即已获得或已预购的该商品，成员无义务授予司法当局上述权力。"

ACTA第8条第1款规定："各缔约方应规定，在知识产权执法的民事司法程序中，其司法机关有权责令当事方停止侵权，包括向当事方或视情况向其司法管辖权范围内的第三方发布命令，防止侵权货品进入商业渠道。"TPP第18.74条第1款也有与ACTA类似的规定。这样，ACTA与TPP增加了司法当局在其管辖范围内有权在适当情况下责令第三人停止侵权，同时取消了"已知，或有充分理由应知"限定的例外情况，扩大了禁令适用对象的范围。

（3）扩大信息披露范围。

《TRIPS协定》第57条规定："如果案件确系侵权已有定论，则成员可授权该主管当局将发货人、进口人及收货人的姓名、地址以及有关商品数量等信息提供给权利持有人。"

ACTA比《TRIPS协定》扩大了信息披露范围。ACTA第22条（b）款规定："各缔约方可授权其主管机关向权利持有人提供货品的信息，包括但不限于货品的名称、数量，发货人，进口商，出口商或收货人的姓名和地址，以及货品来源国（如已知）和货品制造商的姓名和地址，以协助第19条（侵权裁定）规定的司法裁定。"据此，ACTA比《TRIPS协定》增加了两项重要规定：一是关于信息的类型，在《TRIPS协定》规定披露"发货人、进口人及收货人的姓名、地址以及有关商品的数量等信息"的基础上，该款增加了"出口商或收货人的姓名和地址，以及货品来源国（如已知）和货品制造商的姓名和地址"；二是关于信息披露的时间限制，在这方面《TRIPS协定》并没有做任何规定，而ACTA该条（c）款则设置了时限："各缔约方应当授权其主管机关在扣押了货品或做出裁定的30日内，为权利持有人提供货品的信息。"TPP在第18.76条第4款第（a）和（b）

项分别对上述两点做了同样的规定。这两方面的规定均加重了主管机关的权责，并为权利所有人获取了更多的权益。

（4）扩大临时措施和取得证据适用范围。

《TRIPS 协定》和 ACTA 均有关于停止侵权和证据保全的临时措施的规定，但两者也有区别，其区别与禁令条款相似。ACTA 第 12 条第 1 款（a）项规定的临时措施适用范围从"当事人"扩大到"司法管辖范围内的第三方"。此外，《TRIPS 协定》第 50 条第 3 款要求申请人"提供合理有效的证据"证明其是权利持有人，而 ACTA 第 12 条第 4 款的规定仅要求申请人提供自身权利正在或即将被侵犯的证据，并没有要求申请人必须是权利持有人。TPP 第 18.75 条第 2 款则规定"提供任何可合理取得的证据"，这样证据取得的范围更广泛，方式更灵活。

2. 增加损害赔偿额

《TRIPS 协定》第 45 条第 1 款规定："对已知或有充分理由应知自己从事之活动系侵权的侵权人，司法当局应有权责令其向权利人支付足以弥补因侵犯知识产权而给权利持有人造成之损失的损害赔偿费。"ACTA 第 9 条也要求侵权人向权利人支付足以弥补其因知识产权侵权所受损害的赔偿，但又增加了要求考虑可能包括利润损失在内的被侵权商品与服务的价值等具体内容："在确定知识产权侵权的赔偿金额时，司法机关有权考虑权利所有人提出的任何合法估算的利润损失以及侵权货品或服务的价值。"TPP 第 18.74 条第 4 款也有与 ACTA 类似的规定。这种规定使得权利持有人可以根据自己的主观判断提供任何合法的评估方法，这显然会增加损害赔偿金额。

此外，《TRIPS 协定》第 45 条第 2 款规定："司法当局还应有权责令侵权人向权利持有人支付其他开支，其中可包括适当的律师费。"而 ACTA 第 9 条第 5 款则规定，司法机关有权责令败诉方应"向胜诉方支付诉讼费和适当的律师费"。TPP 第 18.74 条第 10 款也规定，对于知识产权侵权案件，"司法机关在适当的情况下，有权要求败诉方向胜诉方支付诉讼费和合理的律师费"。这样，一种选择性的支付变为强制性的支付。

3. 规定变相的惩罚性赔偿

在赔偿方式上，TPP 第 18.74 条第 6 款和第 7 款规定了"法定赔偿"和"额外赔偿"两种方式。后者是《TRIPS 协定》和 ACTA 所没有的。该条第 9 款规定："在判定第 6 款和第 7 款的额外赔偿时，司法机关有权考虑到所有相关事项，包括侵权行为的性质及震慑未来类似侵权的需要，判处其认为合理的额外赔偿。"实际上，所谓"额外赔偿"是一种变相的惩罚性赔偿。

（二）关于边境执法

1. 扩大执法范围

《TRIPS 协定》规定非商业性质的小件托运货品不在适用范围内，其第 60 条规定："成员可将旅客个人行李中携带的或在小件托运中运送的少量非商业性商品，排除于上述规定的适用范围之外。"《TRIPS 协定》没有涉及对商业性质的小件托运货品的规定。而 ACTA 第 14 条第 1 款将商业性质的小件托运货品纳入了适用范围："缔约国应把商业性质的小件托运货品纳入本节适用范围。"TPP 第 18.76 第 9 款也规定："本条也应适用于小件托运的商业性货物。"

《TRIPS 协定》第 51 条规定："成员均应在符合下文之规定的前提下，采用有关程序，以使有合理理由怀疑假冒商标的商品或盗版商品的进口可能发生的权利持有人，能够向主管的司法或行政当局提交书面申请，要海关中止放行该商品进入自由流通。对其他侵犯知识产权的活动，成员也可以规定同样的申请程序，只要其符合本节的要求，成员还可以提供相应的程序，对于意图从其地域内出口的侵权商品，由海关当局中止放行。"《TRIPS 协定》要求成员方主要对进口的假冒和盗版货物采取中止放行的措施，也提到"出口的侵权商品，由海关当局中止放行"。条文中没有要求对转运货物实施此类措施。ACTA 第 16 条第 1 款和第 2 款分别明确了缔约方可以将"进、出口货运"和"转运货品"纳入了边境措施的执法范围。

TPP 第 18.76 第 5 款规定："每一缔约方应规定，其主管当局可依职权对于海关控制下的货物启动边境措施，此类货物为：（a）进口；（b）专供出口；或（c）过境，且被怀疑是假冒商标的货物或盗版货物。"此规定不仅坚持海关可依职权启动边境措施，而且将边境措施的适用体现于进口、出口和过境三个环节，扩大了海关的职权。

2. 加大执法力度

《TRIPS 协定》第 52 条和第 58 条规定了两种边境保护模式。一是依申请保护，即被动保护模式；二是依职权保护，即主动保护模式。同时，《TRIPS 协定》第 58 条规定海关依职权采取边境措施的对象是"已获得无可争辩的证据证明知识产权正在受到侵犯的货物"。ACTA 第 17 条第 2 款规定："各缔约方应规定中止放行或扣押有嫌疑的货品申请适用于其领土内海关控制下的所有货品。"该条款扩大了《TRIPS 协定》中适用边境措施的侵权货物的种类，将有嫌疑的货品也纳入边境措施执法的对象。

TPP 则采用更为宽松的一种标准。TPP 第 18.76 条第 1 款规定："每一缔约方应规定申请以中止放行或扣留任何进口到该缔约方领土内的涉嫌假冒、混淆性相似的商标或盗版的货物。"该条款同样扩大了《TRIPS 协定》中适用边境措施的侵权货物的种类，将"混淆性相似的商标或盗版的货物"也纳入了边境执法的对象。

（三）关于刑事执法

1. 扩大适用范围

《TRIPS 协定》规定，假冒产品是指那些会引发刑事责任的商标侵权产品，必须是故意的，并且是具有"商业规模"的侵权行为。《TRIPS 协定》第 61 条规定："全体成员均应提供刑事程序及刑事惩罚，至少对于有意以商业规模假冒商标或对版权盗版的情况是如此。"《TRIPS 协定》对于何谓"商业规模"没有做明确的说明。

ACTA 第 23 条明确规定了知识产权刑事违法的各种行为，重申了《TRIPS 协定》中对"至少对于有意以商业规模假冒商标或对版权盗版的情况"适用刑事执法的规定，并对"具有商业规模的行为"做了具体的定义。其第 1 款规定："达到商业规模的行为至少包括为直接或间接的经济或商业利益而实施的商业活动。"此规定并未限定商业行为的规模，因此扩大了刑事执法的范围。同时，ACTA 在其第 23 条第 4 款中增加了《TRIPS 协定》没有涉及的"协助和教唆"刑事责任的规定："对本条中规定的缔约方采取刑事程序和刑事处罚的犯罪行为，该缔约方应确保在其本国法律中规定有协助和教唆的刑事责任。"

TPP 第 18.77 条第 1 款规定："每一缔约方应规定至少将适用于具有商业规模的故意假冒商标或者故意盗版案件的刑事程序和处罚。关于故意侵犯盗版或相关权利，'有商业规模'至少包括：（a）出于商业利益或财务收益而实施的行为；及（b）并非出于商业利益或财务收益而实施的重大行为，但对版权或相关权利持有人在市场利益造成实质损害的重大行为。"该规定实际上是扩大了《TRIPS 协定》第 61 条规定的"商业规模"，降低了适用刑事措施的门槛，使得没有商业性质的大规模利用被纳入了刑事犯罪的范围。

2. 增加处罚措施

《TRIPS 协定》第 61 条规定，关于扣押、没收、销毁等处罚措施，只是一种可供选择的措施，其第 61 条规定："在适当场合，可采用的救济还应包括扣留、没收或销毁侵权商品以及任何主要用于从事上述犯罪活动的原料及工具。"

ACTA 则在此基础上增加了处罚内容。其第 25 条第 1 款规定："该缔约方应规定其主管机关有权责令扣押涉嫌假冒商标的货品和盗版货品，任何用于实施被控罪行的相关材料和工具，与被控罪行相关的文书证据，来自被控侵权行为或直接、间接通过被控的侵权行为获得的资产。"同时其第 4 款强调："各缔约方的没收或销毁是在不给予侵权人任何类型的赔偿的情况下进行的。"

TPP 第 18.77 条第 5 款和第 6 款（c）项也做了与 ACTA 类似的规定。

3. 强化侵权定性

《TRIPS 协定》将侵权行为主要作为民事案件处理，对刑事执法只有第 61 条一个条文，其规定也比较简单，全文如下："全体成员均应提供刑事程序及刑事惩罚，至少对于有意以商业规模假冒商标或对版权盗版的情况是如此。可以采用的救济应包括处以足够起威慑作用的监禁，或处以罚金，或二者并处，以符合适用于相应严重罪行的惩罚标准为限。在适当场合，可采用的救济还应包括扣留、没收或销毁侵权商品以及任何主要用于从事上述犯罪活动的原料及工具。成员可规定将刑事程序及刑事惩罚适用于侵犯知识产权的其他情况，尤其是有意侵权并且以商业规模侵权的情况。"

ACTA 则更加重视刑事执法，将其扩大到 4 个条文（第 23 至 26 条），其第 26 条明确规定："缔约方应规定，其主管机关在适当的情况下可主动采取行动针对该缔约方采取刑事程序和刑事处罚的第 23 条（刑事犯罪）第 1、2、3、4 款所述刑事罪行展开调查或法律行动。"其 24 条"罚则"规定："对于第 3 条（刑事犯罪）第 1、2、4 款所述罪行，各缔约方应按与其情节严重程度相当的罪行所适用的处罚规定处罚措施，包括足以阻止未来的侵权行为发生的监禁及罚金。"

TPP 将知识产权侵权行为定性为犯罪行为。TPP 第 18.77 条第 2 款规定："每一缔约方应将具有商业规模的故意进口或出口假冒商标货物或盗版货物视为应受刑事处罚的违法行为。"ACTA 第 24 条规定了罚金的数额应"与其情节严重程度相当"的原则，而 TPP 则要求加重处罚，其处罚应"与适用于同等严重犯罪的刑罚水平相一致"。TPP 第 18.77 条第 6（a）款明确规定："刑事处罚包括有期徒刑和足够高的罚金以对未来侵权行为造成威慑，并与适用于同等严重犯罪的刑罚水平相一致。"

第三部分　数字环境下知识产权执法方面

《TRIPS 协定》没有规定数字环境下知识产权执法的内容。ACTA 开始新增数字环境下知识产权执法的内容，TPP 则对其全盘继承和发展。

1. ACTA 和 TPP 均要求缔约方应确保其法律中有关民事和刑事的执法程序同样适用于数字环境下的知识产权侵权行为。ACTA 第 27 条第 1 款规定："缔约方应确保本国法律包含本章第二节（民事执法）和第四节（刑事执法）所提及的执法程序，以便对在数字环境下发生的知识产权侵权行为可以采取有效的行动。"TPP 第 18.71 条第 2 款规定："每一缔约方确认，第 18.74 条（民事和行政程序及救济）、第 18.75 条（临时措施）和第 18.77 条（刑事程序和刑罚）应能同等适用于数字环境中的商标侵权行为、版权和相关权利侵权行为。"

2. ACTA 和 TPP 均要求为保证执法的有效性，缔约方应在法律上鼓励网络服务提供商与版权权利人进行配合或提供激励，以便阻止未经授权的有关版权的侵权行为。ACTA第 27 条第 3 款规定："缔约方应尽力促进企业界的合作，以有效解决商标和版权相关权利的侵权问题。"TPP 第 18.82 条第 1 款（a）项规定：每一缔约方"给互联网服务提供商的法律激励，使其与版权权利人合作，来阻止未经授权存储和传输受版权保护的材料"。

3. ACTA 和 TPP 均规定了主管机关有权责令网络服务提供商向权利持有人披露侵权用户信息的自由裁量权。ACTA 第 27 条第 4 款规定："缔约方可根据自身的法律法规规定，如果权利持有人提出有充分法律依据的主张，声称商标权和版权或相关权利受侵害，并且正在为保护或实施这些权利寻求信息，主管机关有权命令网络服务提供商向权利持有人及时披露足以识别账户涉嫌用于进行侵权行为用户信息。"TPP 第 18.82 条第 3（a）款则进一步规定："要求互联网服务提供商一经实际获悉版权权利人或意识到明显侵权的事实或情况，如通过从权利人或代表权利人的被授权人处收到涉嫌侵权的通知，就迅速移除或禁止访问存在于其网络或系统内的材料。"

4. TPP 也与 ACTA 有不同和发展之处：一是 TPP 要求各缔约方对互联网服务提供商建立或者保持一个版权安全港的框架，TPP 第 18.82 条明确规定："每一缔约方应保证权利人就处理此类版权侵权能够获得法律救济，并且为互联网提供商的在线服务设立或维持适当的安全港。"ACTA 没有"安全港"的规定。二是 TPP 第 18.82 条第 5 款包括对互联网服务提供商和用户的通知和反通知程序，该款规定："每一缔约方应保证其法律制度提供针对故意在通知和反通知中做出重大虚假陈述，并因互联网服务提供商对该虚假陈述的信赖而给任何利害关系方造成损害的任何人的金钱救济。"ACTA 中也没有这种程序的规定。

三、小结

综上所述，从《TRIPS 协定》到 ACTA 再到 TPP，通过对比可以发现，它们之间既有联系又有区别，是一个不断升级版（TRIPS-PLUS）的过程。

1. ACTA 第 1 条强调不减损《TRIPS 协定》规定的义务。可见，ACTA 是在与《TRIPS 协定》保持一致的前提下，对《TRIPS 协定》不足的方面加以改进，确立新的和更高的知识产权保护的执法标准，从而更加有效地打击假冒产品。与双边或区域经贸协定中有关知识产权规定的条款相比，ACTA 的内容体现了超越《TRIPS 协定》标准的特点：ACTA 相比《TRIPS 协定》不仅增加了数字环境下的执法、执法实践和国际合作等内容，而且对民事执法、边境措施和刑事执法的规定进一步细化，更加严格。

2. TPP 第 18.10 条强调不减损《TRIPS 协定》规定的义务。在知识产权保护客体方面，与《TRIPS 协定》相比，TPP 的规定扩大了知识产权的客体范围，增加了受商标法保护的客体，强化了对域名的保护，降低了可专利客体的标准，延长了知识产权的保护期，延长了对农业化学物质、药品和生物制剂未披露信息的专有保护期。TPP 条款在知识产权保护上更加注重权利人的利益。

3. TPP 是对 ACTA 的继承和发展。知识产权保护的关键在于实施，高标准的知识产权保护需要严格和有效的执法和司法来保证。ACTA 和 TPP 提升了《TRIPS 协定》的保护标准，对知识产权的保护更加全面和系统。ACTA 提出比《TRIPS 协定》更严厉的民事、边境和刑事执法措施，以及新增《TRIPS 协定》没有的数字环境下知识产权执法的规定；TPP 基本上吸收了 ACTA 上述有关规定的内容，同时进一步扩大执法适用范围，并且在侵权认定要件、损害赔偿额度等具体细节方面进一步加大了打击知识产权侵权的力度，旨在以各种执法措施的综合实施，最终达到能够对目前和未来的侵权行为起到威慑作用的预期效果。

4. ACTA 和 TPP 试图在多边框架下建立比《TRIPS 协定》更新和更高标准的知识产权国际执法体系，作为全新的多边知识产权协定，对于知识产权保护的实施框架、执法实践和国际合作提出了新的要求，反映了欧美各国对于加强知识产权保护的期望和决心。更主要的是，TPP 内容将众多知识产权国际公约与有关国家 FTA 中关于知识产权保护的"最佳实践"（例如，对域名的保护，扩大版权人复制权的范围，商标和版权保护期的延长等）相结合，详细规定了有关知识产权客体的管理和执法保护的内容，这极大地推动了知识产权国际保护规则的发展和升级，很有可能形成一种新的知识产权保护的国际规范。

总之，ACTA 和 TPP 代表了知识产权国际保护的最新进展，在双边或多边经贸、投资谈判或协定中，作为知识产权超级出口大国，欧美各国势必以各种方式复活或推行有关条款，值得关注。

资料来源：

1. 浅析《反假冒贸易协定》对打击假冒商品执法标准的新规定，http://blog.sina.com.cn/mugua614，2012 - 10 - 06.

2. 夏玮. 从知识产权协议草案看 TPP 谈判高标准与国际规则制定. 国际商务研究，2014（5）.

3. 郭雨洒. TPP 最终文本之 TRIPS-PLUS 条款探究，中华人民共和国知识产权局（SIPO）网站，2015 - 12 - 24.

第 九 章

国际商事仲裁法

国际商事仲裁法（international commercial arbitration law），是指调整国际商事仲裁机构根据仲裁条款或协议，对有关当事人之间的仲裁争议进行仲裁裁决的有关法律规范的总称。

仲裁是合同当事人通过协议将争议提交第三者，由其对争议的是非曲直进行评判，并做出裁决的一种解决争议的办法。国际上有许多国际性仲裁机构，并且确立了明确的仲裁规则。仲裁协议是双方当事人表示愿意将其之间发生的争议提交仲裁解决的书面协议，包括仲裁条款和提交仲裁的协议两种形式。仲裁条款具有独立性。1958 年的《纽约公约》是关于承认与执行外国仲裁裁决的主要国际公约。《中国国际经济贸易仲裁委员会仲裁规则》确定了仲裁的规则，中国《仲裁法》的实施使仲裁有法可依。

本章重点内容是了解和掌握：（1）仲裁协议的作用；（2）仲裁条款的主要内容；（3）仲裁条款的独立性；（4）《纽约公约》的主要内容；（5）中国仲裁机构、仲裁规则与仲裁法。

重点问题

- 仲裁法概论
- 国际常设仲裁机构与仲裁规则
- 仲裁协议
- 国际商事仲裁程序
- 外国仲裁裁决的承认与执行
- 中国的仲裁机构、仲裁规则与仲裁法

第一节　仲裁法概论

一、仲裁的概念

仲裁（arbitration）也叫作公断，是合同当事人通过协议将争议提交第三者，由其对争议的是非曲直进行评判，并做出裁决的一种解决争议的办法。由此做出的裁决对双方当事人均具有约束力。

国际商事争议的解决主要有三种办法：协商调解、提交仲裁与司法诉讼。前面两种办法是非司法解决办法，后面一种办法是司法解决办法。

虽然仲裁与调解和诉讼具有相同之处，即均属于第三者解决的办法，但是它们之间是有较大的区别的。

1. 仲裁与调解的异同

仲裁与调解（conciliation）相比，既有相同之处，也有不同之处。相同之处是两者都是以双方当事人的协议或同意为基础而进行的。不同之处主要表现在两个方面：（1）调解的进行，自始至终都需要双方当事人的同意，如果有一方不同意，那么，调解就无法进行；仲裁是只要双方合意达成仲裁协议，就对其产生法律约束力，即使一方反悔，不同意仲裁，另一方仍然可以根据仲裁协议提起仲裁程序，仲裁庭就可以受理案件，进行仲裁。（2）调解人只能对当事人进行说服劝导，无权自己做出决定，这样经过调解达成的协议，完全是基于双方当事人的相互同意；仲裁人是以裁判者的身份出现，可以独立自主地对有关争议的问题进行裁决，这种裁决不必经过双方当事人的同意，一般对他们是具有约束力的。

2. 仲裁与诉讼的异同

同样，仲裁与诉讼（suit）相比，既有相同之处，也有不同之处。相同之处是两者的处理决定均由第三者独立自主地做出，一般对当事人具有约束力。不同之处主要表现在三个方面：（1）法院是国家机器的重要组成部分，具有法定的管辖权。如果一方当事人向法院起诉，则一般不必根据双方当事人事先的同意或约定，有管辖权的法院有权发出传票，传唤另一方出庭，当然，如果双方订立了仲裁协议的除外；仲裁机构，尤其是国际商事仲裁机构，一般都是民间组织，没有法定的管辖权，只是根据双方当事人事先达成的仲裁协议，受理提交给它处理的案件。如果双方当事人没有订立仲裁协议，那么，任何一方或者仲裁机构都不能迫使另一方进行仲裁。（2）法院受理案件的范围是由法律规定的，法院可以审判法定范围内的任何事项；仲裁的事项与范围都是双方当事人事先约定的，仲裁人不得对当事人约定范围以外的事项进行仲裁。（3）法院负责审理案件的法官由法院任命，诉讼当事人没有任意指派或选择法官的权利。同时，法院开庭的时间、地点与程序等均由法院规定，当事人无权做出变更。在仲裁时，有关仲裁人、仲裁程序、时间与地点等，均可由双方当事人相互协商确定。

二、仲裁的种类

仲裁，根据其适用的领域，可以分为三种不同的类型。

1. 国内仲裁

这是一国内部的经济仲裁制度，用于解决一国国内在经济、贸易与劳动等方面所发生的争议。它属于国内程序法的研究范畴。

2. 国际仲裁

严格意义上的国际仲裁，是指用于解决国家之间的争端的仲裁，又称为国家间仲裁。它是解决国际争端的方法之一，属于国际公法研究的范畴。

3. 国际商事仲裁

国际商事仲裁，是指从事国际商务交往活动的当事人，根据争议发生前或发生后所达成的协议，自愿将国际商事争议提交有关国际仲裁机构进行仲裁，由其做出对双方均有约束力的仲裁裁决的一种国际商事争议解决制度。国际商事仲裁法，是指调整国际商事仲裁机构根据仲裁条款或协议，对有关当事人之间的仲裁争议进行仲裁裁决的有关法律规范的总称。

广义的国际商事仲裁，包括对外经济贸易仲裁与海事仲裁。1985 年联合国国际贸易法委员会颁布的《国际商事仲裁示范法》（Model Law on International Commercial Arbitration）第 1 条第 3 款，对什么是"国际仲裁"做出了以下解释与规定："一项仲裁是国际性的，如果：（1）仲裁协议双方当事人在签订该协议的时候，它们的营业地点位于不同的国家。或者（2）下列地点之一位于双方当事人营业地共同所在的国家之外：第一，仲裁协议中确定的或根据协议确定的仲裁地；第二，商事关系义务的主要部分将要履行的任何地点或与争议的标的具有最密切关系的地点；第三，双方当事人已明示约定仲裁协议的标的与一个以上国家有联系。"

《国际商事仲裁示范法》也对"商事"一词做出了以下解释："'商事'一词应给予广义的解释，以便覆盖所有具有商事性质关系的事项，而不论这种关系是否为契约关系。具有商事性质的关系包括（但不限于）下列交易：任何提供或交换商品或劳务的贸易交易；销售协议；商事代表或代理；保付代理；租赁；工程建造；咨询；设计；许可；投资；融资；银行业；保险；开采协议或特许；合营企业或其他形式的工业或商业合作；客货的航空、海洋、铁路或公路运输。"

三、仲裁的特点

仲裁是自愿的，必须经双方当事人同意，其指定的仲裁机构才有权进行仲裁。未经有关当事人同意，任何人不能擅自将争议提交仲裁机构进行仲裁。这是仲裁最基本的特点。具体而言，仲裁具有下列 5 个方面的特点。

1. 中立性

在跨国经济贸易的交往与合作中，不同国家的当事人往往不信任对方国家的法律与法院的公正性，都极力将争议提交本国法院，根据本国的法律解决争议，这是因为任何国家的法院在审理案件时都不能不考虑本国的政治和经济利益。仲裁可以作为双方都不愿意让步的替代办法，是中立于两国法院之外的，不受任何一国的司法制度与公共政策影响的。这样，在有关当事人看来，仲裁有利于争议的公正解决。

2. 自主性

各国的司法诉讼程序是严格规定的，当事人不能任意变动。在仲裁中，双方当事人则可以任命仲裁人，决定仲裁地点，安排仲裁程序，选择解决争议的法律等，从而可以使仲裁满足当事人的特别需要。由于当事人可以自主控制有关因素，因此也就成为人们对国际商事仲裁感兴趣的重要原因之一。

3. 专业性

国际经济贸易争议往往涉及许多专门性或技术性的问题，只有具有专业知识的专业人才才能解决。对于这些问题，国内法院的法官有时是难以胜任的。但是，在仲裁时，当事人可以聘请有关专业的专家学者或知名人士担任仲裁员。由于他们学有所长，精通业务，因此能够准确地指出问题之所在，并且能够提出比较令人满意的解决办法，从而有利于迅速解决争议。

4. 保密性

法院一般公开审理案件，仲裁一般是秘密进行的。此外，法院判决可以在报纸或官方刊物上公布，仲裁裁决一般不公之于众。这样，采用仲裁办法解决有关争议，更能够满足双方当事人不愿意将其商业秘密与分歧公之于众的要求，对两者之间进行的经济贸易合作关系的损害也较小，同时也有助于提高败诉方遵守与执行裁决的自觉性。

5. 终局性

对于法院判决，如果是下级法院做出的，则一般可以在法定的期限内向上一级法院提出上诉。仲裁裁决一般是终局性的（final），对双方均具有约束力，不得提出上诉，这就可以节约不少时间与费用。

总之，由于仲裁比较灵活，并且具有与法院判决相同的法律效力，所以，商事争议一般都采用仲裁的方式解决。一般在国际货物买卖合同中，都包含通过仲裁解决争议的仲裁条款。

第二节　国际常设仲裁机构与仲裁规则

20 世纪 60 年代尤其是 80 年代以来，仲裁已成为解决国际民商事争议的主要方式，日益受到世界各国的普遍重视，形成全球化的发展趋势。商事仲裁全球化发展趋势的具体表现如下：

（1）国际商事仲裁范围不断扩大。随着经济全球化的深入发展，国际商事交往日益频繁，纠纷日趋增加，仲裁所解决的争议范围也日益广泛，几乎包括了国际商事的所有领域，这见之于国际仲裁机构对众多仲裁案例的裁决。

（2）国内与国际立法日趋统一。为了适应经济全球化的深入发展，一方面，各国主动修改和制定仲裁的国内立法，其仲裁的国内立法日趋统一；另一方面，有关仲裁的国际公约逐渐增多，覆盖全球。除了《纽约公约》外，还有一些重要的区域性的国际公约，例如，1964 年 1 月 7 日生效的《关于国际商事仲裁的欧洲公约》，以及 1976 年 6 月 16 日生效的《美洲国家间关于国际商事仲裁的公约》等。当然，其中《纽约公约》的成员国数量最多，最具代表性。

（3）有关国际组织先后设立自己的仲裁机构。除本章介绍的国际常设仲裁机构外，还有世界银行下属的"解决投资争端国际中心"（基于 1965 年《华盛顿公约》而建立），以及世界知识产权组织下属的"仲裁与调解中心"（1994 年建立）等。这些仲裁中心的建立，主要是为了在各自管辖的领域，方便解决有关的国际争端。这些中心也是国际仲裁网络的重要组成部分。

（4）各国仲裁机构及其仲裁规则日趋国际化。国际常设商事仲裁机构纷纷修改各自的仲裁规则，以适应经济全球化发展的需要。此外，WTO 的争端解决机制中也包括仲裁程序，用于解决成员国之间的争端，并已对许多案例做了裁决。

（5）国际社会已普遍接受仲裁条款的独立性。鉴于仲裁条款独立性问题的意义重大，多年来，这一理论已载入一些国家的仲裁法或民事诉讼法，并且在一些国际公约中充分体现出来，也反映在国际仲裁机构的仲裁规则之中，同时在各国的司法裁决中也得到了比较普遍的承认与运用（详见本章"法律窗口"内容）。

一、国际常设仲裁机构

许多西方国家都有常设的仲裁机构，这些仲裁机构可以分为两类：第一类是全国性的仲裁机构，例如，英国伦敦仲裁院、美国仲裁协会、瑞典斯德哥尔摩商会仲裁院、瑞士苏黎世商会仲裁院、日本商事仲裁协会、意大利仲裁协会与澳大利亚国际商事仲裁中心等。第二类是设立在特定行业内的专业性的仲裁机构，例如，伦敦油籽协会、伦敦谷物贸易协会、伦敦羊毛终点市场协会与伦敦黄麻协会等行业协会所设立的仲裁机构。这类仲裁机构的仲裁员在处理争议案件时，可以直接适用该行业的有关惯例。

虽然这些外国的仲裁机构首先是面向各自国内的，但由于其各具特色，因而成为国际商事争议仲裁的选择对象，也就自然具有了国际性。下面简单介绍5个国际常设仲裁机构。

（一）伦敦国际仲裁院

伦敦国际仲裁院（London Court of International Arbitration，简称 LCIA）的前身是伦敦仲裁院。1892 年，伦敦仲裁会（London Chamber of Arbitration）成立，并于 1903 年改名伦敦仲裁院。1975 年，伦敦仲裁院与皇家特许仲裁员协会合并，1981 年改为现名。LCIA 由伦敦市政府、伦敦商会和皇家特许仲裁员协会三家共同组成的联合管理委员会管理。仲裁院日常事务由皇家仲裁员协会负责，皇家仲裁员协会会长兼任仲裁院执行主席和秘书长。LCIA 既处理国内商事仲裁，也处理国际商事仲裁案件。历史上，由于英国在贸易方面长期的领先地位，以及在处理海上货物运输和保险争议方面积累了丰富的经验，许多国际贸易和海事争议的当事人都愿意选择在 LCIA 仲裁。

LCIA 对其规则做过多次修订以适应仲裁的最新发展和法律的改革。1996 年英国颁布了新的仲裁法，法院对仲裁给予较为适度的干预，进一步强化了自由仲裁的政策。现行的《LCIA 仲裁规则》于 1998 年 1 月 1 日起开始实施，该仲裁规则正是根据新的仲裁法，对原来仲裁规则所做的修订。

英国 1998 年仲裁规则共 32 条。该仲裁规则第 5 条"仲裁庭的组成"的有关规定如下：

> 5.2　根据本规则进行仲裁的所有仲裁员应该并且始终保持公正和独立于当事人；仲裁员不应在仲裁中作为任何一方的律师。无论在委任前还是委任后，仲裁员都不应就争议的实体或结果为任何当事人提供建议。

> 5.5　只有仲裁院有权委任仲裁员。委任仲裁员时，仲裁院将适当考虑当事人书面同意的选择仲裁员的特定方法或标准。选择仲裁员时，仲裁院将考虑交易的性质、争议的性质与事实、当事人的国籍、所在地及语言以及当事人数目（如超过两人）。

> 5.6　在仲裁庭由三人组成的情况下，仲裁院将指定仲裁庭的首席仲裁员（不能为当事人提名的仲裁员。

第 6 条"仲裁员的国籍"的有关规定如下：

> 6.1　如果当事人各方具有不同的国籍，独任仲裁员或仲裁庭首席仲裁员的国籍不应与任何一方当事人相同，除非与该候选仲裁员不同国籍的其他当事人书面同意。

第 8 条 "三方或多方当事人" 的有关规定如下：

8.1　如仲裁协议授权各当事人提名一名仲裁员，而争议的当事人超过两方，且其没有书面同意，为组成仲裁庭，争议的当事人分别作为申请人和被申请人代表独立的双方，则仲裁院将不考虑当事人的提名而自行委任仲裁庭成员。

第 9 条 "加速组庭" 的有关规定如下：

9.1　如情况特别紧急，在仲裁开始时或之后，当事人可以申请仲裁院加速组成仲裁庭，包括委任本规则第 10 和 11 条项下的替换仲裁员。

第 26 条 "裁决" 的有关规定如下：

26.1　仲裁庭须以书面方式做出裁决，而且应说明其裁决所依据的理由，除非所有的当事人另有书面约定。裁决书还应写明做出裁决的日期和仲裁地，并由仲裁庭或同意裁决的仲裁庭成员签字。

26.2　倘若任何仲裁员在获得合理机会后，未按照适用于做出裁决的法律所列明的强制性规定行事，其余的仲裁员在该仲裁员缺席的情况下可以做出裁决，并在裁决书中说明该仲裁员未参与做出该裁决的情况。

26.3　倘若仲裁庭由三名仲裁员组成而未能就任何事项达成一致意见，仲裁员应以大多数的方式做出决定。如有任何事项未能以大多数的方式做出决定，应由仲裁庭主席做出决定。

26.4　倘若任何仲裁员拒绝或未能签署裁决书，由多数仲裁员或（如无多数时）由仲裁庭主席签署即已足够，但该多数仲裁员或仲裁庭主席须在裁决书中说明少数仲裁员未签署的原因。

2014 年 10 月 1 日伦敦国际仲裁院（LCIA）有了新生效的仲裁规则，即 LCIA Arbitration Rules 2014，共 32 条加 1 个索引和 1 个附件。其中有两项与时俱进的重要增订和一项独创性的规定：

一是增订了多方当事人的规定（第 8 条）。

二是增订了紧急仲裁员的规定（第 9 条 B）。

这两项规定只是遵循先例而已，此前一些国际仲裁已创设了这方面先例。这两项规定的详细说明见下文新版《国际商会国际仲裁院仲裁规则》的介绍。

三是增订了一项独创性的规定，即关于 "法律代理人" 行为的规定（第 18 条），并且为此专门制定了一附件（"当事人的法律代理人一般准则"）。这是对当事人的法律代理人的道德规范，即要求当事人确保其代理人同意遵守该规范，以确保 "为最终解决当事人之间的纠纷提供公平、高效和快捷的措施"。这种道德规范的制定是伦敦国际仲裁院（LCIA）的首创。

（二）斯德哥尔摩商会仲裁院

斯德哥尔摩商会仲裁院（Arbitration Institute of Stockholm Chamber of Commerce，简称 SCC 仲裁院）成立于 1917 年，属于斯德哥尔摩商会的一个专门的仲裁机构，但在职能上是独立的，是一个为争议解决提供管理服务的机构。该仲裁院属于斯德哥尔摩商会的一部分，但其在行使纠纷管理职能时独立于商会。该仲裁院由理事会和秘书处组成。该仲裁院本身并不裁决争议，其职能是：（1）根据仲裁院规则和当事人约定的其他程序或规则管理国内和国际争议；（2）提供与仲裁和调解有关的信息。

该仲裁院理事会成员由商会执行理事会指定，任期 3 年。商会执行理事会从仲裁院理事会成员中分别指定一人为主席，副主席不超过 3 人，主席和副主席均应为律师。理事会成员任期 3 年，若无特殊情况出现，可在其职位上连任一次。仲裁院下设一秘书处，秘书长领导秘书处工作，秘书长应为律师。

该理事会的职能是，在根据仲裁院规则或当事人约定的其他规则或程序管理纠纷时按照仲裁院的要求做出各项决定。这些决定包括决定仲裁院管辖权，确定预付费用，指定仲裁员，就当事人对仲裁员的异议做出决定，撤换仲裁员以及确定仲裁费。理事不超过 12 人。理事会成员应当包括瑞典公民和非瑞典公民。

《SCC 仲裁院规则》附件一"组织结构"的"第七条理事会决定"规定："理事会两名理事意见构成多数意见。如果无法达成多数意见，主席拥有决定权。遇有紧急事项，主席或者副主席有权代表理事会做出决定。理事会下属委员会可以接受指定代表理事会做出决定。理事会可以授权秘书处做出决定，包括决定预付费用、延长裁限、因未缴注册费而撤销案件、解除仲裁员指定以及确定仲裁费。理事会决定为终局决定。"

该仲裁院制定的《斯德哥尔摩商会仲裁院仲裁规则》已经过多次修改，例如，自 1988 年 1 月 1 日起生效的规则，自 1999 年 4 月 1 日起生效的规则，自 2007 年 1 月 1 日起生效的规则。现行仲裁规则自 2010 年 1 月 1 日起生效，该规则共 48 条和 3 个附件。该新仲裁规则在结构和内容方面做了较大修订，增加了与临时性措施相关的应急仲裁员规则。

2010 年规则第十二条"仲裁员人数"规定："当事人可以约定仲裁员人数。如果当事人未约定仲裁员人数，仲裁庭应当由三名仲裁员组成，除非理事会考虑到案件的复杂性、争议金额或者其他情形决定争议由一名独任仲裁员审理。"

第十三条"仲裁员的指定"规定："（2）如果仲裁庭由一名独任仲裁员组成，当事人应当在 10 日内共同指定一名独任仲裁员。如果当事人未能在该时限内做出指定，理事会应当指定仲裁员。（3）如果仲裁庭由一名以上仲裁员组成，每一方当事人应指定同等人数的仲裁员，首席仲裁员由理事会指定。如果一方当事人未能在规定时限内指定仲裁员，理事会应当予以指定。（4）如果申请人、被申请人均为多方当事人，争议由一名以上仲裁员予以审理，申请人各方、被申请人各方均应各自共同指定同等人数的仲裁员。如果一方未能做出指定，则整个仲裁庭应当由理事会予以指定。（5）如果当事人双方具有不同的国籍，除非双方当事人另有约定或者理事会认为合适，独任仲裁员或者仲裁庭首席仲裁员的国籍应当不同于双方当事人的国籍。（6）在指定仲裁员时，理事会应当考虑争议的性质和情形、适用法律、仲裁地和仲裁语言以及当事人的国籍。"

第二十二条"适用法律"规定："（1）仲裁庭应当根据当事人约定的法律或法律规则裁决案件。如果没有约定，仲裁庭应当适用其认为最为合适的法律或法律规则。（2）当事人所约定的特定国家的法律均被视为是指该国的实体法而并非其冲突法规则。（3）只有经当事人明示授权，仲裁庭才能以公允善良的原则或以友好调和人的身份裁决争议。"

2010 年规则的附件二是关于"应急仲裁员"的具体规定。

除上述一般规则外，从 1995 年 7 月 1 日起，该仲裁院还施行了一套《斯德哥尔摩商会仲裁院加速仲裁规则》。该加速仲裁规则对一般规则规定的各个程序进行了简化，以更为快速地处理仲裁争议。例如，仲裁庭由一名仲裁员组成，缩短提交文件和做出裁决的期限，以及简化庭审程序等。

(三)苏黎世商会仲裁院

苏黎世商会仲裁院(Court of Arbitration of Zurich Chamber of Commerce)成立于1911年,是瑞士苏黎世商会下设的常设仲裁机构。该仲裁院受理国内工商企业之间的争议案件,也受理国际商事争议案件。

从1977年1月1日起,该仲裁院适用新的《瑞士联邦苏黎世商会调解与仲裁规则》。该规则共4章43条。根据该规则,仲裁应适用的法律由当事人协议选择,当事人未做选择时,依据瑞士的国际私法规则指引的实体法或与当事人有关的国际公约所确定的实体法进行仲裁裁决。

现行仲裁规则是1985年版的《苏黎世商会调解和仲裁规则》,共5章43条,其第1条规定:"苏黎世商会设立一个调解委员会和一个仲裁院,以便在法院外解决商业纠纷,特别是那些牵涉商会成员或包含国际因素的工商公司之间的纠纷。但是,公司与雇员之间的纠纷除外。

调解程序旨在双方当事人通过谈判,达成妥协,解决争议,而不采用正式诉讼程序。

仲裁程序的目的在于,如果双方达不成妥协,用仲裁方式解决争议,而不诉诸正式诉讼。仲裁庭的裁决与法院的公开判决,具有同等效力。

另外,根据合同的协议或有关各方的共同请求,苏黎世商会主席指定仲裁庭主席或仲裁员,以及参与仲裁的专家进行特别仲裁。"

第17条规定:"在向仲裁院提出申请以前,当事人双方可在仲裁协议或其补充协议中自由声明:仲裁庭应由4或5名仲裁员而不是通常的3名仲裁员组成,或者,当仲裁庭要由3人组成时,当事人双方得分别指定仲裁员1人。"

第18条规定:"在仲裁协议中或在程序进行期间所做的修改中,当事人可授权仲裁庭按照公平原则(契约第31条第3款)决定。"

没有这种授权时,仲裁庭应适用与争议有关的实体法,对于国际性的法律关系则适用由瑞士国际私法规则或与当事人有关的国际条约确定的实体法。

由于在国际法律关系中当事人有权确定准据法,因此,他们可以在仲裁协议或在程序中自由决定仲裁庭应适用的实体法。

(四)美国仲裁协会

美国仲裁协会(American Arbitration Association, AAA)成立于1926年,是一个民间性的常设仲裁机构,受由全美工商界和各社会团体选举组成的理事会领导,并受一个由仲裁程序和法律方面的专家组成的常设机构管理。该仲裁协会的总部设在纽约,并在全美主要城市设有分支机构。

该仲裁协会制定的《美国仲裁协会国际仲裁规则》已经过多次修改,例如,自1988年1月1日生效的规则,自1991年3月1日起生效的规则,自2000年9月1日起生效的规则。现行规则自2006年4月26日起生效,该规则共37条。

该仲裁规则第五条"仲裁员的人数"规定:"如各方当事人对于仲裁员的人数无约定,应指定一名独任仲裁员,除非协会行政管理人自行决定3名仲裁员是适宜的,因为案件的金额大,问题复杂或其他情况。"

第六条"仲裁员的任命"规定:

1. 当事人可以共同约定指定仲裁员的程序,并应将该程序通知协会行政管理人。

2. 当事人可以在有或没有协会行政管理人的协助下共同指定仲裁员。仲裁员一经指定，当事人应通知协会行政管理人，以便其将指定通知转告仲裁员，并附上规则的副本。

3. 如仲裁开始后 60 天内，各方当事人不能就指定仲裁员的程序达成一致，或不能共同指定仲裁员，协会行政管理人应在各方当事人的书面要求下，指定仲裁员和首席仲裁员。如当事人共同约定了指定仲裁员的程序，但未在该程序规定的期限内指定仲裁员，协会行政管理人应在各方当事人的书面要求下，行使程序规定的职权。

第十三条"仲裁地点"第 1 款规定：

如各方当事人对仲裁地点不能达成一致，协会行政管理人可以初步选定仲裁地点，但仲裁庭有权在组成后 60 天内最后确定。所有这类的决定应考虑到当事人的意见和仲裁的情况。

第十五条"对管辖的抗辩"规定：

1. 仲裁庭有权对其管辖权，包括对仲裁协议的存在和效力提出的任何异议进行裁定。

2. 仲裁庭应有权决定包括仲裁条款在内的合同的存在和效力，该仲裁条款应视为独立于合同其他条款的一种协议。

第二十九条"适用法律"规定：

1. 仲裁庭应适用当事人指定的应适用于争议的一个或几个实体法。各方当事人未有此项指定时，仲裁庭应适用他认为适当的一个或几个法律。

2. 涉及适用合同的仲裁，仲裁庭应按照合同的条款进行仲裁，并应考虑到适用于该项合同的贸易惯例。

此外，美国"国际纠纷解决中心"制定的"国际争端解决程序"，包括调解和仲裁规则，其中的国际仲裁规则经修订后于 2014 年 6 月 1 日生效，共 39 条，还有一项单独 10 个条款的"国际快速程序"的规定（E-1 到 E-10 条）。

2008 年 10 月 14 日，该仲裁协会在内部实施了以当事人为中心的战略调整，旨在为所服务的行业提供更专业的仲裁服务。以当事人为中心的战略调整，按该仲裁协会所服务的领域划分为五个部门：商业、建筑、国际、劳动/雇佣/选举，以及国家保险替代性解决机制。该仲裁协会发表的公开声明指出："上述划分涵盖了特定类型的案件，通过更人性化的服务及对行业特点的细微区分，为 AAA 的当事人提供更便捷的信息获得途径。"同时，该协会也向所属的 8 000 名仲裁员及调解员发送告知函，称新划分的五个部门将有利于提高专家队伍的效率，加强对其所服务的行业的支持，更切合中立方和当事人的需求；该协会的服务内容和组织结构并不因为这次划分而发生变动，仍将保留分布在世界各地的原有 30 家办事处，包括在美国境内的 4 个案件管理中心。

（五）日本商事仲裁协会

日本商事仲裁协会（Japan Commercial Arbitration Association）是 1950 年由日本工商联合会和其他一些全国性的工商组织共同组建的仲裁机构，总会设在东京，在大阪和名古屋等大城市设有分会。

1989 年 5 月 24 日修订并生效，并于 1992 年再次修订的《日本商事仲裁协会商事仲裁规则》，自 1992 年 10 月 1 日起生效。该规则共 5 章 58 条，其中第四章仲裁程序分为两部分：第一部分审理程序，第二部分仲裁裁决。

该协会现行的仲裁规则是 2008 年 1 月 1 日起施行的《日本商事仲裁协会商事仲裁规则》，共 6 章 74 条。该仲裁规则第 23 - 27 条详细规定了仲裁员的选任、仲裁员人数等有关规定，其有关内容如下：

第 23 条（仲裁员的选任）：

1. 根据当事人的合意选任仲裁员。2. 当事人之间对于仲裁员的选任没有合意的，依据第 24 条至第 26 条的规定进行选任。

第 24 条（仲裁员人数）：

1. 自基准日起 3 周内，当事人没有向协会通知关于仲裁员人数的合意的，仲裁员由 1 人担任。2. 自基准日起 3 周内，任何一方当事人均可通知协会要求仲裁员人数为 3 人。在该情形下，协会将考虑纠纷的金额、案件的难易程度以及其他情况，认为合适并通知当事人的，仲裁员人数为 3 人。

第 25 条（仲裁员的选任——仲裁员为 1 人时）：

1. 依照前条规定仲裁员为 1 人的，当事人应在前条第 1 款规定的通知期限起 2 周内，协商选任仲裁员。2. 当事人在前款规定的期限内未依照第 27 条的规定提出仲裁员选任通知的，由协会选任该仲裁员。3. 依照前款规定由协会选任仲裁员的，当事人要求选任与任何一方当事人的国籍都不同的其他国籍仲裁员时，协会应给予考虑。

第 26 条（仲裁员的选任－仲裁员为 3 人时）：

1. 依照第 24 条第 2 款的规定仲裁员人数为 3 人的，自协会将该内容的通知发送给当事人之日起 3 周内，当事人各自选任 1 名仲裁员。2. 当事人在前款规定的期限内未依照第 27 条的规定提出仲裁员选任通知的，由协会选任该仲裁员。3. 由当事人选任的仲裁员或者依照前款规定所选任的仲裁员，应在协会将两位仲裁员已被选任之内容的通知发送给仲裁员之日起 3 周内，再选任 1 名仲裁员。4. 仲裁员在前款规定的期限内未依第 27 条之规定提出仲裁员选任通知的，由协会选任该仲裁员。5. 根据前款规定由协会选任仲裁员的，适用前条第 3 款的规定。

第 27 条（仲裁员的选任通知）：

1. 当事人或者仲裁员选任了仲裁员的，应及时向协会提交记载其姓名、住所、联系方式（电话号码、传真号码和电子邮件地址）和职业的仲裁员选任通知书并附送仲裁员的承诺书。当事人选任了仲裁员的，协会应及时向对方当事人和被选任的仲裁员送达其副本；仲裁员再选任了一名仲裁员的，协会亦应及时向当事人送达其副本。

2. 协会选任了仲裁员的，应及时向当事人和被选任的仲裁员通知该仲裁员的姓名、住所、联系方式（电话号码、传真号码和电子邮件地址）和职业。

二、国际仲裁规则与仲裁示范法

（一）《联合国国际贸易法委员会仲裁规则》

《联合国国际贸易法委员会仲裁规则》（UNCITRAL Arbitration Rules）1976 年 4 月 28 日由联合国国际贸易法委员会通过，同年 12 月 15 日联合国第三十一次大会通过。该仲裁规则分为四节，共 41 条：第一节是对规则的适用范围、仲裁的通知和代理等事项的规定；第二节是关于仲裁庭组成的规定；第三节是关于仲裁程序的规定；第四节是关于仲裁裁决的规定。

由于联合国没有成立常设的仲裁机构，因此，这项仲裁规则是供临时仲裁使用的，即适用于没有常设仲裁机构管理的仲裁（non-administered arbitration）。但是为了便于仲裁的进行，双方当事人也可以在仲裁协议中指定任何一个常设仲裁机构，委托它负责仲裁的行政管理工作。

根据该仲裁规则的规定，仲裁员的人数必须由双方当事人事先约定。如果双方未约定选任 1 名独任仲裁员，则应指定 3 名仲裁员。独任仲裁员的国籍应不同于双方当事人的国籍。如果必须指定 3 名仲裁员，则由双方当事人各指定 1 名仲裁员，然后由被指定的两名仲裁员指定第三名仲裁员，并由其担任首席仲裁员（presiding arbitrator）。首席仲裁员的国籍应当不同于双方当事人的国籍。这是国际仲裁的习惯做法，其目的是保证独任仲裁员与首席仲裁员的中立性，防止他们因与当事人的国籍相同而在仲裁中袒护本国的当事人。

该仲裁规则的特点之一是，它在任何情况下都不会由于双方当事人不能就仲裁员人选达成协议而影响仲裁的进行。它有一个"指定仲裁员的机构"，既可以由双方当事人在仲裁协议中指定，也可以由双方当事人在争议发生之后指定。如果双方当事人不能就"指定仲裁员的机构"达成协议，则任何一方当事人可以请求海牙常设仲裁法庭秘书长任命"指定仲裁员的机构"。它既可以是一个现存的仲裁组织或商业团体，也可以是某个人。

仲裁地点必须由双方当事人在仲裁协议中做出规定。如果双方当事人未能就仲裁地点达成协议，则应由仲裁员根据具体情况决定仲裁的地点。仲裁员应适用双方当事人规定适用于其合同的法律。如果双方当事人对此没有做出规定，则仲裁员可以根据其认为适用的法律冲突规则，确定应当适用的法律。但是在任何情况下，仲裁员都应当考虑合同条款的规定与贸易惯例。

在做出仲裁裁决以前，如果双方当事人同意和解，那么，仲裁员可以发出停止仲裁程序的命令，也可以以仲裁裁决的方式记下调解的内容。

2010 年《联合国国际贸易法委员会仲裁规则》做了重要修订，有关修订内容见"法律窗口"中"国际商事仲裁立法的新发展变化"下的"B. 2010 年《联合国国际贸易法委员会仲裁规则》修订内容简介。"

（二）国际商会仲裁院及其仲裁规则

国际商会仲裁院（The ICC International Court of Arbitration）成立于 1923 年，是附属于国际商会的一个国际性常设调解与仲裁机构。该仲裁院是国际性民间组织，具有很大的独立性。其仲裁院总部设在巴黎，理事会由来自 40 多个国家和地区的具有国际法专长和解决国际争端经验的成员组成。其理事会成员首先由国际商会各国委员会根据一国一名的原则提名，然后由国际商会大会决定，任期 3 年。该仲裁院设主席 1 名，副主席 8 名，其成员独立于其国家和地区行事。

该仲裁院 1998 年的《国际商会仲裁规则》（Rules of Arbitration of the International Chamber of Commerce），是国际商会在 1988 年《国际商会调解与仲裁规则》的基础上修订的。在 1988 年《国际商会调解与仲裁规则》中，仲裁规则和调解规则是两个相对独立的规则，1998 年《国际商会仲裁规则》对 1988 年《国际商会调解与仲裁规则》中的仲裁部分进行修订后，使之成为独立的仲裁规则，而调解规则在 2001 年修订后成为《国际商会友好争议解决规则》。

　　该仲裁规则共 35 条和 3 个附件。该仲裁规则特别规定，除非当事人另有约定，否则仲裁地由仲裁院决定，这样可避免关于仲裁地的争议。在适用该规则的情况下，如果当事人有约定，而仲裁规则没有规定，也可以适用约定的仲裁规则；在仲裁规则没有规定的情况下，仲裁庭可以自己确定仲裁规则，甚至可以援引国内法中的程序进行仲裁；不论适用什么法律，都应考虑合同的规定和有关的贸易惯例。

　　作为世界上最重要的国际仲裁机构之一，总部位于巴黎的国际商会国际仲裁院（ICC International Court of Arbitration）在历时两年多的反复讨论与修改之后，终于在 2011 年 9 月 12 日正式公布了国际仲裁界期待已久的新版《国际商会国际仲裁院仲裁规则》。该规则于 2012 年 1 月 1 日正式生效，以替代之前使用的 1998 年版仲裁旧规则。该规则共 41 条和 5 个附件。2017 年国际商会国际仲裁院又对该规则进行了修订，这次修订自 2017 年 3 月 1 日起生效。

　　2017 年新规则共 42 条和 6 个附件。2017 年新规则对 2012 年规则有两项重要的保留。

　　一是保留了原 2012 年规则包括多方或多份合同的仲裁（multi-party and multi-contract arbitrations）管理程序方面新增的内容。

　　多方仲裁或因多份合同引起的仲裁以及由此引起的案件合并一直是国际仲裁中比较棘手的问题，在这方面旧规则并未做出具体规定。近年来跨国交易结构日趋复杂，涉及多方或多份合同的仲裁。新规则保留了 2012 版规则中 4 条（第 7～10 条）关于多方或多份合同项下仲裁及案件合并的规定，并对其他相关规定做出了相应的调整。

　　新规则第 7 条规定，任何仲裁当事人均可在确认或任命仲裁员之前，通过向仲裁院秘书处提交针对第三人的"追加当事人的加入"的方式，追加该第三人进入仲裁中。但若仲裁员已被任命或指定，则该种追加需要获得包括追加当事人在内的全体当事人同意，否则不得进行。

　　第 8 条进而规定，在多方当事人之间进行的仲裁中，任何一方当事人均可以在审理范围书被签署或批准前，针对任何其他当事人提出仲裁请求。此后，任何新的仲裁请求的提出均需要获得仲裁庭的授权。

　　第 9 条规定："因多份合同引起的或与多份合同有关的仲裁请求，可以在单次仲裁中提出，无论该请求是依据仲裁规则项下一份仲裁协议还是多份仲裁协议提出。"

　　第 10 条则明确规定，在以下条件之一获得满足时，仲裁院可依当事人请求将仲裁规则项下未决的两项或多项仲裁案合并为单个仲裁案。这些条件为："a）当事人已经同意进行该合并；或 b）各仲裁案的所有仲裁请求依据同一份仲裁协议提出；或 c）若各仲裁案的所有仲裁请求是依据多份仲裁协议提出的，各仲裁案当事人相同且各争议所涉及的法律关系相同，且仲裁院认为各仲裁协议彼此相容。"

　　二是仍然保留了 2012 年规则加入的紧急仲裁员（emergency arbitrator）制度，并通过附件五（《紧急仲裁员规则》）对相关程序进行了具体规定。作为目前国际仲裁实践中的一项通例，在世界各主要机构仲裁规则下，仲裁庭通常都有权根据当事人的申请，发出以保全财产或证据为目的的临时措施指令，以向申请方提供临时性救济。但实践中，由于仲裁庭组庭的过程通常会耗时较长（有的甚至长达几个月），当事人在组庭前对临时性救济的需求往往不能从仲裁程序中获得满足。为解决此问题，最早采用紧急仲裁员程序的国际仲裁机构包括斯德哥尔摩商会仲裁院和新加坡国际仲裁中心，在其 2010 年生效的新规则中均加入了紧急仲裁员制度，使当事人在仲裁庭组成前获得来自仲裁程序中的临时性救济成为可能。

根据 2017 年《国际商会国际仲裁院仲裁规则》第 29 条及附件五，在仲裁庭正式组成之前，当事人可以向仲裁院提交"紧急措施请求书"，要求仲裁院指定一名紧急仲裁员，并由该仲裁员就其提出的"紧急措施"请求做出"裁令"。根据附件五中确定的时间表，在不发生延误的情况下，从当事人提出紧急仲裁员指定的申请到该仲裁员发出紧急措施指令，将可能不超过 3 周的时间。同时，作为一项义务，第 29 条第 2 款明确要求"当事人承诺遵守紧急仲裁员所做出的任何裁令"。值得注意的是，紧急仲裁员制度的确立仅是为了向当事人提供迅捷的临时性救济，而并不影响仲裁庭对实体争议的审理及当事各方的其他程序权利。因此，新规则第 29 条第 3 款中明确规定："对于紧急仲裁员裁令中认定的任何问题、事宜或争议，该裁令对仲裁庭不具有约束力。仲裁庭可以修改、终止或撤销紧急仲裁员所做出的裁令或对裁令的任何修改。"该条第 4 款进而规定："对于任何当事人就紧急仲裁员程序所提出的要求或请求，包括该程序费用的重新分配，以及因遵守或不遵守裁令而引起的或与之有关的任何请求，应由仲裁庭做出裁定。"

同时，第 29 条第 7 款规定，紧急仲裁员规定并不影响当事人"随时向有管辖权的司法机关申请采取该等措施"，相关申请也"不视为对仲裁协议的损害或放弃"，但当事人应将相关"申请及司法机关采取的任何措施都必须毫无延迟地通知秘书处"。

紧急仲裁员规定并非在所有国际商会仲裁中均适用。作为仲裁灵活性的体现，当事人可以根据新规则第 29 条将紧急仲裁员的规定排除。但这种排除必须在仲裁条款中加以明确，即申明紧急仲裁员规则不予适用。

此外，2017 年新规则比 2012 年规则多了一个条款和附件，就是"快速程序"的规定（第 30 条）和附件六"快速程序规则"。这也是顺应国际发展潮流。例如，世界知识产权组织制定的《WIPO 快速仲裁规则》早在 1994 年 10 月 1 日就生效实施，该规则由在某些方面修改后的《WIPO 仲裁规则》组成，以保证仲裁能在较短的期限内以较低的费用进行；21 世纪以来，新加坡国际仲裁中心和香港国际仲裁中心分别于 2007 年 7 月 1 日和 2008 年 9 月 1 日生效实施的仲裁规则中也已有此规定。2017 年新规则也规定了仲裁当事人和仲裁员的职责：以最快速的方式完成仲裁流程，包括附件六增加的内容，这些内容列明了控制时间和成本的案件管理技巧。

该仲裁院的最大特点是仲裁庭的裁决要经过仲裁院的批准。该仲裁院不仅可以对裁决书的形式直接进行修改，还可以提请仲裁庭仲裁实体问题。在仲裁书形式经仲裁院批准前，仲裁庭不得做出裁决。仲裁庭应当在 6 个月内做出裁决。当事人也可以要求并经仲裁庭同意，将双方和解的内容以和解裁决的形式记录于裁决书中。

（三）《联合国国际贸易法委员会国际商事仲裁示范法》

《联合国国际贸易法委员会国际商事仲裁示范法》（The Model Law on International Commercial Arbitration of the United Nations Commission on International Trade Law）由联合国国际贸易法委员会主持制定，并于 1985 年 6 月 21 日由该委员会在维也纳召开的第 18 次会议上通过。该仲裁示范法旨在进一步协调世界各国规范国际商事仲裁的国内法，统一世界各国有关国际商事仲裁的程序，为各国制定或修改其本国仲裁法提供一个统一的范本。在制定该示范法的过程中，来自包括世界上各主要法律制度的 50 多个国家和十几个国际组织的代表参加了起草工作，因而使之具备了广泛的代表性。该仲裁示范法仅供各国在制定本国仲裁法时自愿采用，在采用时可对此做修改和调整。该仲裁示范法所确立的原则和制度被越来越多的国家接受，已经有不少国家和地区以该仲裁示范法为蓝本制定了本国或本地区的仲裁法。

该仲裁示范法共 8 章 36 条，其主要内容如下：

（1）适用范围。该仲裁示范法适用于仲裁协议的双方当事人签订仲裁协议时其营业地处于不同的国家境内，或者由仲裁协议确定或依仲裁协议确定的仲裁地，或商事关系中重要债务的履行地，或与争议标的联系最为密切的地方等不在当事人营业所在地国家境内，或当事人双方已明确表示提交仲裁的协议的标的与一个以上的国家有关的商事仲裁。

（2）合同中的仲裁条款和专门的书面协议均为仲裁协议。若一方当事人就仲裁协议所约定的事项向法院提起诉讼，受诉法院除认定该仲裁协议无效、失效或无法实行者以外，应责令有关当事人将该争议事项提交仲裁解决。此外，即使受诉法院正在进行审理，仲裁庭也仍然可以基于仲裁协议而开始或继续进行有关的仲裁程序，并做出仲裁裁决。

（3）仲裁庭的组成人数与有关仲裁员的选定均由当事人自行约定。当事人未约定仲裁庭人数的，应由 3 名仲裁员组成仲裁庭。当事人未就仲裁员的选定达成协议的，由 3 名仲裁员组庭时，应由双方当事人各自选定 1 名仲裁员，然后由被选定的 2 名仲裁员协商指定第 3 名仲裁员；如他们不能就第 3 名仲裁员的人选达成一致协议，或当事人约定由独任仲裁员审理案件的，应由有关国家为适用该仲裁示范法而指定的某一特定法院、某些法院或其他有权机关来依法指定仲裁员。当事人就仲裁庭无管辖权的抗辩应在提交答辩陈述之前提出。当事人的这种抗辩的权利，并不因为他已经选定仲裁员或者已经参与选定仲裁员这一事实而受到影响。仲裁庭有权对其本身有无管辖权的问题做出裁决。如果仲裁庭决定其具有管辖权，有关当事人可在法定期限内就该项决定向有关法院提出请求，但在该项请求未获该有关法院裁定以前，有关仲裁庭可以继续有关的仲裁程序，直至做出仲裁裁决。

（4）仲裁程序应依据当事人所约定的规则来进行。若当事人未就仲裁规则做出约定，则仲裁地点、仲裁程序中所使用的语言以及是否进行口头审理等程序性问题，均由仲裁庭决定。仲裁庭应保证双方当事人享有平等的地位。在仲裁庭审过程中，仲裁庭或经仲裁庭同意的任何一方当事人可以请求有关法院协助获取证据。庭审结束后，仲裁庭应依据当事人所选择的法律来进行仲裁；如果当事人未做出法律选择，则依据仲裁庭认为可适用的冲突规范所确定的法律来进行裁决；或者在当事人明确授权的情况下，依据"公允和善良原则"，并依照合同条款，参照可适用于该有关交易的国际贸易惯例，对有关争议做出裁决。除非存在相反的约定，当事人所选择的解决争议的法律应指实体法，而不包括冲突规范。

仲裁庭做出裁决后，当事人一方在收到裁决书之日起 3 个月内，如果认为该项裁决存在该仲裁示范法第 34 条第 2 款第 1 项所规定的四种情形之一，则有权向有关法院请求撤销该项裁决：如依据裁决地所在国法律的规定，有关争议不得通过仲裁方式解决，或该项裁决与裁决地国家的公共秩序相抵触，有关法院则可以依照职权裁定撤销该项裁决。

2006 年《国际商事仲裁示范法》对有关内容做了重要修订，具体修订内容见"法律窗口"中"国际商事仲裁立法的新发展变化"的"A. 2006 年《国际商事仲裁示范法》修订内容简介"。

第三节　仲裁协议

一、仲裁协议的形式

仲裁协议（arbitration agreement），是指双方当事人表示愿意把他们之间的争议交付仲裁解决的一种书面协议。它是仲裁机构或仲裁员受理争议案件的依据。仲裁机构只受理有仲裁协议（或仲裁条款）的争议，不能受理没有仲裁协议的争议。2015 年《中国国际经济贸易仲裁委员会仲裁规则》第 5 条规定，仲裁委员会根据当事人在争议发生之前或者在争议发生之后达成的仲裁协议与一方当事人的书面申请，受理有关国际经济贸易的争议案件。

仲裁协议有两种形式：一种是由双方当事人在争议发生之前订立的，表示愿意把将来可能发生的争议提交仲裁解决的协议。这种协议一般都包含在主合同内，作为合同的一项条款，即仲裁条款（arbitration clause）。另一种是由双方当事人在争议发生之后订立的，表示同意把已经发生的争议提交仲裁解决的协议。这是独立于主合同的一个单独的协议，通常被称为提交仲裁（submission to arbitration）的协议。根据 2015 年《中国国际经济贸易仲裁委员会仲裁规则》第 5 条（一）的规定，仲裁协议包括当事人在合同中订立的仲裁条款，或者以其他方式达成的提交仲裁的书面协议，两者具有同等法律效力。只要双方当事人在合同中订立了仲裁条款，日后如果双方发生了争议，则任何一方都可以根据合同中的仲裁条款提出仲裁，无须另外再签订任何同意提交仲裁的协议。只有在合同中没有订立仲裁条款的情况下，才要求双方当事人在提交仲裁之前达成一项提交仲裁的协议。这与世界上大多数国家的规定基本相同。

二、仲裁协议的作用

仲裁协议是仲裁员或仲裁庭受理仲裁案件的依据。其作用是：（1）排除法院对争议案件的管辖权，使仲裁员或仲裁庭取得对争议案件的管辖权；（2）使当事人承担必须将争议提交仲裁解决，并根据仲裁协议规定的仲裁程序规则指定仲裁员和参与仲裁协议的义务。

仲裁协议最重要的作用是排除法院对该案件的管辖权。根据许多国家的法律规定，只要双方当事人订立了仲裁协议，他们就不能把有关争议案件提交法院处理。如果任何一方违反仲裁协议，把他们之间的争议向法院提起诉讼，对方可以根据仲裁协议请求法院停止司法诉讼程序，将有关案件发还仲裁庭审理。2017 年《中华人民共和国民事诉讼法》第 271 条明确地规定，在涉外经济贸易中，如果当事人在合同中订立了仲裁条款或仲裁协议，提交中国涉外仲裁机构或其他仲裁机构仲裁，则当事人不得向人民法院起诉。由于大多数国家在法律上都承认仲裁协议具有排除法院管辖权的作用，因此，双方当事人在签订合同时，如果愿意把日后可能发生的争议提交仲裁处理，而不愿诉诸法院，就应当在合同中事先订立一项仲裁条款，以免在争议发生后，双方可能会因不能达成仲裁协议而不得不将争议案件提交到法院解决。因为在争议发生之后，双方处于对立的地位，在这种情况下再要达成仲裁协议往往是比较困难的。

三、仲裁条款的主要内容

在涉外经济合同中，订好仲裁条款是十分重要的，因为如果仲裁条款订得不明确或不完整，日后一旦发生争议，就会影响争议的解决。因此，仲裁条款应订得尽可能明确、具体与完整。一般而言，除合同规定的仲裁事项外，仲裁条款还应包括仲裁地点、仲裁机构、仲裁程序规则与仲裁裁决的效力等内容。

（一）仲裁地点

仲裁地点是仲裁条款的关键内容，因为在国际经济贸易活动中，双方当事人分属于不同的国家，在不同的国家进行仲裁可能会对当事人的利益产生重大的影响。根据许多国家法律的规定，仲裁地点与仲裁所适用的程序法与实体法都有密切的关系。例如，有些国家的法律规定，凡是属于程序方面的问题，原则上应适用审判地法。这就是说，在哪个国家进行仲裁，就要适用哪个国家的仲裁法。至于确定双方当事人的权利与义务的实体法，除双方当事人在合同中已经做出明确选择的外，仲裁员一般也要根据仲裁地所在国家的法律冲突规则确定合同的准据法。适用不同国家的法律，可能会对双方当事人的权利与义务做出不同的解释，对案件的处理也会得出不同的结果。因此，在订立仲裁条款时，仲裁地点往往成为双方当事人争论的焦点。一般而言，当事人都会力争在自己的国家进行仲裁，因为当事人对自己本国的法律与仲裁制度比较熟悉和信任，而对外国的法律与仲裁制度往往不太了解，难免有顾虑。在实际业务中，究竟应当规定在哪个国家或地点进行仲裁取决于各种因素，不能一概而论。主要取决于双方当事人的谈判地位、每项合同的具体情况以及法律有无强制性规定等。

中国企业在订立涉外经济合同时，对仲裁地点主要采取以下三种规定办法：

（1）明确地规定在中国仲裁，由中国国际经济贸易仲裁委员会或海事仲裁委员会进行仲裁。中国的大多数涉外经济合同都是这样规定的。

（2）明确地规定在被告所在国家的仲裁机构仲裁。这往往是双方都力争在本国进行仲裁而又无法达成一致的意见时所采取的一种折中做法，一般比较容易为双方当事人所接受。

（3）明确地规定在双方当事人同意的第三国的仲裁机构仲裁。在采取这种做法时，应选择对中国友好的国家作为仲裁地点。例如，在中国企业与西欧和北美国家签订的成套设备与技术引进合同中，有的就规定在瑞典斯德哥尔摩商会仲裁院仲裁。

（二）仲裁机构

仲裁机构是主持仲裁工作的常设组织。国际经济贸易仲裁有两种做法：一种是在常设性仲裁机构的主持下进行仲裁；另一种是临时性仲裁，即不由常设仲裁机构主持，直接由双方当事人指定的仲裁员自行组成仲裁庭进行仲裁，这种仲裁庭是临时仲裁庭，案件处理完毕即自动解散。经验证明，通过常设仲裁机构进行仲裁是有好处的，它可以帮助双方当事人做好仲裁的行政管理与组织工作。如果一方当事人拒不指定仲裁员，仲裁机构就有权代为指定仲裁员，为仲裁员提供工作上的方便，为双方传递文件与证据，安排开庭与记录，负责收取保证金与仲裁费用等。如果没有常设仲裁机构的协助，这些问题就不好解决，有时甚至会影响仲裁的顺利进行。因此，近年来，在国际贸易中，大约有95％的仲裁案件都是在常设仲裁机构的主持下进行仲裁的。目前，世界各国都设有常设仲裁机构，有些国家还有行业性的仲裁机构。中国的常设仲裁机构是中国国际经济贸易仲裁委员会与海事仲裁委员会。在仲裁协议中，对于在哪个仲裁机构进行仲裁，必须做出明确的规定。

（三）仲裁程序规则

仲裁规则主要是规定仲裁的程序与做法，其中包括：如何提出仲裁申请，进行答辩，指定仲裁员，进行仲裁审理，做出仲裁裁决，以及裁决的效力等内容。仲裁规则的作用主要是为当事人与仲裁员规定一套进行仲裁的行为准则，以便在仲裁中有所依循。

仲裁规则是由各国的仲裁机构自行制定的。在国际上，除了各国仲裁机构制定的仲裁规则外，还有一些国际性与地区性的仲裁规则，例如，《联合国国际贸易法委员会仲裁规则》与《国际商会商事仲裁规则》等。在国际商事仲裁中，一般在哪个仲裁机构仲裁，就根据该仲裁机构制定的仲裁规则办理。例如，如果双方同意在中国国际经济贸易仲裁委员会仲裁，就规定根据该委员会的仲裁规则进行仲裁。但是，有些国家也允许双方当事人任意选择使用他们认为合适的仲裁规则。例如，仲裁条款虽然规定在某个国家的仲裁机构仲裁，却允许不采用该仲裁机构制定的仲裁规则，而是采用其他国家或国际机构规定的仲裁规则。但是，这种选择不得违反仲裁地国家仲裁法中的强制性规定。

（四）仲裁裁决的效力

仲裁裁决是仲裁庭就当事人提交仲裁解决的事项做出的决定。这种决定无论是在仲裁程序进行中的哪一个阶段做出，对争议各方都有约束力。

各国的法律对仲裁裁决的上诉均有一定的限制。多数国家原则上不允许对仲裁裁决提起上诉；有些国家虽然允许当事人上诉，但是法院只审理程序问题，不审理实体问题；也有些国家允许法院在特定的情况下撤销仲裁裁决。

从理论上说，仲裁裁决一旦做出，就对有关当事人具有法律上的约束力。如果一方当事人不能自动履行，另外一方当事人可以请求法院强制执行。

但是，根据有关国家的仲裁立法与实践，如果仲裁裁决存在法律规定的可以撤销的理由，当事人就可以在法律规定的时间内向对此有管辖权的法院申请撤销该仲裁裁决。根据《联合国国际贸易法委员会国际商事仲裁示范法》第34条的规定，当事人申请撤销仲裁裁决应当在收到裁决书之日起3个月内提出；申请人申请撤销仲裁裁决应当有法律规定的理由，并应提供证据证明这些理由。归纳起来，该示范法规定的可以撤销仲裁裁决的理由，主要有以下四种情况：

（1）仲裁裁决所依据的仲裁协议无效。这种情况包括：根据应当适用于他们的法律，订立仲裁协议的任何一方当事人为无行为能力者，或者根据当事人同意适用的法律，仲裁协议本身为无效协议。

（2）仲裁程序不当。这是指没有就指定仲裁员或进行仲裁程序的事项向当事人发出适当的通知，或者由于其他原因没有能够给当事人表达自己对争议事项的意见的机会。

（3）仲裁庭越权。这是指仲裁庭裁决的事项超出了当事人在仲裁协议中规定的事项。

（4）仲裁庭的组成与当事人的约定或应当适用的法律不相符。这是指如果当事人在仲裁协议中规定了某一事项，例如，规定仲裁员应当由不是专职律师的技术人员担任，而实际上仲裁庭的组成人员都是专职律师，那么，仲裁庭的组成显然违反了当事人之间的约定。

如果申请撤销裁决的当事人能够提供充分的证据，证明有上述情况之一，法院就可以裁定撤销仲裁庭已经做出的裁决。

根据 2015 年《中国国际经济贸易仲裁委员会仲裁规则》第 49 条中（九）的规定，仲裁裁决是终局的，任何一方当事人都不得向法院起诉，也不得向其他机构提出变更裁决的请求。仲裁条款一般也规定仲裁裁决有终局性，不得上诉或要求变更。

四、仲裁条款的独立性

在国际贸易实践中，往往会遇到这样的问题，即当仲裁条款是货物买卖主合同中的一项条款时，如果主合同无效，那么该合同中的仲裁条款是否也就随之无效呢？这是必须注意的一个重要的问题。

英国和美国法院的判决案例确立了仲裁条款可以独立于其所依据的合同而不受影响的原则。英国法院早在 1942 年就首先在"海曼诉达文斯"（Heyman and another v. Darwins Ltd.）一案中确立了这项原则。在这起案件中，被告达文斯是英国某钢铁制造商，它与营业地在纽约的海曼订立了一项独家代理协议。该协议包含一项仲裁条款："由本协议或由本协议包含的任何规定在双方当事人之间所产生的任何争议……应提交仲裁。"（If any dispute shall arise between the parties hereto in respect of this agreement or any of the provisions herein contained ……shall be referred for arbitration.）后来，由于达文斯违约，双方发生争议。在这种情况下，原告海曼将此事告到法院，指控达文斯违约。达文斯则请求法院终止对该案的审理。法院的初审法官麦克米兰却驳回了原告海曼的起诉请求，提出了"皮之不存，毛将焉附"的道理。麦克米兰法官指出："如果该合同的一方主张合同自始就无效（例如，因为签订这一合同是非法的），则仲裁条款就不起作用，因为据此，该仲裁条款本身也就无效了。"（If one party to the alleged contract is contending that it is void *ab initio* (because, for example, the making of such a contract is illegal), the arbitration clause cannot operate, for on this view this clause itself is also void.）这个意思是明确的，如果主合同无效，那么作为该合同一部分的仲裁条款也就随之无效了。原告海曼不服，上告英国上议院，即类似于美国的最高法院。上议院推翻了原判，认为该合同中的仲裁条款可以不依赖于其依据的合同而独立存在，并且裁定将此争议根据该合同中的规定提交仲裁解决。此后，美国最高法院在 1967 年的"普里曼·平脱公司诉法拉特与考克林制造公司"（Prima Paint Corp. v. Flood & Conklin Manufacturing Co.）一案的判决中，也确立了仲裁条款可以独立于其所依据的合同而单独存在的原则，认为即使一方当事人声称合同是通过欺诈的手段订立的，或合同无效时也应当根据此原则办理。美国最高法院在解释 1926 年《联邦仲裁法》时指出："作为联邦法的原则，仲裁条款是与包含它的合同'相分离'的。如果当事人并未断言仲裁协议本身是由于欺诈而订立的，那么，一项广泛的仲裁条款将可以作为对以欺诈手段所签订的合同争议进行仲裁的依据。"同时引用了《联邦仲裁法》第 4 条有关部分的规定："法院应当审问双方当事人，一旦法院对仲裁协议的签订或者违背没有任何异议，法院就应当命令双方当事人依照协议条款进行仲裁。"（The court shall hear the parties, and upon being satisfied that the making of the agreement for arbitration or the failure to comply therewith is not in issue, the court shall make an order directing the parties to proceed to arbitration in accordance with the terms of the agreement.）

这种仲裁条款独立原则已经在许多国家的法律规定中得到体现。例如，《中华人民共和国仲裁法》第 19 条明确地规定："仲裁协议独立存在，合同的变更、解除、终止或者无效，不影响仲裁协议的效力。"《中华人民共和国合同法》第 57 条对这项原则也有类似的规定："合同无效、被撤销或者终止的，不影响合同中独立存在的有关解决争议方法的条款的效力。"

第四节　国际商事仲裁程序

仲裁程序，是指从一方当事人提请仲裁到有关仲裁裁决得以执行的整个过程，一般包括仲裁申请的提出和受理，仲裁员的选定和仲裁庭的组成，仲裁的调解和审理，确定适用法律，以及仲裁裁决的做出和执行等。

世界各国的仲裁立法和有关国际公约，以及各国际常设仲裁机构的仲裁规则都对仲裁程序做了明确的规定。虽然各国的仲裁立法在规范仲裁程序的具体细节方面不尽相同，但在基本的程序问题上则大同小异。

一、仲裁的申请和受理

1. 仲裁申请

仲裁申请，是指仲裁协议中所约定的争议事项发生后，仲裁协议的一方当事人依据该项协议将有关争议提交给他们所选定的仲裁机构，请求对争议进行仲裁审理。提出仲裁申请是开始仲裁程序的最初的法律步骤，也是开始仲裁程序的必要环节。一些国家的仲裁立法，明确规定仲裁机构受理仲裁案件的依据除了仲裁协议以外，还必须有当事人的申请。如仲裁协议所约定的争议事项发生以后，双方当事人改变初衷而不愿将有关争议提交仲裁，他们还可通过和解的方式解决争议，也可合意将有关争议诉诸有管辖权的法院，寻求司法解决。事实上，各国仲裁立法与有关国际公约在规定仲裁协议具有排除法院管辖权的效力时，都附加了一个条件，即在一方当事人拒不执行仲裁协议而将争议提交法院审理的情况下，法院只能根据对方当事人的请求，拒绝受理或终止已经开始的诉讼程序。

仲裁申请的提出必须以书面形式进行，各国仲裁立法都对此做了明确的规定。例如，2000年《中国国际经济贸易仲裁委员会仲裁规则》第14条规定，申请人提出仲裁申请时应提交仲裁申请书。仲裁申请书类似于司法程序中的起诉书，提出申请书的一方当事人叫申请人，对方当事人叫被申请人。

一般而言，一项合格有效的仲裁申请书必须包含以下几方面的主要内容：（1）申请人和被申请人的名称和地址。（2）请求仲裁的争议事项，以及提出请求的理由和依据。（3）按规定指定仲裁员，并在申请书中写明仲裁员的姓名和职务；如是委托有关仲裁机构指定仲裁员，应在申请书中做出明确授权。（4）如是选择常设仲裁机构，则应指明有关仲裁机构的名称；如是选择临时仲裁机构，则应指明临时仲裁机构的组成方式。（5）申请书所附文件的编号和名称。（6）应有申请人或其授权的代理人的签名盖章；应按有关国家的法律规定附上有关文件，如合同、仲裁协议、当事人之间往来的函电和其他有关文件。

仲裁申请书一经提出，即行中止索赔时效，同时标志着有关的仲裁程序开始进行。

2. 仲裁受理

有关仲裁机构在收到申请人提交的仲裁申请书后，应立即初步审查决定提请仲裁所依据的仲裁协议是否有效，申请仲裁的争议事项是否属于有关仲裁协议所涉及的范围，从而确定它是否具有有效的管辖权，同时还应审查仲裁申请是否超过索赔时效。一旦确定其具有仲裁管辖权，而申请人又没有违反时效规定，仲裁机构就应正式受理有关仲裁案件，并将仲裁申请书及其副本及时送达有关被申请人和申请人所选定的仲裁员。如有必要，仲裁机构还应将有关仲裁机构的仲裁规则及仲裁员名册同时寄给被申请人。

被申请人收到仲裁申请书后，应根据仲裁立法和仲裁规则的规定，在一定的期限内提出答辩书，并选出应由他选定的仲裁员，或提交请求仲裁机构代为指定仲裁员的委托书。2015 年《中国国际经济贸易仲裁委员会仲裁规则》规定，申请人和被申请人应各自在收到仲裁通知之日起 20 天内，在仲裁委员会仲裁员名册中各自选定一名仲裁员，或者委托仲裁委员会主任指定（第 27 条第 1 款）。被申请人应在收到仲裁通知之日起 45 天内，向仲裁委员会秘书局提交答辩书及有关证明文件。被申请人可以在答辩书中对申请人提出的要求进行抗辩，可以就有关争议事项向申请人提出反请求。被申请人应在答辩书中附上有关证明文件；反请求中应写明其反请求所依据的事实和证据（第 59 条第 1 款）。

根据各国仲裁立法的规定，无论是申请人还是被申请人，都有权委托代理人代为参加有关的仲裁活动，但接受委托的代理人应向有关仲裁机构提交授权委托书。

二、组成仲裁庭

根据国际上的一般做法，争议案件可以由 3 名、5 名或 7 名仲裁员（其中 1 名为首席仲裁员）组成仲裁庭，以合议方式审理，也可以由独任仲裁员单独审理争议。当仲裁庭由多名仲裁员组成时，仲裁员的选定或指定程序不尽相同。根据瑞典斯德哥尔摩商会仲裁院的仲裁规则，如果双方当事人未在仲裁协议中确定仲裁员人数，则仲裁庭由 3 名仲裁员组成，由双方当事人各自指定一名，另一名仲裁员由仲裁院指定，并应担任该合议仲裁庭主席。该仲裁院不设仲裁员名单，双方当事人可以自由选定仲裁员，并且不限国籍。根据美国仲裁协会商事仲裁规则的规定，双方当事人可以以书面协议确定仲裁员的人数及其指定办法。如果双方当事人各指定一名仲裁员，则应由被指定的两名仲裁员推选出另一名中立的仲裁员组成合议仲裁庭，对仲裁员的国籍不做任何限制。如果双方当事人对指定仲裁员的方法事先没有做出规定，则由美国仲裁协会把它的仲裁员名册一式两份分送给双方当事人，由双方当事人在接到该名单 7 日之内把不同意的人从名册中划掉，送回仲裁协会，该协会参照双方当事人所表示的先后顺序代为确定仲裁员。如果双方当事人或其一方不在限期内退回上述仲裁员名册，则认为是对该名单全部同意，没有异议。

三、仲裁审理

仲裁审理，是指仲裁庭依法成立后，以一定的方式和程序调取和审核证据，查询证人和鉴定人，并对整个争议事项的实质性问题进行全面审查的仲裁活动。

1. 仲裁审理的方式

仲裁审理的方式是指仲裁庭审理有关争议事项时可以或必须采取的方式。仲裁审理的方式大体上分为两种：一种是口头审理，另一种是书面审理。许多国家现行的仲裁立法和规则都规定，当事人双方可自由选定口头审理或书面审理，在当事人没有做出约定时，则依法采用口头审理的形式进行。如美国和日本的商事仲裁规则都规定原则上采用口头审理的方式，但当事人可以用书面协议请求不用口头审理的方法进行。2000 年《中国国际经济贸易仲裁委员会仲裁规则》第 32 条明确规定，仲裁庭应当开庭审理案件，但若双方当事人申请或征得双方当事人同意，仲裁庭也认为不必开庭审理的，可以只依据书面文件进行审理并做出裁决。但英国和德国等的仲裁规则规定，仲裁审理必须采用口头审理的方式。

2. 审查证据和询问证人

在仲裁过程中，各方当事人为了证明他们提出的要求和主张，一般都在其提交的仲裁申请书、答辩书以及其他有关文件中提供各种各样的证据材料。仲裁庭应对这些证据材料进行分析和审查，找出能证明案件事实的证据。

在这个阶段，一个重要的法律问题是举证责任（burden of proof）。几乎所有国际仲裁庭都要求各方当事人就自己的主张所根据的事实提出证明。

各国一般都规定仲裁庭只能传讯自愿出庭作证的证人，只能提取有关证人自愿提交的证据材料，而无权强制证人到庭作证或出示有关的证据材料。如果有关证人拒绝或者拖延出庭作证，或拒绝提交被认为与案件实质证据有关的簿册、记录、证件或其他文件，仲裁庭只能基于当事人的请求，或依职权请求有关证人或证据所在地法院，或者责令有关当事人直接请求有关法院予以协助，按照司法程序和方式强制有关证人出庭或强行提取有关证据材料。

此外，当某一证明仲裁案件事实的证据材料位于仲裁地所属国领域以外时，仲裁庭一般也无权直接到有关国家境内直接提取该项证据，而只能通过国际司法协助的程序来获取。

四、保全措施

国际商事仲裁制度中的保全措施与一般程序法中的保全措施大体一致，根据不同的角度进行不同的分类，主要可分为财产保全和证据保全。

1. 财产保全和证据保全

在国际商事仲裁程序中，财产保全，是指在仲裁庭做出最终裁决之前，为了防止有关当事人的财产被隐匿、转移和变卖，或为了保存争议标的物的价值，保证将来发生法律效力的仲裁裁决得到全面执行，从而保证胜诉方当事人及时获得应有的损害赔偿，经当事人申请，由法院或仲裁庭对另一方当事人的特定财产所采取的一种临时性的强制措施。

证据保全，是指在仲裁庭的仲裁审理程序终结前，经当事人申请由法院或仲裁庭对那些可能灭失或以后难以取得的证据所采取的一种临时性强制措施。

关于涉外仲裁中的证据保全，中国《仲裁法》第 68 条规定："涉外仲裁的当事人申请证据保全的，涉外仲裁委员会应当将当事人的申请提交证据所在地的中级人民法院。"关于涉外仲裁中的财产保全，该《仲裁法》未做规定，但中国 2017 年《民事诉讼法》第四编"涉外民事诉讼程序的特别规定"的第 272 条规定："当事人申请采取保全的，中华人民共和国的涉外仲裁机构应当将当事人的申请，提交被申请人住所地或者财产所在地的中级人民法院裁定。"至于具体的保全措施，则由法院依据《民事诉讼法》关于执行的有关规定办理。

2. 收集与审查仲裁证据

在国际商事仲裁程序中，证据的收集与审查是仲裁庭做出公正裁决的重要环节。因为国际商事仲裁程序与一般的民商事程序具有不同的特征，因而无法适用与诉讼或国内仲裁同样的规则，因此国际商事仲裁的仲裁庭无法运用统一的证据规则，在证据规则的运用方面赋予仲裁员较大的自由裁量权（discretion），所以国际商事仲裁程序中的证据规则是相当灵活的，仲裁庭可以接受任何其认为有关的证据，不必严格受制于某一特定国家或国际商事仲裁程序中有关证据的获取规定。

对此，中国《仲裁法》和中国国际经济贸易仲裁委员会对仲裁规则做了相应规定，主要有下列几种提供证据的方式：（1）当事人直接提供证据；（2）仲裁庭自行获取证据；（3）专门机构和专家鉴定后提供的证据；（4）法院协助获取证据。

五、法律适用

关于仲裁员在审理过程中究竟应适用哪一国法律的问题，其处理方法一般是，属于程序者，各国都一致适用仲裁地法，但是双方当事人一致同意的仲裁协议另有规定者，则根据双方的规定办事。关于实体法的适用，各国一般都允许当事人自由选择，这就是"意思自治"原则在这方面的应用。如果双方当事人没有指定适用哪一国法律，那么，通常由仲裁庭自己确定应适用的法律。联合国国际贸易法委员会、欧洲经济委员会和亚洲与远东经济委员会的三个仲裁规则对此做了基本相同的规定，即仲裁庭应适用当事人指定的法律，如果当事人没有预先指定，则适用它自己认为应该适用的冲突规范所指向的法律。

六、仲裁裁决

在国际商事仲裁中，所谓仲裁裁决（arbitral award），是指仲裁庭按照仲裁规则在仲裁过程中或者仲裁审理终结后，就任何程序性事项或者就当事人提出的实体请求所做出的书面决定。仲裁裁决具有法律效力。

（一）仲裁裁决的类型

仲裁裁决按照不同的标准，可以分为不同的类型。仲裁裁决主要有以下五种。

1. 临时裁决

临时裁决又称为中间裁决，它是指在仲裁过程中因当事人请求并经仲裁庭同意，或者仲裁庭认为有必要时，对案件的程序性事项所做出的一种裁决。临时裁决一般是在案件未做出最终裁决前，对案件的一些重要问题必须予以澄清而又来不及在最终裁决里决定的情况下，由仲裁庭做出的。例如，《联合国国际贸易法委员会仲裁规则》第 32 条第 1 款规定，除做出最终裁决外，仲裁庭亦有做出临时性的、中间的或部分的裁决之权。

临时裁决是帮助仲裁庭做出最终裁决或者澄清事实及搜集证据的重要手段和有效方法。临时裁决所处理的问题并不涉及仲裁对当事人的仲裁请求的实体决定，却对仲裁庭做出最终裁决具有非常重要的作用。但临时裁决通常不具有强制执行效力，也不需要由法院来执行，当事人不履行的，仲裁庭可以在终局裁决里就此划分责任。

2. 部分裁决

部分裁决，是指在仲裁过程中对整个争议中的一个或数个问题的事实和法律问题已经审理清楚，为有利于继续审理其他争议事项，仲裁庭先行做出的对某一个或数个问题的终局性的裁决。

部分裁决在性质上与最终裁决一样，都是仲裁庭对实体问题做出的决定，因此一经做出即具有法律约束力；两者的唯一区别是部分裁决是在审理终结前做出，而最终裁决应在审理终结后做出。已经在部分裁决中决定的事项，在最终裁决中就不得再次进行裁决，尤其是对部分裁决已经决定的有关争议的定性及违约责任的分担原则，最终裁决不能与此相抵触。

3. 缺席裁决

所谓缺席裁决，是指在一方当事人经合法通知而又无正当理由不到庭的情况下，仲裁庭在仲裁过程中或者审理终结后所做出的仲裁裁决。从法律性质角度分析，缺席裁决并非一种独立的裁决类型，换句话说，缺席裁决并不会产生与其他类型的裁决相区别的法律后果或者处理不同的事项。临时裁决、部分裁决以及最终裁决都可以在一方当事人缺席的情况下做出。例如，1998 年 1 月 1 日起生效的《国际商会国际仲裁院仲裁规则》第 6 条第 3 款规定，如果当事人的任何一方拒绝或不参加仲裁程序或仲裁的任何一个阶段，则不能因此而影响仲裁程序的继续进行。无疑，当事人中任何一方为规避仲裁而不出庭，在法律上不影响仲裁庭做出缺席裁决。

4. 合意裁决

合意裁决，是指在国际商事仲裁程序中，仲裁庭根据当事人在仲裁程序中达成的和解协议而作成的仲裁裁决。国际商事仲裁中有一种鼓励双方当事人以和解方式解决其争议的趋势。如《联合国国际贸易法委员会国际商事仲裁示范法》第 30 条第 1 款规定，如果在仲裁程序中当事人各方通过和解解决争议，仲裁庭应当终止仲裁程序，而且如果当事各方提出请求而仲裁庭并无异议，则应按和解的条件以仲裁裁决书的形式记录此和解。此外，《联合国国际贸易法委员会仲裁规则》第 34 条第 1 款亦做了类似的规定。

在当事人达成和解协议了结其争议时，当事人可以要求仲裁庭根据和解协议的内容，制作一份裁决书，此项裁决书可以不说明裁决的理由，亦可以直接执行和解协议，并且撤回仲裁。此类裁决即为合意裁决。

5. 最终裁决

最终裁决，是指仲裁庭在对整个案件审理终结之后，就全部提交仲裁的争议事项所做出的终局性的裁决。一旦仲裁庭做出最终裁决，就意味着仲裁员已经履行完毕其职责，他们对争议不再享有任何管辖权，仲裁庭与当事人之间在仲裁过程中所产生的法律关系已不复存在。最终裁决一经做出，除了偶尔的对裁决的文字或者计算错误进行更正、修改或者补充外，整个案件的仲裁程序即告终结。仲裁庭一般在具有终局性质的裁决书上注明"本裁决为最终裁决，对双方当事人均有约束力"此类限定性词语。

（二）仲裁裁决的形式和内容

仲裁裁决的形式和内容问题对该裁决的效力及执行具有十分重要的意义。对此，世界各国的仲裁法通常都有明确的规定。

1. 仲裁裁决的形式

世界各国的仲裁法、仲裁的国际公约以及所有仲裁机构的仲裁规则，一般都规定仲裁裁决必须符合一定的形式要件。例如，《联合国国际贸易法委员会仲裁规则》第 32 条规定：仲裁裁决必须采用书面形式；裁决书必须附具理由；裁决书应由仲裁员签名并记载裁决作成的日期和地点；如果由 3 名仲裁员组成的仲裁庭审理案件，而其中 1 名仲裁员未在裁决书上签名，就必须陈述缺少其签名的理由。

目前较为通行的做法是，大多数国家规定裁决书以全体仲裁员签名为原则，多数仲裁员签名为例外。中国《仲裁法》第 53 条规定"裁决应当按照多数仲裁员的意见做出"。第 54 条进一步规定，裁决书由仲裁员签名，加盖仲裁委员会印章。对裁决持不同意见的仲裁员，可以签名，也可以不签名。2015 年《中国国际经济贸易仲裁委员会仲裁规则》规定，除非仲裁裁决依首席仲裁员的意见或独任仲裁员的意见做出，否则仲裁裁决应由多数仲裁员署名。持有不同意见的仲裁员可以在裁决书上署名，也可以不署名（第 49 条第 6 款）。中国仲裁立法和仲裁规则的规定表明，裁决书只要多数仲裁员签署即为有效，少数仲裁员不签署，不必说明原因。

2. 仲裁裁决的内容

仲裁裁决的内容因为其类型的不同而有所区别，一般认为应该包括以下三方面：裁决书首部；裁决书主文；裁决书尾部。其中裁决书主文包括一般程序事项、特殊程序事项、案情、仲裁庭的意见、裁决 5 个方面的内容。

各国仲裁法与规则均明确规定，仲裁裁决是终局的，对双方当事人具有约束力，不得向法院上诉。

第五节　外国仲裁裁决的承认与执行

一、承认与执行的关系

仲裁裁决的承认，是指国家的法院对仲裁机构所做出的具有约束力的裁决予以认可，并赋予其强制执行力的司法行为。仲裁裁决的执行，是指在承认的基础上通过国家的强制力使已经发生法律效力并取得了执行力的仲裁裁决得以实施的司法行为。

仲裁裁决的承认与执行是两个既有联系又有区别的概念。仲裁裁决的承认与执行的联系表现为：承认与执行的性质均为国家的司法机关行使司法职权的行为；它们相互依赖，互相联系，承认是执行的前提，裁决只有获得法院的承认才取得法律上的强制执行力，才能采取进一步的强制措施加以执行，而执行裁决又是承认裁决的自然结果；在多数情况下，当事人要求内国法院承认一项外国仲裁裁决的目的，在于保证对其有利的裁决能够顺利履行，实现裁决确定的事项。

仲裁裁决的承认与执行的区别表现为：承认是仲裁裁决取得执行力的必经程序，是使仲裁裁决在法院地国取得如同内国法院的终局判决一样的裁决效力，而执行是内国法院通过强制力使裁决确定的权利义务付诸实现的过程；承认是一国法院认可仲裁裁决效力的行为，是一种静态行为，而执行则是一种动态行为，往往需要国家的司法机关采取强制性措施才得以实现。

在国际商事仲裁中，裁决的执行是一个比较复杂的问题。因为国际商事仲裁所做出的裁决，涉及外国的当事人，如果败诉一方拒不执行裁决，就可能出现以下两种情形：一种情形是本国仲裁机构做出的裁决，由于败诉一方在本国，或败诉一方有财产在本国，可以向本国法院提出强制执行；另一种情形是一国仲裁机构做出了裁决，但由于败诉一方在外国，需要向外国法院申请强制执行。前者属于对本国仲裁裁决的执行问题，后者涉及对外国仲裁裁决的执行问题。根据某些西方国家法律的规定，对本国仲裁裁决的执行，手续一般比较简单，通常是由胜诉一方向有关法院提出强制执行的申请，法院一般只做形式审查，不做实体审查。如果法院经过审查认为裁决在形式与程序上符合法律要求，即发出执行命令，予以强制执行。

但是，对于外国仲裁裁决的执行，情况就复杂得多。因为执行外国的仲裁裁决，不仅涉及双方当事人的切身利益，而且涉及两国间的利害关系。因此，许多国家在法律中对于执行外国的仲裁裁决都规定了一些限制，例如，要求以互惠为条件，或者以外国的仲裁裁决不违反执行国的"公共秩序"为前提等。有些国家还要求"双重许可"，即要求当事人必须首先在做出裁决的国家取得可以在该国执行的法院命令，然后再凭以取得申请执行国家法院或有关主管当局发出的准许执行的命令。如果外国的仲裁裁决不符合执行国的法律要求，执行国的法院就可以拒绝执行。

二、有关公约

为了解决各国在承认与执行外国仲裁裁决问题上存在的分歧，国际上曾先后缔结过三项有关承认与执行外国仲裁裁决的国际公约。第一项公约是 1923 年缔结的《日内瓦仲裁条款议定书》（Protocol on Arbitration Clauses）；第二项公约是 1927 年缔结的《关于执行外国仲裁裁决的公约》（Convention on the Execution of Foreign Arbitral Awards）；第三项公约是 1958 年在联合国的主持下，在纽约缔结的《承认与执行外国仲裁裁决的公约》（Convention on the Recognition and Enforcement of Foreign Arbitral Awards），简称《纽约公约》。该公约吸收了前两项公约的基本内容，但是比其有了新的发展。前两项公约是以互惠为基础的，两国之间必须首先缔结一项双边协议，然后才能在各自的管辖范围内实施这两项公约。而该公约则放弃了互惠的要求，原则上它可以适用于任何一项外国的仲裁裁决。但是每一个国家在参加这项公约时，可以声明它只愿意对该公约的缔约国做出的仲裁裁决实行该公约。

1. 《日内瓦仲裁条款议定书》

1923 年在国际联盟倡导下，由 50 多个国家和地区签订，并于 9 月 24 日在日内瓦开放签字，1924 年 7 月 28 日生效。该议定书规定，缔约各国承认关于商业仲裁协议案件的有效性，并承担义务依各国国内法执行在其领域内做出的仲裁裁决。关于在其他国家领土内做出的仲裁裁决能否执行，议定书没有做出规定。

2. 《关于执行外国仲裁裁决的公约》

1927 年 9 月 26 日，由总部设在巴黎的国际商会的倡议，并在国际联盟的赞助下，在日内瓦开放签字，于 1929 年 7 月 25 日生效。该公约的目的是相互执行 1923 年《仲裁条款议定书》所规定的仲裁裁决，并以该议定书为基础。该公约只可由批准 1923 年议定书的国家批准，规定在任何缔约国领土内作成，并对在缔约国之一的管辖权下的人做出的仲裁裁决，均应被认为有约束力，并应按照执行该裁决的国家的程序法规予以执行。为获得上述承认和执行，还必须符合下列各条件：（1）裁决所根据的仲裁申请在法律上是有效的。（2）裁决的事项依执行地国法可用仲裁方法解决。（3）做出裁决的仲裁庭依当事人所同意的形式组成，并且符合法律。（4）裁决依作成地国法是终局性的，对它不得提起上诉或任何异议。（5）裁决的承认或执行不违反执行地国的公共秩序或法律原则。根据各国实践，"公共秩序"指涉及一国重大利益的基本法律概念或道德标准。在申请执行的程序方面，该公约要求申请执行裁决的当事人向执行地国家的法院提交：（1）裁决的原本或经认证的副本；（2）证明裁决是终局性的证据；（3）证明裁决有效，而且符合并不超越仲裁申请的范围这一条件。

该公约相对 1923 年的议定书来说，迈出了一大步，使缔约国间可以在一定条件下，相互承认和执行仲裁裁决；但获得承认和执行的条件很严格，而且程序也很复杂，尤其对所谓"公共秩序"，执行地国可以作自己的解释，拒绝予以承认和执行。

3.《承认与执行外国仲裁裁决的公约》

早在 1951 年，国际商会就在于里斯本举行的大会上讨论了上述问题，认为 1927 年的公约已"不能适应现代经济要求"。大会决定成立一个委员会，进行研究。该委员会于1953 年开会后，随即向联合国提出它所草拟的新公约的草案，经联合国秘书处分发给各国政府征求意见。1954 年起联合国经济及社会理事会成立了特别委员会，在国际商会草案基础上进行研究，并于 1955 年通过了一个公约草案。联合国后来根据经济及社会理事会的建议，于 1958 年在纽约召开会议。45 个国家的代表正式出席了这次会议，并于 1958年 6 月 10 日通过了《承认与执行外国仲裁裁决的公约》。该公约于 1959 年 6 月 7 日生效。美国等国家没有参加 1923 年议定书和 1927 年公约，但已批准了 1958 年公约。

就内容而言，1958 年公约规定，缔约国承认和执行在任何外国做出的仲裁裁决，而不像 1927 年公约只限于在其他缔约国境内做出的仲裁裁决，从而扩大了可以承认和执行的仲裁裁决的范围。再就申请承认和执行的程序而言，1958 年公约只要求申请的一方当事人提出裁决与仲裁协议的原本或经证明的副本，而不是像 1927 年公约那样要求申请的一方证明裁决在法律上的有效性和终局性。

《纽约公约》共有 16 条，其主要内容如下：

（1）该公约第 3 条明确地规定，缔约国应该相互承认与执行对方国家做出的仲裁裁决，并规定在承认与执行对方国家的仲裁裁决时，不应该提出在实质上比承认与执行本国的仲裁裁决更加麻烦的条件或征收比其更高的费用。

（2）该公约第 4 条规定，申请承认与执行裁决的一方当事人，必须提供经过适当证明的仲裁裁决的正本或副本，以及仲裁协议的正本或经过适当证明的副本，必要时还应附具译本。

（3）该公约第 5 条规定了拒绝承认与执行外国仲裁裁决的条件。

第一，凡是外国仲裁裁决有下列情况之一者，被请求执行的机关可以根据被诉人的请求，拒绝承认与执行：被诉人证明仲裁协议的当事人无行为能力；根据仲裁协议选定的准据法，或根据做出裁决国家的法律，该项仲裁协议无效。

第二，被诉人没有得到关于指定仲裁员或进行仲裁程序的适当通知，或者由于其他原因不能对案件提出意见。

第三，裁决的事项超出仲裁协议规定的范围。

第四，仲裁庭的组成或仲裁程序与双方当事人的协议不相符，或者在双方当事人没有协议时，与仲裁地国家的法律不相符。

第五，仲裁裁决对双方当事人还没有发生约束力，或者裁决已经被仲裁国家的有关当局撤销或停止执行。所谓裁决对当事人还没有发生约束力，是指对裁决还能够提出异议或上诉，或正在对裁决的有效性进行诉讼。

（4）该公约第 5 条中的"二"还规定，如果被请求承认与执行仲裁裁决的国家的有关当局认为，根据该国的法律规定，裁决中的争议事项不适合以仲裁裁决方式处理，或者认为裁决的内容违反该国的公共秩序，也可以拒绝执行。

（5）该公约第 1 条中的"三"允许各缔约国在参加该公约时发表声明，提出若干保留条件。例如，可以声明在承认与执行外国仲裁裁决时，必须以互惠为条件，即只承认与执行缔约国做出的裁决，对于非缔约国做出的裁决，可以不根据该公约的规定处理；也可以声明仅对根据本国法律规定属于商事关系引起的争议适用该公约的规定，对于非商事争议的裁决则不在此限。

目前，该公约已经取代了上述两项公约，成为有关承认与执行外国仲裁裁决的一个最重要的国际公约。但是，对于那些未参加该公约而参加了1927年公约的国家，它们仍然适用上述公约。截至2012年4月，《纽约公约》共有146个成员国。中国于1987年1月22日加入该公约，并同时声明：（1）中华人民共和国只在互惠的基础上对在另一缔约国领土内做出的仲裁裁决的承认和执行适用该公约；（2）中华人民共和国只对根据中华人民共和国法律认定为属于契约性和非契约性的商事法律关系所引起的争议适用该公约。

此外，除了《纽约公约》，还有一些重要的区域性承认与执行外国法院判决的公约，如1928年拉丁美洲国家在哈瓦那签订的《布斯塔曼特法典》、1932年斯堪的纳维亚国签订的《关于相互承认和执行判决的哥本哈根公约》、1958年签订的《阿拉伯联盟执行判决公约》、欧共体国家分别于1968年（布鲁塞尔）和1988年（卢加诺）签订的《关于民商事案件的管辖权及判决执行公约》，以及1979年北欧国家之间签订的《承认与执行外国判决公约》等。

第六节　中国的仲裁机构、仲裁规则与仲裁法

一、中国的国际经济贸易仲裁机构与仲裁规则

中国的国际经济贸易仲裁机构是中国国际经济贸易仲裁委员会与中国海事仲裁委员会，同时也包括回归后的香港国际仲裁中心。

（一）中国国际经济贸易仲裁委员会及其仲裁规则

中国国际经济贸易仲裁委员会成立于1956年，是中国国际贸易促进委员会（简称"贸促会"，从1988年起对外改称"中国国际商会"）属下的一个民间性常设仲裁机构，总部设在北京。该仲裁委员会先后于1989年1月和1990年4月在深圳经济特区和上海市分别设立了深圳分会和上海分会，以方便当事人提请仲裁。总会和分会是同一仲裁机构，即中国国际经济贸易仲裁委员会，其区别只是受理和审理案件的地点和开庭地点不同。总会和分会适用同一仲裁规则和同一仲裁员名册。

该仲裁委员会最初的名称为对外贸易仲裁委员会，是根据中央人民政府政务院1954年5月6日通过的《关于在中国国际贸易促进委员会内设立对外贸易仲裁委员会的决定》成立的。该决定确定了对外仲裁委员会的性质、任务和组织原则。根据这一决定，中国国际贸易促进委员会制定了《对外贸易仲裁委员会和仲裁程序暂行规则》。按照该暂行规则的规定，该仲裁委员会主要受理对外贸易合同争议和交易中发生的争议，特别是外国商号、公司或者其他经济组织与中国商号、公司或其他经济组织间的争议，也可以受理外国商号、公司或者其他经济组织间，以及中国商号、公司或者其他经济组织间有关对外贸易契约和交易中所发生的争议。

中国实行改革开放政策以来，与国外的经济技术交往日益频繁。为适应对外经济贸易关系发展的需要，1980年2月20日，国务院决定将"对外贸易仲裁委员会"这一名称改为"对外经济贸易仲裁委员会"，将受理案件的范围扩大到有关中外合资经营、合作生产、合作开发、技术转让、金融信贷和租赁业务等各种国际经济合作中所发生的争议。1988

年 6 月 21 日，国务院再次做出决定，将"对外经济贸易仲裁委员会"改名为"中国国际经济贸易仲裁委员会"。中国国际贸易促进委员会于 1988 年 9 月 12 日制定了《中国国际经济贸易仲裁委员会仲裁规则》，取代了原来的《对外贸易仲裁委员会仲裁暂行规则》。之后《中国国际经济贸易仲裁委员会仲裁规则》又经过了几次修订。

2014 年 11 月 4 日中国国际贸易促进委员会（中国国际商会）修订并通过、自 2015 年 1 月 1 日起施行的《中国国际经济贸易仲裁委员会仲裁规则》第 9 条规定，仲裁参与人应遵循诚实信用原则，进行仲裁程序。该仲裁规则第 49 条第一款规定，仲裁庭应当根据事实和合同约定，依照法律规定，参考国际惯例，公平合理、独立公正地做出裁决。该仲裁规则第 3 条规定，中国国际经济贸易仲裁委员会受理契约性或非契约性的经济贸易等争议。其范围包括：（1）国际的或涉外的争议。（2）涉及香港特别行政区、澳门特别行政区或台湾地区的争议。（3）国内争议案件。

该仲裁委员会备有仲裁员名册。仲裁员由仲裁委员会从法律、经济贸易、科学技术等方面具有专门知识和实际经验的中外人士中聘任。仲裁员名册中的仲裁员来自各个国家，具有不同国籍，大多数是各个不同专业领域的知名专家或学者。

此外，2014 年 4 月 8 日，《中国（上海）自由贸易试验区仲裁规则》颁布，并于同年 5 月 1 日起施行。这是中国首部自贸区仲裁规则，标志着上海自贸区的制度创新又取得新突破。

该《仲裁规则》共有 10 章 85 条。它吸纳和完善了诸多国际商事仲裁的先进制度，如完善了"临时措施"，并增设了"紧急仲裁庭"制度；突破了当事人选定仲裁员的"名册制"限制，确立了仲裁员开放名册制；细化了"案件合并"、"其他协议方加入仲裁程序"以及"案外人加入仲裁程序"等制度；通过设立仲裁庭组成前的调解员调解程序，进一步完善了"仲裁与调解相结合"的制度；进一步强化了仲裁中的证据制度等；纳入了"友好仲裁"制度；增设了"小额争议程序"，降低了相应的仲裁收费等。

（二）香港国际仲裁中心及其仲裁条例

香港国际仲裁中心（Hong Kong International Arbitration Center）成立于 1985 年 9 月，是一个民间非营利性中立机构。该仲裁中心由理事会领导，理事会由来自不同国家的商人和其他具备不同专长和经验的专业人士组成。该仲裁中心的业务活动由理事会管理委员会通过秘书长进行管理，而秘书长则是仲裁中心的行政首长和登记官。

该仲裁中心的设立是为了满足东南亚地区的商务仲裁的需要，同时也为中国内地当事人和外国当事人之间的经济争端提供"第三地"的仲裁服务。1990 年修正后的《香港国际仲裁中心仲裁条例》规定了本地仲裁和国际仲裁两种不同的仲裁制度。本地仲裁是指双方当事人都是香港人的案件，适用香港仲裁规则。国际仲裁是指一方或双方当事人为非香港人的案件，适用《联合国国际贸易法委员会仲裁规则》。国际仲裁的仲裁庭，除非当事人另有约定，仲裁员人数为 3 人，当事人双方各指定 1 名，再由被指定的 2 名仲裁员共同推选 1 名首席仲裁员，也可由该中心作为指派机构指定仲裁员。该中心设有世界各地不同国籍的国际仲裁员名单。仲裁地点可以在香港，也可以在香港以外的地方。如当事人未约定仲裁地点，则由仲裁庭决定。该中心同时也可采用调解或调停的方式解决争议。

（三）关于中国内地与香港特别行政区相互执行仲裁裁决的安排

1997 年 7 月 1 日以前，中国内地与香港相互执行对方仲裁裁决依据的是 1958 年《纽约公约》，但香港回归后，已成为一个主权国家内不同法律区域间的司法协助，与国际司法协助有本质的区别，就不应再适用该公约。为避免带来不便，需要达成新的安排。1999年1月27日，中国最高人民法院公布了《关于内地与香港特别行政区相互执行仲裁裁决的安排》。该安排在贯彻"一国两制"、"协商一致"和"有效原则"的前提下，双方同意仍"参照国际公约和国际惯例的原则"，以保持相互承认与执行对方裁决的连续性和稳定性。内地执行香港的裁决时，对于中国在加入《纽约公约》时所做出的商事保留继续适用。而香港执行内地的仲裁裁决，也应包括截至1999年5月内地依据《仲裁法》成立的148家仲裁委员会的有关裁决。该安排也规定，申请人向有关法院申请执行在内地或香港做出的仲裁裁决的，被申请人接到通知后，提出证明有六种情形之一的，经审查核实，有关法院可以裁定不予执行。

2000年1月13日，香港特别行政区正式公布了2000年《仲裁条例》，废除了1990年《香港国际仲裁中心仲裁条例》中与《中华人民共和国香港特别行政区基本法》相抵触的规定，并增加了"内地"和"内地裁决"等相关内容，以保证香港回归后内地和香港仲裁裁决的相互承认和执行的问题。

（四）《关于内地与澳门特别行政区相互认可和执行仲裁裁决的安排》

澳门仲裁制度最早可追溯至葡萄牙1961年《民事诉讼法典》第四卷对仲裁的专门规定。该法典自1963年1月1日起延伸适用于澳门。实际上，20世纪90年代以前，澳门地区一直没有民商事仲裁的案例和仲裁机构，其民商事争议除了依靠中国民间的传统方式解决外，主要通过诉讼的方式解决，由司法机关裁判是非，解决争议。为改变澳门地区仲裁制度形同虚设的现状，尽快建立本地仲裁制度以及涉外商事仲裁制度和机构，澳门政府自20世纪80年代末开始着手制定专门针对本地的仲裁法律。

1996年6月11日，《澳门政府公报》发布了第29/96/M号法令，即澳门地区第一部有关仲裁的法律制度《自愿仲裁法》草案，该仲裁法自1996年9月15日起开始生效。在涉外仲裁方面，1998年11月23日，《澳门政府公报》发布了第55/98/M号法令，即《涉外商事仲裁法》。该法几乎完全参照联合国国际贸易法委员会1985年的《国际商事仲裁示范法》而制定。只是为了使仲裁标的与拒绝执行仲裁裁决的依据与葡萄牙《民事诉讼法典》的规定一致，该仲裁法对《国际商事仲裁示范法》做了细微的修改。第55/98/M号法令的发布，标志着澳门仲裁制度的最终确立。

虽然这两部法律规定仲裁包括临时仲裁和机构仲裁，但事实上，除了澳门消费委员会根据第29/96/M号法令所设立的"消费争议仲裁中心"外（该中心只是通过调解与仲裁方式解决在澳门地区发生的、涉及金额不高于澳门币5万元的消费争议），澳门并未成立一个常设的仲裁机构，因而澳门的仲裁主要是以临时仲裁的形式存在的。

随着1999年12月20日澳门的回归，以及2003年10月17日《内地与澳门关于建立更紧密经贸关系的安排》及其附件文本的正式签署，两地的经贸往来更加频繁，两地互涉仲裁案件随之增多。但是，葡萄牙1995年加入《纽约公约》时，并未将《纽约公约》扩展适用于澳门。因此，在法理上，澳门仲裁裁决无法依据《纽约公约》在内地申请承认和执行，反之亦然。此外，根据澳门特区法律，澳门实行临时仲裁制度，在澳门特区做出的临时仲裁裁决多于机构仲裁裁决，而内地现有的法律没有关于临时仲裁的规定。

为解决两地之间存在的这些问题，根据《中华人民共和国澳门特别行政区基本法》第93条的规定，最高人民法院与澳门特别行政区经协商达成了《关于内地与澳门特别行政区相互认可和执行仲裁裁决的安排》，于2007年10月30日签署，自2008年1月1

日起实施。

该安排第 1 条规定，内地人民法院认可和执行澳门特别行政区仲裁机构及仲裁员按照澳门特别行政区仲裁法规在澳门做出的民商事仲裁裁决，澳门特别行政区法院认可和执行内地仲裁机构依据《中华人民共和国仲裁法》在内地做出的民商事仲裁裁决，适用该安排。该安排没有规定的，适用认可和执行地的程序法律规定。

该安排是继内地与澳门特区 2001 年签署的《关于内地与澳门特别行政区法院就民商事案件相互委托送达司法文书和调取证据的安排》、2006 年签署的《内地与澳门特别行政区关于相互认可和执行民商事判决的安排》之后，司法协助领域的又一重大成果。

该安排的签署，使两地法院相互认可和执行仲裁裁决具有明确的法律依据，使认可和执行仲裁裁决的程序更加简便易行。

二、中国关于执行仲裁裁决的法律

1991 年 4 月 9 日，第七届全国人民代表大会第四次会议通过的《中华人民共和国民事诉讼法》（以下简称《民事诉讼法》）自同日起施行，该法共 29 章 270 条；2007 年 10 月 28 日由第十届全国人大常委会第三十次会议对该法做了修改并通过，自 2008 年 4 月 1 日起施行，该法共 28 章 268 条；2012 年 8 月 31 日，第十一届全国人民代表大会常务委员会第二十八次会议表决通过了关于修改《民事诉讼法》的决定，自 2013 年 1 月 1 日起施行，该法共 27 章 284 条。新法有关规定内容的条文有了调整，分别对中国涉外仲裁机构做出的裁决的执行程序以及外国仲裁机构做出的裁决在中国申请执行的程序做出了明确的规定，其主要内容如下。

1. 中国涉外仲裁机构做出的裁决在中国的执行程序

根据 2017 年《民事诉讼法》的规定，经中国涉外仲裁机构做出的裁决，当事人不得再向人民法院起诉。如果一方当事人不履行仲裁裁决，则对方当事人可以向败诉人住所地或财产所在地的中级人民法院申请执行（第 273 条）。

对中国涉外仲裁机构做出的裁决，如果被申请人证明有下列情况之一，经人民法院审查核实，法院可以裁定不予以执行：（1）当事人在合同中没有订立仲裁条款或者事后没有达成书面仲裁协议；（2）被申请人没有得到指定仲裁员或者进行仲裁程序的通知，或者由于对其他不属于被申请人负责的原因未能陈述意见；（3）仲裁庭的组成或者仲裁的程序与仲裁规则的规定不适当；（4）裁决的事项不属于仲裁协议的范围或者仲裁机构无权仲裁（第 274 条）。

此外，如果人民法院认为执行该裁决将违背社会公共利益，也可以裁定不予以执行（第 274 条）。

如果因上述情况仲裁裁决被人民法院裁定不予以执行，则当事人可以根据双方达成的书面仲裁协议重新申请仲裁，也可以向人民法院起诉（第 275 条）。

对中国涉外仲裁机构做出的裁决当事人请求执行，但是败诉人或其财产不在中国领域内的，则应当由当事人直接向有管辖权的外国法院申请与执行（第 280 条）。

2. 国外仲裁机构做出的裁决在中国申请执行的程序

国外仲裁机构做出的裁决，需要中华人民共和国法院承认与执行的，应当由当事人直接向被执行人住所地或其财产所在地的中级人民法院申请，人民法院应当依照中华人民共和国缔结或参加的国际条约，或按照互惠原则办理（第 283 条）。

3. 中国涉外仲裁机构做出的裁决在国外的承认与执行

这可以分为两种情况：（1）如果是在《纽约公约》的缔约国，则按该公约的规定办理；（2）如果是在《纽约公约》的非缔约国，则根据《中华人民共和国民事诉讼法（试行）》第 203 条的规定办理："中华人民共和国人民法院发生法律效力的判决，或者仲裁机构确定的裁决，申请人要求强制执行的，如果被申请人或者他的财产不在我国境内，人民法院可以根据我国缔结或者参加的国际条约，或者按照互惠原则，委托外国法院协助执行。"

三、《中华人民共和国仲裁法》

《中华人民共和国仲裁法》是 1994 年 8 月 31 日第八届全国人民代表大会常务委员会第九次会议通过，于 1995 年 9 月 1 日起实施的。根据 2009 年 8 月 27 日第十一届全国人民代表大会常务委员会第十次会议《关于修改部分法律的决定》做了第一次修正。根据 2017 年 9 月 1 日第十二届全国人民代表大会常务委员会第二十九次会议《关于修改〈中华人民共和国法官法〉等八部法律的决定》做了第二次修正，自 2018 年 1 月 1 日起施行。第二次修正后的《仲裁法》为 8 章 80 条。其主要内容如下。

1. 关于该法宗旨与适用范围

该法第 1 条规定了其宗旨："为保证公正、及时地仲裁经济纠纷，保护当事人的合法权益，保障社会主义市场经济健康发展，制定本法。"第 2 条规定了适用范围："平等主体的公民、法人和其他组织之间发生的合同纠纷和其他财产权益纠纷，可以仲裁。"第 3 条规定了下列纠纷不能仲裁："（一）婚姻、收养、监护、扶养、继承纠纷；（二）依法应当由行政机关处理的行政争议。"

2. 关于仲裁的原则、方法与仲裁的终局性

该法第 4 条规定了仲裁自愿的原则："当事人采用仲裁方式解决纠纷，应当双方自愿，达成仲裁协议。没有仲裁协议，一方申请仲裁的，仲裁委员会不予受理。"第 7 条规定了仲裁方法："仲裁应当根据事实，符合法律规定，公平合理地解决纠纷。"第 9 条规定了仲裁的终局性："仲裁实行一裁终局的制度。裁决做出后，当事人就同一纠纷再申请仲裁或者向人民法院起诉的，仲裁委员会或者人民法院不予受理。"

3. 关于仲裁委员会、仲裁协议与仲裁程序

该法第 2 章（第 10 条至第 15 条）是关于仲裁委员会和仲裁协会的有关内容，其中有关条款的规定如下：第 10 条"仲裁委员会的组成"，第 11 条"仲裁委员会应当具备的条件"，第 13 条"仲裁员应当具备的条件"，第 14 条"仲裁委员会的独立性"，第 15 条"仲裁协会的性质"。第 3 章（第 16 条至第 20 条）是关于仲裁协议的有关内容，其中有关条款的规定如下：第 16 条"仲裁协议应当包含的内容"，第 17 条"无效仲裁协议"，第 19 条"仲裁协议的独立性"。其中第 19 条规定："仲裁协议独立存在，合同的变更、解除、终止或者无效，不影响仲裁协议的效力。仲裁庭有权确认合同的效力。"第 4 章（第 21 条至第 57 条）是关于仲裁程序的内容，其中有关条款的规定如下：第一节"仲裁的申请与受理"（第 21 条至第 29 条），第二节"仲裁庭的组成"（第 30 条至第 38 条），第三节"仲裁的开庭与裁决"（第 39 条至第 57 条）。

4. 关于申请撤销仲裁裁决与仲裁执行

第 5 章（第 58 条至第 61 条）是关于申请撤销仲裁裁决的规定；第 6 章（第 62 条至

第 64 条）是关于仲裁的执行。

5. 关于涉外仲裁

该法专门有一章（第 7 章，第 65 条至第 73 条）是关于涉外仲裁的特别规定。

四、《涉外民事关系法律适用法》

2010 年 10 月 28 日第十一届全国人民代表大会常务委员会第十七次会议通过了《中华人民共和国涉外民事关系法律适用法》（以下简称《适用法》），该法是一部比较全面的关于涉外民事关系法律适用方面的立法，共 8 章 52 条，于 2011 年 4 月 1 日起施行。在此之前，含有冲突规范的中国立法有：继承法、民法通则、收养法、海商法、票据法、民用航空法和合同法等。

《适用法》第二条规定了它与上述法律的关系，"涉外民事关系适用的法律，依照本法确定。其他法律对涉外民事关系法律适用另有特别规定的，依照其规定。

本法和其他法律对涉外民事关系法律适用没有规定的，适用与该涉外民事关系有最密切联系的法律。"这包含三层含义：一是涉外民事关系适用的法律，原则上依照新法确定；二是其他法律对涉外民事关系法律适用另有规定的，比如海商法、票据法和民用航空法等，依照其规定；三是新法和其他法律对涉外民事关系法律适用没有规定的，适用与该涉外民事关系有最密切联系的法律。

《适用法》是中国民法的重要组成部分，也是中国关于国际私法最重要的法律。该法的第一章"一般规定"共十条，在中国的国际私法领域中具有里程碑式的意义，填补了过去在识别、反致、外国法的查明和法律规避等方面的立法空白。

《适用法》规定的新的冲突规则在内容上更为合理、全面和完善。该法创新性地以经常居所为主要连结点，对民事主体、婚姻家庭、继承、物权、债权和知识产权等方面所做的法律适用具体规定，既总结了中国改革开放以来的涉外民事审判经验，也顺应了当代国际私法的发展潮流。

复习和练习

一、关键术语

1. 仲裁 2. 仲裁协议 3. 仲裁条款 4. 仲裁裁决承认与执行的关系 5. 仲裁裁决的效力 6. 仲裁特点 7. 保全措施 8. 仲裁裁决的类型 9. 仲裁条款独立性的具体案例 10. 中国《仲裁法》和《合同法》关于仲裁条款独立性的规定

二、复习思考题

1. 与司法诉讼相比，仲裁具有哪些优点？

2. 什么是仲裁协议？仲裁条款包括哪些内容？

3. 1958 年《承认与执行外国仲裁裁决的公约》（《纽约公约》）的主要内容是什么？

4. 中国《仲裁法》与《合同法》对合同中的仲裁条款独立原则是如何规定的？

主要参考资料

1. 冯大同. 国际商法. 北京：中国人民大学出版社，1994.

2. 姚梅镇. 国际经济法概论. 武汉：武汉大学出版社，1989.

3. 韩德培. 国际私法. 武汉：武汉大学出版社，1993.

4. 中华人民共和国仲裁法. 北京：中国法制出版社，2000.

5. 郑远民，吕国民，于志宏. 国际私法（国际民事诉讼法与国际商事仲裁法）. 北京：中信出版社，2002.

6. 澳门仲裁法：守成与变革之间（上）. 新浪网，2007 - 04 - 02.

7. 关于内地与澳门特别行政区相互认可和执行仲裁裁决的安排. 最高人民法院审判委员会第 1437 次会议通过，2007 年 12 月 12 日公布.

8. 吕勇，黄志勇. WTO 与中国仲裁机构的改革. 法律教育网，2004 - 01 - 05.

法律窗口

——仲裁条款独立性原则的法律依据与实际运用
——国际商事仲裁立法新的发展变化

仲裁条款独立性原则的法律依据与实际运用

长期以来，许多常设国际组织和商事仲裁机构的有关规定与各国判例已确立了无可辩驳的先例，有力地说明仲裁条款的独立性已成为一项国际社会普遍接受的法律原则。

一、仲裁条款独立性原则的国际与国内法律依据

鉴于仲裁条款独立性问题的意义重大，多年来，这一理论已载入了一些国家的仲裁法或民事诉讼法，并且在某些国际公约中充分体现出来。其有关事例如下。

首先，在国内立法方面，一些国家的国内法明确规定了仲裁条款的独立性原则。

（1）1996 年《英国仲裁法》第 7 条明确规定，除非当事人另有约定，否则不能因为一个协议的无效、不存在或已经失效，而将构成该协议一部分的仲裁条款视为无效、不存在或已经失效，该协议应被视为可分割的协议。

（2）《瑞士联邦国际私法典》第 178 条第 3 款规定，主合同无效或仲裁协议涉及的纠纷尚未发生不得作为否认仲裁协议有效性的理由。

（3）《西班牙仲裁法》第 8 条也规定，合同无效并不一定意味着附件仲裁协议的无效。

其次，仲裁条款的独立性原则也已见之于一些国际公约或国际性文件之中。

（1）1961 年《欧洲国际商事仲裁公约》。它是由联合国经济委员会主持制定的，其主要目的在于尽可能排除欧洲各国的自然人或法人相互之间在有关国际商事仲裁的组织工作中的困难，以期推动欧洲经贸的发展。

该公约仅在当事人居住于缔约国时才能适用。该公约第 5 条是关于仲裁管辖权的抗辩。该条第 3 款规定，管辖权有问题的仲裁员，有权继续进行仲裁，并对自己的管辖权做出决定，并能决定仲裁协议或者包括此协议在内的合同是否存在或者有无效力，但应受仲裁法所规定的以后的司法监督。

（2）1965 年《华盛顿公约》。跨国公司在国外进行投资经营活动时，可能会与东道国

发生各种争端。解决争端通常采用司法解决与仲裁等方式。但是，司法解决经常遇到某些困难，这主要是由于当事人双方地位不同，一方是主权国家，另一方是私人或公司。这样，当争端在一国国内法院解决时，有关国家可能会主张司法豁免，而个人与公司又无权在国际法院起诉。因此，仲裁就成为解决投资争端的较为灵活而有效的方式。

但在 1965 年前，还没有一个专门解决投资争端的国际机构来为一国与他国国民之间的投资争议提供国际仲裁的便利。1965 年，在世界银行的倡导下，制定了《华盛顿公约》，其全称是《解决国家与他国国民之间投资争端公约》，为解决一国与他国国民之间的投资争端创立了一个国际性机构——解决投资争端国际中心（ICSID）。这个机构不属于任何特定国家，而是设立在世界银行这个国际性机构之下。该机构的仲裁法庭受理的案件只限于一国与他国国民之间的投资争端。该仲裁法庭在仲裁时根据双方同意的法律规则进行裁决。而在没有这种协议时，可以适用争端一方缔约国的法律及可能适用的国际法规则。ICSID 处理缔约国国民在其他缔约国投资引起的争议。

该公约于 1966 年 10 月 14 日生效，共 10 章 75 条，明确规定："仲裁庭应是其本身权限的决定人。"还规定："争端一方提出的反对意见，认为该争端不属于中心的管辖范围，或因其他原因不属于法庭的权限范围，应由法庭加以考虑，并决定是否将其作为先决问题处理，或与该争端的实质问题一并处理。"可见该公约明确地规定仲裁条款的效力不因争端一方的反对而受到影响，仲裁庭有权对自己的管辖权问题做出裁决。虽然 ICSID 处理的仲裁案件为数不多，但非常重要，缔约国已超过 100 个，在许多国际合同中都规定有 ICSID 仲裁条款。

（3）1985 年《联合国国际贸易法委员会国际商事仲裁示范法》。该法第 16 条第（1）款也做了类似的规定："仲裁庭可以对它自己的管辖权包括对仲裁协议的存在或效力的任何异议做出裁定。为此目的，构成合同一部分的仲裁条款应视为独立于其他合同条款的一项协议。仲裁庭做出的合同无效的决定不应在法律上导致仲裁条款的无效。"

最后，除了国际公约与国内法以外，有关国际仲裁规则也有类似的规定。

（1）《联合国国际贸易法委员会仲裁规则》第 21 条规定："仲裁庭应有权就对其无管辖权的异议做出决定，包括任何对有关仲裁协议的存在效力或独立仲裁协议的存在或效力的异议。仲裁条款应视为独立于合同其他条款的一种协议。仲裁所做合同无效的裁决并不在法律上影响仲裁条款的效力。"

（2）国际商会国际仲裁院制定的于 1998 年 1 月 1 日起生效的《国际商会仲裁规则》第 6 条第 4 款也规定：如无另外规定，仲裁员不得以断言合同无效或不存在为由停止执行其仲裁职责，仲裁员应坚持仲裁协议的合法性。即使合同本身不存在或者无效，仲裁员也应继续行使其仲裁权以确定当事人各自的权利，并对他们的请求进行裁决。

二、仲裁条款独立性原则的实际运用

仲裁条款的独立性原则不仅反映在国际公约、各国的国内法以及国际仲裁机构的仲裁规则之中，而且在其司法裁决中也得到了比较普遍的承认与运用。

1. 国际商会国际仲裁院的裁决

20 世纪中期以来，国际商会国际仲裁院的不少仲裁案涉及仲裁条款的独立性争议。根据国际商会的仲裁规则，该仲裁院 1959 年的第 1024 号裁决指出，被诉方声称主合同无效或不存在，并不导致仲裁员无权审理案件。该仲裁院 1968 年的第 1526 号裁决明确接受了仲裁条款的独立性原则。该裁决认为，"无论是分别订立的还是包含在它所适用的法律文件中的，仲裁协议总是显示其完全的法律自主性，这一自主性使其免受该法律文件一旦失效时的不利影响。"此后，国际商会国际仲裁院判决的大量案例均确认仲裁条款的独立性原则。

2. 临时仲裁的裁决

1982 年的"埃尔夫·阿奎泰纳公司诉伊朗国家石油公司案"就是这方面的一个典型案例。在该案中，独任仲裁员伯恩哈德·戈马德（Bernhard Gomard）专门就仲裁协议的自治性问题做了先行裁决。该案的案情是，1966 年，法国埃尔夫公司与伊朗国家石油公司签订了勘探和生产石油的协议，协议中载有仲裁条款，规定在发生纠纷时将由独任仲裁员处理；同时又规定，在做出裁决时，仲裁员不受任何特别法律规则的限制，但应有权在考虑公平和普遍承认的法律原则，特别是国际法原则的基础上做出裁决。1978 年，双方因投资偿还与石油价格问题发生纠纷。1980 年 8 月 11 日，伊朗国家石油公司通知埃尔夫公司，根据伊朗革命委员会的法令，1966 年的协议从一开始就无效。埃尔夫公司根据该协议中的仲裁条款，请求丹麦最高法院院长指定仲裁员，戈马德教授被指定为独任仲裁员，于是伊朗国家石油公司对仲裁员的权力提出异议。因此，对该案的审理首先应解决下面两个问题：（1）根据协议中的仲裁条款所指定的仲裁员，是否有权就其作为仲裁员的权限做出决定？（2）在协议一方当事人对合同效力提出异议时，协议中的仲裁条款是否享有独立性，使其成为双方当事人之间仲裁的基础？

对于第一个先决事项，戈马德教授指出，仲裁员有权就权限问题做出决定，这是有关仲裁的公约以及不少仲裁裁决所承认的国际仲裁的基本原则。对于第二个先决事项，这位教授的观点是，仲裁条款不受主合同效力的影响是普遍接受的国际仲裁的法律原则，并被各个关于仲裁的国际公约广泛接受，如果事实表明在当事人之间从未存在过有效的仲裁条款则另当别论，然而，本案的事实并非如此。基于上述理由，戈马德教授认为："……仲裁条款仍然约束双方当事人，伊朗国家石油公司声称该协议从一开始就无效丝毫不影响其效力，而这个结论绝不排除仲裁员在以后就该项石油勘探和生产协议是否有效的问题做出裁决。"

3. 各国的司法判决

大多数西方国家的司法判决表明，仲裁条款的独立性原则都得到承认。法国、瑞士、荷兰、德国与美国等国的司法判决都在不同程度上支持这一原则。例如，1967 年，美国最高法院对"普里曼·平脱公司诉法拉特与考克林制造公司"一案的判决即其著名的一例。

平脱公司是马里兰州的一个油漆公司，获得了一项在新泽西州的油漆业务，并且由法拉特与考克林制造公司在安排从新泽西州到马里兰州的机器运输与销售业务方面作为顾问。由此产生纠纷。法院裁决，因为这两个公司之间的咨询协议与州际运输和油漆业务的操作有密切的联系，所以咨询协议是证明美国《统一商法典》第 401 条项下州际贸易的合同。在该案中，美国最高法院引用了《美国联邦仲裁法》（United States Federal Arbitration Act）第 4 条中的部分内容："法院应当审问双方当事人，一旦法院对仲裁协议的签订或者违背没有任何异议，法院应当命令双方当事人依照协议条款进行仲裁。"最高法院在解释《美国联邦仲裁法》时进一步指出："作为联邦法的原则，仲裁条款是与包含它的合同'相分离'的。

如果当事人并未断言仲裁协议本身是由于欺诈而订立的，那么，一项广泛的仲裁条款将可以作为对以欺诈手段所签订的合同的争议进行仲裁的依据。"美国最高法院的这一判决词十分清楚地表明，如果当事人仅仅认为合同是由于一方当事人受到另一方当事人的欺诈而订立，但并没有主张仲裁条款本身是在受欺诈的情况下签订的，那么尽管当事人以合同的欺诈性为由拒绝仲裁，该仲裁条款仍然有效，仲裁机构仍然可以进行仲裁，继而做出仲裁裁决。

国际商事仲裁立法新的发展变化

在国际立法层面上商事仲裁的法律框架是由 1958 年的《承认与执行外国仲裁裁决的公约》、1976 年的《联合国国际贸易法委员会仲裁规则》以及 1985 年的《联合国国际贸易法委员会国际商事仲裁示范法》共同构成的。

为适应仲裁实务发展的需要，联合国分别于 2006 年和 2010 年对后两个法律文件做了重要修订，在某些方面取得了突破性的进展，对各国国际商事仲裁立法将产生重要影响。

A. 2006 年《联合国国际贸易法委员会国际商事仲裁示范法》修订内容简介

2006 年 7 月 6 日，联合国国际贸易法委员会第 39 届会议在联合国总部审议通过了《联合国国际贸易法委员会国际商事仲裁示范法》（以下简称《示范法》）第 7 条 "仲裁协议的定义和形式"，第 17 条 "仲裁庭命令采取临时措施的权力"，以及第 35 条第 2 款的修改案文，增设了第 2 条第 2 款 "国际渊源与一般原则"，从而进一步放宽甚至取消了对仲裁协议书面形式的限制，创造性地授予仲裁庭做出初步命令的权力，赋予仲裁庭做出的临时保全措施强制执行及域外执行的效力。这标志着联合国在国际商事仲裁立法方面取得了突破性进展，将对各国仲裁立法、理论研究与仲裁实践产生重要的影响。

本次《示范法》的修改内容主要集中在以下两个方面：第一，仲裁协议的书面形式（in writing）；第二，仲裁中的临时措施（interim measures）和初步命令（preliminary order）。

一、关于《示范法》第 7 条 "仲裁协议的定义和形式"

仲裁协议是否必须采用书面形式，特别是如何解释仲裁协议的书面形式，既是一项重大的仲裁理论课题，同时又是一个仲裁实践难题。

（一）仲裁协议是否必须是书面的：采用备选案文方式

众所周知，仲裁协议是要式合同，必须满足书面要求，包括 1958 年《关于承认及执行外国仲裁裁决公约》（《纽约公约》）在内的几乎所有国际仲裁立法和大多数国家的国内仲裁立法都采纳这一学说。修订前的《示范法》第 7 条第 2 款明确规定："仲裁协议必须是书面的。"

修订后的《示范法》有两个备选案文，备选案文一 "第 7 条第 2 款" 沿袭以前的条文，规定 "仲裁协议应为书面形式"。备选案文二 "第 7 条" 只是简单规定了 "仲裁协议的定义"，"仲裁协议是指当事人同意将他们之间一项契约性或非契约性的法律关系中已经发生或可能发生的一切或某些争议提交仲裁的协议"，而不涉及仲裁协议的形式问题。言外之意，仲裁协议是口头的或者书面的无关紧要。

（二）什么是书面的仲裁协议：书面形式新解

修订前的《示范法》第 7 条第 2 款规定书面的仲裁协议有 4 种情况：（1）当事人直接签署的书面仲裁条款，即当事人签署的书面文件中载有仲裁条款的；（2）当事人通过书面文件往来签订的仲裁条款，即当事人往来的书信、电传、电报或提供协议记录的其他通信手段中载有仲裁条款的；（3）默认的仲裁条款，专指在申诉书和答辩状的交换中，一方当事人声称有仲裁协议而对方不否认的；（4）以援引的方式订立仲裁条款，即在书面合同中提出参照载有仲裁条款的一项文件，且这种参照足以使该仲裁条款构成该合同的一部分的。

与 1958 年《纽约公约》第 2 条第 2 款相比，《示范法》对于仲裁协议书面形式的要求已经做了相当大的放宽，但是，较之快速发展的国际商业实践、通信技术以及 20 世纪 90 年代之后的各国国内仲裁立法，《示范法》的上述规定已经落后和不敷实践的需要了。

为了适应国际商业实践发展和现代通信技术发展的需要，同时，伴随着各国支持仲裁政策（pro-arbitration）以及从宽解释仲裁条款书面形式原则的逐步确立，经修订后的《示范法》第 7 条"备选案文一"对仲裁协议的书面形式做了相当大的扩展解释。该条第 3 款规定："若仲裁协议的内容以任何形式记录下来，则为书面形式，无论该仲裁协议或合同是以口头方式、行为方式还是其他方式订立的。"

该条第 4 款规定："电子通信所含信息可以调取以备日后查用的，即满足了仲裁协议的书面形式要求。'电子通信'系指当事人以数据电文方式发出的任何通信；'数据电文'系指经由电子手段、电磁手段、光学手段或类似手段生成、发送、接收或储存的信息，这些手段包括但不限于电子数据交换、电子邮件、电报、电传或传真。"

该条第 5 款规定："另外，如在申请书和答辩书的交换中，一方当事人声称有仲裁协议而另一方当事人不予否认的，仲裁协议即为书面协议。"

该条第 6 款规定："在合同中援引载有仲裁条款的任何文件的，只要该援引可使该仲裁条款成为合同的一部分，即构成书面形式的仲裁协议。"

第 7 条第 3 款是定义仲裁协议书面形式的关键性条款。根据该条款，所谓仲裁协议的书面形式，是指仲裁协议的内容以任何形式记录（recorded）下来。它强调的是对仲裁协议内容的记录，而不涉及当事人以何种形式达成仲裁协议。在第三十九届会议讨论中，联合国国际贸易法委员会明确指出：该条"第 3 款所处理的是仲裁协议形式的定义问题，当事人究竟是否就仲裁实际达成协议属实质性问题，应由各国法律自行规定"。随着电子通信技术的发展及其在国际商业实践中的应用，修订后的《示范法》第 7 条第 4 款确认，电子通信所含信息可以调取以备日后查用的，即满足了仲裁协议的书面形式要求。第 7 条第 5 款和第 6 款沿袭了以前的规定。

修订后的《示范法》从鼓励和有利于仲裁（pro-arbitration）的原则出发，对书面形式进行扩大和从宽解释，反映了绝大多数国家的普遍要求，适应了电子通信技术发展的需要，符合国际商业实践的通行做法，将进一步推动仲裁的发展。

二、仲裁中的临时措施

在仲裁过程中，仲裁庭或者法院可能有必要发出保全证据、保全财产或以其他方式在仲裁程序结束之前保持现状的裁定，即临时措施（interim measures, conservatory measures, provisional measures）。根据各国法律和仲裁规则的规定，关于临时措施有下列三种做法：第一，只有仲裁庭享有做出临时措施的权力，即仲裁庭专属权力制；第二，只有法院享有做出临时措施的权力，即法院专属权力制；第三，法院和仲裁庭均享有做出临时措施的权力，即并存权力制。

关于仲裁中的临时措施，修订前的《示范法》第 17 条"仲裁庭命令采取临时措施的权力"赋予了仲裁庭命令采取临时措施的权力，但是，对于仲裁庭命令采取的临时措施，如果当事人不自动履行，相关当事人能否申请法院强制执行，《示范法》没有做出规定。实践中，仲裁庭做出的仲裁裁决一裁终局，具有强制执行的效力；而仲裁庭做出的临时保全措施则没有强制执行的效力。

修订后的《示范法》第 17 条有两个突出的特点：一是赋予仲裁庭做出的临时措施决定具有强制执行和域外执行的效力，可以由法院包括外国法院强制执行，从而给仲裁装上了双保险；二是完善了临时措施制度，细化了临时措施的各项规定。

（一）仲裁庭命令采取临时措施的权力

修订后的《示范法》第 17 条"仲裁庭命令采取临时措施的权力"第 1 款沿袭以前的规定，首先明确仲裁庭有做出临时措施的权力，规定"除非当事人另有约定，应一方当事人请求，仲裁庭可准予采取临时措施"。

（二）临时措施的定义与种类

该条第 2 款是定义条款，对临时措施加以界定并明确临时措施的种类。该款规定："临时措施是仲裁庭在做出最终裁决之前的任何时间，以裁决或其他形式采取的暂时性措施，仲裁庭据此命令一方当事人：

（a）在裁决之前维持现状或恢复原状；

（b）采取行动防止正在或即将对仲裁程序发生的损害或影响，或不得采取可能造成这种损害或影响的行动；

（c）提供将来裁决得以执行的保全财产的方式；

（d）保全对争议解决可能具有相关性和重要性的证据。"

据此，仲裁庭做出的临时措施有 4 类，一是维持现状或恢复原状；二是防止损害或影响仲裁程序；三是财产保全；四是证据保全。大体说来，第一、二、四类属于避免不利影响、损害和保持现状的临时措施，第三类属于便于以后执行裁决的临时措施。

（三）仲裁庭准予采取临时措施的条件

《示范法》第 17 条之二明确了"准予采取临时措施的条件"，规定"（1）一方当事人请求采取第 17（2）条（a）、（b）和（c）项所规定的临时措施，应使仲裁庭确信：

（a）不采取该措施可能造成的损害无法通过判付损害赔偿金得以充分补偿，且这种损害远远大于采取该措施可能对其针对的当事人所造成的损害；并且

（b）请求方当事人在实体上有胜诉的合理可能。对这种可能性的判定不得影响仲裁庭以后做出任何决定的自由裁量权。

（2）关于对第 17（2）（d）条所规定的临时措施的请求，本条第 1 款（a）和（b）项规定条件的适用仅以仲裁庭认为适当的为限。"

根据上述规定，当事人申请仲裁庭命令采取临时措施应当分别满足以下条件：当事人申请采取有关维持现状或恢复原状、防止损害或影响仲裁程序以及财产保全三类临时措施的，应当满足两项要件：一是使仲裁庭确信不采取该措施可能造成的损害无法通过判付损

害赔偿金得以充分补偿，且这种损害远远大于采取该措施可能对其针对的当事人所造成的损害；二是申请人在实体上有胜诉的合理可能。当事人申请保全证据的，上述两项条件的适用，由仲裁庭自由裁量。

（四）临时措施的可执行性

《示范法》第 17 条之九"承认与执行"是本次修改的核心内容，该条规定：

"（1）仲裁庭决定采取的临时措施应承认具有约束力。除非仲裁庭另有规定，该措施无论在哪一国做出，经向有管辖权的法院提出申请，即应予以执行，但须服从第 17 条之十的规定。

（2）申请或已经获得承认或执行临时措施的当事人，应将该临时措施的终止、中止或修改情形立即通知法院。

（3）如果受理承认或执行申请的国家的法院认为适当，在仲裁庭尚未就担保做出决定的情况下，或者这种决定对于保护第三方的权利必要时，可以命令请求方当事人提供适当担保。"

据此，仲裁庭决定采取的临时措施具有法律约束力，除非仲裁庭另有规定，本国法院或者外国法院经当事人申请，均应当予以执行。

关于拒绝承认或执行临时措施的理由，根据《示范法》第 17 条之十规定：

法院对仲裁庭做出的临时保全措施不进行实质审查，只在第 17 条之十列明的范围内进行审查。根据临时措施指向当事人的申请，只有存在以下情形的，法院才可以拒绝承认或执行临时措施：①仲裁协议无效的；②该方当事人未得到指定仲裁员或者进行仲裁程序的适当通知，或因其他理由未能陈述其案情的；③超裁的；④仲裁庭的组成或者仲裁程序与当事人的协议不一致或者不合法的；⑤仲裁庭的担保决定未遵守的；或者⑥该临时措施被终止或中止的。在下列情形下，法院也可依职权拒绝承认或执行临时措施：①临时措施不符合法院的职权；②争议不具有可仲裁性；或者③违反本国的公共政策。

《示范法》第 7 条之十的目的是限制法院可拒绝执行临时措施的情形，如果一国规定的拒绝执行的条件比《示范法》的规定少，则与《示范法》的目的并不相悖，即《示范法》鼓励各国在国内立法中规定较《示范法》更少的拒绝承认或执行临时措施的条件，从而尽可能地承认或执行仲裁庭做出的临时保全措施。

（五）法院命令采取的临时措施

根据一些国家的仲裁立法，法院有权命令采取仲裁中的临时措施（特别是在仲裁庭组成前，也只能由法院来决定临时措施问题），《示范法》认可了这种做法。《示范法》第 17 条之十一"法院命令采取的临时措施"规定："无论仲裁程序进行地是否在法院所在国，法院采取与仲裁程序有关的临时措施的权力应等同于其在诉讼程序方面的权力。法院应按其程序行使这种权力，同时考虑到国际仲裁的特点。"

此外，经修订的《示范法》的一大制度创新，是创设了初步命令制度。所谓初步命令，是指仲裁庭有权在不通知其他任何当事人的情况下，仅根据一方当事人的申请，下达单方面的决定。初步命令制度的实质在于仲裁庭有权仅凭一方当事人的申请直接做出单方面（ex parte）的决定。

对于是否设立初步命令制度，各国曾有过激烈的争论。作为妥协的产物，联合国国际贸易法委员会最后讨论通过的条文一方面设立了初步命令制度，赋予了仲裁庭做出初步命令的权力，另一方面又对初步命令制度给予了很多限制，如规定初步命令不得由法院执行，不构成仲裁裁决以及自做出之日起 20 日自动失效等，实际上使得初步命令的效力受到了极大的减损。

B. 2010 年《联合国国际贸易法委员会仲裁规则》修订内容简介

2010 年 6 月联合国国际贸易法委员会通过了修订后的《UNCITRAL 仲裁规则》，该规则于 2010 年 8 月 15 日生效。此次修改原则有两个：一是适应 30 年来的仲裁实务变化；二是在不改变原有整体框架和起草精神的前提下，提高仲裁的效率。此次修订内容主要集中在对仲裁协议书面形式要求的改变、对仲裁规则适用范围的拓宽、临时措施制度的具体化等，以及增加了一些新的规定，包括对仲裁庭指定专家证人的异议程序和仲裁员责任豁免制度。这些修改必然会对国际仲裁规则的发展产生重要的影响。

2010 年《UNCITRAL 仲裁规则》既有修改的内容也有增加的内容。

一、2010 年《UNCITRAL 仲裁规则》修改的具体内容

(一) 删除了有关仲裁协议书面形式的要求

在 2006 年《示范法》对于书面形式做了进一步明确和界定的前提下，《UNCITRAL 仲裁规则》决定删除此项，这主要是基于其与《示范法》对书面形式要求的目的不同，《示范法》对书面形式的要求是从仲裁协议有效性出发，而该规则主要是为了确定其适用范围。所以，联合国国际贸易法委员会决定不再对仲裁协议形式持有任何立场，而将这个问题留给仲裁协议所适用的法律来解决。

(二) 不再限制当事人提交仲裁的争议类型，从而扩大了该规则的适用范围

1976 年的规则要求当事人仅得将"与合同有关的争议提交仲裁"，而 2010 年规则规定"凡各方当事人同意，不论一项确定的法律关系是合同关系还是非合同关系"，均可提交仲裁，这项修改实质上使该规则更适宜于国家与私人投资者之间投资争议的仲裁。

(三) 在措辞上考虑和肯定了多方当事人仲裁情况

由于国际商事仲裁中已经出现了大量多方当事人仲裁的实践，所以此次修改在文字上也做出了技术性处理，使之适应这种情形下的程序要求。例如 2010 年规则第 3 条规定："提起仲裁的一方或多方当事人（以下称'申请人'）应向另一方或多方当事人（以下称'被申请人'）递送仲裁通知。"同时在组庭的问题上，2010 年规则第 10 条指出："多方当事人应分别作为共同申请人或共同被申请人，各指定一名仲裁员。"而如果多方当事人作为共同申请人或共同被申请人在指定仲裁员上有分歧，从而在规定时间内未完成指定的，2010 年规则第 8 条和第 9 条赋予了另一方当事人请求指定机构完成仲裁员的指定，从而不影响仲裁程序的进行。

(四) 修改了替换仲裁员的程序

根据 2010 年规则，经一方当事人申请，指定机构可以斟酌取消另一方当事人指定替代仲裁员的资格，而由指定机构直接进行指定。同时在一名仲裁员被替代的情况下，原则上此前程序继续进行，而非重新审理。

(五) 临时措施制度更趋详尽

2006 年《示范法》中临时措施的修订是全面和严密的。由原来唯一条款（第 17 条"仲裁庭命令采取临时措施的权力"）扩展为一整章（第四 A 章"临时措施和初步命

令"），具体包括临时措施、初步命令、适用于临时措施与初步命令的规定、临时措施的承认与执行以及法院发布的临时措施等 11 个条款。从 2010 年《UNCITRAL 仲裁规则》中临时措施制度的修改可以看出 2006 年修订《示范法》对该规则产生的重大影响。与1976 年规则中极为原则性和不甚严谨的措辞不同，此次修改完全借鉴了《示范法》有关临时措施的内容，但对初步命令制度并未提及，说明该规则从实务的角度对尚有争议的制度持谨慎态度。

二、2010 年规则新增具体内容

（一）确立了第三人加入程序的合并仲裁制度

这体现在 2010 年规则第 17 条 5 款的规定："仲裁庭可根据任何一方当事人的请求，允许将一个或多个第三人作为一方当事人并入仲裁程序，前提是此种人是仲裁协议的一方当事人，除非仲裁庭在给予各方当事人，包括拟被并入仲裁程序的一人或多人陈述意见的机会后认定，由于并入仲裁程序会对其中任何一方当事人造成损害而不应准许此种并入。对于仲裁程序如此涉及的所有当事人，仲裁庭可做出单项裁决，也可做出若干项裁决。"

（二）增加了仲裁员责任豁免制度

2010 年规则第 16 条指出，除了蓄意不当行为，仲裁员在法律允许的最大限度内享有作为或不作为的责任豁免。

（三）增加了对仲裁庭指定的专家证人提出异议的程序

2010 年规则第 29 条规定："各方当事人应在仲裁庭规定的时间内，向仲裁庭说明其对专家资质、公正性或独立性是否持有任何反对意见。""专家任命之后，一方当事人对专家资质、公正性或独立性提出反对意见，只能依据该当事人在专家任命做出之后才意识到的原因。"

三、《UNCITRAL 仲裁规则》修订对现行国际常设仲裁机构规则发展的影响

在分析 2010 年《UNCITRAL 仲裁规则》对现行国际常设仲裁机构仲裁规则的影响时，拟选定 2009 年颁布的《美国仲裁协会国际仲裁规则》（以下简称《AAA 仲裁规则》）、2010 年颁布的《斯德哥尔摩商会仲裁院仲裁规则》（以下简称《SCC 仲裁规则》）和 2010 年颁布的《新加坡国际仲裁中心仲裁规则》（以下简称《SIAC 仲裁规则》）作为参考。

首先，就替换仲裁员后仲裁程序如何进行的问题，《SIAC 仲裁规则》的第 15 条确立了原则上重新开庭的制度。具体区分为两种情况：如果是独任或首席仲裁员被替换，则此前进行过的任何开庭均应当重新进行，但当事人另有约定的除外；如果其他仲裁员被更换，更换后的仲裁庭经征询当事人意见，可以自主决定重新开庭。《SCC 仲裁规则》和《AAA 仲裁规则》都赋予了新组成的仲裁庭决定是否以及在多大范围内重复先前程序。而前文中提到 2010 年《UNCITRAL 仲裁规则》规定在发生一名仲裁员被替代的情况下，原则上之前程序应当继续进行，而非重新审理。如果考虑到 2010 年《UNCITRAL 仲裁规则》修改意图在于避免仲裁程序的任意中断所引起的仲裁资源浪费，也许将来常设仲裁机构的仲裁规则会采纳这项规定。

其次，2010 年《UNCITRAL 仲裁规则》增加对仲裁庭指定的专家证人提出异议的程序是一大亮点，体现了在程序中对当事人意思自治的尊重和保护。目前《SIAC 仲裁规则》、《SCC 仲裁规则》和《AAA 仲裁规则》均未有此项规定，但《UNCITRAL 仲裁规则》的此项修改必然会给其带来有益的引导和启发。

另外，关于仲裁员可以在多大程度上享有责任豁免，《SIAC 仲裁规则》、《SCC 仲裁规则》和《AAA 仲裁规则》有着不同的标准。《SIAC 仲裁规则》认为但凡是过失行为，无论是一般过失还是重大过失均享有豁免；而《SCC 仲裁规则》认为一般过失可以豁免但重大过失及故意不当行为不享有豁免，《AAA 仲裁规则》认为只有故意不当行为才不享有豁免。2010 年《UNCITRAL 仲裁规则》的标准是除了蓄意不当行为外其他行为均享有豁免。以上只有《AAA 仲裁规则》与之最相近，而其他两个仲裁规则可能在未来修订时面临是否要进一步放宽豁免标准以给予仲裁员充分执业保障的问题。

同时关于合并仲裁的问题，目前只有《SIAC 仲裁规则》第 24 条规定了允许第三人加入程序的合并仲裁制度。无疑，2010 年《UNCITRAL 仲裁规则》对于合并仲裁的重大修改势必会进一步影响常设仲裁机构对于其仲裁规则的修订。

最后，在对仲裁协议书面形式的要求问题上，在 2010 年 7 月 1 日生效的《SIAC 仲裁规则》中，没有专门提及仲裁协议的书面形式，应该认为是将这一问题交给当事人选择的或者依据仲裁规则推断出的某国仲裁准据法加以调整。与 2010 年《SIAC 仲裁规则》采取类似规定的，还有 2009 年 6 月 1 日生效的《AAA 仲裁规则》和 2010 年 1 月 1 日生效的《SCC 仲裁规则》，这些仲裁规则都是将这一问题留给仲裁庭依据具体案件适用的仲裁准据法加以解决。这种规定得到了修改后的《UNCITRAL 仲裁规则》进一步的肯定。

资料来源：1. 郑远民，吕国民，于志宏. 国际私法：国际民事诉讼法与国际商事仲裁法. 北京：中信出版社，2002.

2. 赵健. 联合国国际商事仲裁示范法 2006 年修订条款评述——兼论对我国仲裁立法与实践的影响，中国仲裁网，2006 - 09 - 21.

3. 李佳丽.《联合国国际贸易法委员会仲裁规则》修订对仲裁规则发展影响，中国仲裁网，2012 - 01 - 07.

4. 国际商会出版物 880 - 4CHI.

图书在版编目（CIP）数据

新编国际商法/曹祖平编著 . —5 版 . —北京：中国人民大学出版社，2018.8
新编 21 世纪国际经济与贸易系列教材
ISBN 978-7-300-25905-5

Ⅰ . ①新… Ⅱ . ①曹… Ⅲ . ①国际商法-高等学校-教材 Ⅳ . ①D996.1

中国版本图书馆 CIP 数据核字（2018）第 127935 号

新编 21 世纪国际经济与贸易系列教材
新编国际商法（第五版）
曹祖平　编著
Xinbian Guoji Shangfa

出版发行	中国人民大学出版社			
社　　址	北京中关村大街 31 号		**邮政编码**	100080
电　　话	010 - 62511242（总编室）		010 - 62511770（质管部）	
	010 - 82501766（邮购部）		010 - 62514148（门市部）	
	010 - 62515195（发行公司）		010 - 62515275（盗版举报）	
网　　址	http://www.crup.com.cn			
	http://www.ttrnet.com（人大教研网）			
经　　销	新华书店			
印　　刷	天津中印联印务有限公司		**版　　次**	2002 年 10 月第 1 版
				2018 年 8 月第 5 版
规　　格	185 mm×260 mm　16 开本			
印　　张	31		**印　　次**	2018 年 8 月第 1 次印刷
字　　数	767 000		**定　　价**	65.00 元